中国应急管理年鉴

（2022 年卷）

中华人民共和国应急管理部　编

应急管理出版社

·北　京·

编 写 说 明

2022年是党和国家历史上极为重要的一年。一年来，面对复杂严峻的国内外形势和诸多风险挑战，全国应急管理系统在以习近平同志为核心的党中央坚强领导下，坚持以习近平新时代中国特色社会主义思想为指导，坚决贯彻落实习近平总书记关于应急管理重要论述和党中央、国务院决策部署，全力以赴防范化解重大安全风险，持续加强安全生产和防灾减灾救灾工作，积极有效应对处置了一系列灾害事故，全国安全生产形势持续稳定，自然灾害防治能力不断提升，有力维护了人民群众生命财产安全，为党的二十大的胜利召开营造了安全稳定环境。

由应急管理部组织编撰的《中国应急管理年鉴（2022年卷）》（简称《年鉴》）紧紧围绕部党委中心工作，全面记录了2022年度我国应急管理事业发展概况，客观反映了重要工作进展。主要内容以全国应急管理系统各单位报送的工作资料和统计数据为基础，并参阅主流媒体、部委门户网站和《中国应急管理报》等媒体的公开报道，经过系统整理、编辑和加工后成稿，全书共计约55万字。具体说明如下：

一、《年鉴》编写工作坚持权威、全面、系统、准确的原则，力求做到宗旨明确、重点突出、系统完整、层次清晰、客观记载、行文规范，使之真正起到记载过往、鉴启未来、资政育人的作用。

二、《年鉴》主要内容共十一篇，包括党中央、国务院重大部署，应急管理综述，安全生产和消防安全，防灾减灾救灾，应急救援，基础保障和能力建设，党的建设，英雄模范，地方应急管理，典型事故案例和附录。

三、《年鉴》中事故案例均引自已结案批复对外公开的事故调查报告。

四、《年鉴》重点收录了应急管理系统2022年度主要工作信息。所涉信息除特殊注明外，时间均为2022年。

五、为方便读者阅读和使用，并克服纸质版容量有限等问题，文中配置了一些照片和图、表，加载了媒体报道内容的二维码等。

六、《年鉴》编写工作由应急管理部办公厅牵头，会同应急管理部信息研究院及应急管理出版社共同完成，并得到了应急管理部机关各司局、部属各单位和各省级应急管理部门、单位的大力支持。

《中国应急管理年鉴》编写组

2023年4月

目　录

第一篇　党中央、国务院重大部署

第二篇　应急管理综述

第三篇　安全生产和消防安全

第四篇　防灾减灾救灾

第五篇　应　急　救　援

第六篇　基础保障和能力建设

第七篇　党　的　建　设

第八篇 英 雄 模 范

第九篇 地方应急管理

第十篇　典型事故案例

第十一篇　附　　录

第一篇

党中央、国务院
重 大 部 署

第一章　重　大　决　策

一、中共中央政治局常务委员会会议强调　坚持人民至上、生命至上　统筹发展和安全

2022 年 3 月 31 日，中共中央政治局常务委员会召开会议，听取“3·21”东航 MU5735 航空器飞行事故应急处置情况的汇报，就做好下一步工作作出部署。中共中央总书记习近平主持会议并发表重要讲话。会议指出，“3·21”东航 MU5735 航空器飞行事故发生后，党中央高度重视，习近平总书记立即作出重要指示，强调要立即启动应急机制，全力组织搜救，妥善处置善后，尽快查明原因，做好遇难者家属安抚和服务工作。各有关方面闻令而动、快速响应，组织民航、应急、公安、军队、卫健和广西等各方面力量，按照“统一指挥、分工负责、深入细致、科学有序”总体要求，全面做好有关工作。目前，善后处置、事故调查等工作正在有序进行。会议强调，要坚持人民至上、生命至上，深入细致做好善后处置工作，再接再厉、善始善终。要继续做好遇难者遗骸遗物整理、移交等工作，给逝者以尊严、给家属以慰藉。要加大遇难者家属帮扶救济工作力度，让遇难者家属安心。各有关方面要科学有序开展事故调查，组织各方面专家综合分析飞机数据和各类物料证据，尽快查明事故原因和性质。要平稳有序做好后续信息发布工作，按照及时、准确、公开、透明原则，持续发布信息，积极回应社会关切。会议指出，要坚持统筹发展和安全，发展决不能以牺牲安全为代价，各方面一定要深刻吸取教训、举一反三，进一步健全安全生产责任制，抓好安全生产责任落实，在全国全面开展安全生产专项大检查，全面排查整治风险隐患，最大限度防范遏制各类事故发生，保持社会大局稳定。因责任不落实、措施不到位、排查整治流于形式等导致发生事故的，不仅要追究直接责任人员的责任，对相关领导也要严肃追责问责。

二、中央财经委员会第十一次会议强调　加强防灾减灾基础设施建设

2022 年 4 月 26 日，中共中央总书记、国家主席、中央军委主席、中央财经委员会主任习近平主持召开中央财经委员会第十一次会议，研究全面加强基础设施建设问题，研究党的十九大以来中央财经委员会会议决策部署落实情况。习近平强调，基础设施是经济社会发展的重要支撑，要统筹发展和安全，优化基础设施布局、结构、功能和发展模式，构建现代化基础设施体系，为全面建设社会主义现代化国家打下坚实基础。会议指出，要加强城市基础设施建设，打造高品质生活空间，推进城市群交通一体化，建设便捷高效的城际铁路网，发展市域（郊）铁路和城市轨道交通，推动建设城市综合道路交通体系，有序推进地下综合管廊建设，加强城市防洪排涝、污水和垃圾收集处理体系建设，加强防灾减灾基础设施建设，加强公

共卫生应急设施建设，加强智能道路、智能电源、智能公交等智慧基础设施建设。会议强调，要统筹发展和安全两件大事，牢固树立底线思维，切实加强重大风险预测预警能力，有切实管用的应对预案及具体可操作的举措。

三、中国共产党第十九届中央委员会第七次全体会议强调　抓好安全生产

2022 年 10 月 9 日至 12 日，中国共产党第十九届中央委员会第七次全体会议在北京举行。全会由中央政治局主持。中央委员会总书记习近平作了重要讲话。全会强调，全党要深刻领悟“两个确立”的决定性意义，增强“四个意识”、坚定“四个自信”、做到“两个维护”，更加紧密地团结在以习近平同志为核心的党中央周围，全面贯彻习近平新时代中国特色社会主义思想，踔厉奋发、勇毅前行，为全面建设社会主义现代化国家、全面推进中华民族伟大复兴而团结奋斗。习近平在党的十九届七中全会第二次全体会议上指出，要努力克服目前经济社会发展面临的一些困难，诚心诚意为群众办实事办好事，抓好各类风险防控，抓好安全生产，抓好维护社会稳定各项工作，保持人心稳定，保持社会大局稳定。

四、党的二十大报告提出　健全国家安全体系　提高公共安全治理水平

2022 年 10 月 16 日，中国共产党第二十次全国代表大会在人民大会堂开幕。习近平代表第十九届中央委员会向大会作了题为《高举中国特色社会主义伟大旗帜　为全面建设社会主义现代化国家而团结奋斗》的报告。报告提出，健全国家安全体系。坚持党中央对国家安全工作的集中统一领导，完善高效权威的国家安全领导体制。强化国家安全工作协调机制，完善国家安全法治体系、战略体系、政策体系、风险监测预警体系、国家应急管理体系，完善重点领域安全保障体系和重要专项协调指挥体系，强化经济、重大基础设施、金融、网络、数据、生物、资源、核、太空、海洋等安全保障体系建设。健全反制裁、反干涉、反“长臂管辖”机制。完善国家安全力量布局，构建全域联动、立体高效的国家安全防护体系。提高公共安全治理水平。坚持安全第一、预防为主，建立大安全大应急框架，完善公共安全体系，推动公共安全治理模式向事前预防转型。推进安全生产风险专项整治，加强重点行业、重点领域安全监管。提高防灾减灾救灾和重大突发公共事件处置保障能力，加强国家区域应急力量建设。

五、习近平对东航客机坠毁作出重要指示　要求全力组织搜救　妥善处置善后　加强民航安全隐患排查　确保航空运行绝对安全

新华社北京 3 月 21 日电　3 月 21 日 14 时 38 分许，东方航空公司 MU5735 航班执行昆明—广州任务时，在广西梧州市上空失联并坠毁。机上载有乘客 123 人、机组人员 9 人。事故发生后，中共中央总书记、国家主席、中央军委主席习近平立即作出重要指示，惊悉东航 MU5735 航班失事，要立即启动应急机制，全力组织搜救，妥善处置善后。国务院委派领导同志靠前协调处理，尽快查明事故原因，举一反三，加强民用航空领域安全

隐患排查，狠抓责任落实，确保航空运行绝对安全，确保人民生命绝对安全。

六、习近平对安全生产作出重要指示要求坚决遏制重特大事故　确保人民生命财产安全

新华社北京4月1日电　“3·21”东航MU5735航空器飞行事故发生后，党中央高度重视，中共中央总书记、国家主席、中央军委主席习近平立即作出重要指示，要求全力组织搜救，妥善处置善后，并委派国务院领导同志赴广西梧州指导工作，3月24日又专门对安全生产作出重要指示，31日主持召开中央政治局常委会会议听取应急处置情况汇报，专题研究部署下一步工作，并发表重要讲话。习近平在24日重要指示中指出，最近一段时间，交通、建筑、煤矿等方面安全事故多发，特别是“3·21”东航MU5735航空器飞行事故造成重大人员伤亡，再次给我们敲响了警钟。习近平强调，安全生产要坚持党政同责、一岗双责、齐抓共管、失职追责，管行业必须管安全，管业务必须管安全，管生产经营必须管安全。从实际工作看，仍有一些地方和行业安全责任没有压紧压实，工作措施没有抓实抓到位。各级党委和政府要坚持以人民为中心的发展思想，坚持人民至上、生命至上，统筹发展和安全，始终保持如履薄冰的高度警觉，做好安全生产各项工作，决不能麻痹大意、掉以轻心。对在安全生产上不负责任、玩忽职守出问题的，要严查严处、严肃追责。各级党政主要负责同志要亲力亲为、靠前协调，其他负责同志要认真履行各自岗位的安全职责，层层落实到基层一线，坚决反对形式主义、官僚主义。要在全国深入开展安全大检查，严厉打击违法违规行为，采取有力措施清除各类风险隐患，坚决遏制重特大事故，确保人民生命财产安全。

七、习近平对湖南长沙居民自建房倒塌事故作出重要指示　要求不惜代价搜救被困人员　全力救治受伤人员　对全国自建房安全开展专项整治　坚决防范各类重大事故发生

新华社北京4月30日电　4月29日12时24分，湖南长沙市望城区金山桥街道金坪社区一居民自建房发生倒塌事故。截至目前，仍有数十人被困。事故发生后，中共中央总书记、国家主席、中央军委主席习近平立即作出重要指示，要不惜代价搜救被困人员，全力救治受伤人员，妥善做好安抚安置等善后工作；同时注意科学施救，防止发生次生灾害。要彻查事故原因，依法严肃追究责任，从严处理相关责任人，及时发布权威信息。近年来多次发生自建房倒塌事故，造成重大人员伤亡，务必引起高度重视。要对全国自建房安全开展专项整治，彻查隐患，及时解决。坚决防范各类重大事故发生，切实保障人民群众生命财产安全和社会大局稳定。

八、习近平在四川考察时强调　全面提高灾害防御能力　切实保障人民群众生命财产安全

新华社成都6月9日电　中共中央总书记、国家主席、中央军委主席习近平近日在四川考察时强调，近期，我国一些地方发生洪涝地质灾害。各有关地区和部门要立足于防大汛、抗大险、救大灾，提前做好各种应急准备，全面提高灾害防御能力，切实保障人民群众生命财产安全。要

加强统筹协调，强化灾害隐患巡查排险，加强重要基础设施安全防护，提高降雨、台风、山洪、泥石流等预警预报水平，加大交通疏导力度，抓细抓实各项防汛救灾措施。灾害发生后，要迅速组织力量抢险救灾，严防次生灾害，最大限度减少人员伤亡和财产损失。要在做好抢险救灾工作的同时尽快恢复生产生活秩序，扎实做好受灾群众帮扶救助和卫生防疫工作，防止因灾返贫和“大灾之后有大疫”。

九、习近平在辽宁考察时强调　抓细抓实各项防汛救灾措施　妥善安置受灾群众　确保人民群众生命安全

新华社沈阳 8 月 18 日电　中共中央总书记、国家主席、中央军委主席习近平近日在辽宁考察时指出，8 月仍是北方地区防汛关键期。各级党委和政府要坚持人民至上、生命至上，加强汛情监测，及时排查风险隐患，抓细抓实各项防汛救灾措施，妥善安置受灾群众，确保人民群众生命安全。要做好灾后恢复重建规划，帮助受灾群众尽早恢复正常生产生活。要健全体制机制，完善应对预案，加强对极端天气的预警和防范，提高洪涝地质灾害防御和应急抢险救援能力。当前，一些地方遇到严重干旱，要切实做好抗旱工作。

十、习近平对四川甘孜泸定县 6.8 级地震作出重要指示　要求把抢救生命作为首要任务　全力救援受灾群众　最大限度减少人员伤亡

新华社北京 9 月 5 日电　北京时间 9 月 5 日 12 时 52 分，四川甘孜藏族自治州泸定县发生 6.8 级地震，震源深度 16 公里。截至目前，地震已造成 21 人死亡、30 余人受伤，部分水、电、交通、通信等基础设施受损。地震发生后，中共中央总书记、国家主席、中央军委主席习近平高度重视并作出重要指示，四川甘孜泸定县 6.8 级地震造成重大人员伤亡，要把抢救生命作为首要任务，全力救援受灾群众，最大限度减少人员伤亡。要加强震情监测，防范发生次生灾害，妥善做好受灾群众避险安置等工作。请应急管理部等部门派工作组前往四川指导抗震救灾工作，解放军和武警部队要积极配合地方开展工作，尽最大努力确保人民群众生命财产安全。

十一、习近平对河南安阳市凯信达商贸有限公司火灾事故作出重要指示　要求全力救治受伤人员　依法严肃追究责任　始终坚持人民至上生命至上　坚决防范和遏制重特大事故发生

新华社北京 11 月 22 日电　11 月 21 日 16 时许，河南安阳市凯信达商贸有限公司厂房发生火灾。截至目前，事故已造成 38 人死亡、2 人受伤。事故发生后，中共中央总书记、国家主席、中央军委主席习近平立即作出重要指示，河南等地接连发生火灾等安全生产事故，造成重大人员伤亡，教训十分深刻！要全力救治受伤人员，妥善做好家属安抚、善后等工作，查明事故原因，依法严肃追究责任。临近年终岁尾，统筹发展和安全各项工作任务较重，各地区和有关部门要始终坚持人民至上、生命至上，压实安全生产责任，全面排查整治各类风险隐患，坚决防范和遏制重特大事故发生。

第二章　重要会议活动

一、李克强对全国安全生产电视电话会议作出重要批示强调　不断提升防范化解重大安全风险能力　切实维护人民群众生命财产安全

2022 年 1 月 17 日，国务院召开全国安全生产电视电话会议。中共中央政治局常委、国务院总理李克强作出重要批示。批示指出：安全生产重于泰山。2021 年，经过各方共同努力，全国安全生产形势总体稳定，同时风险挑战仍然很多，安全生产工作须臾不可放松。各地区、各有关部门和单位要坚持以习近平新时代中国特色社会主义思想为指导，认真贯彻党中央、国务院决策部署，坚持人民至上、生命至上，把统筹发展和安全落实到各领域各环节，不断提升防范化解重大安全风险能力；压紧压实各方面责任，加快完善安全监管执法体制机制，进一步抓好安全生产基础性工作；扎实推进燃气、危化品安全集中治理，持续深化交通运输、矿山、建筑施工、消防、水上运输和渔业船舶等重点行业领域专项整治三年行动，采取严格有力措施，解决突出矛盾问题，坚决防范遏制重特大事故，切实维护人民群众生命财产安全，为经济社会持续健康发展作出新贡献。

二、李克强在政府工作报告中提出　切实保障和改善民生　加强和创新社会治理

2022 年 3 月 5 日，国务院总理李克强代表国务院向十三届全国人大五次会议作政府工作报告。李克强在政府工作报告中指出，切实保障和改善民生，加强和创新社会治理。提高防灾减灾救灾和应急救援能力，做好洪涝干旱、森林草原火灾、地质灾害、地震等防御和气象服务。落实安全生产责任和管理制度，深入开展安全生产专项整治三年行动，有效遏制重特大事故发生。

三、李克强对森林草原防灭火工作作出重要批示强调　压实各方责任　强化源头治理　提高安全扑救能力　坚决防范重特大森林草原火灾发生

新华社北京 3 月 17 日电　中共中央政治局常委、国务院总理李克强日前对森林草原防灭火工作作出重要批示。批示指出：当前我国大部分地区陆续进入春季防火紧要期，必须不懈抓好森林草原防灭火这件事关人民群众生命财产安全和国家生态安全的大事。各地区各有关部门要坚持以习近平新时代中国特色社会主义思想为指导，认真贯彻党中央、国务院决策部署，坚持人民至上、生命至上，以更高标准、更严要求、更实举措做好森林草原防灭火工作。要层层压紧压实各方责任，盯紧看牢重点部位、关键区域和重要时段，加强联合会商、滚动研判，提高火险预警和应急响应的针对性、实效性。以底线思维强化源头治理，狠抓宣传警示教育、风险隐患整治和野外火源管控，补齐基础设

施和消防力量短板。完善预案体系，科学布防力量，加强实战演练，提高专业指挥和安全扑救能力，做到打早、打小、打了，坚决防范重特大森林草原火灾发生，最大限度减少灾害损失。

四、李克强对东航客机坠毁作出批示　要求全力以赴搜寻幸存者　尽一切可能救治伤员　妥善处置善后事宜

新华社北京 3 月 21 日电　3 月 21 日 14 时 38 分许，东方航空公司 MU5735 航班执行昆明—广州任务时，在广西梧州市上空失联并坠毁。机上载有乘客 123 人、机组人员 9 人。事故发生后，中共中央政治局常委、国务院总理李克强作出批示，要求全力以赴搜寻幸存者，尽一切可能救治伤员，妥善处理善后事宜，做好遇难者家属安抚和服务，实事求是、及时准确发布信息，认真严肃查明事故原因，采取有力措施加强民航安全管理。

五、李克强对全国安全生产电视电话会议作出批示　深入推进安全生产专项行动　强化系统治理、源头治理

新华社北京 4 月 1 日电　全国安全生产电视电话会议日前在北京召开。中共中央政治局常委、国务院总理李克强作出批示指出，当前安全生产形势依然复杂严峻，各地区各有关部门要坚持以习近平新时代中国特色社会主义思想为指导，认真贯彻党中央、国务院决策部署，坚持人民至上、生命至上，统筹发展和安全，责任到位、措施到位，坚决遏制重特大事故发生。要深入推进安全生产专项行动，深刻汲取近段时间安全事故的教训，举一反三，全面开展安全大检查，及时整治重大安全风险隐患，坚决严惩矿山、危化、建筑、交通、消防等重点行业领域安全生产违法违规行为，对敷衍塞责、工作不力的要严肃问责。要强化系统治理、源头治理，集中攻坚制约安全生产的突出矛盾，加快重大安防工程建设，夯实安全生产基础，全面提升安全发展水平。

六、李克强对防汛抗旱工作作出重要批示强调　坚决防范应对重大洪涝灾害　确保人民群众生命财产安全

新华社北京 4 月 14 日电　中共中央政治局常委、国务院总理李克强日前对防汛抗旱工作作出重要批示。批示指出：防汛抗旱事关经济社会发展和安全稳定大局，在今年复杂严峻的国际国内环境下尤为重要。当前我国已进入汛期，必须丝毫不能松懈地做好防汛抗旱工作。各地区各有关部门要以习近平新时代中国特色社会主义思想为指导，认真贯彻党中央、国务院决策部署，坚持人民至上、生命至上，统筹发展和安全，立足防大汛、抗大旱、抢大险、救大灾，以更高标准、更严要求、更实举措抓好各项工作。坚持以防为主、防抗救相结合，全面压实各方责任，抓紧完善预案，加强监测预警，提升响应水平，保证抢险物资充足到位，加快补齐基础设施和基层应急能力短板。树牢底线思维，狠抓风险隐患排查整治，突出抓好城市洪涝、山洪、台风等防御，必要时及时组织人员转移避险。国家防总、各流域防总和省级防指要加强统筹协调，进一步完善指挥体系和协调联动机制，坚决防范应对重大洪涝灾害，确保人民群众生命财产安全，以实际行动迎接党的二十大胜利召开。

七、李克强对湖南长沙居民自建房倒塌事故作出批示　要求抢抓黄金救援时间全力、科学搜救被困人员　做好伤员救治　尽最大努力减少因伤致残和死亡

新华社北京4月30日电　4月29日12时24分，湖南长沙市望城区金山桥街道金坪社区一居民自建房发生倒塌事故。截至目前，仍有数十人被困。事故发生后，中共中央政治局常委、国务院总理李克强作出批示，要求抢抓黄金救援时间全力、科学搜救被困人员，做好伤员救治，尽最大努力减少因伤致残和死亡。同时妥善做好家属安抚等善后工作，实事求是、公开透明发布信息。要认真查明事故原因，依法依规严肃问责。要督促各地深入排查整治建筑行业尤其是经营性自建房安全隐患，严防重特大事故发生。

八、李克强主持召开国务院常务会议　部署继续做好防汛救灾工作　切实保障人民群众生命财产安全

2022年6月22日，国务院总理李克强主持召开国务院常务会议，部署继续做好防汛救灾工作，切实保障人民群众生命财产安全。会议指出，前段时间南方多地持续强降雨，有关方面及时应对，努力降低灾害损失。据预测今年汛期我国极端天气偏多，近期主雨带呈阶梯状北抬。要落实党中央、国务院部署，强化责任，完善预警和应急响应联动机制，继续做好防汛救灾，保障人民群众生命财产安全。一是紧盯重点流域，科学调度防洪工程，加强巡查防守和应急处置，保障大江大河、大型水库安全度汛。二是抓实北方地区防汛备汛，排查整治风险隐患，做好抢险队伍、物资等准备。三是抓好人员转移避险，细化应急预案，一有险情场所该关停的关停、人员该转移的转移。四是妥善安置受灾群众，及时修复水毁设施。五是有关部门要加强对地方的指导支持，及时下拨资金和物资。同时统筹做好防汛和抗旱。

九、李克强对全国安全生产电视电话会议作出重要批示强调　层层压紧压实安全生产责任和措施　坚决防范遏制重特大事故发生

2022年7月11日，国务院安委会召开全国安全生产电视电话会议。中共中央政治局常委、国务院总理李克强作出重要批示。批示指出：安全生产须臾不可放松。今年以来一些地区和行业领域事故多发，教训十分深刻。各地区、各有关部门和单位要以习近平新时代中国特色社会主义思想为指导，认真贯彻党中央、国务院决策部署，统筹发展和安全，树牢底线思维，层层压紧压实安全生产责任和措施，有效防范化解重大安全风险。要进一步强化安全监管执法，持续夯实安全生产基础，提升安全发展水平。扎实开展经营性自建房安全隐患和城镇燃气等安全风险整治，进一步强化交通运输、矿山、建筑施工、危化品、水上船舶、消防等重点行业领域专项治理，对敷衍塞责、治理不力的要严肃问责，坚决防范遏制重特大事故发生，切实保障人民群众生命财产安全。

十、李克强主持召开国务院常务会议　部署进一步做好防汛抗旱和应对自然灾害工作　切实保障群众生命财产安全

2022年7月29日，国务院总理李克强

主持召开国务院常务会议，部署进一步扩需求举措，推动有效投资和增加消费；部署毫不松懈抓好秋粮生产，确保实现全年粮食丰收；部署进一步做好防汛抗旱和应对自然灾害工作，切实保障群众生命财产安全。会议指出，当前正值“七下八上”防汛关键期，局地持续高温，要继续抓实防灾减灾工作，保障人民群众生命财产安全。要进一步落实地方主体责任，加强监测预警和值班值守，及时启动应急预案。继续抓好大江大河、大中型水库洪水防御，确保安澜度汛。强化中小河流和小型水库洪水、城市内涝、山洪地质灾害等防范，人员该转移的转移。做好抗旱工作。及时下拨资金，妥善安置受灾群众。

十一、李克强主持召开国务院常务会议　部署进一步做好抗旱救灾工作　强化财力物力支持

2022 年 8 月 24 日，国务院总理李克强主持召开国务院常务会议。会议指出，7 月份以来，四川盆地、长江中下游等地区持续高温少雨，旱情对群众生活生产造成影响。要压实责任，进一步做好抗旱减灾工作。一是科学调度江河和水利工程水资源，适时人工增雨、增打机井，增加抗旱水源。二是优先保障群众饮用水，必要时拉水送水。三是千方百计保障农业灌溉用水，指导农户抗旱保秋粮。四是从中央预备费中拿出 100 亿元抗旱救灾，重点支持当前中稻抗旱。五是抓紧研究推动晚稻丰收的举措，中央财政持续予以支持。地方也要加大投入。同时继续统筹做好防汛各项工作。

十二、李克强对四川甘孜泸定县 6.8 级地震作出批示　要求抓紧核实灾情　全力抢险救援和救治伤员　注意防范滑坡、泥石流等次生灾害

新华社北京 9 月 5 日电　北京时间 9 月 5 日 12 时 52 分，四川甘孜藏族自治州泸定县发生 6.8 级地震，震源深度 16 公里。截至目前，地震已造成 21 人死亡、30 余人受伤，部分水、电、交通、通信等基础设施受损。地震发生后，中共中央政治局常委、国务院总理李克强作出批示，要求抓紧核实灾情，全力抢险救援和救治伤员，注意防范滑坡、泥石流等次生灾害，妥善安置受灾群众，尽快抢修受损的交通、通信等基础设施。有关部门要对地方抗震救灾加强指导和支持。

十三、李克强对森林草原防灭火工作作出重要批示强调　加强源头治理　健全全流程各环节责任体系　坚决遏制重特大火灾发生

新华社北京 9 月 16 日电　中共中央政治局常委、国务院总理李克强日前对森林草原防灭火工作作出重要批示。批示指出：森林草原是国家重要生态屏障，防灭火工作事关人民群众生命财产安全和生态安全。当前，我国大部分地区陆续进入秋冬季防火期，森林草原防灭火形势严峻复杂。各地区各有关部门要以习近平新时代中国特色社会主义思想为指导，认真贯彻党中央、国务院决策部署，坚持人民至上、生命至上，强化底线思维，抓实抓细森林草原防灭火各项工作。要健全全流程各环节责任体系，进一步压实属地、行业和经营单位责任。加快补基础设施和专业

力量短板，优化队伍布局。加强源头治理，深入推进群防群治，做好监测预警，紧盯重点区域、重要目标、关键时段，主动防范化解风险隐患。完善预案体系，及时高效联动响应，做好应急处置，强化专业指挥，科学安全扑救，坚决遏制重特大火灾发生。

十四、刘鹤出席全国安全生产电视电话会议

2022 年 1 月 17 日，国务院召开全国安全生产电视电话会议，国务院副总理、国务院安委会主任刘鹤，国务委员、国务院安委会副主任王勇出席会议。会议指出，过去一年，各地区、各部门认真贯彻落实习近平总书记重要指示精神和党中央、国务院决策部署，深入开展安全生产专项整治三年行动，有力防控重大安全风险，全年安全生产形势总体稳定。同时，要深刻认识安全生产面临的严峻形势和挑战，坚决防范遏制重特大事故。会议要求，认真贯彻落实中央经济工作会议精神，统筹发展和安全，按照“理直气壮、标本兼治、从严从实、责任到人、守住底线”的工作要求，全力做好安全生产的各项工作，确保全年安全生产形势持续稳定，为党的二十大胜利召开创造良好的安全环境。要牢固树立“人民至上、生命至上”理念，把保护人民生命安全作为“国之大者”抓严抓实。强化安全责任落实，落实好地方各级党委政府“党政同责”领导责任和部门“三个必须”的监督管理责任，真正把安全生产责任制落实落细落到人。深入推进专项整治三年行动，在各行业领域推广好的经验，推进新的突破，形成制度化成果。大力开展“两个集中治理”，构建危化品重大危险源常态化安全管控机制，加快推进城镇燃气安全排查整治。认真排查和消除中小水电站安全隐患。继续加强监管执法，建好建强专职队伍，做到有人管、有得力的人管，真正把违法行为管住。进一步夯实安全基础，多渠道、多种方式加大安全投入，推动提升安全生产整体水平。

新华社北京 4 月 1 日电　全国安全生产电视电话会议日前在北京召开，对压紧压实安全责任，全面加强安全生产工作进行部署。中共中央政治局委员、国务院安委会主任刘鹤在会上讲话，国务委员、国务院安委会副主任王勇、赵克志出席会议。会议部署了进一步强化安全生产责任落实、坚决防范遏制重特大事故的 15 条措施，主要包括严格落实地方党委安全生产责任、严格落实地方政府安全生产责任、严格落实部门安全监管责任、严肃追究领导责任和监管责任、企业主要负责人必须严格履行第一责任人责任、立即深入扎实开展全国安全生产大检查、牢牢守住项目审批安全红线、严厉查处违法分包转包和挂靠资质行为、切实加强劳务派遣和灵活用工人员安全管理、重拳出击开展“打非治违”、坚决整治执法检查宽松软问题、着力加强安全监管执法队伍建设、重奖激励安全生产隐患举报、严肃查处瞒报谎报迟报漏报事故行为以及统筹做好经济发展、疫情防控和安全生产工作。会议强调，各级党委和政府要把习近平总书记重要指示精神不折不扣落实到位。要提高政治站位，把统筹发展和安全、抓好安全生产工作作为完整准确全面贯彻新发展理念、推动高质量发展的重要举措，牢牢守住项目审批安全红线，防范化工产业承接地安全风险。各级领导干部严格履责、分

兵把口，切实抓具体、抓扎实、抓出成效。各有关部门要严格落实“三个必须”要求，按照“谁主管谁牵头、谁为主谁牵头、谁靠近谁牵头”的原则及时明确职责、主动担当履责。要立即深入扎实排查重大风险隐患，列出清单、明确要求、压实责任、限期整改，严厉查处违法盗采、瞒报事故等严重违法行为，尽快扭转事故多发局面。

2022 年 7 月 11 日，国务院安委会召开全国安全生产电视电话会议。国务院副总理、国务院安委会主任刘鹤，国务委员、国务院安委会副主任王勇、赵克志出席会议。会议指出，要认真贯彻落实习近平总书记关于安全生产重要指示精神，落实李克强总理批示要求，紧紧围绕“防风险、保安全、迎二十大”这条主线，紧紧锚定遏制重特大事故这个目标，全力维护安全生产形势持续稳定，为党的二十大营造良好安全环境。会议认为，经过各方共同努力，全国安全生产工作取得积极成效，但仍处于爬坡过坎期，在各种主客观因素影响下，形势的严峻性复杂性远超以往。必须保持清醒认识，强化底线思维，坚持不懈抓好安全生产各项工作。会议强调，将防范化解重大安全风险作为重大政治责任，严格落实安全生产十五条硬措施。要把遏制重特大事故摆在更加突出的位置，全面排查治理各类重大风险隐患。要开展安全生产大检查“回头看”，依法依规严肃事故追责问责。协调联动堵塞盲区漏洞，加强风险监测预警和现场监控，严字当头“打非治违”。在这个特殊、关键时期，一定要有责任心、一定要细心、一定要有主动性、一定要行动快，共同做好下半年安全生产工作，不辜负党中央的信任和重托。

2022 年 9 月 23 日，国务院安委会召开全国安全生产电视电话会议。会议要求认真学习贯彻习近平总书记重要指示精神，按照李克强总理批示要求，全力以赴抓好各项安全责任措施落实，尽心尽责、担当作为，为党的二十大胜利召开营造良好氛围。国务院副总理、国务院安委会主任刘鹤，国务委员、国务院安委会副主任王勇、赵克志出席会议。会议强调，必须坚持人民至上、生命至上，统筹发展和安全，将安全生产要求贯穿到各项工作全过程，牢牢守住安全底线。必须严格落实责任，主要领导和分管领导加强统筹，各有关部门担起各自职责。必须深入排查风险，盯紧看牢矿山、危化、交通、建筑、消防、渔船、燃气等高危行业领域重大风险，重大隐患拉出单子、盯住整改，重大危险源落实包保责任。必须依法依规办事，督促各类企业严格落实安全生产法定职责，对重大隐患拒不整改、交通“三超一疲劳”、瞒报谎报事故等严重违法行为要依法严惩，发生事故的严肃追责。必须有力应急处置，制定完备的应急预案和防范措施，重点部位、重点单位 24 小时值守，出现突发情况及时报告、果断处置。必须高效做好统筹，把安全要求贯穿疫情防控各环节，切实支持经济社会发展大局。

十五、刘鹤王勇在广西梧州指导“3·21”东航 MU5735 航空器飞行事故现场救援善后处置及事故原因调查工作

新华社南宁 3 月 22 日电　受党中央、国务院委派，中共中央政治局委员、国务院副总理刘鹤和国务委员王勇率有关部门负责同志 22 日凌晨抵达广西梧州，指导

"3·21"东航 MU5735 航空器飞行事故现场救援、善后处置及事故原因调查工作。21 日晚，刘鹤、王勇在前往梧州的飞机上与有关部门负责同志商讨情况，对现场救援等工作提出明确要求。22 日凌晨抵达梧州后，立即召开会议传达学习习近平总书记重要指示和李克强总理批示，研究部署有关工作，决定成立事故现场处置指挥部和事故技术调查组，明确成员单位及其职责分工。22 日上午，刘鹤、王勇来到事故现场，实地查看环境条件，仔细了解救援工作进展，并看望慰问搜救人员。之后召开专题会议，详细听取有关方面情况汇报，研究部署下一步工作。会议要求，要深入贯彻落实习近平总书记重要指示和李克强总理批示要求，坚持人民至上、生命至上，按照"统一指挥、分工负责、深入细致、科学有序"总体要求，全面做好现场救援、善后处置、事故原因调查等工作。会议强调，要争分夺秒做好人员搜救工作，不留死角、不留盲区，只要有一丝希望就要全力以赴开展救援。要深入细致做好家属安抚，组织人员一对一进行心理抚慰和情绪疏导，积极稳妥做好善后处置工作。要组织专家全面进行查勘取证，对相关技术资料等逐一分析认定，尽快查明事故原因。要按照及时、准确、公开、透明原则，持续发布信息，积极回应社会关切。要在民航及各重点行业开展安全专项检查，吸取教训，举一反三，及时排查风险隐患，确保航空运行绝对安全、确保人民生命绝对安全，坚决防范遏制重特大安全事故发生。事故现场处置指挥部及成员单位要加强组织领导，紧密协同配合，细化分解任务，压紧压实责任，统筹做好疫情防控，有力有序推进应急处置各项工作。

十六、刘鹤出席全国自建房安全专项整治电视电话会议并部署工作

2022 年 5 月 7 日，国务院安委会召开全国自建房安全专项整治电视电话会议。会议要求认真学习贯彻习近平总书记重要指示精神，按照李克强总理批示要求，深刻吸取湖南长沙居民自建房倒塌事故教训，开展全国自建房安全专项整治，严防重特大事故发生，以实际行动迎接党的二十大胜利召开。中共中央政治局委员、国务院副总理、国务院安委会主任刘鹤出席会议并部署专项整治工作，国务委员、国务院安委会副主任王勇主持会议，国务委员、国务院安委会副主任赵克志出席会议并讲话。有关部门和地方作了重点发言。会议要求，要坚持人民至上、生命至上，彻查湖南长沙居民自建房倒塌事故原因，依法从严处理相关责任人。全力抓好专项整治，重点整治涉及公共安全的自建房。建立专项整治领导机制，严格落实地方各级党委政府属地责任，坚持行业管理部门既要管行业、也要管安全。要全面分类整治，逐户逐栋排查，"一栋一策"整改。严厉打击危及建筑安全的违法行为，严格落实安全责任。健全长效机制，强化设计施工队伍、房屋鉴定机构和从业人员监管。会议强调，要抓紧推进全国安全生产大检查，主动排查和消除各类安全隐患，强化城市火灾防治等工作，坚决扭转事故多发局面。要坚持稳中求进、统筹全局，把各项工作做细做实。

十七、王勇出席相关会议并开展调研

2022 年 1 月 29 日，国务委员王勇赴应急管理部调研应急值班值守情况并召开

应急管理系统视频会议。他强调，要深入贯彻习近平总书记关于加强应急管理和冬奥会、冬残奥会筹办的一系列重要指示精神，严格值班值守，强化应急准备，有效防控各类安全风险，确保人民群众欢度平安祥和新春佳节，全力做好冬奥应急服务保障。王勇强调，各级应急管理系统要认真贯彻党中央、国务院决策部署，扎实细致查隐患、堵漏洞、强弱项，抓紧时间对各环节进行再检查、再强化、再落实，定人定岗定责，确保应急准备万无一失。严格执行24小时值班值守制度，时刻保持应急状态，严密管控春节假期和冬奥赛区安全风险，及时高效处置突发险情。坚持不懈抓好安全生产、防灾减灾救灾各项工作，聚焦优化协同高效，持续深化改革创新，夯实应急管理基层基础，不断提升应急管理和安全生产监管能力水平，切实维护人民群众生命财产安全，推动全国安全生产形势稳定向好，以优异成绩迎接党的二十大胜利召开。

2022年3月25日，国务委员王勇在广西继续指导“3·21”东航MU5735航空器飞行事故应急处置工作。他强调，要深入贯彻落实习近平总书记重要指示和李克强总理批示要求，牢固树立人民至上、生命至上理念，全力以赴、科学有序开展现场搜寻搜救，加快推进事故调查取证，稳妥细致做好家属安抚等善后工作，及时准确发布信息，更好统筹疫情防控和应急处置各项工作。

2022年3月26日至29日，国务委员王勇在广西梧州指导推进“3·21”东航MU5735航空器飞行事故应急处置工作。他强调，要深入贯彻习近平总书记一系列重要指示精神，认真落实党中央、国务院决策部署，继续保持攻坚状态，持续深入做好现场搜寻，科学严谨调查事故原因，细致稳妥开展善后工作，确保应急处置各项工作有力有序扎实推进。

2022年4月30日，受党中央、国务院委派，国务委员王勇率有关部门紧急赶赴湖南长沙指导居民自建房倒塌事故救援和应急处置工作。他强调，要坚决贯彻习近平总书记重要指示精神，落实李克强总理批示要求，坚持人民至上、生命至上，尽最大努力、想一切办法，全力以赴开展抢险救援，不惜代价抢救生命，千方百计减少人员伤亡，周密细致做好善后处置等工作。

2022年5月31日，国务委员王勇在京出席2022年全国“安全生产月”活动启动视频会议并讲话，他强调，要深入学习贯彻习近平总书记关于安全生产的一系列重要指示精神，牢固树立安全发展理念，抓紧抓实安全风险防范，坚决遏制各类重特大事故发生，为党的二十大胜利召开营造安全稳定环境。王勇指出，各地区各有关方面要以组织开展全国“安全生产月”活动为契机，切实把习近平总书记重要指示精神和党中央、国务院决策部署贯彻到安全生产工作全过程各环节，进一步采取有力有效举措，牢牢守住安全生产红线底线。要深刻吸取事故教训，进一步深化安全生产大检查和重点行业领域专项整治，严格落实安全生产十五条硬措施，强化汛期安全防范应对，指导督促企业压紧压实安全生产主体责任，全面提升本质安全水平。要加强新《安全生产法》等法律法规宣贯，大力弘扬安全文化，促进安全社会共治，更好保障人民群众生命财产安全。

2022 年 12 月 29 日，国务委员王勇到国家能源集团调研安全保供工作，出席全国矿山智能化建设和安全发展推进视频会并讲话。王勇指出，我国矿山智能化建设取得明显成效，但任务仍很紧迫艰巨。各地区各有关部门和企业要认真落实党中央、国务院决策部署，坚持安全第一、预防为主，进一步健全机制、压实责任，不断完善政策保障、标准规范、资金投入和科技支撑，加快灾害严重矿山、非煤矿山等智能化建设进度，全面提高安全风险智能防控和监管监察能力。国企央企要发挥表率作用，加快打造安全高效的智能化矿山，夯实企业安全发展基础。临近岁末年初，要全力做好各重点行业领域安全生产工作，坚决防范遏制重特大事故，切实保障人民群众生命财产安全。

第三章　重要法律法规、文件

一、国务院印发《“十四五”国家应急体系规划》

新华社北京 2 月 14 日电　国务院日前印发《“十四五”国家应急体系规划》（以下简称《规划》），对“十四五”时期安全生产、防灾减灾救灾等工作进行全面部署。《规划》要求，“十四五”时期要以习近平新时代中国特色社会主义思想为指导，全面贯彻落实党的十九大和十九届历次全会精神，增强“四个意识”、坚定“四个自信”、做到“两个维护”，坚持系统观念，统筹推进“五位一体”总体布局，协调推进“四个全面”战略布局，坚定不移贯彻新发展理念，坚持稳中求进工作总基调，坚持人民至上、生命至上，坚持总体国家安全观，更好统筹发展和安全，以推动高质量发展为主题，以防范化解重大安全风险为主线，深入推进应急管理体系和能力现代化，坚决遏制重特大事故，最大限度降低灾害事故损失，全力保护人民群众生命财产安全和维护社会稳定，为建设更高水平的平安中国和全面建设社会主义现代化强国提供坚实安全保障。《规划》指出，坚持党的领导、以人为本、预防为主、依法治理、精准治理、社会共治，到 2025 年，应急管理体系和能力现代化建设取得重大进展，形成统一指挥、专常兼备、反应灵敏、上下联动的中国特色应急管理体制，建成统一领导、权责一致、权威高效的国家应急能力体系，防范化解重大安全风险体制机制不断健全，应急救援力量建设全面加强，应急管理法治水平、科技信息化水平和综合保障能力大幅提升，安全生产、综合防灾减灾形势趋稳向好，自然灾害防御水平明显提升，全社会防范和应对处置灾害事故能力显著增强。到 2035 年，建立与基本实现现代化相适应的中国特色大国应急体系，全面实现依法应急、科学应急、智慧应急，形成共建共治共享的应急管理新格局。《规划》部署了七方面重点任务，一是深化体制机制改革，构建优化协同高效的治理模式。二是夯实应急法治基础，培育良法善治的全新生态。三是防范化解重大风险，织密灾害事故的防控网络。四是加强应急力量建设，提高急难险重任务的处置能力。五是强化灾害应对准备，凝聚同舟共济的保障合力。六是优化要素资源配置，增进创新驱动的发展动能。七是推动共建共治共享，筑牢防灾减灾救灾的人民防线。围绕上述重点任务，《规划》安排了五类共十七项重点工程。《规划》从加强组织领导、投入保障和监督评估等三方面保障实施，确保目标任务落到实处。

二、国务院办公厅关于印发全国自建房安全专项整治工作方案的通知

2022 年 5 月 24 日，国务院办公厅印发《全国自建房安全专项整治工作方案》（国办发明电〔2022〕10 号）。《方案》总体要求：以习近平新时代中国特色社会主

义思想为指导，深入贯彻落实习近平总书记关于安全生产的重要指示批示精神，深刻汲取事故教训，坚持人民至上、生命至上，坚持统筹发展和安全，坚持远近结合、标本兼治。严格落实地方党委和政府属地责任，按照“谁拥有谁负责、谁使用谁负责、谁主管谁负责、谁审批谁负责”的原则，依法依规彻查自建房安全隐患。组织开展“百日行动”，对危及公共安全的经营性自建房快查快改、立查立改，及时消除各类安全风险，坚决遏制重特大事故发生。推进分类整治，消化存量，力争用3年左右时间完成全部自建房安全隐患整治。完善相关制度，严控增量，逐步建立城乡房屋安全管理长效机制。《方案》主要任务：各地要对本行政区域内城乡所有自建房进行排查摸底，建立整治台账、实行销号管理，组织开展“百日行动”，彻底整治隐患，加强安全管理。《方案》从强化组织实施、明确部门分工、加强支撑保障、强化督促指导、做好宣传引导五方面保障实施。

三、国务院办公厅关于印发国家防汛抗旱应急预案的通知

2022年5月30日，国务院办公厅印发《国家防汛抗旱应急预案》(国办函〔2022〕48号)。2005年5月14日经国务院批准、由国务院办公厅印发的《国家防汛抗旱应急预案》同时废止。

四、国务院第一次全国自然灾害综合风险普查领导小组关于调整国务院第一次全国自然灾害综合风险普查领导小组组成人员的通知

2022年9月26日，国务院第一次全国自然灾害综合风险普查领导小组印发《关于调整国务院第一次全国自然灾害综合风险普查领导小组组成人员的通知》(国灾险普发〔2022〕2号)。调整后，国务委员王勇为国务院第一次全国自然灾害综合风险普查领导小组组长，应急管理部部长王祥喜、国务院副秘书长王志清、财政部副部长朱忠明为副组长。部分领导小组成员作了调整。领导小组办公室主任由国家减灾委员会秘书长郑国光兼任。

五、最高人民法院、最高人民检察院联合发布《关于办理危害生产安全刑事案件适用法律若干问题的解释（二)》

2022年12月15日，最高人民法院、最高人民检察院联合发布《关于办理危害生产安全刑事案件适用法律若干问题的解释（二)》(以下简称《解释》)。《解释》已于2022年9月19日最高人民法院审判委员会第1875次会议、2022年10月25日最高人民检察院第十三届检察委员会第一百零六次会议通过，自2022年12月19日起施行。《解释》进一步明确了刑法等法律适用标准，明确了强令、组织他人违章冒险作业罪的行为方式，以及危险作业罪的犯罪主体范围、客观方面构成要件的具体认定等内容，对依法惩治危害生产安全犯罪，维护公共安全，保护人民群众生命安全和公私财产安全具有重要意义。

六、中共中央办公厅　国务院办公厅印发《关于全面加强新形势下森林草原防灭火工作的意见》

2023年4月20日，中共中央办公厅、国务院办公厅印发了《关于全面加强新形势下森林草原防灭火工作的意见》，并发出通知，要求各地区各部门结合实际认真贯彻落实。《意见》共10个部

分 31 条，第一部分是总体要求，明确了森林草原防灭火工作的指导思想、工作要求和主要目标。第二至第九部分是重点工作部署，对明确工作职责、压实火灾防控责任，优化体制机制、建强组织指挥体系，深化源头治理、防范化解火灾风险，加强力量建设、稳步提升实战能力，注重夯实根基、加强基础设施建设，突出科技赋能、加大创新技术应用力度，树牢底线思维、提高应急处置能力，完善法律法规体系、提升依法治火水平等 8 个方面的重点工作作了针对性部署。第十部分是强化组织实施，提出了加强组织领导、强化资金保障、加大政策支持力度、加强宣传引导等 4 个方面的工作要求。《意见》是新中国成立以来首个由党中央、国务院审定印发的关于森林草原防灭火工作的纲领性文件，是新体制新机制下做好森林草原防灭火工作的基本遵循，具有里程碑意义，对进一步提升我国森林草原火灾综合防控能力，特别是有效防范化解重大森林草原火灾风险，全力维护人民群众生命财产安全和国家生态安全具有十分重要的作用。

第二篇

应急管理综述

第一章　2022 年中国应急管理综述

2022 年是党和国家历史上极为重要的一年。全国应急管理系统在以习近平同志为核心的党中央坚强领导下，坚持以习近平新时代中国特色社会主义思想为指导，把为党的二十大胜利召开营造良好安全环境作为重大政治任务，坚决贯彻党中央、国务院各项决策部署，严格落实疫情要防住、经济要稳住、发展要安全的要求，顶住了疫情不确定性叠加经济下行压力加大对安全生产的冲击，应急管理工作顶住了全球气候变化背景下我国极端天气事件多发频发重发的冲击，取得新的历史性成绩。全国生产安全事故、较大事故、重特大事故起数和死亡人数实现“三个双下降”，事故总量和死亡人数同比分别下降 24.1%、20.3%。全国自然灾害受灾人次、因灾死亡失踪人数、倒塌房屋数量和直接经济损失与近 5 年均值相比分别下降 15.0%、30.8%、63.3%、25.3%。

一、安全风险防范取得新成效

坚持底线思维，始终绷紧神经，以时时放心不下的责任感防范化解风险，以超常规手段应对超预期因素冲击。

（一）从严压实安全防范责任

部署实施强化安全生产责任落实、坚决防范遏制重特大事故的十五条硬措施，开展全国安全生产大检查，统筹推进省级政府安全生产和消防工作考核巡查及国务院安委会成员单位安全生产工作考核，压实地方党委政府防灾减灾救灾主体责任。成立危险化学品安全专业委员会，健全海上石油安全监管机制。对 33 起较大和典型事故挂牌督办、督促提级调查，对事故和森林火灾多发的省份和行业主管单位严肃约谈，制作播发安全生产专题警示片，开辟“安全生产曝光台”，广泛形成震慑。针对电动自行车、玻璃栈道和海上风电等新业态新风险，厘清部门监管职责，严防漏管失控。

（二）从严开展安全专项整治

紧紧抓住防范遏制重特大事故这个“牛鼻子”，深化标本兼治。突出 2 个专题和 9 个专项，强化重点攻坚和整体提升，形成一批制度成果和经验做法，安全生产专项整治三年行动圆满收官。聚焦重点行业领域，深入推进煤矿治本攻坚、非煤矿山集中攻坚和尾矿库安全治理，全面开展危险化学品安全风险集中治理和化工产业转移、化工园区、化工老旧装置、大型油气储存基地等风险整治，全面完成工贸“钢 8 条”“铝 7 条”“粉尘 6 条”重大隐患和重点事项“清零”任务，统筹推进打通“生命通道”、高层建筑、大型商业综合体等消防专项治理，开展贵州专项督导帮扶，有效化解一批重大风险隐患。发挥安委会职能作用，推动深入开展全国城镇燃气安全排查整治、道路交通事故预防“减量控大”“商渔共治 2022”等专项行动，督促加强民航、经营性自建房、环保设施等领域安全隐患排查整治，有力扭转了重特大事故反弹局面。全面加强自然灾害防治专项检查和综合督查，强化七大流域汛前检查，督促各地对照河南郑州

“7·20”特大暴雨灾害调查报告开展查漏补缺改进提升工作，严密组织野外火源治理和查处违规用火行为专项行动，强化源头管控。

（三）从严坚守安全发展底线

统筹发展和安全，坚持严格规范执法和优化监管服务相结合，着力以高水平安全服务高质量发展。优化煤矿产能核增政策，有序释放先进产能，开展煤矿采掘接续、露天煤矿边坡治理等专项监察，督促“一矿一策”制定安全措施，严厉打非治违，服务能源保供大局。深入开展重点县、重点企业危险化学品安全生产和有限空间作业专家指导服务，大力推进烟花爆竹转型升级集中区建设。推进分类分级精准执法，推广应用“互联网+执法”，加强执法监督，排查整治运动式逐利式执法，提高基层执法能力。同时，突出重点时段加强安全防范，圆满完成党的二十大、全国两会、北京冬奥会和冬残奥会、第五届中国国际进口博览会等重大安保任务。

二、抢险救援救灾夺取新胜利

面对极端灾害天气增多和特大事故反弹的严峻形势，坚持人民至上、生命至上，累计组织 185 次应急会商，启动 89 次应急响应，派出 114 个工作组深入一线，战洪涝、抗地震、灭山火、化危机，切实把确保人民生命安全放在第一位落到实处。国家综合性消防救援队伍共出动人员 2247.5 万人次、消防车 401.8 万辆次，营救被困人员 17.1 万人，疏散遇险人员 26.6 万人。

（一）全面强化应急准备

完善多部门联合会商研判机制，建立气象预警和应急响应联动机制，督促各地建立直达基层责任人的临灾预警“叫应”机制。加强重点地区震情监视跟踪和防范应对准备督导，全力推进青藏高原北缘重大基础设施地质灾害风险评估。开展“应急使命·2022”高原高寒地区抗震救灾实战化演习，持续解决“断、乱、慢”问题。国家综合性消防救援队伍强化实战化训练和专业化培训，修订完善灭火救援预案，组织开展支队级以上灭火救援实战演练 5700 余次，站级灭火救援实战演练 47 万余次。实施森林灭火“北机南调”“北兵南用”，提前预置队伍和装备，优化力量布局。统筹推进各类应急预案制修订工作，修订后的《国家防汛抗旱应急预案》经国务院批准颁布实施。全力做好党的二十大、北京冬奥会和冬残奥会等重要节点应急救援安保备勤工作，累计协调国家层面准备各类应急救援力量 91000 余人次、航空器 74 架次开展应急备勤准备。

（二）全力应对极端灾害

加强统筹协调，把人员转移避险摆在突出位置，科学高效组织抢险救援，坚决打赢珠江流域性较大洪水、辽河支流绕阳河溃口、青海大通山洪等抢险救援突击战，坚决打赢重庆、湖南、广西、江西等南方地区森林防灭火攻坚战，全力组织抗旱救灾。面对突如其来的四川泸定 6.8 级地震，把抢救生命作为首要任务，派出精锐力量，千方百计搜寻失联人员，不放过一丝希望。精准开展救灾救助工作，商财政部下拨中央自然灾害救灾资金 110.65 亿元，会同粮储局调拨中央救灾物资 7.3 万件，及时传递党和政府温暖。

（三）全力应对重特大事故

落实中央领导批示指示精神，有力完成东航 MU5735 航空器飞行事故、湖南长沙自建房倒塌、河南安阳火灾等急难险重救援任务，依法依规开展事故调查；有力应对贵州三河顺勋煤矿顶板、中石化茂名分公司火灾、上海石化爆炸、云南鹤庆在建高速隧道塌方、云南富盛煤矿顶板等生产安全事故。危急时刻，国家综合性消防救援队伍和安全生产、工程抢险、航空等专业应急救援队伍以及广大应急医务人员和社会应急力量逆向而行、勇往直前，始终奋战在党和人民最需要的地方。

三、应急管理体系和能力建设迈出新步伐

主动适应新形势新挑战，加快补短板强弱项，积极推进应急管理体系和能力现代化。

（一）突出全灾种大应急加快完善应急救援力量体系

推动国家综合性消防救援队伍整合改革，投入使用一批新特装备，优化物资储备品种、结构、规模，组建“高低大化”、地震、水域等专业队9500余支，配齐配强人员和车辆装备，提升攻坚打赢能力。加快推进国家区域应急救援中心建设，西南、东南、华中、东北、西北五个区域中心已全面开工。印发落实国家航空消防有关建设方案，统筹部署航空器90架，健全完善空域保障协调机制。出台《关于进一步加强国家安全生产应急救援队伍建设的指导意见》，新建国家安全生产应急救援队伍11支，总数达到102支。持续加强自然灾害工程抢险救援力量建设，组建水上工程抢险救援力量，7艘工程抢险救援（指挥）船全部交付下水。健全社会应急力量参与抢险救援救灾现场协调机制，将2300余支4.9万余人社会应急队伍纳入应急救援力量体系。

（二）突出重点灾种重点领域加强监测预警能力建设

优化完善地震监测台网，地震预警网实现重点地区全覆盖。建成全国森林火险预测预报系统。基本完成第一次全国自然灾害综合风险普查，灾害综合监测预警系统平稳运行。推动全国近八成煤矿完成“电子封条”建设和联网，利用通信大数据开展关停矿井异常变化监测，有效防范非法盗采等违法行为。尾矿库安全风险监测预警系统覆盖七成以上“头顶库”。危险化学品风险监测预警系统迭代升级全面应用。18个城市安全风险综合监测预警平台试点建设取得积极进展，水电气热桥等城市生命线安全纳入监测预警。

（三）突出实战应用提升科技支撑能力

国家应急指挥平台功能进一步完善，应急指挥调度、决策辅助支撑能力进一步提升。集中攻关研制防汛查险抢险、森林灭火、应急通信等急需装备，高原型大载重无人机投入森林灭火实战应用，无人机空中应急通信平台具备24小时不间断通信保障能力。数字化战场建设和“智慧应急”试点积极推进。召开全国矿山智能化建设和安全发展推进会，以标杆示范带动矿山智能化全面发展。

（四）突出问题导向加快健全应急管理法治体系

《关于全面加强新形势下森林草原防灭火工作的意见》印发实施。最高人民法院、最高人民检察院联合发布《关于办理危害生产安全刑事案件适用法律若干问题的解释（二）》。危险化学品安全法、国家综合性消防救援队伍和人员法、煤矿安全生产条例等法律法规立法工作加快推进，制定实施矿山、危险化学品等传统行业领域新风险防范、新业态新领域消防安全、安全生产专业队伍建设、社会应急力量建设等一批标准规范，制定应急管理部权责清单和综合行政执法事项指导目录。配合全国人大常委会完成《消防法》执法

检查。

四、基层基础工作和国际合作再上新台阶

坚持抓基层、强基础，充分调动地方工作积极性，在强基固本上持续发力。

（一）强化基层应急管理守牢前沿阵地

配合全国政协开展双周协商座谈，推动加强基层应急管理能力建设。积极推广各地经验做法，如广东省在县级层面推进应急委双主任制全覆盖；江西省做实“党建+应急管理”，把应急管理工作落实到 11 万多个基层党组织；浙江省推进乡镇街道应急站所和消防站一体化建设，普及率达 97%。全国有 2.8 万个乡镇街道独立设置应急管理机构或者加挂相应牌子、人员编制 7.4 万名，挂牌成立 1.4 万个乡镇街道消防站所、明确 6.3 万名工作人员。命名全国综合减灾示范社区 642 个。

（二）强化规划布局提升基础保障能力

印发实施“十四五”国家安全生产、综合防灾减灾、消防工作等 12 项专项规划，加强安全生产预防和应急救援能力建设，一批补短板、促提升的项目付诸实施。

（三）强化社会参与筑牢人民防线

精心组织全国“安全生产月”、防灾减灾日等集中宣传，常态化开展安全宣传“五进”活动。全国灾害信息员队伍稳定在 100 万人以上。上线运行互联网灾害应急救援救助平台、灾害风险隐患信息报送 App、全国安全生产举报系统和微信小程序。

（四）强化国际合作推动构建人类命运共同体

成功举办首届中国-拉美和加勒比国家共同体灾害管理合作部长论坛、第二届中国-东盟灾害管理部长级会议、第三次金砖国家灾害管理部长级会议、第七届中日韩灾害管理部长级会议、第十二届中欧安全生产对话，对国际重大灾害提供紧急人道主义物资援助，首次牵头组建中国政府专家组赴巴基斯坦提供防洪减灾支持。组队参加第十七届世界消防救援锦标赛，荣获两个项目第三、团体第四的历史最好成绩，实现奖牌榜“零”的突破。

五、干部队伍建设开创新局面

加强党对应急管理工作的全面领导，旗帜鲜明讲政治，强化政治建设，坚持“一把手”抓落实，综合运用政治监督、巡视巡察等方式，坚定维护核心，确保坚决贯彻习近平总书记重要指示批示落地落实。

（一）坚持政治引领

把学习宣传贯彻党的二十大精神作为首要政治任务，引导广大党员干部深刻领悟“两个确立”的决定性意义，增强“四个意识”、坚定“四个自信”、做到“两个维护”，系统上下建功新时代、奋进新征程的动力进一步增强。建立党史学习教育常态化长效化机制，开展“对党忠诚、始于足下”主题学习教育。组织各级党组织书记讲好“走好第一方阵，我为二十大作贡献”专题党课。组织开展授旗致训词四周年学习宣贯活动。持续开展“牢记领袖训词、永做忠诚卫士”主题教育。

（二）坚持正向激励

表彰一批表现突出的个人和集体，对抢险救援和重大专项任务中表现突出的 47 个集体、503 名个人实施奖励，积极营造崇尚英雄、争当先进的干事创业氛围。组织开展第六届“全国 119 消防先进集体和先进个人”评选表彰，消防救援队伍共有 337 个集体、8214 名个人受到记三等功以上奖励。

（三）坚持全面从严治党

持之以恒推进党风廉政建设，严格执行中央八项规定及其实施细则精神，一体推进“三不腐”，深化巡视巡察整改，大力培育应急特色廉洁文化，全面锻造让党和人民信得过、靠得住、能放心的干部队伍，广大干部职工和消防救援指战员知重负重、攻坚克难的精气神有力提振。2022年全系统18位同志当选党的二十大代表，8名个人和4个集体分别被评为全国“人民满意的公务员”和“人民满意的公务员集体”，部直属机关135个党支部被命名为中央和国家机关“四强”党支部。

2022年应急管理工作成绩是党的十九大以来应急管理改革发展成就的重要组成部分。党的十九大以来，以习近平同志为核心的党中央把应急管理摆在治国理政的重要位置，习近平总书记多次就应急管理发表重要讲话、作出重要指示，响鼓重槌压责任、亲力亲为作表率、语重心长教方法，为新时代应急管理改革发展提供了科学指南和根本遵循。五年来，我国应急管理事业发展进入新的历史时期，取得历史性成就、发生历史性变革，走出了新时代中国特色应急管理新路子。一是实现了体制之变。党对应急管理工作的领导全面加强，基本构建统一指挥、专常兼备、反应灵敏、上下联动的中国特色应急管理体制。应急管理部门发挥综合优势，各相关部门发挥专业优势，形成协同高效的应急管理工作格局。二是实现了机制之变。全面建立各领域各环节责任体系，建立健全监测预警、会商研判、力量预置、信息报告、扁平指挥、物资快拨、军地协同、区域联动和防范救援救灾一体化等应急管理机制，搭建横向互联互通、纵向上下贯通的信息化平台，应急管理效能实现质的提升。三是实现了力量之变。按照构建统一领导、权责一致、权威高效的国家应急能力体系要求，基本形成以国家综合性消防救援队伍为主力军和国家队、以专业救援队伍为协同、以军队应急力量为突击、以社会力量为辅助的应急力量体系。国家综合性消防救援队伍主动适应“全灾种、大应急”综合救援任务需求，加快补齐专业救援能力短板，强化战斗力标准，在救援理念、组织指挥、能力建设等方面加快转型升级，在一场场大仗硬仗中赢得了社会广泛赞誉。四是实现了成效之变。新体制新机制新队伍的优势日益显现，风险防范更主动、应急准备更充分、应急救援更高效，应急管理效能显著增强。2018年以来的5年，全国年均因灾死亡失踪人数、倒塌房屋数量、直接经济损失，比前5年均值分别下降54.3%、76.4%、23.0%；2022年全国生产安全事故总量和死亡人数比2017年分别下降50.4%、44.6%。

自应急管理部组建以来，各项工作有了很大进步，但与党中央的要求和人民群众日益增长的安全需求相比，还有明显差距。安全生产、防灾减灾救灾的责任体系还不够完善，基层应急管理仍然薄弱；风险监测预警的精准度有待提高；应急救援能力与防范应对巨灾风险的要求还不相适应，应急预案的针对性实效性亟须增强，应急物资保障体系有待优化；应急管理专业人才明显不足，信息化建设应用水平有待进一步提升，本质安全水平难以满足高质量发展要求；对“一把手”和领导班子监督还需要加强。全国应急管理系统将继续坚持人民至上、生命至上，更好地统筹发展和安全，以更大的决心信心强化弱项、补齐短板，踔厉奋发、勇毅前行，在新时代新征程展现新作为，为全面建设社会主义现代化国家开局起步创造良好安全环境。

第二章　应急管理部重要会议活动

一、全国应急管理工作会议在京召开

2022 年 1 月 5 日，全国应急管理工作会议在京召开。应急管理部党委书记、部长黄明出席会议并讲话。会议强调，踏上向第二个百年奋斗目标进军新征程，贯彻新发展理念，实现高质量发展，对应急管理工作提出了新的更高要求，要进一步学深悟透习近平总书记关于应急管理重要论述，结合应急管理部组建以来的工作实践，深刻理解把握重要理论和实践问题。要加深对以高水平安全服务高质量发展的理解和把握，加深对深化应急管理体制改革的理解和把握，加深对向历史经验教训学习的理解和把握。会议指出，2022 年将召开党的二十大，还将迎来北京冬奥会、冬残奥会和全国两会，做好应急管理工作意义重大、责任重大，要心系国之大者，深入研究把握风险防控规律特点，拿出更加管用有效的措施，全力以赴防范化解重大安全风险。要健全动态研判机制，突出重点行业领域，巩固深化安全生产专项整治三年行动，提升监管执法效能，扎实推进基础建设，强化应急准备和救援。会议强调，踏上新的赶考之路，交出满意答卷，归根到底靠一支全面过硬的应急管理队伍。要坚持政治建设统领，坚持纪律部队建设标准，坚持人才强基战略，坚持全面从严治党。

二、应急管理部党委传达学习贯彻习近平总书记在中央政治局党史学习教育专题民主生活会上的重要讲话精神

2022 年 1 月 7 日，应急管理部党委书记、部长黄明主持召开部党委会和部务会，传达学习贯彻习近平总书记在中央政治局党史学习教育专题民主生活会上的重要讲话精神，在北京考察 2022 年冬奥会、冬残奥会筹办备赛工作时的重要讲话精神，结合分析全国安全生产和自然灾害形势，研究部署贯彻落实措施。会议指出，习近平总书记在中央政治局党史学习教育专题民主生活会上的重要讲话，站位高远、总揽全局、思想深邃、情真意切，具有很强的政治性、思想性、理论性和指导性，对于指引全党弘扬伟大建党精神，坚持党的百年奋斗历史经验，坚定历史自信，不忘初心使命，勇于担当作为，走好新的赶考之路，具有十分重要的意义。我们要认真学习领会，坚决贯彻落实。一要坚定捍卫“两个确立”，坚决做到“两个维护”。二要坚定历史自信，坚守理想信念。三要始终坚持“两个至上”，忠实履行职责使命。四要发挥示范表率作用，建设过硬班子队伍。

三、应急管理部党委传达学习贯彻习近平总书记在省部级主要领导干部学习贯彻党的十九届六中全会精神专题研讨班开班式上的重要讲话精神

2022年1月17日，应急管理部党委书记、部长黄明主持召开部党委会和部务会，传达学习贯彻习近平总书记在省部级主要领导干部学习贯彻党的十九届六中全会精神专题研讨班开班式上的重要讲话精神，认真贯彻全国安全生产电视电话会议和国务院安委会全体会议部署，研究近期安全防范重点工作。会议指出，习近平总书记的重要讲话，从党和国家事业长远发展的全局高度，就贯穿党的十九届六中全会决议的几个重大问题和推进党史学习教育常态化长效化问题进行了深入阐述，为全党上了一堂深刻的党史大课、理论大课、党性大课，是一篇马克思主义的光辉文献。我们要切实把思想和行动统一到重要讲话精神上来，满怀信心奋进新征程、建功新时代。

四、应急管理部召开全系统2022年党风廉政建设工作暨警示教育会议

2022年1月25日，应急管理部召开全系统2022年党风廉政建设工作暨警示教育会议（图2-2-1），部党委书记、部长黄明主持会议并讲话。他强调，要坚持以习近平新时代中国特色社会主义思想为指导，深入学习贯彻习近平总书记在中央纪委六次全会上的重要讲话精神和全会部署要求，坚持严的主基调不动摇，坚持不懈把全面从严治党向纵深推进，为新时代应急管理事业改革发展提供坚强政治保障，以优异成绩迎接党的二十大胜利召开。黄明要求，要在坚定信仰信念上狠下功夫，始终做到对党忠诚。以深化理论武装铸牢信念，以坚定政治立场诠释信念，以主动迎战重大风险的斗争实践砥砺信念，坚持以高水平安全服务高质量发展，坚决扛起防范化解重大安全风

图2-2-1 2022年1月25日，应急管理部召开全系统2022年党风廉政建设工作暨警示教育会议

险的政治责任，始终把确保人民生命安全放在第一位落到实处。要在强化责任落实上狠下功夫，建强班子带好队伍。以《党委（党组）落实全面从严治党主体责任规定》为抓手细化责任落实，建强各级班子，做深做实思想政治工作，积极培育特色应急文化，引导广大党员干部坚定信心、勇毅前行、担当有为，始终让党和人民信得过、靠得住、能放心。要在严格监督管理上狠下功夫，坚决把住廉洁关口。强化全周期、全时段、全覆盖的管理理念，从细节入手、在平时用力，抓实日常管理，盯住“关键少数”，加强对党员领导干部特别是“一把手”履职用权的监督，对年轻党员干部实施严格的教育监督管理，引导他们扣好廉洁从政的“第一粒扣子”，坚决守住拒腐防变的防线。要在高压纠风治腐上狠下功夫，打好自我革命持久战。严明纪律作风，锲而不舍纠“四风”、树新风，严格执行中央八项规定及其实施细则精神以及为基层减负等规定要求，集中纠治安全生产领域群众反映强烈的突出问题，让队伍新风浩荡、正气充盈。坚持不敢腐、不能腐、不想腐一体推进，严厉惩治腐败，绝不让腐败分子在应急管理系统有藏身之地。健全完善权力运行监督机制，切实发挥制度治本作用，加强廉洁文化建设，构建应急管理特色鲜明的廉洁文化。要在从严自我要求上狠下功夫，永葆共产党人本色。主动接受监督，做到心有所畏、言有所戒、行有所止，带头严以律己，纯正家教家风，始终绷紧廉洁从政这根弦，正确处理公和私、义和利、是和非、苦和乐的关系，决不越雷池半步。

五、应急管理部党委理论学习中心组（扩大）专题学习贯彻习近平经济思想

2022年4月11日，应急管理部党委理论学习中心组（扩大）围绕深入学习贯彻习近平总书记在历次中央经济工作会议上的重要讲话精神、习近平总书记《论把握新发展阶段、贯彻新发展理念、构建新发展格局》，重点围绕习近平总书记在2021年中央经济工作会议上阐述的重大理论和实践问题等开展学习研讨。应急管理部党委书记、部长黄明主持学习研讨并讲话。中央和国家机关工委有关同志到会指导。黄明在讲话中强调，学习贯彻习近平经济思想，首先要领会这一重要思想的重大意义和深刻内涵。这一重要思想鲜明回答了时代之问，实现了重大理论创新，富有强大的实践伟力。要以此作为对政治判断力、政治领悟力、政治执行力的现实考验，带动各级党组织既注重从总体上系统把握，又分专题分领域深入领会，以真学促入脑、以真信促入心、以真用促入行，为保持平稳健康的经济环境、国泰民安的社会环境、风清气正的政治环境作出应急管理部门的应有贡献。

六、应急管理部党委召开部系统2022年巡视巡察动员部署会

2022年6月16日，应急管理部系统2022年巡视巡察动员部署会在京召开，对部党委和国家矿山安全监察局、中国地震局党组以及消防救援局、森林消防局党委巡视巡察工作进行统一动员和部署安排，决定成立24个巡视巡察（督查）组，对10家单位开展常规巡视，对28家单位开展整改情况专项巡察（督查）。

七、应急管理部举行北京冬奥应急救援安保暨部直属机关“两优一先”表彰大会

2022年7月1日，在中国共产党成

立101周年之际，应急管理部举行北京冬奥应急救援安保暨部直属机关“两优一先”表彰大会。部党委书记、部长黄明出席会议并讲话，要求深入学习贯彻习近平新时代中国特色社会主义思想，认真总结北京冬奥应急救援安保工作经验，动员广大党员干部和消防救援人员砥砺初心、勇担使命，以更加奋发有为的姿态、更加务实有效的工作，推动应急管理事业高质量发展，以实际行动迎接党的二十大胜利召开。

八、应急管理部党委理论学习中心组集体学习研讨　深入学习习近平经济思想和总体国家安全观

2022年7月18日，应急管理部党委理论学习中心组围绕深入学习习近平经济思想和总体国家安全观开展学习研讨。应急管理部党委书记、部长黄明主持学习研讨并讲话，强调要深刻领会其核心要义、精神实质、丰富内涵和实践要求，坚持统筹发展和安全，不断提高把握新发展阶段、贯彻新发展理念、构建新发展格局的能力，提高驾驭复杂安全形势、应对风险挑战的能力，切实把学习成效转化为全力防控重大安全风险、积极推进应急管理体系和能力现代化的生动实践，以高水平安全服务高质量发展，以实际行动迎接党的二十大胜利召开。

九、应急管理部党委传达学习贯彻习近平总书记在省部级主要领导干部专题研讨班上的重要讲话精神

2022年8月1日，应急管理部党委书记王祥喜主持召开部党委会和部务会，传达学习贯彻习近平总书记在省部级主要领导干部专题研讨班上的重要讲话精神，认真落实国务院常务会议部署，分析近期全国安全形势，研究下一步重点工作。王祥喜强调，新时代应急管理事业责任重大、使命光荣，党委一班人要更加紧密地团结在以习近平同志为核心的党中央周围，把坚决捍卫“两个确立”、做到“两个维护”体现在实际行动和实际效果上，加强政治建设，勇于担当作为，提高能力本领，增进团结协作，自觉遵规守纪，发挥表率作用，带领全系统干部职工和消防救援人员一棒一棒接续奋斗，全力做好防风险、保安全、护稳定、促发展各项工作，努力推动应急管理事业再上新台阶，以优异成绩迎接党的二十大胜利召开。王祥喜强调，当前最紧要的是为党的二十大胜利召开营造良好安全环境。要清醒看到安全防范工作面临的严峻挑战，始终绷紧安全神经，主动担当履责，狠下功夫抓落实，全力以赴确保安全形势平稳。要全力抓好安全生产工作，深入开展安全生产大检查，严格实施煤矿、非煤矿山、尾矿库、危化品等高危行业领域重大隐患整改销号制度，强化大型商业综合体、室内游乐场等人员密集场所火灾隐患排查，有力推动经营性自建房、城镇燃气、工贸行业安全专项整治，协调有关方面做好暑期群众出行出游安全保障，坚决防范遏制重特大事故。要全力做好“七下八上”关键期防灾减灾救灾工作，紧盯重点流域压紧压实包保责任，做好暴雨、台风、山洪地质灾害和城市内涝等防范应对，健全消防救援队伍与中央企业、地方专业队伍联动机制，果断转移受威胁群众，精准开展救灾救助；继续抓好抗旱减灾、防震减灾、森林草原防灭火等工作。发扬钉钉子精神，对已经确定的重点任务、重大工程紧盯不放、扎实推进、善作善成。

十、应急管理部党委理论学习中心组集体学习《习近平谈治国理政》第四卷

2022 年 8 月 29 日，应急管理部党委理论学习中心组围绕《习近平谈治国理政》第四卷举行集体学习研讨。应急管理部党委书记王祥喜主持并讲话，强调要认真学习《习近平谈治国理政》第四卷，结合前三卷系统领悟习近平新时代中国特色社会主义思想，深刻领会“两个确立”的决定性意义，增强“四个意识”、坚定“四个自信”、做到“两个维护”，不断提高政治判断力、政治领悟力、政治执行力，切实把学习成果转化为奋进新征程、建功新时代的工作举措和实际成效，忠诚履行好新时代应急管理职责使命，全力以赴防风险、保安全、护稳定、促发展，以实际行动迎接党的二十大胜利召开。王祥喜强调，要结合学习《习近平谈治国理政》第四卷加深对习近平新时代中国特色社会主义思想核心要义和精神实质的领会把握，做到全面系统学、及时跟进学、深入思考学、联系实际学，指导实践推动工作。深刻领会把握贯穿其中的精神脉络，体悟坚定理想信念、真挚人民情怀、高度自觉自信、无畏担当精神和科学思想方法，始终信念坚定，永葆对党忠诚。深刻领会把握贯穿其中的马克思主义立场观点方法，坚持以人民为中心的发展思想，牢固树立人民至上、生命至上的理念，切实担负起党和人民赋予的神圣职责使命，推动应急管理事业改革发展。深刻领会把握贯穿其中的忧患意识，坚持底线思维、极限思维，充分做好应对各种风险挑战的思想准备和工作准备，把安全防范工作盯得更紧、抓得更实。深刻领会把握贯穿其中的历史自信，继续发扬历史主动精神，增强开拓前进的勇气和力量，把坚决捍卫“两个确立”、做到“两个维护”体现在实际行动和工作成效上。

十一、应急管理部党委召开会议 传达学习贯彻党的十九届七中全会精神

2022 年 10 月 13 日，应急管理部党委书记、部长王祥喜主持召开部党委会，传达学习党的十九届七中全会精神，研究部署学习贯彻落实工作。王祥喜强调，要把学习贯彻全会精神和习近平总书记重要讲话精神作为重要政治任务，深刻领悟“两个确立”的决定性意义，增强“四个意识”、坚定“四个自信”、做到“两个维护”，扎实做好各项工作，以优异成绩迎接和庆祝党的二十大胜利召开。会议强调，党的二十大开幕在即，要强化防风险、保安全、护稳定、促发展的政治担当，全面落实疫情要防住、经济要稳住、发展要安全的要求，为党的二十大胜利召开营造良好氛围。要严之又严、实之又实、细之又细做好大会期间安全防范工作。部党委同志要以上率下，深入抓好分管领域重大安全风险防范工作，守土有责、守土尽责，牢牢守住安全底线。各司局单位要始终绷紧神经，及时研判把控风险变化，采取超常规措施继续抓好安全生产、秋冬季节防灾减灾救灾和应急救援等工作。要提前谋划学习贯彻大会精神有关工作。及时收听收看大会报道，采取理论学习中心组学习、专题研讨、“三会一课”等多种形式，将学习贯彻党的十九届七中全会精神与党的二十大精神有机结合，深入研究把大会确定的重要思想、重要观点、重大判断、重大举措在应急管理领域具体化实践化的思路措

施，带领干部职工抓好落实、团结奋斗，不断开创应急管理工作新局面。

十二、应急管理部召开视频调度会议进一步部署党的二十大期间安全防范工作

2022年10月13日，应急管理部召开视频调度会议，对党的二十大期间安全防范工作进行再推动再督促再落实（图2-2-2）。应急管理部党委书记、部长王祥喜出席会议并讲话，强调要认真贯彻落实党的十九届七中全会精神，按照习近平总书记重要指示，以最坚决的态度、最严格的措施、最过硬的作风，抓紧抓实各项责任措施落实，确保安全形势稳定，为党的二十大胜利召开营造良好氛围。会议强调，要以更细更实的措施盯紧看牢重大安全风险。捆绑责任、落实到人，对危化、矿山、尾矿库、烟花爆竹、工贸等高危企业和高层建筑、大型综合体等消防重点单位，要把监管责任分片包干细化到具体人，盯紧看牢每个重大危险源和不放心企业；下沉力量、滚动排查，组织专家不间断开展集中排查，突出夜查餐饮、娱乐场所和宾馆酒店等重点单位，对查出的风险隐患督办整改，落实人防物防措施，确保不出问题；重拳出击、严查快处，加大监管执法力度，广泛发动群众举报，特别是对矿山盗采资源、重大隐患拒不整改、瞒报谎报事故等突破法律红线的严重违法行为，要加强行刑衔接，保持打非治违高压态势。履行好安委办统筹协调作用，推动其他重点行业领域各负其责，坚决遏制重特大事故。要以强烈的底线思维有力防范应对各种自然灾害。针对近期全国大范围冷空气过程和华西秋雨，各地应急部门要每日组织会商研判，及时发布预警信息，督促基层果断采取转移避险、停航停运、封山封路等硬措施，坚决防止群死群伤；针对入秋后气候干燥、大风天气增多的实际，强化野外火源管控，加强卫星热点监测、飞机巡护、地面巡查，确保火情早发现、快处置。国家综合性消防救援队伍和安全生产等专业救援队伍要在重点单位、重点区域前置力量，确保关键

图2-2-2　2022年10月13日，应急管理部召开视频调度会议，进一步部署党的二十大期间安全防范工作

时刻拉得出、冲得上、打得赢。要以严密的内部管理保障机关和队伍安全高效运转，安排好值班值守，加强信息报告和线索核实，严格落实常态化疫情防控措施。

十三、应急管理部党委召开会议　传达学习贯彻党的二十大精神

2022 年 10 月 24 日，应急管理部党委书记、部长王祥喜主持召开部党委会和部务会，传达学习党的二十大和二十届一中全会精神，交流学习体会，研究部署学习贯彻工作。会议强调，党的二十大提出了一系列新理念新思想新战略，要深学细悟、融会贯通，不断增强贯彻落实的自觉性和坚定性。要全面深入领会党的二十大报告的丰富内涵、精神实质、实践要求，牢牢把握过去 5 年工作和新时代 10 年伟大变革的重大意义，牢牢把握习近平新时代中国特色社会主义思想的世界观和方法论，牢牢把握以中国式现代化推进中华民族伟大复兴的使命任务，牢牢把握以伟大自我革命引领伟大社会革命的重要要求，牢牢把握团结奋斗的时代要求，坚定历史自信、增强历史主动，在新时代新征程上展现应急管理新气象新作为。要把学习贯彻党章作为学习宣传贯彻党的二十大精神的重要方面，引导各级党组织和广大党员认真学习党章、遵守党章、贯彻党章、维护党章，切实把党章党规内化于心、外化于行，保持先进性和纯洁性，增强凝聚力、战斗力、创造力。要全面深入领会党中央对新时代应急管理工作作出的决策部署，深入贯彻落实总体国家安全观，坚决扛起防范化解重大安全风险的政治责任，紧紧围绕完善国家应急管理体系、推动公共安全治理模式向事前预防转型、推进安全生产风险专项整治、提高防灾减灾救灾和重大突发公共事件处置保障能力等重点任务，加强专题研究，明确具体工作思路、目标和措施，找准具体抓手，提高公共安全治理水平，更好满足人民群众日益增长的安全需要，不断开创应急管理事业发展新局面。

十四、应急管理部召开视频会议　动员部署全系统学习宣传贯彻党的二十大精神

2022 年 11 月 1 日，应急管理部召开应急管理系统学习宣传贯彻党的二十大精神动员部署视频会议（图 2-2-3）。应急管理部党委书记、部长王祥喜强调，全系统各级党组织和广大党员干部要认真学习贯彻党的二十大精神，更加深刻领悟“两个确立”的决定性意义，抢抓大好机遇、担当历史使命，为全面建设社会主义现代化国家、全面推进中华民族伟大复兴谱写应急管理新篇章而团结奋斗。会议要求，要坚决贯彻落实党的二十大决策部署，奋力谱写应急管理事业新篇章。学习贯彻党的二十大精神，必须在全面学习、全面把握、全面落实上下功夫，同时突出对应急管理的决策部署，以新的目标任务引领新的发展。着力提高站位，深刻领会“两个确立”的决定性意义，胸怀“国之大者”，坚持把党的领导贯穿应急管理事业发展全过程各方面。着力完善体系，健全统一指挥、专常兼备、反应灵敏、上下联动的中国特色应急管理体制，完善应急指挥机制、预警响应机制、应急预案体系，提升基层应急管理能力，以新安全格局保障新发展格局。着力预防为主，从治理模式上推动公共安全治理向事前预防转型，更加重视责任落实、源头治理，更加重视依法治安、科技兴安、人才强安。着

图 2-2-3 2022 年 11 月 1 日，应急管理部召开视频会议，
动员部署全系统学习宣传贯彻党的二十大精神

力专项整治，全面加强安全监管，深入落实安全生产十五条硬措施，聚焦重点行业领域，深化排查整治、打非治违、治本攻坚，从根本上消除隐患、从根本上解决问题。着力提升能力，完善自然灾害防治体系，持续提升防灾减灾救灾能力；建强国家综合性消防救援队伍，加快提升抢险救援能力，支持发展社会应急力量。着力正风肃纪，建设一支堪当重任的新时期高素质干部队伍，在防范化解重大安全风险中勇于担责、善于履责、全力尽责。会议强调，学习宣传贯彻党的二十大精神是当前和今后一个时期的首要政治任务。全系统要提高政治站位，学思用贯通、知信行统一，把学习大会报告同学习大会系列讲话和党章等结合起来，同学习党的十八大报告、十九大报告精神结合起来，坚定不移把党的二十大提出的目标任务落到实处，体现到做好今年各项工作和安排好今后工作之中。

十五、应急管理部党委理论学习中心组举行集体学习研讨 学习宣传贯彻党的二十大精神

2022 年 12 月 5 日，应急管理部党委理论学习中心组围绕学习宣传贯彻党的二十大精神举行集体学习研讨。应急管理部党委书记、部长王祥喜主持并讲话，强调要深入贯彻习近平总书记重要指示精神，按照党中央决策部署，在全面学习、全面把握、全面落实上下功夫，不断推动学习宣传贯彻党的二十大精神往深里走、往实里走，不断提高公共安全治理水平，为全面建设社会主义现代化国家、全面推进中华民族伟大复兴提供坚强安全保障。王祥喜要求，要准确把握走好新时代中国特色应急管理新路子的方法路径。必须坚持正确方向，坚持科学理论为指导、崇高价值为追求、使命任务为牵引，自觉把应急管理放在党和国家事业发展全局、置于维护国家安全和社会稳定大局

来谋划和推进。必须发挥制度优势，根本的是坚持和加强党的全面领导，不断增强党对应急管理工作的政治领导力、思想引领力、群众组织力和社会号召力。必须立足基本国情，全面把握防灾减灾、安全生产、应急体系的现有基础和现实情况，坚持从自身实际出发，找到适合自身的办法。必须强化系统观念，把握好全局和局部、当前和长远、宏观和微观等关系，前瞻性思考、全局性谋划、整体性推进，制定的每一项政策措施，都要考虑对全局的影响。必须坚持守正创新，传承和发扬党的十八大以来积累的宝贵经验，按照“建立大安全大应急框架”要求，在创新上持续发力，推动我国应急管理事业不断开创新局面。王祥喜强调，要进一步深化学习宣讲，部党委同志要用好各种机会主动宣讲党的二十大精神，各级党组织要继续围绕党委会提出的问题开展学习研讨，广大党员干部要原原本本、逐字逐句学习党的二十大报告和党章，组织好各类培训班、学习班。要进一步提升落实效果，紧密结合应急管理实际，围绕完善体系、预防为主、专项整治、提升能力，细化目标和任务，创造性开展工作，切实把学习成果转化为应急管理生动实践。要进一步加强组织领导，坚持将学习宣传贯彻党的二十大精神作为当前和今后一个时期首要政治任务，各单位主要负责人亲自抓、带头学，结合疫情防控要求，创新学习手段，持续兴起学习宣传贯彻党的二十大精神热潮。

十六、应急管理部举办学习宣传贯彻党的二十大精神宣讲报告会

2022 年 12 月 8 日，应急管理部举办学习宣传贯彻党的二十大精神宣讲报告会，中央宣讲团成员、中央党史和文献研究院院长曲青山应邀作宣讲报告。应急管理部党委书记、部长王祥喜主持报告会。王祥喜在主持报告会时指出，学习宣传贯彻党的二十大精神，事关党和国家事业继往开来，事关中国特色社会主义前途命运，事关中华民族伟大复兴。要提高政治站位，持续推动学习宣传贯彻走深走实。部系统各级党组织和广大党员干部要继续在全面学习、全面把握、全面落实上下功夫，不断推动学习宣传贯彻党的二十大精神往深里走、往心里走、往实里走；认真领悟党的二十大提出的新思想新论断，更加深刻领悟“两个确立”的决定性意义，增强“四个意识”、坚定“四个自信”、做到“两个维护”；自觉以党的二十大精神为指引，把学习成果转化为坚定理想、锻炼党性和指导实践、推动工作的强大力量。要勇于担当作为，忠诚履行应急管理职责使命。心怀“国之大者”，主动将应急管理置于党和国家事业发展的全局中去谋划和推进；坚持总体国家安全观，充分认识“建立大安全大应急框架”给应急管理带来的机遇和实践要求，紧紧围绕完善体系、预防为主、专项整治、提升能力，创造性开展工作，更加精准防范化解重大安全风险，更加有效应对处置各类灾害事故，以高水平安全服务高质量发展，以新安全格局保障新发展格局，坚定不移走好新时代中国特色应急管理新路子。王祥喜强调，临近年终岁尾，各类风险隐患交织叠加，安全防范任务繁重。要严格落实责任，全面做好年终岁尾各项工作。紧盯消防、矿山、危化、烟花爆竹、工贸，以及交通、建筑施工、城镇燃气、渔业船舶等重点行业领域，狠抓安全生产十五条硬措施落实，推动全面排查整治各类风险隐患，开展冬春消防安全专项整治，坚决防范和遏制重特大事故发生。加强灾害天气滚动分析研判，积极防范应对林火、凌汛、低温雨雪冰冻等灾害。各单位和各级领导干部要自觉以党的二十大精神为指导，紧密联系实际，积极谋划部署明年和今后一个时期的工作思路，明确重点措施，找准具体抓手，拿出管用办法，狠抓工作落实。

第三章　2022 年应急救援典型案例

一、青海大通“8·18”山洪灾害抢险救援

2022 年 8 月 17 日夜至 18 日晨，青海省西宁市大通县青林乡、青山乡遭遇短时强降雨，引发严重山洪灾害。强降雨导致青山乡沙岱峡等河沟洪水暴涨，山洪冲向沿河沟的村庄房屋，造成严重破坏和 27 人死亡、4 人失踪。

灾害发生后，受中央领导同志委派，国家防汛抗旱总指挥部副总指挥、应急管理部党委书记王祥喜率国家防总工作组紧急赶赴灾害现场（图 2-3-1），指导协助地方做好抢险救援和应急处置工作，协调落实救灾资金和物资调拨，看望受灾群众，并慰问在一线抢险救援的消防等救援人员。应急管理部协调财政部紧急下拨中央自然灾害救灾资金 5000 万元，调派青海省、甘肃省 2 个消防救援总队相关力量赶赴现场，经过连续奋战，共营救被困群众 27 人，疏散转移周边群众 131 人。

主要经验：强化组织指挥，成立灾害抢险救援处置工作应急指挥部，高效指挥抢险救援处置。全力救援救助，紧急组织 1249 名群众转移避险，妥善安置受灾群众，并持续做好医疗服务和心理疏导工作。抢修基础设施，有序开展道路、通信、电力、供水等基础设施抢修工作。灾害发生 5 小时后灾区主干道抢通，8 小时

图 2-3-1　国家防总工作组深入青海大通“8·18”山洪灾害现场了解失联人员搜救情况

后灾区通信基本恢复，36 小时后受灾核心区供电恢复，43 小时后灾区供水恢复。

二、四川甘孜州丹巴县关州水电站“1·12”较大透水事故救援

2022 年 1 月 12 日 13 时 43 分许，四川省甘孜州丹巴县章谷镇关州水电站 3 号机组引水钢管闷头失效，造成水淹厂房，致 11 名作业人员被困。

事故发生后，党中央、国务院高度重视，应急管理部持续调度指导救援，派出工作组赶赴现场指导处置。国家安全生产应急救援中心调派四川省应急救援总队、国家矿山应急救援芙蓉队下属的华蓥山矿山救护队和宜宾市矿山救护队赶赴现场救援。四川省委、省政府立即启动应急响应，副省长带队赶赴现场指导处置。甘孜州成立以州委书记、州长为双指挥长的前线指挥部，下设 11 个工作小组，统筹各方力量展开救援行动。各救援力量密切配合、连续作战，边排水、边侦察、边搜救，低、高扬程大水泵交替登场，累计投入排水设备 20 台，排水 8.57 万立方米。经过 500 多名救援人员连续 49 小时团结奋战，成功救出 2 名被困人员，找到 9 名遇难人员（图 2-3-2）。

主要经验：政府部门反应迅速，及时疏散群众，组织开展抢险救援。救援措施有力，科学制定“控制水流、抢筑围堰、修筑平台、快速抽排、精准探测、全面搜救”的应急处置方案和“多点布控、分列作业”的现场作业方法，边抽水边搜救、边评估边作业，迅速抽排厂房内积水。专业救援力量和救援装备发挥关键作用，四川省应急救援总队凭借多年排水抢险救援经验作出精准研判，对现场进行整体把控，大功率发电车为救援工作提供充

图 2-3-2 四川甘孜州丹巴县关州水电站“1·12”较大透水事故救援

足电源，高扬程、大功率矿用潜水泵保障排水顺利进行。

三、湖南长沙“4·29”特别重大居民自建房倒塌事故处置

2022 年 4 月 29 日 12 时 24 分，湖南省长沙市望城区金山桥街道金坪社区盘树湾组发生一起特别重大居民自建房倒塌事故，造成 63 人被埋压。

事故发生后，习近平总书记作出重要指示，李克强总理等中央领导同志作出批示。受党中央、国务院委派，王勇国务委员率有关部门到现场指导事故救援和应急处置工作，应急管理部党委书记、部长黄明陪同。湖南省消防救援总队接到报警后，先后调派长沙、株洲、湘潭、衡阳、益阳、训保等支队消防指战员赶赴现场处置（图 2-3-3）。经过全体参战人员 7 昼夜 158 小时连续奋战，先后从倒塌废墟中成功营救出 10 名被困人员，搜救出 53 具遇难者遗体，从废墟东侧受损建筑内转移疏散 13 名遇险人员。

主要经验：在湖南省、市两级党委政府的统一指挥下，消防救援队伍加强与公安、电信、教育等部门联动，根据手机信号、活动轨迹、路面监控等确定被困人员数量，并根据知情人提供的信息，初步判断被困人员所处楼层与位置。利用雷达检测仪、音视频生命探测仪、人工喊话敲击、搜救犬等多种搜救方法，全方位立体式开展搜索，采用听音辨位、交流定位、光线定位等措施，确定被困人员具体位置。组织攻坚小组轮换作业，选派精干力量打通救生通道，结构专家跟进指导支撑破拆，救援人员及时掌握被困人员受伤情况，及时补充生理盐水并进行心理疏导。全程实施扁平化指挥，保证了指挥决策的科学性、专业性和实效性。建立救援行动安全评估、危墙监测、“两长一员”管

图 2-3-3　湖南长沙“4·29”特别重大居民自建房倒塌事故处置

控、撤离演练等安全管控机制，确保救援行动安全，未发生次生灾害。

四、中国石油化工股份有限公司茂名分公司“6·8”泄漏起火事故救援

2022年6月8日12时40分，中国石油化工股份有限公司茂名分公司化工分部芳烃车间中间罐区的乙烯输送泵发生泄漏起火事故，事故发生时罐区内储存有乙烯、丙烯、丙烷、液化气等各种液态烃介质约12200吨，距离着火点最近的球罐装有近800吨乙烯且处于下风向，随时可能爆炸或引发连环爆炸，严重危及厂区职工生命安全。

事故发生后，应急管理部全程跟踪指导救援工作。调派广东省消防救援总队、国家危险化学品应急救援茂名石化队、惠州队参加救援，广东省应急管理厅派工作组赴现场指导救援。茂名市主要负责人到达现场调度指挥，市应急、生态环境、卫健、交通、公安、宣传、市场监管等部门派员参与处置。广东省消防救援总队调集力量到场处置（图2-3-4）。中国石化集团公司成立以董事长为组长的应急处置工作组，连夜赴现场，调动集团内9个部门（单位）专家，为应急处置提供技术支持。来自各方面1800余名抢险救援人员冒着高温炙烤和爆炸危险，始终坚守阵地，历经89小时有序处置，至6月12日5时51分成功扑灭明火。

主要经验：救援力量反应迅速，接警后3分钟即到达现场开展灭火救援，采取核心区域冷却控制、邻近罐体水幕隔离等处置措施，为后续处置赢得先机。科学评估现场灾情，结合救援进展及时调整救援方案，在事故初期采取“冷却控制”战术措施堵截火势、防止爆炸；中期采取“登顶关阀”战术措施，将火势转为控制性燃烧；后期进行“封堵导流”工艺处

图2-3-4 中国石油化工股份有限公司茂名分公司“6·8”泄漏起火事故救援

置，将泄漏物料引至罐区附近火炬管线。逐条管线梳理关阀断料操作步骤，制定科学合理的关阀方案。救援队员、技术专家、企业员工混合编组、密切配合，实现优势互补。

五、辽宁盘锦市绕阳河溃口应急处置

2022 年 8 月 1 日 10 时 30 分，辽宁省盘锦市绕阳河左岸堤坝曙四联段发生溃口，严重威胁万余人民群众的生命财产安全。

险情发生后，国家防汛抗旱总指挥部和应急管理部先后派出多个工作组、专家组到现场指导应急抢险工作。按照就近用兵、专业用兵、快速行动的原则，紧急调派应急救援队伍、工程抢险力量、航空救援力量执行救援任务。迅速协调调派应急管理部自然灾害工程应急救援中心（中国安能）、地方专业应急队伍等抢险救援力量，投入应急动力舟桥、大型直升机等各类抢险装备 500 余台（套）；会同国家粮食和物资储备局紧急调运 66 台（套）大流量排涝设备，并调派排涝力量跨区域增援。省防汛抗旱指挥部工作组紧急调集 3 万多方石料、2040 个铁丝笼、585 块混凝土防浪石、9 万平方米长丝土工布等物资及 423 台小金刚等轻型自卸车辆，为封堵溃口做好物资装备保障。截至 8 月 6 日，经过各方面 6 天 5 夜连续作战，成功封堵溃口（图2-3-5）。

主要经验：强化应急准备，结合从 6 月开始的洪涝灾害风险趋势研判，及时修订完善七大流域抗洪抢险行动预案，明确力量编成，重点准备应急力量，摸清大流量排涝设备分布情况。领导一线指挥确保完成抢险救援任务。强化现场组织，时任省委书记张国清、省长李乐成连夜赶赴盘锦，指导溃口封堵抢险工作。国家防汛抗旱总指挥部副总指挥、应急管理部党委书

图 2-3-5　辽宁盘锦市绕阳河溃口应急处置

记王祥喜多次作出安排部署，派出国家防总工作组赴抢险现场指导协助溃口封堵。现场指挥部根据抢险需要和各方救援力量特点，组织中国安能集团全面负责溃口封堵任务，主要承担作业核心区 5 公里范围内现场管控、距离溃口 3 公里以内的道路修整加固拓宽、溃口封堵及道路保通作业设备准备、下游扒口疏导分流渠等工作；组织盘锦市负责构筑子堤、清理套堤、调节上游水库流量、抢险施工进场道路保通及现场交通管控工作；组织省防汛抗旱指挥部工作组负责封堵溃口物料保障、大型设备（直升机、沉箱等）、物料运输用农用自卸车的协调工作，确保各方救援力量责任清晰，有力有序参与抢险救援工作。针对不同阶段、不同灾害险情精准调派力量。在溃口封堵阶段，紧急调派工程抢险、航空救援力量执行跨区增援任务；在涝水强排阶段，国家防汛抗旱总指挥部紧急调集中国安能集团和相关安全生产应急救援队伍和大流量排水设备增援，国家安全生产应急救援中心调派 80 人、31 台（套）装备紧急驰援，实现了溃口封堵与排涝工作接续展开、无缝衔接。

六、重庆市 8 月份森林火灾扑救

2022 年 8 月，受连续高温干旱天气影响，重庆市 21 个区县接连发生 30 余起森林火灾，火场周边城镇村庄、加油站、学校、工厂等重要目标众多，国家森林资源和人民群众生命财产安全受到严重威胁。

火灾发生后，李克强总理等中央领导同志作出批示，国家森林草原防灭火指挥部办公室、应急管理部统筹协调，调派专业救援力量，全力指导支持重庆市开展火灾扑救工作。重庆市各级领导深入一线指挥督战，上下联动，协同配合，全力以赴做好火灾扑救工作。截至 8 月 26 日明火全部被扑灭，累计过火面积约 221.3 公

图 2-3-6　重庆市 8 月份森林火灾扑救

顷，保护村庄57个，安全转移群众5300余人，无人员伤亡和重要设施损失（图2-3-6）。

主要经验：决策果断反应灵敏，根据火灾发展态势，及时启动应急响应。坚持“快”字优先、重兵投入，预先研判形势，在大足、北碚等火场突破隔离带前，采取拉练集结、批次调派、跨省增援、力量直投的形式，快速形成力量优势。靠前指挥主导战局，派出联合工作组，指导地方联指理顺指挥关系、调整力量部署、加强协同保障，以专业优势主导后续灭火指挥。活用战法科学扑救，坚持积极稳妥原则，采取梯次轮战、空地一体战术，灵活运用风、水、化灭等手段压制火势，对面积最大、扑救最难、风险最高、备受关注的北碚火场东北一线果断采取以火攻火战术，彻底控制整个火场，消除大火对缙云山国家级自然保护区的严重威胁。

七、四川泸定6.8级地震救援

2022年9月5日12时52分，四川省甘孜藏族自治州泸定县发生6.8级地震，震源深度16公里。地震造成甘孜、雅安、乐山、凉山等市（州）24个县（市、区）54.8万人受灾，因灾死亡失踪117人、紧急转移安置8万人，直接经济损失154.8亿元。

地震发生后，国务院抗震救灾指挥部工作组赶赴灾区，指导帮助四川开展抢险救援救灾工作。应急管理部调派国家综合性消防救援队伍、专业应急救援力量投入抢险救援。四川省委、省政府立即行动，启动省级地震一级应急响应，组织各有关方面全力以赴开展人员搜救、伤员救治、群众安置、次生灾害防范等抗震救灾各项工作（图2-3-7）。经过8天奋战，抢险救援任务基本完成，伤员得到有效救治，受灾群众基本生活得到有效保障，基础设

图2-3-7　四川泸定6.8级地震救援

施基本恢复，次生灾害得到有效控制，灾区社会秩序稳定。

主要经验：坚持和加强党对重特大灾害防范应对工作的领导，毫不动摇坚持人民至上、生命至上，确保形成灾害风险防范化解、灾难应对处置的坚实工作基础和强大应急能力。全面深入贯彻党中央对国家应急管理体制机制改革的决策部署，深入推进防灾减灾救灾的体制机制改革，进一步厘清防和救、中央与地方的职责关系，更加科学高效地凝聚防震减灾和抗震救灾合力。坚持和完善统一指挥、属地为主的抗震救灾工作机制，确保重特大地震灾害抗震救灾协调指挥更加高效、组织更加有力。针对不同地区大震大灾的特点，以“时时放心不下”的责任感，扎实做好应对大震大灾的机制、预案、力量、物资、保障等各项准备工作，确保大震大灾来时，应对准确及时、行动有力有序。

八、云南曲靖市富源县富盛煤矿“10·15”顶板事故救援

2022年10月15日7时10分许，云南省曲靖市富源县富盛煤矿发生顶板事故，112301采煤工作面距下出口30~48米段顶板垮落，造成7名作业人员被困。

事故发生后，应急管理部第一时间视频调度指导救援处置工作。云南省委、省政府主要领导赴现场指挥救援，成立救援指挥部，调集国家矿山应急救援东源队、富源县矿山救护大队、华能滇东能源白龙山煤矿救护队和云南湾田集团救护队等专业矿山救援队伍，以及周边煤矿企业骨干力量共计400余人参与救援（图2-3-8）。历经105小时紧张救援，成功抢救出1名生还人员，找到6名遇难者遗体。

主要经验：及时优化救援方案，将从采煤工作面上下出口同时清矸调整为集中

图2-3-8 云南曲靖市富源县富盛煤矿“10·15”顶板事故救援

从下出口清矸，利用刮板输送机出渣，提高清障效率。组织国家专业队和地方救护队混合编队，发挥各自优势联合作战，有效提升整体救援效能。坚持不放弃一线生机，在确保安全的前提下全力搜救被困人员，1 名矿工被困井下 39 小时后获救生还。

第四章 重要文件、规章

一、应急管理部发文

（一）应急管理部关于修改《煤矿安全规程》的决定

2022年1月6日，中华人民共和国应急管理部令（第8号）公布《应急管理部关于修改〈煤矿安全规程〉的决定》，自2022年4月1日起施行。《决定》对《煤矿安全规程》（国家安全生产监督管理总局令第87号）部分条款予以修改，旨在进一步预防和遏制煤矿生产安全事故，提升煤矿本质安全水平。《决定》对《规程（2016版）》的修改共包括18条，集中在“第一篇总则”和“第二篇井工煤矿”部分，其中设备查验1条、智能化1条、开采3条、突出防治2条、除降尘装置1条、冲击地压防治6条、火灾防治2条、水灾防治1条、井下爆破1条。

（二）应急管理行政执法人员依法履职管理规定

2022年10月13日，中华人民共和国应急管理部令（第9号）公布《应急管理行政执法人员依法履职管理规定》，自2022年12月1日起施行。为全面贯彻落实行政执法责任制和问责制，监督和保障应急管理行政执法人员依法履职尽责，激励新时代新担当新作为，《规定》从监督、保障两个方面，对应急管理行政执法人员履职尽责作出规定，坚持约束与激励并重，强调有错必纠、容纠并举，尽职免责、失职问责。

（三）2021年度工贸行业安全生产标准化一级企业名单

2022年3月16日，中华人民共和国应急管理部公告（2022年第4号）发布《2021年度工贸行业安全生产标准化一级企业名单》。经过企业自评、申请、评审、公示，确定宝钢湛江钢铁有限公司冷轧厂（轧钢）等74家企业为2021年度工贸行业安全生产标准化一级企业，自公告发布之日起3年内有效。

（四）应急管理部关于国家综合性消防救援队伍2022年面向社会招录消防员的公告

2022年7月28日，中华人民共和国应急管理部公告（2022年第5号）发布《应急管理部关于国家综合性消防救援队伍2022年面向社会招录消防员的公告》。经应急管理部、人力资源社会保障部批准，此次国家综合性消防救援队伍共招录消防员17625名（均为男性），其中：高校应届毕业生6279名、退役士兵5673名、社会青年5673名。此次消防员招录在四个方面作了改善：一是拓宽干部来源渠道，二是优化改进消防员招录工作，三是加强中国消防救援学院干部人才队伍建设，四是组织开展艰苦边远地区援派工作。

（五）应急管理部关于印发《全国应急管理系统法治宣传教育第八个五年规划（2021—2025年）》的通知

2022年1月26日，应急管理部印发《全国应急管理系统法治宣传教育第八个五年规划（2021—2025 年）》（应急〔2022〕11 号），《规划》指出，坚持党的全面领导、以人民为中心、服务大局、创新融合、问题导向，到 2025 年，应急管理普法工作取得新成效，普法工作长效机制更加完善，“谁执法谁普法”的普法责任制全面落实，应急管理法治宣传教育工作的针对性实效性进一步增强，应急管理系统干部职工的法治思维、法治能力明显提升，应急管理工作相对人对法律法规的知晓度、法治精神的认同度和法治实践的参与度显著提高，办事依法、遇事找法、解决问题用法、化解矛盾靠法的法治环境显著改善。

（六）应急管理部关于印发《“十四五”危险化学品安全生产规划方案》的通知

2022 年 3 月 10 日，应急管理部印发《“十四五”危险化学品安全生产规划方案》（应急〔2022〕22 号），对“十四五”期间危险化学品、油气和烟花爆竹安全生产工作进行全面部署。《方案》提出，理念引领、标本兼治，构建体系、系统治理，加大投入、本质安全，创新突破、注重协同，到 2025 年，防范化解危险化学品重大安全风险体制机制法制不断健全，安全生产责任体系更加严密，化工园区安全监管责任进一步压实，危险化学品重特大事故得到有效遏制，全国化工、油气和烟花爆竹事故总量以及化工较大事故总量明显下降，建立危险化学品隐患排查治理和预防控制体系。到 2035 年，危险化学品安全生产责任体系健全明确并得到全面落实，重大安全风险得到有效防控，安全生产进入相对平稳阶段，10 万从业人员死亡率达到或接近发达国家水平，基本实现安全生产治理体系和治理能力现代化。《方案》由 6 个部分构成，分为三大块。《方案》从建立健全实施机制、认真落实重点措施、强化多元投入机制、积极开展试点示范、严格实施规划评估五方面保障实施，确保目标任务落到实处。

（七）应急管理部　中国地震局关于印发“十四五”国家防震减灾规划的通知

2022 年 4 月 7 日，应急管理部、中国地震局印发《“十四五”国家防震减灾规划》（应急〔2022〕30 号），对“十四五”时期防震减灾工作作出全面部署。《规划》提出，坚持党的全面领导、坚决做到“两个维护”，坚持以人民为中心、服务高质量发展，坚持预防为主、防范重大风险隐患，坚持系统观念、统筹协调，坚持改革创新、依法治理，坚持开放合作、融合发展，到 2025 年，初步形成防震减灾事业现代化体系，体制机制逐步完善，地震监测预报预警、地震灾害风险防治、地震应急响应服务能力显著提高，地震科技水平进入国际先进行列，地震预报预警取得新突破，地震灾害防御水平明显增强，防震减灾公共服务体系基本建成，社会公众防震减灾素质进一步提高，大震巨灾风险防范能力不断提升，保障国家经济社会发展和人民群众生命财产安全更加有力。到 2035 年，基本实现防震减灾事业现代化，基本建成具有中国特色的防震减灾事业现代化体系，关键领域核心技术实现重点突破，基本实现防治精细、监测智能、服务高效、科技先进、管理科学的现代智慧防震减灾。《规划》部署了 8 个方面重点任务，提出了 8 项重点工程。《规划》从加强组织领导、健全投入机制、建立协同机制、强化队伍建设、实施监测评估五方面保障措施，促进规划目标任务全面实现。

（八）应急管理部关于印发《“十四五”应急管理标准化发展计划》的通知

2022 年 4 月 26 日，应急管理部印发

《"十四五"应急管理标准化发展计划》（应急〔2022〕34号），加强优化应急管理标准化体系建设，对一些重点领域标准化工作作出部署。《计划》提出，改革引领、统筹发展，需求导向、急用先行，分类实施、重点突破，整合资源、系统推进，到2025年，应急管理标准供给更加充分，标准化管理机制更加完善，安全生产、消防救援、减灾救灾与综合性应急管理领域的强制性标准覆盖范围进一步得到扩展。标准制修订从数量规模型向质量效益型转变，标准的科学性、先进性和适用性明显提升，标准宣贯实施和监督执法水平得到进一步加强，标准化基础研究和国际交流成果显著，标准化对安全发展、国家应急管理体系的支撑保障效益凸显。《计划》部署了6个方面的主要任务。《计划》从加强组织领导、经费保障、队伍建设、实施督促四方面保障实施，确保标准化各项工作落地见效。

（九）应急管理部印发《关于进一步加强汛期地质灾害防范应对工作的紧急通知》

2022年5月31日，应急管理部印发《关于进一步加强汛期地质灾害防范应对工作的紧急通知》（应急明电〔2022〕1号）。针对2022年汛期以来我国南方地区多地接连发生造成人员伤亡和财产严重损失的地质灾害，部署要求各地应急管理部门，进一步压实地质灾害防灾责任，迅速开展地质灾害隐患再排查，强化会商研判和预警信息发布，坚决果断转移受威胁群众，做好应急救援力量预置和抢险救援。

（十）应急管理部关于印发《"十四五"应急救援力量建设规划》的通知

2022年6月22日，应急管理部印发《"十四五"应急救援力量建设规划》（应急〔2022〕61号），进一步明确了"十四五"期间应急救援力量的建设思路、发展目标、主要任务、重点工程和保障措施。《规划》提出，坚持党的领导、统筹谋划布局、突出专业特色、强化运行保障，到2025年，规模适度、布局科学、结构合理、专长突出的应急救援力量体系基本建成，实现专业应急救援力量各有所长，社会应急力量有效辅助，基层应急救援力量有效覆盖，为人民群众生命财产安全提供坚强保障。《规划》部署了5个方面重点任务，18项重点工程。《规划》从加强组织领导、资源统筹、政策支持、考核评估四方面保障实施，确保规划实施有序推进、重大工程有效落地、各项目标如期实现。

（十一）应急管理部　国家矿山安全监察局关于印发《"十四五"矿山安全生产规划》的通知

2022年7月19日，应急管理部、国家矿山安全监察局印发《"十四五"矿山安全生产规划》（应急〔2022〕64号），对"十四五"时期矿山安全生产工作作出全面部署。《规划》提出，坚持党的领导、安全发展、依法治安、源头治理、科技强安、精准防控、社会共治，到"十四五"末，矿山安全法规标准体系更加完备、安全生产责任体系更加健全、安全预防控制体系更加科学、安全监管监察体制更加完善、信息化智能化水平大幅提高、基础保障能力明显增强、监管监察效能显著提升，矿山安全综合治理效能取得重大进展，事故总量持续下降，重特大事故得到有效遏制。《规划》部署了八方面28个主要任务，明确了6类重大工程。《规划》从明确任务分工、加大政策支持、强化绩效考评、强化实施评估四方面保障实施，确保主要任务和重点工程如期完成。

（十二）应急管理部关于印发《矿山救护队标准化定级管理办法》的通知

2022 年 12 月 13 日，应急管理部印发《矿山救护队标准化定级管理办法》（应急〔2022〕122 号），自 2023 年 1 月 1 日起实施。《办法》进一步规范了矿山救护队标准化定级工作，全面提高了矿山救护队整体建设水平和综合应急救援能力，指导矿山救护队安全、快速、高效处置矿山生产安全事故。《办法》指出，矿山救护队标准化定级分为一级、二级、三级 3 个等级，实行分级负责，有效期均为三年。《办法》规定，应急管理部矿山救援中心重点对一级矿山救护队标准化等级运行情况进行检查抽查，同时对省级标准化定级管理部门开展标准化定级工作及日常监督管理情况进行检查指导，省级标准化定级管理部门负责本地区矿山救护队标准化等级运行情况的动态管理和监督检查。

二、议事协调机构文件

（一）国务院安全生产委员会关于印发《“十四五”国家消防工作规划》的通知

2022 年 2 月 12 日，国务院安全生产委员会印发《“十四五”国家消防工作规划》（安委〔2022〕2 号），对“十四五”时期消防改革发展作出全面部署。《规划》提出，坚持党的领导、“两个至上”、深化改革、预防为主、科技引领，到 2025 年，消防安全风险防控体系和中国特色消防救援力量体系基本建立，消防治理体系和治理能力现代化取得重大进展，城乡消防安全基础更加稳固，消防工作法治化、社会化水平明显提升，正规化、专业化、职业化的消防救援队伍建设管理体制基本健全，全社会防范火灾事故的能力显著增强，亡人火灾事故明显减少、重特大火灾事故有效遏制，应对处置各类灾害事故的能力大幅提升。到 2035 年，建立与基本实现现代化相适应的中国特色消防治理体系，消防安全形势根本好转，覆盖城乡的中国特色消防救援力量体系全面构建，防范化解重大安全风险、应对处置“巨灾大难”能力达到新的更高水平，中国消防救援成为彰显中国特色社会主义制度优越性的重要标志。《规划》部署了六方面 26 项任务，配套布局十方面 54 项工程。《规划》从加强组织领导、经费保障、政策支撑、评估考核等方面保障实施，确保实现各项目标任务。

（二）国务院抗震救灾指挥部印发《国务院抗震救灾指挥部工作规则》和《国务院抗震救灾指挥部办公室工作细则》

2022 年 3 月 1 日，国务院抗震救灾指挥部以国震发〔2022〕1 号文件印发《国务院抗震救灾指挥部工作规则》和《国务院抗震救灾指挥部办公室工作细则》。《国务院抗震救灾指挥部工作规则》明确了指挥部的 8 项主要职责，会议、信息通报、地震应急准备检查等制度，并对日常协调与联络、地震现场工作组派出等机制作出了规定。《国务院抗震救灾指挥部办公室工作细则》规定了指挥部办公室设在应急管理部，作为指挥部的办事机构，在指挥部领导下，负责指挥部日常工作机构设置，明确了承担的 8 项主要职责、有关工作制度。

（三）国务院安全生产委员会制定部署安全生产十五条措施　进一步强化安全生产责任落实　坚决防范遏制重特大事故

2022 年 4 月 2 日，国务院安全生产委员会制定《进一步强化安全生产责任落实 坚决防范遏制重特大事故的若干措施》。一些地区和行业领域接连发生重特大事故，暴露出安全发展理念不牢固、责任落实不到位、隐患排查整治不力等突出问题。为认真贯彻落实习近平总书记关于安全生产重要指示精神和党中央、国务院决策部署，国务院安委会梳理相关法律法规已有规定、以往管用举措和近年来针对新情况采取的有效措施，制定了进一步强化安全生产责任落实、坚决防范遏制重特大事故的十五条措施，部署发动各方面力量全力抓好安全防范工作，为党的二十大胜利召开创造良好安全环境。相关措施摘要如下：严格落实地方党委安全生产责任，严格落实地方政府安全生产责任，严格落实部门安全监管责任，严肃追究领导责任和监管责任，企业主要负责人必须严格履行第一责任人责任，深入扎实开展全国安全生产大检查，牢牢守住项目审批安全红线，严厉查处违法分包转包和挂靠资质行为，切实加强劳务派遣和灵活用工人员安全管理，重拳出击开展“打非治违”，坚决整治执法检查宽松软问题，着力加强安全监管执法队伍建设，重奖激励安全生产隐患举报，严肃查处瞒报谎报迟报漏报事故行为，统筹做好经济发展、疫情防控和安全生产工作。

（四）国务院安全生产委员会关于印发《“十四五”国家安全生产规划》的通知

2022 年 4 月 6 日，国务院安全生产委员会印发《“十四五”国家安全生产规划》(安委〔2022〕7 号)，对“十四五”时期安全生产工作作出全面部署。《规划》提出，系统谋划、标本兼治，源头防控、精准施治，深化改革、强化法治，广泛参与、社会共治，到 2025 年，防范化解重大安全风险体制机制不断健全，重大安全风险防控能力大幅提升，安全生产形势趋稳向好，生产安全事故总量持续下降，危险化学品、矿山、消防、交通运输、建筑施工等重点领域重特大事故得到有效遏制，经济社会发展安全保障更加有力，人民群众安全感明显增强。到 2035 年，安全生产治理体系和治理能力现代化基本实现，安全生产保障能力显著增强，全民安全文明素质全面提升，人民群众安全感更加充实、更有保障、更可持续。《规划》提出了 7 个方面的主要任务，凝练了 6 类重大工程。从明确任务分工、加大政策支持、推进试点示范、强化监督评估 4 个方面，提出了建立健全规划实施保障的机制与举措。

（五）国务院安全生产委员会印发《关于开展全国安全生产大检查工作的通知》

为认真贯彻落实习近平总书记关于安全生产重要指示精神，全面排查整治重大风险隐患，坚决遏制新的重特大事故，国务院安全生产委员会于 2022 年 4 月 8 日印发通知，部署自即日起至党的二十大结束后，在全国范围内开展安全生产大检查。通知要求各地区聚焦贯彻落实安全生产十五条硬措施，结合本地实际制定细化工作方案，有针对性地明确重点内容、任务措施、实施方式，立即开展全面深入自查行动。国务院安全生产委员会各有关成员单位从“条”上推动安全生产大检查。国务院安全生产委员会组织综合检查组，对各地安全生产大检查部署开展情况进行督导检查及“回头看”，并同步开展 2021 年度省级政府安全生产和消防工作考核巡查及国务院安委会 39 个成员单位安全生产工作考核，进一步推动各地区、各有关部门全面排查治理各类重大风险隐患，全面改进和强化安全生产工作。

（六）国家防汛抗旱总指挥部关于防汛抗旱行政责任人的通报

2022 年 4 月 22 日，国家防汛抗旱总指挥部印发《关于防汛抗旱行政责任人的通报》(国汛〔2022〕1 号)，通报了全国防汛抗旱行政责任人，大江大河、大型及防洪重点中型水库、主要蓄滞洪区、重点防洪城市、南水北调东线及中线工程沿线防汛行政责任人和沿海地区防台风行政责任人名单。

（七）国家减灾委员会关于印发《“十四五”国家综合防灾减灾规划》的通知

2022 年 6 月 19 日，国家减灾委员会印发《“十四五”国家综合防灾减灾规划》（国减发〔2022〕1 号），对“十四五”时期国家综合防灾减灾工作进行了部署。《规划》提出，坚持党的全面领导、以人民为中心、主动预防为主、科学精准、群防群治，到 2025 年，自然灾害防治体系和防治能力现代化取得重大进展，基本建立统筹高效、职责明确、防治结合、社会参与、与经济社会高质量发展相协调的自然灾害防治体系。力争到 2035 年，自然灾害防治体系和防治能力现代化基本实现，重特大灾害防范应对更加有力有序有效。《规划》部署了两大板块 12 项主要任务，明确了三大类 9 小类重点工程。《规划》从强化组织领导、资金保障、考核评估三方面，确保规划实施取得实效。

（八）国务院安全生产委员会关于印发《加强电动自行车全链条安全监管重点工作任务及分工方案》的通知

2022 年 8 月 16 日，国务院安全生产委员会印发《加强电动自行车全链条安全监管重点工作任务及分工方案》（安委〔2022〕10 号），依据“管行业必须管安全、管业务必须管安全、管生产经营必须管安全”的原则，完善部门间联网核查和信息通报工作机制，切实强化部门工作合力，着力解决电动自行车产品质量、流通销售、通行秩序、停放充电、拆解回收等方面的突出问题，有效遏制电动自行车火灾、交通等事故多发势头，确保人民群众生命财产安全。

（九）国家防汛抗旱总指挥部办公室关于印发《关于加强地方防汛抗旱应急预案修订的指导意见》的通知

2022 年 1 月 17 日，国家防汛抗旱总指挥部办公室印发《关于加强地方防汛抗旱应急预案修订的指导意见》的通知（国汛办〔2022〕1 号），要求按照应修尽修、注重实用的原则，突出问题导向，加强组织领导，强化统筹协调，明确预警与应急响应联动机制，结合各地实际修订完善防汛抗旱应急预案。

（十）国务院安委会办公室关于切实加强重大安全风险防范化解工作的通知

2022 年 2 月 19 日，印发《国务院安委会办公室关于切实加强重大安全风险防范化解工作的通知》（安委办〔2022〕4 号），《通知》要求，各地区、各有关部门和单位要把防范化解重大安全风险摆在更加突出的位置，突出排查整治涉众的重大安全风险隐患，采取切实管用的硬招实招管控重大安全风险，加强组织领导，形成工作合力，深化治本攻坚，着力从根本上消除事故隐患，提升本质安全水平。

（十一）国家减灾委员会办公室关于做好 2022 年全国防灾减灾日有关工作的通知

2022 年 2 月 22 日，国家减灾委员会办公室印发《关于做好 2022 年全国防灾减灾日有关工作的通知》（国减办发〔2022〕8 号）。2022 年 5 月 12 日是我国第 14 个全国防灾减灾日，主题是“减轻灾害风险，守护美好家园”，5 月 7 日至 13 日为防灾减灾宣传周。《通知》提出：突出“减轻灾害风险，守护美好家园”主题，积极开展防灾减灾活动；广泛开展防灾减灾宣传教育，提升全社会灾害风险防范意识和能力；推进各类风险隐患排查治理，从源头上消除风险，守护美好家园；做好灾害应对各项准备，切实保障人民群众生命财产安全；加强基层应急能力建设，构建多元主体参与的防灾减灾工作格局。

（十二）国务院安全生产委员会办公室印发《关于开展生产经营租住村（居）民自建房重大火灾风险综合治理工作的通知》

2022 年 3 月 1 日，国务院安全生产委员会办公室印发《关于开展生产经营租住村（居）民自建房重大火灾风险综合治理工作的通知》（安委办〔2022〕5 号）。《通知》要求，各地区、各有关部门和单位要结合安全生产专项整治三年行动部署要求，在全国范围内集中开展生产、经营、租住村（居）民自建房重大火灾风险综合治理，把涉及人员多、可能造成群死群伤重特大事故的自建房作为重中之重，集中排查、突出整治，及时消除安全风险，坚决遏制群死群伤火灾事故。

（十三）国务院安委会办公室关于深入推进房屋市政工程安全生产治理行动的通知

2022 年 4 月 4 日，国务院安委会办公室印发《关于深入推进房屋市政工程安全生产治理行动的通知》（安委办〔2022〕6 号）。《通知》要求，提高站位，切实增强做好建筑施工安全工作的责任感和紧迫感，聚焦重点，全面开展各专业工程安全生产专项治理，加强统筹，强化专项治理工作合力，加强检查，确保治理行动取得实效。

（十四）国家防汛抗旱总指挥部办公室关于印发《关于加强基层防范应对极端暴雨工作的指导意见》的通知

2022 年 4 月 20 日，国家防汛抗旱总指挥部办公室关于印发《关于加强基层防范应对极端暴雨工作的指导意见》的通知（国汛办〔2022〕3 号），要求各地深刻汲取河南郑州“7·20”特大暴雨灾害教训，组织辖区做好极端暴雨防范应对工作，督促基层落实防范责任，指导基层开展重大隐患排查、应急预案修订、建立责任人“叫应”机制、细化人员转移避险等临灾防控措施，加强抢险队伍建设和物资储备，做好人员培训和宣传等工作。

（十五）国务院安委会办公室　应急管理部关于开展 2022 年全国“安全生产月”活动的通知

2022 年 4 月 29 日，国务院安委会办公室、应急管理部印发《关于开展 2022 年全国“安全生产月”活动的通知》（安委办〔2022〕7 号），2022 年 6 月是第 21 个全国“安全生产月”，主题是“遵守安全生产法　当好第一责任人”。《通知》提出：深入学习贯彻习近平总书记关于安全生产重要论述，推动落实安全生产十五条措施；宣传贯彻安全生产法，推动“第一责任人”守法履责；持续开展“安全生产万里行”活动，分类强化警示教育；广泛开展“安全宣传咨询日”和安全宣传“五进”活动，提升社会公众安全意识和自救互救能力。

（十六）国务院安委会办公室关于切实加强农村道路交通安全工作的通知

2022 年 5 月 31 日，国务院安委会办公室印发《国务院安委会办公室关于切实加强农村道路交通安全工作的通知》（安委办函〔2022〕28 号），《通知》要求，各地区、各有关部门要突出防范化解农村道路交通重大安全风险，切实强化农村道路交通安全责任落实，健全安全监管责任体系。统筹做好农村地区客运服务供给保障，严格开展农村道路交通安全执法管控，不断深化重点车辆源头安全综合治理，有效提升农村道路通行安全保障水平。此外，要持续推动农村道路交通事故调查评估和警示教育，推动真正吸取事故教训，举一反三坚决堵塞安全盲区漏洞。

（十七）国务院安全生产委员会办公室印发《关于开展高层建筑重大火灾风险专项整治的通知》

2022年6月26日，国务院安全生产委员会办公室印发《关于开展高层建筑重大火灾风险专项整治的通知》（安委办函〔2022〕37号）。《通知》要求，各地区、各有关部门和单位要结合全国安全生产大检查工作部署要求，聚焦高层建筑重大火灾风险，紧盯既有老旧高层商住混合体、老旧高层住宅、超高层建筑、高层公共建筑4类整治重点，分级分类评估、精准严格整改、标本兼治提升，健全完善高层建筑火灾风险分级管控和隐患排查治理双重预防机制。

（十八）国务院安委会办公室关于印发《“十四五”全国道路交通安全规划》的通知

2022年7月21日，印发《“十四五”全国道路交通安全规划》（安委办〔2022〕8号），对“十四五”时期全国道路交通安全工作作出部署。《规划》共涉及七大方面27项工作任务以及7大提升工程，针对道路交通领域最突出最紧迫的问题加大集中整治力度，坚决防范遏制重特大道路交通事故，以重点突破带动整体提升，提纲带目推动道路交通安全各项工作。同时为强化约束指导作用，《规划》还分别从道路交通事故、道路安全设施状况优良率、头盔和安全带佩戴率等方面提出了预期性指标。《规划》从加强组织领导、队伍保障、经费支持、考核评估四方面保障实施，确保各项任务全面完成。

（十九）国务院安委会办公室关于加强旅游景区玻璃栈道类项目安全管理的通知

2022年11月11日，印发《国务院安委会办公室关于加强旅游景区玻璃栈道类项目安全管理的通知》（安委办〔2022〕11号），《通知》指出，当前一些玻璃栈道类项目还存在安全监管主体不明确、运行管理不规范、监督检查不到位等问题。《通知》要求，各地区要深入组织开展安全自查，进一步推动落实玻璃栈道类项目安全责任分工，压实各有关部门和单位责任，紧抓关键环节，把住安全关口，加强协同配合，健全完善玻璃栈道类项目全链条安全监管机制。

（二十）国务院安全生产委员会办公室　应急管理部印发《关于开展冬春消防安全专项整治工作的通知》

2022年11月28日，国务院安全生产委员会办公室、应急管理部印发《关于开展冬春消防安全专项整治工作的通知》（安委办函〔2022〕89号）。《通知》要求，各地区、各有关部门和单位要坚持问题导向，聚焦重点任务，强化综合施策，统筹推进劳动密集型企业专项检查，严格落实电气焊作业全链条安全管理，持续深化畅通消防“生命通道”专项行动，广泛开展消防宣传，全力做好灾害事故应急处置，确保年终岁尾消防安全。

（二十一）国务院安委会办公室关于进一步加强国家安全生产应急救援队伍建设的指导意见

2022年12月19日，国务院安委会办公室印发《关于进一步加强国家安全生产应急救援队伍建设的指导意见》（安委办〔2022〕12号）。《意见》指出，坚持党的领导、坚持“两个至上”、实行共建共管、发挥专业优势、坚持战斗力标准，到2026年，国家安全生产应急救援队伍现代化建设取得重大进展，在现有队伍规模基础上适度新建一批队伍，队伍总数达到130支左右、人数2.8万人左右，队伍结构更加完善、布局更加合理、反应更加灵敏、行动更加快捷，跨区域救援实现8小时内到达事故现场，先进适用装备的应用水平显著提升，生产安全事故应对处置能力显著增强，先进救援技战术水平、规范化管理水平、信息化智能化装备水平和综合保障能力大幅提升。到2035年，建立与国家应急救援能力现代化相适应的国家安全生产应急救援队伍体系，队伍布局更加科学合理、救援更加精准高效，跨区域救援实现5小时内到达事故现场，行业领域内专业救援能力满足经济社会发展要求，形成依法应急、科学应急、智慧应急新格局。《意见》提出了9项主要任务。《意见》从加强组织领导、强化责任落实、加强舆论宣传三方面保障实施，推进各项建设任务落实。

三、联合发文

（一）应急管理部　国家矿山安全监察局　国家发展改革委　国家能源局《关于加强煤炭先进产能核定工作的通知》

2022年6月7日，应急管理部、国家矿山安全监察局、国家发展改革委、国家能源局印发《关于加强煤炭先进产能核定工作的通知》(应急〔2022〕50号)。《通知》的出台，旨在切实做好能源保供期间的煤矿生产能力核定管理工作，进一步释放先进煤炭产能，提升煤炭安全稳定供应能力。本《通知》有效期至2023年3月31日。

（二）应急管理部　国家发展改革委　工业和信息化部　市场监管总局关于印发《危险化学品生产建设项目安全风险防控指南（试行）》的通知

2022年6月10日，应急管理部、国家发展改革委、工业和信息化部、市场监管总局联合印发《危险化学品生产建设项目安全风险防控指南（试行)》(应急〔2022〕52号)。《指南》要求，各地应制定新建危险化学品生产建设项目安全准入条件，从产业规划、国家政策、地方要求、项目投资、工艺技术、反应风险评估、自动化控制程度等方面提出项目准入规定，解决“怎么选择项目、什么项目能落地”的问题。要认真落实中共中央办公厅、国务院办公厅《关于全面加强危险化学品安全生产工作的意见》要求，对拟建项目在立项过程中进行决策咨询服务，包括园区预审、市级审核和省级专家评审等环节，由发展改革、工业和信息化、生态环境、自然资源、应急管理等部门共同参与，解决“谁来审”的问题，构建危险化学品生产建设项目安全风险防控长效机制。提出了危险化学品生产建设项目决策咨询服务、安全审查、安全设施建设、试生产、安全设施竣工验收等全过程的主要风险、审查要求和安全风险防控要点，解决“怎么审、审什么”的问题。

（三）应急管理部　国家发展改革委　财政部　国家粮食和储备局关于印发《“十四五”应急物资保障规划》的通知

2022年10月11日，应急管理部、国家发展改革委、财政部、国家粮食和储备局联合印发《“十四五”应急物资保障规划》，对“十四五”期间应急物资保障工作作出全面部署。《规划》提出，党委领导、政府负责，分级负责、属地为主，集中管理、统一调拨，平时服务、灾时应急，采储结合、节约高效，到2025年，建成统一领导、分级管理、规模适度、种类齐全、布局合理、多元协同、反应迅速、智能高效的全过程多层次应急物资保障体系。优化中央政府储备结构布局，整合中央应对重大自然灾害、事故灾难的各类应急物资储备，统一规划管理。中央层面能够满足特别重大灾害事故应急物资保障峰值需求，地方能够满足本行政区域启动Ⅱ级应急响应的应急物资保障需求，并留有安全冗余，重特大灾害事故应急物资保障能力总体提高。《规划》部署了 5 个方面主要任务和 6 个重点建设工程项目。《规划》从强化组织领导多渠道经费保障、人才队伍建设保障、监督管理和绩效评估四方面确保项目顺利实施。

（四）应急管理部　中央文明办　民政部　共青团中央关于进一步推进社会应急力量健康发展的意见

2022 年 11 月 3 日，应急管理部、中央文明办、民政部、共青团中央联合印发《进一步推进社会应急力量健康发展的意见》（应急〔2022〕110 号），《意见》明确了社会应急力量发展的指导思想、基本原则、发展目标和主要任务等。《意见》坚持鼓励、引导、服务的政策导向，提出统筹规划发展、加强政策扶持、强化能力建设、做好应急动员、规范救援行动、坚持正向激励、加强日常管理、开展诚信评价 8 项主要任务，以及加强思想政治建设、加大工作指导力度、培养应急工作作风 3 项组织领导措施，力求搭建起科学系统的社会应急力量制度体系、管理体系和组织保障体系。《意见》的出台，将为提升社会应急力量整体建设质量和发展水平提供科学指导。

（五）国家防汛抗旱总指挥部办公室　农业农村部关于进一步加强渔船跨省紧急避风管理的通知

2022 年 11 月 8 日，国家防汛抗旱总指挥部办公室、农业农村部印发《关于进一步加强渔船跨省紧急避风管理的通知》（国汛办〔2022〕8 号）。要求落实台风防御责任、完善台风应急预案、共享台风防御信息、强化避风渔船管理、做好台风处突，依法高效有序做好渔船跨省紧急避风管理，保障渔民生命财产安全。

（六）财政部　应急管理部关于印发《企业安全生产费用提取和使用管理办法》的通知

2022 年 11 月 21 日，财政部、应急管理部联合印发《企业安全生产费用提取和使用管理办法》（财资〔2022〕136 号）。该办法是对 2012 年印发的《企业安全生产费用提取和使用管理办法》（财企〔2012〕16 号）的修订，共 69 条，对企业安全生产费用提取和使用管理办法进行了规范，主要内容包括企业安全生产费用的提取和使用、企业安全生产费用的管理和监督。与原《办法》相比，主要有 4 个方面的调整完善：扩大了适用行业范围、调整了安全费用提取标准、进一步扩大了安全费用使用范围、优化了安全费用监督管理机制。

（七）应急管理部　中央网信办　教育部　工业和信息化部　公安部　市场监管总局　国家邮政局《关于加强互联网销售危险化学品安全管理的通知》

2022 年 12 月 3 日，应急管理部、中央网信办、教育部、工业和信息化部、公安部、市场监管总局、国家邮政局联合印发《关于加强互联网销售危险化学品安全管理的通知》（应急〔2022〕119 号）。《通知》围绕防控互联网销售危险化学品安全风险，提出了严格规范互联网销售危险化学品相关行为、加大网上违规危险化学品信息管理力度、加强高校和科研院所等使用单位危险化学品采购管理、严肃查处网上违法销售危险化学品行为、强化危险化学品互联网销售全链条监管、加大危险化学品安全普法宣传力度6项工作要求。

（八）国务院安委会办公室　生态环境部　应急管理部印发《关于进一步加强环保设备设施安全生产工作的通知》

2022年12月26日，国务院安委会办公室、生态环境部、应急管理部印发《关于进一步加强环保设备设施安全生产工作的通知》。《规定》要求：认真贯彻落实习近平总书记重要指示精神，按照党中央、国务院决策部署，从落实属地责任、落实部门监管指导责任、建立健全联动机制、落实企业主体责任及发挥社会力量作用五个方面，进一步加强环保设备设施安全生产工作，坚决防范遏制重特大事故发生。

第三篇

安全生产和消防安全

综　　述

2022年，面对外部环境冲击、新冠疫情反复、经济下行压力增大以及极端天气事件多发等多重挑战，各地区、各有关部门和单位认真贯彻落实习近平总书记重要指示批示精神和党中央、国务院决策部署，紧紧围绕“防风险、保安全、迎二十大”这条主线，顶住压力全面防范化解重大安全风险，全国安全生产形势总体稳定，共发生各类生产安全事故2.6万起、死亡2.1万人，同比分别下降24.1%和20.3%，较大事故同比分别下降29.1%和29.7%，重特大事故起数和死亡人数同比减少6起、25人，呈现“三个持续下降”。

一、统筹发展和安全，压紧压实安全生产责任

深入学习贯彻习近平总书记关于安全生产重要论述，按照中央经济工作会议部署和国务院稳经济系列政策措施要求，统筹推进经济发展、疫情防控和安全生产工作。充分发挥国务院安委会办公室统筹协调作用，突出党的二十大、北京冬奥会和冬残奥会等重大活动、重点时段强化安全防范，统筹部署全国安全生产工作，推动各地、各有关部门严格落实安全生产十五条硬措施，确保经济社会大局安全稳定。组建国务院安委会检查组，统筹推进春节冬奥明查暗访、全国安全生产大检查和年度考核巡查工作，累计排查整治各类风险隐患6800余项。推动35个国务院安委会成员单位成立内设安全生产议事协调机构，各方面抓好安全生产工作的主动性明显增强。进一步健全完善与公安、住房城乡建设、交通运输、气象、铁路、民航等部门联合会商、信息共享等工作机制，与生态环境部建立突发生态环境事件应急联动工作机制，着力构建大安全大应急框架，推动安全生产治理模式向事前预防转型。紧盯新领域新风险，牵头协调相关部门研究解决电动自行车、玻璃栈道、海上风电、海钓等跨部门安全生产突出问题，厘清部门监管职责，严防漏管失控。深刻吸取事故教训，对33起较大和典型生产安全事故查处实行挂牌督办、督促各地按程序提级调查，对事故多发的地区和部门印发警示建议函，进一步强化安全生产督责问责。

二、坚持问题导向，从严开展专项整治

紧紧抓住防范遏制重特大事故这个“牛鼻子”，深化标本兼治。安全生产专项整治三年行动圆满收官，形成一批制度成果和经验做法。聚焦重点行业领域，深入推进煤矿治本攻坚、非煤矿山集中攻坚和尾矿库安全治理，全面开展危险化学品安全风险集中治理和化工产业转移、化工园区、化工老旧装置、大型油气储存基地等风险整治，全面完成工贸“钢8条”“铝7条”“粉尘6条”重大隐患和重点事项“清零”任务，统筹推进打通“生命通道”、高层建筑、大型商业综合体等消防专项治理，开展贵州专项督导帮扶，有

效化解一批重大风险隐患。发挥国务院安委会办公室职能作用，推动深入开展全国城镇燃气安全排查整治、经营性自建房和城镇燃气两个“百日行动”、道路交通事故预防“减量控大”“商渔共治 2022”等专项行动，督促加强铁路、民航、环保设施等行业领域安全隐患排查整治，有力扭转重特大事故反弹局面。

三、强化基层基础，坚守安全发展底线

坚持严格规范执法和优化监管服务相结合，推进分类分级精准化执法，排查整治运动式逐利式执法，提高基层执法能力，着力以高水平安全服务高质量发展。优化煤矿产能核增政策，有序释放先进产能，开展煤矿采掘接续、露天煤矿边坡治理等专项监察，督促“一矿一策”制定安全措施，严厉打非治违，服务能源保供大局。深化“工业互联网+安全生产”应用，加快“机械化换人、自动化减人”，加强重大安全风险防控技术装备研发，壮大安全应急产业，推进城市安全风险综合监测预警平台建设。深入开展重点县、重点企业危险化学品安全生产和有限空间作业专家指导服务，大力推进烟花爆竹转型升级集中区建设。完善举报奖励等社会化机制，创新安全宣传“五进”工作。

第一章　全国安全生产总体情况

2022 年，全国发生各类生产安全事故 26257 起、死亡 20963 人，同比减少 8355 起、5344 人，分别下降 24.1% 和 20.3%。其中：发生特别重大事故 2 起、死亡 96 人，同比增加 2 起、96 人；发生重大事故 9 起、死亡 120 人，同比减少 8 起、121 人，分别下降 47.1% 和 50.2%；发生较大事故 365 起、死亡 1360 人，同比减少 150 起、575 人，分别下降 29.1% 和 29.7%。

从行业领域看：12 个重点统计的行业领域中，农业机械、渔业船舶、金属非金属矿山、化工、工贸、建筑业、铁路运输、道路运输、水上运输和航空运输等 10 个行业事故起数和死亡人数同比“双下降”，占 83.4%；煤矿事故起数和死亡人数同比“双上升”，占 8.3%；烟花爆竹事故起数同比持平、死亡人数同比上升，占 8.3%。

在国民经济门类中，交通运输业事故起数和死亡人数最多，分别占 76.1% 和 68.7%；其次是建筑业，事故起数和死亡人数分别占 10.3% 和 13.4%；商贸制造业事故起数和死亡人数分别占 7.3% 和 9.5%；其他行业事故起数和死亡人数分别占 3.3% 和 4.6%；采矿业事故起数和死亡人数分别占 2.4% 和 2.7%；农林牧渔业事故起数和死亡人数分别占 0.6% 和 1.2%。

2022 年全国生产安全事故情况（按行业领域分）见表 3-1-1。

从地区情况看：全国 32 个省级统计单位中，有 27 个单位实现同比“双下降”，占 84.4%；有 3 个单位同比“双上升”，占 9.3%；有 2 个单位事故起数下降，死亡人数上升，占 6.3%。发生事故的单位中，事故起数居前三位的分别是广东 2804 起、湖北 1601 起、辽宁 1462 起，事故起数居后三位的分别是新疆生产建设兵团 40 起、西藏 46 起、宁夏 158 起；死亡人数居前三位的分别是广东 2144 人、湖南 1448 人、辽宁 1261 人，死亡人数居后三位的分别是新疆生产建设兵团 42 人、西藏 64 人、宁夏 153 人。

2022 年全国生产安全事故情况（按地区分）见表 3-1-2。

一、全国较大生产安全事故情况

2022 年，全国发生较大事故 365 起、死亡 1360 人，同比减少 150 起、575 人，分别下降 29.1% 和 29.7%。

从行业领域看：12 个重点统计的行业领域中，农业机械未发生较大事故；渔业船舶、化工、工贸、建筑业、道路运输、水上运输和航空运输 7 个行业较大事故同比“双下降”，占 58.3%；金属非金属矿山较大事故同比“双上升”，占 8.3%。

在国民经济门类中，交通运输业发生较大事故起数和死亡人数最多，分别占 56.4% 和 54.6%；其次是商贸制造业，较大事故起数和死亡人数，分别占 11.2% 和 11.2%；再次是建筑业，较大事故起数和死亡人数分别占 10.4% 和 10.4%；其他行业较大事故起数和死亡人数分别占 8.5%

表 3-1-1　2022 年全国生产安全事故情况表（按行业领域分）

行业		事故起数（起）	同比增减		死亡（人）	同比增减	
			起	%		人	%
合计		26257	-8355	-24.1	20963	-5344	-20.3
A 农林牧渔业	小计	169	-93	-35.5	253	-74	-22.6
	其中：1. 农业机械	24	-72	-75.0	18	-62	-77.5
	2. 渔业船舶	60	-12	-16.7	124	-14	-10.1
	3. 其他	85	-9	-9.6	111	2	1.8
B 采矿业	小计	618	-46	-6.9	570	1	0.2
	其中：1. 煤矿	369	27	7.9	245	63	34.6
	2. 金属非金属矿山	204	-68	-25.0	273	-58	-17.5
	3. 石油天然气	10	-4	-28.6	13	-4	-23.5
	4. 其他	35	-1	-2.8	39		
C、F、H 商贸制造业	小计	1917	-504	-20.8	1985	-492	-19.9
	其中：1. 化工	127	-3	-2.3	143	-14	-8.9
	2. 烟花爆竹	11			16	3	23.1
	3. 工贸	1507	-446	-22.8	1547	-421	-21.4
	4. 其他	272	-55	-16.8	279	-60	-17.7
E 建筑业	小计	2701	-1148	-29.8	2806	-1183	-29.7
	其中：1. 房屋建筑业	893	-455	-33.8	960	-395	-29.2
	2. 土木工程建筑业	714	-290	-28.9	786	-337	-30.0
	3. 其他	1094	-403	-26.9	1060	-451	-29.9
G 交通运输业	小计	19977	-6413	-24.3	14393	-3415	-19.2
	其中：1. 铁路运输	432	-67	-13.4	361	-77	-17.6
	2. 道路运输	19299	-6317	-24.7	13730	-3268	-19.2
	3. 水上运输	86	-6	-6.5	138	-63	-31.3
	4. 航空运输	13	-4	-23.5	10	-10	-50.0
	5. 其他	147	-20	-12.0	154	1	0.7
D、I-T 其他行业		875	-146	-14.3	956	-177	-15.6

表 3-1-2　2022 年全国生产安全事故情况表（按地区分）

地区	事故起数（起）	同比增减		死亡（人）	同比增减		地区	事故起数（起）	同比增减		死亡（人）	同比增减	
		起	%		人	%			起	%		人	%
合计	26257	-8355	-24.1	20963	-5344	-20.3	湖北	1601	-451	-22.0	1190	-225	-15.9
北京	386	-83	-17.7	411	-87	-17.5	湖南	1344	-147	-9.9	1448	-138	-8.7
天津	995	-265	-21.0	452	-64	-12.4	广东	2804	-354	-11.2	2144	-185	-7.9
河北	796	-235	-22.8	645	-239	-27.0	广西	804	-1196	-59.8	761	-783	-50.7
山西	721	157	27.8	793	188	31.1	海南	171	-65	-27.5	179	-53	-22.8
内蒙古	462	-285	-38.2	468	-223	-32.3	重庆	907	-425	-31.9	641	-215	-25.1
辽宁	1462	-166	-10.2	1261	-198	-13.6	四川	835	-328	-28.2	828	-319	-27.8
吉林	1159	-489	-29.7	399	-205	-33.9	贵州	506	-202	-28.5	474	-97	-17.0
黑龙江	961	-265	-21.6	421	-127	-23.2	云南	1127	-361	-24.3	1162	-417	-26.4
上海	444	-95	-17.6	395	-58	-12.8	西藏	46	-32	-41.0	64	3	4.9
江苏	976	-516	-34.6	631	-278	-30.6	陕西	360	-187	-34.2	350	-134	-27.7
浙江	866	-389	-31.0	712	-300	-29.6	甘肃	594	-103	-14.8	480	-120	-20.0
安徽	788	-333	-29.7	761	-375	-33.0	青海	263	-127	-32.6	167	-94	-36.0
福建	623	-363	-36.8	480	-204	-29.8	宁夏	158	-14	-8.1	153	-16	-9.5
江西	798	-509	-38.9	581	-360	-38.3	新疆	662	-259	-28.1	431	36	9.1
山东	1259	-439	-25.9	875	-259	-22.8	新疆兵团	40	5	14.3	42	13	43.3
河南	1339	166	14.2	1164	190	19.5							

和 8.8%；农林牧渔业较大事故起数和死亡人数分别占 7.1% 和 7.9%；采矿业较大事故起数和死亡人数分别占 6.3% 和 7.1%。

2022 年全国较大生产安全事故情况（按行业领域分）见表 3-1-3。

从地区情况看：全国 32 个省级统计单位中，有 23 个单位实现较大事故同比“双下降”，占 71.9%；有 5 个单位较大事故同比“双上升”，占 15.6%。发生较大事故的单位中，事故起数居前三位的分别是广东 27 起、山西 26 起、辽宁和山东各 23 起，事故起数居后三位的分别是吉林、宁夏和新疆生产建设兵团各 1 起；死亡人数居前三位的分别是广东 101 人、山西 95 人、辽宁 92 人，死亡人数居后三位的分别是吉林、宁夏和新疆生产建设兵团各 3 人。

2022 年全国较大生产安全事故情况（按地区分）见表 3-1-4。

表 3-1-3 2022 年全国较大生产安全事故情况表（按行业领域分）

行业		事故起数（起）	同比增减		死亡（人）	同比增减	
			起	%		人	%
合计		365	-150	-29.1	1360	-575	-29.7
A 农林牧渔业	小计	26	6	30.0	107	16	17.6
	其中：1. 农业机械						
	2. 渔业船舶	15	-1	-6.3	72	-7	-8.9
	3. 其他	11	7	175.0	35	23	191.7
B 采矿业	小计	23	2	9.5	97	2	2.1
	其中：1. 煤矿	11	-1	-8.3	54	2	3.8
	2. 金属非金属矿山	11	4	57.1	39	2	5.4
	3. 石油天然气		-1	-100.0		-3	-100.0
	4. 其他	1			4	1	33.3
C、F、H 商贸制造业	小计	41	-24	-36.9	152	-105	-40.9
	其中：1. 化工	7	-2	-22.2	24	-11	-31.4
	2. 烟花爆竹	1			4	1	33.3
	3. 工贸	32	-18	-36.0	121	-76	-38.6
	4. 其他	1	-4	-80.0	3	-19	-86.4
E 建筑业	小计	38	-27	-41.5	141	-96	-40.5
	其中：1. 房屋建筑业	8	-11	-57.9	31	-42	-57.5
	2. 土木工程建筑业	20	-10	-33.3	74	-31	-29.5
	3. 其他	10	-6	-37.5	36	-23	-39.0
G 交通运输业	小计	206	-107	-34.2	743	-404	-35.2
	其中：1. 铁路运输	2	1	100.0	3	-6	-66.7
	2. 道路运输	185	-94	-33.7	676	-322	-32.3
	3. 水上运输	9	-20	-69.0	39	-86	-68.8
	4. 航空运输	1	-2	-66.7		-12	-100.0
	5. 其他	9	8	800.0	25	22	733.3
D、I-T 其他行业		31			120	12	11.1

表 3-1-4 2022 年全国较大生产安全事故情况表（按地区分）

地区	事故起数（起）	同比增减		死亡（人）	同比增减		地区	事故起数（起）	同比增减		死亡（人）	同比增减	
		起	%		人	%			起	%		人	%
合计	365	-150	-29.1	1360	-575	-29.7	湖北	8	-10	-55.6	29	-32	-52.5
北京	6	-2	-25.0	22	-2	-8.3	湖南	15	-6	-28.6	50	-24	-32.4
天津	7	1	16.7	18	-1	-5.3	广东	27	1	3.9	101	8	8.6
河北	6	-11	-64.7	27	-42	-60.9	广西	13	-17	-56.7	44	-65	-59.6
山西	26	2	8.3	95	3	3.3	海南	3	-1	-25.0	12	-2	-14.3
内蒙古	7	-11	-61.1	26	-37	-58.7	重庆	12	4	50.0	39	10	34.5
辽宁	23	-11	-32.4	92	-56	-37.8	四川	18	-8	-30.8	68	-28	-29.2
吉林	1	-4	-80.0	3	-17	-85.0	贵州	13	-2	-13.3	53	-12	-18.5
黑龙江	12	-6	-33.3	46	-24	-34.3	云南	17	-19	-52.8	67	-61	-47.7
上海	5			18	-2	-10.0	西藏	6	5	500.0	19	15	375.0
江苏	8	-4	-33.3	35	-6	-14.6	陕西	15			57	6	11.8
浙江	12	-18	-60.0	40	-81	-66.9	甘肃	12	-2	-14.3	41	-13	-24.1
安徽	13	-6	-31.6	48	-20	-29.4	青海	4			17	5	41.7
福建	11	-10	-47.6	50	-37	-42.5	宁夏	1	-5	-83.3	3	-21	-87.5
江西	15	-2	-11.8	57	-12	-17.4	新疆	15	9	150.0	53	32	152.4
山东	23	-4	-14.8	87	-17	-16.4	新疆兵团	1	-1	-50.0	3	-5	-62.5
河南	10	-12	-54.6	40	-37	-48.1							

二、全国重大生产安全事故情况

2022 年，全国发生重大生产安全事故 9 起、死亡 120 人，同比减少 8 起、121 人，分别下降 47.1% 和 50.2%。

从行业领域看：12 个重点统计的行业领域中，农业机械、化工、烟花爆竹、铁路运输、道路运输和航空运输 6 个行业未发生重大事故，占 50.0%；建筑业重大事故同比“双下降”，占 8.3%；渔业船舶和工贸 2 个行业重大事故同比“双上升”，占 16.7%。

在国民经济门类中，采矿业发生重大事故起数和死亡人数最多，分别占 44.4% 和 47.5%；其次是交通运输业，重大事故起数和死亡人数分别占 22.2% 和 18.3%；再次是商贸制造业，重大事故起数和死亡人数分别占 11.1% 和 14.2%；建筑业重大事故起数和死亡人数分别占 11.1% 和 11.7%；农林牧渔业重大事故起数和死亡人数分别占 11.1% 和 8.3%。

2022 年全国重大生产安全事故情况（按行业领域分）见表 3-1-5。

表 3-1-5　2022 年全国重大生产安全事故情况表（按行业领域分）

行业		事故起数（起）	同比增减		死亡（人）	同比增减	
			起	%		人	%
合计		9	-8	-47.1	120	-121	-50.2
A 农林牧渔业	小计	1	1		10	10	
	其中：1. 农业机械						
	2. 渔业船舶	1	1		10	10	
	3. 其他						
B 采矿业	小计	4			57	-8	-12.3
	其中：1. 煤矿	2			24	-17	-41.5
	2. 金属非金属矿山	2			33	9	37.5
	3. 石油天然气						
	4. 其他						
C、F、H 商贸制造业	小计	1	1		17	17	
	其中：1. 化工						
	2. 烟花爆竹						
	3. 工贸	1	1		17	17	
	4. 其他						
E 建筑业	小计	1	-1	-50.0	14	-17	-54.8
	其中：1. 房屋建筑业	1	1		14	14	
	2. 土木工程建筑业		-1	-100.0		-14	-100.0
	3. 其他		-1	-100.0		-17	-100.0
G 交通运输业	小计	2	-6	-75.0	22	-64	-74.4
	其中：1. 铁路运输						
	2. 道路运输		-6	-100.0		-75	-100.0
	3. 水上运输	2			22	11	100.0
	4. 航空运输						
	5. 其他						
D、I-T 其他行业			-3	-100.0		-59	-100.0

从地区情况看：全国32个省级统计单位中，北京、天津、山西、内蒙古、黑龙江、江苏、浙江、安徽、福建、江西、河南、湖北、湖南、广东、广西、海南、重庆、四川、云南、西藏、陕西、青海、宁夏和新疆生产建设兵团24个单位未发生重大事故，占75.0%。在发生重大事故的8个单位中，贵州发生2起、死亡28人，同比增加2起、28人；河北发生1起、死亡15人，同比事故起数持平、增加1人，上升7.1%；辽宁发生1起、死亡10人，同比增加1起、10人；吉林发生1起、死亡17人，同比事故起数持平、增加2人，上升13.3%；上海发生1起、死亡11人，同比增加1起、11人；山东发生1起、死亡11人，同比减少2起、11人，分别下降66.7%和50.0%；甘肃发生1起、死亡10人，同比事故起数持平、减少3人，下降23.1%；新疆发生1起、死亡18人，同比事故起数持平、减少3人，下降14.3%。

2022年全国重大生产安全事故情况（按地区分）见表3-1-6，2022年全国重大生产安全事故简要情况见表3-1-7。

表3-1-6　2022年全国重大生产安全事故情况表（按地区分）

地区	事故起数（起）	同比增减		死亡（人）	同比增减		地区	事故起数（起）	同比增减		死亡（人）	同比增减	
		起	%		人	%			起	%		人	%
合计	9	-8	-47.1	120	-121	-50.2	湖北		-1	-100.0		-26	-100.0
北京							湖南						
天津							广东		-1	-100.0		-14	-100.0
河北	1			15	1	7.1	广西						
山西		-1	-100.0		-13	-100.0	海南						
内蒙古							重庆						
辽宁	1	1		10	10		四川						
吉林	1			17	2	13.3	贵州	2	2		28	28	
黑龙江		-1	-100.0		-15	-100.0	云南						
上海	1	1		11	11		西藏						
江苏		-2	-100.0		-28	-100.0	陕西						
浙江							甘肃	1			10	-3	-23.1
安徽		-2	-100.0		-22	-100.0	青海		-1	-100.0		-20	-100.0
福建							宁夏						
江西							新疆	1			18	-3	-14.3
山东	1	-2	-66.7	11	-11	-50.0	新疆兵团						
河南		-1	-100.0		-18	-100.0							

表 3-1-7　2022 年全国重大生产安全事故简要情况表

序号	事故发生时间	事故发生地点	死亡（人）	事故简要情况
1	2022 年 1 月 3 日	贵州省毕节市金海湖新区	14	贵州省毕节市金海湖新区项目培训综合楼工地发生山体滑坡事故，造成 14 人死亡、3 人受伤
2	2022 年 2 月 25 日	贵州省黔西南州贞丰县	14	贵州省黔西南州贞丰县三河顺勋煤矿发生煤矿顶板事故，造成 14 人死亡
3	2022 年 3 月 7 日	辽宁省盘锦市	10	江苏连云港海域（东经 122 度 30 分、北纬 35 度 8 分）发生“辽盘渔 15025”渔船沉没事故，造成 10 人死亡
4	2022 年 7 月 23 日	甘肃白银市景泰县	10	甘肃白银市景泰县甘肃泓胜煤业有限责任公司矿区内发生煤矿边坡坍塌事故，造成 10 人死亡、6 人受伤
5	2022 年 9 月 2 日	河北省唐山市迁西县	15	河北省唐山市迁西县太平寨镇桃树峪铁矿发生透水事故，造成 14 人死亡、1 人失踪
6	2022 年 9 月 28 日	吉林省长春市高新区	17	吉林省长春市高新区宏禹小油饼百姓餐厅发生爆燃事故，造成 17 人死亡、3 人受伤
7	2022 年 10 月 31 日	上海市	11	长江口灯船以东约 42 海里处发生商渔船碰撞事故，造成 11 人失联
8	2022 年 12 月 22 日	山东省威海市	11	山东省威海市威海石岛东南约 22 海里处发生商渔船碰撞事故，造成 5 人死亡、6 人失联
9	2022 年 12 月 24 日	新疆维吾尔自治区伊犁州伊宁县	18	新疆伊犁州伊宁县西部黄金伊犁有限责任公司（原名阿希金矿）矿区露天矿发生坍塌事故，造成 18 人失联

三、全国特别重大生产安全事故情况

2022 年，12 个重点统计的行业领域中，工贸行业发生特别重大事故 1 起、死亡 42 人，同比增加 1 起、42 人；建筑业发生特别重大事故 1 起、死亡 54 人，同比增加 1 起、54 人；其他行业均未发生特别重大事故，同比持平。

2022 年特别重大生产安全事故简要情况见表 3-1-8。

表 3-1-8　2022 年特别重大生产安全事故简要情况表

序号	事故发生时间	事故发生地点	死亡（人）	事故简要情况
1	2022 年 4 月 29 日	湖南省长沙市望城区	54	湖南省长沙市望城区金山桥街道金坪社区盘树湾 115 号重建地发生居民自建房倒塌事故，造成 54 人死亡、9 人受伤
2	2022 年 11 月 21 日	河南省安阳市文峰区	42	河南省安阳市文峰区（高新区）宝莲寺镇文元西街安阳市凯信达商贸有限公司发生火灾事故，造成 42 人死亡、2 人受伤

四、生产安全事故分析

一是矿山安全形势总体平稳，非法违法开采问题依然突出。2022 年，在煤炭长期保供、产量再创新高以及多数矿产品价格持续高位的情况下，矿山行业事故总量、重大事故基本持平。煤矿亡人事故、金属非金属矿山较大事故反弹。基建矿山违法开采施工问题突出。顶板事故防范薄弱。瞒报、盗采事故多发。

二是工贸行业传统风险依然突出，火灾和特殊作业事故多发。2022 年，工贸行业事故主要集中在机械、建材、轻工和商贸行业，占工贸行业事故总量的 85.7%。中小企业消防火灾风险突出，特别是餐饮店、批发市场、临街小商铺和“三合一”场所等火灾风险较高。特殊作业环节事故居高不下，尤其是有的企业将部分风险较大的特殊作业分包给相关方开展，企业内部监管力度不足，导致事故多发。

三是化工行业未发生重特大事故，产业转移等风险依然突出。在化工市场需求旺盛、原油价格高位震荡等复杂形势下，化工事故总量、较大事故持续下降，未发生重特大事故。中西部和东北地区化工事故多发，产业转移风险突出。精细化工事故居高不下，且呈上升趋势。检维修、特殊作业环节事故多发。发生在检维修环节的事故占化工事故总量的 31.8%，占比较大。烟花爆竹非法生产经营问题明显抬头。

五、王勇调研安全生产工作

2022 年 1 月 27 日，国务委员王勇在河北检查指导安全生产工作。他强调，要深入贯彻习近平总书记关于防范化解重大安全风险的一系列重要指示精神，坚持人民至上、生命至上，从严从紧落实责任，抓细抓实工作措施，坚决防范遏制重特大事故发生，为人民群众欢度春节和冬奥会、冬残奥会成功举办营造安全稳定环境。各地区各有关部门和单位要认真贯彻党中央、国务院决策部署和全国安全生产电视电话会议部署要求，深入推进专项整治三年行动，扎实开展燃气、危化品集中治理，进一步完善全链条全覆盖安全责任体系，不折不扣狠抓落实，确保责任措施层层到岗到人。紧盯煤炭矿山、交通运输、建筑施工等重点领域和重点区域，深入排查隐患，严格监管执法，严控烟花爆竹产运储销，加强人员密集场所消防安全治理，严厉打击各类违法违规生产建设等行为，有效防范事故风险，标本兼治提升本质安全水平。进一步强化节日和重大活动期间应急值守，完善各类应急预案，健全联动处置机制，周密做好安全保障与低温雨雪冰冻等灾害防范，及时科学处置突发险情，坚决维护人民生命财产安全，全力确保全国安全生产形势稳定向好。

新华社石家庄 6 月 30 日电　国务委员王勇近日在河北调研检查安全生产工作。他强调，要深入贯彻习近平总书记关于加强安全生产的重要指示精神，始终坚持人民至上、生命至上，更好统筹发展和安全，抓紧抓实安全生产各项责任措施，全面彻底排查整治安全风险隐患，坚决防范遏制各类重特大事故发生，为迎接党的二十大胜利召开营造安全稳定环境。要深刻吸取近期燃气化工等行业事故教训，狠抓重点行业领域安全整治，持续开展拉网式、全覆盖安全排查，确保进厂到店入户、不留死角盲区，全面消除各类事故隐患。深化城镇燃气整治攻坚，加快管网更新改造，加强燃气产销储用全链条特别是经营场所、居民小区安全管理，严防违规作业等引发燃气事故。深入推进危化品风险集中治理，严格落实重大危险源、关键装置和重点部位巡检，大力推广数字化、智能化安全监管措施手段，着力提升本质安全水平。巩固安全生产专项整治三年行动成效，全面落实安全生产十五条硬措施，强化暑期汛期安全警示宣传教育，及时科学处置突发险情，全力保障人民生命财产安全。

新华社成都 7 月 16 日电　国务委员王勇在四川调研检查安全生产和防汛减灾工作。他强调，要深入贯彻习近平总书记关于安全生产的一系列重要指示精神，按照党中央、国务院决策部署，坚持以防为主、防抗救相结合，进一步拧紧扣牢责任链条，以时时放心不下的高度警觉和更严更细更实的工作举措，牢牢守住安全发展底线。他指出，当前防风险、保安全、护稳定责任重大，必须始终坚持生命至上、安全第一，深入排查事故风险隐患，严惩各类违法违规行为，确保真查真改、严抓严管，推动安全生产检查整治走深走实。强化安全警示教育，持续加大安全投入，不断提升本质安全水平。扎实做好暑期汛期设备检修和安全防护，严防高温酷暑、极端降雨等引发安全事故，坚决遏制重特大事故发生。

新华社哈尔滨 8 月 9 日电　国务委员王勇在黑龙江调研检查防汛减灾和安全生产工作。他强调，要深入贯彻习近平总书记关于安全生产的重要指示精神，按照党中央、国务院决策部署，狠抓责任措施落实，时刻保持应急准备，全力以赴抓好安全生产各项工作，确保汛期安全和社会大局稳定。要始终坚持安全第一、生命至上，切实把统筹发展和安全落到实处，真正把安全责任压实到生产经营全流程各环节特别是基层一线，严格执行各项安全制度规定，抓细抓实安全生产各项措施。进一步强化城镇燃气、住房建筑、化工等重点行业领域专项治理，逐企逐店逐户排查整治风险隐患，坚决守好不发生重大安全事故底线，全力保障人民群众生命财产安全。

六、国务院安委会办公室部署安全生产工作

（一）国务院安委会办公室、应急管理部召开视频会议部署加强春节冬奥期间安全防范工作

2022 年 1 月 21 日，国务院安委会办公室、应急管理部召开加强春节冬奥期间安全防范工作视频会议。国务院安委会副主任、应急管理部部长黄明出席会议并讲话，强调要认真贯彻落实习近平总书记关于安全生产、应急管理和冬奥会安保的重要指示精神，按照全国安全生产电视电话会议部署要求，认清当前形势，明确目标任务，齐心协力狠抓落实，坚决防范遏制重特大事故发生，为确保冬奥会顺利举办、群众平安过节营造安全稳定的社会环境。

（二）国务院安委会办公室、应急管理部部署全国两会和冬残奥会安全防范工作

2022 年 3 月 1 日，国务院安委会办公室、应急管理部召开全国两会和冬残奥会安全防范工作视频会议。国务院安委会副主任、应急管理部部长黄明主持会议并讲话，强调要认真贯彻落实习近平总书记重要指示精神，以高度的政治责任感，统筹好发展和安全，狠抓各项安全防范责任措施落实，有效防范化解重大风险，坚决

遏制重特大事故，有力应对各类灾害，为全国两会和冬残奥会创造良好社会环境，以实际行动迎接党的二十大胜利召开。

（三）国务院安委会办公室、应急管理部部署抓紧推动安全生产十五条硬措施贯彻执行　调度安排清明假期及近期安全防范工作

2022 年 4 月 3 日，国务院安委会办公室、应急管理部召开全国安全防范工作视频调度会议，部署抓紧推动进一步强化安全生产责任落实、坚决防范遏制重特大事故的十五条硬措施贯彻执行，对清明假期和今后一段时间安全防范工作进行再推动、再落实。国务院安委会副主任、应急管理部部长黄明强调，要切实提高政治站位，立足自身职责，全力抓好安全生产十五条硬措施贯彻落实，发动各方面力量稳控全国安全生产形势，为党的二十大召开营造良好安全环境。

（四）国务院安委会办公室统筹推进全国安全生产大检查

2022 年 4 月 8 日，国务院安全生产委员会印发通知，部署在全国范围内开展安全生产大检查，全面排查整治重大风险隐患，坚决遏制重特大事故。此次安全生产大检查时间为自通知印发之日起至党的二十大结束后，要求各地区深刻汲取各种安全事故教训，聚焦贯彻落实安全生产十五条硬措施，结合本地实际制定细化工作方案，有针对性地明确重点内容、任务措施、实施方式，压实各方责任，提出工作要求，立即开展全面深入自查行动。国务院安委会各有关成员单位制定专项检查方案，立即部署开展本行业领域重点地区安全生产明查暗访，指导帮助地方解决重点难点问题。国务院安委会组成 16 个综合检查组，对各地大检查部署开展情况进行督导检查，并同步开展 2021 年度省级政府安全生产和消防工作考核巡查及国务院安委会 39 个成员单位安全生产工作考核。

（五）国务院安委会办公室、应急管理部部署全国五一假期安全防范工作

2022 年 4 月 29 日，国务院安委会办公室、应急管理部召开全国五一假期安全防范工作视频会议，深入分析当前面临的形势任务，部署全国五一假期安全防范工作。国务院安委会副主任、应急管理部部长黄明强调，要认真贯彻落实习近平总书记重要指示精神和党中央、国务院决策部署，严格落实十五条硬措施，深入扎实开展安全生产大检查，有效防范化解各类安全风险，坚决遏制重特大事故，切实把确保人民生命安全放在第一位落到实处。

（六）国务院安委会办公室、应急管理部强化部署端午假期安全防范工作

2022 年 6 月 3 日上午，国务院安委会副主任、应急管理部部长黄明主持召开视频调度会议，会商研判全国安全形势，进一步部署端午假期安全防范工作。会议强调，要坚决贯彻党中央“疫情要防住、经济要稳住、发展要安全”的明确要求，始终绷紧神经，主动担当履责，扎实做好端午假期安全防范工作，深入研究问题、扎实解决问题，真正把风险隐患找出来、把事故灾害防控住，确保节日期间安全稳定。

（七）国务院安委会办公室召开全国燃气安全防范专题视频会议部署开展燃气安全“百日行动”

2022 年 7 月 4 日下午，国务院安委

会办公室在京召开全国燃气安全防范专题视频会议。为认真贯彻落实习近平总书记关于安全生产的重要指示精神，坚决遏制燃气事故多发频发势头，根据国务院安委会部署要求，国务院安委办、应急管理部、住房城乡建设部、市场监管总局决定从即日起至 10 月底开展燃气安全“百日行动”。国务院安委会副主任、应急管理部部长黄明主持并讲话。会议强调，要深刻汲取近期燃气事故教训，进一步统一思想和行动，集中力量迅速开展燃气安全“百日行动”，采取坚决有力措施，尽快扭转事故多发势头，以实际行动迎接党的二十大胜利召开。

（八）国务院安委会办公室　应急管理部召开视频会议启动 2022 年全国消防宣传月活动

2022 年 11 月 1 日上午，国务院安委会办公室、应急管理部召开 2022 年全国消防宣传月活动启动视频会议，深入学习贯彻党的二十大精神和习近平总书记关于应急管理重要论述，动员各地区、各有关部门和单位重视消防工作、参与消防工作。国务院安委会副主任、应急管理部部长王祥喜出席会议并讲话，强调要紧紧围绕“抓消防安全、保高质量发展”主题，充分发挥各种宣传教育阵地作用，发展壮大消防群防群治力量，营造各界关心、各方参与的良好氛围，提高消防安全治理效能，以高水平安全服务高质量发展。

（九）国务院安委会办公室扎实开展岁末年初安全生产重大隐患专项整治和督导检查

国务院安全生产委员会部署在全国范围开展岁末年初安全生产重大隐患专项整治和督导检查。此次专项整治和督导检查时间为 2022 年 12 月至 2023 年 3 月，要求各省级政府结合本地实际和各重点行业领域重大隐患判定标准，部署开展重大隐患专项整治；国务院安委会有关成员单位开展专项督导检查，按照“管行业必须管安全”要求，指导服务地方因地制宜确定本行业领域的重大隐患和整治标准，制定本部门专项检查方案，开展多种形式专项督导。

七、全国安全生产专项整治三年行动情况

国务院安委会办公室、应急管理部组织推进的安全生产专项整治三年行动圆满收官，取得了积极成效。三年行动期间全国生产安全事故起数和死亡人数比整治前三年分别下降 33.6% 和 26.4%，其中较大事故起数和死亡人数分别下降 14.8% 和 16.3%，重特大事故起数和死亡人数分别下降 29.0% 和 20.7%。经过三年整治，安全生产各方面工作取得了积极进展。

（一）在树牢安全发展理念上取得新突破

一是安全发展的思想认识进一步提高。各地区、各有关部门和单位深刻认识到，做好安全生产各项工作不仅是贯彻新发展理念、推进高质量发展的内在要求，更是增强“四个意识”、坚定“四个自信”、做到“两个维护”的政治要求，必须把安全发展理念内化于心、外化于行，贯彻落实到经济社会发展的全过程各方面。二是抓安全生产工作的主动性进一步增强。三年来各省份党政主要负责人亲自研究部署、带队督导检查安全生产工作 960 余人次，每年均将安全生产和三年行动作为政府工作报告内容重点部署。三是高危落后产能淘汰退出力度进一步加大。

完成1141家城镇人口密集区危险化学品生产企业搬迁改造，取消467处煤矿夜班采掘作业，淘汰退出煤矿900余座，关闭不具备基本安全条件的非煤矿山8604座，闭库1066座尾矿库。

（二）在拧紧安全责任链条上取得新突破

一是党政领导干部责任进一步落地。32个省级安全生产委员会均由政府主要负责人担任主任，全部由担任党委常委的政府副职分管安全生产工作；各省份均建立安全生产分级考核巡查制度，将安全生产纳入高质量发展考核，部分地区还纳入省委专项巡视、引入纪委监委嵌入考核。二是部门职责分工进一步完善。印发国务院安全生产委员会各成员单位安全生产工作任务分工，35个国务院安委会成员单位成立安全生产委员会或安全生产领导小组，安全生产融入业务工作的全链条各环节；成立国务院安委会危险化学品安全专业委员会，深入推进矿山、危险化学品安全监管监察体制改革。三是企业主体责任进一步落实。新修改的《安全生产法》从法律层面明确生产经营单位主要负责人是本单位安全生产第一责任人，多数省份出台落实企业主体责任的相关规定和责任清单，所有中央企业和重点行业领域企业均建立全员安全生产责任制。

（三）在提升依法治理水平上取得新突破

一是法律法规体系进一步完善。完成《安全生产法》等多部法律修改，将人民至上、生命至上的理念上升到法律高度；推动在《刑法修正案（十一）》中新增危险作业罪，及时公布典型行刑衔接执法案例52起，在全社会形成有力震慑；先后完成330余部（项）涉及安全生产的法规标准制修订，各地出台3200余部（项）地方性法规标准和制度规范。二是安全生产执法深入推进。出台加强安全生产执法工作的意见，“互联网+执法”稳步推进，各地区化工园区基本实现有明确的安全监管机构和满足要求的专业监管人员，铁路“双段长”和铁路沿线安全环境治理联席会议制度全面落实。

（四）在提高风险防控能力上取得新突破

一是高风险行业领域得到系统治理。针对1.36万家危险化学品生产使用企业、601个化工园区、358家大型油气储存基地、909座尾矿库“头顶库”、11698栋百米以上超高层建筑、1723.2万栋经营性自建房、2.24亿户农村房屋，精准落实分类整治处置措施，完成3564家5万平方米以上大型商业综合体消防安全标准化建设。二是一批老大难问题得到有效解决。查处非法违法“小化工”2769家，清退矿山违规外包队伍783支，封停特种设备5.69万台（套），查处建筑领域违法转包分包问题项目2.5万个，查处“百吨王”货车超限超载案件6.3万起、撤销83个存在“大吨小标”等问题的车型。三是监管盲区漏洞得到及时堵塞。针对海上风电、密室逃脱、剧本杀、储能电站、景区玻璃栈道、校外培训机构以及网约车、外卖配送等新领域新业态，及时出台政策措施强化安全监管。

（五）在夯实安全保障基础上取得新突破

一是安全投入力度进一步加大。中央财政专门新设安全生产预防和应急救援能力建设补助资金，印发“十四五”安全生产等专项规划推进重大项目落地实施，三年累计安排中央预算内投资150.27亿元，带动省级政府本级投入505.4亿元。二是技防物防水平进一步提升。建成

1019 个煤矿智能化采掘工作面，有智能化工作面矿井产能占比达 42%；完成 2.3 万处危险化学品重大危险源以及 3400 余家煤矿全部监测联网，以 18 个城市（区）为试点推动提升城市安全风险监测预警能力；90% 的餐饮企业安装燃气泄漏报警器，完成 1.8 万公里城市燃气管道更新改造，13 万个小区实施消防车通道标识化管理，新增公路安全生命防护工程 30 万余公里。三是专业人才培养培训进一步强化。各高校和高职院校共设置 1700 余个安全生产相关专业，完成高危行业领域安全技能提升行动，累计培训 2700 万余人次，成立 1.4 万个乡镇街道消防所（站），国家安全生产专业应急救援队伍增至 102 支、2 万余人。四是全社会参与程度进一步提高。中央主流媒体、国家应急广播等平台及时发布多种形式的科普产品 1.3 万部（次），接到安全生产三类举报信息近 20 万件，发放举报奖励 3700 万余元。

第二章　煤　矿　安　全

一、基本情况

2022年，全国煤矿事故起数和遇难人数同比分别上升47.4%和20.1%。其中，较大事故起数和遇难人数同比分别下降15.4%和1.8%；重大事故起数同比持平，遇难人数同比下降41.5%；未发生特别重大事故，同比持平。

（注：本章事故数据按国家矿山安全监察局口径统计）

二、重点工作

（一）深入开展重点地区督导帮扶

按照国务院安全生产委员会部署，在贵阳市召开进驻动员部署会，在黔西南州宣讲习近平总书记关于安全生产重要论述，多次视频调度工作进展，定期检查指导重点工作，研究解决突出问题，并召开总结大会。先后召开10次动员培训、视频调度和专题研讨会议，出席8次警示教育、问题反馈会议，深入毕节、六盘水等市（州）与地方党委政府主要领导和有关部门进行座谈交流，带队前往矿山一线查问题、找原因、定措施、教方法、抓培训，促进督导帮扶各项工作有序开展。国家矿山安全监察局先后调配331名骨干专家对贵州9个市州、88个县区开展矿山安全培训宣贯，集中督导检查81个市县政府及部门、78个矿山企业上级公司和1041处矿山，推动贵州制定责任追究、举报奖励、安全投入等18项制度措施，开展瓦斯治理攻坚行动，落实煤矿建设、整合、提升、整改、托管、淘汰“六个一批”治本措施，解决了一批深层次问题。

（二）超前防范化解重大风险

加强风险研判和管控，国家矿山安全监察局和各省级局保持24小时查看监测预警系统，常态化开展“一对一”会商和安全风险研判，累计发送警示信息27次、工作要求30余次，印发瓦斯超限分析月报17期，监测预警系统分析研判周报107期，对464次瓦斯、103次一氧化碳超限重大隐患进行通报并督促整改，全国瓦斯超限由最高时每月1314次下降至96次，降幅达93%。强化重大灾害超前治理，组织召开全国煤矿瓦斯和冲击地压重大灾害防治现场会、矿山防治水专题视频会，强化瓦斯“零超限”、煤层“零突出”、煤岩“零冲击”目标管理，完善瓦斯综合治理防治体系，深化冲击地压防治原则，实施煤矿防治水“三区”（可采区、缓采区、禁采区）管理，进一步落实“三专两探一撤”措施。

（三）扎实推进煤矿安全专项整治三年行动

聚焦煤矿安全专项整治三年行动目标任务实施，全面总结梳理工作情况，对三年行动开展情况进行全面总结评估。累计召开煤矿三年行动工作专班例会26次，发布工作专刊51期，每季度对各地煤矿三年行动整治成效进行一次评估，推动各地排查整治问题隐患21.3万条，制定落实制度措施24.4万项。

（四）规范煤矿安全监管监察执法

印发《国务院安委会办公室关于严厉打击盗采矿产资源违法活动和矿山严重违法违规生产建设行为的通知》《国家矿山安全监察局关于开展煤矿采掘接续专项监察的通知》《国家矿山安全监察局关于开展煤矿安全监管责任落实情况专项监察的通知》《国家矿山安全监察局关于开展全国矿山安全生产大检查工作的通知》。制定《关于加强和规范煤矿安全监管监察执法工作的指导意见》《国家矿山安全监察局省级局 2023 年煤矿安全监察执法工作计划编制指南》。修订《煤矿安全监管监察检查实施清单》《煤矿企业安全生产许可证实施办法》。启动《煤矿安全监管监察行政处罚自由裁量基准》和《煤矿安全生产违法违规行为和处理处罚规范描述汇编》制修订工作。

（五）压实地方政府、监管监察部门及央企责任

不断深化“国家监察、地方监管、企业负责”的煤矿安全生产工作格局，持续拧紧责任链条。一是组织开展矿山安全生产综合督查。印发《国家矿山安全监察局关于开展矿山安全生产综合督查的通知》，由国家矿山安全监察局领导和安全总监分别带队组织 5 个督查组对 11 个省（区）开展督查，共延伸抽查 18 个地市级、28 个县级人民政府及矿山安全监管部门、115 处矿山企业，查处问题隐患 1512 条，及时印发整改督办函，推进压实地方监管责任。同时，督促指导各省对其余产煤市县开展全覆盖综合督查。二是强化监管责任落实情况抽查检查。组织各省级局开展煤矿安全监管责任落实情况专项监察，共检查地方政府及监管部门 667 家，发现问题 3685 条，下发加强安全监管建议书 446 份。组织山西等 9 个省级局对晋中市等 18 个重点产煤市（区）525 处停工停产煤矿属地监管责任落实情况进行突击抽查。三是督促指导央企落实对下属企业监管责任。及时了解涉煤央企及所属煤矿安全生产工作情况，通报央企所属煤矿事故情况和存在突出问题。组织召开视频会议，对重点时段涉煤央企安全生产工作再提醒、再督促。加强工作协调，帮助央企解决所属煤矿安全生产中存在的有关问题。

（六）严格安全许可准入管理

从做好安全许可准入入手，推进严格把关、规范管理，强化事中事后监管，源头管控安全风险。一是严格建设项目安全设施设计审查。加强对省级监管监察部门的业务指导，督促其严格安全准入，做好安全设施设计审查和竣工验收监督核查事宜移交工作；协调行业专家参与部分省级局组织的安全设施设计审查工作。组织指导中煤集团做好《煤矿建设安全规范》（AQ 1083—2011）修订工作。组织对煤矿建设项目安全设施设计审查移交情况进行评估。二是严格重大煤矿建设项目安全核准。组织专家对山西肖家洼煤矿等 12 个煤矿建设项目进行安全审核。三是加强煤矿企业安全生产许可事项管理。修订《煤矿企业安全生产许可证实施办法》，广泛征求各方面意见建议，启动煤矿行政许可改革评估课题。组织各省开展安全生产许可证颁发管理自查，指导帮助解决颁发管理过程中遇到的难点问题。

（七）全力支持能源矿产安全保供

坚决贯彻落实党中央、国务院关于能源保供决策部署，坚守安全底线，加强精准执法和服务指导，确保能源矿产安全供应、稳定供应。一是加大政策供给力度，不断优化相关改革措施，印发《关于加强煤炭先进产能核定工作的通知》，明确

17 种情形不得确定为先进产能煤矿，防止盲目扩能。二是加快先进产能释放，严格安全标准，简化审核程序，2022 年对 996 矿次申请进行审核，确认 200 处煤矿、增加产能 2.6 亿吨/年，自 2021 年保供以来，全国核增煤矿 407 处、产能 5.7 亿吨/年；指导 6 个重点铁矿项目开工建设，新增铁精矿产能 2748 万吨/年。三是压实安全保供责任，与各产煤省签订安全保供责任书，制定安全目标奖惩激励措施，实施“一票否决”，印发《关于进一步加强煤矿安全生产促进稳定保供的通知》，督促有关部门和煤矿企业严格落实安全保供措施，每周调度跟踪各地驻矿盯守等落实情况，督促上级企业“一矿一策”制定安全措施。四是加强服务指导，协调解决晋陕蒙等地 70 处因手续不全无法投产达产煤矿的手续问题，推动手续不全煤矿尽快合法投产达产。每周调度了解各地煤矿复工复产情况，对存在的问题及时协调解决，推动停工停产矿山在做好整改的前提下安全有序复工复产。2022 年全国煤炭产量 45 亿吨，同比增长 9%，先进产能煤矿产量约占全国总产量的三分之一，百万吨死亡率仅为全国平均水平的六分之一，实现了安全保供。

第三章 非煤矿山安全

一、基本情况

2022年，全国非煤矿山事故起数和遇难人数同比分别下降25.2%和16.5%。其中，较大事故起数和遇难人数同比分别上升83.3%、25.8%；重大事故起数同比持平，遇难人数同比上升37.5%。

二、重点工作

（一）高位推动地方非煤矿山安全监管责任落实

一是健全完善安全监管法规标准体系。修订完成《非煤矿山安全风险分级监管办法》，明确风险等级判定标准，实施差异化动态监管。研究制定《关于加强非煤矿山安全生产工作的指导意见》。修订出台《金属非金属矿山重大生产安全事故隐患判定标准》，为基层监管和企业安全生产提供重要法规依据和技术指导。

二是规范非煤矿山国家监察有序运行。组织召开全国非煤矿山安全监察工作视频会，开展非煤矿山安全监察“大讲堂”。印发《规范非煤矿山安全监察工作的意见》《国家矿山安全监察局（非煤矿山）文书样式及其制作规范》，推动各省级局进一步规范监察检查；制定印发《国家矿山安全监察局省级局分片分库联系督导尾矿库“头顶库”工作制度》，督促落实地方责任和企业主体责任。举办3期非煤矿山安全监察能力提升培训班，实现各省级局非煤矿山安全监察人员全覆盖培训。

（二）推动非煤矿山安全专项整治三年行动圆满收官

一是抓实抓细矿山安全生产大检查，推动专项整治任务如期完成。督促指导全国有非煤矿山的31个省级地区结合本地情况，细化具体检查内容，明确阶段任务要求，制定印发实施方案。严格执行定期调度、定期分析、定期通报、定期排名工作制度，督促各地逐级强化考核评估机制，压茬推进落实。聚焦汛期非煤矿山重大安全风险，统筹监管监察两支队伍，分两批对26个地区开展非煤矿山安全生产异地监察，共检查矿山108处，查处隐患771项，查处重大隐患31项，查处违法违规行为113项。多次组织召开与河南、山东等联系指导地区风险研判会商视频会，定期通过电话、微信等“点对点”督导省级局落实国家矿山安全监察局党组工作部署。制修订国家规章标准15项，推动各地出台地方性法规35项，地方性政府规章124项；进一步健全非煤矿山安全责任体系，金属非金属矿山和尾矿库数量较2019年分别下降23.0%和14.6%，超额完成既定关闭4000座的任务。

二是多措并举提高非煤矿山本质安全水平。督促各地对标64项重大隐患判定标准，全面开展重大事故隐患排查整治，推动从根本上消除事故隐患、从根本上解决问题。督促各地强力推进落实“三个一批”措施，共淘汰退出298座金属非金属矿山，整合重组87座矿山，改造升级440座矿山。推动各地强制淘汰第一批和第二批目录中禁止使用的设备及工艺526台（套），淘汰采用干式制动的无轨胶轮车80辆，淘汰运输人员、油料和炸药的改装车60辆。督促各地推动企业按期配齐“五职矿长”和专业技术人员，组建1000余人的非煤矿山安全专家库，并上线运行App，为基层提供国家级技术支撑。推进尾矿库安全风险监测预警系统建设，实现2125座尾矿库接入国家平台，推进300座大中型地下矿山、50座大中型露天矿山系统联网。

（三）全力攻坚非煤矿山重点地区和重点领域

一是推进“8+31”重点地区攻坚克难。组织召开8次视频会议对攻坚克难工作进行再推动再落实，推动重点地区确定的122个重点县同国家矿山安全监察局确定的31个重点县一体化攻坚，逐项限期推进《加强非煤矿山重点地区安全生产工作方案》中的25项工作任务。制定重点地区动态调整方案，明确调整标准和程序，督促各地传导压力与责任，打好安全生产主动仗。“8+31”重点地区金属非金属地下矿山和尾矿库数量大幅下降，大中型金属非金属矿山占比持续提高，创建了一批非煤矿山安全示范县。

二是持续推进防范化解尾矿库安全风险。联合财政部等印发《安全生产预防和应急救援能力建设补助资金管理办法》《尾矿库风险隐患治理工作总体方案》，安排中央财政分年度、批次支持风险隐患治理。推动嘉陵江上游四川、陕西和甘肃3省治理完成46座尾矿库；推动长江经济带10省（市）152座尾矿库闭库销号；指导黄河流域6省（区）完成尾矿库集中区域综合治理项目遴选工作。印发《关于全面推进防范化解尾矿库安全风险重点工作的通知》，督促各地落实总量控制、“一库一策”等6方面重点任务。指导涉及尾矿库地区出台闭库销号办法，科学合理确定2022年尾矿库闭库销号计划，强化闭库销号、搬迁人员等分类处置措施，全国共完成519座尾矿库闭库销号，“头顶库”数量由2021年末的909座压减至2022年底的827座。督促2366座重点尾矿库企业编制并落实“一库一策”方案。联合河南省政府开展尾矿库“头顶库”溃坝风险应急处置演练，调动1300余人救援力量参与，1万余监管监察人员在线观摩，推动各地开展2910次尾矿库应急演练，有效提升应急救援能力。

三是深入开展专项督导。专项督导山西省开展全省尾矿库安全治理攻坚和代县非煤矿山安全专项整治。开展4次督导帮扶，推动山西省制定落实攻坚方案，将110座符合尾矿库特征的设施纳入监管，对199座尾矿库实施分类处置，严肃查处一批典型案例，探索形成一批制度性成果。推动忻州市制定《关于铁矿企业整治整合方案》《铁矿企业综合治理专项行动方案》，对代县开展3轮督导检查，指导代县完善整治方案，全面推进非煤矿山整治整合、采空区综合治理等工作。专项督导河北开展非煤矿山安全专项整治。赴现场督导河北开展迁西县桃树峪铁矿“9·2”重大透水事故救援及举报核查，指导地方政府查清原因，还原真相，严肃追责问责。向河北省印发加强非煤矿山安全生产工作提醒函，开展视频会商，指导制定非煤矿山安全专项整治工作方案，强力推进“三个一批”（淘汰退出一批、整合重组一批、改造升级一批）。专项督导“锰三角”地区矿山安全专项整治。深入重庆秀山、湖南花垣、贵州松桃“锰三角”地区开展调研，摸清问题，制定印发《“锰三角”地区矿山安全专项整治工作方案》。结合贵州矿山督导帮扶，对贵州松桃进行逐矿逐库指导，推动“锰三角”地区矿山安全转型升级。专项督导贵州矿山安全专项整治。坚持集中精力、上下结合，分三个阶段对贵州矿山安全进行“把脉问诊”，累计检查非煤矿山企业 253 家，排查整改问题隐患 2528 条（其中重大隐患 206 条），累计责令停产整顿 51 家，以严格处罚推动整改提升。组织对贵州帮扶需求进行梳理完善，形成政策、体制机制等 8 个方面 40 个具体帮扶项目，细化落实 7 项帮扶事项。

第四章　危险化学品安全

一、基本情况

2022年，全国取得危险化学品生产许可证的企业1.1万余家，其中，构成重大危险源的企业5866家。取得危险化学品经营许可证的企业24.3万家，其中，无储存经营企业12.9万家，占比53.1%；有储存经营企业11.4万家，占比46.9%。有储存经营企业中，加油站10.7万家，占比93.9%；油气储存企业1325家，占比1.16%；构成重大危险源的企业1673家，占比1.47%。

2022年，全国共发生化工事故127起、死亡143人，同比减少3起、14人，分别下降2.3%和8.9%。其中，一般事故120起、死亡119人，同比减少1起、3人，分别下降0.8%和2.5%；较大事故7起、死亡24人，同比减少2起、11人，分别下降22.2%和31.4%；未发生重特大事故，同比持平。

从事故发生地区分布看，事故起数排前8位的省份是云南（10起）、江西（9起）、山东（9起）、湖北（8起）、安徽（7起）、宁夏（7起）、新疆（7起）、内蒙古（6起），死亡人数排前8位的省份是云南（11人）、山东（10人）、江西（9人）、安徽（9人）、陕西（9人）、山西（9人）、宁夏（8人）、新疆（8人）。从事故类型看，爆炸事故死亡人数最多，发生20起、死亡32人，分别占15.7%和22.4%；其次是中毒窒息事故，发生25起、30人，分别占19.7%和21.0%。

2022年，全国化工事故总起数、死亡总人数、较大及以上事故起数、死亡人数均同比下降，未发生重特大事故，较大事故起数连续两年下降至个位数并创新低，创造有统计记录以来连续41个多月无重特大事故的最长间隔期（2019年7月20日至2023年1月14日）。但化工事故总量依然较大，7起较大事故中甘肃兰州新区“6·16”事故造成6人死亡、8人受伤，险些酿成重大事故；中石化茂名分公司“6·8”泄漏起火事故、上海石化“6·18”爆炸事故社会影响恶劣，引发高度关注。化工安全生产形势仍然严峻复杂。

二、重点工作

（一）重大安全风险防控体系进一步强化

一是危险化学品安全风险集中治理如期完成。坚持系统治理、重点突破、合力攻坚，健全实施工作机制，聚焦责任落实、本质安全、防范化解机制、人员能力素质、智能化管理5个方面22项任务，集中突破一批重大安全风险治理难题，完善形成一批制度性成果。组建工作专班，建立周例会、月调度、季通报工作机制，定期通报，每周开展两次点对点视频督促，召开30余次例会和推进会，印发14期简报（4期安全生产简报专刊）。绘制任务分工及进度计划图，按季度制定分阶段目标任务，实施挂图作战。制定进度情况评估规则和评估表，进行中期评估，并纳入安全生产年度考核内容，确保了各项任务落地落实。

二是重大危险源安全风险管控机制巩固深化。健全线上线下有机融合的常态化安全风险分级管控长效机制，组织对全国近 7000 家重大危险源企业、2.3 万余处重大危险源开展两轮“消地协作”全覆盖检查，通过企业自查、市级交叉检查、省级抽查、部级督导核查以及线上问题录入整改、宣传曝光和量化评分考核奖励，深入排查治理 36 万余项隐患。制修订危险化学品重大危险源监督管理办法和开车前风险评估自查制度（稿）。推动安全生产十五条硬措施落地，依托危险化学品安全生产风险监测预警系统，线上巡查检查 1842 家危险化学品生产企业和 3982 家大型油气储存企业安全生产情况，发现问题隐患 10786 项，全部交办地方督促整改。深刻吸取国内外港口事故教训，推动交通运输部深入开展重点港口重大危险源和易燃易爆等危险货物集装箱储存装卸场所专项检查，完善落实安全风险管控措施。严厉打击非法违法经营储存危险化学品行为，以非法违法“小化工”专项整治为抓手，指导各地关闭取缔 650 家经营类企业和 935 家储存企业，并协调主流媒体进行跟踪报道，发挥警示震慑作用。

三是高危细分领域安全风险管控机制不断完善。深化“2+X”（2 为每年必查的硝酸铵和硝化，X 为每年视情选定的其他细分领域）组合治理措施，印发专项治理方案及 6 类企业安全风险隐患排查指南，组织对 96 家硝酸铵、硝化、氟化、光气、有机硅和多晶硅生产企业开展“回头看”专家指导服务，对 177 家重氮化、苯乙烯、丁二烯企业开展专家指导服务（图 3-4-1），排查 8000 余项隐患，停产整改 52 家不具备安全生产条件的企业，召开问题反馈做法培训会，以会代训，以训促改。推动所有硝酸铵生产企业和使用硝酸铵企业硝酸铵储存设施监控数据接入危险化学品安全风险监测预警系统，组织对硝基复合肥生产企业、硝酸铵使用企业、液氯生产和焦化企业开展排查整治，发现 1.2 万余项隐患。督促 28 个省份对 590 家企业开展全覆盖省级核查，

图 3-4-1　高危细分领域专家指导服务

发现近 1.4 万项隐患。停产整改 21 家不具备安全生产条件的企业。

四是大型油气储存基地安全风险专项整治深入开展。制定印发《落实大型油气储存基地安全风险管控措施工作方案》《大型油气储存基地雷电预警系统技术要求（试行）》《油气储存企业紧急切断系统基本要求（试行）》《油气储存企业安全风险智能化管控平台建设指南（试行）》，督促大型油气储存基地全面落实“一库一策”整改提升方案。推动完成 16642 项问题隐患、410 处“四个系统”（气体检测、紧急切断、视频监控、雷电预警系统）不达标问题清零；26 家高和较高安全风险等级企业实现清零，其中 22 家降至低风险，4 家降至中风险。全面完成智能化管控平台建设。指导 336 家大型油气储存基地完成智能化管控平台建设，实现安全风险监测预警、特殊作业、智能巡检、人员定位、双重预防机制智能化管控。指导企业建立年度自评工作机制，深入开展对标自评并形成自评报告，主动完成问题隐患整改。2022 年现场复核新发现问题隐患同比大幅度下降，安全管理制度逐步完善，企业现场管理水平稳步提升。

五是化工产业转移整治全面加强。聚焦“管住增量、治理存量、提升园区”，中西部和东北地区 21 个省份 359 个化工园区、5730 个项目（含 614 个转移项目）纳入整治范围，准入制度、发展规划、园区风险评估结果市级复核和省级深度评估、安全设计诊断和精细化工“四个清零”（反应安全风险评估、自动化控制装备改造、从业人员学历资质不达标、人员密集场所搬迁改造四项安全整治任务完成“清零”）“回头看”均已完成。选择 50 个重点县（园区）攻坚，开展两轮专家指导服务，培训 2 万余人次，发现问题 5683 项并交办整改，停产整顿 51 家不具备安全生产条件的企业。会同国家发展改革委联合印发推动化工产业有序转移和安全发展的实施方案，四部委联合印发危险化学品生产建设项目安全风险防控指南，网上专题培训 12 万余人。

六是老旧装置整治大力推进。按照全面排查、评估分级、分类管控的原则，印发危险化学品生产使用企业老旧装置安全风险防控专项整治工作方案和风险评估指南，企业对标自评、省级和央企深度评估，“一装置一策”分类整治。线上录入 31 个省级单位的 483 家企业 1381 套老旧装置，推动淘汰退出 46 套、改造提升 258 套老旧装置，并督促各地区对高和较高安全风险装置管控情况进行执法检查。

七是重点时段重点地区安全生产工作扎实有效。坚持定期调度、事故警示和安全提醒不间断，加大党的二十大、节假日、季节天气变化、化工市场波动等重点时段警示提醒密度，每月向社会发布历史上当月国内外典型事故，建立安全风险动态研判和 32 个省级单位安全风险分析机制，发挥危险化学品安全风险监测预警平台作用，认真做好贵州督导帮扶等工作。指导做好中石化茂名分公司“6·8”泄漏起火、甘肃兰州滨农科技有限公司“6·16”爆炸、上海石化“6·18”爆炸事故应急处置及挂牌督办工作，联合国资委约谈中石化，督促采取断然措施迅速扭转被动局面。扎实做好冬奥安保工作，组织制定北京冬奥会危险化学品安全保障工作方案，建立常态化会商研判和调度督导机制，深入研判两地三赛区各类风险隐患，督促地方全面落实风险防控措施。防控重点风险，对延庆区、张家口市的 1227 家涉及危险化学品生产、经营、使用企业，建立风险管控台账，督促各级各有关部门严防死守，防范各类生产安全事故发生。

（二）本质安全水平进一步提高

一是化工园区整治提升规范加强。围绕集中布局、集群发展、降低安全风险等级“两集一低”总体目标，印发园区整治提升工作方案、“十有两禁”释义和安全风险评估打分表，“一园一策”综合治理，全覆盖开展省级复核，全国公布认定的园区数量由 2021 年底的 617 个减至 599 个，高和较高安全风险园区占比持续下降，企业入园率由 2021 年底的 38% 提高至 45%。完成 81 个园区专家指导服务，发现 1119 项问题并交办省级安全生产委员会，建议 36 个园区降级管理。强力推动园区专业监管力量建设，明确标准和 4 种配备途径，584 个园区专业监管力量满足要求，占比 98%，专业监管人员数量由 2021 年底的 2224 人增加至 5484 人，增幅达 150%，基本实现有明确的安全监管机构和满足要求的专业监管人员“两有”（有安全生产管理机构和有专业监管人员）。完成编制总体规划和产业规划、明确“四至”（东西南北四个边界）范围、划定周边土地规划安全控制线等任务。启动重点化工产业聚集区重大风险防控项目。

二是精细化工“四个清零”深入推进。编发精细化工“四个清零”问答材料，组织对“四个清零”措施落实情况进行“回头看”，全流程反应安全风险评估完成率 99%，自动化控制改造完成率 96%，内部人员密集场所搬迁改造完成率 100%，相关人员达标率 90%。总结山东、江苏、浙江等地精细化工企业自动化改造提升做法，推进硝化工艺全流程自动化改造提升。精细化工行业安全生产形势明显好转，在全国化工较大事故起数的占比由 2021 年的 78% 降低至 43%。

三是重点县专家指导服务不断深化。深入发挥“五队”（危险化学品安全生产方针政策宣传队、安全知识教导队、政府指导服务示范队、人民生命安全护卫队、重点工作推进队）作用，以开展企业安全诊断和分类整治为突出任务，组织对 53 个重点县开展两轮现场指导服务（图

图 3-4-2　重点县专家指导服务

3-4-2），检查服务企业323家，发现近1万项隐患，召开反馈培训会170场，4000余家（次）企业、2万人（次）参训，推动重点工作在重点县率先落地。制定专家指导服务工作考核评分表，开展量化打分考核，推动提高工作质效。2022年53个重点县化工事故总量较2021年继续下降，为全国化工安全生产形势平稳向好提供了有力支撑。

四是化学品储罐集中连片区指导服务集中开展。认真吸取沧州“5·31”火灾事故教训，对全国化学品储罐集中区开展排查摸底，通过卫星遥感识别，筛选出5省7市10个县区的16个化学品储罐集中连片区。赴各地开展督导调研，详细了解各连片区形成原因、经营业态、发展现状、规划布局、设计建设、排查整治、风险评估和管控措施等情况，深入分析存在主要问题和安全风险，研究制定针对性管控措施。

五是重点人员安全资质达标工作持续推进。推动各地持续对55万余名危险化学品重点企业两类重点人员（专职安全生产管理人员和高风险岗位操作人员）安全资质进行对标，截至2022年底，52.6万名两类重点人员已达标，比2021年增加0.7万人；达标率95.5%，比2021年提高1.2个百分点；各地督促指导有关企业对2.4万余名不达标人员“一企一策”制定了整改方案，为实现2023年底前两类重点人员安全资质全面达标奠定坚实基础。

（三）信息化智能化管控水平进一步提升

一是危险化学品安全风险监测预警能力迭代升级。坚持优化功能、技术引领、上下联动、政企协同，实施安全风险监测预警能力提升工程项目，优化重大危险源即时预警、企业每日安全风险、区域长周期安全风险3个预警模型，实行精准分级管控。挖掘深度功能，开发手机端App，部署边缘端监管设备试点建设，开展多维度深层数据治理，企业在线率、视频在线率、安全承诺率等监测指标分别稳定在95%、96%和98%以上。

二是重大危险源企业双重预防机制数字化建设全面完成。坚持示范引领、分批推进、质效优先、全面覆盖，抓两头、带中间，印发工作方案、建设指南、运行评估标准、数据交换等规范，强化调度通报、培训交流、技术指导和服务保障，培训30余万人次，开设专栏和公众号，5.7万余人关注，建立政府-企业-技术支撑单位生态圈，培养明白人，营造“比、学、赶、帮、超”的良好氛围。32个省级单位6663家重大危险源企业全部完成建设，实现从“无”到“有”突破。

三是“工业互联网+危化安全生产”试点建设有序推进。坚持立足实战、多措并举、重点突破，分片区全覆盖跟踪80家试点单位情况，遴选10个试点建设方案优秀案例，制定生产工艺报警优化管理等5项重点场景建设应用指南（稿）。印发化工园区和危险化学品企业安全风险智能化管控平台建设指南，深入发挥微信公众号作用，启动公共服务平台建设应用。梳理并宣贯“三系统、两平台、一试点”框架（危险化学品安全风险监测预警、双重预防机制数字化、登记综合服务三个系统，化工园区和危险化学品企业两个安全风险智能化管控平台，“工业互联网+危化安全生产”试点），深化统一认识。

四是危险化学品登记综合服务系统升级推广。依托应急管理大数据工程，全面完成危险化学品登记综合服务系统软件开发、移动端App上线运行、应急云上部署，贯通部、省、市、县和化工园区五级用户网络。推动32个省级应急管理部门全部成立危险化学品登记综合服务系统升级改造和推广应用工作专班，编发《应急部门应用操作手册》《企业应用操作手册》《常见问题解答手册》，制作6个视频培训短片，全覆盖培训1.5万余名监管部门用户。全面完成危险化学品生产、进口企业和使用危险化学品从事生产的化工、医药企业信息登记和更新审核。指导登记中心和地方应急管理部门通过线上线下相结合的方式，完成对21772家危险化学品生产、进口和化工、医药企业登记信息的全覆盖抽查核查，发现10948家企业存在问题20555项，并督促全部完成整改，有效提升登记信息质量。优化升级“一书一签”辅助编制和“一企一品一码”管理功能，嵌置1000余种常见危险化学品的安全技术说明书，推动13726家危险化学品生产、进口企业全面更新校准“一书一签”，生成安全信息码15.8万个。

（四）基础支撑保障进一步夯实

一是加强安全监管统筹协调。以国务院安全生产委员会名义成立危险化学品安全专业委员会，由11个部委和5家涉化工中央企业作为成员单位，协调解决重大问题，成立由19名院士专家组成的专家组提供专业支撑。

二是“十四五”危险化学品安全生产规划方案发布实施。完善印发“十四五”危险化学品安全生产规划方案，围绕六个体系、五大工程、八个重点领域宣传解读，《人民日报》、新华社、央视等主流媒体广泛宣传报道，各项工作已全面展开并取得阶段性进展成效。

三是法规标准体系不断完善。完善危险化学品安全法（草案送审稿）。颁布实施危险化学品企业特殊作业安全规范、化工建设项目安全设计管理导则、化工过程安全管理导则、精细化工反应安全风险评估规范4项标准，推进液化烃储罐区、内浮顶储罐检修、光气及光气化产品生产、硝酸铵和多晶硅安全等多项标准制修订工作，指导推进化学品安全法规标准信息平台建设（收录7300余项法规标准）。开展《危险化学品目录》修订工作，印发《应急管理部办公厅关于修改〈危险化学品目录（2015版）实施指南（试行）〉涉及柴油部分内容的通知》，将柴油整类列入危险化学品目录管理。制定印发《应急管理部办公厅关于认真做好柴油安全许可有关工作的通知》，指导地方做好柴油整类列为危险化学品管理后的安全许可工作。修订《加油站作业安全规范》（AQ 3010—2022）和《危险化学品仓库储存通则》（GB 15603—2022），提升加油站和危险化学品仓库安全标准。

四是科技支撑建设深入推进。推动国家危险化学品安全（青岛）研究院（基地）共建工作，召开理事会会议，印发年度考评细则。推进危险化学品安全风险预警与智能管控技术、重大危险源与化工园区系统安全、“工业互联网+危险化学品安全生产”三个部级重点实验室创建和重点培育工作。推动化工安全实训基地和企业安全培训空间建设，聚焦实施“双百行动”（百个化工园区建成实训基地、百个大型企业建成培训空间），协调将化工安全实训基地建设纳入工业和信息化部、自然资源部、生态环境部、住房和城乡建设部、交通运输部、应急管理部6部委《化工园区建设标准和认定管理办法（试行）》和化工园区“十有两禁”整治内容。截至2022年底，全国有265家C级以上园区实现有实训基地提供服务，比2021年增加173家，占全部C级以上化工园区的44.2%；有1169家危险化学品企业试点建设了培训空间，比2021年增加673家，完成“双百行动”目标，进一步拓宽危险化学品从业人员教育和培训的载体渠道。

五是危险化学品工伤预防能力提升培训工程启动实施。会同人力资源和社会保障部启动实施危险化学品工伤预防能力提升培训工程，从2022年至2024年，对危险化学品重点企业安全生产分管负责人、专职安全管理人员和班组长（含车间主任）（简称“三类人员”）进行全覆盖培训。编制“三类人员”通用培训大纲和三类包保责任人培训要点，指导31个省（区、市）和新疆生产建设兵团印发危险化学品工伤预防能力提升培训工程实施方案，摸清“三类人员”和三类包保责任人底数。建立部、省、市三级应急与人社部门协同配合的工作机制，打通培训工程项目实施流程。截至2022年底，完成3.3万名危险化学品重大危险源三类包保责任人培训。

六是氢能安全风险研究和重点实验室培育工作持续推进。组织开展氢能全产业链安全风险研究，梳理形成地方政府氢能产业安全管理相关制度汇编，指导地方推动氢能安全发展。高压氢能安全研究平台建设和氢能安全重点技术攻关等方面取得显著成果，建成140兆帕增压变温氢泄放/泄漏自燃实验平台，0~140兆帕、-50~150℃高压氢高低温环境临氢材料与零部件测试平台；开展氢气管道事故演化规律及危害范围风险评估研究、氢气管道材料及焊接接头的氢脆敏感性及失效机理研究。

七是非药品类易制毒化学品监管持续加强。升级运行非药品类易制毒化学品综合管理信息系统，与国务院一体化政务服务平台互联互通。编制非药品类易制毒化学品生产、经营许可实施规范，会同公安部研究优化放宽含γ-丁内酯的光刻胶等产品许可事项。

第五章 烟花爆竹安全

一、基本情况

2022 年，全国共有烟花爆竹生产企业 1457 家（分布在 10 个省份），淘汰关闭生产企业 17 家；批发企业 4184 家，零售单位 21.8 万家，其中，长期零售点 17.2 万家，临时零售点 3.6 万家。

2022 年，全国发生烟花爆竹事故 11 起、死亡 16 人，同比起数持平、死亡人数增加 3 人。其中，较大事故 1 起、死亡 4 人，同比起数持平、死亡人数增加1 人。湖南、江西、山东、河南 4 个省份发生烟花爆竹事故。其中：湖南 7 起、死亡 7 人，同比增加 1 起、1 人；江西 2 起、死亡 5 人，同比增加 2 起、5 人；山东 1 起、死亡 2 人，同比增加 1 起、2 人；河南 1 起、死亡 2 人，同比增加 1 起、2 人。

2006—2022 年全国烟花爆竹事故变化趋势如图 3-5-1 所示，“十三五”以来全国烟花爆竹事故情况对比如图 3-5-2、图 3-5-3 所示。

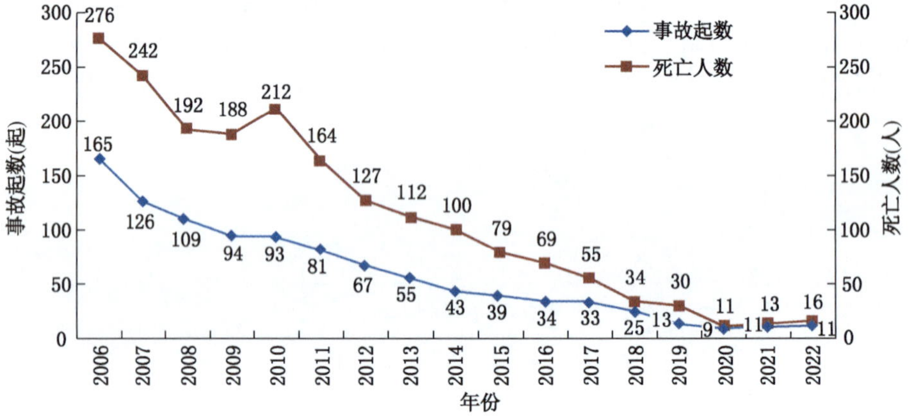

图 3-5-1 2006—2022 年全国烟花爆竹事故变化趋势

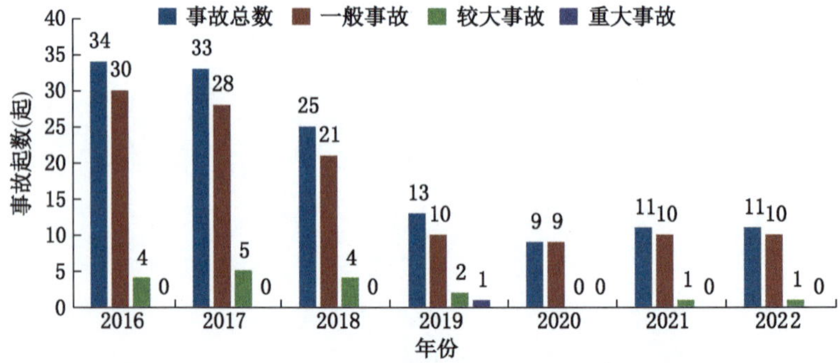

图 3-5-2 “十三五”以来全国烟花爆竹事故起数对比

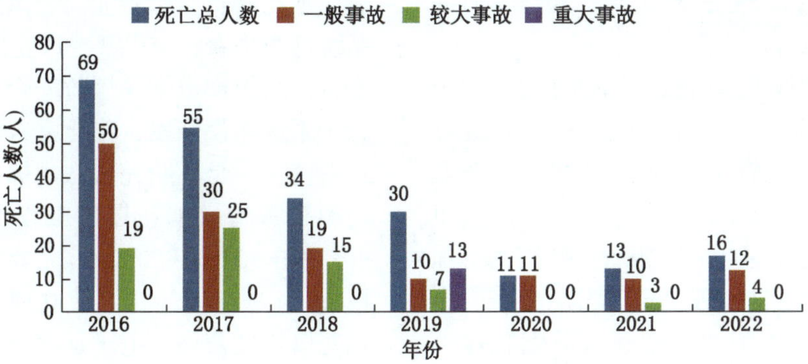

图 3-5-3 “十三五”以来全国烟花爆竹事故死亡人数对比

二、重点工作

（一）全力推进烟花爆竹转型升级集中区建设

一是加强调研督导，每月调度集中区建设工作进展情况，每季度召开集中区建设安全监管联席会议，编制 6 期工作简报通报工作情况，对集中区工作情况开展专题调研，推动集中区建设取得积极进展。二是全面推进对标改造提升，研究制定《烟花爆竹生产企业对标改造提升指南（试行）》，明确企业对标检查 4 个方面 207 项要求，指导企业制定落实对标改造“一企一策”实施方案，推动 343 家企业完成对标改造，建成对标改造示范企业 53 家。三是大力推进机械化自动化示范线建设，研究制定《烟花爆竹机械化自动化生产示范线建设指南（试行）》，明确示范线建设 4 个方面 40 项要求，研究制定第一批 8 条机械化自动化生产线“一线一策”方案，组织召开机械化自动化生产线推介会，推动集中区 33 家企业建设示范线 77 条。

（二）深入开展烟花爆竹生产经营安全专项整治

一是开展烟花爆竹生产经营常态化安全检查。紧盯“三超一改”、生产经营超标违禁产品、“下店上宅”等突出违法违规行为，组织开展两轮全覆盖专项安全检查，共检查烟花爆竹生产经营单位 38.7 万余家次，累计发现并整改各类问题隐患 31 万余项（重大隐患 501 项），暂扣、吊销许可证 2200 多个；对江西、湖南、湖北、四川、贵州 5 个省进行抽查督导，督促 42 家单位整改问题隐患 366 项。二是组织查处突出非法行为。全面排查取缔烟花爆竹生产企业非法生产“击发帽”“发令纸”等爆炸物品以及其他超许可范围生产违法行为，协同网信、工信、公安、市场等部门，清理取缔网上违规销售信息 8000 余条，下架违规商品 2000 余个，查处问题账号和商家店铺 700 多家，查获违法寄递烟花爆竹 40 余件，各相关网络平台主动拦截屏蔽涉烟花爆竹商品信息 7000 余条。三是持续保持烟花爆竹“打非”高压态势。印发《国务院安委会办公室关于近期三起涉嫌非法生产烟花爆竹爆炸事故的通报》，督促指导各地深刻吸取事故教训，严厉打击非法生产经营烟花爆竹行为，推动各地区查处非法违法行为 1.3 万多起，查获非法烟花爆竹成品半成品近 100 万箱，取缔非法储存场所 1700 多处，罚款近 1500 万元，拘留 4500 多人。

（三）强化重点时段重大活动期间安全监管措施

一是确保重点时段全国烟花爆竹安全生产形势平稳。先后印发《关于做好2022年春节元宵节后烟花爆竹生产企业复产安全工作的函》《关于进一步加强汛期烟花爆竹安全生产工作的函》《关于加强烟花爆竹生产企业高温季节后复产安全工作的函》《关于切实做好当前烟花爆竹安全生产工作的函》，针对不同时段安全风险特点提出针对性管控措施，实现元旦、春节、全国两会、高温雷雨季节、集中复产、生产经营旺季、党的二十大等重点时段全国烟花爆竹安全生产形势平稳。二是圆满完成北京冬奥会安全保障工作。参与制定《北京冬奥会焰火产品生产储存安全监管工作方案》，建立常态化会商研判和调度督导机制，先后5次赴北京、河北、湖南等地开展现场督导检查，6次参与北京冬奥会开闭幕式焰火燃放活动现场值守，确保北京冬奥会焰火燃放的绝对安全。

（四）不断夯实烟花爆竹安全生产基础

一是不断提升信息化管理能力。推动建成烟花爆竹生产企业安全风险监测预警系统部级平台，550家生产企业数据接入平台，组织推进烟花爆竹安全监管综合信息子系统建设开发，优化完善流向管理信息系统。二是不断完善法规标准体系。推动颁布实施《烟花爆竹工程设计安全标准》（GB 50161—2022），完成2项标准的报批、4项标准的技术或立项审查，完成烟花爆竹经营许可电子证照标准、烟花爆竹生产经营许可以及生产储存烟花爆竹建设项目安全设施设计审查实施规范的编制工作。三是持续加强安全宣传和舆论引导。组织新华社、央视等主流媒体，制作旺季应急管理部门安全监管工作以及宣传烟花爆竹合法购买、质量甄别和安全燃放等方面相关新闻报道，在春节、元宵节期间分批次播出。组织举办7期“烟花爆竹专家讲堂”，解读复产安全、对标改造等方面的法规标准，各级应急管理部门、生产经营单位近5万人次参加。四是开展专家帮扶指导服务。对贵州省组织开展生产企业专家帮扶指导服务，并录制《烟花爆竹工程设计安全标准》宣贯视频，组织生产企业观看学习。

第六章　石油天然气安全

一、基本情况

2022年，全国国内原油产量2.04亿吨，天然气产量2200亿立方米。全国油气井数量为41.5万口，其中，油井数量为38.0万口，气井数量为3.5万口。全国在役陆上油气长输管道总里程约为18.4万公里，其中，原油管道3.3万公里，成品油管道3万公里，天然气管道12.1万公里。

2022年，全国共发生石油天然气开采和长输管道事故9起、死亡11人，均为一般事故，同比减少7起、11人，分别下降44%和50%。

2022年全国石油天然气开采事故时间分布如图3-6-1所示，类型分布如图3-6-2所示。

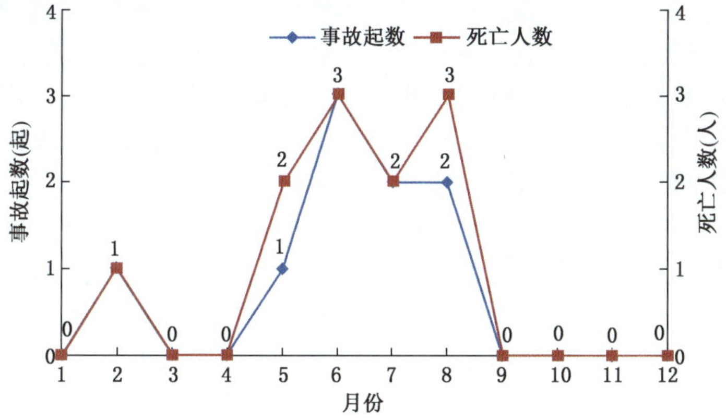

图3-6-1　2022年全国石油天然气开采事故时间分布

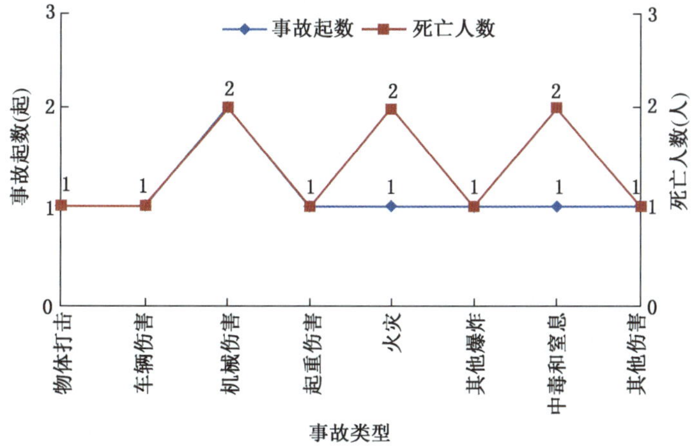

图3-6-2　2022年全国石油天然气开采事故类型分布

二、重点工作

（一）着力防范化解海洋石油重大安全风险

开展有人平台安全风险评估，分类编制固定平台、钻井平台、浮式生产储油装置安全风险评估指南，将新建项目、新增员工、新进入施工队伍和人员等关键环节作为评估重点内容。通过企业全覆盖自评、央企总部全覆盖深度评估、海油安监办重点平台核查评估，定量分析海油平台安全风险，强化问题隐患整改督办，实现重大隐患动态清零。378 座有人值守平台全部完成企业自评和深度评估，评定较高风险平台 11 座、中风险平台 158 座、低风险平台 209 座，无高风险平台，排查治理隐患 6903 项。开展老龄化平台主结构安全评估，按照《老龄化海上固定式生产设施主结构安全评估导则》，完成 63 座老龄化设施安全评估，经评估 61 座平台满足继续使用条件，2 座平台计划实施弃置。推动三大石油公司建成总部、分公司、作业区域、平台四级贯通的海洋石油安全风险监测预警系统，实现海上平台关键工艺参数和设备远程状态监测、视频监控、火气监测、腐蚀监测等功能，提升海洋石油平台信息化智能化管控水平。

（二）着力防范化解油气长输管道重大安全风险

开展油气长输管道占压、违规交叉穿（跨）越等隐患整治攻坚“回头看”，实现外部隐患清零。各地区（西藏不涉及）全部完成外部隐患排查和市级层面检查工作，共排查治理外部隐患 2066 项（含重大隐患 4 项）。全面排查管道内外检测、腐蚀防护等本体风险管控措施实施情况，更新改造问题隐患集中管段，共排查治理管道本体隐患 2359 项（含重大隐患 1 项）。及时识别、动态管控人员密集场所高后果区、地质灾害易发区，完善日常巡护、监测预警等人防、物防、技防措施，推动县级政府与管道企业建立政企共管、定期会商和联防联控“三项机制”。各地区全面排查评估高风险区域 11495 处，全部完成风险评估并编制“一区一案”。提升信息化管控水平，上线运行国家油气输送管道隐患与高风险区域管理平台，坚持每周线上检查、每月调度，实行隐患闭环管理。

（三）着力防范化解陆上石油重大安全风险

编制发布了陆上石油井场、站场安全风险分级评估细则，对重点场站进行对标自评，对发生过事故险情的井场和站场、“三高”（高压、高产、高含硫）油气井场等进行全面筛查、重点评估。共筛查确定 657 座重点场站，其中重点井场 192 座，重点站场 465 座。中石油、中石化、延长石油等企业组织专家 3400 余人，全覆盖开展重点场站自评自查，排查治理问题隐患 3134 项。推动有关央企总部或省级应急管理部门组织专家对重点场站进行深度评估，评定较高风险场站 27 座、高风险场站 63 座，其余均为低风险，排查治理问题隐患 4605 项，实现重大隐患和高风险等级井场、站场清零。

（四）着力强化石油行业法律标准支撑

启动编制《海洋石油安全生产条例》，完善石油行业安全监管法律支撑。构建标准体系框架，成立全国安全生产标准化技术委员会石油天然气开采安全分技术委员会，全面梳理石油行业安全生产有关标准，编制石油行业安全生产标准框架和标准制修订三年计划。强化急用先行标准服务，制定发布国家标准《陆上石油天然气开采安全规程》，完成国家标准《海洋石油天然气开采安全规程》4 个分则的立项及征求意见稿。

第七章　工　贸　安　全

一、基本情况

2022年，全国重点监管的工贸行业领域钢铁企业445家，铝加工（深井铸造）企业902家，粉尘涉爆企业4.55万家。

2022年，全国工贸行业共发生生产安全事故1340起、死亡1307人（不含火灾、特种设备、燃气事故），同比减少574起、582人，分别下降30.0%和30.8%。其中，发生较大生产安全事故16起、死亡57人，同比减少14起、52人，分别下降46.7%和47.7%。未发生重大及以上生产安全事故。

按行业领域分，机械、建材和轻工3个行业事故起数均超过300起，共发生事故986起、死亡943人，占事故总量的73.6%和72.1%。按事故类型分，主要集中在机械伤害、高处坠落和物体打击，共发生事故815起、死亡746人，占事故总量的60.8%和57.1%。

2022年全国工贸行业生产安全事故起数占比（按行业领域）如图3-7-1所示，2022年全国工贸行业生产安全事故起数占比（按事故类型）如图3-7-2所示。

事故主要暴露出以下问题：一是冶金、有色等金属冶炼企业检维修事故多发。2022年金属冶炼企业发生8起较大事故，造成32人死亡、25人受伤。其中，6起发生在检维修或设备安装作业环节。金属冶炼企业的检维修作业比较多，

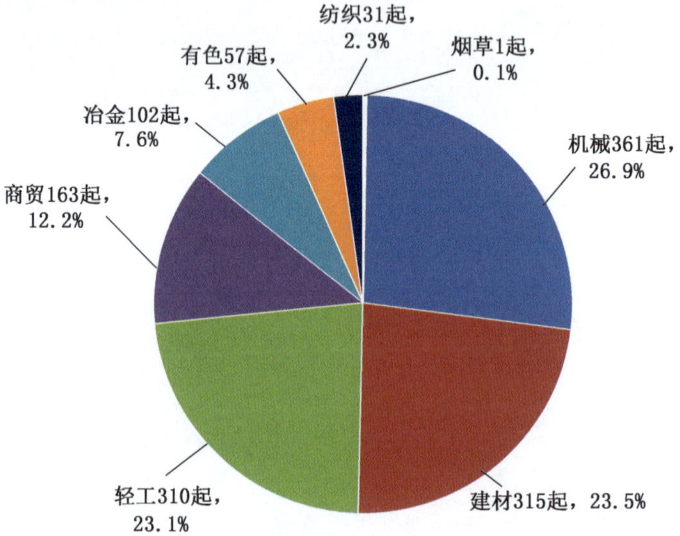

图3-7-1　2022年全国工贸行业生产安全事故起数占比（按行业领域）

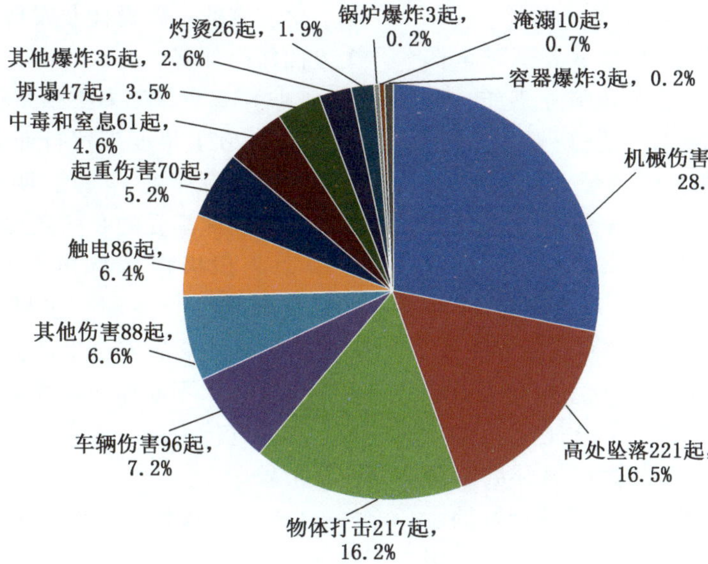

图 3-7-2　2022 年全国工贸行业生产安全事故起数占比（按事故类型）

大量工作交由第三方来组织实施，转包、分包大量存在，很容易造成各方责任衔接不畅，出现安全管理的盲区漏洞；一线作业人员主要为劳务派遣人员，有的第三方直接找临时工，作业人员安全素质不高、安全技能不足。二是环境污染第三方治理等新模式带来新风险。近年来，环境治理逐步市场化、产业化、专业化，广泛应用第三方治理模式，一些新问题新风险涌现。环保设备设施第三方治理企业从业人员素质参差不齐，专业技术能力不足，很多大型工贸企业越来越多地将环保设备设施的建设运行委托给第三方治理企业，但与第三方治理企业在安全职责上界定不清，造成环保设备设施安全管理弱化。三是特殊作业事故占比较高。2022 年共发生特殊作业事故 264 起、死亡 255 人，暴露出企业对特殊作业安全风险辨识不清，作业现场管理混乱，对实施特殊作业的人员培训不到位，员工安全意识淡薄，违规作业问题突出。

二、重点工作

（一）部署开展工贸行业安全生产专项整治“百日清零行动”

紧紧围绕钢铁、铝加工、粉尘涉爆 3 个重点行业领域，聚焦“钢 8 条”“铝 7 条”“粉尘 6 条”重大隐患和重点事项，推动各地一级带一级，一级抓一级，对 445 家钢铁企业、902 家铝加工企业、8149 家涉粉作业 10 人以上粉尘涉爆企业进行全覆盖检查，共发现“钢 8 条”问题 449 项、“铝 7 条”问题 1164 项、“粉尘 6 条”问题 4637 项，对 501 家企业处罚 1808.5 万元，对 98 家企业主要负责人处罚 162.9 万元。广泛宣传培训和警示曝光，在央视等主流媒体发布“百日清零行动”宣传视频，集中曝光一批重大违法行为，遴选发布 10 个典型执法案例。通过“百日清零行动”，三年行动整治成效得到进一步深化，企业管控重大风险的能力得到有效提升。

（二）组织开展轻工重点企业有限空间专家指导服务

聚焦防范硫化氢中毒事故，对全国 16 个重点县开展专家指导服务工作，共指导服务企业 120 家，发现整改问题 1469 项，现场实训基层监管人员 317 人、企业负责人 416 人、安全管理人员 649 人、地方专家 105 人。推动 16 个全国重点县对 736 家轻工重点企业、所在 11 个省对 89 个省级重点县全部开展指导服务，并督促其他省份同步开展专家指导服务或专项整治工作。同时，在央视《新闻直播间》专题播放《应急管理部开展有限空间作业专家指导服务》，起到较好的示范引领作用。2022 年工贸行业发生有限空间作业较大事故 4 起、死亡 13 人，同比减少 9 起、43 人，有限空间作业事故多发局面得到初步遏制。

（三）加强环保设备设施安全生产工作

联合生态环境部组成 4 个联合调研组，赴安徽、江苏、河北、云南等 8 个省份进行实地调研，全面了解掌握环保设备设施安全生产工作实际情况。国务院安委会办公室、生态环境部、应急管理部印发《关于进一步加强环保设备设施安全生产工作的通知》，从进一步落实属地责任、落实部门监管指导责任、建立健全联动机制、落实企业主体责任及发挥社会力量 5 个方面作出部署。

（四）稳步推进安全生产标准化建设

公告 2021 年度工贸行业安全生产标准化一级达标企业 74 家，明确标准化企业在有效期内享受的 8 项激励措施，鼓励更多企业积极申请标准化定级。完成 2022 年度冶金、建材、机械、轻工、烟草 5 个行业 102 家安全生产标准化一级企业定级工作，不断加强过程监督和质量审核，加大宣传力度，树立安全标准化一级企业形象。

（五）积极推进工贸安全监管信息化建设

深化和扩大粉尘涉爆企业安全风险监测预警试点工作，在江苏、浙江、山东、广东 4 个省份的 11 个市县开展深化粉尘涉爆企业监测预警试点工作。组织开发部署部、省两级通用版系统，接入试点企业 456 家，实现部、省、市、县、企业五级数据贯通，研究培育通用型数据采集装置，解决粉尘涉爆企业监测预警的“堵点”问题，形成系统建设指导书、数据接入标准、企业数据采集指南、预警处置工作机制等一系列制度规范，实现试点预期目标，为全国推广奠定基础。

第八章　消防安全（含相关公共安全）

2022年，全国接报火灾85.2万起、死亡2072人、受伤2232人，直接财产损失80.1亿元，同比火灾起数、死亡人数和直接财产损失分别上升11.4%、2.2%和10.8%，受伤人数下降4.0%。其中，发生1起特别重大火灾，造成42人死亡，同比增加1起；发生3起重大火灾，共造成37人死亡，火灾起数与2021年持平，死亡人数减少22人；发生104起较大火灾，共造成362人死亡，同比火灾起数、死亡人数分别增加19起、46人。

一、专项工作

（一）开展消防安全大检查

对照国务院安委会安全生产十五条硬措施，细化分解46项消防具体举措，第一时间制定印发消防安全大检查方案，成立领导小组，建立会商研判、指挥调度、约谈警示、奖惩激励等10项工作机制，对口联系9个部委，分5轮完成对31个总队的会商调度。

（二）开展高层建筑重大火灾风险专项整治

组织摸排全国高层建筑消防安全现状，剖析突出风险问题，提出防控对策建议。明确工信、公安、民政、消防等11个部门职责分工和省、市、县三级治理任务，提请国务院安委会办公室部署高层建筑重大火灾风险专项整治，主要对可能发生群死群伤火灾事故的既有老旧高层商住混合体、老旧高层住宅、超高层建筑、高层公共建筑开展专项整治（图3-8-1），累计排查7类共性问题15.2万处、9类个性风险23.6万处，推动各地政府挂牌

图3-8-1　对高层建筑进行消防安全专项检查

督办重大隐患单位 196 家。

（三）开展生产经营租住村（居）民自建房重大火灾风险综合治理

以国务院安委会办公室名义部署开展综合治理，重点整治具有生产、经营、租住使用功能之一，且住宿人员达到 10 人及以上的自建房。组织各地分级排查住宿 10 人以上的生产、经营、租住自建房 87.4 万栋，30 人以上的 22.1 万栋，集中连片地区 9670 处；督改突出隐患 131.6 万余处，督促指导 67.4 万余栋自建房整改突出火灾隐患，提请国务院安委会办公室对全国 31 处消防安全问题突出的自建房集中连片地区实施重点督办。

（四）开展冬春消防安全专项整治工作

2022 年 11 月至 2023 年 3 月，国务院安委会办公室、应急管理部在全国部署开展冬春消防安全专项整治工作，各地消防部门深刻吸取河南安阳“11·21”凯信达商贸有限公司特别重大火灾和新疆乌鲁木齐“11·24”高层住宅楼重大火灾等事故教训，坚持问题导向，聚焦劳动密集型企业火灾防控、打通消防生命通道等重点任务，强化综合施策，共摸排同一建筑容纳 30 人以上的生产加工车间、员工集体宿舍 11.8 万家，督促 8700 多家企业整改“厂中厂”“园中园”管理责任落空、未按规定进行防火分隔、违规搭建易燃可燃彩钢板房用作人员密集场所等问题，拆除违章搭建 3000 余处，整改封堵消防生命通道问题 10.8 万处，拆除门窗安装的铁栅栏、广告牌等障碍物 4 万余处，有效降低火灾风险。

（五）加强文物建筑消防安全专项检查

深刻吸取福建“8·6”万安桥火灾教训，联合国家文物局开展文物建筑消防安全专项检查和督导检查，指导各地对 5000 余家“国保”单位尤其是木结构文物建筑开展全面排查。

（六）关注新兴业态安全防范

组织排查大型室内冰雪活动场所 494 家，消除隐患 860 余处。检查剧本杀、密室逃脱类场所 4.19 万家，培训从业人员 20.9 万名。评估电化学储能电站 2100 余家，督改隐患 307 处。

（七）开展打击冒牌消防培训和制售假冒伪劣消防产品专项整治工作

11 月 25 日，组织各消防救援总队、部属消防研究所、消防产品合格评定中心召开视频会议，对开展打击冒牌消防培训和制售假冒伪劣消防产品工作进行专题部署。

二、重点工作

（一）依托考核督办推动责任落实

4 月中旬至 6 月底，国务院安全生产委员会组成 16 个综合检查组开展 2021 年度安全生产和消防工作考核巡查，抽查 32 个省级政府、76 个市级政府、653 家重点行业领域企业和消防安全重点单位，与地方各级党政领导、部门和企业负责人及一线员工开展专题谈话 934 人次。以国务院安委会办公室名义挂牌督办浙江杭州“6·9”、吉林长春“9·28”、河南安阳“11·21”等火灾事故。

（二）突出行业监管促进齐抓共管

报请国务院安全生产委员会印发《加强电动自行车全链条安全监管重点工作任务及分工方案》，推动电动自行车管控由使用环节末端向生产、销售、改装、停放等“全生命周期”模式转型。针对密室逃脱、剧本杀、托育机构等新兴业态处于监管盲区、模糊地带的问题，协调文化和旅游部、国家卫生健康委员会、教育部印发《加强剧本娱乐经营场所管理的通知》《托育机构消防安全指南》《校外培训机构消防安全管理九项规定》，进一步明确行业监管责任。联合国家电网有限公司建立电气消防安全管理五项工作机制，重点推动电网公司在“表后”用户侧跨前一步检查。

（三）夯实基层消防安全监管

召开全国基层消防力量建设视频会议，按照“务实、管用、能解决问题”原则，围绕“如何争取建设、如何明确职责、如何规范运用、如何保障支撑”，组织编写《基层消防力量建设工作指引》，总结推广河南“一队一中心”以及江苏、山东、广东等地建立基层消防所、防火事业编制力量的经验做法，推动全国挂牌成立1.4万余个乡镇街道消防所，基层末端消防监管能力不断提升。

（四）提高火灾调查整体水平

加强基础建设，围绕“积极争取火灾调查处理权”，推动6个省级政府和227个地级市政府出台火灾调查处理规定办法；编写火灾调查处理工作指引，构建火灾调查处理组织体系和方法体系。立足专业性、团队性火调业务发展方向，启动涉及证据标准、痕迹体系、延伸调查等内容的15项技术标准制修订。推动15个总队成立省级火灾调查技术中心。加强业务培训，举办全国火灾调查处理业务培训班，面向全队伍同步线上直播课程。组织全国第二批火灾调查后备人才培养，选调42名技术骨干进行科研实践学习。开设22项火调专业网络在线课程，遴选专家骨干成立讲师团，直播互动教学、云端解惑答疑，在“全民消防安全学习平台”公开发布，总播放量达23.88亿次。加强工作指导，按照国务院河南安阳“11·21”凯信达商贸有限公司特别重大火灾事故调查组统一部署，牵头组织技术组调查工作；专项督办吉林长春“9·28”、新疆乌鲁木齐“11·24”重大火灾事故调查处理；提级调查浙江杭州“6·9”、湖南长沙“9·16”等较大和有影响火灾事故；现场指导北京昌平“2·11”、安徽亳州“2·22”、福建宁德“8·6”等10余起典型火灾调查工作，确保原因彻底查清、责任严肃追究。

（五）服务新冠疫情防控和经济社会发展大局

助力新冠疫情防控，紧跟新冠疫情防控形势任务变化，特别是封控区“硬隔离”，紧盯方舱医院、定点医院、集中隔离点、防疫物资仓储等涉疫场所，落实分区分级分类差异化监管、服务、宣传措施，排查消除火灾隐患58.7万余处，发布防疫火灾提示30.4万余份。助力企业纾困，出台10项消防安全服务保障措施，主动为3.55万家重大项目、重点工程提供技术服务，实行“容缺受理”“异地受理”；针对复工复产复市场所设施设备重启、安全岗位更换、员工岗前培训等关键环节，指导各地强化安全检查和服务提示。助力区域安全发展，按照国务院安全生产委员会贵州督导帮扶总体部署，安排专人驻点跟进，实地走访贵州所有9个市州和88个县（市、区），实地检查215个乡镇、521家社会单位；出台支持贵州消防救援事业高质量发展意见，助推贵州各级各部门建立长效政策机制179项，帮助争取地方经费近11.2亿元，推动建设基层事业编消防工作站1277个。

（六）护航重大活动消防安保

圆满完成党的二十大消防安保任务。坚持“突出重点、整体防控、梯次趋紧”的原则，构建无缝衔接、内紧外松的消防安全防线，实行信息专报、调度会商、督导检查、督办提示、考核奖惩“五项机制”，部署“防风险、保安全、迎二十大”消防安全集中攻坚行动，确保核心区“不冒烟、不起火”，社会面火灾形势平稳。牵头北京冬奥会应急救援安保。推动在国家层面重大活动安保总体指挥架构中首次设立应急救援工作组，牵头制定总体方案和 19 个专项方案，编制 5 类 43 个场景应急救援处置程序，建立 13 类 69 项安全风险和防范措施，编制各类应急救援子预案和方案 21 份，保证北京冬奥会、冬残奥会开闭幕式、焰火燃放等关键环节“零失误”，确保涉会场所及周边区域“零火情”。统筹做好系列重大活动消防安保工作。指导北京、河北、上海、湖北、安徽、海南等总队落实主场主责，做好全国两会、博鳌亚洲论坛、北戴河暑期、中国国际服务贸易交易会、中国国际进口博览会、《国际湿地公约》第十四届缔约方大会、第七次“1+6”圆桌对话会等重大活动时段安保工作。

（七）加强消防立法和制度建设

组织各地贯彻落实全国人大常委会消防法执法检查报告及审议意见，起草完成《关于落实全国人大常委会消防法执法检查报告及审议意见的报告》。推动《国家综合性消防救援队伍和人员法》立法工作，将其列入全国人大常委会 2022 年度立法工作计划预备审议项目和国务院 2022 年立法工作计划预备提请审议项目。组织起草《消防救援机构行政执法责任制规定》。

（八）持续推进执法规范化建设

组织开展年度消防监督执法网上检查，共检查 1488 项社会单位基础信息、420 个执法档案、5 类 310 本执法案卷执法质量等情况，督改问题 1127 项，督促、指导基层进一步夯实执法基础。完成消防执法“微腐败”专项整治工作，整改执法问题 9 万余个，以诫勉谈话、书面检查、通报批评等形式追究执法过错责任 4967 人次，给予警告和记过等纪律处分 76 人。深化新版消防监督管理系统研发，重点完善系统功能、整合执法模块；开展 31 个总队的新版消防监督管理系统试点运行、全面部署应用工作，促进执法便捷，提升执法效率。

（九）积极推进消防普法工作

指导各地充分利用典型火灾案例等方式向公众进行法律解读，加大重点消防法规条款宣传力度，提高公民消防法治意识。组织开展消防优秀执法案例评选活动，评选出 30 件优秀执法案例并对有关单位和个人进行通报表扬；推荐北京、云南 2 件消防执法案例被评为应急管理部安全生产优秀执法案例。

（十）扎实推进消防标准规范工作

针对《消防车通道设置及管理导则》等 7 项强制性国家标准制修订项目、《固定消防炮灭火系统设计规范》等整合修订项目、《电动自行车充电及存放场所消防安全管理》等 34 项行业标准制修订项目，逐项研究论证并提出立项申请，获得国家标准化主管部门正式批准立项。对《大型商业综合体消防安全管理规则》等 12 项行业标准报批稿进行逐条审查并提出具体修改意见，组织召开《建筑设计防火规范》等 20 项标准规范审查会议，完成《水雾消防车》等 10 项国家标准、《火灾现场勘验规则》等 5 项行业标准征求意见，组织报批《门和卷帘的防烟性能试验方法》《火灾热释放速率燃烧产物的测定》2 项国家标准并获得国家标准化管理委员会批准发布。指导各分技术委员会完成《消防应急救援通则》《住宿与生产储存经营合用场所消防安全技术要求》

等43项国家标准和57项行业标准的复审任务，对其中22项国家标准提出修订需求。

（十一）有序推动“十四五”规划深入实施

印发《“十四五”国家消防工作规划》（简称《规划》）实施方案，建立半年调度、年终考评、定期通报等机制，组织在中央主流媒体开展一系列宣传活动，在应急管理干部学院作专题授课，推动规划宣贯实施走深走实。专题调度推进《规划》实施，指导推动31个省份出台《规划》实施方案，推动《规划》66项主要任务全面启动，40项国家级重大工程梯次起步，各地开工建设城市消防站530座、乡镇政府专职消防队1500余个。开展2轮规划监测评估，总结成效、分析问题，研究提出推进举措和工作建议；将《规划》实施纳入国务院对地方政府安全生产和消防工作考核，增强《规划》执行力。

（十二）稳步推进注册消防工程师制度实施

组织完成2021年度一级注册消防工程师考试阅卷和成绩汇总工作，全年新增一级注册消防工程师28276人，总数达到13.1万余人。组织完成注册消防工程师资格考试辅导教材修订工作。完成2022年度一级注册消防工程师资格考试命审题、考试组织和继续教育实施等工作。

（十三）大力推进消防科技工作

加快推进消防科技重大专项工作，将消防科技重大研发需求纳入“十四五”国家重点研发计划“重大自然灾害防控与公共安全”等重点专项实施方案，8个项目建议纳入2022年国家重点研发计划。认真开展局科技立项评审与项目申报，面向全国征集2022年度消防救援局科技计划项目建议112项，评审立项科技计划项目34项，并以“揭榜挂帅”的形式面向全国征集2023年度科技计划项目建议。关键核心消防救援技术装备攻关成果斐然，研发的危险化学品泄漏应急封堵、侦测与固化吸收装置，仓储型堆垛自燃火灾超早期预测预警系统，特高压换流变压器火灾扑救技战术、森林灭火剂产品技术指标体系等成果，有效解决了相关灾害事故中的技术难题。创新科技成果试点示范与展示宣传，针对38项消防科技成果，组织开展98个应用试点示范项目，推动先进适用消防救援装备类科技成果工程化应用；16项科技成果列入2021年度消防科技成果推广目录；通过在互联网上对消防科技成果进行宣传推介、组织开展2022年科技活动周系列活动、开展专题线上直播、依托示范应用基地集中展示消防科技创新成果等方式，及时传递、扩散科技成果信息。局科技计划项目“环境友好型氟碳表面活性剂的研究”通过绩效评价，不含PFOS水成膜泡沫灭火剂产品成功在消防救援队伍推广应用。

（十四）切实加强消防产品监督管理

扎实推进消防产品监督管理建章立制，组织修订《消防产品监督管理规定》《消防产品现场检查判定规则》；发布《消防产品目录》（2022年修订本）。加大消防产品质量监督执法力度，组织开展全国消防产品质量监督抽查，共抽查消防产品18类、2470批次；组织各总队年度查处消防产品违法案件4683起，更换不合格产品数17.2万件；联合公安部门办理刑事案件13起，缴获假冒伪劣产品7.7万件，抓获犯罪嫌疑人47人，涉案金额1.6亿元。深入推动消防产品监管队伍建设，指导各总队开展消防产品监督管理队伍业务培训和比武竞赛。指导各总队开展形式多样的消防产品质量宣传工作，中央、省级电视台报道 736 次；开展各类线下宣传活动 6007 次，参与 404 万人次；开展各类网络直播 486 次，参与 1299 万人次。

（十五）新闻宣传声势强劲

全年在央视播出消防相关滚动字幕 4022 条次、新闻 6852 条次、专题 656 个，央广播出安全提示 1330 条次、新闻 208 条、专题 77 个；《人民日报》《光明日报》《中国应急管理报》等中央主流报刊播发新闻 6220 条、专版 223 个，在央视一套、十二套推出大型特别节目《中国骄傲》。“中国消防”新媒体账号发布作品 2.1 万篇，开展网络直播 166 场，1200 余个话题登上各大网络平台热搜榜，总阅读量超 200 亿次。“中国消防”新媒体矩阵粉丝累计突破 7000 万人，微博号在全国政务微博中排名前三，微信公众号 10 万+作品超 550 篇。圆满完成“3·21”东航 MU5735 航空器飞行事故、湖南长沙“4·29”特别重大居民自建房倒塌事故、四川泸定 6.8 级地震救援应急宣传工作，推出《坠机现场有黑蝴蝶飘落　救援人员用手托起》《没有路　我们就是路》等多个网络爆款作品。

（十六）专项宣传有声有色

把迎接党的二十大、学习宣贯党的二十大精神作为贯彻全年宣传工作的主题主线，全力做好北京冬奥会消防安保、“应急使命·2022”高原高寒地区抗震救灾实战化演习、消防安全大检查、第十七届世界消防救援锦标赛和全国消防宣传月等专项宣传。央视、《人民日报》、新华社等各级主流媒体对 8 名党的二十大代表进行密集报道，“追梦火焰蓝·守护万家灯火”网络主题采访活动话题总阅读量达 8.7 亿次，知名主持人康辉担任消防宣传公益使者并拍摄宣传视频海报，成龙等 80 余名社会各界知名人士拍摄的《消防公益说》在网络广泛传播，世界消防救援锦标赛宣传报道中推出的《消防员上 4 楼有多快》等作品有力彰显大国消防力量、中国速度，北京冬奥会闭幕式《难说再见》环节播出消防救援队伍画面。

（十七）社会化宣传纵深推进

部署全国消防宣传月活动，并举办启动视频会议。在江西南昌召开全国消防宣传“五进”现场会。部署开展暑期消防安全宣传教育专项行动，组织“我眼中的火焰蓝”故事讲述、消防安全网络大学习、消防安全主题实践活动，编写并向全国中小学生配发消防宣传教育手册 1000 万册，举办 2022 年全国中小学春季、秋季消防安全公开课直播，超过 2 亿名中小学师生员工和家长学习观看。联合美团、饿了么等企业开展有奖答题竞赛、“消防知识进万家”等主题宣传活动，规范和指导全国科普教育基地和消防救援站对外开放，推动各地建成一大批消防主题公园、航班、地铁、公交、餐厅、影院等特色化宣传阵地。

第九章　其他部门负责监管的重点行业领域安全

一、道路运输安全

（一）行业发展情况

2022 年，全国公路里程 535.48 万公里，同比增加 7.41 万公里。公路密度 55.78 公里/百平方公里，同比增加 0.77 公里/百平方公里。公路养护里程 535.03 万公里，占公路总里程 99.9%。

2017—2022 年全国公路总里程和公路密度如图 3-9-1 所示。

2022 年，全国拥有公路营运汽车 1222.08 万辆。分结构看，拥有载客汽车 55.42 万辆、1647.24 万客位，同比分别减少 3.28 万辆、103.79 万客位；拥有载货汽车 1166.66 万辆、16967.33 万吨位，同比分别减少 6.60 万辆、132.17 万吨位。其中，普通货车 387.69 万辆、4716.19 万吨位，同比分别减少 19.25 万辆、207.24 万吨位；专用货车 63.43 万辆、753.72 万吨位，同比分别增加 3.05 万辆、34.96 万吨位；牵引车 354.18 万辆、同比增加 7.50 万辆，挂车 361.36 万辆、同比增加 2.11 万辆。

2022 年全国公路营运汽车构成见表 3-9-1。

2022 年，全国机动车保有量为 4.17 亿辆，扣除报废注销量同比增加 2129 万辆，增长 5.39%，其中汽车 3.19 亿辆，同比增加 1752 万辆，增长 5.81%。全国机动车驾驶人达 5.02 亿人，同比增长 4.4%，其中汽车驾驶人达 4.64 亿人。

2018—2022 年全国机动车保有量及驾驶人数量统计见表 3-9-2。

图 3-9-1　2017—2022 年全国公路总里程和公路密度

表 3-9-1　2022 年全国公路营运汽车构成

指　　标	单位	年末数	同比增长（%）
公路营运汽车合计	万　辆	1222.08	-0.8
其中：载客汽车			
车辆数	万　辆	55.42	-5.6
客位数	万客位	1647.24	-5.9
载货汽车			
车辆数	万　辆	1166.66	-0.6
吨位数	万吨位	16967.33	-0.8
其中：货车			
车辆数	万　辆	451.12	-3.5
吨位数	万吨位	5469.91	-3.1
牵引车	万　辆	354.18	2.2
挂车			
车辆数	万　辆	361.36	0.6
吨位数	万吨位	11497.43	0.4

表 3-9-2　2018—2022 年全国机动车保有量及驾驶人数量统计表

年份	机动车保有量（亿辆）		机动车驾驶人数量（亿人）
	总量	汽车	
2018	3.27	2.4	4.09
2019	3.48	2.6	4.35
2020	3.72	2.81	4.56
2021	3.95	3.02	4.81
2022	4.17	3.19	5.02

全年完成营业性货运量 371.19 亿吨，同比下降 5.5%；完成货物周转量 68958.04 亿吨公里，同比下降 1.2%。全年完成营业性客运量 35.46 亿人，同比下降 30.3%；完成旅客周转量 2407.54 亿人公里，同比下降 33.7%。

2018—2022 年全国公路货、客运量及周转量统计见表 3-9-3。

表 3-9-3　2018—2022 年全国公路货、客运量及周转量统计表

年份	公路货运量（亿吨）	货运周转量（亿吨公里）	公路客运量（亿人）	旅客周转量（亿人公里）
2018	395.7	71249.2	136.7	9279.7
2019	343.55	59636.39	130.12	8857.08
2020	342.64	60171.85	68.94	4641.01
2021	391.39	69087.65	50.87	3627.54
2022	371.19	68958.04	35.46	2407.54

（二）安全形势

2022 年，全国道路运输行业安全形势总体稳定，共发生生产安全事故 19299 起、死亡 13730 人，同比减少 6317 起、3268 人，分别下降 24.7% 和 19.2%，实现“双下降”；发生较大事故 185 起、死亡 676 人，同比减少 94 起、322 人，分别下降 33.7% 和 32.3%；未发生重大及以上事故。

1. 道路货运违法行为屡禁不止

由于汽柴油价格高涨、新冠疫情期间物流运输不畅等因素影响，道路货运经营利润总体下滑，道路货运经营者投入到安全方面的资金受到挤占压缩。新冠疫情趋稳缓解后，货运经营者“多拉快跑”以补损失，超速、超载、疲劳驾驶等非法违规行为多发，事故风险进一步加大。

2. 农村地区集中出行安全风险突出

农村地区群众交通安全意识总体较低，低等级公路占比较高、通行环境差，安全防护设施基础较弱，公共交通需求得不到满足，货车、拖拉机、三轮车违法载人以及面包车违法超员等问题突出，极易导致群死群伤重特大事故。

3. 恶劣天气对交通安全影响较大

受降水降温、路面结冰、突发团雾等恶劣天气影响，全年全国多地发生了多起多车相撞事故。其中郑州黄河大桥连环相撞事故涉车超过 200 台，社会影响较大。

（三）重点工作

1. 进一步加强部门工作合力

会同交通运输部、公安部联合修订印发《道路运输车辆动态监督管理办法》，切实保障货车司机等交通运输从业人员合法权益，进一步优化道路运输营商环境。以国务院安委会办公室名义印发《“十四五”全国道路交通安全规划》，召开推进“十四五”全国道路交通安全规划落实会议，推动各地各有关部门明确责任措施，确保完成规划任务目标。多次组织公安部、交通运输部等相关部门召开道路交通安全专题会商会议，以国务院安委会办公室名义印发《关于切实加强农村道路交通安全工作的通知》，加强全国道路交通安全治理，标本兼治“黑校车”问题，推动交通运输部新改建农村公路超过 18 万公里、实施农村公路安全生命防护工程 13.5 万公里、改造农村公路危桥 10000 余座，进一步提升农村地区公路安全水平。会同农业农村部印发《“十四五”时期“平安农机”创建活动工作方案》，开展年度“平安农机”示范市县创建工作，推进变型拖拉机按期“清零”，不断提升农机安全监管水平。会同公安部、交通运输部等有关部门开展“122”全国道路交通安全日，推动全社会道路交通安全意识提升。

2. 不断强化事故跟踪督办

以国务院安委会办公室名义对陕西西安、延安，黑龙江黑河等地典型道路运输较大事故进行挂牌督办。加强广东韶关、贵州黔南州等地两起群死群伤事故督导督办，督促地方严格开展事故调查，举一反三吸取事故经验教训，严防同类事故再次发生。会同公安部、交通运输部对 2021 年河北石家庄、安徽安庆、黑龙江七台河、安徽马鞍山等地发生的重大事故调查报告进行联合审核，通过督办事故问责“宽松软”问题整改，进一步严肃规范责任追究。

3. 持续深化安全督导检查

在春节、中秋、国庆等重点假日，以及党和国家重要会议、活动期间，加强与公安、交通等部门的研判会商，督促抓细抓实道路交通各项安全防范工作措施。组织公安部、交通运输部成立明查暗访工作组，对贵州省道路交通安全工作开展明查暗访，督促进一步加强客运企业监管、公路独柱墩桥梁治理、农村公路安全防护工程建设。组织春节、北京冬奥会期间安全生产督导检查和安全生产大检查及“回头看”综合督导，督促各地严格按照安全生产十五条硬措施要求，有效强化道路交通安全防范工作。配合国家发展改革委、交通运输部、公安部等部门做好2022 年春运安全工作，分析研判新冠疫情防控常态化条件下春运形势，研究重点工作措施，确保群众出行安全。

二、铁路运输安全

（一）行业发展情况

2022 年，全国铁路营业里程 15.5 万公里，同比增长 3.3%，其中高速铁路营业里程 4.2 万公里。

2018—2022 年全国铁路营业里程如图 3-9-2 所示。

全年完成旅客发送量 16.73 亿人，同比下降 35.9%；完成旅客周转量 6577.53 亿人公里、同比下降 31.3%。全年完成货运总发送量 49.84 亿吨，同比增长 4.4%；完成货运总周转量 35945.69 亿吨公里、增长 8.1%。

2018—2022 年全国铁路旅客发送量如图3-9-3 所示，2018—2022 年全国铁路货物总发送量如图 3-9-4 所示。

（二）安全形势

2022 年，全国铁路运输行业共发生

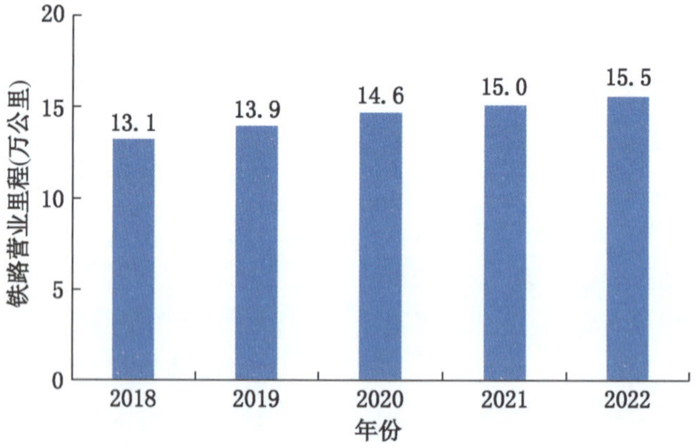

图 3-9-2　2018—2022 年全国铁路营业里程

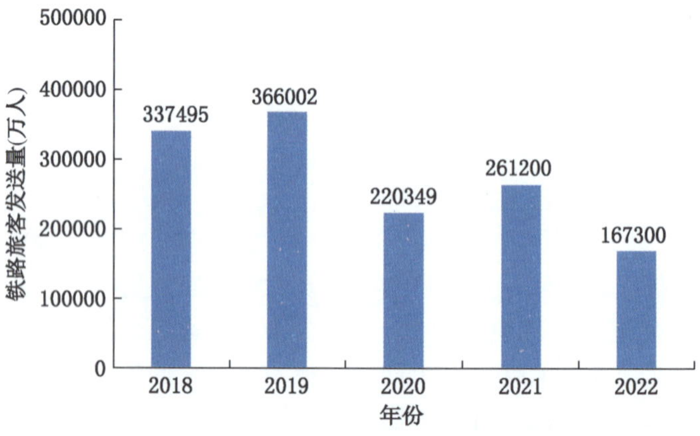

图 3-9-3　2018—2022 年全国铁路旅客发送量

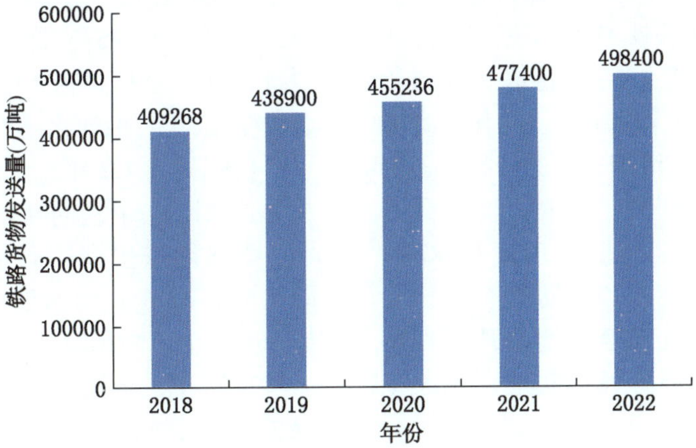

图 3-9-4　2018—2022 年全国铁路货物总发送量

生产安全事故 432 起、死亡 361 人，同比减少 67 起、77 人，分别下降 13.4% 和 17.6%；发生较大事故 2 起、死亡 3 人，同比增加 1 起、减少 6 人，分别上升 100% 和下降 66.7%；2012 年以来，连续 12 年未发生重大及以上铁路交通事故。

1. 铁路货运安全防范水平有待进一步提升

在新冠疫情期间道路运输受阻、“双碳”目标下推进货运结构调整、煤炭保供压力持续增大等因素影响下，国家铁路货物发送量保持增长。但铁路货运安全管理水平整体仍然不高，铁路安全生产工作重“客运”轻“货运”的问题仍未得到彻底改观，导致铁路货运安全风险日益渐增。大秦铁路“4·14”货运列车溜逸脱轨事故暴露出铁路货运安全管理和执法检查仍存在不足。

2. 铁路沿线安全环境水平有待进一步提升

随着铁路沿线安全环境部际联席会议机制的建立以及“双段长”工作制的不断推进，铁路沿线安全环境得到有效改观。但部分地区沿线护路巡查、安全宣传工作不到位，部分群众安全意识淡薄，铁路外部因素安全风险依然较大。特别是近年来极端天气、自然灾害等带来更多的不确定性，高铁周界入侵报警系统等技防手段还不完善，往往列车司机在发现线路障碍时已经没有时间采取有效应对措施。贵广客专“6·4”动车脱轨等事故暴露出铁路沿线安全环境治理还有待加强，沿线重大安全风险管控存在盲区漏洞。

（三）重点工作

1. 加强事故督办和安全警示

赴大秦铁路“4·14”货运列车溜逸脱轨事故和贵广客专“6·4”动车脱轨事故现场，跟进铁路交通事故调查进展情况，督促国家铁路局依法依规严肃追究责任。针对有关事故暴露出的教训吸取不深刻、隐患排查不到位、沟通机制不完善等问题，以国务院安委会办公室名义向国家铁路局、国铁集团发出工作建议函，督促进一步压实安全生产责任，有效防范化解铁路交通重大安全风险，坚决防止重蹈覆辙。

2. 大力推进铁路沿线安全环境治理

有效发挥铁路沿线安全环境治理部际联席会议制度作用，会同国家铁路局、交通运输部对山西、陕西、内蒙古等重点地区铁路沿线安全环境治理工作进行联合督导检查，不断提升铁路运输安全保障水平。协调配合国家铁路局制定《铁路沿线安全环境治理工作指南》，强化对地方铁路沿线安全环境治理工作的指导，不断深化铁路“双段长”工作制，切实提升基层铁路沿线安全环境治理工作水平。在省级政府安全生产和消防安全工作考核中，将铁路沿线安全环境治理工作纳入考核范围，督促各地扎实推动相关工作。

3. 加强重点时段安全形势研判和检查

在重要节假日、重大活动等时段，加强与国家铁路局、国铁集团的沟通协调，共同研判分析铁路安全生产形势，强化安全检查和隐患排查等措施。会同交通运输部、国家铁路局联合部署全国开展 2022 年春运新冠疫情防控和安全检查，派出两个督导检查组对福建、重庆等重点地区进行检查，将铁路安全作为检查重点，确保春运期间未发生铁路交通安全事故。

三、水上交通安全

（一）行业发展情况

1. 水路基础设施

【内河航道】2022 年，全国内河航道通航里程 12. 80 万公里，同比增加 326 公里。等级航道通航里程 6. 75 万公里，占内河航道通航里程比例为 52. 7%；其中，三级及以上航道通航里程 1. 48 万公里，占内河航道通航里程比例为 11. 6%。

各等级内河航道通航里程分别为：一级航道 2196 公里，二级航道 4046 公里，三级航道 8543 公里，四级航道 11423 公里，五级航道 7764 公里，六级航道 16602 公里，七级航道 16900 公里。等外航道 6. 05 万公里。

各水系内河航道通航里程分别为：长江水系 64818 公里，珠江水系 16880 公里，黄河水系 3533 公里，黑龙江水系 8211 公里，京杭运河 1423 公里，闽江水系 1973 公里，淮河水系 17610 公里。

【港口】2022 年，全国港口生产用码头泊位 21323 个，同比增加 456 个。其中，沿海港口生产用码头泊位 5441 个，同比增加 22 个；内河港口生产用码头泊位 15882 个，同比增加 434 个。

2022 年，全国港口万吨级及以上泊位 2751 个，同比增加 92 个。从分布结构看，沿海港口万吨级及以上泊位 2300 个，同比增加 93 个；内河港口万吨级及以上泊位 451 个，同比减少 1 个。从用途结构看，专业化万吨级及以上泊位 1468 个，同比增加 41 个；通用散货万吨级及以上泊位 637 个，同比增加 41 个；通用件杂货泊位 434 个，同比增加 13 个。

2022 年全国港口万吨级及以上泊位数量见表 3-9-4，2022 年全国万吨级及以上泊位构成（按主要用途分）见表 3-9-5。

【运输船舶】2022 年，全国拥有水上运输船舶 12. 19 万艘，同比减少 0. 40 万艘。其中，净载重量 2. 98 亿吨，同比增加 0. 13 亿吨；载客量 86. 18 万客位，同比增加 0. 40 万客位；集装箱箱位 298. 72 万标准箱，同比增加 10. 29 万标准箱。2022 年全国水上运输船舶构成见表 3-9-6。

2. 运输服务

全年完成营业性客运量 1. 16 亿人，同比下降 28. 8%；完成旅客周转量 22. 60 亿人公里，同比下降 31. 7%。

全年完成营业性货运量 85. 54 亿吨，同比增长 3. 8%；完成货物周转量 121003. 14 亿吨公里，同比增长 4. 7%。其中，内河货运量 44. 02 亿吨，同比增长 5. 1%，内

表 3-9-4　2022 年全国港口万吨级及以上泊位数量表　个

泊位吨级	全国港口	同比增减	沿海港口	同比增减	内河港口	同比增减
合计	2751	92	2300	93	451	-1
1 万~3 万吨级（不含 3 万吨级）	891	16	706	19	185	-3
3 万~5 万吨级（不含 5 万吨级）	452	5	327	6	125	-1
5 万~10 万吨级（不含 10 万吨级）	930	56	798	50	132	6
10 万吨级及以上	478	15	469	18	9	-3

表 3-9-5　2022 年全国万吨级及以上泊位构成表（按主要用途分）　个

泊位用途	年末数	同比增减
专业化泊位	1468	41
其中：集装箱泊位	372	11
煤炭泊位	273	1
金属矿石泊位	88	3
原油泊位	93	0
成品油泊位	155	9
液体化工泊位	287	17
散装粮食泊位	39	1
通用散货泊位	637	41
通用件杂货泊位	434	13

表 3-9-6　2022 年全国水上运输船舶构成表

指　标	单位	年末数	同比增减（%）
运输船舶合计			
运输船舶数量	万　艘	12.19	-3.2
净载重量	万　吨	29775.81	4.7
载客量	万客位	86.18	0.5
集装箱箱位	万标准箱	298.72	3.6
其中：内河运输船舶			
运输船舶数量	万　艘	10.95	-3.6
净载重量	万　吨	15249.73	3.9
载客量	万客位	57.27	-3.7

表 3-9-6（续）

指　标	单位	年末数	同比增减（%）
集装箱箱位	万标准箱	55.16	14.1
沿海运输船舶			
运输船舶数量	艘	10997	1.0
净载重量	万　吨	9370.31	5.5
载客量	万客位	26.84	12.3
集装箱箱位	万标准箱	59.88	-4.1
远洋运输船舶			
运输船舶数量	艘	1387	-1.1
净载重量	万　吨	5155.77	5.9
载客量	万客位	2.06	-14.8
集装箱箱位	万标准箱	183.67	3.4

河货物周转量 19025.73 亿吨公里，同比增长 7.3%；海洋货运量 41.51 亿吨，同比增长 2.5%，海洋货物周转量 101977.41 亿吨公里，同比增长 4.2%。

全年完成港口货物吞吐量 156.85 亿吨，同比增长 0.9%。其中，沿海港口货物吞吐量 101.31 亿吨，同比增长 1.6%；内河港口货物吞吐量 55.54 亿吨，同比下降 0.3%。外贸货物吞吐量 46.07 亿吨，同比下降 1.9%；内贸货物吞吐量 110.77 亿吨，同比增长 2.1%。完成集装箱吞吐量 2.96 亿标准箱，同比增长 4.7%。完成集装箱铁水联运量 874.70 万标准箱，同比增长 16.0%。

全年完成港口旅客吞吐量 3886.47 万人，同比下降 18.6%。其中，内河港口旅客吞吐量 39.03 万人，同比下降 68.0%；沿海港口旅客吞吐量 3847.43 万人，同比下降 17.3%。

（二）安全形势

2022 年，全国共发生一般等级及以上水上交通事故 86 起、死亡失踪 138 人，同比减少 6 起、63 人，分别下降 6.5%、31.3%。其中，发生较大事故 9 起、死亡失踪 39 人，同比减少 20 起、86 人，分别下降 69.0%、68.8%；发生重大事故 2 起、死亡失踪 22 人，事故起数持平，死亡失踪人数同比增加 11 人。

1. 航运经济高位运行导致“六区”等重点水域风险突出

石油等大宗商品价格高企，一些航运企业为了应对高油价的影响，以牺牲安全为代价降低成本，船舶盲目赶船期、开航前安全检查缺失、关键设备维护保养不及时等情况屡见不鲜，埋下了重大安全隐患。受经济利好刺激，“六区”（渤海、长江口、舟山群岛、台湾海峡、珠江口、琼州海峡）等重点水域船舶流量密集，碰撞安全风险突出。

2. 对外籍船舶的安全监管需进一步加强

一些外籍船舶对我国沿海习惯航路与渔场密集交叉的情况不熟悉，不掌握渔船作业规律，加之语言不通等因素，极易发生碰撞事故。许多外籍船舶从我国专属经济区过境，离岸普遍超过 40 海里，而海事部门 VTS（船舶交通管理系统）监控范围一般在 20 海里以内，对超出监控范围的船舶缺少有效监管手段。

3. 水路客运安全风险增加

随着全国新冠疫情形势逐渐企稳，水上旅客运输行业逐步回暖，一些客船重效益、轻安全，超员超载、挂而不管，有的长期处于停航或低频出航状态，存在船员技术能力下降、安全思想松懈、船舶设备缺陷等问题，一旦发生事故，极易造成重大财产损失和大量人员遇险，甚至发生群死群伤。

（三）重点工作

1. 加强水上安全会商研判

与交通运输部、农业农村部建立水上安全协调机制，以国务院安委会办公室名义召开 3 次沿海重点省份水上安全风险防范视频调度会，分析面临的形势和挑战，研究提出针对性措施，督促有关地区和部门进一步压实水上安全责任、治理重大风险隐患、做好水上应急处置。

2. 推动属地责任有效落实

将水上安全纳入安全生产考核巡查的重要内容，定期汇总梳理水上安全典型事故和违法行为并进行公开曝光，有力提升了各地区抓水上安全的主动性和自觉性。推动 11 个沿海重点地区建立省级层面的水上安全风险联防联控机制，形成了海事、渔业、港航、海警等部门条块协作、同频共振的工作机制。

3. 严格挂牌督办和事故查处

以国务院安委会办公室名义对上海长江口海域“10·31”重大商渔船碰撞事故等 3 起重大或典型水上事故调查处理情况实行挂牌督办，督促有关部门和地区严格按照“四不放过”原则，组织对事故进行调查，依法依规严肃追责问责。山东威海海域“12·22”重大商渔船碰撞事故发生后，及时督促交通运输部从严从紧开展事故调查，并组织对涉事商船的经营企业中远海运集团实施安全生产约谈，督促深入分析事故暴露出的管理缺陷，举一反三填补漏洞。

四、民航安全

（一）行业发展情况

1. 民航运输

【周转量】2022 年，全行业完成运输总周转量 599.28 亿吨公里，同比下降 30.1%。国内航线完成运输总周转量 387.86 亿吨公里，同比下降 39.5%（其中，港澳台航线完成 2.30 亿吨公里，同比下降 23.6%）；国际航线完成运输总周转量 211.42 亿吨公里，同比下降 1.9%。

2018—2022 年民航运输总周转量如图 3-9-5 所示。

全行业完成旅客周转量 3913.87 亿人公里，同比下降 40.1%。国内航线完成旅客周转量 3805.01 亿人公里，同比下降 40.9%（其中，港澳台航线完成 6.51 亿人公里，同比下降 20.5%）；国际航线完成旅客周转量 108.87 亿人公里，同比增长 20.2%。

2018—2022 年民航旅客周转量如图 3-9-6 所示。

全行业完成货邮周转量 254.10 亿吨公里，同比下降 8.7%。国内航线完成货邮周转量 52.30 亿吨公里，同比下降 25.9%（其中，港澳台航线完成 1.73 亿吨公里，同比下降 24.6%）；国际航线完成货邮周转量 201.79 亿吨公里，同比下降 2.8%。

2018—2022 年民航货邮周转量如图 3-9-7 所示。

【运行情况】2022 年，全行业运输航

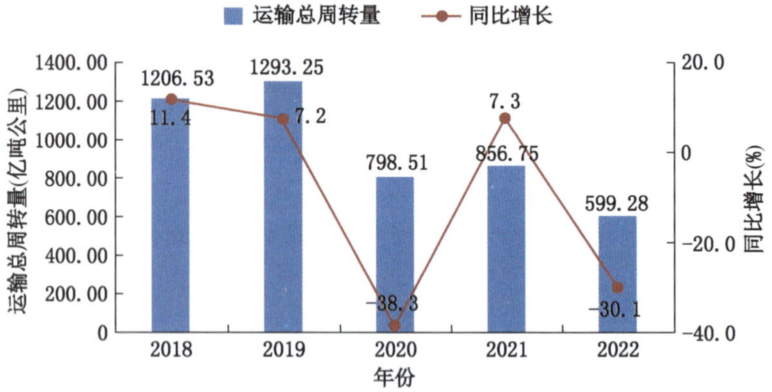

图 3-9-5　2018—2022 年民航运输总周转量

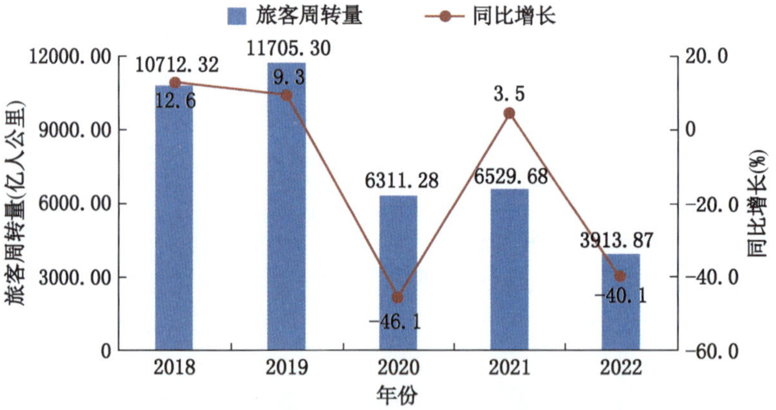

图 3-9-6　2018—2022 年民航旅客周转量

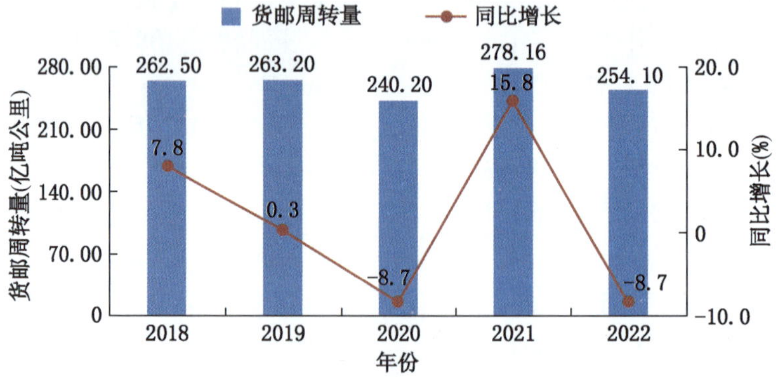

图 3-9-7　2018—2022 年民航货邮周转量

空公司完成运输飞行小时 627.56 万小时，同比下降 32.7%。国内航线完成运输飞行小时 556.90 万小时，同比下降 35.2%（其中，港澳台航线完成 2.10 万小时，同比下降 20.5%）；国际航线完成运输飞行小时 70.66 万小时，同比下降 2.7%。

2022 年，全行业运输航空公司完成运输起飞架次 256.57 万架次，同比下降

35.1%。国内航线完成运输起飞架次246.74万架次，同比下降36.0%（其中，港澳台航线完成1.01万架次，同比下降18.7%）；国际航线完成运输起飞架次9.82万架次，同比增长1.6%。

【机场数量】截至2022年底，全国境内运输机场（不含香港、澳门和台湾地区）254个，同比净增6个。

【机场业务量】2022年，全国民航运输机场完成旅客吞吐量5.20亿人次，同比下降42.7%；全国民航运输机场完成货邮吞吐量1453.05万吨，同比下降18.5%。

2. 运输服务

2022年，全行业完成旅客运输量25171.32万人次，同比下降42.9%。国内航线完成旅客运输量24985.25万人次，同比下降43.1%（其中，港澳台航线完成46.92万人次，同比下降20.8%）；国际航线完成旅客运输量186.08万人次，同比增长26.0%。

2018—2022年民航旅客运输量如图3-9-8所示。

2022年，全行业完成货邮运输量607.61万吨，同比下降17.0%。国内航线完成货邮运输量343.79万吨，同比下降26.1%（其中，港澳台航线完成14.74万吨，同比下降22.4%）；国际航线完成货邮运输量263.82万吨，同比下降1.1%。

2018—2022年民航货邮运输量如图3-9-9所示。

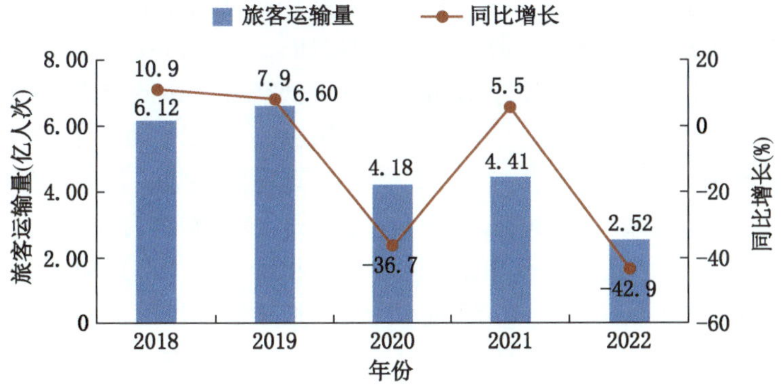

图3-9-8　2018—2022年民航旅客运输量

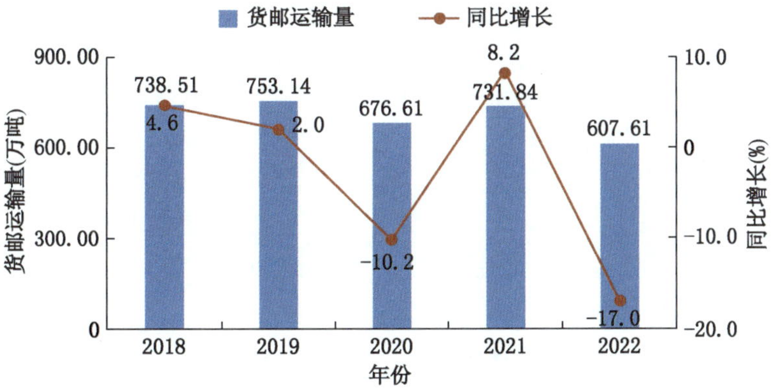

图3-9-9　2018—2022年民航货邮运输量

3. 通用航空

【企业数量】截至2022年底，获得通用航空经营许可证的传统通用航空企业661家，同比净增62家。其中，华北地区130家，东北地区48家，华东地区179家，中南地区150家，西南地区93家，西北地区37家，新疆地区24家。

【机队规模】2022年底，通用航空在册航空器总数达到3186架，其中，教学训练用飞机1157架。

【机场业务量】2022年，全国通用航空共完成飞行121.9万小时，同比增长3.5%。其中，载客类完成1.8万小时，同比下降10.0%；载人类完成10.8万小时，同比增长0.8%；其他类完成64.3万小时，同比增长8.8%。非经营性作业完成45.1万小时，同比下降2.1%。

【机场数量】2022年，全国在册管理的通用机场数量达到399个，同比净增加29个。

（二）安全形势

2022年，全行业共发生3起运输航空事故，同比增加3起，其中飞行事故2起，地面事故1起。全行业发生10起通用航空一般事故，同比减少4起；未发生通用航空较大事故，同比减少3起。全行业发生征候303起，同比减少271起，其中运输航空征候290起，同比减少269起；通用航空征候13起，同比减少2起。发生运输航空严重征候3起，占运输航空征候总数的1.03%，同比减少3起。

1. 民用航空行业纾困、形势好转后事故反弹风险升高

随着行业纾困、形势好转，民航运输生产需求升高，民航安全存在事故反弹的阶段变化风险，飞行员因技能表现和作风状态不良诱发人为差错的可能性增加，机组违规等诸多不利因素耦合，部分飞行设备原本就存在的空缺、闲置、老化等问题，给民航领域安全形势的持续稳定带来挑战。

2. 安全管理能力还需加强

一些“小、散、变、转、欠”（小规模、散运行、变股权、转基地、欠投入）的航空公司存在安全管理能力不强、安全问题频发、安全投入不足以及债务违约等问题，安全运行风险突出，2022年发生的3起运输航空严重征候中有2起都发生在此类单位。我国新增运力大量向中小机场扩散，支线运输量快速增长，中小机场运行条件复杂、运行经验少、空管指挥能力弱、基础设施设备建设滞后等问题日益显现。

3. 通用航空安全风险不容忽视

通用航空多采用小型固定翼飞机，机型自身安全性能不高，作业地点分散、普遍老旧，且飞行高度大多在4000米以下，属于低空或者超低空飞行，易受天气和地形影响。2022年发生的通航事故虽然整体呈现下降趋势，但事故集中多发，特别是6月29日至8月10日一个多月的时间里，相继发生7起通航事故、造成9人死亡，通用航空风险需引起高度警惕。

4. 复杂恶劣天气及意外情况时有发生

大风、降雪、冰雹、雷暴、低能见等复杂恶劣天气都会增加驾驶员操作难度，造成燃油安全裕度提前消耗，甚至会直接损伤机身。无人机、孔明灯等升空物体在机场净空保护区内影响飞行安全事件和破坏机场净空环境的违法行为时有发生，鸟击等意外情况也对安全飞行造成了极大影响。2022年发生的机场不安全事件中，天气意外、鸟击、外来物等事件占比达到80.8%。

（三）重点工作

1. 及时研判民航重大安全风险

先后5次与中国民航局开展民航安全

形势专题会商，深入分析事故规律特点，针对苗头性、倾向性问题，及时采取防范措施，督促中国民航局吸取事故教训，做好运量恢复阶段安全风险评估和管控。

2. 不断强化通用航空安全管理

督促中国民航局全面开展通航安全运行摸排检查，特别是对 10 人以上通航短途运输、京津冀等重点地区和重要时刻的通航飞行等盯紧看牢，严防通航安全重大影响事件发生。持续加强对“小、散、弱”通用航空企业的运行风险评估检查，不断建立健全通用航空企业及飞机准入标准。

3. 进一步强化民航安全专项检查

深入推进全国安全大检查民航安全专项检查、民航防范化解重大风险专项整治，截至 2022 年底发现的 1.3 万余项问题隐患均已完成整改；同时在全国安全生产大检查和督导检查中，持续把民航安全作为检查重点，进一步督促各地区加强民航安全监管，严格落实机场净空环境保护等责任措施，条块结合共同保障民航安全。

五、建筑施工安全

（一）行业发展情况

1. 建筑业规模

2022 年，全社会固定资产投资 57.96 万亿元，同比增加 2.67 万亿元。房地产开发投资 13.29 万亿元，同比下降 10%。其中，住宅投资 10.1 万亿元，同比下降 9.5%；办公楼投资 5291 亿元，同比下降 11.4%；商业营业用房投资 1.06 万亿元，同比下降 14.4%。全国各类棚户区改造开工 134 万套，基本建成 181 万套（含续建）。全社会建筑业完成总产值 31.2 万亿元，同比增长 6.5%，占固定资产投资的比例为 53.8%。建筑业增加值 8.3 万亿元，同比增长 5.5%。

2018—2022 年全国建筑业总产值统计见表 3-9-7。

表 3-9-7　2018—2022 年全国建筑业总产值统计表

年份	产值（亿元）	产值增速（%）	固定资产投资（亿元）	建筑业投资占比（%）
2018	235086	9.9	645675	36.4
2019	248446	5.7	560874	44.3
2020	263947	6.2	527270	50.0
2021	293079	11.0	552884	53.0
2022	311980	6.5	579556	53.8

从近 5 年的发展趋势来看，建筑业增加值在国内生产总值中的占比保持在 7% 左右。

2018—2022 年全国建筑业增加值与国内生产总值统计表见表 3-9-8。

表 3-9-8　2018—2022 年全国建筑业增加值与国内生产总值统计表

年份	国内生产总值（亿元）	国内生产总值增速（%）	建筑业增加值（亿元）	建筑业增加值增速（%）	建筑业增加值在国内生产总值中占比（%）
2018	919281	6.6	65493.0	4.8	7.1
2019	990865	6.1	70904.3	5.6	7.2
2020	1015986	2.3	72996	3.5	7.2
2021	1143670	8.1	80138	2.1	7.0
2022	1210207	3.0	83383	5.5	6.9

2. 在建规模

【房屋建筑】2022 年，全年建筑业房屋施工面积为 156.45 亿平方米，同比下降 0.7%。房屋施工面积同比下降主要受房地产市场下行影响。房地产开发企业房屋施工面积 904999 万平方米，同比下降 7.2%。其中，住宅施工面积 639696 万平方米，同比下降 7.3%；房屋新开工面积 120587 万平方米，同比下降 39.4%。

2018—2022 年全国建筑业建筑施工面积统计见表 3-9-9。

表 3-9-9　2018—2022 年全国建筑业建筑施工面积统计表

年份	建筑施工面积（亿平方米）	建筑施工面积增速（%）
2018	140.9	7.0
2019	144.2	2.3
2020	149.5	3.7
2021	157.5	5.4
2022	156.5	-0.7

【基础设施】 2022 年，全国基础设施投资（不含电力、热力、燃气及水生产和供应业）同比增长 9.4%。其中，铁路运输业投资增长 1.8%，道路运输业投资增长 3.7%，水利管理业投资增长 13.6%，公共设施管理业投资增长 10.1%。

3. 企业和从业人员数量

【企业数量】 2022 年，全国共有施工活动的建筑业企业 143621 家，同比增长 11.5%。全国具有资质等级的总承包和专业承包建筑业企业利润 8369 亿元，同比下降 1.2%。

【从业人员】 2022 年，全国建筑业从业人员 5184 万人，同比减少 98.92 万人，下降 0.31%。按建筑业总产值计算的劳动生产率为 493526 元/人，同比增长 4.3%。

（二）安全形势

2022 年，全国建筑业共发生生产安全事故 2701 起、死亡 2806 人，同比减少 1148 起、1183 人，分别下降 29.8% 和 29.7%；发生较大事故 38 起、死亡 141 人，同比减少 27 起、96 人，分别下降 41.5% 和 40.5%；发生重大事故 1 起、死亡 14 人，同比减少 1 起、17 人，分别下降 50% 和 54.8%；发生特别重大事故 1 起、死亡 54 人，同比增加 1 起、54 人。

1. 事故总量仍然高位运行

2022 年全国建筑业事故总量同比下降幅度较大，但事故起数和死亡人数占全国生产安全事故总量的比例分别为 10.3% 和 13.4%。除道路运输行业外，建筑业在其他各行业领域事故总量最多。

2. 重特大事故仍未得到有效遏制

毕节市金海湖新区“1·3”在建工地山体滑坡重大事故中，涉事工程在无施工许可、无勘察设计、无施工方案、无监控量测、无有效监管的情况下违规施工，属地政府、行业部门和企业不落实安全责任，盲目追求经济效益，最终酿成重大事故。

3. 经营性自建房安全问题突出

各地区、有关部门开展了经营性自建房和违法建设排查整治，但仍发生湖南长沙“4·29”特别重大居民自建房倒塌事故，表明一些地区、有关部门前期排查整治工作存在走过场走形式，经营性自建房安全问题依然突出。

（三）重点工作

1. 深入开展建筑施工安全专项整治

推动住房和城乡建设部组织开展房屋市政工程安全生产专项治理行动，并印发《国务院安委会办公室关于深入推进房屋市政工程安全生产治理行动的通知》，督促各地区和其他有关部门同步开展建筑施工安全专项治理。国务院安委会办公室组织专家和记者赴福建、广西、山西、陕西、云南等地区开展建筑施工安全明查暗访，并拍摄相关素材制作专题警示片在全国安全生产电视电话会议上曝光。截至 2022 年底，全国共排查整治房屋市政工程安全隐患 156.2 万项，有力促进了建筑业安全生产形势持续好转。

2. 深入推进自建房安全专项整治

5 月 7 日，国务院安全生产委员会召开全国自建房安全专项整治电视电话会议，国务院领导同志出席会议并部署专项整治工作。国务院安委会办公室印发《关于做好全国经营性自建房“百日行动”督导推进工作的通知》，要求各地区安委会办公室组织开展自建房安全明查暗访、督导检查和考核等工作。配合住房和城乡建设部等有关部门研究制定自建房安全专项整治工作方案，并以国务院办公厅名义印发。会同住房和城乡建设部召开两次全国自建房安全专项整治工作推进会议。研究制定自建房安全检查要点，推动 16 个国务院安全生产委员会综合检查组将自建房安全纳入重点督导内容。国务院安委会办公室派出两个专项督导检查组赴吉林、江苏等地对“百日行动”开展督查。组织对河北、重庆等地自建房安全专项整治工作开展督导评估。至 2022 年底，全国共排查经营性自建房 1716.8 万栋，初步判定存在结构安全隐患的 60.3 万栋，存在严重结构安全隐患、不具备经营和使用条件的达 32.4 万栋。

3. 强化事故教训吸取工作

参加湖南长沙“4·29”特别重大居民自建房倒塌事故调查，现场督导贵州省毕节市金海湖新区“1·3”在建工地山体滑坡重大事故、辽宁抚顺“8·15”沈白高铁在建隧道较大火灾等事故，以国务院安全生产委员会或国务院安委会办公室名义对 4 起重大事故和典型较大事故挂牌督办，推动相关地区严格开展事故调查工作。国务院安委会办公室约谈了贵州省人民政府相关负责人和贵州省住房和城乡建设厅、毕节市政府等主要负责人。针对水利等部分重点行业领域，通过警示通报等方式，督促有关部门、单位和企业，深刻吸取事故教训，举一反三落实整改，严防类似事故再次发生。

4. 完善长效管理机制

推动住房和城乡建设部制定出台《房屋市政工程生产安全重大事故隐患判定标准》《城市轨道交通工程项目规范》《建筑与市政施工现场安全卫生与职业健康通用规范》等标准规范。针对农村自建房领域突出问题，在继续推动整治工作的同时，会同住房和城乡建设部等 11 部门联合印发《关于印发农房质量安全提升工程专项推进方案的通知》。督促推动住房和城乡建设部加快《城镇房屋安全管理条例》等法律法规制修订工作。针对隧道施工事故多发情况，专题调研检查北京、四川、云南以及部分中央企业隧道施工安全管理情况，会同住房和城乡建设部、交通运输部、国家铁路局、国铁集团等研究起草进一步加强隧道工程安全管理的工作措施。

六、渔业船舶安全

（一）行业发展情况

1. 渔船

2022 年，全国渔船总数 51.10 万艘、总吨位 1031.33 万吨。其中，机动渔船 34.24 万艘、总吨位 1007.36 万吨、总功率 1837.02 万千瓦，非机动渔船 16.86 万艘、总吨位 23.97 万吨。机动渔船中，生产渔船 32.90 万艘、总吨位 886.13 万吨、总功率 1590.47 万千瓦。辅助渔船 1.35 万艘、总吨位 121.23 万吨、总功率 246.54 万千瓦。

2. 渔业人口和渔业从业人员

2022 年，全国渔业人口 1619.45 万人，同比减少 14.79 万人、下降 0.90%。

渔业人口中传统渔民为 515.16 万人，同比减少 1.99 万人、下降 0.39%。渔业从业人员 1177.92 万人，同比减少 6.71 万人、下降 0.57%。

3. 渔业经济总产值

2022 年，全国渔业经济总产值 30873.14 亿元，其中，渔业产值 15267.49 亿元，渔业工业和建筑业产值 6621.17 亿元，渔业流通和服务业产值 8984.48 亿元，3 个产业产值的比例为 49.5 : 21.4 : 29.1。渔业流通和服务业产值中，休闲渔业产值 847.40 亿元，同比上升 1.42%。

渔业产值中，海洋捕捞产值 2488.91 亿元，海水养殖产值 4638.84 亿元，淡水捕捞产值 276.70 亿元，淡水养殖产值 7863.03 亿元，水产苗种产值 843.45 亿元。海水产品与淡水产品的产值比例为 46.7 : 53.3，养殖产品与捕捞产品的产值比例为 81.9 : 18.1。

4. 渔业灾情

2022 年，由于渔业灾情造成水产品产量损失 76.78 万吨，受灾养殖面积 435.31 千公顷，直接经济损失 97.93 亿元。

（二）安全形势

2022 年，全国共发生渔船生产安全事故 60 起、死亡失踪 124 人，同比减少 12 起、14 人，渔业安全生产继续保持了稳中向好趋势。其中，发生较大事故 15 起、死亡失踪 72 人，同比减少 1 起、7 人，下降 6.3% 和 8.9%；发生重大事故 1 起、死亡失踪 10 人，同比增加 1 起、10 人；未发生特别重大渔业船舶事故。

1. "关键人员" 的安全意识淡薄

一些船东、船长存在侥幸心理、麻痹大意思想，为了追逐利益铤而走险，超员超载超风级超航区冒险航行，疲劳驾驶、瞭望懈怠、脱编生产、套用假冒他船船名船号、擅自关闭 AIS 防碰撞设备等行为屡有发生，而且专业技能水平较差，遇到突发事件时应急处置能力不足。2022 年葫芦岛 "3·19" 和盘锦 "3·21" 两起渔船自沉事故，船长都存在应急处置指挥不当、未及时发出预警求救信号的情况。

2. 企业（船东）主体责任落实不到位

渔船本质安全水平偏低，船型落后、建造标准低、抗风浪能力不足；一些渔船船龄长，设备老化严重，水上救生设施配备不齐，"带病" 出海航行安全隐患较大。一些企业对挂靠船舶 "挂而不管"，日常船员资质管理不严格，船舶 "关键设备" 配备缺失。在海南 "2·23" "琼东渔 11588" 游客潜水失踪事故中，该船的实际控制人采取合作方式获取休闲渔业经营资格，但从未建立船舶安全管理制度，将船舶外租后 "以包代管"。

3. 渔业安全监管存在盲区漏洞

一些地区渔业安全执法 "宽松软"，日常工作中不严不细，对渔港内长期停靠的 "三无" 船舶、辅助作业船舶、违规跨省作业的非法渔船等缺管漏管。在山东海域 "9·4" "琼昌渔 20318" 船翻沉事故中，该船系海南省昌江县农业农村局有关工作人员违规注册登记的涉渔非法船舶，但长期在山东威海海域异地违法违规生产作业，两地均未将其纳入监管范围，造成该船长期游离在监管体系以外。

（三）重点工作

1. 深化渔业船舶安全专项整治

国务院安委会办公室牵头组织农业农村部在休渔前、开渔后、重要节假日等时段组织了 5 次渔业船舶安全督导检查、明查暗访；推动农业农村部深入开展 "商渔共治 2022"、渔业安全生产 "百日攻坚" "中国渔政亮剑 2022" 等系列专项行动，对违法违规行为形成严厉打击的高压态势。

2. 加强事故警示教育

会同农业农村部召开专题会议，联合听取关于2022年10起渔业船舶较大以上事故调查处理情况，督促有关地区和部门认真吸取事故教训，分析存在问题，扎实推进渔业安全生产“百日攻坚”行动，坚决防范渔业船舶重大安全风险。

3. 持续盯牢新业态新风险

针对近年来兴起的海钓、休闲渔业等新业态，以及暴露出的安全管理存在盲区、安全监管能力弱化等突出问题，以国务院安委会办公室名义先后向农业农村部发送警示函和建议函，督促深刻吸取事故教训，切实加强对海钓和休闲渔业安全风险的全方位防控，不断提升监管水平。

第十章　安全生产执法

一、全国安全生产监管监察执法情况

2022 年，全国安全生产行政执法水平整体有所提升，行政处罚力度、监管监察覆盖率均高于前两年；行政执法处罚率稳定上升，执法专业化水平有所增强。从行业领域情况看，大部分行业领域安全生产监管监察执法情况向好，高危行业现场执法力度持续加强。

（一）现场监管监察

1. 直接监管监察的生产经营单位基本情况

2022 年，各地应急管理部门、矿山安全监察机构直接监管监察的生产经营单位总数为 357.6 万家，同比增加 6.9 万家，增长 2.0%（表 3-10-1）。

表 3-10-1　2022 年直接监管监察的生产经营单位情况表

项　　目	直接监管监察的生产经营单位数（家）	同比增减（家）	同比增减（%）
合计	3575557	69020	2.0
高危行业领域	224983	27578	14.0
其中：煤矿	4360	-69	-1.6
金属与非金属矿山	25236	262	1.0
化工	130469	10384	8.6
其中：生产企业	16560	329	2.0
经营企业和单位	113909	10055	9.7
烟花爆竹	64918	17001	35.5
其中：生产企业	1456	346	31.2
工贸	1394271	-379308	-21.4
其他	1956303	420750	27.4

2022 年，各地应急管理部门、矿山安全监察机构直接监管监察的高危行业领域生产经营单位 22.5 万家，同比增加 2.8 万家，增长 14.0%。其中：煤矿矿井 4360 处，同比减少 69 处，下降 1.6%；金属与非金属矿山 2.5 万家，同比增加 262 家，增长 1.0%；化工生产经营单位 13 万家，同比增加 1 万家，增长 8.6%；烟花爆竹生产经营单位 6.5 万家，同比增加 1.7 万家，增长 35.5%。

2022 年直接监管监察的生产经营单位占比如图 3-10-1 所示。

2012 年以来，各地应急管理部门、矿山安全监察机构直接监管监察的生产经营单位总数变化情况如图 3-10-2 所示。

2022 年与 2012 年相比，高危行业领域企业数量变化情况如图 3-10-3 所示。

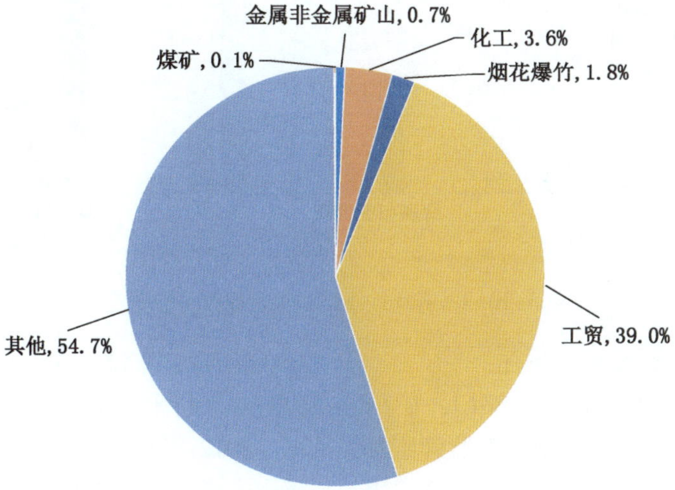

图 3-10-1　2022 年直接监管监察的生产经营单位占比

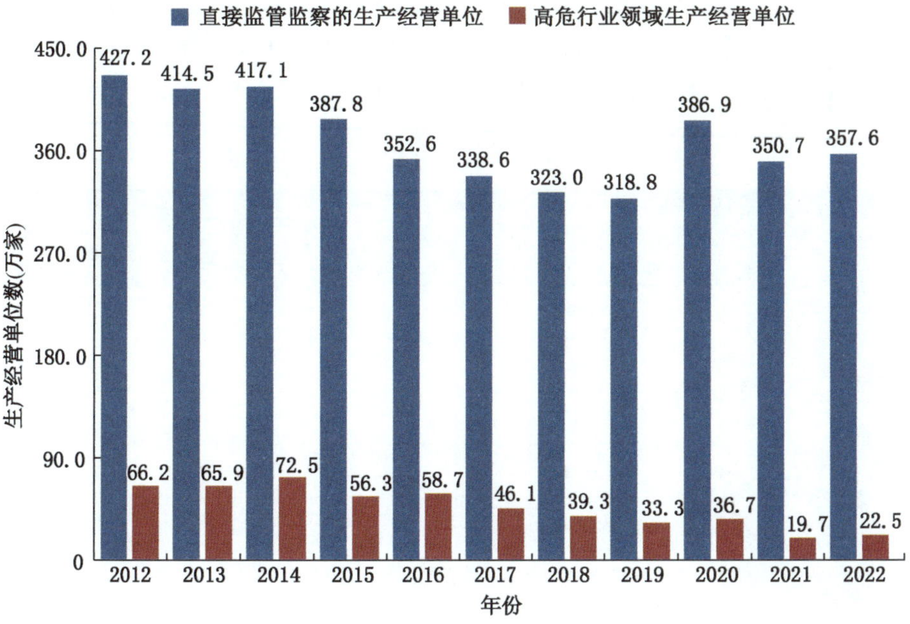

图 3-10-2　2012—2022 年直接监管监察的生产经营单位总数变化情况

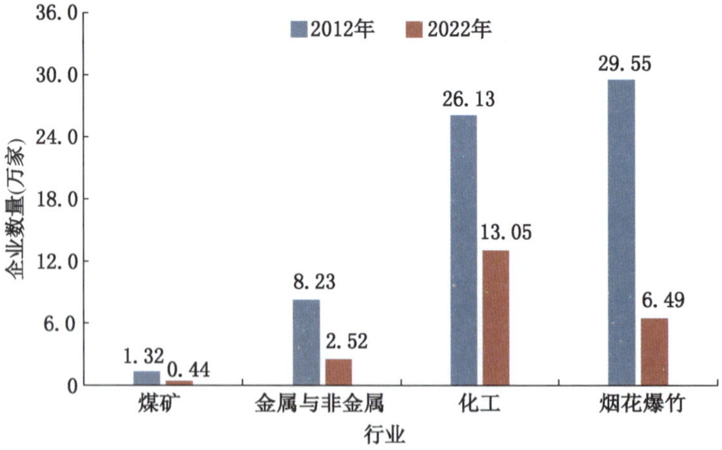

图 3-10-3　高危行业领域企业数量变化情况

2. 现场监管监察执法情况

2022 年，各地应急管理部门、矿山安全监察机构充分发挥安全生产监管监察职能，以提高监管效能为主线，综合运用教育、法律、行政、经济等手段，加强日常监管监察执法。31 个地区和新疆生产建设兵团应急管理部门累计检查各类生产经营单位 58.2 万家、137.5 万次（表 3-10-2）。其中：监管监察高危行业领域生产经营单位 13 万家、43.5 万次，同比减少 3322 家，下降 2.5%；监管监察覆盖率 57.7%，同比减少 9.7 个百分点。

2012 年以来，各地应急管理部门、矿山安全监察机构现场监管监察执法检查各类生产经营单位情况如图 3-10-4 所示。

2012 年以来，各地应急管理部门、矿山安全监察机构对高危行业领域生产经营单位现场监管监察执法检查情况如图 3-10-5 所示。

表 3-10-2　2022 年现场监管监察执法情况表

项　　目	实际监管监察生产经营单位（家）	监管监察覆盖率（%）	实际监管监察生产经营单位（次）
合计	581799	16.3	1375223
煤矿	4360	100.0	17440
金属与非金属矿山	13916	55.1	53453
化工	75173	57.6	229011
烟花爆竹	36254	55.8	135519
工贸	325990	23.4	667523
其他	126106	6.4	272277

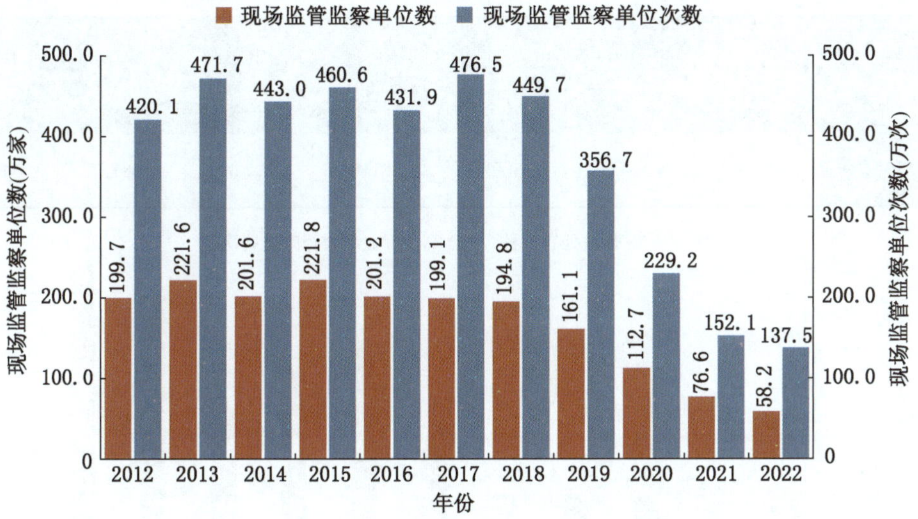

图 3-10-4　2012—2022 年现场监管监察执法检查情况

图 3-10-5　2012—2022 年对高危行业领域生产经营单位执法情况

（二）行政处罚

1. 行政处罚次数

2022 年，各地应急管理部门、矿山安全监察机构强化安全生产执法，严厉查处和打击非法违法生产经营建设行为，实施行政处罚 19.7 万次，同比增加 1.4 万次，增长 7.4%（表 3-10-3）。其中，对高危行业领域生产经营单位实施行政处罚 5.7 万次。

2012 年以来，各地应急管理部门、矿山安全监察机构实施行政处罚数量变化情况如图 3-10-6 所示。

表 3-10-3　2022 年实施行政处罚次数

项目	合计	行业领域					
		煤矿	金属与非金属矿山	化工	烟花爆竹	工贸	其他
行政处罚次数（次）	197181	14886	5007	18168	19240	108157	31723

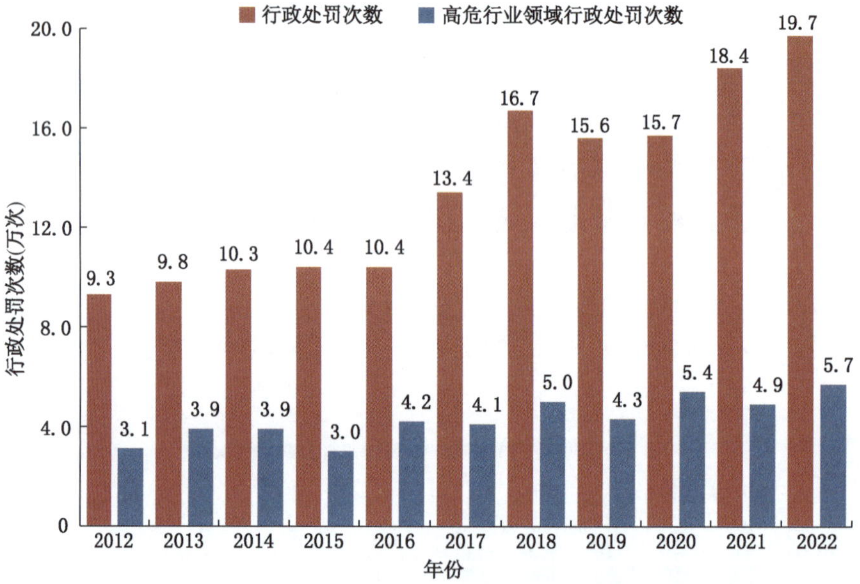

图 3-10-6　2012—2022 年实施行政处罚数量变化情况

2. 责令停产整顿、提请关闭

2022 年，各地应急管理部门、矿山安全监察机构责令停产整顿生产经营单位 4738 家；提请关闭生产经营单位 1384 家，其中，实际关闭生产经营单位 1175 家，占 84.9%（表 3-10-4）。

2012 年以来，各地应急管理部门、矿山安全监察机构责令停产整顿、关闭生产经营单位情况如图 3-10-7 所示。

（三）经济处罚

表 3-10-4　2022 年责令停产整顿、提请关闭情况表

项　　目	责令停产整顿生产经营单位（家）	提请关闭生产经营单位（家）	实际关闭生产经营单位（家）
合计	4738	1384	1175
煤矿	692		
金属与非金属矿山	361	51	69
化工	481	97	73
烟花爆竹	82	45	50
工贸	2442	1124	920
其他	680	67	63

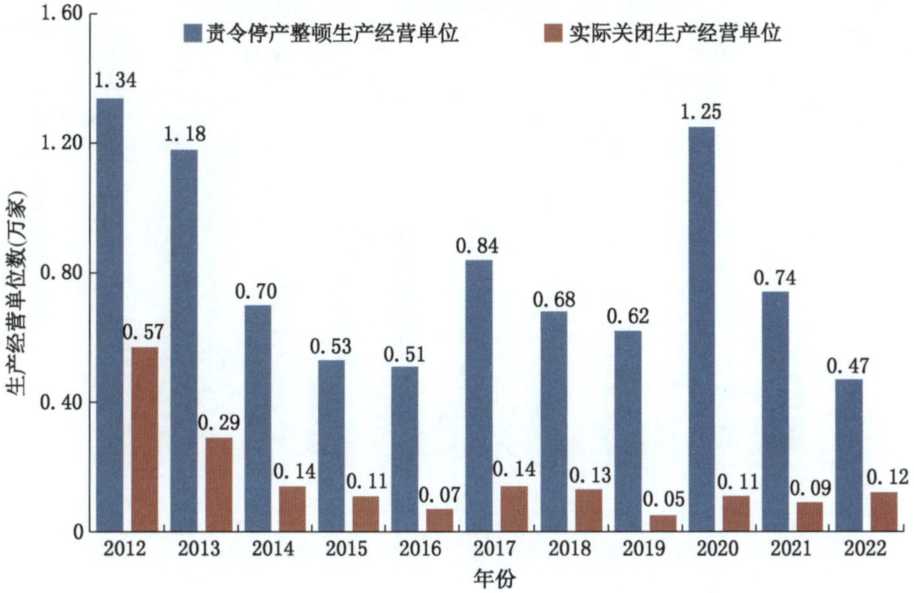

图 3-10-7　2012—2022 年责令停产整顿、关闭生产经营单位情况

2022 年，各地应急管理部门、矿山安全监察机构实施经济处罚 64.1 亿元，同比增加 3 亿元，增长 4.9%；罚款收缴率 82.6%，同比增长 3.9 个百分点（表 3-10-5）。其中：对高危行业领域生产经营单位实施经济处罚 29.6 亿元，同比增加 4.7 亿元，增长 18.8%；罚款收缴率 94.4%，同比增长 5.7 个百分点。

2012 年以来，各地应急管理部门、矿山安全监察机构实施经济处罚情况如图 3-10-8 所示。

（四）使用执法文书

1. 总体情况

2022 年，各地应急管理部门、矿山安全监察机构使用各类执法文书 407.7 万份，同比减少 51.6 万份，下降 11.2%（表 3-10-6）。

2012 年以来，各地应急管理部门、矿山安全监察机构安全生产监管监察使用执法文书情况如图 3-10-9 所示。

表 3-10-5　2022 年实施经济处罚情况表

项　目	罚款		其中：事故罚款		其中：监管监察罚款	
	罚款（万元）	收缴率（%）	罚款（万元）	收缴率（%）	罚款（万元）	收缴率（%）
合计	640979	82.6	153573	61.7	487406	89.2
煤矿	222643	98.8	24023	84.7	198620	100.5
金属与非金属矿山	19225	73.7	4412	62.3	14813	78.4
化工	49142	84.8	4714	73.1	44428	86.1
烟花爆竹	4685	64.7	194	83.5	4491	63.9
工贸	246521	77.4	65628	61.2	180893	83.3
其他	98763	60.5	54602	51.1	44161	72.0

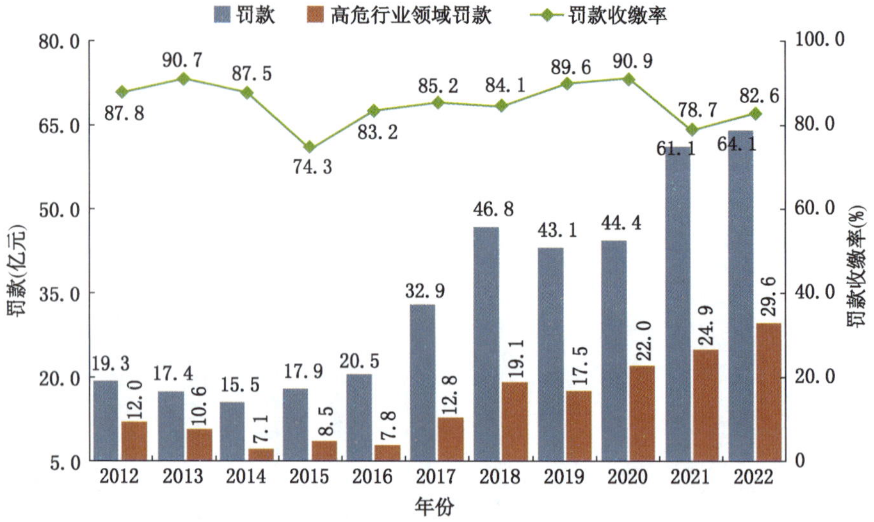

图 3-10-8　2012—2022 年实施经济处罚情况

表 3-10-6　2022 年使用执法文书情况表

项　　目	使用执法文书（份）
合计	4077487
煤矿	155385
金属与非金属矿山	130634
化工	591351
烟花爆竹	398426
工贸	2047893
其他	753798

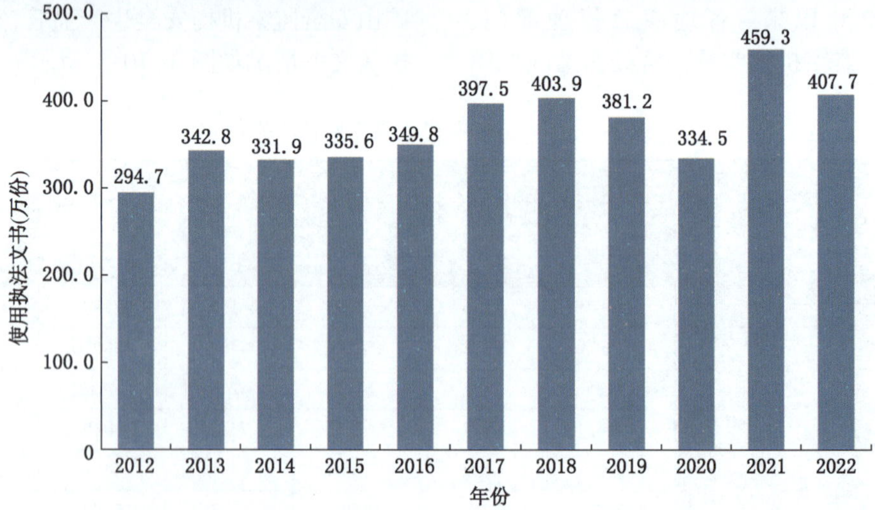

图 3-10-9　2012—2022 年安全生产监管监察使用执法文书情况

2. 应急管理部门使用执法文书

2022年，各地应急管理部门使用执法文书392.2万份，同比减少53.7万份，下降12.0%（表3-10-7）。

2012年以来，各地应急管理部门使用执法文书情况如图3-10-10所示。

表3-10-7 2022年使用分类执法文书情况表

项目	使用执法文书（份）
合计	3922102
现场检查记录	926698
现场处理措施决定书	54137
责令限期整改指令书	489966
查封扣押决定书	3847
整改复查意见书	519008
立案审批表	122541
调查询问笔录	133347
行政处罚决定书	120329
其中：行政处罚决定书（单位）	101320
行政处罚决定书（个人）	19009
其他执法文书	1518205

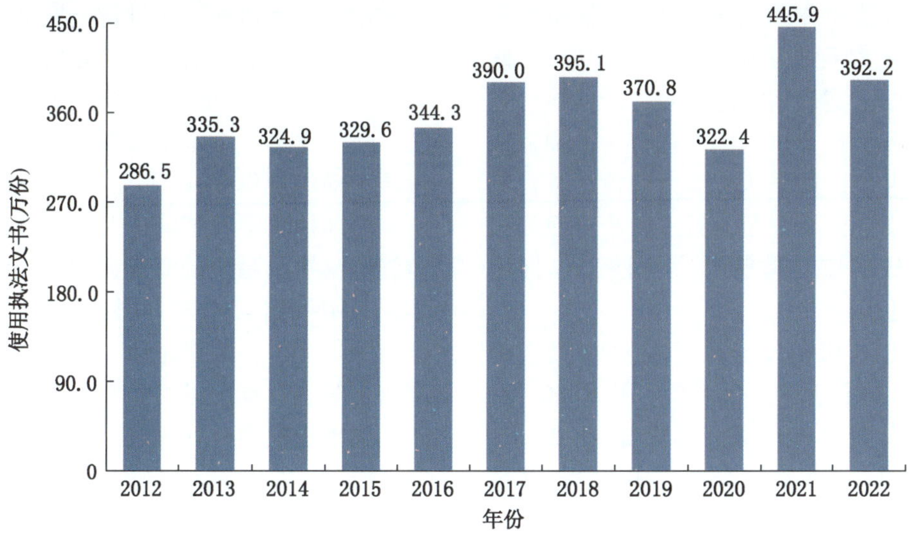

图3-10-10 2012—2022年各地应急管理部门使用执法文书情况

二、矿山安全监管监察执法情况

（一）煤矿安全生产执法

1. 加强安全监管监察执法

2022年，全国各级矿山安全监察部门共开展煤矿安全监察执法17438矿次，同比减少275矿次。查处事故隐患137913条，同比增加6902条，其中：一般隐患

136809条，同比增加6901条；重大隐患1104条，同比增加10条，已整改1024条，整改率92.75%。实施行政处罚14892次，同比增加2242次，罚款收缴率97.3%。

各级煤矿安全监管部门全年共检查煤矿66702矿次，同比减少12669矿次。查处隐患528626条，同比增加20711条，其中：一般隐患528227条，同比增加20867条；重大隐患399条，同比减少156条。实施行政处罚8371次，同比增加1605次；责令479处煤矿停产整顿，同比减少181处；责令2953个采掘工作面停止作业，同比减少122个；责令从危险区域撤出作业人员1515次，同比增加955次。对长期停产停工煤矿巡查17730矿次，同比减少11382矿次。

2. 推进煤矿安全监管监察执法规范化建设

制定《关于加强和规范煤矿安全监管监察执法工作的指导意见》，从压实安全监管监察责任、强化安全风险分析研判、严格落实计划执法机制、严格执法各环节管理、规范执法全流程行为、加强执法监督考核、加强执法能力建设、强化监督检查指导8个方面，对进一步全面加强和规范煤矿安全监管监察执法工作提出39条具体要求。

修订《煤矿安全监管监察检查实施清单》，修订后的《清单》共1880条，其中井工煤矿1559条、露天煤矿321条，并同步导入到煤矿安全监察和监管两套执法系统。

启动《煤矿安全监管监察行政处罚自由裁量基准》和《煤矿安全生产违法违规行为和处理处罚规范描述汇编》制修订工作。

组织各省级煤矿安全监管部门和各省级局通过两个执法系统，开展执法情况网上互查互检，共安排585名执法人员、3282个工作日，累计抽查2350矿次、20827份执法文书，检查发现问题8530条。聚焦执法针对性、现场检查、处理处罚、程序流转、文书制作等情况，对发现的问题逐矿次出具“诊断”报告单，列出问题清单，向被检单位提出整改要求，“一对一”督促整改落实。

3. 推进煤矿安全监管监察执法信息化建设

实现国产操作系统无缝衔接，煤矿安全监察执法系统与煤矿安全监管执法系统完全支持并兼容国产中标麒麟和统信USO操作系统，并完成国产CPU的兼容适配。执法系统具有高适配性、高稳定性和高可靠性优势，在保证顺畅运行系统同时，可为政府应用提供全面安全保障。

推动煤矿监管监察一体化协同执法，对原国家煤矿安全监察执法系统与原国家煤矿安全监管执法系统进行数据融合，实现监管部门与监察部门互联互通，跨部门委托复查线上移交，多部门现场联合执法、执法文书线上审批审核，改变了线下流转烦琐的操作模式。

增加执法案卷智能比对，以煤矿安全监管监察执法系统的海量大数据资源为样本，采用机器自动学习技术，从案情特征、裁量程序、裁量记录、裁量理由和事实依据等多个维度进行类案要素分析，构建类案推送模型，在一线人员制作执法文书过程时，系统自动推送与该案件相似度高的历史执法记录，为查处屡查屡犯、自由裁量等提供支撑。

（二）非煤矿山安全生产执法

1. 强力发挥国家非煤矿山监察督政查企作用

紧盯重点地区、重点矿种、重点时段，开展18次明查暗访，对湖南、河南等地进行矿山安全生产综合督查，共监察检查12个省（区）、51个县（市），查处地方政府及部门问题821个；抽查270个矿山，查处企业隐患1577条（其中重大隐患145条）。国家矿山安全监察局各省级局监察市县级政府及监管部门4385次，发现问题6884条，提出加强和改善安全监管建议书1056份；抽查非煤矿山5724座，排查整治隐患3.5万条（其中重大隐患1705条），现场责令停止设施设备使用314台（套），撤出人员980人次。

2. 推动提升监管执法效能

修订完成《非煤矿山安全监管执法手册》，细化执法重点、执法事项等内容。健全完善监管执法“月调度、季分析、年总结”工作制度，起草完成6期分析报告，及时研判苗头性、典型性问题，精准提出工作要求。监督各级应急管理部门严格执行年度监管执法计划，严厉打击10类违法违规行为。各级应急管理部门对辖区内非煤矿山基本实现三轮全覆盖检查，共查处隐患31万条，其中重大隐患2099条，倒逼企业落实主体责任。

三、应急管理综合行政执法情况

（一）推动应急管理综合行政执法改革不断深化

推动31个省（区、市）和新疆生产建设兵团全部印发了贯彻落实实施意见，执法改革逐渐深入市县级层面。强化典型引路，总结印发两批共4类17个执法改革典型经验做法，宣传推广北京、内蒙古、江苏、浙江、山东、湖南、广东、四川、陕西等地区工作进度快、改革措施实、任务落实好的经验办法。持续推动各级应急管理部门强化执法装备配备，全国有30个省份基本完成执法制式服装配发工作，23个地区按要求开展执法车辆喷涂应急管理综合行政执法标识工作。强化执法队伍建设，健全完善执法队伍建设顶层设计，推动部分地区加强执法技术检查员队伍建设，全国有21个省级地区通过印发实施方案、建立试点等方式持续推进技术检查员和社会监督员工作，基层执法队伍专业化力量逐渐提高。

（二）推动执法规范化水平不断提升

持续督促各级应急管理部门加大执法案例报送工作推进力度，切实推动全系统执法质量不断提高。评选2021年第二批优秀执法案例并予以宣传推广，对有突出贡献的执法人员给予记功嘉奖。结合“安全生产月”等活动，汇总曝光10个工贸行业执法重点事项典型案例、6个企业主要负责人处罚典型案例、7个“一案双罚”典型案例，引导各级执法人员加大对非法违法行为的打击力度。印发《安全生产执法人员入职培训和复训大纲（试行）》，加强和规范安全生产执法培训工作，提高执法人员专业化素质和行政执法能力。采取“教、学、练、战”一体化培训模式，举办全国安全生产监管执法骨干业务培训班，92名省级应急管理部门执法业务骨干参加了培训，为各地开展执法人员培训发挥示范引领作用。

（三）推动行政执法监督不断完善

一是健全完善应急管理行政执法监督制度机制。全面贯彻落实行政执法责任制和问责制，监督和保障应急管理行政执法人员依法履职尽责，印发《应急管理行政执法人员依法履职管理规定》，从监督、保障两个方面，对应急管理行政执法人员履职尽责作出规定，坚持约束与激励并重，强调有错必纠、容纠并举，尽职免责、失职问责。二是加强行政复议应诉工作。畅通行政复议渠道，规范办案程序，强化行政复议决定的说理部分，增强行政复议决定的说服力。推动行政争议实质性解决，该纠错的坚决纠错。2022 年，部本级共办理行政复议案件 47 件，行政复议纠错率 20%。办理行政应诉案件 25 件，依法履行答辩、出庭应诉等职责。三是进一步加强执法资格培训管理。规范和理顺行政执法资格培训管理机制。研究起草《应急管理行政执法资格培训管理办法》和《应急管理行政执法资格培训实施标准》，推进执法资格培训规范化。

（四）推动执法信息化建设不断加强

印发《关于“互联网+执法”系统推广应用有关情况的通报》，推动执法全过程“上线入网”，执法信息化系统推广应用和数据对接工作力度持续加大。优化执法文书制作流程，上线文书制作客户端，实现文书可视化制作、文书内容自动关联、执法清单便捷应用，完善方案制定、执法审批、现场检查、行政处罚、文书制作、案卷归档、统计分析等功能，为各地提供全流程线上执法服务。开发智能辅助模块，上线智能识别重点设备模块，通过知识图谱判定隐患，智能提醒推送执法检查依据，集成全行业领域安全生产法规标准安标库。全国应急管理部门通过“互联网+执法”等信息系统共录入重点行业领域企业 6.2 万余家，关键设备 16 万余台（套），执法人员 12.5 万余名。加强培训和督导力度，组织执法系统应用宣贯和使用培训，对 16 个应用部建系统省份进行一对一视频督导，各地使用系统执法达 1.3 万人，对 4.6 万家企业执法 7.2 万次。

第十一章 安全生产基础

一、加强考核巡查和督导检查

（一）组织开展2021年度省级政府安全生产和消防工作考核巡查及国务院安委会成员单位安全生产工作考核

按照国务院安全生产委员会统一部署，2022年4月中旬至6月底，国务院安委会办公室组织16个由安委会成员单位部级领导同志带队的考核组，对32个省级政府2021年度安全生产和消防工作开展现场考核巡查，并对国务院安委会39个成员单位2021年度安全生产工作开展现场考核。

考核巡查前，国务院安委会办公室采取“线上+线下”方式组织考核巡查人员进行专题培训。16个考核组认真学习贯彻习近平总书记关于安全生产重要论述，坚持客观公正、严谨认真，对照考核要点、评分细则和问题线索，采取查阅资料、调研座谈、明查暗访等方式，实地检查32个省级政府、76个市级政府、653家企业单位，与1240余名地方党政领导、部门负责同志、企业负责人及一线员工谈话，发现各类安全问题隐患3100余项，督促指导立行立改1500余项。国务院安委会办公室加大组织协调、跟踪指导和媒体曝光力度，协调煤矿、危险化学品等重点行业领域专家随组检查221人次，协调新华社等16家媒体派出56名记者随组宣传报道、曝光突出问题、加强警示教育，编发安全生产简报大检查专刊28期，交流推广各地、相关部门和央企经验做法130篇次。根据各考核组现场考核情况，以国务院安全生产委员会文件分别向31个省（区、市）和新疆生产建设兵团、国务院安委会39个成员单位通报考核结果和反馈意见，督促制定落实整改措施，举一反三推动整改，健全完善长效机制。

（二）开展全覆盖安全生产督导检查

2022年北京冬奥会、冬残奥会和党的二十大等关键期，国务院安委会办公室组织对31个省（区、市）和新疆生产建设兵团开展3轮全覆盖督导检查。其中，1月底至3月底开展春节、北京冬奥会期间安全生产督导检查，4月中旬至6月底现场实施安全生产大检查综合督导和考核巡查，9月底至11月底开展安全生产大检查“回头看”督导检查。国务院安委会办公室组织16个综合检查组，由国务院安委会14个成员单位部级领导同志带队，采取抽查座谈、明查暗访等方式，每组每轮督导检查2个省级地区。各督导组严格标准、严明纪律，克服新冠疫情等困难，积极创新方式方法，深入一线开展严查细督，发现隐患问题6800余项，督促各地举一反三、狠抓整改。协调配备重点行业领域专家和主流媒体记者随组做好技术保障和采访报道。通过持续深入督导检查，指导各地区各部门和有关单位结合实际，分地域分部门分系统同步组织开展督导检查。督促各地区各有关部门深入贯彻落实习近平总书记关于安全生产重要指示批示精神，按照党中央、国务院决策部署，扎实开展安全生产大检查，防范遏制重特大安全事故，为党的二十大胜利召开、北京冬奥会和冬残奥会顺利举办以及全年经济社会发展营造安全稳定环境。

（三）主要做法

1. 突出政治考核

将贯彻落实习近平总书记关于安全生产重要指示精神情况作为考核巡查和综合督导的重中之重，指导地方和有关部门统筹抓好经济发展、疫情防控和安全生产“三件大事”，把推进安全生产大检查、严格落实安全生产十五条硬措施等作为重要任务，推动地方各级党委政府和有关部门切实强化维护人民生命财产安全的政治自觉、思想自觉和行动自觉。

2. 狠抓责任落实

对照《地方党政领导干部安全生产责任制规定》《国务院安全生产委员会成员单位安全生产工作任务分工》，结合国务院安全生产委员会年度安全生产工作要点和有关工作安排部署，重点检查地方各级党委政府“党政同责、一岗双责、齐抓共管、失职追责”和有关部门安全生产“三个必须”落实情况。

3. 强化问题溯源

针对纵向考核巡查省级政府发现的问题，横向溯源到国务院安委会成员单位，将两个维度充分结合，紧密结合前期收集掌握的资料和3000余条问题线索，“带着问题去、跟着问题走、盯着问题改”，深入查找根源性、制度性问题，从顶层设计上进一步改进安全生产工作，对重点难点问题盯着不放、一督到底。

4. 注重统筹衔接

实行“分省包干”机制，年初统一组建由国务院安委会成员单位有关负责同志带队的16个工作组，3轮全覆盖督导检查保持地区不变、组长不变、组员不变，同步开展自建房安全督导检查、企业复产复工指导帮扶，持续构建“督考联动、问题联治、持续提升”的良好工作格局。

5. 改进方式方法

深入贯彻落实中央为基层减负的有关精神，进一步精简指标、优化流程，更加侧重考难点、督重点、疏堵点。减轻新冠疫情对考核督导的影响，创新采取“线上+线下”结合考核、小分队带领专家直插现场等方式，保障考核巡查和全覆盖督导检查高质量实施。

二、加强安全生产考核培训

（一）持续联合开展打假专项行动，严厉打击非法违法行为

各级应急管理部门与公安部门建立纵向联动、横向协同、定期会商工作机制，持续开展打击假冒政府网站制售假冒安全生产证书专项行动，取得显著成效。专项行动期间，各地共执法检查企业30余万家，行政处罚2.17万家，查处“三项岗位人员”（高危行业企业主要负责人和安全生产管理人员、特种作业人员）无证上岗9855人、持假证1343人，向公安部门移交有关问题线索313条，破获假冒网站制售假证案件154起，抓获犯罪嫌疑人899名，关停假冒网站461个，查获假证、印章10万余件，通过央视新闻频道、央广网、《新京报》等媒体宣传曝光3批10起伪造贩卖国家机关证件典型案件，起到很好震慑作用。

（二）深入开展安全生产培训“走过场”专项整治，进一步规范培训市场

各级应急管理部门高度重视，按照“整顿一批、淘汰一批、查处一批、曝光一批”工作目标，层层压实责任，落实整治措施，通过制定实施方案、召开视频会议、开展执法检查、实施督导互查、加

强定期调度、通报工作动态等方式推动专项整治走深走实。截至2022年底，各地全覆盖执法检查培训机构4171家，发现问题1.1万项，淘汰清退315家、停业整顿299家、责令整改2445家；检查考试机构和考试点2213家，发现问题5748项，取消考试点212家、停考整顿153家、责令整改997家；抽查企业28.1万家、发现问题12万项，行政处罚6.1万家，罚款27877万元；通过中央和地方主流媒体曝光培训“走过场”执法案例872个，形成对培训工作严查严管的高压态势，培训乱象得到有效遏制。

（三）加强“三项岗位人员”考核工作，持续提升考培工作水平

深入研究安全生产培训顶层设计，探索高危行业企业主要负责人和安全生产管理人员考核方式。进一步加强安全生产考试体系建设，分批次修订“三项岗位人员”考试大纲和题库，不断提升考核标准；指导推动各地优化考试点布局，加快考试点标准化建设；严格考核发证监督管理，督促考试点规范考务组织，严肃考风考纪，着力提升“三项岗位人员”考核质量。2022年全国共完成“三项岗位人员”考核发证481.9万人次。深化电子证照推广应用，生成特种作业操作证电子证照1086.1万张，并起草了高危行业企业主要负责人和安全生产管理人员考核合格证电子证照标准。

三、加快推动城市安全风险综合监测预警平台试点建设

国务院安委会办公室选择深圳、沈阳、南京、青岛、合肥、成都、西安、东营、洛阳、宜昌、常德、佛山、南宁、遵义、北京通州、上海浦东新区、上海黄浦、上海松江18个城市（区）作为国家城市安全风险综合监测预警平台建设试点。国务院安委会办公室定期督导调度、开展指导服务评估，加快推动试点工作。

（一）定期督导调度工作进展

定期跟踪18个城市（区）建设试点工作进展，并派员赴南宁、佛山、遵义、深圳、成都等城市实地调研督导。7月29日，召开城市安全风险综合监测预警平台建设试点工作视频调度会，约谈青岛、洛阳、南宁、遵义、北京通州和上海松江6个进度较慢的城市，督促各试点城市围绕“能监测、会预警、快处置”目标，按要求倒排工期，抓紧按计划开展建设。据统计，18个城市（区）累计总投资35.27亿元，其中前端传感器建设投资27.09亿元，综合平台建设累计投资8.18亿元，累计运营成本约1.27亿元。

（二）及时开展指导服务和总结评估

国务院安委会办公室于10月成立平台试点建设指导评估专家组。11月3日，国务院安委会办公室在京召开指导评估工作启动会，对专家指导评估工作进行部署。专家组赴各试点城市听取试点建设情况汇报，累计召开31场座谈会，实地查看15个综合平台的建设进展，调研99个行业系统运行状况，现场踏勘86个监测点位；重点围绕工作体制、建设路径、技术支撑、应用成效、运行机制等内容，对18个试点城市（区）进行指导评估。各试点城市（区）有效提升城市安全监测预警能力，初步探索形成一批可供选择的两类平台建设模式和三类平台运维模式（两类平台建设模式：依托“智慧城市”、市域治理中心、城市运行管理中心或城市大脑已有平台拓展建设，依托应急指挥系统升级建设。三类平台运维模式：将平台运维纳入城市大脑或城市运行管理中心统

一运维，新设事业机构保障平台稳定运行，购买第三方机构的运维保障服务）。

四、推进安全生产责任保险实施工作

（一）加强安全生产责任保险制度建设

起草《安全生产责任保险实施办法（征求意见稿）》，向中国银行保险监督管理委员会和财政部发函征求意见。新的实施办法紧扣我国安全生产责任保险发展现状，注重体现《安全生产法》关于安全生产责任保险法定强制实施的新要求，强化问题导向，突出强调和规范事故预防服务，进一步明确安全生产责任保险工作实施的基本原则，并对承保与投保、事故预防、理赔、激励与保障、监督与管理等作出具体规定。

（二）推进各地安全生产责任保险规范实施

针对国务院第九次大督查发现的山西省 8 个地市应急管理部门与保险公司签订协议，组建共保体，限制市场公平竞争等问题，印发《应急管理部关于规范和加强安全生产责任保险工作的通知》，推动各地应急管理部门开展排查整改，对滥用行政权力，排除、限制市场公平竞争等违法违规行为，发现一起查处一起，绝不姑息迁就。

（三）推进安全生产责任保险信息化建设

制定《省级安全生产责任保险信息管理系统上传数据标准》，组织全国安全生产责任保险信息管理系统视频培训，对数据上传标准、接口说明、数据对接工作流程等进行培训讲解，指导督促各地做好省级安全生产责任保险信息系统与全国平台的数据对接。开展省级安全生产责任保险系统建设情况的问卷调查，研究确定全国安全生产责任保险信息管理系统与省级安全生产责任保险系统数据对接方案，指导推进安全生产责任保险信息管理系统数据联网，尽快实现对全国安全生产责任保险事故预防服务工作的在线监测。

五、加强企业安全生产费用管理制度建设

与财政部联合印发《企业安全生产费用提取和使用管理办法》。《办法》扩大拓宽适用行业范围，新增民用爆炸品生产、电力二类行业（企业），调整了交通运输、机械制造二类行业（企业）范围；适度提高了煤炭、非煤矿山、建设工程施工、危险品、烟花爆竹、机械制造六类行业（企业）计提标准，大幅度扩展了安全生产费用使用范围；进一步完善安全生产费用管理和监督机制，重新界定安全生产费用管理原则，调整提高提取标准的条件，简化安全生产费用缓提或少提条件，明确财务会计处理方法。

六、设立安全生产预防和应急救援能力建设补助资金

为贯彻落实党中央、国务院关于安全生产决策部署，支持地方政府落实安全生产责任，提高安全生产基础能力和监管水平，报请国务院同意设立安全生产预防和应急救援能力建设补助资金。会同财政部、国家矿山安全监察局联合印发《安全生产预防和应急救援能力建设补助资金管理办法》，政策实施期限暂定 5 年，重点支持安全生产应急救援力量建设、危险化学品重大安全风险防控、尾矿库风险隐患治理、煤矿及重点非煤矿山重大灾害风险防控 4 项工作，切实防控相关领域重大安全生产风险隐患，提高应急救援能力。

七、推进安全生产诚信体系建设和举报奖励工作

强化安全生产诚信体系建设。进一步优化安全生产严重失信主体名单管理，会同有关部门移出 3 批 57 家完成问题整改的失信企业。督促各地主动作为，加强与企业沟通联系和评估研判，对符合移出条件的企业尽快上报移出申请，为企业合法合规生产经营创造条件。

推进安全生产举报工作开展。加强信息化建设，6 月，“安全生产举报系统”上线试运行，实现举报接收、处理、反馈、统计的全流程线上管理；11 月，“应急管理部安全生产举报”微信小程序上线运行，为社会公众提供更为便捷的举报渠道。加强宣传发动，分别于 6 月、8 月、12 月公布 3 批共 13 个典型举报案例，进一步加强示范引导，形成良好社会氛围。举报数量和奖励金额大幅提升，全年全国共受理安全生产隐患、非法违法行为和生产安全事故等三类举报 20.9 万件 (其中查实 13.1 万件，查实率 62.6%)，共发放举报奖励 3291.9 万元。

第四篇

防灾减灾救灾

综　　述

2022年，在全球气候变化背景下，我国极端天气事件多发频发重发，应急管理部坚决贯彻习近平总书记重要指示精神和党中央、国务院决策部署，坚持人民至上、生命至上，战洪涝、抗地震、灭山火、化危机，切实把确保人民生命安全放在第一位落到实处。

一、持续深化防灾减灾体制机制改革

党中央、国务院印发《关于全面加强新形势下森林草原防灭火工作的意见》，明确新形势下防灭火工作的指导思想、工作方针、工作要求、主要目标、重点任务和保障措施。国家减灾委员会印发《"十四五"国家综合防灾减灾规划》，明确自然灾害防治体系和能力建设目标任务。国家防汛抗旱总指挥部印发《国家防汛抗旱总指挥部工作规则》《国家防总成员单位任务分工》，确保充分发挥应急管理部门综合优势和各相关部门专业优势。国务院抗震救灾指挥部印发《国务院抗震救灾指挥部工作规则》《国务院抗震救灾指挥部办公室工作细则》《国务院抗震救灾指挥部关于进一步健全完善地方防震减灾救灾体制机制的意见》，加强地震灾害防抗救工作统筹协调。国家减灾委员会办公室将防灾减灾救灾体制机制改革作为重点，连续第三年开展自然灾害防治工作综合督查检查，进一步巩固体制机制改革成果。

二、重点加强灾害监测预警能力建设

加快推进自然灾害监测预警信息化工程建设，推进跨部门、跨地域的预警信息共享，接入中国气象局、自然资源部、水利部等部门的70余类资源，为灾害综合监测预警提供支撑。强化卫星协调使用保障，初步具备全国地震危险区、地质灾害多发易发区、山洪易发区等高分辨率卫星底图产品制作能力。优化完善地震监测台网，地震预警网实现重点地区全覆盖。建成全国森林火险预测预报系统，全年共发布森林火险等级预报365期、高森林火险天气警报184期、橙（红）色预警14期。基本完成第一次全国自然灾害综合风险普查调查任务。

三、扎实做好灾害应急准备

完善多部门联合会商研判机制，针对北京冬奥会、南北方多地暴雨洪涝、两江流域地灾隐患、长江流域高温干旱等，组织各有关部门联合开展风险监测和次生灾害风险研判工作。建立气象预警和应急响应联动机制，督促各地建立直达基层责任人的临灾预警"叫应"机制。加强重点地区震情监视跟踪和防范应对准备督导，开展"应急使命·2022"高原高寒地区抗震救灾实战化演习，持续解决"断、乱、慢"问题。实施森林灭火"北机南调""北兵南用"，提前预置队伍和装备，优化力量布局。统筹推进各类应急预案制修订工作，修订后的《国家防汛抗旱应急预案》经国务院批准颁布实施。应急管理部会同外交部、国家林业和草原局持续深化边境森林草原火灾联防联控，正式签署中蒙边境地区森林草原火灾联防协定。

四、全力应对极端灾害

针对多发频发重发的洪涝、干旱、森林火灾，加强统筹协调，把人员转移避险摆在突出位置，科学高效组织抢险救援，有力应对珠江流域性较大洪水、辽河支流绕阳河溃口、青海大通山洪等抢险救援，积极做好重庆、湖南、广西、江西等南方地区森林防灭火工作，全力组织抗旱救灾。面对突如其来的四川泸定 6.8 级地震，把抢救生命作为首要任务，派出精锐力量，千方百计搜寻失联人员，不放过一丝希望。国家防汛抗旱总指挥部启动和调整应急响应 32 次；国务院抗震救灾指挥部启动地震二级、三级、四级响应 4 次；国家森林消防队伍出动 8 万余人次扑救森林火灾 173 起，国家消防救援队伍出动 18 万人次参加森林草原火灾扑救。精准开展救灾救助工作，商财政部下拨中央自然灾害救灾资金 110.65 亿元，会同粮食和储备局调拨中央救灾物资 7.3 万件，及时传递党和政府温暖。

五、有效夯实防灾减灾救灾基层基础

组织开展全国防灾减灾日、“安全生产月”、消防宣传月等主题活动，开展“安全宣传咨询日”“防灾减灾公开课”“全民消防我行动”等线上线下活动，举办网络知识竞赛和科普讲解大赛，组织重点地震台站和地震科普馆、博物馆、应急救援培训基地及其网上平台对社会公众开放。全国灾害信息员已达到 104.6 万人，实现全国每个城乡社区均有 1 名灾害信息员，以及多灾易灾地区多人轮换值守。建立国家、省、市、县、乡、村六级贯通的灾情信息和灾害风险隐患报送网络，建成自上而下通知和自下而上报送相结合的双向信息互通机制。持续动态跟踪指导 13 个首批全国综合减灾示范县创建工作试点。按程序认定 2021 年度全国综合减灾示范社区 642 个。

第一章　全国自然灾害总体情况

一、基本情况

2022年，全国自然灾害以洪涝、干旱、风雹、地震和地质灾害为主，台风、低温冷冻和雪灾、沙尘暴、森林草原火灾和海洋灾害等也有不同程度发生。全年各种自然灾害共造成1.12亿人次受灾，因灾死亡失踪554人，紧急转移安置242.8万人次；倒塌房屋4.7万间，不同程度损坏79.6万间；农作物受灾面积12071.6千公顷；直接经济损失2386.5亿元。与近5年均值相比，因灾死亡失踪人数、倒塌房屋数量和直接经济损失分别下降30.8%、63.3%和25.3%。

各地区、各有关部门认真贯彻落实习近平总书记重要指示精神和党中央、国务院决策部署，加强统筹协调，全力做好抢险救援救灾工作，最大限度降低了人员伤亡和财产损失。

2022年全国自然灾害分灾种损失情况统计见表4-1-1，分地区损失情况统计见表4-1-2。

表4-1-1　2022年全国自然灾害分灾种损失情况统计表

灾害种类	人员受灾情况			农作物受灾情况		房屋受灾情况			直接经济损失（亿元）
	受灾（万人次）	死亡失踪（人）	紧急转移安置（万人次）	受灾面积（千公顷）	绝收面积（千公顷）	倒塌（万间）	严重损坏（万间）	一般损坏（万间）	
合计	11267.80	554	242.82	12071.66	1351.81	4.68	16.96	62.61	2386.54
洪涝灾害	3385.26	171	151.79	3413.73	492.65	3.13	5.84	20.37	1288.99
风雹灾害	930.61	88	1.28	1527.60	175.07	0.07	0.60	9.13	166.67
干旱灾害	5245.21	0	0.0	6090.21	611.78	0.0	0.0	0.0	512.85
台风灾害	476.40	3	75.18	160.67	12.17	0.08	0.05	0.14	54.24
地震灾害	94.01	122	12.62	2.24	0.46	1.27	10.00	31.89	224.56
地质灾害	7.11	136	0.77	1.41	0.40	0.02	0.28	0.11	14.50
低温冷冻和雪灾	1128.09	17	1.18	870.77	59.28	0.11	0.19	0.96	124.55
沙尘暴灾害	1.11	0	0.0	5.03	0.00	0.00	0.00	0.01	0.18
森林草原火灾	—	17	—	—	—	—	—	—	—
海洋灾害	—	—	—	—	—	—	—	—	—

表 4-1-2 2022 年全国自然灾害分地区损失情况统计表

地区	人员受灾情况			农作物受灾情况		房屋倒损情况			直接经济损失（亿元）
	受灾（万人次）	死亡失踪（人）	紧急转移安置（万人次）	受灾面积（千公顷）	绝收面积（千公顷）	倒塌（万间）	严重损坏（万间）	一般损坏（万间）	
合计	11267.80	554	242.82	12071.66	1351.81	4.68	16.96	62.61	2386.54
北京	9.21	0	0.05	9.15	0.91	0.00	0.00	0.90	6.40
天津	0.53	0	0.00	4.71	0.00	0.00	0.00	0.00	0.28
河北	94.18	15	0.14	135.26	19.64	0.00	0.04	0.32	9.47
山西	214.23	7	0.92	372.20	22.90	0.09	0.29	0.77	40.15
内蒙古	256.42	17	0.22	1394.94	160.87	0.04	0.09	1.31	117.28
辽宁	294.66	0	4.51	797.42	149.61	0.02	0.46	0.63	128.76
吉林	80.85	0	0.07	192.95	18.16	0.00	0.01	0.06	16.04
黑龙江	18.14	9	0.12	97.44	28.90	0.00	0.02	0.19	6.13
上海	42.89	1	15.00	4.19	0.04	0.00	0.00	0.00	0.71
江苏	45.16	5	1.67	79.03	4.68	0.03	0.12	0.58	16.62
浙江	203.68	6	52.54	105.05	8.49	0.03	0.05	0.20	54.01
安徽	263.34	3	0.02	390.37	16.02	0.00	0.00	0.01	20.21
福建	138.69	13	21.82	105.86	10.97	0.51	0.74	2.48	180.81
江西	1109.67	16	21.59	1111.89	122.93	0.14	0.15	1.01	282.05
山东	31.51	4	0.02	45.45	1.19	0.04	0.02	0.09	12.80
河南	799.93	3	0.16	683.40	44.32	0.01	0.02	0.11	45.98
湖北	1163.94	3	0.94	1174.56	112.24	0.08	0.33	1.74	112.44
湖南	1183.69	23	26.00	1129.73	122.53	0.51	0.81	3.05	199.24
广东	408.68	20	33.06	194.41	33.65	0.51	0.31	0.36	182.94
广西	713.90	25	29.95	375.96	33.09	0.52	0.48	1.61	168.85
海南	9.83	4	1.85	3.51	0.61	0.00	0.00	0.01	2.66
重庆	372.31	11	0.68	369.45	71.12	0.07	0.24	1.64	48.44
四川	1103.02	181	16.63	615.93	67.43	1.44	9.55	24.09	292.70
贵州	592.92	16	2.82	420.40	47.08	0.07	0.46	3.89	81.83
云南	1038.65	57	1.87	810.64	110.41	0.05	0.23	2.91	122.81
西藏	16.89	12	0.02	7.87	1.29	0.01	0.08	0.12	1.42
陕西	427.58	3	7.05	553.29	89.72	0.08	0.28	1.41	67.04
甘肃	483.04	15	1.87	487.92	18.18	0.39	0.97	4.40	85.04
青海	85.21	69	1.21	92.85	8.36	0.02	1.17	8.28	51.60
宁夏	28.55	0	0.00	68.63	7.43	0.01	0.03	0.04	6.59
新疆	29.51	16	0.02	175.10	18.56	0.01	0.01	0.30	20.65
新疆兵团	6.99	0	0.00	62.10	0.48	0.00	0.00	0.10	4.59

二、全国自然灾害特征

（一）全国自然灾害时空分布不均，夏秋季多发、中西部受灾重

2022年1月至4月，除发生1月8日青海门源6.9级地震、2月份南方部分地区低温雨雪冰冻灾害外，灾情总体平稳偏轻。进入夏秋季后，相继发生了华南、江南等地和辽河流域严重暴雨洪涝灾害，长江流域罕见夏秋冬连旱，四川、黑龙江、甘肃、青海等局地山洪泥石流灾害，以及四川芦山6.1级地震、马尔康6.0级震群、泸定6.8级地震等重大灾害。立夏至立冬期间，各种自然灾害造成的死亡失踪人数和直接经济损失分别占全年总损失的92%和91%。全年因灾直接经济损失过百亿元的有10个省份。

（二）洪涝灾害"南北重、中间轻"，局地山洪灾害频发重发

2022年，全国共发生38次区域性暴雨过程，平均降水量606.1毫米，较常年同期偏少5%。全国28个省份626条河流发生超警戒以上洪水，大江大河共发生10次编号洪水，其中，珠江流域连续形成2次流域性较大洪水，北江出现1915年以来最大洪水；辽河发生1995年以来最大洪水；黄河、淮河、海河汛情总体平稳。华南前汛期先后经历了9次区域性暴雨过程，珠江流域降水量为1961年以来同期最多，西江发生4次、北江3次、韩江1次编号洪水。7月至8月辽河流域发生较为严重洪涝灾害。四川、青海等局地突发山洪灾害造成较大人员伤亡。全年洪涝灾害共造成3385.3万人次受灾，因灾死亡失踪171人，直接经济损失1289.0亿元。此外，全国共发生滑坡、崩塌、泥石流等地质灾害5659起，以中小型为主，主要集中在中南、华南、西南等地。

（三）长江流域发生历史罕见夏秋冬连旱，影响范围广、造成损失重

2022年，受副热带高压偏强偏大和拉尼娜现象等影响，全国平均气温偏高，全年相继发生年初珠江流域冬春连旱、4月至6月黄淮海和西北地区春夏旱、长江流域罕见夏秋冬连旱。其中，长江流域中旱以上日数为77天，较常年同期偏多54天，为有完整实测资料以来最严重的气象水文干旱。旱情峰值时，全国共有5245.2万人次受灾，因旱需生活救助758.5万人次，农作物受灾面积6090.2千公顷，直接经济损失512.8亿元。

（四）森林草原火灾时空分布较为集中

2022年，全国共发生森林火灾709起，受害森林面积约6854公顷，因灾死亡17人。时间分布上，3月至4月和9月至10月为森林火灾高发期，共发生521起，占全年的74%。空间分布上，受高温干旱等因素影响，湖南、广西、江西、湖北、广东和重庆6个省份发生森林火灾503起，占全国的71%。全国共发生草原火灾21起，其中，内蒙古和青海16起，占全国的76%。

（五）强对流天气过程偏少、风雹灾害偏轻，雷击事件相对较突出

2022年，全国共出现37次区域性强对流天气过程，数量较近年均值偏少。从时间上看，主要集中在夏季，强对流天气引发风雹灾害造成的死亡失踪人数和直接经济损失分别占风雹灾害全年损失的73%和69%。从区域上看，主要分布在华北、西北和西南等地。青海、四川等地雷击事件造成的伤亡人数较多。总体上，2022年风雹灾害较常年偏轻，共造成930.6万人次受灾，因灾死亡88人，直接经济损失166.7亿元。

（六）西部地区中强地震较为活跃，

地震灾害损失偏重

2022 年，我国大陆地区共发生 5.0 级以上地震 27 次，较历年平均有所增多，主要集中在青海、四川、新疆等西部地区。全年震级最高的地震是 1 月 8 日青海门源 6.9 级地震，损失最重的是 9 月 5 日四川泸定 6.8 级地震。2022 年地震灾害损失较常年偏重，共造成 94 万人次受灾，因灾死亡失踪 122 人，直接经济损失 224.5 亿元。

（七）台风登陆个数少，登陆地点相对集中

2022 年，西北太平洋和南海共有 25 个台风生成，较常年偏少 2 个，其中 4 个登陆我国，较常年偏少。7 月 2 日，第 3 号台风“暹芭”在广东电白沿海登陆，为 2022 年首个登陆台风。全年 4 个登陆台风中有 3 个在广东登陆，第 12 号台风“梅花”在浙江舟山、上海奉贤、山东青岛和辽宁大连先后 4 次登陆，为 1949 年以来首个 4 次登陆我国大陆不同地区的台风。2022 年台风灾害造成的直接经济损失 54.2 亿元，较常年偏轻。

（八）低温雨雪冰冻影响西南、中南地区，新疆局地雪灾严重

2022 年，全国共遭受 35 次冷空气过程影响，较常年偏多 5.9 次。2 月份，南方平均气温为 2009 年以来同期最低值，低温雨雪冰冻灾害造成西南、中南地区受灾较重，直接经济损失占低温雨雪冰冻灾害全年损失的 80%。11 月 26 日至 12 月 1 日，入冬以来最强的寒潮天气给全国大部地区带来剧烈降温、大风沙尘和雨雪，新疆阿勒泰、塔城地区极端暴雪天气造成人员伤亡。2022 年低温冷冻和雪灾共造成 870.7 千公顷农作物受灾，直接经济损失 124.5 亿元。

第二章 风险监测和综合减灾

一、扎实推进灾害风险监测体系建设

(一) 基本建立灾害风险隐患信息报送体系

建立国家、省、市、县、乡、村六级贯通的报送工作组织体系，建成自上而下通知和自下而上报送相结合的双向信息互通机制，实现信息报送、审核、处置一体化闭环运行，发现并上报7万条风险隐患信息。实施风险隐患信息报送能力提升行动，以“发现身边的灾害风险隐患”为题，编制印发知识读本，完成43万人的远程培训。推动多地为基层信息员落实通信补贴、装备配备，深入挖掘100个成功避险避灾案例在全国推广。

(二) 探索完善遥感监测应用深度融合机制

强化灾前卫星协调使用保障，初步具备全国地震危险区、地质灾害多发易发区、山洪易发区等高分辨率卫星底图产品制作能力。针对北京冬奥会和冬残奥会、南北方多地暴雨洪涝、两江流域地灾隐患、长江流域高温干旱、四川泸定6.8级地震等，紧急开展风险监测和次生灾害风险研判工作，高质量编报监测信息产品62期。

二、着力强化灾害综合预警创新突破

(一) 深入推进灾害综合预警体系和制度建设

持续深化国家层面自然灾害监测预警制度落实，指导督促各地畅通预警信息发布渠道。依据《强对流天气应对预案》细化预警响应启动措施，针对18轮次强对流天气过程及时靶向发出预警提示；指导各地普遍建立强对流天气专项会商研判、预警提示和防范应对工作机制。开展城市内涝灾害预警政策起草、模型研发等工作，在长春等13个城市率先开展预警模型试点试用。

(二) 持续常态化开展灾害综合风险会商研判

组织每日（周、月）和年度自然灾害综合风险形势滚动会商，重点时段和关键节点组织开展专题会商，跟踪重大灾害过程研判灾害现场风险，编制每日风险研判产品205期、每周产品25期、月度会商产品14期。

(三) 协调推进灾害综合监测预警系统改造项目

按照项目全国统建、集中部署、分级应用要求，修改完善项目建设需求书并获部工程办批复。协调推进6个分系统18个子系统的建设需求、支撑环境等调研和开发；对接部内外接入系统和共享信息，以及应急资源池、风险普查数据。

三、全力推动完成灾害综合风险普查核心任务

(一) 牵头组织完成全国调查和评估区划核心任务

举办普查综合评估与区划业务考核8期，通过考核持证上岗人员1000余人。全面完成6大类23种灾害致灾要素、6大类27种承灾体空间位置和灾害属性信

息、3大类16种综合减灾能力，完成1978年以来年度历史灾害调查和1949以来近百场重大历史灾害事件数据，数据量超过10亿条。制备全国尺度30弧秒分辨率人口、GDP、农作物、房屋4大类地理格网；完成国家级6大类灾害和综合风险评估和区划任务。

（二）积极谋划建立常态化普查评估机制

探索建立常态化普查工作组织体系，推动各地各部门建立灾害综合风险普查调查工作组织实施流程、技术方法体系。会同各主要行业部门编制综合风险普查技术标准体系实施方案，形成由101项标准为主要构成、国家标准和行业标准互为补充的标准序列。编制印发国家自然灾害综合风险基础数据库建设工作方案、总体技术方案、管理暂行办法以及技术规范，完成国家级综合库系统平台开发，开展常态化基础数据库动态更新跟踪试点。

（三）探索开展综合防灾减灾领域落实国土空间规划相关设计试点工作

结合普查成果开发应用，推动将自然灾害综合风险重点防控区域，防灾减灾救灾资源区域布局优化等防灾减灾相关内容纳入《全国国土空间规划纲要（2021—2035年）》。组织开展综合防灾减灾领域落实国土空间规划总体设计研究。选取上海、四川、新疆典型市县开展普查数据成果纳入国土空间规划应用试点。

四、统筹自然灾害防治和综合减灾取得重大进展

（一）扎实推动自然灾害防治重点工程接续实施

组织开展重点工程实施成效第三方综合评估，形成1个综合评估报告和9个单项工程评估报告。持续协调推进中央层面重点工程后续实施工作，分类制定后续推进思路和举措。连续第三年将自然灾害防治重点工程建设情况纳入自然灾害防治工作综合督查检查，由国家减灾委员会成员单位负责同志带队赴4个省份开展实地督查，18个省份提交书面自查报告。

（二）编制印发《“十四五”国家综合防灾减灾规划》

以国家减灾委员会名义印发《“十四五”国家综合防灾减灾规划》，围绕补短板、强弱项、扬优势，明确自然灾害防治体系和能力建设目标任务，统筹部署两大板块12项重点任务、3个方面9项重点工程。推动落实国家减灾委员会成员单位分工任务，编制印发规划实施工作方案和部本级分工实施方案。

（三）切实发挥综合减灾统筹的职责作用

关注全球气候变化背景下青藏高原重大灾害风险，联络科技部二次科考团队，积极参与防范应对。成功举办第十二届国家综合防灾减灾论坛，完成国家减灾委员会专家委换届，召开国家减灾委员会第四届专家委第一次全体会议暨专家座谈会。在全国防灾减灾日、国际减灾日等重要节点，推动广泛开展防灾减灾知识技能科普宣教。持续动态跟踪指导13个首批全国综合减灾示范县创建工作试点。按程序命名2021年度全国综合减灾示范社区642个。

第三章　地震与地质灾害

一、地震灾害

（一）基本情况

1. 地震灾害统计

2022年，全国共发生5.0级及以上地震53次。其中大陆发生5.0级及以上地震27次，包括6.0级以上地震5次，分别为1月8日青海门源6.9级、3月26日青海德令哈6.0级、6月1日四川芦山6.1级、6月10日四川马尔康6.0级和9月5日四川泸定6.8级地震；台湾发生5.0级以上地震26次，包括6.0级以上地震5次，最大为9月18日台湾花莲县6.9级地震，未发生7.0级以上地震。

全年地震灾害损失明显偏重，共造成94万人次受灾，122人死亡（含24人失踪）、511人受伤，直接经济损失约224.56亿元。其中，造成人员伤亡、直接经济损失最严重的地震是9月5日四川泸定6.8级地震，造成117人死亡（含24人失踪），423人受伤，直接经济损失约154.80亿元。

2022年全国大陆地区主要地震灾害情况见表4-3-1，2022年全国5.0级及以上地震情况见表4-3-2。

表4-3-1　2022年全国大陆地区主要地震灾害情况表

序号	日期	北京时间	震中位置	震级（M）	人员伤亡（人）		直接经济损失（万元）
					死亡（含失踪）	受伤	
1	1月2日	15:02	云南丽江市宁蒗县	5.5	0	30	32299.98
2	1月8日	01:45	青海海北州门源县	6.9	0	10	325658.29
3	4月6日	07:50	四川宜宾市兴文县	5.1	0	0	5638.56
4	6月1日	17:00	四川雅安市芦山县	6.1	5	42	192976.00
5	6月10日	01:28	四川阿坝州马尔康市	6.0	0	6	121983.00
6	9月5日	12:52	四川甘孜州泸定县	6.8	117(24)	423	1548000.00
7	11月19日	01:27	云南红河州红河县	5.0	0	0	6220.67

表4-3-2　2022年全国5.0级及以上地震情况表

序号	日期	北京时间	震级（M）	东经（度）	北纬（度）	震源深度（千米）	震中位置
1	1月2日	15:02	5.5	100.65	27.79	10	云南丽江市宁蒗县
2	1月3日	17:46	6.4	122.39	24.00	15	台湾花莲县海域

表 4-3-2（续）

序号	日期	北京时间	震级（M）	东经（度）	北纬（度）	震源深度（千米）	震中位置
3	1月8日	01:45	6.9	101.26	37.77	10	青海海北州门源县
4	1月8日	02:09	5.1	101.24	37.78	12	青海海北州门源县
5	1月12日	18:20	5.2	101.49	37.69	10	青海海北州门源县
6	1月23日	10:21	5.8	97.37	38.44	8	青海海西州德令哈市
7	2月7日	18:58	5.1	122.01	24.39	34	台湾宜兰县海域
8	2月12日	00:43	5.4	122.44	24.01	10	台湾花莲县海域
9	3月9日	20:22	5.1	121.58	23.21	30	台湾台东县海域
10	3月17日	08:26	5.1	97.66	39.02	9	甘肃张掖市肃南县
11	3月17日	21:41	5.2	77.86	36.10	10	新疆和田地区皮山县
12	3月23日	01:41	6.6	121.55	23.45	20	台湾台东县海域
13	3月23日	01:43	5.7	121.40	23.50	20	台湾花莲县
14	3月23日	03:35	5.2	121.60	23.44	15	台湾花莲县海域
15	3月23日	04:29	5.7	121.52	23.39	20	台湾台东县海域
16	3月24日	08:38	5.2	121.58	23.24	24	台湾台东县海域
17	3月26日	00:21	6.0	97.33	38.50	10	青海海西州德令哈市
18	4月6日	07:50	5.1	105.03	28.22	10	四川宜宾市兴文县
19	4月8日	07:36	5.3	121.00	21.67	10	台湾屏东县海域
20	4月11日	21:47	5.1	120.97	21.62	18	台湾屏东县海域
21	4月15日	09:26	5.4	97.33	38.52	10	青海海西州德令哈市
22	5月9日	14:23	6.2	122.51	24.01	16	台湾花莲县海域
23	6月1日	17:00	6.1	102.94	30.37	17	四川雅安市芦山县
24	6月7日	09:57	5.4	123.53	25.58	210	台湾东北部海域
25	6月8日	14:52	5.0	77.78	36.09	10	新疆和田地区皮山县
26	6月10日	00:03	5.8	101.82	32.27	10	四川阿坝州马尔康市
27	6月10日	01:28	6.0	101.82	32.25	13	四川阿坝州马尔康市
28	6月10日	03:27	5.2	101.85	32.24	15	四川阿坝州马尔康市
29	6月20日	09:05	5.9	121.52	23.66	10	台湾花莲县
30	6月24日	02:27	5.1	90.67	41.73	25	新疆吐鲁番市鄯善县
31	6月28日	21:43	5.3	120.11	22.18	20	台湾屏东县海域
32	7月2日	04:13	5.1	78.60	37.59	10	新疆和田地区皮山县
33	7月3日	06:02	5.2	78.14	40.88	10	新疆克孜勒苏州阿合奇县
34	8月14日	16:20	5.9	92.85	33.14	10	青海玉树州杂多县
35	9月5日	12:52	6.8	102.08	29.59	16	四川甘孜州泸定县
36	9月17日	21:41	6.5	121.21	23.05	10	台湾台东县

表 4-3-2（续）

序号	日期	北京时间	震级（M）	东经（度）	北纬（度）	震源深度（千米）	震中位置
37	9 月 17 日	22:45	5.3	121.25	23.10	10	台湾台东县
38	9 月 18 日	13:19	5.7	121.27	23.09	12	台湾台东县
39	9 月 18 日	14:32	5.0	121.20	23.17	10	台湾台东县
40	9 月 18 日	14:44	6.9	121.30	23.15	10	台湾花莲县
41	9 月 18 日	17:39	5.4	121.34	23.28	10	台湾花莲县
42	9 月 19 日	10:07	5.7	121.35	23.42	10	台湾花莲县
43	10 月 11 日	03:24	5.6	122.26	23.93	20	台湾花莲县海域
44	10 月 16 日	16:54	5.1	78.13	39.42	17	新疆喀什地区巴楚县
45	10 月 19 日	12:35	5.5	92.30	37.69	11	青海海西州茫崖市
46	10 月 22 日	13:17	5.0	102.03	29.61	12	四川甘孜州泸定县
47	10 月 23 日	23:06	5.1	77.85	37.71	17	新疆和田地区皮山县
48	11 月 10 日	13:01	5.6	94.48	28.35	10	西藏林芝市墨脱县
49	11 月 13 日	09:47	5.0	121.10	22.44	10	台湾台东县海域
50	11 月 19 日	01:27	5.0	102.26	23.37	8	云南红河州红河县
51	12 月 8 日	00:54	5.1	121.71	23.77	30	台湾花莲县海域
52	12 月 15 日	12:03	5.9	121.79	23.73	10	台湾花莲县海域
53	12 月 22 日	12:03	5.0	99.14	35.56	9	青海果洛州玛多县

2. 主要灾情

【云南宁蒗 5.5 级地震】 1 月 2 日 15 时 2 分，云南丽江市宁蒗县发生 5.5 级地震，震源深度 10 公里。地震造成 30 人受伤，直接经济损失约 3.23 亿元。本次地震最高烈度为Ⅶ度（7 度），Ⅵ度（6 度）区及以上面积约 1501 平方公里，主要涉及云南省宁蒗县 4 个乡镇，四川省木里藏族自治县和盐源县 4 个乡镇。

【青海门源 6.9 级地震】 1 月 8 日 1 时 45 分，青海海北州门源县发生 6.9 级地震，震源深度 10 公里。地震造成 10 人受伤，直接经济损失约 32.57 亿元。本次地震最高烈度为Ⅸ度（9 度），造成 22 公里长地表破裂带，Ⅵ度（6 度）区及以上面积约 23417 平方公里，其中青海省Ⅵ度（6 度）区及以上面积约 13723 平方公里，甘肃省Ⅵ度（6 度）区及以上面积约 9694 平方公里。

【四川芦山 6.1 级地震】 6 月 1 日 17 时 0 分，四川雅安市芦山县发生 6.1 级地震，震源深度 17 公里。地震造成 5 人死亡，42 人受伤，直接经济损失约 19.30 亿元。本次地震最高烈度为Ⅷ度（8 度），Ⅵ度（6 度）区及以上面积 3887 平方公里，主要涉及四川省雅安市和成都市 7 个县（市、区）40 个乡镇（街道）。

【四川马尔康 6.0 级地震】 6 月 10 日，四川阿坝州马尔康市先后发生 5.8 级、6.0 级、5.2 级地震。地震共造成 6 人受伤，直接经济损失约 12.20 亿元。3 次地震震害叠加形成本次震群的地震烈度分布，最高烈度为Ⅷ度（8度），Ⅵ度（6度）区及以上面积5719平方公里，主要涉及四川省阿坝藏族羌族自治州4个县（市）21个乡镇。

【四川泸定6.8级地震】 9月5日12时52分，四川甘孜州泸定县发生6.8级地震，震源深度16公里。地震造成117人死亡（含24人失踪），423人受伤，直接经济损失约154.80亿元。本次地震最高烈度为Ⅸ度（9度），Ⅵ度（6度）区及以上面积19089平方公里，主要涉及四川省甘孜藏族自治州和凉山彝族自治州12个县（市）82个乡镇（街道）。

（二）重点工作

1. 全面加强国务院抗震救灾指挥部办公室组织领导和统筹协调

积极发挥国务院抗震救灾指挥部办公室统筹协调、督促落实和服务保障作用，在应对处置青海门源6.9级、四川泸定6.8级、四川芦山6.1级、四川马尔康6.0级等破坏性地震过程中，第一时间启动响应，密切联系各成员单位，共同指导地方开展抗震救灾。印发《国务院抗震救灾指挥部工作规则》《国务院抗震救灾指挥部办公室工作规则》，进一步规范完善指挥部及其办公室运行。督促各地贯彻落实《国务院抗震救灾指挥部关于进一步健全完善地方防震减灾救灾体制机制的意见》，推动加强地方抗震救灾指挥机构建设。

2. 有力有序应对地震灾害突发事件

地震发生后，第一时间组织开展指挥协调、快速评估、信息收集、灾情研判等工作，及时启动地震应急二级响应1次、三级响应2次、四级应急响应1次。协调指导地方有效应对处置云南宁蒗5.5级、青海德令哈6.0级等显著有感地震，派出工作组赴青海门源6.9级、四川泸定6.8级、四川芦山6.1级、四川马尔康6.0级等破坏性地震灾区一线，指导帮助地方开展抗震救灾工作。向青海、四川拨付地震灾害抢险救援补助资金共1.8亿元，支持地方政府用于开展应急处置、购买救灾装备物资、应急监测与评估、次生灾害排查等支出。

3. 不断加强地震灾害防范应对准备

印发《国务院抗震救灾指挥部办公室关于加强2022年地震灾害防范应对工作的通知》，通报全年全国地震趋势预报意见，提出具体防范应对工作要求，针对下半年重点地区严峻震情形势，印发《国务院抗震救灾指挥部办公室关于加强下半年地震灾害防范应对工作的通知》。采取“地方自查+实地检查+线上检查”的形式，对云南、四川、甘肃、青海、新疆等12个重点危险区涉及的省份开展全覆盖检查，指导完善地震应急预案、机制、力量、物资等各项工作，不断强化大震巨灾应急救援准备。

4. 扎实提高地震灾害应急救援能力

协调开展“应急使命·2022”高原高寒地区抗震救灾实战化演习，有效提升应急响应、指挥处置、力量投送、现场救援等方面能力，促进各地强化抗大震救大灾准备。指导四川、浙江、云南等省开展地震和地质灾害应急救援演习，提升应急处置实战能力。举办提升地震地质灾害防控能力网上专题培训班，进一步提升全国应急管理系统领导干部地震和地质灾害管理工作水平和应急处置能力。加强对全国各培训基地工作指导，组织国家救援培训基地开展地震救援专业队伍培训，提升地震专业队伍救援能力，全年完成培训2025人。

5. 加强预案和标准体系建设

加快推进《国家地震应急预案》修

订工作。推动京津冀三地完善大震灾害联防联控机制，指导印发《京津冀地区大震灾害应急专项预案》。加快组建全国地震灾害应急救援分标委和地质灾害应急救援分标委，初步编制由基础通用、应急救援准备、应急救援响应、应急救援恢复4个类别129项标准组成的标准体系框架，完成《国家城镇救援队能力建设与分级测评指南》《城市搜索与救援队伍（重型）装备配备技术规范》等10项标准立项。

6. 统筹推进应急避难场所建设和管理

编制应急避难场所建设指导意见，明确全国避难场所建设总体要求、主要目标和规划、建设、管护、使用以及试点推广等方面的措施。开展应急避难场所术语、分级分类、标志、通用技术要求、管护使用规范、乡村应急避难场所设计规范6项国家标准，以及评估认定要求、设施设备及物资配置2项行业标准立项和研制，制定新标准和修订现行地震应急避难场所场址及配套设施和城镇应急避难场所通用技术要求等标准。组织研制避难场所管理规定、专项规划编制指南、避难场所评估指南和应急避难处置案例库方案。动态汇聚全国12.5万余个避难场所资源，指导地方推广应用全国避难场所信息系统。

7. 扎实做好地震安全服务保障

完善防震减灾规划落实机制。出台《“十四五”国家防震减灾规划》和5个专项规划、31个省级规划。较好把握全年地震发展总体趋势。全年我国大陆共发生5.0级及以上地震27次，其中18次发生在年度危险区及边缘。强化重点地区震情监视跟踪和应急准备，加强与相关科研机构合作，较好把握了青海门源6.9级、四川泸定6.8级地震趋势变化。高效应对多次破坏性地震。健全完善地震应急服务响应预案体系，建立后评估机制，做好青海门源和四川芦山、泸定等地震的抗震救灾和应急服务响应工作。全年调度地震系统应急处置45次，调度派出现场工作人员747人次，产出快速评估报告1246份，制发地震烈度图8幅，为抗震救灾提供强有力的业务支撑。全方位服务国家重大战略和重大活动。制定实施重点地区重特大地震震情监视跟踪和应急准备方案，圆满完成党的二十大、北京冬奥会和冬残奥会、全国两会地震安保工作。完成雄安新区全域区域性地震安全性评价，研发高铁地震预警技术服务印尼雅万高铁运行（图4-3-1）、光纤温度传感系统为北京冬奥会和冬残奥会提供技术保障。创新培育防震减灾科普新模式。联合教育部、国家民委、中国科协开展“地震科普　携手同行”主题活动。防震减灾融媒体机制和平台初步建成。新认定国家防震减灾科普教育基地18个、示范学校97所，5个基地被命名为全国科普教育基地。

8. 持续提升地震监测预报预警业务能力

地震监测取得新进展。青藏高原监测能力提升项目完成建设任务，西部地震监测能力得到显著提升。“一带一路”地震监测台网项目基本完成境内站点土建工程。更新升级133个台站204套老旧监测设备。建立地震监测预报业务质量管理体系，地震自动编目开展业务化示范应用。地震预报业务继续加强。坚持“抓异常、抓大震”，优化震情短临跟踪和会商研判技术方案，加强异常现场调查核实，完善震后分级分区会商机制，压实省级地震局属地责任，震情跟踪研判工作基础不断夯实。推进地震会商技术系统建设与应用，完善前震序列识别判定技术方法，预报业务工作效率和管理水平有效提升。地震预警服务不断完善发展。全面推进国家地震

图 4-3-1　地震预警技术服务于高铁安全运行

烈度速报与预警工程建设，组织开展项目建设质量大检查，持续开展业务系统运行风险隐患排查，成立地震预警技术测试实验室，推动在技术安全和制度管理方面形成新的工作机制。四川、云南等先行先试地区全年成功速报预警 5.0 级以上地震 8 次，四川芦山 6.1 级、泸定 6.8 级等地震预警成效社会反应良好。

9. 初步建立探查区划评估业务体系

震灾防御业务新格局全面构建。全力推进青藏高原东北缘重大基础设施地震灾害风险评估，稳步推进自然灾害防治两项重点工程（地震灾害风险调查和重点隐患排查工程、地震易发区房屋设施加固工程）。出台加强震灾防御基础业务建设的实施意见，构建探查区划评估业务体系。印发中国地震构造环境探查规划，编制省级震灾风险区划技术指南，规范重大工程抗震设防要求审定，全力推动业务体系布局。探查区划评估取得新进展。编制完成全国地震构造图和危险性图、297 个县活动断层避让图。江西、海南等省部署地震构造环境探查工作，四川省活断层普查项目通过验收，江苏盐城、陕西兴平等 9 个城市完成活断层探测。完成全国场地钻孔等基础数据库的整合建设。全面启动新一代全国地震动参数区划图编制。完成 40 项重大工程安评技术审查。国家三级响应地震烈度图发布时间缩短到 80 小时内。震灾风险社会治理不断深入。地震灾害损失预评估成果应用纳入国务院抗震救灾指挥部、国家减灾委员会综合督查检查，推动地方政府落实震灾风险防治职责。会同国家减灾委员会、气象局推进全国综合减灾示范社区创建，不断提升基层地震灾害风险防范能力。依法组织开展抗震设防要求落实情况监管，强化重大工程地震安全保障。

10. 稳步提升地震灾害科技支撑水平

深入开展《京津冀地区地震灾害联防联控国家层面方案研究》《“十四五”期间地震灾害重点区域应急对策研究》等 6 个地震灾害应急管理课题研究。积极推进地震灾害应急响应与救援决策支持子系统的建设，确保重大地震发生后，系统在第一时间产出应急报告和专项图件，为应急处置提供有力保障。

11. 加快推进地震科技创新和人才队伍建设

强化战略引领和决策支撑。召开全国地震科技工作会议，部署地震科技自立自强重点任务。出台国家地震科技发展中长期规划，明确地震科技创新重点领域和优先主题。发布防震减灾国际合作规划，服务国家总体外交。成立地震科技战略研究小组，为科学决策提供智力支撑。深入实施地震科技创新工程。落实“四个面向”战略部署，深入推动“四大计划”，取得一批创新成果。启动实验场基础资源调查、人工智能地震监测、川滇三维公共模型3项国家重点科研项目，获批新一代地震区划、地震灾害情景构建、大震震源识别研究3项国家重点研发计划项目。加快推进地震科技创新平台建设。在发改、财政、科技等部门支持下，会同四川、云南省政府和有关单位全面启动中国地震科学实验场初设工作。完成地震动力学国家重点实验室重组方案设计，地震科学国际数据中心、地震灾害风险防治新型研发基地设计建设稳步推进。强化地震科技人才培养。深入推进地震人才发展规划贯彻落实，持续实施地震人才工程，1名专家获得“杰青”项目资助，遴选5个创新团队、5位领军人才、21位骨干人才和28位青年人才。防灾科技学院获批5个国家一流专业建设点。

二、地质灾害

（一）基本情况

1. 地质灾害统计

2022年，全国共发生地质灾害5659起，其中滑坡3919起、崩塌1366起、泥石流202起、地面塌陷153起、地裂缝4起、地面沉降15起，直接经济损失14.50亿元（图4-3-2）。与前5年平均值相比，全国地质灾害发生数量变化不大，但是造成死亡失踪人数减少26%，全年成功预报避险地质灾害321起，涉及可能伤亡人员7226人。

2. 主要灾情

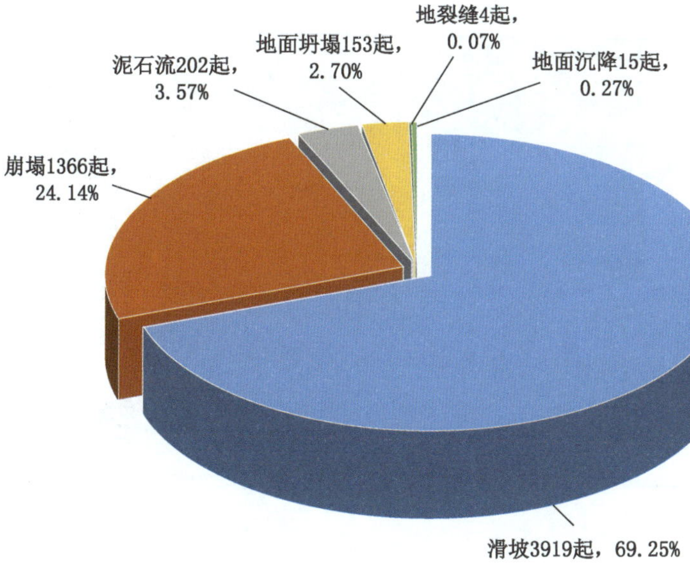

图4-3-2　2022年全国地质灾害类型构成

【湖南群发性地质灾害】受强降雨影响，2022 年 6 月 1 日至 7 日期间，湖南省长沙市、湘潭市、衡阳市、邵阳市、岳阳市、怀化市、娄底市、湘西州等 8 个市（州）33 个县（市、区）共发生地质灾害 291 起，发生致人死亡地质灾害 4 起，造成 13 人死亡，全省因灾直接经济损失共计 27066.9 万元，造成 496 间房屋不同程度受损，紧急转移 31694 人（图4-3-3）。

【贵州群发性地质灾害】2022 年，受强降雨影响，贵州省毕节市、六盘水市等地地质灾害多发频发，其中 5 月 25 日至 6 月 11 日期间，共发生 11 起较大地质灾害，紧急撤离避让并转移安置群众 305 户 1148 人，直接经济损失 2980 万元，因应急处置措施到位，未造成人员伤亡；其间，全省按“三个紧急撤离”要求，共计紧急撤离避让并转移安置群众 5229 户 13897 人。

【广西群发性地质灾害】2022 年 6 月 3 日至 15 日期间，受强降雨影响，广西壮族自治区桂林市、玉林市等地发生致人死亡失踪地质灾害 7 起，造成 10 人死亡。强降雨导致 14 市 83 个县（市、区）143.8 万人受灾，5 万人紧急转移安置，700 余间房屋倒塌，4100 余间不同程度损坏，直接经济损失 21.9 亿元（图 4-3-4）。

【江西群发性地质灾害】2022 年，受入汛后多轮强降雨影响，江西省赣州市会昌县、寻乌县、于都县等地接连发生 3 起致 5 人死亡的地质灾害，另外 5 月 24 日至 6 月 20 日期间，江西省报送地质灾害灾情报告 112 起，紧急转移群众 11922 户 35252 人。

【四川群发性地质灾害】2022 年 7 月 11 日至 13 日期间，四川省成都市、绵阳市、德阳市、广元市等地遭受强降雨过程，共发生地质灾害 98 处，影响 7000 余人民群众安全，造成 5000 余万元直接经济损失。四川省针对涉及 40 县（区）地质灾害风险共组织了 1442 起避险转移，转移群众 9511 户 30793 人。

【云南绿春滑坡灾害】2022 年 9 月中旬，受强降雨影响，云南省红河州绿春县发生数百起滑坡、泥石流等地质灾害，9 月 16 日，大黑山镇嘎处村在建勐绿高速

图 4-3-3　湖南省怀化市麻阳县通灵溪村滑坡灾害

图 4-3-4 广西壮族自治区玉林市新丰镇滑坡灾害

公路 11 标段土洞二号隧道侧上方山体发生泥石流灾害，造成 10 人遇难、8 人受伤；9 月 19 日，大黑山镇老白寨村老棚寨小组发生山体滑坡，造成 3 人失踪。全县 9 个乡镇 5.32 万余人受灾，水利、通信、公共服务等设施受损严重，共造成经济损失 4.55 亿元。

【四川群发性地质灾害】 2022 年 9 月中旬、下旬，受强降雨过程和泸定 6.8 级地震叠加影响，四川省广元市、南充市、达州市、巴中市等 10 个市（州）的 32 个县（市、区），共发生地质灾害 379 处，发生地质灾害灾险情 569 起，紧急转移 11.1 万余人次，灾害体方量达 1600 余万方，因防范应对措施到位，未造成人员伤亡。

（二）重点工作

一是全力做好灾害防范应对。针对湖南、贵州、广西、江西、四川、云南等地及时启动地质灾害四级应急响应 7 次（表 4-3-3），派出 10 个工作组赶赴灾区，全力指导地方开展应急处置工作。针对每一起地质灾害亡人事件，及时督促地方做好相关调查报告，汇总梳理分析地质灾害特点和存在的问题，提出工作意见建议，进一步指导地方抓实风险防范应对工作。

二是强化地质灾害滚动会商研判。密切关注汛期地质灾害气象风险预警信息，有针对性向相关省份发送地质灾害气象预警信息，及时督促重点地区做好地质灾害防范应对各项工作。及时汇总全国地质灾害灾情，分析近五年灾情纵向对比情况，研判地质灾害趋势。在青海门源和四川泸定、芦山、马尔康等中强地震发生后，第一时间分析处置地震引发次生地质灾害情况，研判人员伤亡可能性。

三是强化部门工作协同联动。持续加强与自然资源部信息沟通和协同联动，形成工作合力。联合应对甘肃舟曲北山滑坡、贵州织金崩塌、青海大通山洪、青海互助山体滑坡等灾情险情。针对汛期以来造成人员伤亡的地质灾害都发生于非在册隐患点的情况，及时督促指导自然资源部做好地质灾害隐患排查和人员避险转移等工作，有效推动汛期后半段的地质灾害防范应对工作。

表 4-3-3　2022 年地质灾害应急响应基本情况表

序号	受灾地区	灾害类型	灾害发生时间	启动应急响应时间	应急响应级别
1	湖南省怀化市、常德市、湘西州等地	滑坡	6 月上旬	6 月 2 日	四级
2	贵州省毕节市、六盘水市等地	滑坡、泥石流	5 月下旬、6 月上旬	6 月 7 日	四级
3	广西壮族自治区桂林市、玉林市等地	崩塌、滑坡	6 月上旬、中旬	6 月 9 日	四级
4	江西省赣州市	滑坡	5 月下旬、6 月中旬	6 月 20 日	四级
5	四川省成都市、绵阳市、德阳市、广元市等地	滑坡、泥石流	7 月中旬	7 月 14 日	四级
6	云南省红河州绿春县	滑坡	9 月中旬	9 月 21 日	四级
7	四川省广元市、南充市、达州市、巴中市等地	滑坡、泥石流	9 月中旬、下旬	9 月 26 日	四级

四是指导地方加强地质灾害防范应对准备。及时转发《2022 年全国地质灾害风险形势分析报告》，为各地做好地质灾害防范应对工作提供支撑。针对汛期严峻形势，以国家防汛抗旱总指挥部办公室、应急管理部名义多次下发紧急通知，督促指导地方压紧压实责任，加强汛期地质灾害防范应对各项工作，全力保障人民群众生命财产安全。指导浙江、重庆、四川等地开展地质灾害应急演练，编制印发《2021 年全国地质灾害应急处置和应急避险典型案例》，推动各地不断提升地质灾害应急处置能力。

五是协调拨付中央自然灾害救灾资金。进一步完善中央自然灾害救灾资金（地质灾害）测算办法，结合地质灾害应急救援实际明确补助资金基数、响应级别、响应时间、抢险救援难度及地方财政能力等系数。完成湖南、广西、贵州、四川、江西、云南、福建、青海 8 省共 4.6 亿元的地质灾害救灾资金测算，加强与有关部门协调沟通，加快向灾区拨付。

六是扎实提升地质灾害科技支撑水平。加快推进地质灾害应急响应与救援决策支持系统建设，实现重大地质灾害发生后，系统在第一时间产出应急报告和专项图件，为应急处置提供有力保障。组织开展《地质灾害应急管理信息化建设研究》《地质灾害大数据应急方法研究》《地质灾害应急救援关键技术方法研究》3 个课题研究，为工作提供有力支持。

第四章　防汛抗旱防台风

一、基本情况

（一）洪涝

2022年，洪涝灾害造成3385.3万人次受灾，因灾死亡失踪171人，为新中国成立以来年度最少，倒塌房屋3.1万间，农作物受灾面积3413.7千公顷，直接经济损失1289.0亿元。与近5年均值相比，分别下降41%、63%、72%、39%、33%。全国水库和大江大河干流堤防未发生垮坝溃口，防洪工程共发生险情5.79万处，个别中小水库、水电站、淤地坝发生不同程度险情，辽河支流绕阳河发生溃口险情。

1. 降雨

2022年，全国共出现38次大范围强降雨过程，全国平均降水量606.1毫米，较常年偏少5%。5月至9月，降水呈现“南北多，中间少”，5月至6月华南地区、6月至7月东北地区平均降雨量均排在历史前列，7月至9月长江中下游地区降雨量较常年同期偏少50.6%、为历史同期最少。

2. 洪水

全国大江大河共发生10次编号洪水，其中，珠江流域连续形成2次流域性较大洪水，北江出现1915年以来最大洪水，潖江蓄滞洪区分洪运用；辽河发生1995年以来最大洪水。黄河、淮河、海河汛情总体平稳，长江干流和洞庭湖、鄱阳湖汛期出现历史同期最低水位。

3. 主要灾情

【6月上中旬珠江流域暴雨洪涝灾害】 2022年5月下旬至6月上中旬，我国华南地区遭遇1961年以来第2强的“龙舟水”过程。受其影响，珠江流域连续形成2次流域性较大洪水，北江出现1915年以来最大洪水，西江、北江、韩江先后发生7次编号洪水，局地发生严重城乡内涝和山洪地质灾害等。灾害造成广东、广西2省（区）648.9万人次受灾，因灾死亡失踪37人，紧急转移安置50.2万人次；倒塌房屋9200余间，损坏2.4万间；农作物受灾面积288.4千公顷；直接经济损失278.2亿元。

【6月份闽赣湘三省暴雨洪涝灾害】 2022年6月，福建、江西、湖南多地遭遇多轮强降雨过程，累计雨量大、降雨落区重叠、受灾范围广，多条河流发生超历史洪水，引发洪涝和次生地质灾害等，农业、水利、交通、供水、供电等基础设施受损严重。灾害造成福建、江西、湖南3省814.2万人次受灾，因灾死亡失踪29人，紧急转移安置62.9万人次；倒塌房屋9100余间，损坏5万余间；农作物受灾面积582千公顷；直接经济损失433亿元。

【7月中旬四川暴雨洪涝灾害】 2022年7月11日至17日，四川省遭受多轮强降雨天气，部分地区降暴雨，局地大暴雨，并伴有雷电、阵性大风等强对流天气，引发山洪、泥石流等灾害，“7·12”平武县、“7·16”北川县山洪灾害造成人员伤亡和重大损失。绵阳、阿坝、雅安等13市（州）76个县（市、区）27.9万人受灾，因灾死亡失踪36人，紧急转移

安置 1.4 万人；倒塌房屋近 400 间，损坏近 2200 间；农作物受灾面积 3.9 千公顷；直接经济损失 24.8 亿元。

【8 月上旬辽宁暴雨洪涝灾害】2022 年 7 月底至 8 月上旬，辽宁省中西部、东南部等地出现暴雨到大暴雨，引发洪涝灾害，辽河干流持续超警 47 天，支流绕阳河堤防发生溃口险情，农业、辽河油田等基础设施损失较重。灾害造成锦州、阜新、盘锦等 9 市 31 个县（市、区）54.9 万人受灾，紧急转移安置 3.4 万人；倒塌房屋 100 余间，损坏 8500 余间；农作物受灾面积 166.4 千公顷；直接经济损失 76 亿元。

【8 月 17 日青海大通山洪灾害】2022 年 8 月 17 日 22 时许，受持续强降雨影响，青海省多地发生暴雨洪涝灾害，8 月 18 日西宁市大通县青林乡、青山乡等地瞬时强降雨引发山洪，道路、桥梁、水利等基础设施受损严重。灾害共造成西宁、海北、海东、黄南、果洛 5 市（州）11 个县（市、区）6.5 万人受灾，因灾死亡失踪 31 人，紧急转移安置 3300 余人；倒塌房屋 100 余间，损坏 9000 余间；农作物受灾面积 5.3 千公顷；直接经济损失 6.9 亿元。

（二）干旱

2022 年，长江流域发生历史罕见干旱，旱灾损失偏重。7 月至 11 月上半月，长江流域降水异常偏少、极端高温天气持续，中旱以上日数为 77 天，较常年同期偏多 54 天，为有完整实测资料以来最严重的气象水文干旱，极端高温干旱对相关地区农业生产、人畜饮水、电力供应、生态环境等造成严重影响。鄱阳湖星子站水位创历史新低，旱情峰值时，造成四川、重庆、湖北、湖南、江西等 12 省（区、市）3978 万人受灾，701.4 万人因旱需生活救助；农作物受灾面积 4270 千公顷；直接经济损失 408.5 亿元。

（三）台风

2022 年，西北太平洋及南海共计生成 25 个台风，较常年偏少 2 个，共 4 个登陆我国，较常年偏少 3 个。其中，9 月份密集生成 7 个。2022 年第 3 号台风“暹芭”登陆广东电白后自南向北影响 16 个省份。2022 年第 12 号台风“梅花”先后在浙江、上海、山东、辽宁登陆 4 次，为 1949 年以来首个 4 次登陆不同地区的台风。2022 年第 3 号台风“暹芭”于 7 月 2 日 15 时左右在广东电白沿海登陆（12 级，35 米/秒）。登陆后穿过广东、广西、湖南 3 省（区），其残余环流继续北上影响我国黄淮、东北等地，造成广东、广西、海南等省（区）39 个市 165 个县（市、区）186.29 万人受灾，紧急转移安置 7 万余人；倒塌房屋 670 余间，损坏近 1400 间；农作物受灾面积 109.01 千公顷；直接经济损失 31.2 亿元。

二、防汛抗旱防台风工作

（一）李克强对防汛抗旱工作作出重要批示

新华社北京 4 月 14 日电　中共中央政治局常委、国务院总理李克强日前对防汛抗旱工作作出重要批示。批示指出：防汛抗旱事关经济社会发展和安全稳定大局，在今年复杂严峻的国际国内环境下尤为重要。当前我国已进入汛期，必须丝毫不能松懈地做好防汛抗旱工作。各地区各有关部门要以习近平新时代中国特色社会主义思想为指导，认真贯彻党中央、国务院决策部署，坚持人民至上、生命至上，统筹发展和安全，立足防大汛、抗大旱、抢大险、救大灾，以更高标准、更严要求、更实举措抓好各项工作。坚持以防为主、防抗救相结合，全面压实各方责任，抓紧完善预案，加强监测预警，提升响应水平，保证抢险物资充足到位，加快补齐基础设施和基层应急能力短板。树牢底线思维，狠抓风险隐患排查整治，突出抓好城市洪涝、山洪、台风等防御，必要时及时组织人员转移避险。国家防总、各流域防总和省级防指要加强统筹协调，进一步完善指挥体系和协调联动机制，坚决防范应对重大洪涝灾害，确保人民群众生命财产安全，以实际行动迎接党的二十大胜利召开。

（二）国务院常务会议

2022 年 6 月 22 日，国务院总理李克强主持召开国务院常务会议，部署继续做好防汛救灾工作，切实保障人民群众生命财产安全。会议指出，前段时间南方多地持续强降雨，有关方面及时应对，努力降低灾害损失。据预测今年汛期我国极端天气偏多，近期主雨带呈阶梯状北抬。要落实党中央、国务院部署，强化责任，完善预警和应急响应联动机制，继续做好防汛救灾，保障人民群众生命财产安全。

2022 年 7 月 29 日，国务院总理李克强主持召开国务院常务会议，部署进一步做好防汛抗旱和应对自然灾害工作，切实保障群众生命财产安全。会议指出，当前正值“七下八上”防汛关键期，局地持续高温，要继续抓实防灾减灾工作，保障人民群众生命财产安全。要进一步落实地方主体责任，加强监测预警和值班值守，及时启动应急预案。继续抓好大江大河、大中型水库洪水防御，确保安澜度汛。强化中小河流和小型水库洪水、城市内涝、山洪地质灾害等防范，人员该转移的转移。做好抗旱工作。及时下拨资金，妥善安置受灾群众。

2022 年 8 月 24 日，国务院总理李克强主持召开国务院常务会议，部署进一步做好抗旱救灾工作，强化财力物力支持。会议指出，7 月份以来，四川盆地、长江中下游等地区持续高温少雨，旱情对群众生活生产造成影响。要压实责任，进一步做好抗旱减灾工作。同时继续统筹做好防汛各项工作。

（三）国家防总召开防汛抗旱专题会议

2022 年 4 月 14 日，国家防汛抗旱总指挥部召开全国防汛抗旱工作电视电话会议。国务委员、国家防总总指挥王勇出席并讲话。王勇强调，要深入贯彻习近平总书记关于防汛抗旱和防灾减灾救灾工作的重要指示精神，落实李克强总理批示要求，按照党中央、国务院决策部署，把确保人民群众生命财产安全放在第一位，强化组织领导，周密部署安排，扎实做好防汛备汛各项工作，严密防范应对各类水旱灾害，为党的二十大胜利召开营造安全稳定环境。

2022 年 8 月 1 日，国务委员、国家防总总指挥王勇到应急管理部调研应急值班值守情况并主持召开防汛抗旱救灾工作视频会议，强调要全面贯彻习近平总书记关于防灾减灾救灾的重要指示精神，按照党中央、国务院部署要求，牢牢立足防大汛、抗大险、救大灾，毫不松懈做好当前防汛抗旱救灾各项工作，坚决守住汛期灾害事故安全底线，切实维护人民生命财产安全和社会大局稳定。王勇指出，当前正值“七下八上”防汛关键期，水旱灾害形势复杂严峻。各地区各级防总必须保持高度警醒、严阵以待，严格落实逐级包保责任和巡查值守制度，持续加强监测预警，严密防范暴雨、台风等各类灾害天气，强化中小河流水库、山洪泥石流、城乡内涝等薄弱环节安全防范，确保上下游、跨区域信息共享和联防联动，及时组织转移避险、救灾救助，统筹抓好抗旱减灾，最大限度减少因灾伤亡损失。

（四）王勇调研防汛抗旱救灾工作

2022 年 6 月 1 日至 2 日，国务委员、国家防总总指挥王勇在安徽、江苏检查指导防汛工作。王勇强调，要认真贯彻习近平总书记关于防汛救灾的重要指示精神，坚持人民至上、生命至上，强化底线思维、极限思维，立足防大汛抢大险救大灾，进一步抓实抓细防汛各项责任措施，严密防御暴雨洪涝灾害，全力确保安全度汛。

2022 年 6 月 9 日至 10 日，国务委员、国家防总总指挥王勇在广西检查指导防汛救灾工作。王勇强调，要深入贯彻落实习近平总书记关于加强当前防汛救灾工作的重要指示精神，坚持以防为主、防抗救相结合，进一步强化应急准备和抢险救灾，全力防御暴雨洪水，严防次生灾害事故，最大限度保障人民群众生命财产安全。

2022 年 6 月 23 日至 24 日，国务委员、国家防总总指挥王勇在江西检查指导防汛救灾工作。王勇强调，要深入贯彻习近平总书记关于加强当前防汛救灾工作的重要指示精神，认真落实党中央、国务院决策部署，立足防大汛、抗大险、救大灾，精准研判雨情汛情，提早做好应急准备，快速处置各类险情，毫不松懈抓好防汛抢险救灾，坚决把确保人民生命安全放在第一位落到实处。

2022 年 7 月 7 日至 8 日，国务委员、国家防总总指挥王勇在辽宁检查指导防汛救灾工作。王勇强调，要全面贯彻习近平总书记关于加强防汛救灾工作的重要指示精神，按照党中央、国务院决策部署，坚持人民至上、生命至上，狠抓防汛救灾责任措施落实，扎实做好防大汛、抗大险、救大灾各项准备，全力保障人民群众生命财产安全。

2022 年 7 月 14 日至 15 日，国务委员、国家防总总指挥王勇在四川调研检查防汛减灾工作。王勇强调，要深入贯彻习近平总书记关于防汛减灾的一系列重要指示精神，按照党中央、国务院决策部署，坚持以防为主、防抗救相结合，进一步拧紧扣牢责任链条，以时时放心不下的高度警觉和更严更细更实的工作举措，牢牢守住安全发展底线。

2022 年 8 月 8 日至 9 日，国务委员、国家防总总指挥王勇在黑龙江调研检查防汛减灾工作。王勇强调，要深入贯彻习近平总书记关于防汛减灾的重要指示精神，按照党中央、国务院决策部署，狠抓责任措施落实，时刻保持应急准备，全力以赴抓好防汛减灾各项工作，确保汛期安全和社会大局稳定。

2022 年 8 月 22 日至 23 日，国务委员、国家防总总指挥王勇在山西检查指导防汛抗旱救灾工作。王勇强调，要深入贯彻习近平总书记关于当前防汛抗旱救灾的重要指示精神，坚持人民至上、生命至上，全面排查整治风险隐患，强化预报预警和应急联动，毫不松懈做好防汛抗旱和减灾救灾各项工作，全力保障人民群众生命财产安全。

新华社南昌 11 月 12 日电　国务委员、国家防总总指挥王勇近日在江西调研检查抗旱减灾工作。王勇强调，要深入学习贯彻党的二十大精神，全面贯彻习近平总书记关于防灾减灾救灾的重要指示精神，坚持人民至上、生命至上，压紧压实责任措施，积极强化防范应对，千方百计做好抗旱保供水工作，全力维护人民群众生命安全和经济社会发展大局稳定。

（五）坚持统一指挥，强化会商调度和安排部署

国家防汛抗旱总指挥部办公室创新会商研判机制，组织气象、水利、自然资源、农业农村等部门开展联合会商 140 余次，强化分析研判和针对性部署，点对点调度重点省份防汛抗旱指挥部，指导做好灾害防范应对和应急抢险救援工作。应急管理部多次召开部党委会、部务会、调度会安排部署，动员全系统干部职工和消防救援人员坚守岗位，全力处置突发险情灾情。

（六）坚持压实责任，强化隐患整治和预防预备

国家防汛抗旱总指挥部向各地党政领导和相关部门负责人印发河南郑州“7·20”特大暴雨灾害调查报告和相关材料汇编 2.1 万余册，组织学习对照，开展查漏补缺改进提升工作。组织核定并向社会通报全国防汛抗旱行政责任人 2288 名，18 个省（区、市）政府主要负责同志和新疆生产建设兵团司令员担任责任人。组织对七大流域 17 个重点省份开展“线上+线下”防汛检查，联合湖北省、河南省、吉林省开展防汛抢险演练，全国累计开展培训演练 30.1 万次，参训 2097.0 万人次。应急管理部调度国家综合性消防救援队伍前置备勤，协调各地对接 511 支央企工程专业抢险力量，做好应急准备。

（七）坚持关口前移，突出抓好预警和应急响应联动

国家防汛抗旱总指挥部组织修订《国家防汛抗旱应急预案》，经国务院批准颁布实施。督促各省级防汛抗旱指挥部参照国家级预案将气象预警纳入应急响应启动条件，推动省、市、县三级防汛抗旱指挥部抓紧修订应急预案。汛期抽查有关防汛抗旱指挥部应急响应启动情况，对未及时启动响应的予以通报，指导督促前移防汛关口。国家防汛抗旱总指挥部办公室会同农业农村部印发通知，指导进一步加强渔船跨省紧急避风管理。应急管理部联合中国气象局出台指导意见，推动省、市、县防汛抗旱指挥部建立直达基层的临灾预警“叫应”机制。

（八）坚持“两个至上”，强化应急处置和抢险救援

国家防汛抗旱总指挥部共启动和调整三级、四级应急响应 32 次（表 4-4-1），其中防汛三级应急响应最长维持 22 天。青海大通县发生山洪灾害后，受中央领导同志委派，应急管理部主要负责同志第一时间率国家防汛抗旱总指挥部工作组赶赴现场指导抢险救援。针对辽河汛情和支流绕阳河溃口险情，国家防汛抗旱总指挥部先后派出 6 个工作组、专家组全程指导协助，调集国家综合性消防救援队伍、中国安能集团和安全生产等专业力量及直升机、无人机等先进装备支援绕阳河溃口封堵和涝水抽排。应急管理部调派国家综合性消防救援队伍 8.19 万人次，营救疏散转移被困群众 3.91 万人。各地共投入抢险救援人员 480.6 万人次、机械设备 37.5 万台（套），完成土石方量约 1.9 亿立方米。

表 4-4-1　2022 年国家防汛抗旱总指挥部应急响应启动表

序号	响应时间	响应类型	响应级别	响应范围	事件
1	5 月 9 日 15 时	防汛	四级	江苏、浙江、安徽、福建、江西、湖北、湖南、广东、广西、重庆、四川、贵州、云南	江南南部和华南地区强降雨
2	5 月 11 日 9 时	防汛	提升至三级	广东、广西、福建、江西、云南	
3	5 月 14 日 11 时	防汛	调整至四级	广东、广西、福建、江西、云南	
	5 月 15 日 10 时	防汛	终止	江苏、浙江、安徽、福建、江西、湖北、湖南、广东、广西、重庆、四川、贵州、云南	
4	5 月 27 日 17 时	防汛	四级	云南、广西、贵州、江西、安徽、湖南、福建、浙江	南方地区强降雨
5	6 月 4 日 13 时	防汛	提升至三级	湖南、贵州、广西、江西、福建、广东、浙江、安徽	
	6 月 25 日 14 时	防汛	终止	浙江、安徽、福建、江西、湖南、广东、广西、贵州、云南	
6	6 月 26 日 10 时	防汛	四级	北京、天津、河北、辽宁、吉林、黑龙江、江苏、安徽、山东、河南、湖北、重庆、四川、陕西	陕西南部、西南地区、华北地区、黄淮、江汉、东北及江南华南地区强降雨
	6 月 28 日 18 时	防汛	终止	北京、天津、河北、辽宁、吉林、黑龙江、江苏、安徽、山东、河南、湖北、重庆、四川、陕西	
7	6 月 30 日 18 时	防汛 防台风	四级	广东、广西、海南	防御第 3 号台风“暹芭”
8	7 月 2 日 12 时	防汛 防台风	提升至三级	广东、广西、海南、湖南、云南、贵州	
9	7 月 4 日 12 时	防汛 防台风	调整至四级	广东、广西、海南、湖南、云南、贵州	
	7 月 8 日 18 时	防汛 防台风	终止	广东、广西、海南、湖南、云南、贵州	
10	7 月 9 日 12 时	抗旱	四级	内蒙古、陕西、甘肃	西北旱情
	7 月 16 日 12 时	抗旱	终止	陕西、甘肃	
	8 月 3 日 19 时	抗旱	终止	内蒙古、新疆	
11	7 月 5 日 22 时	防汛	四级	北京、天津、河北、辽宁、吉林、黑龙江、山东、河南	华北、东北等地强降雨
	7 月 10 日 12 时	防汛	终止	北京、天津、河北、辽宁、吉林、黑龙江、山东、河南	

表 4-4-1（续）

序号	响应时间	响应类型	响应级别	响应范围	事件
12	7 月 10 日 20 时	防汛	四级	河北、山西、内蒙古、山东、陕西、甘肃	西北、华北、山东、内蒙古、东北地区强降雨
	7 月 21 日 12 时	防汛	终止	山西	
	7 月 23 日 8 时	防汛	终止	河北、内蒙古、山东、河南、四川、陕西、甘肃	
13	7 月 16 日 20 时	防汛	四级	四川、河南	四川盆地、河南强降雨
14	7 月 17 日 13 时	防汛	四级	辽宁	辽河干流洪水
15	7 月 19 日 12 时	抗旱	四级	新疆	新疆旱情
16	7 月 27 日 18 时	防汛	四级	北京、天津、河北、山西、吉林、山东、河南	西南、西北、华北、黄淮、东北等地强降雨
	7 月 30 日 14 时	防汛	终止	北京、天津、河北、山西、吉林、山东、河南	
17	8 月 6 日 18 时	防汛	四级	北京、天津、河北、山西、内蒙古、吉林、黑龙江、山东、河南、陕西	西北、华北、东北强降雨
	8 月 8 日 12 时	防汛	终止	北京、天津	
	8 月 11 日 12 时	防汛	终止	河北、吉林、黑龙江、河南	
	8 月 14 日 20 时	防汛	终止	山西、山东、陕西	
	8 月 15 日 18 时	防汛	终止	内蒙古、辽宁	
18	8 月 9 日 11 时	防汛 防台风	四级	广东、广西、海南、福建	防御第 7 号台风“木兰”
	8 月 11 日 17 时	防汛 防台风	终止		
19	8 月 11 日 18 时	抗旱	四级	安徽、江西、湖北、湖南、重庆、四川	长江流域旱情
	9 月 12 日 18 时	抗旱	终止	四川	
	10 月 9 日 9 时	抗旱	终止	安徽	
	10 月 11 日 17 时	抗旱	终止	湖北	
	10 月 25 日 10 时	抗旱	终止	重庆	
	11 月 17 日 18 时	抗旱	终止	江西、湖南	
20	8 月 17 日 19 时	防汛	四级	北京、天津、河北、山西、内蒙古、辽宁、黑龙江、陕西、甘肃	北方降雨过程
	8 月 22 日 18 时	防汛	终止	北京、天津、河北、辽宁、黑龙江	
	8 月 24 日 16 时	防汛	终止	内蒙古、黑龙江	
	8 月 28 日 18 时	防汛	终止	山西	

表 4-4-1（续）

序号	响应时间	响应类型	响应级别	响应范围	事件
21	8 月 22 日 11 时	抗旱	四级	江苏、河南、贵州、陕西	持续高温干旱
	8 月 30 日 16 时	抗旱	终止	江苏、河南、陕西	
	9 月 26 日 12 时	抗旱	终止	贵州	
22	8 月 22 日 12 时	防汛 防台风	四级	广东、广西、海南、福建	防御第 9 号台风“马鞍”
	8 月 27 日 12 时	防汛 防台风	终止		
23	8 月 28 日 18 时	防汛	四级	重庆、四川	华西秋雨
	8 月 30 日 16 时	防汛	终止	四川、重庆、甘肃、陕西	
24	9 月 1 日 11 时	防汛 防台风	四级	天津、河北、辽宁、上海、江苏、浙江、山东、福建	防御第 11 号台风“轩岚诺”
25	9 月 3 日 12 时	防汛 防台风	提升至三级	天津、河北、辽宁、上海、江苏、浙江、山东、福建	
26	9 月 5 日 20 时	防汛 防台风	调整至四级	浙江	
	9 月 5 日 20 时	防汛 防台风	终止	天津、河北、辽宁、上海、江苏、浙江、山东、福建	
27	9 月 11 日 17 时	防汛 防台风	四级	上海、江苏、浙江、福建、山东	防御第 12 号台风“梅花”
28	9 月 13 日 12 时	防汛 防台风	提升至三级	上海、江苏、浙江、福建、山东	
29	9 月 15 日 12 时	防汛 防台风	调整至四级	江苏、浙江、山东	
	9 月 15 日 12 时	防汛 防台风	四级	辽宁	
	9 月 15 日 12 时	防汛 防台风	终止	上海、福建	
	9 月 17 日 8 时	防汛 防台风	终止	辽宁、江苏、浙江、山东	
30	9 月 26 日 12 时	防汛 防台风	四级	海南、广东、广西、福建	防御第 16 号台风“奥鹿”
	9 月 28 日 12 时	防汛 防台风	终止	海南、广东、广西、福建	

表 4-4-1（续）

序号	响应时间	响应类型	响应级别	响应范围	事件
31	10 月 16 日 16 时	防汛 防台风	四级	浙江、福建、广东、广西、海南	防御第 20 号台风“纳沙”
	10 月 20 日 12 时	防汛 防台风	终止	浙江、福建、广东、广西、海南	
32	10 月 30 日 12 时	防汛 防台风	四级	广东、福建、海南、广西、浙江	防御第 22 号台风“尼格”
	11 月 3 日 12 时	防汛 防台风	终止	广东、福建、海南、广西、浙江	

（九）坚持多措并举，加大指导支持和资金物资保障

针对珠江、辽河、塔里木河等江河洪水以及“暹芭”“梅花”“纳沙”等台风登陆和影响，国家防汛抗旱总指挥部、应急管理部先后派出 50 余个工作组、专家组，珠江流域较大洪水特别是北江特大洪水期间，派出部级领导带队的工作组现场指导。应急管理部会同国家粮食和储备局调拨价值 3383.7 万元中央防汛物资，支持地方防汛抢险救援。针对山洪灾害造成重大人员伤亡事件暴露出的问题和教训，国家防汛抗旱总指挥部及时通报警示全国。国家减灾委员会、应急管理部针对洪涝灾害启动国家救灾应急响应 8 次，调拨 5 万余件、总价值 1368.8 万元的中央生活类救灾物资，支持地方救灾救助。

（十）坚持统筹协调，全力确保人饮安全和粮食丰收

国家防汛抗旱总指挥部抗旱四级应急响应最长维持 99 天，派出部级领导带队的工作组赴长江中下游抗旱一线指导。应急管理部会同国家粮食和储备局调拨价值 1253.9 万元的中央抗旱物资装备，调派国家综合性消防救援队伍累计运送饮用水 16.9 万吨，解决农田用水 349.9 万吨。国家减灾委员会、应急管理部启动国家四级旱灾救灾应急响应 4 次。

（十一）坚持协同联动，充分发挥部门优势形成合力

中央宣传部、国家广播电视总局加强防汛抗旱救灾宣传报道和防灾避险知识科普宣传。国家发展改革委安排中央预算内投资 917.65 亿元，加快推进重大水利工程建设和重点项目建设。教育部指导各级各学校做好极端灾害应对预案，普及应急避险技能。工业和信息化部预置 2200 部卫星电话等设备，出动应急人员 76.3 万人次，保障抢险救援指挥和公众通信畅通。公安部积极参加抗洪抢险救援，协助疏散转移被困人员，维护一线秩序和社会稳定。自然资源部加强地质灾害隐患点群测群防和监测预警，成功预报地质灾害 319 起，发布海洋灾害警报 194 期，向社会公众发布预警信息和短视频 5000 余条。住房和城乡建设部指导督促城市排水防涝设施建设，新建改造雨水管网超过 8900 千米、新增排涝能力超过 2100 立方米/秒。交通运输部加强运输保障，抢通受损公路 12588 处、路线 5608 条，全力做好台风“暹芭”期间“福景 001”轮遇险人员搜救和长江干线航道应急抢通保通工

作。水利部调度运用大中型水库 4151 座（次）、拦蓄洪水 925 亿立方米，会同中国气象局发布山洪灾害气象预警 140 期，启动预警广播 38.6 万次，向社会公众发布预警短信 19.4 亿条。农业农村部组织落实小麦“一喷三防”，玉米、水稻“一喷多促”等防灾减灾稳产保产关键措施，完成农机抗旱浇灌面积 3.08 亿亩次。商务部强化汛期灾害防备和生活必需品市场供应保障。文化和旅游部加强景区防汛风险隐患排查治理，及时发布旅游安全提示。国家卫生健康委指导做好自然灾害紧急医学救援和灾区防疫、新冠疫情防控。中国气象局发布国家级预警信息 1155 条，指导各地气象部门发布预警信息 37.73 万条。国家能源局组织做好电站、电网安全度汛。国家铁路局检查 3785 个防洪重点单位和场所。解放军和武警部队汛期出动 2.8 万人次、组织民兵 10.9 万人次参与抢险救援。中国红十字总会调拨救灾物资 16.2 万件、救援队员 6200 余人次协助群众转移安置。国铁集团处置水害 7213 处，投入 137 万人次参与抢险救援。中国安能集团出动 1.06 万人次、装备 5750 台次，完成辽宁盘锦绕阳河溃口封堵等 49 起防汛抢险救灾任务。

第五章　森林草原防灭火

一、基本情况

（一）森林火灾

2022 年，全国共发生森林火灾 709 起（其中，一般森林火灾 370 起、较大森林火灾 335 起、重大森林火灾 4 起，未发生特大森林火灾），受害森林面积约 6854 公顷，因灾造成人员伤亡 44 人（其中，死亡 17 人）。与 2021 年相比，火灾起数、受害森林面积、伤亡人数分别上升 15.1%、53.8% 和 57.1%。与前 3 年（2019—2021 年）均值相比，火灾起数、受害森林面积、伤亡人数分别下降 48.3%、22.4% 和 9.0%。与前 5 年（2017—2021 年）均值相比，火灾起数、受害森林面积、伤亡人数分别下降 63.9%、49.1%和 4.3%。与前 10 年（2012—2021 年）均值相比，火灾起数、受害森林面积、伤亡人数分别下降 73.1%、48.6% 和 8.3%。与新中国成立以来（1950—2021 年）均值相比，火灾起数、受害森林面积、伤亡人数分别下降 93.8%、98.7% 和 90.7%。与 1988 年以来（1988—2021 年）均值相比，火灾起数、受害森林面积、伤亡人数分别下降 88.8%、89.3%和 69.2%。

2022 年，森林火灾发生率（起火灾/10 万公顷森林）为 0.32，森林火灾控制率（公顷受害森林面积/每起森林火灾）为 9.67，森林火灾受害率（受害森林面积/森林总面积）为 0.03‰（按全国森林面积 22045 万公顷计算）。

2022 年全国森林火灾按月统计见表 4-5-1，按地区统计见表 4-5-2。

表 4-5-1　2022 年全国森林火灾按月统计表

月份	森林火灾起数（起）					火场总面积（公顷）	受害森林面积（公顷）			损失林木		人员伤亡（人）			
	合计	一般火灾	较大火灾	重大火灾	特大火灾		合计	其中 公益林	其中 商品林	成林蓄积（立方米）	幼林株数（万株）	合计	轻伤	重伤	死亡
累计	709	370	335	4	0	28284.77	6853.88	1843.09	5002.21	412733.27	29401.00	44	14	13	17
1	5	2	3	0	0	25.29	16.53	0.58	15.95	14.00	0.03	1	0	0	1
2	18	11	7	0	0	370.11	116.62	82.21	34.41	4610.48	5.11	0	0	0	0
3	92	47	45	0	0	1504.77	569.28	361.41	208.12	26780.15	2830.18	5	0	0	5
4	164	81	83	0	0	2675.12	1022.57	488.88	532.99	31017.61	12447.11	1	0	0	1
5	22	13	9	0	0	209.27	119.18	72.64	38.40	7012.92	3.26	0	0	0	0
6	21	16	5	0	0	179.91	64.45	47.26	17.19	1780.68	0.67	0	0	0	0
7	18	14	4	0	0	26.80	10.20	5.35	4.85	134.49	1.31	0	0	0	0

表 4-5-1（续）

月份	森林火灾起数（起）					火场总面积（公顷）	受害森林面积（公顷）			损失林木		人员伤亡（人）			
	合计	一般火灾	较大火灾	重大火灾	特大火灾		合计	其中		成林蓄积（立方米）	幼林株数（万株）	合计	轻伤	重伤	死亡
								公益林	商品林						
8	63	32	30	1	0	881.74	495.95	110.34	385.61	10242.62	1.98	1	0	0	1
9	97	50	47	0	0	1921.75	419.90	215.22	204.68	11135.56	619.01	1	0	0	1
10	168	82	83	3	0	20080.00	3850.94	389.31	3461.63	310648.84	13488.55	35	14	13	8
11	24	12	12	0	0	283.03	119.21	39.38	79.83	8659.02	3.23	0	0	0	0
12	17	10	7	0	0	126.98	49.05	30.50	18.55	696.90	0.56	0	0	0	0

表 4-5-2　2022 年全国森林火灾按地区统计表

地区	森林火灾起数（起）					火场总面积（公顷）	受害森林面积（公顷）			损失林木		人员伤亡（人）			
	合计	一般火灾	较大火灾	重大火灾	特大火灾		合计	其中		成林蓄积（立方米）	幼林株数（万株）	合计	轻伤	重伤	死亡
								公益林	商品林						
累计	709	370	335	4	0	28284.77	6853.88	1843.09	5002.21	412733.27	29401.00	44	14	13	17
北京	3	2	1	0	0	27.27	26.97	26.97	0.00	1914.19	0.00	0	0	0	0
天津	0	0	0	0	0	0.00	0.00	0.00	0.00	0.00	0.00	0	0	0	0
河北	1	1	0	0	0	25.50	0.80	0.80	0.00	0.00	0.12	0	0	0	0
山西	3	0	3	0	0	148.55	60.18	60.18	0.00	0.00	0.00	0	0	0	0
内蒙古	21	9	12	0	0	174.63	93.51	84.18	9.33	1388.40	1.80	0	0	0	0
辽宁	13	8	5	0	0	222.17	141.37	87.37	54.00	13594.21	0.00	0	0	0	0
吉林	0	0	0	0	0	0.00	0.00	0.00	0.00	0.00	0.00	0	0	0	0
黑龙江	26	24	2	0	0	99.80	46.70	37.82	0.05	2261.08	2.75	0	0	0	0
江苏	0	0	0	0	0	0.00	0.00	0.00	0.00	0.00	0.00	0	0	0	0
浙江	20	5	15	0	0	556.58	205.90	72.31	133.59	5923.72	3.72	2	0	0	2
安徽	8	8	0	0	0	8.80	1.91	0.00	1.91	53.10	0.02	1	0	0	1
福建	20	8	12	0	0	440.55	268.08	82.36	185.72	7844.03	8.30	0	0	0	0
江西	90	38	52	0	0	3747.81	477.07	113.29	363.78	8005.57	656.75	1	0	0	1
山东	8	4	4	0	0	462.97	75.96	75.96	0.00	2744.17	0.34	0	0	0	0
河南	12	11	1	0	0	25.05	8.66	1.60	7.06	9.10	0.05	0	0	0	0
湖北	49	33	16	0	0	443.77	134.35	69.04	65.31	1465.18	34.78	1	0	0	1
湖南	173	86	86	1	0	8136.25	1773.31	358.08	1415.23	101630.44	12548.79	35	14	13	8
广东	45	22	23	0	0	625.81	270.14	169.59	100.55	7884.91	8.48	1	0	0	1

表 4-5-2（续）

地区	森林火灾起数（起）					火场总面积（公顷）	受害森林面积（公顷）			损失林木		人员伤亡（人）			
	合计	一般火灾	较大火灾	重大火灾	特大火灾		合计	其中		成林蓄积（立方米）	幼林株数（万株）	合计	轻伤	重伤	死亡
								公益林	商品林						
广西	114	55	57	2	0	10543.05	2368.83	101.97	2266.86	221454.07	13315.74	0	0	0	0
海南	2	1	1	0	0	47.45	9.73	0.00	9.73	262.30	0.00	0	0	0	0
重庆	32	17	15	0	0	240.70	112.82	72.07	40.75	2701.67	0.27	1	0	0	1
四川	16	5	11	0	0	481.03	261.90	227.35	34.55	7358.62	2791.69	0	0	0	0
贵州	10	5	4	1	0	422.67	320.22	47.53	272.69	5918.51	1.81	2	0	0	2
云南	16	11	5	0	0	417.91	114.48	73.38	41.10	19380.80	24.46	0	0	0	0
西藏	2	1	1	0	0	18.22	12.25	12.50	0.00	0.00	0.00	0	0	0	0
陕西	9	4	5	0	0	29.55	19.27	19.27	0.00	95.20	0.27	0	0	0	0
甘肃	5	3	2	0	0	44.56	34.57	34.57	0.00	0.00	0.86	0	0	0	0
青海	1	0	1	0	0	1.26	1.26	1.26	0.00	844.00	0.00	0	0	0	0
宁夏	0	0	0	0	0	0.00	0.00	0.00	0.00	0.00	0.00	0	0	0	0
新疆	10	9	1	0	0	892.86	13.64	13.64	0.00	0.00	0.00	0	0	0	0
新疆兵团	0	0	0	0	0	0.00	0.00	0.00	0.00	0.00	0.00	0	0	0	0

2022 年，已查明起火原因的森林火灾 664 起、占比 93.7%，未查明起火原因的森林火灾 45 起、占比 6.3%。在已查明的火因中：农事用火 178 起、祭祀用火 147 起、野外吸烟 71 起、雷击火 50 起、电线短路 49 起、外省（市、县）烧入 24 起、施工作业 20 起、痴呆弄火 18 起、野外生活用火 13 起、炼山造林 7 起、纵火 7 起、未成年人玩火 4 起、境外烧入 2 起、烧隔离带 1 起、其他原因 73 起。

2022 年全国森林火灾起火原因占比如图 4-5-1 所示。

（二）草原火灾

2022 年，全国共发生草原火灾 21 起（未发生重大以上草原火灾），受害草原面积约 3183 公顷，无人员伤亡。与 2021 年比较，草原火灾起数下降 8.7%，受害草原面积下降 24.2%，伤亡人数持平。与前 3 年（2019—2021 年）均值比，草原火灾起数、受害草原面积分别下降 22.2%、88.3%，伤亡人数持平。与前 5 年（2017—2021 年）均值比，草原火灾起数、受害草原面积下降 41.0%、81.8%，伤亡人数持平。与前 10 年（2012—2021 年）均值比，草原火灾起数、受害草原面积、伤亡人数分别下降 69.1%、92.8%和 100.0%。

2022 年全国草原火灾按地区统计见表 4-5-3，火灾起数与历年火灾起数比较情况如图 4-5-2 所示，受害草原面积与历年受害草原面积比较情况如图 4-5-3 所示，伤亡人数与历年伤亡人数比较情况如图 4-5-4 所示。

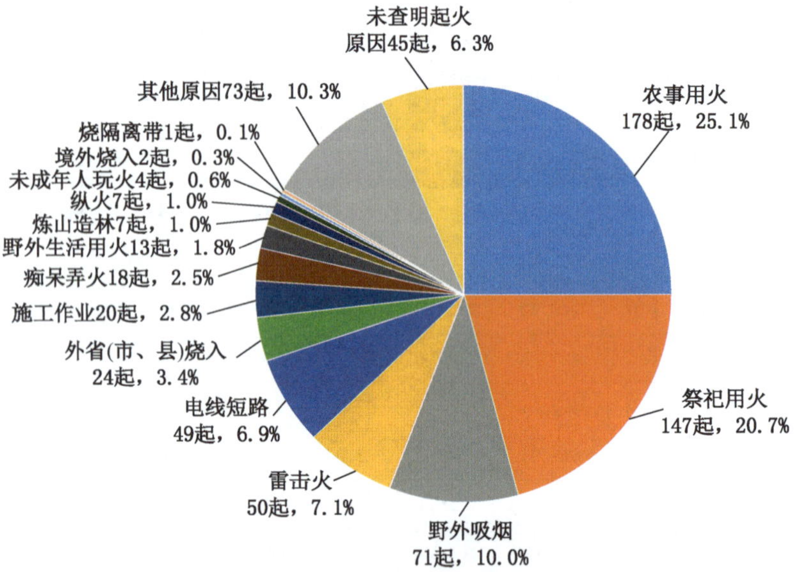

图 4-5-1　2022 年全国森林火灾起火原因占比

表 4-5-3　2022 年全国草原火灾按地区统计表

地区	草原火灾起数（起）					受害草原面积（公顷）	伤亡人数（人）						经济损失估算（万元）			
	合计	一般火灾	较大火灾	重大火灾	特大火灾		合计		火灾造成		扑火造成		合计	直接经济损失	间接经济损失	其他
							受伤	死亡	受伤	死亡	受伤	死亡				
累计	21	20	1	0	0	3183.04	0	0	0	0	0	0	253.19	222.43	49.36	0.00
河北	0	0	0	0	0	0.00	0	0	0	0	0	0	0.00	0.00	0.00	0.00
山西	0	0	0	0	0	0.00	0	0	0	0	0	0	0.00	0.00	0.00	0.00
内蒙古	8	8	0	0	0	1601.21	0	0	0	0	0	0	67.72	40.64	27.08	0.00
辽宁	0	0	0	0	0	0.00	0	0	0	0	0	0	0.00	0.00	0.00	0.00
吉林	0	0	0	0	0	0.00	0	0	0	0	0	0	0.00	0.00	0.00	0.00
黑龙江	0	0	0	0	0	0.00	0	0	0	0	0	0	0.00	0.00	0.00	0.00
山东	0	0	0	0	0	0.00	0	0	0	0	0	0	0.00	0.00	0.00	0.00
四川	0	0	0	0	0	0.00	0	0	0	0	0	0	0.00	0.00	0.00	0.00
西藏	0	0	0	0	0	0.00	0	0	0	0	0	0	0.00	0.00	0.00	0.00
陕西	1	1	0	0	0	11.65	0	0	0	0	0	0	0.65	0.00	0.65	0.00
甘肃	2	2	0	0	0	48.20	0	0	0	0	0	0	32.08	26.40	5.68	0.00
青海	8	8	0	0	0	616.06	0	0	0	0	0	0	16.55	19.20	15.95	0.00

表4-5-3（续）

地区	草原火灾起数（起）					受害草原面积（公顷）	伤亡人数（人）						经济损失估算（万元）			
	合计	一般火灾	较大火灾	重大火灾	特大火灾		合计		火灾造成		扑火造成		合计	直接经济损失	间接经济损失	其他
							受伤	死亡	受伤	死亡	受伤	死亡				
宁夏	0	0	0	0	0	0.00	0	0	0	0	0	0	0.00	0.00	0.00	0.00
新疆	2	1	1	0	0	905.92	0	0	0	0	0	0	136.19	136.19	0.00	0.00
新疆兵团	0	0	0	0	0	0.00	0	0	0	0	0	0	0.00	0.00	0.00	0.00

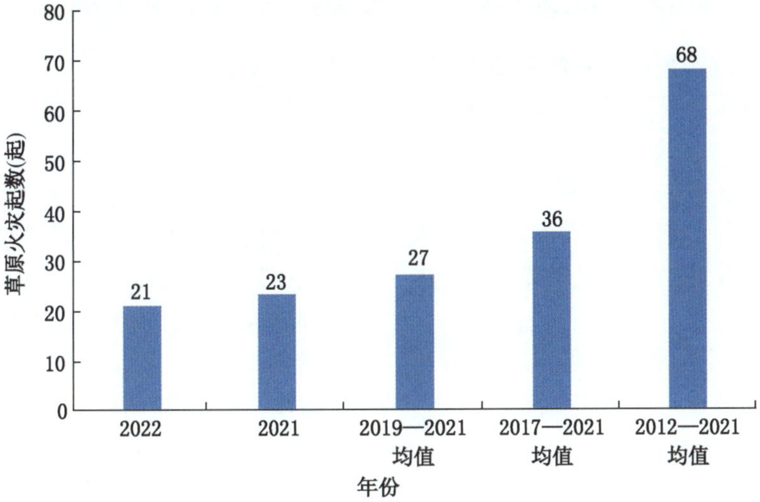

图4-5-2　2022年全国草原火灾起数与历年火灾起数比较情况

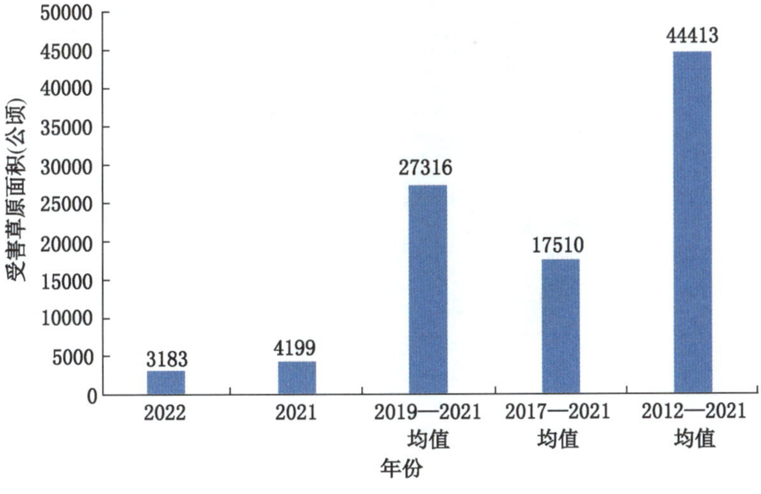

图4-5-3　2022年全国草原火灾受害草原面积与历年受害草原面积比较情况

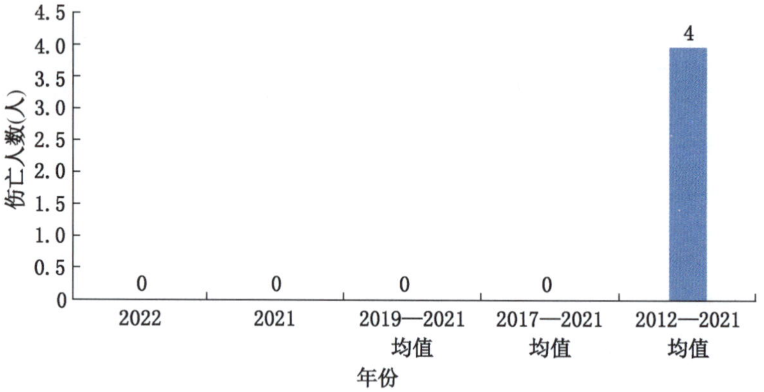

图 4-5-4　2022 年因草原火灾伤亡人数与历年伤亡人数比较情况

2022 年，电线短路引发的草原火灾 5 起、占比 23.8%，吸烟引发的草原火灾 3 起、占比 14.3%，放鞭炮引发的草原火灾 2 起、占比 9.5%，烧秸秆、越境火引发的草原火灾各 1 起、各占比 4.8%，未查明和其他原因引发的草原火灾 9 起、占比 42.9%。

2022 年全国草原火灾起火原因占比如图 4-5-5 所示。

二、防灭火工作

（一）李克强对森林草原防灭火工作作出重要批示

新华社北京 3 月 17 日电　中共中央政治局常委、国务院总理李克强日前对森林草原防灭火工作作出重要批示。批示指出：当前我国大部分地区陆续进入春季防火紧要期，必须不懈抓好森林草原防灭火这件事关人民群众生命财产安全和国家生态安全的大事。各地区各有关部门要坚持以习近平新时代中国特色社会主义思想为指导，认真贯彻党中央、国务院决策部署，坚持人民至上、生命至上，以更高标准、更严要求、更实举措做好森林草原防

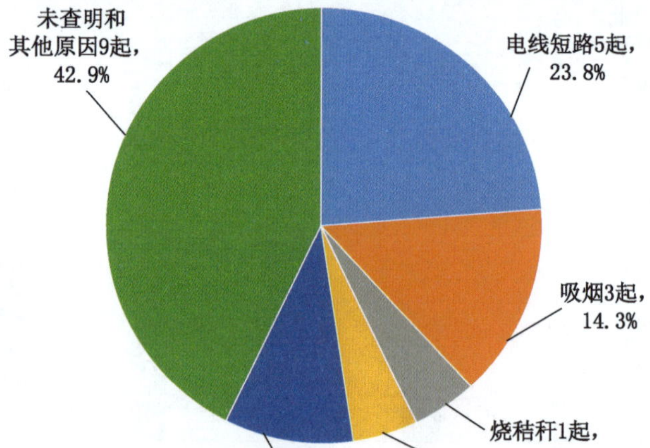

图 4-5-5　2022 年全国草原火灾起火原因占比

灭火工作。要层层压紧压实各方责任，盯紧看牢重点部位、关键区域和重要时段，加强联合会商、滚动研判，提高火险预警和应急响应的针对性、实效性。以底线思维强化源头治理，狠抓宣传警示教育、风险隐患整治和野外火源管控，补齐基础设施和消防力量短板。完善预案体系，科学布防力量，加强实战演练，提高专业指挥和安全扑救能力，做到打早、打小、打了，坚决防范重特大森林草原火灾发生，最大限度减少灾害损失。

新华社北京9月16日电　中共中央政治局常委、国务院总理李克强日前对森林草原防灭火工作作出重要批示。批示指出：森林草原是国家重要生态屏障，防灭火工作事关人民群众生命财产安全和生态安全。当前，我国大部分地区陆续进入秋冬季防火期，森林草原防灭火形势严峻复杂。各地区各有关部门要以习近平新时代中国特色社会主义思想为指导，认真贯彻党中央、国务院决策部署，坚持人民至上、生命至上，强化底线思维，抓实抓细森林草原防灭火各项工作。要健全全流程各环节责任体系，进一步压实属地、行业和经营单位责任。加快补基础设施和专业力量短板，优化队伍布局。加强源头治理，深入推进群防群治，做好监测预警，紧盯重点区域、重要目标、关键时段，主动防范化解风险隐患。完善预案体系，及时高效联动响应，做好应急处置，强化专业指挥，科学安全扑救，坚决遏制重特大火灾发生。

（二）召开全国森林草原防灭火工作电视电话会议

2022年3月17日，国务委员、国家森林草原防灭火指挥部总指挥王勇出席全国森林草原防灭火工作电视电话会议并讲话。王勇强调，要深入贯彻习近平总书记关于加强森林草原防灭火工作的重要指示精神，落实李克强总理批示要求，坚持人民至上、生命至上，更好统筹发展和安全，全力以赴抓好森林草原防灭火工作，坚决防范遏制重特大森林草原火灾发生，为党的二十大胜利召开创造安全稳定环境。王勇指出，当前正值春季森林草原防火关键时期，各地各有关部门和单位要认真落实党中央、国务院决策部署，进一步提高政治站位，层层压实各方责任，建立健全网格化管理体系，督促推动防灭火各项措施落实落地。要坚持预防为主，强化基层群防群治，广泛开展宣传教育，全面排查整治风险隐患，加大野外火源管控和违规用火查处力度，从源头上降低火灾风险。要强化火情监测预警，及时转移疏散遇险群众，科学安全组织扑救，坚决避免人员伤亡。要进一步加强消防救援队伍建设，加快提升防灭火装备设施能力水平，更好保护国家生态安全和人民群众生命财产安全。

2022年9月16日，国务委员、国家森林草原防灭火指挥部总指挥王勇出席全国秋冬季森林草原防灭火工作电视电话会议并讲话。王勇强调，要深入贯彻习近平总书记关于加强森林草原防灭火工作的重要指示精神，落实李克强总理批示要求，坚持底线思维，强化防范应对，更加扎实做好秋冬季森林草原防灭火各项工作，坚决防范遏制重特大火灾发生，全力保障人民群众生命财产安全和生态安全。王勇指出，当前我国已进入秋冬季森林草原防火期，火灾防控形势复杂严峻。各地区各有关部门和单位要认真落实党中央、国务院决策部署，进一步压紧压实各级各方责任措施，前移严把防控关口，严控火源进山入林，严厉打击违规野外用火，全面排查整治风险隐患。强化火险监测预警和应急响应联动，及时科学处置突发火情，确保打早打小打了。突出重点区域、重要目标、关键时段火灾防范，靠前部署力量装备物资，健全联防联控、群防群控机制，全力以赴守住森林草原火灾和各类灾害事故安全底线，以实际行动迎接党的二十大胜利召开。

2022 年 11 月 10 日，国务委员、国家森林草原防灭火指挥部总指挥王勇出席全国森林草原防灭火工作电视电话会议并讲话。当前部分林区火险等级居高不下，防灭火形势复杂严峻。王勇强调，要深入学习贯彻党的二十大精神和习近平总书记关于做好森林草原防灭火工作的一系列重要指示精神，坚持安全第一、预防为主，强化底线思维、极限思维，全面深入推动森林草原防灭火各项责任措施落实落地，坚决防范遏制重特大火灾发生，全力保障人民生命财产安全和国家生态安全。王勇指出，要把党的二十大精神贯彻落实到森林草原防灭火工作全过程各方面，按照党中央、国务院部署，进一步压紧压实网格化责任措施，以最严标准抓好火源管控，加强监测预警和隐患排查，最大限度避免火灾发生。进一步提高火情早发现早处置能力，积极打早灭小，安全科学扑救，严防人员伤亡。抓紧补齐防范应急短板漏洞，加强防灭火知识宣传教育，扎实做好安全生产和防灾减灾工作，守牢守好安全发展底线，切实维护社会大局安全稳定。

（三）王勇调研森林防灭火工作

新华社南昌 11 月 12 日电　国务委员王勇在江西调研检查森林防灭火工作时强调，要深入学习贯彻党的二十大精神，全面贯彻习近平总书记关于防灾减灾救灾的重要指示精神，坚持人民至上、生命至上，压紧压实责任措施，积极强化防范应对，坚决遏制重特大森林火灾发生，全力维护人民群众生命安全和经济社会发展大局稳定。当前部分地区森林火险形势异常严峻，务必强化底线思维、极限思维，坚决把预防摆在首位，进一步增派力量强化网格化、精准化管控，加密林区监测和巡查巡护频次，全面排查治理各类风险隐患，综合运用人防技防措施盯紧看牢违法违规野外用火。高火险地区要抓紧补齐临时取水点、防火隔离带等设施，配备便携式水泵等灭火装备，强化部门防灭衔接配合，着力提高火情早预警、早发现、早处置能力，严防各类森林火灾和人员伤亡发生。

（四）着眼长远发展，精心完善顶层设计

推动森林草原防灭火高质量发展，组织起草《关于全面加强新形势下森林草原防灭火工作的意见》，经报党中央、国务院同意以中共中央办公厅、国务院办公厅文件印发。《意见》注重与新形势、新体制、新要求相协调，明确新形势下森林草原防灭火工作的指导思想、工作方针、工作要求、主要目标、重点任务和保障措施，对进一步提升我国森林草原火灾综合防控能力，有效防范化解重大森林草原火灾风险，维护人民群众生命财产安全和国家生态安全具有十分重要的作用。加快《森林草原防灭火条例》等法规制度制修订工作，积极筹建森林草原消防分标委会，系统推进防灭火工作法治化、规范化建设。

（五）强化责任落实，前瞻部署防控工作

召开3次全国电视电话会议，高位部署防灭火工作。及早研判长江中下游地区异常严峻高温干旱形势，组织召开夏防暨常态化防控工作会议、南方重点地区视频调度会议，实施“北机南调”“北兵南用”。针对党的二十大和北京冬奥会安保工作，制定重点省份专项预案，组织开展“决战月”活动，抓好火灾防范应对工作。约谈湖南、广西两省（区）政府负责同志，对湖南新田县、江西赣县区和广西全州县、兴安县4起火灾挂牌督办。

（六）坚持预防为主，深入推进隐患治理

坚持推动火灾防控模式向事前预防转变，会同国家林业和草原局、公安部开展野外火源治理和查处违规用火行为专项行动，整治火灾隐患5.3万处，查处和破获各类案件3398起，2022年人为因素引发森林火灾较近5年均值下降60.2%。按照国务院安全生产委员会统一部署，组织开展森林草原防灭火工作考核，推动整改95条突出问题。会同国家林业和草原局督促指导各地摸清隐患并制定清单，加强对风险隐患的精准识别和整改落实。在重要活动和重大节假日期间，协调组成工作组到22个重点省份明查暗访，全年下发13个警示函、提示函、督办函强化警示提醒。

（七）加强顶层设计，强化专业救援力量建设

在以中央办公厅、国务院办公厅名义印发的《关于全面加强新形势下森林草原防灭火工作的意见》中，设专章对强化森林草原防灭火专业力量建设进行了部署安排，分别对国家综合性消防救援力量、地方防灭火专业力量、军队和社会扑救力量以及专业人才队伍建设作了具体安排。突出加强能力建设，在《全国森林防火规划》中期评估调整和印发的《“十四五”全国草原防灭火规划》中对森林草原防灭火力量的装备和基础设施作了进一步明确和深化。

（八）紧盯极端情况，全力以赴应对处置

先后组织14次全国火险形势会商，完善周、月、季研判机制，加强滚动研判、短临研判和预警速报。全年共发布森林火险等级预报365期、高森林火险天气警报184期、橙（红）色预警14期、极端天气提示69期，卫星监测热点2735个，发现森林草原火灾231起，指导各地因险设防、因险而动。指导全国共租用飞机159架，累计飞行1.03万架次、1.88万小时，空中发现和参与处置火情189起。紧急跨省调机17架，有效支援火灾扑救工作。指导完成32个省级预案编修，编制极端天气条件下21个重点省份专项应对预案及国庆和党的二十大期间专项安保预案，协调12个成员单位制定分项预案。全力做好南方地区森林火灾多发重发应对处置工作，加强指挥调度和力量统筹，及时启动应急响应，第一时间派出专家组、工作组指导火灾扑救。

（九）聚焦能力提升，加快建设基础设施

会同国家林业和草原局、国家发展改革委、财政部完成《全国森林防火规划（2016—2025年）》中期评估及《“十四五”全国草原防灭火规划》编制印发工作。推动落实各级应急管理部门森林草原防灭火建设项目12个，中央投资4.2亿元，持续推进基础设施和航空消防力量建设。增加森林草原防灭火储备物资购置及管理专项，积极申请补充防灭火物资，向

15 个省份、6 个试点乡镇和 2 个大兴安岭集团公司调拨 4450 万元扑火物资，提升地方物资保障能力。协调财政部安排 6190 万元救灾资金支援重庆、江西、湖南和广西 4 省份处置森林草原火灾。

（十）破解难点堵点，深入开展理论研究

依托科研院所、支撑单位和专家团队，对爆燃火发生环境、机理进行研究，组织开展“雷击火”应对处置结果性评估，研究高山火、悬崖火、沟塘火等灭火特种战法。组织专家集中研究极端天气下森林草原大火巨灾的显著特征、主要形态、成灾机理和系统性风险，着眼当前和长远提出应对策略。实时跟踪国外森林草原大火态势，对巴基斯坦、阿富汗林火扑救提供技术援助。选取 6 个省份开展乡镇森林草原防灭火规范化管理试点，为全国乡镇规范化管理探索路子、提供示范。

（十一）着眼协同高效，推动完善体制机制

建立火灾信息通报机制，定期通报卫星监测热点 2 小时核查反馈率、起火原因查明率和火灾信息统计报告及时性、准确性。聚焦森林草原防灭火苗头性、倾向性问题，健全完善警示、约谈、挂牌督办等工作机制，推动问题整改。

三、森林消防重点工作

（一）加强中心任务领导

适时组织召开春防、秋冬防工作会议，以及汛期动员部署会、总结会和专题视频调度会 100 余次，全力打好防范化解重大安全风险的主动仗。加强各类业务培训，对防范应对大火巨灾组织专题研讨，组织支队级和大中队级指挥员开展跨省实战见习，加强善研判、懂指挥、会打火的指挥人才培养。召开重庆市、湘赣桂三省区跨省增援灭火、四川泸定 6.8 级地震救援行动复盘和人员搜救战法研讨，组织 7 次全国火险形势分析，编修灭火作战和综合救援典型战例，派员参加部大兴安岭林区应对处置雷击火结果性评估工作组和国家森林草原防灭火指挥部办公室森林草原大火巨灾研究课题集中攻关，探索极端天气条件下森林火灾扑救和地震、洪涝等灾害救援措施，形成一批可借鉴、可推广的理论研究成果。

（二）统筹优化力量运用

优化“北机南调”“北兵南用”机制，精准研判各地灾害风险和力量需求，在森林草原防火期，队伍驻防区域内动用 7952 人、5 架直升机在 14 个省（区、市）184 个高火险区实施靠前驻防，没有队伍驻防的区域派出 4277 人、5 架直升机到 13 个省（区、市）实施大规模“北兵南用”跨省机动驻防；在汛期，抽调 3800 余人赴全国重点流域的 53 处关键地域、薄弱部位靠前布防，探索出了一条固定前置备勤与短临机动备勤相结合的新路子，形成了季节性轮换、基地化驻防、区域性协同的力量运用新格局。积极配合国家森林草原防灭火指挥部办公室开展宣传送教活动，遴选业务骨干组成“教官团”，累计为 8 个省（区、市）培训地方专业队伍 8200 余人。

（三）严密组织防火宣传

立足由“被动打”向“主动防”转变，累计派出 2000 余人会同应急、林草、公安等部门组成 379 个联合工作组对重点省区开展森林防火督查，动用 1800 余人次在 45 处重点林区开展计划烧除和可燃物清理，有效降低了森林草原火灾风险。在中蒙、中俄边境开辟防火隔离带，最大限度减少火险隐患，掌握林区火险底数。动用 9.7 万余人次，联合 662 支、13355

人的地方专业、半专业扑火队伍，在固定、跨省驻防的19个省（区、市）、1096个重点火险区开展7次防火专项行动，“五一”、消防宣传月等重点时段拍摄制作《蓝姐巡山记》防火科普短视频6期，与吉林总队合作制作《小安探班》等系列短视频，视频播放量达10万余次，开展消防安全知识讲座“五进”活动，精心设计防火文创用品，不断扩大防火宣传效果和队伍社会影响力。严密组织冬(残)奥会消防安保和“防风险、保平安、迎接保卫党的二十大”专项活动，营造安全稳定社会环境。

(四) 大力推进实训实演

创新研究实战化训练方式方法，每日组织训练查勤，全面推动“八种组训模式”延伸落地，分级组织“火焰蓝”两项比武。依托公安部昆明警犬基地举办首届搜救犬专业技能竞赛，组织24名训导员比拼，开展搜救犬建设专项检查；投入6个单位、1400人、2架直升机参加转制以来参演力量、投入装备、担负科目最多的“应急使命·2022”高原高寒地区抗震救灾实战化演习。

(五) 科学指挥救援行动

面对极端高温干旱天气造成森林草原火灾打破常规、多点集中爆发的复杂局面，指导队伍重拳出击，集中力量打攻坚战，春季连续扑灭“3·12”凉山冕宁、“3·15”大理金甲山等较大森林火灾，8月果断调动甘肃、四川、云南总队1065名指战员跨区增援重庆，成功扑灭10个区县11起安全威胁大、社会影响大、扑救难度大的森林火灾。党的二十大期间紧急调动福建、四川、云南总队和机动支队3030名指战员跨省驰援，打赢了广西桂林连续战、江西赣州速决战、湖南永州持久战。圆满完成了四川泸定地震救援、云南苍山失联人员搜救、福建抗洪、东北抗击低温雨雪冰冻灾害和北京冬奥会安保等重大任务。积极参与驻地常态化新冠疫情防控任务。

(六) 加快航空力量建设

编修《飞行教员、指挥员训练大纲》《驻防飞行训练实施细则》《飞行安全工作规定》《国家综合性消防救援队伍航空装备维修人员航空机务等级管理办法》4部航空规章，加快航空救援训练基地建设和直升机增配论证，统筹推进飞行保障纳入军航体系、直升机检修排故、用机保障、升级改进、装备采购等工作，航空保障能力进一步提升。选送4名飞行学员到中国民航飞行学院参加培训，推动依托军队院校开展航空专业人员培训工作，5名飞行人员晋升特级飞行等级。

(七) 强化综合保障效能

法制保障上，制定出台《森林消防队伍特种救援分队训练大纲》《森林消防队伍地震救援编携配装规范》《森林消防队伍水域救援编携配装规范》《森林消防队伍综合救援训练场地标准》《地震救援侦查小组“5163”前出编配标准》5部规范性文件，编制印发《森林消防队伍地震救援行动手册》《森林消防队伍抗洪抢险和水域救援常识手册》《森林消防队伍应对低温雨雪冰冻灾害救援指导手册》3本任务指导手册。训练保障上，修订印发《200米灭火障碍场地建设标准和操作规程》，依托VR（虚拟现实）技术，研发建设国内首创、行业领先的森林灭火指挥训练与考评系统，为推动灭火指挥训练创新发展提供有力支撑。印发《关于2022年度新招录消防员入职教育训练工作的指示》，督导南北方集训队历时6个月圆满完成入职教育训练任务。通信保障上，建设森林消防大数据平台，对接各种数据资源 154 类、数据总量 2.3 亿条，对外提供服务接口 41 个，各类接口日均服务约 2.6 万次，总服务次数 1100 余万次。顺利完成超短波自组网一期项目，全面部署建设 568 套自组网基站，实现了大队以上单位和大兴安岭重点林区超短波数字化覆盖。全面推广北斗卫星通信系统应用，实现单兵和车辆的实时指控。试点部署超短波对空电台，空天地一体化指挥通信体系取得重大进展。人才保障上，建立森林消防队伍森林草原防灭火 100 名专家库，采取“网上+现地”等方式，开展防火灭火、水域救援等各类培训 141 期，全队伍 3000 余人取得培训资质证书。

第六章　救灾和物资保障

一、灾情管理

（一）规范灾情统计上报工作

紧盯各地雨情、汛情、震情和灾情，指导督促灾区及时准确统计报送灾情，压实属地报灾责任。召开全国灾情管理专题视频会议，指导各地深刻汲取河南郑州“7·20”特大暴雨灾害教训，进一步明确因灾死亡失踪人员信息上报程序及认定要求，杜绝信息迟报瞒报。强化重大灾情审核把关，制定《自然灾害灾情审核工作规程》，明确灾情审核的职责、流程和要点。加强对各种灾害历史数据的对比分析，就2022年长江流域夏秋冬连旱、四川泸定6.8级地震等重大灾害进行专题分析。

（二）科学有序组织开展灾情核查评估

进一步健全完善灾情核查评估体系，制定《自然灾害灾情核查评估工作规程》《自然灾害损失快速评估工作规程》，明确核查评估的分级实施机制；建立部灾情核查评估专家库，进一步规范灾害损失核查评估工作。组织开展四川芦山6.1级地震及马尔康6.0级震群地震、泸定6.8级地震灾害损失的评估工作；指导地方开展青海门源6.9级地震、青海大通山洪等重大灾害的灾害损失评估工作。

（三）稳步推进全国灾害信息员队伍建设

举办13.7万人参训的全国灾害信息员师资视频培训，指导地方全年分级培训灾害信息员90余万人（次）；从系统功能、用户权限、技术防护等方面提升全国灾害信息员数据库信息安全性，全国各级灾害信息员累计报送灾情信息近50万条。继续推广灾害信息员通信优惠套餐，为基层免费发放培训教材，并通过新闻发布会、《中国应急管理报》等媒体渠道，宣传推广各地灾害信息员典型事迹30余人，不断筑牢建强基层报灾队伍。

（四）健全灾情会商核定机制

会同气象、水利、农业农村、自然资源等部门开展月度、季度和年度灾情会商分析，及时统一发布灾情。会同有关单位、部门完善因灾死亡失踪人员会商核定机制，建立地质灾害有关灾情统计认定工作机制，启动旱灾专题会商机制，共享灾情数据。

二、物资保障

（一）加强应急物资保障顶层设计

会同国家发展改革委、财政部、国家粮食和物资储备局联合印发《“十四五”应急物资保障规划》，明确“十四五”期间应急物资保障的主要任务和重点建设工程项目。组织编制《国家突发事件应急物资保障应急预案》。配合国家粮食和物资储备局、财政部推动制定《中央应急抢险救灾物资管理暂行办法》，规范中央应急抢险救灾物资管理；配合国家发展改革委、国家粮食和物资储备局等部门开展关于国家中长期储备、加强战略和应急物资储备管理等一系列政策文件制定和落实。

（二）提升应急物资保障能力

配合国家粮食和物资储备局完成 2022 年度 2.35 亿元中央救灾物资采购，在防寒服、折叠桌凳、折叠床等原有品种基础上，新增了防潮垫、褥子等物资，进一步优化中央救灾物资储备品种结构。根据年度采购物资品种数量，并结合各地灾害情况、仓库储备情况等，科学制定入库方案，在东、中、西部共 17 个省份加强中央救灾物资储备，提升区域应急物资储备能力和整体响应效率。科学测算各地省级救灾物资储备情况，对尚不满足省本级Ⅱ级救灾应急响应标准的省份发函提醒，要求加强省本级救灾物资储备。此外，基于情景构建方式，测算极端条件下救灾物资产能储备品种数量，加强与新兴际华、浙江菜鸟集团、京东集团的联系，探索研究政企合作方式。

（三）提升应急物资信息化支撑水平

开展国家应急资源管理平台二期建设，优化完善国家应急资源管理平台功能，在强化数据安全的基础上，提升平台智能分析、辅助决策能力。开发上线灾害应急救援救助平台，建立工作协调机制，在 16 个省（区、市）组织开展试点演练，并在总结演练经验基础上向全国推广使用。

（四）及时高效调拨中央救灾物资

密切关注各地灾情，科学研判相关地区物资需求。针对广西暴雨洪涝灾害、四川泸定 6.8 级地震等重大灾害，紧急调拨中央救灾物资共计 7.3 万件，包括 8000 顶救灾帐篷、1 万床棉被、1 万床毛巾被、1 万床夏凉被、3 万张折叠床、20 套场地照明和 5000 个家庭应急包等，价值约 2156.3 万元，有力支持地方救灾救助工作。此外，针对广西、吉林、上海、西藏、内蒙古等地新冠疫情防控工作需要，调拨帐篷、棉被、折叠床等中央救灾物资 16.7 万件，价值约 5243.3 万元，大力支持地方新冠疫情防控工作。配合有关部门，对汤加火山、马达加斯加洪涝、巴基斯坦洪涝等灾害，调拨帐篷、折叠床等中央救灾物资 6700 件，价值约 799.4 万元，支持国家对外援助工作。

2022 年中央救灾物资调拨情况见表 4-6-1。

表 4-6-1　2022 年中央救灾物资调拨情况表

序号	灾情/新冠疫情	调拨时间	调拨物资情况
1	广西新冠疫情防控	1 月 12 日	调用给广西壮族自治区 12 平方米单帐篷 5000 顶、棉被 1 万床、折叠床 1 万张等中央救灾物资。在 3 个月内，广西壮族自治区应急管理厅按照物资技术标准购置归还全新物资
2	援助汤加火山灾害	1 月 21 日	调运 120 顶 20 平方米单帐篷和 1100 张折叠床用于做好对汤加火山灾害紧急人道主义援助。在 3 个月内，商务部按照物资技术标准购置归还全新物资
3	援助马达加斯加洪涝	2 月 22 日	调运 1600 顶 12 平方米单帐篷和 880 顶 20 平方米单帐篷用于协助开展对马达加斯加紧急人道主义援助。在 3 个月内，商务部按照物资技术标准购置归还全新物资

表 4-6-1（续）

序号	灾情/新冠疫情	调拨时间	调拨物资情况
4	吉林新冠疫情防控	3 月 14 日	调用给吉林省 12 平方米棉帐篷 5000 顶、棉被 5 万床、折叠床 2.5 万张等中央救灾物资。吉林省应急管理厅按照实际调用数量根据物资技术标准购置归还全新物资
5	上海新冠疫情防控	4 月 6 日	调用给上海市棉被 2 万床、折叠床 2 万张等中央救灾物资。在 3 个月内，上海市应急管理局按照实际调用数量根据物资技术标准购置归还全新物资
6	广西洪涝灾害	6 月 18 日	向广西壮族自治区调拨 5000 顶帐篷、2 万床夏凉被（毛巾被）、2 万张折叠床、5000 套家庭应急包等中央救灾物资
7	援助巴基斯坦洪涝	8 月 26 日	调运 3000 顶 12 平方米单帐篷用于协助开展对巴基斯坦洪灾紧急人道主义援助。在 3 个月内，商务部按照物资技术标准购置归还全新物资
8	四川泸定 6.8 级地震	9 月 5 日	向四川省调拨 3000 顶 12 平方米棉帐篷、1 万张折叠床、1 万床棉被等中央救灾物资
9	西藏新冠疫情防控	9 月 19 日	调用给西藏自治区折叠床 3000 张、棉被 3000 床等中央救灾物资。西藏自治区应急管理厅按照实际调用数量根据物资技术标准购置归还全新物资
10	内蒙古新冠疫情防控	10 月 11 日	调用给内蒙古自治区 12 平方米棉帐篷 500 顶、20 平方米棉帐篷 500 顶、木板折叠床 5000 张、棉被 5000 床、毛毯 5000 床等中央救灾物资。内蒙古自治区应急管理厅按照实际调用数量根据物资技术标准购置归还全新物资

（五）优化提升救灾捐赠管理水平

开发应急捐赠管理系统，组织全国救灾捐赠工作视频培训会，专题指导救灾捐赠工作及捐赠管理系统操作使用。加快推进应急捐赠管理系统应用，结合“应急使命·2022”高原高寒地区抗震救灾实战化演习，指导地方开展救灾捐赠演练。推动将救灾捐赠咨询服务纳入部“95707”热线，推进与中国电信集团建立救灾捐赠热线合作机制。

三、灾害救助

（一）高效有序开展灾害救助

按照《国家自然灾害救助应急预案》规定，针对湖南、广西、江西、青海、四川、重庆、湖北等地发生的地震、旱灾、洪涝等严重灾害，启动国家救灾应急响应 14 次（表 4-6-2），派出多个工作组赶赴灾区指导协助地方做好救灾救助工作。商财政部安排下拨应急期中央自然灾害救灾

表 4-6-2　2022 年国家救灾应急响应启动表

序号	响应编号	启动响应时间	工作组出发时间	受灾省份及地市	灾种	响应级别
1	Ⅳ级 1 号	6 月 4 日	6 月 4 日	湖南益阳、湘西、常德等地	洪涝	Ⅳ级
2	Ⅳ级 2 号	6 月 7 日	6 月 7 日	广西梧州、桂林、柳州、河池等地	洪涝	Ⅳ级
3	Ⅳ级 3 号	6 月 15 日	6 月 15 日	江西赣州、抚州、吉安、上饶等地	洪涝	Ⅳ级
4	Ⅳ级 4 号	6 月 15 日	6 月 15 日	福建龙岩、三明、南平、宁德等地	洪涝	Ⅳ级
5	Ⅳ级 5 号	6 月 22 日	6 月 22 日	广东韶关、梅州、河源、清远等地	洪涝	Ⅳ级
6	Ⅳ级 6 号	8 月 4 日	8 月 4 日	辽宁锦州、阜新、鞍山、盘锦等地	洪涝	Ⅳ级
7	Ⅳ级 7 号	8 月 18 日	8 月 18 日	青海西宁等地	洪涝	Ⅳ级
8	Ⅲ级 1 号	8 月 18 日	8 月 18 日	青海西宁等地	洪涝	Ⅲ级
9	Ⅳ级 8 号	8 月 22 日	8 月 22 日	四川	干旱	Ⅳ级
10	Ⅳ级 9 号	8 月 22 日	8 月 22 日	重庆	干旱	Ⅳ级
11	Ⅳ级 10 号	8 月 23 日	8 月 23 日	湖北	干旱	Ⅳ级
12	Ⅳ级 11 号	9 月 5 日	9 月 5 日	四川甘孜、雅安等地	地震	Ⅳ级
13	Ⅲ级 2 号	9 月 5 日	9 月 5 日	四川甘孜、雅安等地	地震	Ⅲ级
14	Ⅳ级 12 号	10 月 8 日		湖南常德、湘西、怀化等地	干旱	Ⅳ级

资金（生活救助方向）17.915 亿元，会同国家粮食和物资储备局向广西洪涝灾区等紧急调拨 7.3 万件中央救灾物资，为地方做好救助工作提供有力支持（图 4-6-1 和图 4-6-2）。印发《关于进一步做好极端灾害情况下救灾救助工作的通知》，派出多个工作组赴地方督导检查，指导督促各地进一步树牢底线思维、极限思维，落实落细极端灾害情况下救灾救助各项工作措施，2022 年支持各受灾省份累计转移安置受灾群众 242.8 万人次，受灾群众基本生活得到有效保障。

有关重大灾害中央自然灾害救灾资金下拨情况如下：

【6 月上中旬珠江流域暴雨洪涝灾害】 2022 年 6 月 18 日，应急管理部会同国家粮食和物资储备局向广西壮族自治区调拨 5000 顶帐篷、2 万床夏凉被（毛巾被）、2 万张折叠床、5000 套家庭应急包等中央救灾物资，支持地方做好防汛救灾和受灾群众转移安置等保障工作。6 月 20 日，财政部、应急管理部向广西壮族自治区预拨中央自然灾害救灾资金 5000 万元，支持做好防汛救灾工作。12 月 22 日，财政

图 4-6-1 中央救灾物资第一时间运抵地震灾区

图 4-6-2 地震灾区受灾群众得到妥善安置

部、应急管理部向广西壮族自治区核拨中央自然灾害救灾资金（生活救助方向）2.7682 亿元，向广东省核拨中央自然灾害救灾资金（生活救助方向）1.26 亿元，支持两省（区）做好因灾倒损民房恢复重建、过渡期生活救助等救灾救助工作。

【6 月份闽赣湘三省暴雨洪涝灾害】 2022 年 6 月 20 日，财政部、应急管理部向湖南省预拨中央自然灾害救灾资金 5000 万元，支持做好防汛救灾工作。12 月 22 日，财政部、应急管理部向湖南省核拨中央自然灾害救灾资金（生活救助方向）1.78 亿元，支持做好因灾倒损民房恢复重建、过渡期生活救助等救灾救助工作。6 月 20 日，财政部、应急管理部向江西省预拨中央自然灾害救灾资金

5000 万元，支持做好防汛救灾工作。12 月 22 日，财政部、应急管理部向江西省核拨中央自然灾害救灾资金（生活救助方向）2.05 亿元，支持做好因灾倒损民房恢复重建、过渡期生活救助等救灾救助工作。6 月 20 日，财政部、应急管理部向福建省预拨中央自然灾害救灾资金 5000 万元，支持做好防汛救灾工作。12 月 22 日，财政部、应急管理部向福建省核拨中央自然灾害救灾资金（生活救助方向）8700 万元，支持做好因灾倒损民房恢复重建、过渡期生活救助等救灾救助工作。

【长江流域夏秋冬连旱】2022 年 12 月 22 日，财政部、应急管理部向四川省下拨中央自然灾害救灾资金（生活救助方向）8400 万元，主要用于支持帮助四川省旱灾受灾群众生活救助工作。12 月 22 日，财政部、应急管理部向重庆市下拨中央自然灾害救灾资金（生活救助方向）6800 万元，主要用于支持帮助重庆市旱灾受灾群众生活救助工作。12 月 22 日，财政部、应急管理部向湖北省下拨中央自然灾害救灾资金（生活救助方向）9500 万元，主要用于支持帮助湖北省旱灾受灾群众生活救助工作。12 月 22 日，财政部、应急管理部向湖南省下拨中央自然灾害救灾资金（生活救助方向）7800 万元，主要用于支持帮助湖南省旱灾受灾群众生活救助工作。

【8 月上旬辽宁暴雨洪涝灾害】2022 年 8 月 2 日，财政部、应急管理部向辽宁省紧急预拨中央自然灾害救灾资金 5000 万元，支持地方开展防汛救灾工作。12 月 22 日，财政部、应急管理部向辽宁省核拨中央自然灾害救灾资金（生活救助方向）8100 万元，支持做好因灾倒损民房恢复重建、过渡期生活救助等救灾救助工作。

【8 月 17 日青海大通山洪灾害】2022 年 8 月 18 日，财政部、应急管理部紧急预拨中央自然灾害救灾资金 5000 万元，由青海省统筹用于应急抢险和受灾群众救助，重点做好搜救转移安置受灾人员、排危除险等应急处置、次生灾害隐患排查和应急整治、倒损民房修复等工作。12 月 22 日，财政部、应急管理部向青海省核拨中央自然灾害救灾资金（生活救助方向）1300 万元，支持做好因灾倒损民房恢复重建、过渡期生活救助等救灾救助工作。

【9 月 5 日四川泸定 6.8 级地震】2022 年 9 月 5 日，财政部、应急管理部当日紧急预拨四川省中央自然灾害救灾资金 5000 万元，统筹用于应急抢险和受灾群众救助工作，重点做好搜救转移安置受灾人员、排危除险等应急处置、次生灾害隐患排查和应急整治、倒损民房修复等工作。应急管理部会同国家粮食和物资储备局当日向四川泸定县调拨 3000 顶帐篷、1 万床棉被、1 万张折叠床等中央救灾物资，支持地方做好抗震救灾和受灾群众转移安置等保障工作。12 月 22 日，财政部、应急管理部向四川省核拨中央自然灾害救灾资金（生活救助方向）4.7764 亿元，支持做好地震受灾群众安置救助和因灾倒损民房恢复重建等救灾工作。

（二）健全救灾救助政策制度体系

推进《国家自然灾害救助应急预案》修订，完善分级标准和响应措施。同时，指导各地加快修订完善本级救助预案，21 个省份已完成修订任务，进一步完善自然灾害救助制度体系。推进《受灾人员冬春生活救助工作规范》修订，进一步明确总体工作要求，优化救助程序，强化绩效管理评价；督促各地完善省级冬春救助相关制度规范，并指导市县抓好落实，切实保障受灾群众冬春基本生活。加快修订《因灾倒塌、损坏住房恢复重建救助工作规范》，围绕资金管理和恢复重建的新形势新要求，重点增加了补助对象确定、资金下拨程序、资金管理要求、部际协调机制等方面内容。会同国家乡村振兴局出台《关于建立健全防范因灾返贫长效机制的通知》，指导基层进一步完善工作机制，细化落实帮扶救助措施，保障好受灾困难群众基本生活，切实防止因灾致贫返贫。

（三）扎实做好受灾人员冬春救助

针对2022年部分省份冬春救助任务较重的实际，应急管理部会同财政部提前印发通知，组织召开全国视频会议进行部署，指导各地精准统计上报救助需求，优化冬春救助对象认定程序，加强中央冬春救助资金监督检查，切实提升冬春救助规范化、精细化水平。2022年12月22日，财政部、应急管理部向24个省（区、市）和新疆生产建设兵团下拨2022—2023年度中央冬春救助资金54.76亿元，支持帮助地方做好受灾群众冬春临时生活困难救助工作，同时加大对四川、青海、湖北、湖南等受灾较重省份、高寒寒冷地区、“三区三州”等原深度贫困地区所在省份以及乡村振兴重点帮扶县的倾斜支持力度。组派7个工作组深入14个重点省（区）开展调研督导，确保中央冬春救助资金春节前发放到救助对象手中、确保受灾群众安全温暖过冬（图4-6-3）。

（四）有序指导推进因灾倒损民房恢复重建

多次召开专题视频会、调度会，定期跟进调度各地因灾倒损民房恢复重建进度，组派多个工作组赴地方调研督导，指导督促各地认真落实主体责任，加大资金投入力度，完善工作推进机制，加快推进因灾倒损民房恢复重建工作，确保受灾群众早日入住新居（图4-6-4和图4-6-5）。2021年度全国因灾倒损民房恢复重建任务全部完成，2022年度因灾倒损民房恢复重建工作有序推进。暂未搬入新居的受灾群众有安全临时住所，温暖过冬有保障。

图4-6-3 向受灾群众发放冬春救助物资

图 4-6-4　湖南省怀化市溆浦县灾后重建小区

图 4-6-5　福建省龙岩市武平县十方镇灾后重建小区

第七章　2022年全国典型自然灾害

一、1月8日青海门源6.9级地震

1月8日1时45分，青海海北州门源县发生6.9级地震，震源深度10千米。震中位于青海、甘肃两省交界处，此后又发生5.1级、5.2级强余震，地震共造成青海、甘肃、内蒙古、宁夏4省（区）17.1万人受灾，不同程度损坏房屋9.5万间，局地交通、市政等基础设施受损严重，直接经济损失32.5亿元。

二、2月中下旬南方低温雨雪冰冻灾害

2月中下旬，南方出现大范围低温雨雪冰冻灾害过程，持续时间长，暴雪落区偏南，降水（雪）强度大。持续低温雨雪冰冻对农业生产、交通、电力等造成一定影响。灾害造成福建、江西、湖南、广东、广西等9省（区、市）77个市447个县（市、区）609.2万人受灾，近8400人紧急转移安置；农作物受灾面积422.3千公顷；900余间房屋倒塌，近6500间不同程度损坏；直接经济损失78.9亿元。

三、6月上中旬珠江流域暴雨洪涝灾害

5月下旬至6月上中旬，我国华南地区遭遇1961年以来第2强的“龙舟水”过程。受其影响，珠江流域连续形成2次流域性较大洪水，北江出现1915年以来最大洪水，西江、北江、韩江先后发生7次编号洪水，局地发生严重城乡内涝和山洪地质灾害等。灾害造成广东、广西2省（区）648.9万人次受灾，因灾死亡失踪37人，紧急转移安置50.2万人次；倒塌房屋9200余间，不同程度损坏2.4万间；农作物受灾面积288.4千公顷；直接经济损失278.2亿元。

四、6月份闽赣湘三省暴雨洪涝灾害

6月份，福建、江西、湖南多地遭遇多轮强降雨过程，累计雨量大、降雨落区重叠、受灾范围广，多条河流发生超历史洪水，引发洪涝和次生地质灾害等，农业、水利、交通、供水、供电等基础设施受损严重。灾害造成福建、江西、湖南3省814.2万人次受灾，因灾死亡失踪29人，紧急转移安置62.9万人次；倒塌房屋9100余间，不同程度损坏5万余间；农作物受灾面积582千公顷；直接经济损失433亿元。

五、2022年第3号台风“暹芭”

2022年第3号台风“暹芭”于7月2日15时左右在广东电白沿海登陆（台风级，35米/秒）。登陆后穿过广东、广西、湖南3省（区），其残余环流继续北上影响我国黄淮、东北等地。造成广东、广西、海南等省（区）39个市165个县（市、区）186.29万人受灾，紧急转移安置7万余人；倒塌房屋670余间，不同程度损坏近1400间；农作物受灾面积109.01千公顷；直接经济损失31.2亿元。

六、7月中旬四川暴雨洪涝灾害

7月11日至17日，四川省部分地区

遭受多轮强降雨天气，部分地区降暴雨，局地大暴雨，并伴有雷电、阵性大风等强对流天气，引发山洪、泥石流等灾害。造成绵阳、阿坝、雅安等 13 市（州）76 个县（市、区）27.9 万人受灾，因灾死亡失踪 36 人，紧急转移安置 1.4 万人；倒塌房屋近 400 间，不同程度损坏近 2200 间；农作物受灾面积 3.9 千公顷；直接经济损失 24.8 亿元。

七、长江流域夏秋冬连旱

7 月至 11 月上半月，长江流域降水异常偏少、极端高温天气持续，中旱以上日数为 77 天，较常年同期偏多 54 天，为有完整实测资料以来最严重的气象水文干旱，极端高温干旱对相关地区农业生产、人畜饮水、电力供应、生态环境等造成严重影响。旱情峰值时，造成四川、重庆、湖北、湖南、江西等 12 省（区、市）3978 万人受灾，701.4 万人因旱需生活救助；农作物受灾面积 4270 千公顷；直接经济损失 408.5 亿元。

八、8 月上旬辽宁暴雨洪涝灾害

7 月底至 8 月上旬，辽宁省中西部、东南部等地出现暴雨到大暴雨，引发洪涝灾害，辽河干流持续超警，支流绕阳河堤防发生溃口险情，农业、基础设施等损失较重。灾害造成锦州、阜新、盘锦等 9 市 31 个县（市、区）54.9 万人受灾，紧急转移安置 3.4 万人；倒塌房屋 100 余间，不同程度损坏 8500 余间；农作物受灾面积 166.4 千公顷；直接经济损失 76 亿元。

九、8 月 17 日青海大通山洪灾害

8 月 17 日 22 时许，受持续强降雨影响，青海省多地发生暴雨洪涝灾害，西宁市大通县青林乡、青山乡等地瞬时强降雨引发山洪，道路、桥梁、水利等基础设施受损严重。灾害共造成西宁、海北、海东、黄南、果洛 5 市（州）11 个县（市、区）6.5 万人受灾，因灾死亡失踪 31 人，紧急转移安置 3300 余人；倒塌房屋 100 余间，不同程度损坏 9000 余间；农作物受灾面积 5.3 千公顷；直接经济损失 6.9 亿元。

十、9 月 5 日四川泸定 6.8 级地震

9 月 5 日 12 时 52 分，四川省甘孜藏族自治州泸定县发生 6.8 级地震，震源深度 16 公里。地震造成四川省甘孜、雅安等 6 市（州）24 个县（市、区）54.8 万人受灾，因灾死亡失踪 117 人，紧急转移安置 8 万人；倒塌房屋 1.2 万间，不同程度损坏 26.5 万间；灾区居民住房及电力、通信、道路等基础设施损毁严重，直接经济损失 154.8 亿元。

第五篇

应 急 救 援

综 述

2022年，应急管理部门坚决贯彻落实习近平总书记重要指示批示精神和党中央、国务院决策部署，坚持实战导向，加强统筹协调，聚焦重点发力，持之以恒夯基础、谋发展、强能力、练作风，高效完成急难险重突发事件处置任务。

一、深化完善应急指挥系统建设

推动落实应急管理部门与军队、民航、铁路、公路和相关中央企业等单位之间的应急协调联动机制，对接军队、相关中央企业在重点风险区准备应急力量26万余人，做到随时反应、快速应急。成功举办“应急使命·2022”高原高寒地区抗震救灾实战化演习，练指挥、练协同、练战法、练保障，进一步检验应急预案、完善指挥机制、规范现场管理、强化应急准备，全面提高防灾减灾水平和联合救援能力。开发完善预案管理和应急演练、救援协调综合业务系统，形成全流程闭环管理模块，有效提升应急指挥工作效能。

二、持续推进应急预案体系建设

完成《国家突发事件总体应急预案》《突发事件应急预案管理办法（报审稿）》修订和征求意见工作，统筹推进国家层面11个专项、部门预案和18个省级总体应急预案，以及4.9万余件地方各类应急预案修订工作取得积极进展。部署开展基层应急预案体系建设试点，不断提升应急预案体系建设质量。

三、积极推进国家综合性消防救援队伍建设

坚持举旗铸魂，大力加强思想政治建设。深入学习贯彻习近平新时代中国特色社会主义思想，贯穿全年部署开展“牢记领袖训词、永做忠诚卫士”主题教育，评选表彰首届“中国消防忠诚卫士”，做好遂行任务中政治工作，激励广大指战员许党报国、忠诚履职。聚焦转型发展，积极推进法规制度建设。统筹推动“十四五”规划起步开局，持续完善改革配套政策，广泛开展“学法规、用法规”活动，逐级传导压力，依法从严治队，全力预防各类事故案件，确保队伍秩序正规、安全稳定。落实党的组织路线，扎实抓好干部队伍建设。深入开展党建工作调研，巩固深化中央巡视反馈意见整改成果，严密组织领导干部个人有关事项报告查核，调整配备领导干部，培养锻炼年轻干部，完善选拔评价机制，营造风清气正的良好政治生态。围绕提质强能，持续加强救援能力建设。广泛开展全员练兵和大比武活动，不断加强实战化训练演练，狠抓集中培训、网络培训和组织调训，联合地方高校培养各领域高素质专业人才，在保民平安、为民造福中充分发挥了应急救援主力军和国家队作用。

四、加快推动应急救援力量建设

加速推进国家区域应急救援中心建设，5个区域中心已全面开工建设。聚焦

灭火大飞机破题，印发实施国家应对重特大森林火灾航空器建设方案。加强航空关键力量部署，在灾害重点地区统一部署航空器89架。推动工程抢险能力建设，完成国家投入的4.67亿元计22类202台（套）关键救援装备采购配备。组建水上工程抢险救援力量，7艘工程抢险救援（指挥）船全部交付下水。印发实施《关于进一步推进社会应急力量健康发展的意见》，将2300余支社会应急力量4.9万人纳入应急救援力量体系，引导社会应急力量健康有序发展。

一年来，应急管理部累计组织185场视频调度，启动89次应急响应，派出114个工作组赴现场。有序有效应对了青海门源6.9级地震、“3·21”东航MU5735航空器飞行事故、湖南长沙“4·29”特别重大居民自建房倒塌、四川芦山6.1级地震、青海大通“8·18”山洪灾害、四川泸定6.8级地震、河南安阳“11·21”凯信达商贸有限公司特别重大火灾、新疆阿希金矿“12·24”坍塌事故、重庆和湖南等地森林火灾等近400起灾害事故。

第一章 应急指挥系统建设

一、强化应急值守和信息报告工作

研究制定《特别重大地震灾害初期应对处置工作细化方案（试行）》，对特别重大地震发生后4小时内各有关单位职责和主要任务进行分解和明确，在四川芦山6.1级地震和四川泸定6.8级地震应对处置中，不断对信息报告和共享、服务领导会商调度研判等工作进行实战化检验磨合，取得良好成效。实行直插现场的指挥调度机制，直接向现场人员核实有关情况，有力提升了信息报告的效率和质量。建立应急值守工作书面通报制度，有效提升了各级指挥中心业务能力。周密部署重大活动、重点时段应急值守工作，指挥中心实行“双班备勤”值班制度，建立部机关有关司局、单位联合值守处置的工作机制，确保每日40余名骨干力量在岗值守、70余名备勤力量随时待命，向上级部门报送灾害事故信息726期，信息报告工作多次得到上级部门肯定。每月以及重要敏感时间节点组织开展风险综合研判，及时上报重点领域安全风险研判信息，充分发挥参谋助手作用。对省、市、县三级应急管理部门应急值守工作开展电话、视频随机抽查检查，采取整体讲评、部分指导、点对点通报等多种方式，督促整改落实，压实责任链条，圆满完成党的二十大、北京冬奥会和冬残奥会、全国两会以及春节、国庆期间的值班值守和应急处置任务。

国家综合性消防救援队伍开展“一体化”值班值守、警情跟踪与遂行出动试点建设，强化各类警情灾情全程跟踪、分类指导，总队、支队警情跟踪率达100%，遂行出动率增长116%；聘用核生化、石化、水利、建筑结构等20余个专业领域213名专家全面参与日常值守，为各类灾害处置提供专业化辅助支撑。在党的二十大、北京冬奥会和冬残奥会应急救援安保期间，国家综合性消防救援队伍和各类专业救援队伍时刻待命，全力做好值守备勤工作，加强应急准备，确保关键时刻拉得出、冲得上、打得赢。

二、优化完善工作制度机制

健全完善军地应急联动机制，与军队有关方面加强对接沟通，协同修订军队参加抗震救灾、抗洪抢险、森林草原火灾扑救应急预案。推动深化落实与中国民航局、国铁集团应急交通保障机制。强化应急力量统筹，2次组织召开应对重特大灾害应急力量准备工作协调会，推动相关中央企业和地方应急管理部门加强对接，落实落细抗大震、抢大险、救大灾各项应急准备。更新完善应急管理部应对特别重大灾害应急响应“1+6+6”（1个总册、6个灾种分册、6个保障分册）工作手册。动态修订20余个重特大地震、洪涝灾害跨区应急力量投入预案，全年共协调军队、中央企业在重点地区准备应急力量26万余人。

坚持实战导向，会同有关方面预先制定调动方案，提前划设任务区域，精准组织救援行动，全年共协调跨区应急救援力量7万余人次。在应对辽宁盘锦绕阳河溃口险情中，按照就近用兵、专业用兵、快速行动的原则，紧急调派工程救援、航空等应急力量执行跨区增援任务。其中，应急管理部自然灾害工程应急救援中心连夜从相关地区调集水利、工程、地质技术专家，以及抢险队员和专业装备紧急千里驰援，24小时内全部机动到位；2架驻内蒙古大型直升机在8小时内完成计划申请、航线审批到飞抵任务区，成为应急管理部门运用航空、高铁快速投送力量的典型战例。湖南长沙“4·29”特别重大居民自建房倒塌事故发生后，协调调派应急管理部自然灾害工程应急救援中心工程队伍增援，与消防、社会等应急力量协同作战，发挥了工程技术优势，有效增强了救援效能。党的二十大、北京冬奥会和冬残奥会应急救援安保备勤期间，坚持每日“零报告”和突发事件随时报告制度，加强上下联动、抽查呼点，始终保持应急状态，做好国家层面准备相关专业应急救援力量的协调工作。

对标应急救援“主力军、国家队”职责定位，紧紧围绕“五平台、两基地”（综合信息自动汇聚、实战风险会商研判、快速反应高效指挥、灾情跟踪智能提醒、专家值守科学决策平台，随警出动移动指挥、战例复盘轮值轮训的基地）建设，不断优化完善国家综合性消防救援队伍应急指挥机制。紧盯地震地质、台风洪涝、森林火灾、低温雨雪等灾害类型，分类优化重特大灾害事故调度指挥程序，全面开展队伍分级指挥与专业指挥相结合指挥机制研究，修订跨区域力量调动有关规定，制定30类典型灾害事故处置要点，并结合重点区域地震震情、洪涝灾害、低温冰雪灾害等，按照提级响应的模式，开展各类专业队伍实战拉动20余次，不断提升调度指挥效能。

强化安全生产应急救援响应与处置，从出动到归建，明确调用国家专业队参与救援工作流程，提高抢险救援响应效率。印发《安全生产应急救援物资装备库运行管理与物资装备协调调用暂行办法》，规范物资装备储备、使用和维护保养，以及国家安全生产应急救援中心调动装备库物资装备工作流程，确保物资装备随时处于“整装待发”状态，一旦发生事故能够快速调用。

三、加强系统平台建设

（一）加快推进应急指挥信息平台建设

全面上线运行“国家应急指挥综合业务系统”手机客户端（App），完成PAD客户端开发应用，实现在线批示、接收信息、查询通讯录和值班表等功能。不断升级迭代系统功能，建强“一键通”功能，建立处置各类灾害事故响应人员编组，优化和规范使用流程，将指令发出时间缩短至1分钟内。增设重大紧急信息即时短信提醒功能，增加值班日报、分析统计、用户使用情况监测等功能模块。组织开展“上合组织多边协作应急信息共享系统”建设，建成上合组织成员国间信息共享、研判会商、经验交流信息化平台。

（二）加强应急资源管理平台推广应用

应急资源管理平台整合物资、捐赠、社会应急力量三大类业务，实现对中央应急物资信息“一物一码”全生命周期精细化管理，为参与抢险救援的队伍提供报备登记和道路通行等服务保障，推动跨层级信息共享汇聚和跨部门业务协同。平台汇聚全国中央、省、市、县（乡）各级应急物资储备仓库约1.4万个，较2021年增长29.91%；应用平台开展物资调拨出库2.7万余单，较2021年增长60.49%；各级用户约2.7万个，较2021年增长10.04%，2022年全国各级用户登录约44万人次。在吉林新冠疫情防控、四川泸定6.8级地震、广西洪涝灾害等事件中，运用平台开展中央应急物资调拨工作，有力支撑年度物资清查和中央物资采购。启动平台二期改造项目建设，优化完善物资物流管理、智能辅助决策等8个功能模块，提升应急资源保障信息化水平。

投入运行安全生产应急资源信息管理系统，录入国家专业队、地方专业队、应急物资装备库的物资装备信息42000余条，登记注册应急救援物资装备生产制造企业和建筑施工、地质勘探、钻机使用等企业800余家，数据覆盖全国31个省（区、市）和新疆生产建设兵团。结合用户使用操作体验，优化系统设置，新增事故定位、事件信息、参数筛选等模块，增加多选查询、通讯录搜索等功能，提升信息查询效率。在湖南长沙“4·29”特别重大居民自建房倒塌、山西沁源凤凰台煤业公司顶板事故、四川泸定6.8级地震等事故灾害救援中，及时提供队伍及物资装备信息，为指挥调度提供可靠信息保障。

（三）优化完善应急指挥“一张图”

一是按照灾害事故风险隐患、防护目标、应急力量、应急物资、避难场所、应急资源等维度，汇聚全国高危企业、重要基础设施等37大类220余万条重点目标数据，整合应急、气象、水利、自然资源、工信等部门相关基础数据8亿条，接入各单位社会面重点风险区监控视频近700万路，采集消防等18类队伍及装备详细信息，接入1万余个仓库6亿余件应急物资信息。二是系统集成部内外业务系统40余个，形成事件接报、灾情研判、信息综合、救援处置等19大类145项子模块，实现应急处置全流程“一张图”展示，初步具备“情指行一体”的综合指挥辅助决策能力。灾害事故发生时，可快速查看灾情实景、卫星影像、人口分布、重要承灾体和应急资源等情况，实时汇聚展示翼龙无人机航拍视频及轨迹、一线灾情动态、救援力量定位轨迹、协同处置进展、现场回传视频等信息，为灾害事故处置决策提供全方位立体化支撑。

（四）启动数字化战场体系建设

圆满完成“应急使命·2022”高原高寒地区抗震救灾实战化演习通信保障任务。在演习全域组织构建随遇接入的空天地一体化应急战术互联网，有效解决了大震巨灾多队伍协同救援统一指挥通信难题，实现救援现场人员、车辆、环境、灾情等要素数字化，全程实时采集并智能监测位置轨迹、生命体征、车辆工况、现场环境、灾情进展等信息，打造了“单兵数字化、战场网络化、指挥可视化、救援智慧化”的新型救援模式。加快推进数字化战场建设，编制地方试点建设任务书，宣贯并指导地方开展数字化战场试点建设。

（五）设计开发灾害应急救援救助平台

加快推动灾害应急救援救助平台建设，专门开发便于使用的微信小程序，为受灾群众求救求助、社会应急力量参与抢险救援行动、各级应急管理部门掌握处理救援救助需求等提供信息化支撑。一是面向社会公众，提供“我要求救”“电话求救”“代人求救”“灾情动态”等功能，满足受灾群众快速提报求救信息需求。二是面向社会应急力量，提供“我要救援”“任务清单”“撤离灾区”“队伍管理”等功能，推动社会应急力量规范有序参与救援救助工作。三是面向应急管理部门和社会应急力量参与重特大灾害抢险救援行动现场协调机制（简称现场协调机制）运行保障团队，提供“启动响应”“发布公告”“信息核实”“任务分派”等功能，工作人员可快速处理求救求助信息、协调救援力量、调拨救灾物资。四是建立 95707 虚拟呼叫中心，通过移动座席技术，将社会公众拨打呼叫求救求助、咨询物资捐赠自动转接到现场协调机制运行人员手机上，确保及时快速应答。

四、加强消防和森林消防应急指挥系统建设

坚持向新科技、信息化、大数据要战斗力，建优建强各类系统数据平台，加强外部领域信息共享，构建跨地区、跨部门、跨层级的消防数字底座，加快实现内部数据互通，推动作战指挥向“智能化”转型升级。部署开展现代化指挥中心试点建设，推动信息报送系统、智能指挥系统 50 余项功能点升级，有效提升信息报送时效性的科技支撑；指导各地利用可视报警、语音转译、人工智能、大数据分析、物联感知等信息化技术，持续迭代升级“两智一图”（智能接处警系统、智能指挥系统，消防“一张图”），配套建立辅助决策和资源共享、信息推送等机制，以及蜂巢无人机和“透明化、数字化”战场等成果的运用，接警调派的时效性和准确率大幅提升；以“一短三快”（接警短，出动快、到场快、救人快）为切口，推动队伍执勤模式、训战方式、指挥形式等全链条变革，积极探索构建现代化消防指挥体系的新路径。

紧盯队伍职能拓展和改革转型升级，牢固树立聚焦实战、服务实战的鲜明导向，不断强化作战指挥调度，夯实灭火救援基础，不断提升专业指挥能力。举办全国指挥中心骨干和接警调度员师资培训，培训相关人员 3520 名；推动接警调度员职业纳入《消防员国家职业技能标准》，全面推进培训大纲、教材、操法修订，全面推进 119 接处警工作法制化、标准化建设，稳步推进队伍职业化、专业化培养和队伍长远发展；固化案例复盘和业务理论授课机制，开展各类授课、复盘、研讨 25 次，广泛开展国内外典型事故案例跟踪复盘，不断提升辅助决策能力和专业指挥水平。

根据队伍遂行任务实际需要，在顺利完成国家综合性消防救援队伍作战指挥平台（原森林消防队伍灭火指挥系统）项目 2 期建设任务基础上，启动 3 期建设项目招标建设，对作战指挥平台软件功能、安全防护和运行性能等进行优化升级。升级后平台系统在 2022 年四川省甘孜州九龙县呷尔镇“2·16”森林火灾、云南省大理白族自治州大理市太和街道荷花村金甲山“3·15”森林火灾、跨省增援渝桂湘赣灭火行动、黑龙江黑河五大连池市朝阳山镇东风村“7·13”山洪灾害人员搜救等重大任务中发挥了重要作用。

第二章 应急预案体系建设

一、持续完善应急预案体系建设

推动《国家突发事件总体应急预案》修订工作，完成66家有关部门（单位）征求意见，形成第三方评估报告、合法性审核意见和舆情应对引导方案。修改完善《突发事件应急预案管理办法》，做好与总体预案、上位法修订内容的有效衔接，统筹推进国家层面11个专项、部门预案和18个省级总体应急预案，以及4.9万余件地方各类应急预案修订工作取得积极进展。以国务院办公厅名义印发《国家防汛抗旱应急预案》。在天津、广西等5个省份部署开展基层应急预案体系建设试点。指导天津市应急管理局探索形成“三审两报”预案审核机制，指导广西壮族自治区应急管理厅全面推进应急预案数字化管理新模式应用，为充分发挥应急管理部门综合协调应急预案衔接职能作用探索了新路径。认真总结地方试点经验，研究起草乡镇（街道）、村（社区）应急预案编制指南。积极推进应急预案管理和应急演练系统研发，初步搭建结构化应急预案数据库。

二、加强全国应急演练工作统筹

印发做好2022年应急演练工作的通知，统筹谋划灾害事故应急演练工作，配套印发演练评估要点，推动扎实开展演练评估。组织汇编2021年度十佳省级重点演练项目印发各地参考。指导各地突出重点，在全国防灾减灾宣传周、“七下八上”防汛关键期等重要节点，分阶段实施省级重点演练项目40余个。立足全面复盘河南郑州“7·20”特大暴雨灾害，联合河南省人民政府举办河南郑州应对特大暴雨灾害应急演练，全方位、实战化检验城市防大汛、抗大险、救大灾能力。

2022年5月11日，以国务院抗震救灾指挥部办公室、应急管理部、甘肃省人民政府名义联合举办“应急使命·2022”高原高寒地区抗震救灾实战化演习（图5-2-1），在甘肃省张掖市设主演习场，在嘉峪关、酒泉、金昌、武威4个市设分演习场。演习着眼解决应对大震巨灾中的“断、慢、乱”问题，按照联合指挥、建制用兵、多方参与、实导实演的方式，区分拉动检验、指挥演习、综合演习3个阶段组织实施。演习共动用国家综合性消防救援队伍、军队、相关专业救援队伍、社会应急力量共计5000余人、9架大型航空器、近10万台（套/件）装备器材参演，全面检验和提升了跨军地、跨部门、跨层级应对处置重特大地震灾害的综合能力。

三、王勇出席“应急使命·2022”抗震救灾演习

新华社兰州5月11日电　国务委员、国务院抗震救灾指挥部指挥长王勇近日在甘肃调研防灾减灾工作并出席“应急使命·2022”高原高寒地区抗震救灾实战化演习。他强调，要深入贯彻习近平总书记关于防灾减灾救灾的重要指示精神，坚持

图5-2-1 “应急使命·2022”高原高寒地区抗震救灾实战化演习

人民至上、生命至上，树牢底线思维、极限思维，以时时放心不下、始终如履薄冰的高度警觉，扎实做好防灾减灾救灾工作，将统筹发展和安全落到实处，以实际行动迎接党的二十大胜利召开。10日至11日，王勇在甘肃省张掖、金昌等地检查指导森林草原防灭火工作，指挥开展“应急使命·2022”高原高寒地区抗震救灾实战化演习，现场观摩重大地震抢险、人员搜救、基础设施抢修等综合演练。他指出，防灾减灾救灾事关人民生命财产安全和社会大局稳定，要按照“两个坚持、三个转变”要求，持续优化“全灾种、大应急”体制机制，扣紧防抗救责任链条，提升灾害综合防御救援能力，最大限度降低灾害风险损失。王勇强调，当前各类灾害形势复杂严峻，要落实党中央、国务院决策部署，立足防大灾抢大险，强化灾害风险监测预警，完善各类应急预案，预置救援力量物资，提高重点区域、重大设施灾害设防水平，做好大震巨灾应对准备。扎实推进灾害防治重点工程建设，深入开展灾害综合风险普查，抓紧补齐短板弱项，夯实防灾减灾基础。加强专业应急救援力量建设，加快研制配备先进适用装备，提升复杂条件、特殊区域、极端环境下抢险救援实战能力。开展好全国防灾减灾日等活动，宣传普及防灾避险知识，引导全民防灾、合力减灾、共同救灾，筑牢全社会抵御灾害防线。

四、消防救援队伍应急预案体系建设

部署消防救援队伍认真开展预案编制、管理、应用和修订等工作，结合灭火救援课题研究，强化调研熟悉，优化完善各类灾害事故灭火救援预案模板，全面夯实战训基础工作，推进预案信息化管理平台建设，不断提高预案的科学性、针对性和实用性。

（一）开展专项预案编制

指导各消防救援总队、支队、大队和消防救援站立足“最大、最难、最不利”情况，修订完善高层建筑、地下工程、大型商业综合体、石油化工、储能电站等场所和地震、水域、森林等灾害事故类型预案，以及全国两会、北京冬奥会和冬残奥会、党的二十大等重大活动灭火救援与应急处突跨区域增援预案，规范灾害事故风险、作战力量编成、处置程序方法、安全注意事项等内容。指导队伍各级根据辖区重点单位变化情况，及时修订完善灭火救援预案，组织开展预案审核、评比和检查考核。编制《特别重大地震灾害消防救援预案》，指导11个重点地区修订地震救援力量编成方案。2022年，各地共修订完善总队级预案631份、支队级预案19153份、大队级和消防救援站级预案465056份。

（二）检验预案实效

建立预案定期评估、及时修订、演练检验等制度，组织开展预案编制培训和评比活动，检验灭火救援预案的针对性和实用性，及时发现存在问题，不断进行修订完善。指导各级针对辖区高层建筑、地下工程、大型商业综合体、石油化工等场所火灾和特殊灾害事故、辖区消防安全重点单位、人员密集场所和区域、新业态新领域和不放心场所开展实地熟悉演练，对照灭火救援预案，及时调整作战力量编成，优化力量调派机制。2022年，各总队、支队组织开展各类灭火救援实战演练5763次，大队、消防救援站开展实战演练475277次。

（三）严格预案管理

组织修订《灭火救援预案规定》《辖区熟悉和实战演练规定》，指导各地开展预案编制工作试点，加强灭火救援预案的制定和管理，明确各级人员职责，规范总队、支队、大队、消防救援站预案编制对象、预案类别、预案内容、编审流程、检验方法等，编制各级各类灭火救援预案模板。推进预案信息化管理平台建设，规范预案的数据采集、编制、审批、修订、监管和应用，明确预案启动和执行流程，将预案工作与接警调派、作战编成、灾情评估和作战指挥工作统筹衔接。在各级指挥中心、全勤指挥部通信指挥车和执勤消防车配备具有预案查询功能的移动终端，便于调阅。指导各级消防救援队伍将预案管理工作与辖区情况熟悉、防火监督、战术研讨和实战演练工作相结合，不断提升预案管理应用水平。

五、森林消防队伍应急预案体系建设

（一）认真研判形势，搞好预案谋划

2022年，针对森林草原防灭火工作形势复杂、压力大的实际，协调召开森林消防局党委会和迎接保卫党的二十大专项活动动员部署会议，深入分析中心工作形势，认真研究应对措施。召开森林消防队伍春季、秋冬季和全国森林草原防灭火工作电视会议，集中传达国务院领导同志批示、部党委指示要求，统筹部署防期战备工作；转发国家森林草原防灭火指挥部通知和队伍战备经验做法，督促各级规范战备秩序，完善战备方案，加强战备演练；协调派出工作组督导检查全国两会、春防和北京冬奥会期间战备工作，确保战备工作见行见效。组织召开汛期动员部署会和总结会、视频调度会，6次下发通知对洪涝、地震、低温雨雪冰冻灾害防范应对工作进行全面部署，先后协调派出3个工作组赴防汛重点方向检查督导，全力做好应大急、抢大险、救大灾的各项准备。

（二）搞好总体设计，完善预案体系

按照战备体系化建设总要求，区分局、总队、支队、大队、中队5级，辖区救援、跨区增援2个类别，制定森林草原火灾、抗洪抢险、地震救援“一主两辅”总体方案。根据上级意图、任务区分，科学研判形势，明确力量编成、组织指挥、机动方式、相关保障等，制定印发

《2022 年森林消防队伍参加扑救重大特别重大森林草原火灾总体方案》《森林消防队伍北京冬奥会赛时森林草原火灾应急专项预案》《森林消防队伍迎接保卫党的二十大专项活动总体方案》。结合 2022 年地震、汛期、低温雨雪冰冻、凌汛、山岳等灾害形势研判，根据区域气候特征，制定印发《2022 年森林消防队伍应对重点地区地震灾害救援行动总体方案》《2022 年森林消防队伍应对重特大洪涝灾害救援行动总体方案》《2022 年森林消防队伍应对处置特别重大低温雨雪冰冻灾害方案》等，配套制定留守预案、收拢预案及机动方案，指导队伍层层细化修订落实，形成整体配套、上下联动的应急预案体系。紧贴任务需要修改完善北京冬奥会及冬残奥会安保和灭火作战、防汛救灾、地震救援、抗击雨雪冰冻灾害、跨省机动驻防等任务中政治、通信、应急保障工作预案，修订印发队伍《遂行森林（草原）防灭火任务中政治工作常识手册》。

（三）加强实战训演，检验预案成效

严格落实《战备工作规定》，加强预案方案演练，强化指挥协同、机动、战术运用、联勤联保，总队每年、支队每半年、大队每季度、中队每月至少组织 1 次预案演练，重要时段、节假日前、防火紧要期等及时组织演练，北京冬奥会、全国两会、党的二十大召开等重点时期下派工作组加强战备检查，完善预案运行机制。密切关注全国火情变化，指导队伍严格落实《扑救森林草原火灾现场指挥机制》，转发国家森林草原防灭火指挥部《关于切实加强森林草原火灾扑救安全工作的通知》《关于认真贯彻落实〈关于全面加强新形势下森林草原防灭火工作的意见〉的通知》，转发并指导队伍抓好《国家森林草原防灭火指挥部办公室　国务院应对新型冠状病毒肺炎疫情联防联控机制综合组关于切实做好疫情防控条件下扑救森林草原火灾增援力量通行及防疫工作的通知》贯彻落实，印发《关于进一步科学精准动用力量的通知》《关于切实加强阶段性重点任务战备和针对性实战化训练的通知》，指导队伍做好防汛抗洪、防火灭火等重点任务准备。

（四）注重任务研究，推进预案创新

围绕“防风险、保平安、迎接保卫党的二十大”情况报告，推进“应急力量共训共练、救援合作机制”“区域应急救援中心建设的意见建议”两个课题研究；跟进巴基斯坦俾路支省森林灭火动态，协调安排远程指导、现地指导专家组人员，参加中巴视频研讨交流会议。组织森林灭火指挥员网上集训，区分森林大火巨灾应对处置和应急救援前线指挥部工作规范 2 个专题进行重点研讨交流；组织重庆市和湘赣桂三省区跨省增援灭火行动复盘剖析，深入探索应对极端天气条件森林火灾新路径；系统总结灭火行动的成功经验和教训启示，编印《2022 年度森林灭火指挥员网上集训资料汇编》《森林消防队伍 2017—2022 年典型灭火战例》。协调派员参加部大兴安岭林区应对处置雷击火结果性评估工作组和国家森林草原防灭火指挥部办公室森林草原大火巨灾研究课题集中攻关，指导内蒙古、吉林、黑龙江总队、机动支队和大庆航空救援支队做好参加应对东北、内蒙古地区重特大森林草原火灾任务研究暨现地对接部署会准备，科学分析研判东北、内蒙古地区森林火灾历史发生规律及险点要点，通过研究新情况、总结新经验，不断推进应急救援预案创新。

第三章　国家综合性消防救援队伍建设

一、政策文件出台

人力资源和社会保障部、财政部、应急管理部联合印发《关于国家综合性消防救援队伍养老保障有关问题的通知》，明确了人员范围、缴费工资基数、养老保险待遇计算、退休待遇补助、养老保险关系转移接续、经费保障、经办管理等内容。财政部印发《国家综合性消防救援人员伙食补助管理办法》，明确了伙食补助对象、开支范围、伙食费标准、预算决算、伙食保障工作管理以及有关纪律要求等事项。

二、招录调配

一是拓宽干部来源渠道，全年补充干部1203名，在队伍公开遴选16名干部充实到消防救援局、森林消防局两个局机关。二是优化改进消防员招录工作，会同人力资源和社会保障部审批下达2022年度消防员招录计划，招录消防员17041名。三是加强中国消防救援学院干部人才队伍建设，组织招聘应届高校毕业生41名、京籍社会人才23名，京外调干3名，面向消防救援、森林消防两支队伍公开选调学员队干部10名、教官24名，录取优秀消防员777名、青年学生670名。四是组织开展艰苦边远地区援派工作，严格选拔122名干部支援“三区三州”、6名优秀年轻干部到西藏、新疆挂职。

三、重点工作

（一）加强领导班子和人才队伍建设

一是根据岗位空缺情况和实际工作需要，先后7批次调整配备43名总队级、厅局级干部，重点对副总队级支队主官进行补充调整。二是配合各地省委组织部门办理49名总队级领导干部参选省（区、市）党代表、人大代表或政协委员，1名总队主官担任省委候补委员、5名总队主官任免当地应急管理厅职务等事宜。三是探索改进领导班子考核，首次实行总队主官在局党委扩大会议上述职述责述廉、接受评议；推行总队主官、纪委书记和其他班子成员分类评比；研究提出加强班子考核帮建意见措施，对个别团结质量不高、作用发挥不好的班子及时予以调整。四是加强专业技术人才队伍建设，组织评任高级专业技术职务208名，晋（选）升专业技术七级以上等级233名。

（二）强化干部监督管理

一是严肃个人事项核查，组织10710名领导干部集中填报并完成信息录入和汇总分析，对2057名拟提拔任用、表彰奖励等干部个人事项予以重点查核，对填报不规范的11名总队级干部作出认定处理。二是规范领导干部配偶、子女及其配偶经商办企业行为，组织对新提任总队级副职以上干部和年度个人事项报告中发现的68名领导干部配偶、子女及其配偶经商办企业情况进行查核，甄别认定规范对象1人，并按规定督促完成退出。三是强化对“一把手”和领导班子以及年轻干部管理监督，及时办理9名总队级干部党纪政务处分和中止党员权利。

（三）推进教育培训工作

一是落实队伍整合改革部署要求，全面梳理总结队伍培训机构建设情况，组织深入分析研究，提出构建全周期、专业化、平战结合教育训练体系的初步意见建议。二是聚焦党的政治建设、业务能力建设等重点，先后举办9期网上专题培训班，累计培训干部58.5万人次；协调组织4名中管正局级、2名总队级干部参加中央组织部调训，组织6名总队级干部参加中央和国家机关司局级干部专题研修班；组织编写16册统编教材，印发实施13册初任干部培训教材。三是指导中国消防救援学院强化教学科研建设，协调新增火灾勘查、航空航天工程2个本科专业并完成首批招生，推进2个部级重点实验室和1个校地共建部级重点实验室建设，1个教学团队荣获全国教师教学创新大赛二等奖，3个教师团队荣获北京高校教师教学创新大赛一等奖、三等奖。

（四）抓好表彰奖励工作

一是组织开展第六届全国119消防先进集体和先进个人评选表彰，共表彰先进集体149个、先进个人195名，其中队伍有50个集体、97名个人受到表彰。二是积极推荐参评全国性重大表彰，3名个人、1个集体分别被党中央、国务院表彰为全国“人民满意的公务员”“人民满意的公务员集体”，1个集体、1名个人分别被党中央、国务院授予“北京冬奥会、冬残奥会突出贡献集体”“北京冬奥会、冬残奥会突出贡献个人”称号。92个集体、215名个人分别荣获“全国三八红旗手”“全国五四红旗团委（团支部）”“全国岗位学雷锋标兵”“全国五一劳动奖状（章）”“全国工人先锋号”等省部级以上表彰。三是严密实施北京冬奥会和冬残奥会消防安保、重庆市森林火灾扑救、“应急使命·2022”高原高寒地区抗震救灾实战化演习、“3·21”东航MU5735航空器飞行事故救援、湖南长沙“4·29”特别重大居民自建房倒塌事故救援等重大任务奖励，应急管理部及队伍各级按权限批准记集体一等功7个、集体二等功19个、集体三等功161个，授予个人“二级英雄模范”称号7人、记个人一等功57人、个人二等功125人、个人三等功8025人。

（五）思想政治建设

牢固树立习近平总书记重要训词的根本指导地位。在全队伍贯穿全年部署开展“牢记领袖训词、永做忠诚卫士”主题教育，与学习贯彻习近平新时代中国特色社会主义思想、推动党史学习教育常态化长效化紧密结合、一体推进，紧贴迎接保卫党的二十大召开、北京冬奥会冬残奥会消防安保和推进队伍整合改革、防范化解重大安全风险等形势任务需要，加强政治引领，强化党的创新理论武装，切实铸牢广大消防救援人员许党报国、献身使命的思想根基。深入抓好习近平总书记授旗致训词四周年学习宣贯，11月9日召开第六届全国119消防先进集体和先进个人表彰大会，举行专题新闻发布会，制播《中国骄傲》央视特别节目，指导队伍各级同步开展主题鲜明、形式多样的学习宣传活动，掀起新一轮学习宣贯习近平总书记重要训词精神热潮。

（六）加强党组织建设

着眼健全组织体系，对队伍党组织设置、党组织和党内任职审批、党的领导关系、党组织隶属关系等队伍党组织体系建设重大问题进行深入研究并提出具体意见建议。组织开展年度党建和政治工作统计，分析掌握队伍党组织机构设置、党团员实力、党员发展、惩戒处分等情况。巩固拓展党支部规范化标准化建设成果，进一步加强党员教育管理，严格落实组织生活制度，有效增强基层党组织的政治功能和组织功能。

四、消防救援队伍建设

（一）提升综合救援能力

1. 消防专业力量

一是建强消防专业力量。立足特殊灾害事故处置需要，建强专业力量，发挥尖刀作用。对标主力军和国家队职能定位，指导各地加强高层建筑、地下工程、大型商业综合体、石油化工和地震、水域、雨雪冰冻等专业队建设。优化人员编配和作战编成，配齐配强装备器材，科学设定训练科目和考核标准，强化基础理论和技术技能系统培训，建立健全与其他专业应急救援队伍共训共练机制，定期开展实战训练和实地演练，提升专业处置能力。各地组建高层建筑灭火救援专业队 468 个，化工灭火救援专业队 302 个，地下工程灭火救援专业队 403 个，大型商业综合体灭火救援专业队 332 个。指导各地优化化工灭火救援编队建设，组织对 509 个化工灭火救援编队开展自查自验工作，组织视频拉动抽查，强化实战测试、专项训练和合成演练，检验提高实战能力。加强森林草原火灾扑救专业队建设，指导建实重点林区森林火灾扑救专业力量，健全与属地森林火灾扑救力量的联勤联训机制，做好人员疏散转移、重点目标保护、外围湿化防护、火场供水、应急通信等保障工作。各地共组建森林草原火灾扑救专业队 767 个，队员 33382 名、车辆 5654 台。

二是开展专业培训。举办新能源和化工产业灭火救援技术培训班，组建灭火救援课题组，成立示范示教团队，构建系统的知识框架和课程体系，及时印发《新能源车辆风险辨识和安全处置图册》和化工火灾扑救实战操法示范示教片，提升专业处置能力。举办战训业务骨干培训班，围绕“高低大化”等难点火灾扑救、灭火救援组织指挥、室内烟火特性训练、作战行动安全管控等 22 个专题进行培训、案例研讨和技战术交流，深化灭火救援技战术学习应用。部署各总队开展战训业务骨干“师傅带徒弟”培养工作，培养业务骨干和师资力量。加大对“高低大化”、储能电站、新能源汽车、锂离子电池生产企业等难点火灾扑救和地震、洪涝等灾害事故处置课题攻关力度，制定完善处置规程、组织指挥要点和作战安全硬性措施，编制实战操法、作战编成和灭火救援教材，做到辖区灾害事故类型“全覆盖”。总队、支队制定年度培训、轮训计划，组建师资团队，围绕典型火灾扑救、特种灾害救援、指挥能力提升、作战安全管控、师资骨干培养等，分级分类开展专项培训。全年各总队举办体能教练员培训班 85 期，参训 9633 人；举办消防救援站指挥员培训班 113 期，参训 18235 人；举办灭火救援师资骨干培训班 148 期，参训 9841 人；举办化工灭火救援技术培训班 44 期，参训 5618 人；举办安全员和紧急救援小组培训班 59 期，参训 8405 人。

三是强化专业指挥。坚持把指挥能力作为战斗力建设的基础工程，放在首要位置，常抓不懈。配齐配强指挥人员。加强全勤指挥部能力建设，配齐配强消防救援总队、支队两级全勤指挥部人员，指导各地逐级开展指挥能力培训和考核工作，实行持证上岗。全年组织 1.7 万余名消防救援站干部进行指挥能力考评，不断提升专业指挥能力水平。修订完善行动规程。定期举办战训业务大讲堂，重点围绕初战指挥、危险化学品槽车事故处置、纯电动汽车事故处置、保温材料燃烧特性和安全风险等内容进行授课。指导队伍各级结合辖区主要灾害事故类型举办战训业务讲堂，开展理论授课和实战实训。全年，各地共举办总队级战训大讲堂384次、支队级战训大讲堂6029次。加强战法研究，组织开展储能电站和新能源车辆灭火救援准备工作专题调研，编写印发纯电动汽车火灾扑救要点、纯电动汽车交通事故处置要点、高层建筑外保温火灾扑救要点、冷库火灾扑救要点、煤气柜火灾扑救要点、大型批发市场火灾扑救行动要点等，提升专业指挥、科学处置能力。强化指挥训练。通过战例研讨、案例复盘、桌面推演、实战演练等方法，组织消防救援总队、支队主官和班子成员、全勤指挥部人员及基层指挥员重点开展力量调集、侦察评估、态势标绘、方案制定、力量部署、指挥决策、紧急应变、安全管控等程序化指挥训练和临机指挥训练。分期分批组织消防救援站指挥员进行跨站实战锻炼。分类编制辖区灾害事故指挥清单、安全风险辨识清单和现场安全管控程序，建立典型战例复盘推演资料库，加强对典型战例的学习研讨。全年各地共复盘研讨典型战例8216个，组织桌面推演8031次。

2. 提升实战打赢能力

牢固树立战斗力唯一标准，深化执勤岗位练兵，夯实灭火救援基础，强化实战化、模拟化、基地化训练和专业技术培训，加强专业救援队伍建设，狠抓作战训练安全，有效应对各类灾害事故，不断提升队伍实战打赢能力。

一是深化执勤岗位练兵。加强练兵统筹，印发《2022年度执勤岗位练兵工作方案》，强化党委统训、按纲施训、全员参训、实战实训、联战联训、安全管训，练强指挥水平和实战能力。加强练兵工作调度，及时掌握各地练兵工作进展，推介各地练兵经验做法，督促各地抓实抓细练兵工作，确保练兵工作效果。开展指挥员指挥能力考评和消防员等级达标考核，细化考评考核科目、方式和标准，明确组织领导、任务分工、权限程序、奖惩措施等内容，提升综合能力素质。指导各地结合实战需要，分级分类开展比武竞赛活动，累计开展总队级比武竞赛52次、支队级比武竞赛1092次。加强练兵表彰，印发《关于表彰2022年度执勤训练工作先进单位和个人的通报》，对311个先进单位、624名先进个人进行表彰，发挥典型示范引领作用，营造争先创优的良好氛围。

二是夯实灭火救援基础。围绕辖区熟悉演练、预案编制应用、战评总结复盘、队站训练管理、指挥训练模式、指挥能力考评、等级达标考核、入职培训模式、执勤模式改革、战术战法创新、专业队伍建设、作战训练安全12项基础工作，部署总队开展执勤训练试点工作。部署队伍开展高层建筑和大型商业综合体消防设施调查测试工作，指导各地加强调研熟悉、开展实地测试、创新操法战法，深化消防设施实战应用，并及时通报各地工作开展情况，下发教学示范片和创新操法。全年全队伍共开展总队级测试47次、支队级测试2052次、队站级测试6.6万余次。根据季节变化和灾害事故规律特点，部署针对高层建筑、大型商业综合体、危险化学品单位、大型油库、冷库、室内冰雪活动、保温材料使用场所、森林草原、新冠疫情集中隔离点和封控区域等场所火灾扑救，全力做好灭火救援准备。严格落实战例复盘制度，及时复盘典型灭火救援战例，查找问题短板，研讨改进措施，指导队伍“打一仗、进一步”。

三是组织开展实战训练。坚持“仗怎么打、兵就怎么练”，指导各地加强真烟真火模拟训练设施建设，组织开展真火烟热等实战化训练。利用营区和辖区单位场所，突出作战力量编成训练和实战操法训练，重点开展多层建筑、高层建筑、地下工程、大型商业综合体、人员密集场所、厂房仓库、化工单位、储能电站等火灾扑救和交通事故、危险化学品泄漏、高空救援、地下有限空间等灾害事故处置程序化和实战化训练，完善固化作战力量编成，规范实战处置程序，提升初战指挥、安全施救和攻坚打赢能力。

四是灭火救援成效凸显。先后成功处置山东青岛“2·14”精细化工火灾、浙江杭州“2·15”锂电池生产厂房火灾、“3·21”东航 MU5735 航空器飞行事故、湖南长沙“4·29”特别重大居民自建房坍塌、中石化茂名分公司“6·8”泄漏起火、上海石化“6·18”爆炸、四川泸定 6.8 级地震以及四川、云南、重庆、江西、湖南森林火灾等灾害事故，最大限度保护了人民群众生命财产安全。全年，全国消防救援队伍共接报处置各类警情 209.2 万起，其中，火灾扑救 82.3 万起、抢险救援 46.8 万起、社会救助 59.7 万起、公务执勤 12.6 万起、其他出动 7.6 万起，共计出动消防指战员 2247.2 万人次、消防车 401.3 万辆次，从灾害现场营救被困人员 16.8 万人，疏散遇险人员 26.7 万人。

（二）强化应急通信保障

一是加快构建现代化消防指挥体系。在全队伍推动“一短三快”初战机制改革，实现执勤模式、训战方式、指挥形式等全链条变革，初战整体用时缩短近 7 分钟，扑救超 30 分钟的火灾减少 40%，疏散营救被困群众增加 1.7 万人，以“救早灭小、以快制胜”有效破解“小火亡人、小火成灾”的现实困境。加快推进联战装备布点建设，为保障“三断”（断电、断网、断路）复杂情况下通信畅通和指战员生命安全提供可靠手段。持续迭代升级“两智一图”，配套建立辅助决策和资源共享、信息推送等机制，深度运用蜂巢无人机和“透明化、数字化”战场成果，接警调派时间由 2 分钟缩短至 40 秒，警情定位精度达 10 米以内，接警调派的时效性和准确率大幅提升。

二是持续深化消防信息化转型升级。研究推进消防信息化新型架构建设，按照“大平台、小前端、富生态”的设计思路，全面构建服务为本、能力开放、数据驱动、一体融通的新一代消防信息化架构，形成以数据为核心的“四横四纵”新体系（四横，即广域覆盖的消防感知网络、集约融合的基础通信网络、开放共享的数据支撑体系、智慧联动的业务应用体系；四纵，即科学实用的标准规范、安全可靠的运维保障、众创众智的生态体系、高效协同的工作机制）。发挥考核指挥棒作用，推动总队、支队党委审议推进初战机制和联合作战“两项改革”等重点任务，建强技术、监理、运维等支撑团队，加快转变项目式、零散化建设模式。整合双随机、消防技术服务等 6 个监管系统，研发推广新版消防监督管理系统和现场执法 App，创新 15 类 501 项功能，重塑执法表单 201 份，构建一体化、全闭环监管新机制。

三是高标准完成各项通信保障任务。组织举办全国信通处（科）长培训班和师资骨干培训班，深化岗位大练兵，织密消防速报员、前突小队布局，开展拉动 800 余次，速报精准性从 30% 提升至 72%；全面复盘总结四川泸定 6.8 级地震救援应急通信保障经验，研究形成大震巨灾应急通信保障能力建设意见，明确构建完善大震巨灾应急通信“拳头”力量和装备、预案、培训、科研体系。圆满完成党的二十大和“中–拉”“金砖”等 7 次国家级会议消防安保等重大保障任务，尤其在“应急使命·2022”高原高寒地区抗震救灾实战化演习、北京冬奥会和冬残奥会安保中，数字孪生、无人侦检、双机接力、多机集群、全维监控等新技术“亮剑”一线；持续完善应急指挥通信体系，建立空天地一体化应急通信网络，打赢“3·21”东航 MU5735 航空器飞行事故、中石化茂名分公司“6·8”泄漏起火、青海大通“8·18”山洪灾害等 176 起应急通信攻坚战。深度运用云平台、移动互联网等手段，全力保障全队伍办公秩序高效运转，扩容局机关 8 个视频会议室，“零失误”保障线上全国会议 883 次；创新沉浸式体验、第一视角讲解、远程答疑等全新“云上培训”模式，确保局机关 162 项培训任务顺利完成，受众超 12 万人次；利用融合通信系统全面替代“微信”，升级网上办公、防失泄密等 16 项功能，打通网络壁垒，实现“一部手机、随时办公”，全国手机端用户超 30 万人，日均收发信息 60 万余条、视频会议 500 余场次，各项线上活动安全有序畅通运行。

（三）开创队伍管理新局

一是持续释放改革红利。在协调推动工资、医疗、住房退休、休假等 29 项配套政策落地落实的基础上，推动出台养老保障、伙食补助等 2 项政策，队伍新体制政策制度的“四梁八柱”日趋稳固。

二是深入推进正规化建设。坚持“按纲要建、按大纲训、按条令管”主基调，按照“一年抓试点、两年全面建、三年整体上”的抓建目标，及时固化和推广队伍正规化试点建设成果，推动队伍完成正规化达标创建任务。部署开展“条令纲要学习月”活动，着力解决消防救援人员思想上的模糊认识和落实中的行为偏差。定期开展机构编制系统数据更新维护和编制实力统计工作，深入调研全国化工园区和消防救援力量建设基本情况，不断提升队伍正规化建设水平。

三是夯实队伍安全根基。制定出台《消防救援队伍防范安全事故“六条红线”》，为基层抓管作战训练安全立规矩、提依据；建立安全工作“一会一片一录”制度，制作《第三视角看安全》警示教育片，升级饮酒管控系统，扎实推进安全“九无”创建、“基层安全万里行”、安全管理“三色”评估，切实拧紧“安全阀”；围绕北京冬奥会、全国两会和党的二十大消防安全集中攻坚行动等重大活动消防安保和重要时间节点专题部署调度队伍管理和安全工作，大力开展队伍安全专项督导，探索构建“四个结合”工作机制（前方与后方结合、督导与帮扶结合、总结教训与经验交流结合、调查与问责结合），协调、推动 10 个督导组深入全队伍开展为期 1 个月的专项督导帮扶，切实稳住队伍安全“基本面”，全年安全事故数量较上一年度下降 23%。

（四）提升后勤保障质效

一是着力完善队伍职业保障体系。印发执行《关于国家综合性消防救援队伍养老保障有关问题的通知》，明确参保人员范围、养老金计算、退休补助标准等内容，实现了退休待遇的平稳衔接；协调财政部制定出台《国家综合性消防救援人员伙食补助管理办法》，伙食费标准从人均 28 元提高到 45 元；配合中央组织部、人力资源和社会保障部研究制定消防救援人员基本工资标准调整方案，做好调资及补发工作。

二是全面提升装备建设水平。组建专班先后完成消防装备技术统型、成本测算、招标采购、质量管控等工作，集中采购消防水带64万条、抢险救援服29万套、抢险救援手套28万副，总价值5.83亿元；编制出台《“十四五”消防装备建设规划》，增配消防车2320辆、救援装备器材110万件（套），完成27支国家级、994支省（市）级专业队装备配备。印发《消防救援队伍消防车退役管理规定》，规范消防车全生命周期管理。部署试用新版装备管理系统，提升科技化管装水平。组织9个工作组赴5个总队对在用举高车进行安全性能测试，指导基层规范装备验收巡检制度，加强人员配备与业务培训。协调财政部和海关总署相关司局，全年为13个总队减免进口装备税费1062.42万美元。

三是提高战勤保障能力。深入落实《应急装备物资保障体系建设纲要》，推动各级争取装备物资储备经费31.2亿元，新增全灾种救援装备和基础保障物资43万件（套）。进一步明确战勤保障体系建设发展方向和多种形式战勤保障队建设发展方式，组建313支战勤保障队，分灾种制定完善战保预案3110份，组织开展跨区域战勤拉动演练60余次。

四是精准高效应对新冠疫情。编发《消防救援队伍疫情防控工作专报》52期，刊发推广队伍各级先进经验做法近500条。紧急采购6大类15.1万件（套）防疫物资，及时向内蒙古、广西、吉林等新冠疫情严重地区调拨防疫物资4.84万件（套）。制定《消防救援队伍大规模奥密克戎疫情应对处置方案》和重大安保活动防疫工作方案，优化20余项刚性措施，累计开展核酸检测20万余人次、防疫消杀800余次、体温监测40万余人次，确保了参战队伍“零感染、零隔离”。

五、森林消防队伍建设

2022年，森林消防队伍共有9个总队、39个支队、159个大队、362个中队担负森林草原灭火、地震地质灾害救援、抗洪抢险等救援任务。力量主要部署在北京、内蒙古、吉林、黑龙江、福建、四川、云南、西藏、甘肃、新疆、安徽、江西、湖北、湖南14个省（区、市），分布在74%的国土面积和92.6%的边境线上。其中，有6个国有重点林区、8个原始林区、18个世界自然文化遗产地和265个国家级野生动植物自然保护区。

（一）持之以恒抓思想政治引领

严格落实“第一议题”制度，局党委组织集体学习36次，全队伍开展读书学习活动，采取集体研学、个人自学、课题导学、交流促学等方法，认真学习习近平总书记关于应急管理重要论述，各级党委书记围绕“走好第一方阵、我为二十大作贡献”讲专题党课。广泛开展“喜迎历史盛会，担当神圣使命”主题实践活动，组织全队伍同步收看大会开幕盛况，局党委理论学习中心组带头搞好学习讨论，专门召开动员部署会议，利用一周时间举办网上理论集训，集体参观“奋进新时代”主题成就展，结合队伍改革发展实际细化提出23个研究选题，各级组织辅导报告26场、研讨交流150余次，支队级以上领导干部为基层宣讲71次。坚持不懈用习近平总书记重要训词精神铸魂育人。深入开展“牢记领袖训词，永做忠诚卫士”主题教育，扎实开展习近平总书记授旗致训词四周年集中学习宣贯活动，持续加强理想信念教育，大力宣扬党的二十大代表母强等先进典型事迹，隆重举办援渝灭火作战事迹报告会，召开全队伍思想政治教育推进会，系统研究新形势下加强和改进思想政治教育的思路举措。

（二）毫不松劲推进队伍转型强能

对标“全灾种、大应急”要求和“跨区域综合救援机动力量”定位，扭住战斗力生成关键要素，贴近实战需要，创新思路举措，加强集训培训、实战实训和应急演练，着力补短板、强弱项，把重大任务作为历练队伍的宝贵机遇，系统总结任务特点规律和经验教训，提升遂行任务能力。认真贯彻党中央关于国家综合性消防救援队伍整合改革决策部署，派出 6 个局领导带队的工作组，分赴 14 个省份实地调研，对 4 个省份进行书面调研，为组建跨区域消防救援机动队伍奠定扎实基础。

（三）坚持重心下移抓基层打基础

树立大抓基层鲜明导向。印发局党委 1 号文件部署抓建基层工作，列出 12 个重点调研课题，发动各级积极研究破解基层建设面临的新情况新问题。召开基层建设经验做法交流会，安排 14 个单位围绕党委机关精准帮建、加强基层党支部建设、选准配强基层党组织书记、念单式教育管理办法等方面研讨交流，形成以点带面、示范引领效应，为新体制下抓建基层探索路子、总结经验。

抓好基础性源头性工程。持续推进党支部标准化规范化建设，深入实施基层党组织建设质量提升三年行动计划，分层次抓好《基层建设纲要》和党支部书记培训，局、总队、支队累计建立 237 个基层工作联系点，着力在帮建组织、帮带干部、帮解难题上下功夫见成效，推动基层党组织建设全面进步、全面过硬，全队伍有 64 个党支部被命名为中央和国家机关“四强”党支部。组织共青团和青年工作专题调研，制定《关于加强新形势下森林消防队伍共青团建设的意见》，推动党建带团建走深走实。严密组织新录用干部集中培训和新招录消防员南北片区培训，扎实打牢履职尽责的思想、能力和作风基础。

创新工作检查指导方式。针对新冠疫情期间局机关下基层受限的实际，通过指挥中心和业务部门两条线，每日运用网络视频查战备、查训练、查教育、查管理，督促抓好工作末端落实，最大限度减少新冠疫情对抓建基层的影响。全面推广运用基层建设系统，运用信息化手段促进基层经常性工作精细落实。注重压实总队、支队抓建责任，年度工作开局、半年工作总结、党的二十大安保等重要节点，指导直管单位普遍开展蹲点调研帮建，先后派出 248 个工作组深入基层“一队一策”精准抓建，凝聚起抓基层、稳基层、强基层的强大合力。

从严加强队伍安全管理。深入对比分析转制前后队伍发生的各种类型安全问题，增强做好安全预防工作的前瞻性针对性。吸取个别单位发生的安全问题教训，指导各级抓好谈心交心、家庭走访、手机隐患排查、债务清理、心理健康服务“五个过一遍”，全面排查整治安全隐患。深入开展安全工作大检查、暑期百日安全竞赛、保密宣传教育月、飞行安全警示月、航空装备质量交叉互检等活动，把防范作战训练伤亡、加强车辆管理、从严管酒治酒等作为重点，每周抽查通报，每季度召开讲评会，堵塞安全漏洞，落实安全责任，队伍总体保持安全稳定。

（四）推进后勤战保融合发展

大力提高应急保障能力。推广应急保障方案实案化建设、应急保障力量“编携配装”和战备物资储备规范化管理试点成果，系统规范遂行任务应急保障指挥流程和 3 类 15 项装备物资战损统计内容，区分总队、支队、大中队三个层次组织后勤专业消防员训练试点，持续深化与三一重工、中联重科、顺丰物流、铁路和民航等单位保障机制，全年累计采购配发单兵防护装备、野战食品、宿营装具、冷藏车、热射病低温急救箱、AED（自动体外除颤器）、给养输送箱组等保障装备物资73279件（套），有效满足多样化任务需要。

扎实抓好装备体系化建设。投入3.12亿元更新森林灭火和抢险救援装备，推进远程灭火炮、班组突击车、机械外骨骼等新特装备实战运用，用好“政产学研用金”深度融合的森林消防装备创新平台，推动10项新型装备列入四部委“首台套”重大技术装备推广应用指导目录，协调大型装备企业、科研院所开展“科技企业走基层”“装备骨干进企业”活动，常态组织装备巡检维护和操作使用技能培训，打通森林消防装备革新迭代和持续发展路径。

坚持适度从严、科学精准抓好常态化新冠疫情防控，严格落实核酸检测、轨迹排查、环境消毒等制度，果断采取弹性办公、封闭管理、隔离观察等措施，有力有效应对了新冠疫情冲击影响。

第四章　专业应急救援力量建设

一、安全生产应急救援力量

2022 年，全国共有安全生产应急救援队伍 1193 支 6.87 万余人，包括矿山救援队 378 支、危险化学品救援队 560 支、隧道救援队 13 支、油气救援队 66 支、水上救援队 24 支、其他专业救援队（城市燃气、地铁、金属冶炼、电力抢修等）152 支。新建矿山、危险化学品、隧道等国家安全生产应急救援队伍（简称国家专业队）11 支，国家专业队总数达 102 支 2.2 万余人，其中矿山救援队 42 支、危险化学品救援队 39 支、隧道救援队 6 支、油气救援队 8 支、水上救援队 2 支、专业支撑队 5 支，覆盖全国 31 个省（区、市）和新疆生产建设兵团，配备了大功率潜水泵、大口径钻机、高喷消防车、水上消防船、无人机等先进救援装备。

2022 年安全生产应急救援队伍数量统计如图 5-4-1 所示，2022 年国家安全生产应急救援队伍地区分布见表 5-4-1。

2022 年，国家专业队全年累计出动事故灾害救援 2512 次、24245 人次，抢救遇险人员 1342 人，救援生还 167 人，为防范化解重大安全风险，保护人民群众生命财产安全作出了积极贡献。

（一）加强队伍政治建设

一是深入学习领会党的二十大精神。组织国家专业队开展“喜迎二十大　奋进新征程”文艺作品征集活动，遴选文学、书法、短视频等优秀作品 33 件公开展播，激励指战员矢志应急救援事业，奋进新征程、建功新时代。召开国家专业队学习宣传贯彻党的二十大精神视频会，组织动员全体指战员认真学习宣传贯彻党的二十大精神，深刻领悟“两个确立”的

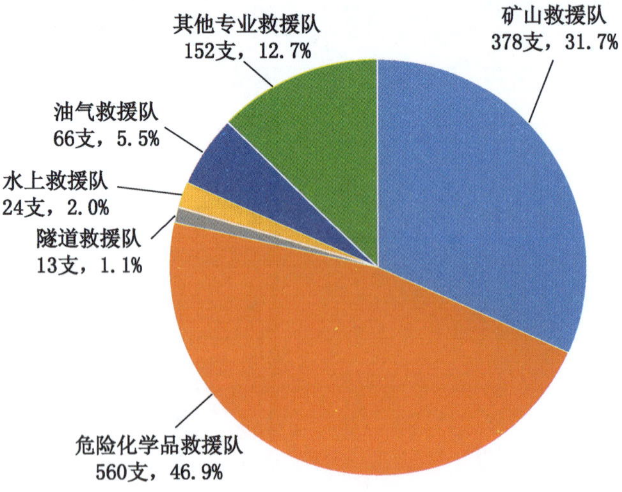

图 5-4-1　2022 年安全生产应急救援队伍数量统计

表 5-4-1 2022 年国家安全生产应急救援队伍地区分布表 支

序号	行政区划	分计	矿山	危化	隧道	油气	水上	专业支撑
1	北京	5	1	1				3
2	天津	2		1		1		
3	河北	3	1	1		1		
4	山西	4	2	1	1			
5	内蒙古	3	2	1				
6	辽宁	6	3	2		1		
7	吉林	3	2	1				
8	黑龙江	4	1	3				
9	上海	1		1				
10	江苏	5	1	2		1	1	
11	浙江	2		2				
12	安徽	3	2	1				
13	福建	3	1	2				
14	江西	2	1					1
15	山东	4	1	2				1
16	河南	4	3	1				
17	湖北	3	2	1				
18	湖南	2	2					
19	广东	4		3		1		
20	广西	2	1	1				
21	海南	1		1				
22	重庆	4	1	1	1		1	
23	四川	6	2	2	1	1		
24	贵州	4	3		1			
25	云南	4	1	1	1	1		
26	西藏	1			1			
27	陕西	4	2	2				
28	甘肃	2	1	1				
29	青海	2	1	1				
30	宁夏	2	1	1				
31	新疆（新疆兵团）	7	4	2		1		
合计		102	42	39	6	8	2	5

决定性意义，增强“四个意识”、坚定“四个自信”、自觉做到“两个维护”。二是强化队伍党的领导。推广国家矿山应急救援山东能源队、国家危险化学品应急救援茂名石化队等队伍创新做法，鼓励国家专业队依托单位分管负责人任队伍第一政委，加强队伍党的建设，把党的领导落实到队伍建设管理各方面、各环节。三是推进党建和救援行动融合。全面开展救援战前政治动员，持续强化战地思想政治工作，动员党员、青年冲锋在前，在抢险救援一线发挥模范带头作用。建立救援一线临时党组织领导救援行动机制，推动党建工作与一线救援任务深度融合，充分发挥党组织战斗堡垒作用，抢险一线实行统一调度、统一管理、统一行动，做到响应有指令、投送有保障、部署有计划、救援有秩序、归建有组织，使党旗始终高高飘扬在救援一线。

（二）加强队伍管理制度建设

一是强化顶层设计。制定《国家安全生产专业应急救援能力建设“十四五”规划》，总结“十三五”安全生产应急救援体系建设成效，分析面临的形势任务，提出“十四五”安全生产应急救援能力建设目标任务、重点工程和保障措施。印发《国务院安委会办公室关于进一步加强国家安全生产应急救援队伍建设的指导意见》，明确国家专业队建设基本原则、目标任务和实现途径，着力解决国家专业队建设发展遇到的基础性、源头性、瓶颈性问题，为促进队伍长远发展，建设专业救援尖刀和拳头力量提供制度保障。二是健全队伍建设标准制度。分行业制定矿山、危险化学品、隧道、管道、海上油气5 项国家专业队建设暂行标准，明确队伍编成、装备配置、实训演练、技术能力等要求，为国家专业队标准化建设提供制度依据。印发国家专业队作战训练防护服和标志标识规范，统一队旗、队徽、作训服和专业标识，推动提升国家专业队建设正规化水平。三是完善队伍管理制度。印发《矿山救护队标准化定级管理办法》，明确矿山救护队标准化等级划分、定级权限、定级流程、监督管理等工作要求，进一步规范矿山救护队标准化定级工作。

（三）加强救援科技装备建设

一是强化资金保障。联合财政部印发《安全生产预防和应急救援队伍能力建设补助资金管理办法》，争取中央财政投入专项资金，保障国家专业队救援装备配备、设施设备运行维护、重特大事故灾害救援补助等建设需要；配套印发《安全生产应急救援力量建设总体方案》，推动国家专业队建设目标落实落地。二是推进技术装备创新。组织开展应急救援急需技术装备揭榜攻关，向社会公开发布应急救援急需的矿山快速排水救援成套技术装备研究、矿山（隧道）快速构建救生通道成套技术装备研究、矿山（隧道）精准生命探测仪、矿山（隧道）小型激光切割装备、危险化学品远程有毒有害气体检测装备和大型石油储罐主动安全防护装备6 个攻关项目，着力提升应急救援技术装备科技化、智能化水平。组织开展“小发明、小创造、小革新、小设计、小建议”科技创新活动，申报“五小”项目139 个。三是优化大型装备配置。为解决大型定向钻机维护保养费用高、使用频率低、操作不熟练等问题，深入开展调查研究，将 5 支国家专业队配备的大型定向钻机，采用托管方式委托中煤地质总局、山西地质集团进行专业化管理，并成立矿山钻探专业救援队伍，提升钻机使用效能和钻探救援保障能力。

（四）深入推进实战化训练演练

一是组织开展实战化演练。组织 9 支

国家专业队、1个物资储备库共500人参加“应急使命·2022”高原高寒地区抗震救灾实战化演习，高质量完成4个实战化科目演习，实战检验先进装备实用效能和队伍综合应急能力，探索建立了国家专业队抢险救援统一保障机制。组织6支矿山、危险化学品国家专业队，23支地方专业队共1300余人开展西南区域矿山应急救援（实训）演练，提升队伍跨区域应急响应和协同作战能力。二是常态化开展训练演练。印发《国家危险化学品应急救援队伍训练大纲及考核要求》，指导队伍按纲施训、科学施训、严格考核。督促指导国家专业队围绕提升专业救援能力、安全技术服务水平，开展常态化技术训练、战术训练和应急演练15.3万次；指导地方矿山救援管理机构、矿山救护队举办专兼职指战员培训566期，约2.5万人次参加培训。三是开展救援技战术交流。组织矿山、隧道应急救援队伍150名指战员参加矿山（隧道）救援国际先进技术线上出国（境）培训，交流救援技战术经验，学习借鉴国外应急救援技术、理念。组织国家专业队开展“专业队长谈救援”活动，搭建学习交流平台。

（五）积极参加事故灾害抢险救援

一是严密组织值班值守。严格落实值班备勤制度，重点时段、重要场所、重大活动提高值班备勤等级，提前布防救援力量，加强救援装备、车辆、物资、通信等应急准备工作，提升队伍快速响应能力。组织京冀和环京冀地区11支国家专业队圆满完成北京冬奥会和冬残奥会安保工作。二是深化安全技术服务。编制危险化学品、隧道救援队伍预防性安全检查指南，完善国家专业队安全技术服务制度规范；组织12支国家矿山、危险化学品应急救援队开展有限空间作业安全技术服务试点，总结推广经验做法，提升安全技术服务质量效能。国家专业队全年为53278家（次）企业提供预防性安全检查、安全隐患排查、危险作业监护、培训演练等安全技术服务81659次。三是积极应对事故灾害。国家专业队全年成功处置贵州三河顺勋煤矿“2·25”重大顶板、中石化茂名分公司“6·8”泄漏火灾、上海石化“6·18”爆炸等事故1405起，特别是在上海石化“6·18”爆炸事故救援中，国家危险化学品应急救援上海石化队169名指战员独立扑灭15000立方米汽油储罐火灾，成功救出9名被困人员。充分发挥专业优势，出动参加四川泸定6.8级地震、辽宁盘锦绕阳河洪涝等灾害抢险救援1107起，特别是在辽宁盘锦涝水抢排救灾中，7支国家专业队154名指战员持续奋战22个昼夜，累计排水2000多万立方米。

二、国家地震灾害救援力量

（一）持续加强队伍能力建设工作

一是积极开展救援队员搜救基础技能培训训练。共组织救援队6批420人次，采取老带新、强补弱的方法，以走训、演练等方式开展常态化搜救能力训练，并针对“应急使命·2022”高原高寒地区抗震救灾实战化演习，组织参演队员开展演习科目专项强化训练。二是开展专家分队建设工作。按照搜索营救、现场评估、通信保障及战勤保障4个专业领域，组织成立专家分队，开展日常训练及专业能力建设，破坏性地震灾害发生时抽调专家为现场应急处置提供专家支持。四川泸定6.8级地震发生后，抽调专家参与现场抗震救灾指挥部应急处置工作，荣立集体三等功。三是做好救援队技术装备保障及物资发放。全年集中维护保养专业装备2299

台（件/套），购置应急救援装备物资 5 大类 5045 件（套），调剂发放应急救援装备物资 5 大类 26235 件（套/双），保障日常训练工作正常开展。

（二）圆满完成“应急使命·2022”高原高寒地区抗震救灾实战化演习相关任务

一是救援队派出 140 人作为国家地震救援的拳头尖刀力量参加现场实兵演习。二是牵头完成演习评估工作。会同有关单位共计 150 余人联合开展“应急使命·2022”高原高寒地区抗震救灾实战化演习评估工作，编制评估方案、标准及细则，制定拉动检验评估指标，编写拉动检验评估报告。三是派员参与应急管理部演习领导小组综合组、导调组、专家组工作，为演习统筹实施、科目设置、方案编制等工作提供专家及业务支撑。

（三）充分发挥救援队行业引领作用

依托国家地震紧急救援训练基地平台，派出核心骨干队员为应急管理干部、国家综合性消防救援队伍、社会应急力量等提供培训，派出核心技术骨干赴山东陆搜基地，多地消防救援总队，森林消防总队开展地震救援培训及指导工作；完成全国骨干社会应急力量培训工作；开展消防救援队伍地震灾害救援专业队能力评定指标设计，编制地震地质灾害应急救援队伍实训管理系统需求说明书，开展北京市应急管理局所属专业救援力量“非传统事故灾害”应对能力调研及考核，参加《社会应急力量救援队伍建设基础规范》系列行业标准发布及宣贯，编著《建筑物倒塌搜救现场行动技术指南》和水域培训教材，开发灾害现场救援指挥推演系统。

（四）持续增强中国救援国际影响力

承办巴基斯坦洪水灾害现场考察和防洪减灾指导工作，从搜救专家分队抽调两名技术骨干加入中国政府专家组，完成既定工作任务，为增进中巴传统友谊，提升中国国际影响力，彰显中国作为负责任大国担当作出了突出贡献。承办金砖国家首次城市搜索与救援线上桌面演练，阿根廷、尼日利亚和尼泊尔等非金砖国家城市搜索与救援队伍共计 100 余人，参与线上线下观摩互动，工作成绩被写入“金砖国家灾害管理部长级会议北京宣言”。成功举办东盟地区论坛活动和上合组织城市搜索和救援技术培训班，受到国际广泛关注。派员线上参加 INSARAG（国际搜索与救援咨询团）2022 年年会暨全球队长会议、灵活响应工作组年度工作、INSARAG 亚太区地震应急演练控制组前期准备工作，以及新加坡 IRNAP（国际搜索与救援咨询团认可的国家认证程序）的认证专家组工作。

三、推动国家区域应急救援中心工程全面开工建设

2022 年，西南、东南、华中、西北、东北 5 个国家区域应急救援中心全部开工（图 5-4-2）；华北区域应急救援中心初步设计和投资概算完成审核；项目执行预算 5.4 亿元，实现了年度预期建设目标。

（一）不断强化组织领导

部党委和 6 省党委政府高度重视国家区域应急救援中心项目建设，持续加强组织领导，由部党委书记、部长王祥喜担任部领导小组组长，多次听取工作汇报，作出重要指示；部分管领导多次专题研究部署国家区域应急救援中心工作，推动项目依法、有序、高效实施。6 省党委政府将国家区域应急救援中心建设列入重大项目、重点事项优先保障，均成立了由省政府领导担任组长、相关职能部门共同参与的项目领导小组和省应急管理厅主要负责同志任主任的项目基建办公室，为项目建

图 5-4-2 国家西南区域应急救援中心项目建设开工

设提供了有力组织保障。

（二）全力推进项目开工

加大统筹协调力度，平行推进立项审批、工程招标、手续办理、市政配套等重点任务，确保项目按期开工建设。推动加快初步设计审批，密切配合国家发展改革委等部门开展调研评审，推动项目审批全面提速。紧密衔接批复程序，高效完成5个国家区域应急救援中心初步设计部内审核印发和华北区域应急救援中心初步设计报批。高效落实开工条件，指导各基建办公室早部署、早准备，及时落实地方投资、完善水电信路配套、加快办理开工手续。

（三）健全项目制度机制

紧盯资金管理、工程招标、合同签订等关键环节，持续完善项目管理制度机制，保障项目建设规范、有序进行。规范资金管理制度，明确项目政府采购流程，优化资金报销、预算申报、设计变更等程序。督促指导各基建办公室对照制定财务管理、招标采购、廉政监管等制度，提高资金支付效率和规范化水平。创新项目推进机制，根据项目特点构建试点推进、联合攻关等工作机制，及时总结项目实施经验、技术攻关成果，通过印发指导意见、组织会议交流等形式为各项目提供借鉴，形成建设合力。建立过程监管机制，印发项目党风廉政建设责任清单，推动建立部省纪检监察部门信息沟通共享机制，强化党风廉政建设。聘请专业机构指导各基建办公室加强招标文件、重大合同、重点资金使用方案计划论证审核，保障项目建设合规有序。

（四）强化技术指导支撑

针对国家区域应急救援中心项目创新性强、政策性强和功能复杂、技术难度大等实际，强化项目建设技术指导。破解技术难点，组织专家深入西南区域应急救援中心集中攻关训练设施施工图设计难题；多次召开专家技术论证会，完善西北区域应急救援中心建设场地湿陷性黄土地基处理技术方案；编制印发装备配备标准和信息化建设规范，确保与设施建设同步推进、同步投入使用。打通政策堵点，指导西南区域应急救援中心完善中央和地方资金统筹使用方案；协调湖北省人民政府研究解决华中区域应急救援中心人防设施建设问题，顺畅央地政策衔接。

（五）加强过程监督管控

构建内外联动监督机制，及时发现问题、解决问题，推动项目安全高效实施。加大项目内控管理力度，组织指导各基建办公室科学制定建设任务计划表，明确时间表、任务图、责任人，保障各项任务总体可控；部领导赴现场督导 5 次、组织召开专题会议 20 余次，部工程建设领导小组办公室坚持周调度、月报告和简报制度，2022 年共组织项目建设周例会 43 次、月调度 10 次、印发简报 9 期，强化全周期跟踪督导。积极配合外部监督审计，按照中央财经委员会第十一次会议部署，制定报送项目建设推进方案和目标计划；配合自然灾害防治部际联席会议办公室完成重大工程阶段性评估；组织指导各基建办公室全力配合审计署跟踪审计工作。

四、推进航空应急救援体系建设

应急管理部、国家发展改革委等 7 部门联合印发灭火大飞机实施方案，明确固定翼消防飞机等关键航空力量建设路径、航空资源共享共用机制和相关保障措施。启动国产固定翼消防飞机购买改装工作，召开航空应急救援力量建设视频会议，举办全国航空应急救援体系建设培训班，统筹推动各地加强航空应急救援力量建设。加强航空关键力量部署，印发年度航空消防力量布局方案，在全国 20 个省份部署航空器 90 架，落实中央飞行补助费 7.88 亿元。健全完善航空应急救援协调保障、航线快速审批机制。在北京冬奥会和冬残奥会期间，调动 5 架大型直升机进驻赛场周边，圆满完成北京冬奥会和冬残奥会航空救援安保任务。

五、推动工程抢险救援能力建设取得新进展

认真贯彻落实党的二十大精神和部党委决策部署要求，印发实施《“十四五”应急救援力量建设规划》，大力推进水上工程救援、部工程救援中心、川藏铁路救援中心等关键救援力量建设。一是强力推进水上工程救援力量建设。从自然灾害防治体系建设补助资金中划拨 1.45 亿元，支持安徽、江西、湖北、湖南、重庆 5 省市配备 7 艘大型工程抢险救援船，并组建水上工程抢险救援队伍，进一步提升长江和淮河流域抗洪抢险、水上搜救等救援能力（图 5-4-3）。2022 年底，7 艘船舶全部交付使用，分别命名为“中国应急合肥 1 号、合肥 2 号、九江号、荆州 1 号、荆州 2 号、长沙号、重庆号”。5 省市分别依托国有港务航务企业及事业单位，通过政企共建、签订协议、托管运营等方式组建了 5 支水上工程救援队伍。二是强化部自然灾害工程应急救援中心和基地建设。依托部自然灾害工程应急救援中心持续加强工程抢险救援力量建设，投入中央资金 4.67 亿元，全面完成侦测搜寻、通信指挥、挖桩保通、排水救援 4 大类 22 种 202 台（套）抗洪抢险关键装备配备，指导开展装备操作使用培训和训练，提高人装协同水平和救援能力。研究优化自然灾害工程救援基地布局，应河南省人民政府、湖南省人民政府和中国安能集团申请，支持建设工程救援鹤壁基地和长沙基地。积极推动将工程救援力量建设纳入安全生产应急救援能力建设补助资金支持范围，夯实工程救援力量发展基础。三是会同国铁集团推进川藏铁路救援力量建设。指导川藏铁路公司编制“2+2”救援中心建设方案，整合四川、西藏及有关方面资

图 5-4-3 2022 年长江防汛抢险综合演练机械化决口封堵演练科目

源，依托相关工程建设单位分别在四川甘孜巴塘和西藏昌都察雅建设 2 个主救援中心，在西藏林芝通麦、四川甘孜新都桥建设 2 个辅助救援中心，配置救援人员和装备，均已建成投入使用，有力支撑保障川藏铁路建设。

六、引导社会应急力量健康发展

组织新一轮社会应急力量资源普查，将 2300 余支社会应急力量、骨干队员 4.9 万余人纳入应急救援力量体系。联合中央文明办、民政部、共青团中央出台《关于进一步推进社会应急力量健康发展的意见》，为社会应急力量建设提供有力政策支撑。发布《社会应急力量建设基础规范》6 项行业标准，涵盖总体要求、建筑物倒塌搜救、山地搜救、水上搜救、潜水救援和应急医疗救护 6 个方面。以交通运输、应急管理两部办公厅名义联合印发《跨省执行抢险救灾任务车辆免费通行服务保障规程（试行）》，为社会救援车辆提供高速公路免费通行服务保障。推动 16 个省级应急管理部门开展社会应急力量参与重特大灾害抢险救援行动现场协调机制试点建设，落实协调保障团队、明确机制办公场所、印发操作实施方案、对接联动有关部门，及时总结推广试点成果，逐步推动机制全国覆盖、上下贯通。指导推动社会应急力量专属保险产品正式上市销售，实现全国线上统保统价统赔，有效破解了应急志愿者因主动涉险而被拒保的难题。出版发行建筑物倒塌搜救、山地搜救、水上搜救 3 册社会应急力量救援技能培训教材，举办 2022 年全国骨干社会应急力量培训班，为提升社会应急力量骨干队员救援能力提供学习渠道、搭建锻炼平台。推动将社会应急力量纳入应急管理系统表彰奖励范畴，选树先进典型，3 个集体、2 名个人荣获 2021 年度全国学雷锋志愿服务“四个 100”表彰；3 个集体和 4 名同志荣获河南“7·20”特大暴雨灾害抗洪抢险救援先进集体和个人；1 名个人荣获“应急使命·2022”抗震救灾演习奖励；1 个集体荣获四川泸定 6.8 级地震救援奖励，极大增强了社会应急力量的荣誉感和自豪感。

第五章　重大抢险救援任务

一、贵州省黔西南州贞丰县三河顺勋煤矿“2·25”重大顶板事故救援

2022 年 2 月 25 日 7 时 37 分，贵州省黔西南州贞丰县三河顺勋煤矿发生一起重大顶板事故，11302 隐蔽采煤工作面发生垮塌，造成 14 人被困。经过现场救援人员团结奋战，至 3 月 5 日 12 时 8 分，14 名被困人员全部找到并确认遇难。

（一）迅速启动响应机制

事故发生后，党中央、国务院高度重视，国务院领导同志作出重要批示，应急管理部主要领导第一时间与现场视频连线并作出指示要求，派出工作组赴现场指导处置。国家安全生产应急救援中心调派国家矿山应急救援六枝队、黔西南队和国家隧道应急救援中铁二局昆明队 3 支国家专业队 77 名救援人员携带生命探测仪、破拆支护等专业救援装备 144 台（套）赶赴现场救援。贵州省政府主要负责同志赶赴现场，组织各相关部门开展救援工作（图 5-5-1）。

（二）深入井下靠前指挥

工作组深入井下指导救援，在井下召开现场办公会，24 小时盯守指导，与救援人员一起在井下工作面研究开辟搜救通道方法。现场指挥部派出矿山专业干部全时轮班，在井下协调解决问题，确保救援工作高效有序开展。

（三）科学稳妥采取措施

强化安全保障措施，保障现场安全施救。一是不断加强支护。为防止开辟搜救通道过程中顶板再次冒落，对工作面单体柱均“穿鞋戴帽”，在救援初期每隔 10

图 5-5-1　贵州省黔西南州贞丰县三河顺勋煤矿“2·25”重大顶板事故救援

米一个木垛的基础上，加密至每5米一个木垛，并适情增加一排木垛，有效防范二次冒顶事故发生。二是科学监测顶板。调度专业技术团队到现场监测顶板稳定情况，通过安装矿压在线监测系统和矿山微震监测系统，24小时监测立柱受力及变化情况、覆岩断裂信息。三是做好安全监护。3支国家专业队下井676人次，出色完成安全监护、井下测风、气体检测、调整通风系统、清理矸石、井下消杀和转运遇难矿工等任务。

（四）攻坚克难，全力以赴解救被困人员

此次救援难度较大，整个工作面直接顶及上部煤层全部冒落，近年来在国内罕见。一是冒顶范围较广，整个采煤工作面全部冒落，长约140米、上宽约7米、下宽约10米、高约3米，体积约3600立方米。二是工作面高位岩层出现大面积悬顶，救援通道倾角23度，巷道需要打木垛和重新安装单体液压支柱，搜救通道开辟过程中极易引发顶板再次冒落，救援风险较大。三是冒落岩块为粉砂岩，细密、硬度大、难破碎，且破碎后需通过刮板输送机和带式输送机运输出井，清理进度慢。

二、“3·21”东航MU5735航空器飞行事故处置

2022年3月21日，东航MU5735航班在飞行过程中坠毁于广西壮族自治区梧州市藤县埌南镇莫埌村附近。事故发生后，广西壮族自治区消防救援总队调集器材和保障物资参与救援工作（图5-5-2）。应急管理部消防救援局接报后，迅速调集广东省消防救援总队驰援救援现场。国家安全生产应急救援中心调动国家安全生产应急救援勘测队、国家隧道应急救援中国交建重庆队、中铁二局昆明队13人、3台边坡雷达开展救援现场山体监测。在应急管理部的统一指挥下，参战消防救援队伍昼夜奋战，圆满完成了黑匣子和重要飞机部件搜寻、人体残骸收集标记、飞机残骸转移搬运、残骸清洗分拣等工作。事故共造成机上123名旅客、9名机组成员遇难。

图5-5-2 “3·21”东航MU5735航空器飞行事故处置

（一）争分夺秒、快速响应

3 月 21 日 15 时 5 分，广西壮族自治区梧州市消防救援支队指挥中心接到报警后，第一时间调集力量赶赴现场开展灭火和人员搜救工作，并向总队请求增援。总队第一时间向自治区党委政府、应急管理部消防救援局报告相关情况。15 时 20 分，广西壮族自治区消防救援总队先后调集南宁、柳州、桂林等 11 个支队驰援灾害现场。总队长率领总队全勤指挥部遂行出动，并调集战勤保障组赶赴一线；总队后方指挥部定期组织各有关处室研究前方战况，了解困难需求，收集各级领导批示指示精神，协调解决战勤保障、人员补给、信息综合等工作。应急管理部消防救援局接报后，立刻成立工作组赶赴灾害现场，迅速调集广东省消防救援总队驰援救援现场。

（二）迅速展开、科学施救

3 月 21 日 17 时 50 分，增援力量相继到场，现场指挥部根据现场情况组织开展救援工作。一是利用无人机实施高空侦察，实时拍摄传输全景影像，辅助现场指挥部决策；二是组织到场力量开展幸存者搜寻；三是组织增援力量集结、部署工作，强化现场力量统一指挥。3 月 22 日 0 时，应急管理部消防救援局工作组到达现场后，与现场指挥部共同研究制定两套救援行动方案，细化山地搜索力量编成、大面积搜索任务等工作部署，组织 538 名消防指战员，分成 20 个小组，携带安全绳索、金属探测器等器材，围绕核心区和周边区域，采取“重点摸排、分区定位、编组推进、表层搜索、深度挖掘、集中筛查”战术，对事故现场山体利用逐层环绕、梯次向上的方式，先后开展 10 余轮地毯式、拉网式搜寻。同时，沿飞机航线方向发动乡镇专职队、村屯网格员和信息速报员 254 人，组成 10 个排查小组，对核心区域西南方向 20 公里范围村屯、山林、田地等排查飞机残骸，派出 4 个无人机小组开展空中搜索。经过参战消防力量连续奋战，在核心区发现了大量飞机残骸和人体组织，在核心区外 15 公里和 500 米直线距离发现飞机残骸。国家安全生产应急救援中心调集的 3 支国家专业队，利用边坡雷达在现场逐层监测山体 12 天，有力保障了救援安全。

（三）加强研判、细致搜寻

积极与民航技术、物证痕迹、地质探测等专家协同救援，充分发挥专家智囊支持作用，通过飞机航线、坠落点位置、残骸分布等情况，研判重点目标（黑匣子）可能坠落的位置和区域，及时对参战力量编组进行调整，划定 10 个专业搜寻搜救组，强化统一指挥和组长一线靠前指挥。组织参战消防指战员参加公安专业搜寻现场培训，规范残骸搜集、标记方法和程序。按照“即时发现、专家确认、归类分拣”思路，完善“5+1”编组搜寻模式（即 5 名消防指战员配 1 名民航专家），提升搜寻针对性与效率。每日与民航专家进行分析研判，通过对核心区、外围搜索残骸的分析先后 3 次修正目标区域，按照“分区定位、编组搜寻、精准掘进”的形式，对 3 个重点区域连续开展多组同步轮流不间断挖掘筛查。3 月 23 日 16 时 30 分，在消防指战员、武警官兵、民兵共同努力下，民航专家在抽排水区域附近发现第一个黑匣子。3 月 27 日 9 时 20 分，由消防指战员在核心区撞击点东偏南 5 度、距离撞击点 40 米、地表下约 1.5 米处挖掘搜寻到第二个黑匣子。

（四）全面清理、细致分拣

根据现场指挥部的任务部署要求，每日安排 300 名消防指战员配合核心区深层次挖掘，对清理出的废墟进行细致筛查，搜寻飞机残片和人体组织，并持续做好消防安全监护、通信保障、抽排积水、现场防疫洗消等任务。组织人员及时转移深埋地下的发动机叶轮、飞机起落架、飞机舱门等大型飞机残骸。调集专业抽排水设备对飞机撞击点积水区、核心区东侧高位水塘开展抽排水作业，现场抽排水约 1620 吨，开辟排水沟渠约 90 米。针对多日降雨、地质松软和可能出现的滑坡风险，现场采取“减少作业点人员、绳索牵拉限位、边坡雷达监测、多点设置安全员和警戒哨提示、指挥员全程跟进指挥”等安全措施，运用逐层降坡挖掘技术，有序推进作业面。从消防车集结区敷设两条长约 2000 米的供液干线到核心区域展开作业监护，组织检测小组持续开展可燃、有毒气体浓度不定期检测，设置高中倍泡沫和释放器具现场保护，严防次生灾害发生。派出应急通信保障前突小分队率先进入事故核心区，迅速搭建应急通信保障体系，第一时间回传现场实时画面，并利用无人机开展航拍侦察，快速制作 360°全景图、二维正射影像图，建立核心区三维模型，为灾情获取、力量调派、任务部署、范围划定和任务区域标定提供实时信息数据和“一张图”支撑，高效保障指挥调度与科学决策。截至 4 月 1 日 17 时，消防救援队伍人工地面搜寻面积约 45 万平方米，无人机航拍搜索 954.6 万平方米，翻土搜寻约 6370 立方米，发现遗体遗骸组织 3615 份，飞机残骸 46407 份。先后洗消 2.52 万余人次，洗消车辆 722 辆次，清洗残骸 15884 件，无人机地面消杀约 6300 平方米，协助搬运飞机残骸 712 箱。

三、湖南长沙“4·29”特别重大居民自建房倒塌事故处置

2022 年 4 月 29 日 12 时 24 分，湖南省长沙市望城区金山桥街道金坪社区盘树湾组发生一起特别重大居民自建房倒塌事故，事故造成 63 人被埋压（图 5-5-3）。经过 158 小时的连续奋战，消防救援队伍共转移疏散被困群众 13 名，成功营救被困人员 10 名，搜救遇难人员 53 名。

（一）迅速响应，搜寻人员

图 5-5-3 湖南长沙“4·29”特别重大居民自建房倒塌事故处置

4 月 29 日 12 时 24 分，长沙市消防救援支队接到报警后，先后调派月亮岛、石岭塘、望城等消防救援站相关力量赶赴现场处置，支队全勤指挥部遂行出动，支队主官第一时间赶赴现场。湖南省消防救援总队接到报告后，总队主官和其他党委班子成员先后赶赴现场指挥，成立现场指挥部，并在指挥中心设立后方指挥部，先后调派株洲、湘潭、衡阳、益阳、训保 5 个消防救援支队赶赴现场增援。12 时 41 分，望城大队月亮岛消防救援站到达现场，经侦察发现，倒塌建筑呈垂直层叠式倒塌，西侧毗邻建筑承重外墙严重受损，东侧毗邻建筑局部倒塌，楼梯间严重损坏，3~6 层有大量人员被困。月亮岛消防救援站迅速部署力量对废墟被困人员进行搜救；利用云梯消防车搭建救生通道，逐层破拆东侧建筑南面窗户防盗窗，转移建筑内被困人员；设置警戒，疏散周边群众。15 时 19 分，东侧受损建筑内 13 名被困人员全部疏散转移至安全区域。

（二）精准定位，全力救援

4 月 29 日 13 时 13 分，长沙市消防救援支队全勤指挥部到达现场，侦察发现倒塌建筑 7 层 1 号被困人员被埋压。指挥员立即设安全观察哨和紧急救助小组，组织 2 个攻坚班组破拆西侧建筑二楼外墙窗户进入废墟内部，采用破拆、顶撑等方式打开救生通道，于 14 时 32 分将该被困人员救出。

4 月 29 日 13 时 27 分，总队长率领总队全勤指挥部到达现场。经过现场侦察，建筑呈整体塌落，东西两侧建筑破损严重，遂命令长沙市消防救援支队部署力量搜索确定被困人员位置，并迅速开展营救；与公安部门做好对接，采取视频监控、手机定位、问询知情人等方法核实埋压人数。13 时 29 分，通过雷达生命探测仪、音视频生命探测仪、搜救犬和人工搜索等方法，在废墟的 4 个方向相继发现 2~10 号被困人员，并积极采取措施展开救援。中建五局、湖南大学等相关单位的专家到场后，对东西两侧建筑稳定性进行评估，报请现场总指挥部制定建筑物加固方案：一是向西侧建筑一层灌注混凝土和快速凝胶剂加固，顶部楼层用钢缆绳固定；二是在东侧建筑一层、二层架设钢架支撑；三是中建五局、中大检测、国信测绘、联智科技等单位会同消防救援力量，对东西侧两栋建筑进行监测，消防救援队伍安排力量配合发出紧急撤离信号。

4 月 30 日 15 时，应急管理部消防救援局工作组到达现场。现场总指挥部决定成立“五人指挥小组”，确定了“生命探测、人员定位、建立生命支持管道、开通生命救援通道”的四步救援方案，遵循“先易后难、由浅入深”的原则，最大限度抢救人员生命。一是静默侦检、生命搜索。组织开展多轮次全场静默，停止一切机械施工、禁止人员喧哗走动、作业点暂停作业，确保侦检人员在安静环境下开展全覆盖侦检。通过喊话、敲击等方式，与被困人员建立联系沟通和信息传递渠道，为后续救援行动提供决策依据。二是确定方位、精准施救。在与结构专家研究讨论并综合各种因素后，安排由指挥员、安全员、装备助理和 5 名救援队员组成搜救小组实施救援。掘进过程中遇到问题，在结构专家指导下不断优化调整，在不破坏坍塌后自然形成的平衡状态情况下，稳步掘进、逐点支撑，确保被救者与救援人员安全。救援人员在掘进过程中与被困人员时刻保持交流，利用灯光、荧光棒、激光笔等指示性工具，探寻救援通道与被困人员之间的最短路径。一旦被困人员发现光源，救援人员迅速利用钻孔工具打通生命支持管道，通过输液管将营养液和生理盐水送入，第一时间为被困人员补液，提供生命支持，改善生命体征。三是扩展通道、医疗前置。救援人员接触到被困人员后，由专业医生进入，对被困人员进行检查，提前采取医疗措施，提高被困人员存活率。救援过程中，通过获取被困人员的身高、体重等信息，结合被困人员伤情，对救生通道进行科学规划、尽力拓宽。截至5月5日0时2分，经过消防指战员全力搜救，先后搜救出10名被埋压人员。

（三）逐层剥离，全面搜救

5月5日0时3分，现场总指挥部再次组织开展全场静默搜索，发现3处可疑生命迹象点。由于靠近东侧建筑一可疑生命迹象点随时面临东侧建筑倒塌的风险，建筑结构专家提出了钢架支撑斜坡面保护支架的方案，由中建五局现场制作并将其吊升至指定区域。现场搜救力量利用多种搜救方法，经过8小时反复探测、挖掘和搜寻，3个可疑生命迹象点被逐步排除。救援过程中，全面实施逐层剥离和探测，利用长臂液压剪刀机、抓斗机、挖掘机、装载机等工程机械对现场进行清理。配备5套位移监测雷达和一名携带报警装置的“消防报警员”，不间断监测墙体稳定性，一旦发生2毫米以上位移，立即发出示警信号。

搜救后期随着废墟逐渐见底，东西两侧建筑底部失去原有支撑，随时可能发生倒塌。现场指挥部明确一次只允许1个救援小组进入现场，每次救援时间不超过1分钟；危险区域使用长臂挖掘机配合作业，并用挖斗在救援人员斜上方保护，防止被塌落的建筑构件砸伤；同时，建筑结构专家和相关单位全程实时监测。5月6日2时59分，最后1具遇难者被转运移交。至此，总队先后发现并转运53具遇难者遗体。5月6日3时许，全部遇难者遗体完成移交后，现场指挥部命令参战队伍对人员、装备进行全面洗消，清点救援器材与装备后归建。

四、上海石油化工股份有限公司“6·18”1号乙二醇装置爆炸事故救援

2022年6月18日4时24分许，上海石油化工股份有限公司（简称上海石化公司）化工部1号乙二醇装置环氧乙烷精制塔区域发生爆炸事故。上海市消防救援总队调派力量赶赴现场处置，国家危险化学品应急救援中原油田队上海石化分队169人、47辆消防车全力投入抢险救援，应急管理部第一时间派工作组到场指导救援工作。经过36小时连续奋战，灾情于6月18日10时41分得到控制，6月19日16时30分完成堵漏和明火扑灭任务（图5-5-4）。6月20日17时15分完成监护任务。事故造成1人死亡、1人受伤，共疏散营救遇险人员22人。

（一）初战响应阶段

4时28分，国家危险化学品应急救援中原油田队上海石化分队卫三中队9辆消防车首先到场，4时29分出动10辆消防车赶赴现场，并第一时间请求增援。总队指挥中心于4时34分启动石化火灾五级力量调度编成，一次性调集总队全勤指挥部及金山、化工、奉贤、松江、特勤消防救援支队2个重型编队、2个轻型编队、1个防化专业队以及泡沫、油料、器材、通信等保障力量出动。同步提请市政府启动《上海市处置火灾事故应急预案》Ⅰ级响应，协调供水、供电、供气、环境、公安等力量到场配合处置，并按照“现场200吨+备调200吨”调集泡沫。

（二）分片控制阶段

5时42分，总队全勤指挥部到场。

图 5-5-4　上海石油化工股份有限公司“6·18”1 号乙二醇装置爆炸事故救援

现场划分为东、西、南 3 个作战片区，以及卫五北路管廊、金一路管廊、乙二醇车间、烯烃部管廊 4 个具体作战点位。各片区由总队指挥员分片负责指挥。在东片区卫五路管廊作战区域，组织金山、松江、浦东、闵行支队铺设 22 条供水线路，设置 4 台消防机器人、1 门云梯炮、10 门移动炮从 3 个方向实施冷却保护。在西片区金一路管廊、乙二醇车间作战区域，组织金山、化工、奉贤支队铺设 20 条供水线路设置 7 门移动炮、5 台消防机器人冷却金一路管廊。同时，组织金山、化工、奉贤、闵行、松江、宝山、青浦、特勤支队铺设 28 条供水线路，在装置区设置 3 门移动炮、2 门高喷炮、2 台消防机器人实施重点冷却，在环氧乙烷罐区设置 14 门移动炮、2 台消防机器人冷却储罐。在南片区烯烃部管廊作战区域，组织奉贤支队铺设 3 条供水线路，在管廊一侧设置 3 门移动炮实施冷却控火。

（三）堵漏排险阶段

10 时 41 分，现场灾情得到有效控制。被困内部的 20 名工作人员全部安全疏散撤离。12 时 31 分，卫五北路管廊赛科段碳五管线压力从 3.5 兆帕降至 1.7 兆帕、碳八管线压力降至 0.2 兆帕，现场火势趋于稳定。17 时 45 分，应急管理部消防救援局工作组到场，立即深入实地踏勘，听取情况汇报，评估灾情现状，并召集处置力量会商工作。由专家指导组评估论证带压堵漏方案，科学计算分析，把握过程环节，注重操作细节，确保方案万无一失。22 时 40 分，堵漏组经勘察论证，决定在距起火点北侧 200 米的卫五北路、沪杭公路口管线处开孔注水设置水封，安装阀门，彻底切断物料输送途径。19 日 0 时 40 分，现场注水口设置完毕，总队监护力量安排 2 辆消防车分别向碳五、碳八管线注水，作业严格按照专家指导组提出的压力、流量和时间要求进行，预设 3 处灭火冷却枪炮阵地，同步加强对管线、火势和异响的观察监控，确保作业安全。截至 19 日 5 时，碳五管线累计注水 50 余吨，碳八管线累计注水 2 吨。在堵漏作业的同时，总队在卫五北路管廊南侧增设 3 门移动炮，加强南侧部分冷却保护，调整射流形成上、中、下均匀冷却立体水雾保护。19日16时30分，泄漏管线堵漏成功，物料被完全切断，卫五北路管廊处火势熄灭，经现场检测确认环境处于安全状态，现场救援行动取得决定性胜利。

（四）监护驻防阶段

现场火势熄灭后，金山支队全勤指挥部以及4台驻防车辆24小时值守，持续对1号乙二醇装置爆炸周边区域实施稀释冷却，辅助现场技术组专家对受损管线逐一进行排查，确保物料完全排空。同时，现场增设8个流动监测点位，加强管廊沿线巡查，实时掌握受损管廊内残余物料排空程度，全面监测相关公共管廊及周边区域挥发性有机物等气体浓度和罐区、装置温度变化情况，防止发生新的险情。20日17时15分，物料完全排空，现场除金山支队预留1套远程供水编组继续配合厂方对处置污水进行抽排处理外，其余监护任务移交上海石化专职队。截至27日17时，金山支队远程供水编组配合厂方完成抽水作业，监护任务全部完成。

（五）密切协同作战

事故发生后，上海石化公司立即启动一级响应，第一时间安排全厂紧急停车，停送物料，关闭着火管线阀门，并通过注水、注氮、带压封堵等措施减少剩余燃烧物料，实现稳定燃烧，为总攻扑灭明火奠定坚实基础。国家危险化学品应急救援中原油田队上海石化分队接到报警，第一时间调集全部执勤力量，共47车、169人赶赴现场救援。得知现场有人员被困后，决定采取“救人第一、攻防并举、固移结合、冷却抑爆、堵截蔓延”的战法展开处置。组织4名救援人员深入乙二醇装置爆炸核心区域，冒着生命危险往复3次进行搜救，成功救出9名被困人员。同时，对赶赴火灾现场途中发现的1名受伤人员，及时拨打120送医。科学研判现场灾情，采取保护性燃烧措施，而不是贸然扑灭火灾，避免了爆炸等次生事故发生。在救援过程中，上海石化队与消防救援队伍密切配合，抓住有利战机，强攻近战，共同扑灭火灾，实现了“1+1>2”的良好效果。上海石化分队和消防救援队伍利用消防机器人抵近进行气体侦测、管网冷却处置和灭火。消防机器人的投入避免了救援人员在危险环境直接作业，在提升救援效率、保证灭火效果的同时，有力保障了救援人员人身安全。

五、辽宁盘锦市绕阳河溃口应急处置

2022年8月1日6时，辽宁省盘锦市绕阳河左岸堤坝曙四联段一处穿堤管廊出现严重透水，虽经紧急抢险，但是10时30分出现溃口，长约52米，口门流速平均0.2米/秒，溃口处水深1.5～4.5米，溃口内外水位差3.3厘米。溃口上游堤顶漫溢段长度约3公里，漫溢段平均水深约0.35米；下游堤顶漫溢段长度约1.5公里。

针对溃口严峻形势，国家防汛抗旱总指挥部办公室、应急管理部调派2架大型直升机8小时内飞抵任务区，协调应急管理部自然灾害工程应急救援中心从唐山、武汉、成都等8个方向调集11名水利、工程、地质技术专家，200余名抢险队员24小时内机动到位，投入应急动力舟桥等各类抢险装备500余台（套），会同国家粮食和物资储备局紧急调运66台（套）大流量排涝设备，全力支持辽宁抗洪抢险。针对现场实际情况，科学运用“疏堵结合、抢修道路，稳固堤头、双向进占，快速合龙、防渗闭气”的机械化立堵战法有序展开抢险救援工作。运用空地配合、投放沉箱战法助力溃口封堵。经过各方面6天5夜的连续作战，8月6日16时20分实现溃口合龙，累计完成溃口封堵52米，进料3853车、填筑15910方，修整道路4375米、修筑会车平台34个、扒口开挖990米，溃口合龙处加宽12米、加高培厚90米，防渗闭气70米，8月7日16时完成加高培厚和防渗闭气等工作。8月7日凌晨开始展开涝水强排作业，截至8月18日20时，完成溃口下游侧淹没区（约34.7万平方公里）排涝工作，累计抽排涝水5000余万立方米（图5-5-5）。

国家安全生产应急救援中心8月5日制定《赴辽宁盘锦绕阳河流域排涝救灾工作方案》，组成工作组赶赴现场指导救援，向国家安全生产应急救援新兴际华队，危险化学品应急救援燕山石化队、天津石化队，矿山应急救援山东能源队4支队伍发出救援出动指令；8月9日增调国家矿山应急救援淮南队、隧道应急救援太原队和油气管道应急救援徐州队驰援。先期到达的4支国家专业队连夜冒雨上坝部署车辆和水泵，于8月7日3时38分完成车辆布设。8月7日6时30分，燕山石化队率先成功出水。8月9日，矿山应急救援淮南队、隧道应急救援太原队和油气管道应急救援徐州队到达后，按照预留点位迅速布泵排水，形成从桥头河堤至溃口处，东北至西南方向，7支队伍连续布设排涝设备的一体布局，阵地（包括车辆装备及值班宿营区域）长度约1.6公里。7支国家专业队，40台水泵连续作业，形成每小时7.26万立方米排水能力。按照“统一指挥、统一团队、统一战斗力”的工作要求，现场工作组每日在大坝上盯守，组织国家专业队合理做好人员轮换，统一组织布泵和保养水泵，在保持稳定出水的同时持续加量，确保排涝能力不断提升。

在国家防汛抗旱总指挥部、应急管理部、消防救援局和省防汛抗旱指挥部的指挥下，辽宁省消防救援总队听令而行、高效应对，参与抗洪抢险救援。一是做好现场通信保障工作。调派3辆基站车，组建无人机空中梯队，巡查堤坝7次、高空侦察9次、累计飞行航时480分钟，制作灾

图5-5-5　辽宁盘锦市绕阳河溃口应急处置

害现场力量部署、灾情前后对比、全景漫游等图示。派出 14 名消防救援人员、3 辆消防车、3 架无人机组成的应急通信前突小组，架设自组网，实现区域性电台全覆盖，保障现场通信。二是保护坝口作业人员生命安全。派遣 8 辆消防车、7 艘消防艇、40 名消防救援人员分别前往 4 个作业段前置备勤，配合作业人员开展设备转运、维护和水文测绘等工作，为作业人员配备专业救生衣、通信电台等救援装备，全力保障固坝现场作业安全。三是保护危险区域群众生命安全。联合公安部门，派遣 45 名消防救援人员、6 辆消防车、7 艘消防艇，携带器材装备 240 余件（套），到绕阳河河堤险情处前置备勤，协助地方政府和相关部门疏散转移安置遇险群众，防范群众返回危险区域，累计转移群众 1931 户、8203 人。四是防范辽河油田油库火灾风险。五是协助做好态势测绘工作。六是承担电力照明保障任务。七是防范硫化氢泄漏风险。八是防范漏电安全风险。

六、辽宁抚顺“8·15”沈白高铁在建隧道火灾扑救

2022 年 8 月 15 日 13 时 1 分，辽宁省抚顺市新宾满族自治县沈白高铁 TJ-4 标段后寺隧道发生火灾，经过近 7 小时强攻近战、全力营救，现场明火被成功扑灭，被困人员全部救出。

（一）力量调集阶段

8 月 15 日 13 时 1 分，抚顺市新宾县消防救援大队接警后，立即调派衍水街消防救援站赶赴现场，支队指挥中心迅速调派营口路特勤站、双阳路消防救援站等消防救援站赶赴现场处置（图 5-5-6）。13 时 35 分，抚顺市消防救援支队全勤指挥部、应急通信保障分队遂行出动。同时，调派战勤保障站出动供气车、远程供水车、饮食保障车等车辆，运送氧气呼吸器 15 具、单兵定位系统 5 套、空气呼吸器气瓶 175 个。总队接报后，立即启动跨区增援预案，总队全勤指挥部遂行出动，调集沈阳支队、机动专业支队 17 辆消防车、72 名指战员赶赴现场增援处置。

图 5-5-6 辽宁抚顺“8·15”沈白高铁在建隧道火灾扑救

（二）初战处置阶段

8 月 15 日 13 时 58 分，辖区衍水街消防救援站到达现场。经现场初步侦察，发现隧道内烟雾浓度不断上升、温度持续升高，隧道拱墙夹层内有明火，内部有多名施工作业人员被困。衍水街消防救援站指挥员立即采取断电措施，并迅速作出战斗部署：现场成立灭火组和搜救组，灭火组出两支水枪，一支水枪负责灭火，另一支水枪掩护搜救组展开搜救。14 时 24 分，成功搜救出第 1 名被困人员。

（三）灭火搜救阶段

8 月 15 日 15 时 22 分，总队全勤指挥部到达现场，迅速成立前方指挥部，第一时间与抚顺市委、市政府主要领导、工程项目负责人、矿山救援专家、公安等部门会商，掌握被困人员信息，分析火情发展态势，研判爆燃、倒塌等救援风险，确定了“科学处置、快速救人、内攻近战、确保安全”的作战思想，现场设立 12 个搜救攻坚组、4 个灭火攻坚组，2 个作战安全组。灭火、搜救攻坚组协同配合，采取交替掩护、强攻近战战术措施，开展灭火救人。15 时 30 分，灭火攻坚组经过 8 轮次内攻，将隧道内部明火基本扑灭；同时，搜救攻坚组在做好个人防护的前提下，携带热成像仪、测温仪、救生照明线等器材装备，两组协同配合向隧道内部开展搜索救人；作战安全组针对内攻作战人员逐一检查个人防护装备，记录相关信息，明确撤离信号及联络方式，规定撤离路线。

（四）全力搜救阶段

8 月 15 日 15 时 30 分，隧道内部烟气减少，前方指挥部根据现场情况调整作战部署，命令搜救攻坚组利用 6 辆皮卡车深入隧道内部 400 米处，徒步行进 200 米的方式，开展纵深“地毯式”搜索，减少指战员体力消耗，提高搜救效率。16 时 32 分，搜救出 3 名被困人员，指挥部通过分析前 4 名被救人员所处位置，发现被困人员主要集中在距隧道入口 480~560 米范围内，要求搜救攻坚组重点加大该区域内搜索力度。18 时 16 分，现场再次搜救出 8 名被困人员；19 时 47 分，现场最后 1 名被困人员被救出。19 时 57 分，经过反复搜索侦察，确认 14 名被困人员已被全部救出并送医救治，现场搜救工作结束。该起事故共造成 9 人死亡、5 人受伤。

（五）清理监护阶段

8 月 15 日 20 时 15 分，总队前方指挥部命令抚顺市消防救援支队与抚顺矿业集团矿山救护队成立 4 个搜救组，再次对火灾现场开展全面排查。同时，命令辖区衍水街消防救援站 2 车 9 人留守监护，其余参战力量全部归建。

七、重庆市 8 月份森林火灾扑救

2022 年 8 月，受连续高温干旱天气影响，重庆市 21 个区县接连发生 30 余起森林火灾（含 8 起荒火）。面对森林火灾短时间集中爆发的严峻形势，国家森林草原防灭火指挥部办公室、应急管理部认真贯彻落实习近平总书记关于森林草原防灭火工作重要指示精神，按照李克强总理和王勇国务委员等领导同志批示要求，加强统筹协调，调派专业救援力量，全力指导支持重庆市开展火灾扑救工作，明火于 8 月 26 日全部扑灭，累计过火面积约 221.3 公顷，保护村庄 57 个，安全转移群众 5300 余人，无人员伤亡和重要设施损失（图5-5-7）。

（一）滚动研判，重点关注，未雨绸缪提醒警示

国家森林草原防灭火指挥部办公室、

图 5-5-7 重庆市 8 月份森林火灾扑救

应急管理部针对 7 月以来长江流域出现极端高温干旱天气，会同气象、林草等部门多次进行专题会商，并加强不间断滚动研判，发布三级及以上森林火险等级预报 25 期、火险服务专报 37 期，及时向包括重庆在内的 15 个省份紧急下发提示函，先后 2 次向重庆等重点省份发布高森林火险橙色（红色）预警。7 月 13 日即派工作组赴重庆对夏防工作进行专项督查。8 月初，综合采取线上督查、视频调度、重点督办等措施强化针对性指导和点对点提醒，推动加强火灾防控。8 月 22 日，围绕保安全、防复燃、控源头、遏新发、强战备、严追责，组织召开重庆等五省市视频调度会议，进行再动员再部署再强调。

（二）高度戒备，超常应对，多举并重靶向指导

进入 8 月，针对长江中下游省份火灾多发苗头，强化底线思维、保持高度戒备，采取一系列针对性措施强化防控工作。国家森林草原防灭火指挥部办公室、应急管理部多次组织专题研究，强化会商研判、跟进指导和应急值守，安排指挥专班专人备班每天跟进掌握火情动态，火场态势；采取多方拓展卫星资源、自建静止卫星、极轨卫星组网监测等方式，提高林火监测的时效性和精准度；加密预警监测和气象服务，监测热点 144 个，发布卫星图像 24 幅，舆情监控火情 20 起。第一时间派出应急、林草、公安部门组成的联合工作组赴重庆市指导火灾扑救；及时提请重庆市召开专题会议，部署火灾防控和扑救工作，发布总林长令、禁火令和封山令，下发紧急通知，推动防灭火工作落地落实，全力遏制火灾多发重发势头。

（三）提级响应，重兵增援，专业扑救一锤定音

根据火灾新发多发态势，国家森林草原防灭火指挥部办公室于 8 月 20 日果断启动四级应急响应，并指导重庆提高至二级应急响应跟进落实响应联动。第一时间组织甘肃省森林消防总队重庆驻防分队、重庆市消防救援总队 1200 余人先期投入扑救行动。根据火情发展及时制定增援方案，紧急调派 6 架直升机，并在山东预备 3 架直升机作为机动力量；就近调集云

南、四川两个森林消防总队 5 个支队 1000 余人，多路开进、向心突击、星夜兼程向火场开进，集中在北碚区、大足区等火场最危险、最紧要的地方打火头、攻险段；调拨 2 批次 1.6 万件（套）物资装备支援一线扑救；把握有限灭火窗口期，因情就势强化战法运用，坚持宜风则风，宜水则水，风水化相结合等多种技术手段打歼灭战。联合工作组赶赴重庆后，盯住主要火场，抓住主要作战要素强化指导；调派南航总站工作组靠前指导，统一直升机调用编组，地空配合、吊桶作业，集中空中优势力量逐个火场扑灭销号。

（四）担当较真，直击要害，问题倒逼打点控面

强化源头管控，加强风险隐患排查整治力度，做好面上森林草原火灾防控工作。国家森林草原防灭火指挥部办公室持续跟踪调度，不间断同各级、各部门研判会商，全程指导前方工作组加强火场统筹，指导当地科学组织扑救，及时巩固战果，严防复燃新发。加强舆情管控与引导。及时协调公安部派专家赴重庆指导当地调查评估工作组开展火案调查，查明火因、依法惩处。火灾扑灭后，前方工作组就地转为现场督导组，督导重庆市火灾防控工作。

（五）紧盯安全，从严管控，全力防范扑救风险

重庆火灾扑救共投入 2.7 万余人、12 架直升机、331 台大型挖掘机，加之火场数量多、周边村庄多、参与保障的群众多，火场山高林密、地形复杂，一旦风向突变，难以快速撤离避险，安全风险极大。扑救全程坚持把人民群众和扑火人员生命安全放在首位，指导当地及时转移火场周边受威胁群众并妥善安置；严格落实火场周边断气、断电、增湿等措施，及时排查保护周边重要目标，严防发生次生灾害；注重发挥专业指挥作用，严格执行“十个严禁”“十个必须”和“三先四不打”要求，确保扑火人员安全；突出火场管控，规范人员、车辆秩序，切实管住人、管住车、管住路；高度重视飞行安全，严格落实飞行机械安检保养制度和飞行安全操作规程；积极预防高温中暑，组织医疗人员、救护车伴随保障，开通权威医院绿色通道，保障卫生救护及时。

（六）疏堵并重，强化引导，主动塑造有利态势

针对火灾初期网络舆情容易引发社会恐慌的苗头问题，协调主流媒体播出重磅新闻，宣传国家层面依托装备和技战术手段组织扑救的专业水准，争取宣传主动、传递好正能量。央视《新闻联播》特写《致敬平凡英雄》，东方时空专题报道重庆山火扑救，中央媒体刊稿 5170 余条次，地方媒体刊稿 5480 余条次。督导重庆市统一新闻宣传口径、数据和发布单位，组建临时融媒体中心集中发稿，宣传讲述森林消防队伍火灾扑救过程中的感受和故事，充分展现主力军、国家队良好形象。

八、四川泸定 6.8 级地震救援

2022 年 9 月 5 日 12 时 52 分，四川省甘孜藏族自治州泸定县发生 6.8 级地震，震源深度 16 公里。地震造成四川省甘孜、雅安等 6 市（州）24 个县（市、区）54.8 万人受灾，因灾死亡失踪 117 人，紧急转移安置 8 万人；倒塌房屋 1.2 万间，不同程度损坏 26.5 万间；电力、通信、道路等基础设施损毁严重，直接经济损失 154.8 亿元。

地震发生后，党中央、国务院高度重视，中央领导同志作出重要指示批示。应急管理部派出工作组赴现场指导做好抗震

救灾工作，调派国家综合性消防救援力量赶赴震区。国家安全生产应急救援中心调动国家专业队赶赴灾区投入抢险救灾。同时，协调军队划设临时飞行管控区，开辟6条绿色通道、10条救援航线，累计飞行238架次；第一时间指导省、市两级应急管理部门启动社会应急力量现场协调机制、启用救援协调系统，对震中群众定向开放平台、开通95707呼叫中心，协调47支队伍计500余人赶赴灾区开展抢险救灾和应急志愿服务，对救援能力与灾区需求不符的队伍进行劝返，有效规范了社会应急力量抢险救援行动，为维护现场救援秩序发挥了积极作用。

（一）闻警即动，向险而行

地震发生后，甘孜、雅安两地消防救援队伍前突力量36人，立即挺进震中磨西镇、王岗坪乡、新民乡、草科乡等地侦察灾情，属地消防救援支队力量全员出动，紧急投入抗震救灾行动（图5-5-8）。四川省消防救援总队迅即调动力量急赴震区救援。同时，部消防救援局命令重庆、贵州、云南、甘肃、青海、北京总队集结待命，局直属武汉、长沙战略装备物资储备库立即启动响应程序。国家矿山应急救援芙蓉队、四川排水队，危险化学品救援普光队，以及达州、内江、宜宾等安全生产救援队伍286名救援人员全力投入抢险救援。

（二）争分夺秒，全域搜救

组织甘孜、乐山、德阳等支队力量对磨西镇、燕子沟镇、得妥镇、德威镇、兴隆镇、冷碛镇，组织雅安、眉山、资阳、凉山、攀枝花等支队力量对新民乡、王岗坪乡、草科乡，逐村逐户开展地毯式、网格化排查搜救，不留一户、不漏一人，48小时内会同其他救援力量完成整个震区第一轮面上搜救任务，72小时内完成第二轮深度搜救，特别是增强了得妥镇、王岗坪乡、草科乡搜救力量。同时，根据省联合指挥部指令，消防救援队伍在石棉新民乡、王岗坪乡、泸定得妥镇利用消防救援舟艇打通3条水上救援救灾通道，为大渡河沿线道路中断地区投送救援力量、输送救灾物资、转运伤员抢抓了时间、提供了便捷。截至9月12日，省联合指挥部宣

图5-5-8 四川泸定6.8级地震救援

布结束一级响应，转入灾后恢复生产生活，消防救援队伍共搜救被困人员 243 人、紧急疏散转移遇险群众 6549 人、排查危房 9353 栋、清障移出遇难人员遗体 20 具，水路投送救援力量 838 批次、转运人员 4229 人次、输送救灾物资 187 吨，且在震区仍留守 331 人，继续做好受灾群众安置点火灾防控等工作，全力支持灾后重建。安全生产应急救援队伍深入泸定县磨西、得妥、燕子沟 3 个乡镇，累计营救被困人员 253 人，转移群众 1557 人，搜寻遇难人员遗体 9 具，转移危险化学品液体 137 瓶、固体 30 瓶、气体 74 瓶。

（三）统筹指挥，攻坚鏖战

四川省消防救援总队和局前方指挥部在省市（州）县前线联合抗震救灾指挥部和应急管理部前方工作组统一指挥下，跟进救援救灾进程，实时调整力量部署和救援作战主要方向。根据部前方工作组要求，投送甘孜、成都、德阳支队指战员，深入道路中断、房屋损毁严重的泸定县得妥镇紫雅场村、湾东村，利用 4 架军用直升机、9 艘消防舟艇协同作战，紧急营救和转移遇险群众 886 人；调动雅安、凉山、乐山、资阳、攀枝花支队指战员，转战石棉县王岗坪乡幸福村、爱国村等 5 个行政村，历经 48 小时连续奋战，成功营救和转移遇险群众 658 人，完成了省联合指挥部下达的全部 35 个村组地毯式搜救任务。根据省联合指挥部搜救确认失联人员指令，再次调动雅安、成都、乐山、德阳、凉山、眉山等支队进入疑似目标区域，展开深度走访和搜救。在得妥镇湾东村，抵近侦察发现 1 名求救者，迅即采取人工索降和机载提升方式，将被困 75 小时的失联人员成功救出，并在其他区域搜救发现 5 具失联人员遗体，移交当地政府。

（四）森林消防队伍全力展开应急救援

地震发生后，森林消防局和四川、云南、甘肃森林消防总队第一时间启动应急响应，迅速做好出动准备。震后 18 分钟，四川省森林消防总队带第一梯队 237 人紧急向泸定县磨西镇机动，16 时 50 分距离震中最近的甘孜支队徒步抵达泸定县磨西镇。根据灾情，第二梯队 198 人、第三梯队 259 人分别于 14 时 0 分、16 时 30 分赶赴甘孜州泸定县和雅安市石棉县，由于道路损毁严重，队伍采取徒步开进、水路接近、架设浮桥等方式挺进，21 时 40 分最后一支救援分队抵达任务区。四川省森林消防总队到位后，科学调配力量，抢抓 72 小时黄金救援期，区分泸定县磨西镇、得妥镇和石棉县王岗坪乡、草科乡 4 个重灾乡镇 14 个村落，分头展开“拉网式”救援，担负查危排险、道路疏通、心理疏导、搭设帐篷、转运物资、清理道路、防疫消杀等任务，助力灾区恢复生产生活秩序。

九、广西桂林“10·17”森林火灾扑救

2022 年 10 月 17 日 10 时 20 分，广西壮族自治区桂林市兴安县溶江镇发生山火，山火蔓延至桂林灵川县三街镇、灵田镇，形成大面积森林火灾，同期全州县大西江镇也发生大面积火灾。火情发生后，广西壮族自治区消防救援总队先后调集 4 个支队的 82 辆消防车、436 名消防指战员，1 万余件（套）器材和保障物资参与火灾扑救（图 5-5-9）。

（一）争分夺秒、快速响应

火情发生后，桂林市消防救援支队调派力量前往处置，同步向总队指挥中心报告警情。提前调派柳州、贺州、河池 3 个

图 5-5-9 广西桂林“10·17”森林火灾扑救

支队赶赴现场增援。总队全勤指挥部赶赴现场指挥处置，并根据火势情况，设立了三街、灵田两个指挥部。

在泉南高速灵川至兴安段，因天气干旱、风速较大，火势蔓延至高速公路，造成 G72 泉南高速 K1073—K1101 公里处部分路段边坡的花圃和树木燃烧，飞火引燃数辆途经车辆，严重影响道路通行。桂林支队 3 个灭火编队利用消防车铺设水带、出水枪边走边射水的方式对沿途威胁高速路的 50 多处火点和被引燃的货车进行处置，打通通往溶江等山火救援现场的要道。

在兴安县溶江镇，山火同时威胁附近 4 个村庄民房和农田果园，支队调集 4 个灭火编队先后到达现场，分成 8 个战斗小组利用消防车出水枪射水扑灭明火，浇水淋透植被，重点防御村庄，全力阻截火势蔓延进村。在灵川县三街镇，山火顺风向快速向南发展威胁龙蒋村，支队调集 2 个灭火编队到达山火现场，使用手抬机动泵从周边天然水源抽水，单干线出 2 支水枪进行灭火，阻止山火向村内蔓延。各灭火编队结合火场态势，灵活采取多点突破、直线穿插、侧翼迂回、分割围歼、速战速决等战术战法组织扑救，坚持打一段、灭一段、清一段、保一段，高效遏制火势蔓延。17 日 17 时许，各点靠近村庄的明火全部扑灭，除月光洞村仍需监护外，其他险情全部排除。

（二）科学研判、重点布防

18 日 2 时，总队全勤指挥部确定驻守村镇和重要目标，按照“1 村+1 车+1 名村干部+6 名消防员”的设防模式，将所有力量分为 21 个小组部署在约 6.7 公里长的 105 县道及乡道上的 21 个自然村和火势蔓延方向，重点防止火势向村镇蔓延。驻防期间，累计扑灭山火 16 次。

其间，山火逐步蔓延至山下，导致周围村庄和现场指挥部都受到了火势威胁。4 个驻点执勤力量果断出击、强攻近战，灵活转移水枪阵地，全力阻止山火进村。战勤保障分队在桥头漓江边建立供水干线，保证灭火车辆用水充足。3 时 20 分，通向现场指挥部的村道周围林木被飞火引燃，导致道路中断。特勤站及时赶到灭火，有效确保了指挥部进出道路不受火势影响。11 时 34 分，风向突变，火势即将威胁三街镇岩头村附近湘桂高铁，2 个灭火编队、30 名消防员到达岩头村山火现场灭火。利用手台机动泵抽取漓江水为消防车供水，开辟隔离带，组织 2 个灭火组在无人机的配合下进行灭火，及时打灭零星火点，保护周边村庄以及沿线约 10 公里高铁路线安全。18 时 5 分，山火向下蔓延速度明显加快，距离村庄房屋不足 100 米。指挥部立即调集周边执勤的八里街站、东江站 6 辆消防车、44 名消防指战员增援处置；利用手抬机动泵铺设 4 条水带线路设置 4 个水枪阵地出水灭火，并不断转移水枪阵地，在确保安全的情况下交替掩护向前推进，扩大保护范围；截至 19 日凌晨 3 时 30 分，火势得到控制。现场驻守人员轮流执勤，对周边林地持续进行打水加湿，成功阻断山火向下蔓延路径。

（三）多线联动、全面出击

19 日，云南省森林消防总队调派的专业扑火队员已全部到位并投入灵川灭火。广西壮族自治区消防救援队伍积极与森林消防队伍、武警、解放军、地方森林防火力量开展协同作战，制定“1+6”的驻点值守模式（即每个点位设置 1 辆消防车、6 名指战员）。10 时 15 分，在灵田镇粟垌村集结 60 名云南森林消防员和 300 名解放军指战员，全面出击上山灭火。桂林支队主动对接，通过无人机拍摄的视频画面介绍该区域过火情况，燃烧范围，上山路线，共同制定灭火行动方案。17 时 36 分，该处山火被彻底消灭。广西壮族自治区消防救援总队协同配合森林消防队伍扑打山火，在普贤、金竹和粟垌等村庄上山路线，铺设 11 条近 5000 米长供水干线，运送灭火水桶 500 余个，使用水罐消防车、手抬机动泵、远程供水系统输送灭火用水 110 余吨，保障森林消防灭火供水“生命线”。

（四）连续奋战、全时监控

20 日，根据桂林市政府灵川县森林火灾现场指挥部反馈：灵川县西线、西南线明火已基本扑灭，剩下东线连线或零星火点。总队前沿指挥部召开会商研判，调整力量部署，柳州、河池、贺州支队增援力量归建，桂林支队三街镇参战力量全部转移至灵田镇增援东线灵田镇战区。在灵田镇设置 7 点布防，继续开展监控防护，实施人员轮换执勤，富余力量归建修整。在驻防线上的重点保护区域铺设固定水带干线，设置临时隔离带。组织村民协助开展水源排查，采取挖坑筑坝、围堤蓄水的方式，在驻点附近流动囤积水源，并利用手抬机动泵或浮艇泵设置供水保障点，确保火场供水不间断。组织执勤人员与当地村干部一起开展入户防火宣传，发放宣传资料，张贴防火公告。21 日 10 时 30 分，按照灵田镇指挥部通知要求，桂林支队驻守在灵川县消防救援力量全部撤离。

21 日 14 时许，全州县大西江镇古林冲村仍在全力攻坚灭火，自治区副主席率指挥部进村指挥灭火工作，组织开设防火隔离带，保护古林冲村重点区域。当风向突变山火迅速向村庄蔓延形成围困之势之际，现场指挥部果断下达命令，组织湘山站和丹霞站在火场东面和北面架设两个水枪阵地，开展 800 米远距离供水，严防死守，阻截火势向村庄和指挥部蔓延；同时对重点区域树木进行增湿作业，打通进攻突破口，为后续增援力量到场展开灭火战斗赢得有利时机。23 日 17 时 30 分，灭火战斗全部结束。

第六篇

基础保障和能力建设

综　述

2022年，全国应急管理系统持续强化基础工作，法治、规划、科技信息化、国际合作、新闻宣传和事业单位支撑保障等各项工作取得新进展新成效。

一、深入推进法治体系建设

把学习贯彻习近平法治思想作为应急管理法治建设的首要任务，作为应急管理干部培训、党员学习的重要内容，培训各级应急管理部门及执法队伍干部66万人次。积极推进法治政府建设，制定印发《应急管理法治建设实施方案》，将法治政府建设与应急管理工作同谋划、同部署、同落实。推动完善应急管理法律法规和规章制度，自然灾害防治法、危险化学品安全法、国家综合性消防救援队伍和人员法、应急救援队伍管理法、煤矿安全生产条例、森林草原防灭火条例等制修订工作有序推进，完成《关于办理危害生产安全刑事案件适用法律若干问题的解释（二）》制定工作。密切跟踪事故灾难暴露出的短板，加快重点领域和关键环节标准供给，全年下达56项行业标准立项计划，公告发布《社会应急力量建设基础规范》等19项行业标准。持续推进简政放权，不断优化政务服务，建成政务服务管理系统、电子印章系统和电子证照系统，为承担政务服务职能的单位提供统一管理应用平台，在全国政务信息共享网站累计推送政务服务数据超1100万条。不断迭代完善“互联网+执法”系统，进一步优化各项功能。严格规范公正文明执法，深入推进《关于深化应急管理综合行政执法改革的意见》实施，加大重点领域执法力度，印发《应急管理行政执法人员依法履职管理规定》，充分发挥优秀执法案例的典型引领效应，不断改进安全生产执法培训工作。坚持复议为民，化解行政争议，积极做好行政复议工作。加大普法力度，印发《全国应急管理系统法治宣传教育第八个五年规划（2021—2025年）》，深入开展第三届应急管理普法作品征集展播活动。

二、不断完善规划体系建设

明确各类规划功能定位，构建以《“十四五”国家应急体系规划》（简称《规划》）为统领、以应急管理业务领域专项规划为支撑、以地方应急管理相关规划为基础、“1+2+N+X”的应急管理规划体系（“1”为《规划》，“2+N”为国家层面相关专项规划，“X”为省级应急管理相关规划）。部署开展《规划》宣传解读，举行国务院政策例行吹风会介绍《规划》编制背景、主要目标、重点任务等有关情况，组织有关院士、专家学者和部分省级应急管理部门撰写9篇解读文章，组织编写《规划》辅导读本对编制背景、指导思想、目标指标、主要任务、重点工程逐条进行深入全面解读，通过央视《新闻联播》、中央政府网站、人民网等主流媒体和应急管理部政府门户网站进行宣传报道，线上线下相结合开展宣讲。做好规划任务分工和监测评估，制定印发《规划》

重点任务部内分工方案，压紧压实各方责任，推动建立以半年为期的规划动态监测评估和管理机制，采取专题调研、问卷调查、第三方咨询评估等形式，开展《规划》动态监测评估工作，《规划》确定的 253 项重点任务已启动实施 208 项，90 项重点工程已有 64 项启动建设或开展前期工作，规划战略引领效应初步显现。

三、持续提升科技和信息化水平

全面布局“十四五”科技和信息化工作，印发“十四五”应急管理科技创新、装备发展、“智慧应急”、应急卫星与业务发展 4 个专项规划以及公共安全与防灾减灾科技创新专项规划，制定应急管理部北斗应用工作方案。加强信息基础设施建设，总部配套信息化设施项目通过竣工验收，完成贵阳数据中心和云平台建设，推动应急减灾二号 A 星、B 星在轨运行应用，成功发射应急减灾二号 E 卫星。强化数据资源服务，建成数据治理系统，完成部省服务总线部署级联，升级应急管理地理信息系统。完善应急通信保障能力，部本级应急指挥窄带无线通信网建设完成，两架翼龙无人机完成靠前实战部署和转场换防。完成应急救援数字化战场全要素测试验证，组织开展部本级试点建设任务。推动社会救援救助能力提升，建成互联网灾害应急救援救助平台，统一汇聚公众求救信息，智能匹配救援力量，为社会应急力量参与救援提供道路通行码、任务分派申领等信息化支撑，虚拟呼叫中心累计呼叫灾害信息员 5 万余人次。拓展情报收集和发布渠道，上线“网罗天下”系统，会同国家广播电视总局将应急广播“村村响”纳入应急管理体系，提高应急信息发布能力和农村社会动员能力。深化拓展大数据业务模式，利用电力大数据监测企业异常安全生产行为，利用铁塔大数据实现对洪涝、地震等自然灾害灾情监测，持续利用通信大数据开展关停矿井人员异常变化监测，实现全国 1400 余座关停矿井监测全覆盖，开展卫星尾矿库遥感识别分析，提供疑似尾矿库信息用于矿山监察部门核查。健全科技创新合作机制，组织申报国家矿山安全技术创新中心，建成 22 个应急管理部重点实验室，编制印发部重点实验室考核评估办法。组织推进重大科技需求纳入国家重点研发计划重点专项 2022 年度项目申报指南，组织申报立项 7 个项目。组织防汛抢险急需技术装备“揭榜攻关”，带动 20 家中榜联合体完成 12 个项目样机集中攻关研制。强化先进装备测试和转化应用，会同相关部委完成安全应急装备试点示范工程项目评审遴选，开展高原型大载重无人机、复合翼无人机侦察和灭火演练。

四、持续加强国际交流与合作

积极服务国家外交大局，成功召开第三次金砖国家灾害管理部长级会议、首届中国–拉美和加勒比国家共同体灾害管理合作部长论坛、第二届中国–东盟灾害管理部长级会议，与俄罗斯、巴基斯坦、蒙古、缅甸、泰国、越南等商签灾害管理合作文件，为汤加、马达加斯加、巴基斯坦、阿富汗、韩国等重大灾害事故救援提供技术支持和紧急人道主义物资援助。全面服务应急管理事业改革发展，举办第十二届中欧安全生产对话、中俄煤矿安全生产研讨会、极端事件与城市韧性国际研讨会、中瑞越农村社区灾害管理研讨会，深入开展中欧安全生产统计项目、中法林火防治项目、中德柬和中德老灾害风险管理项目、中资企业安全生产能力提升项目，与俄罗斯紧急情况部就租用俄防灭火飞机开展合作，不断完善突发事件国际救援机制。着力打造对外合作主平台，深入推进“一带一路”自然灾害防治和应急管理国际合作机制建设，深化中国-东盟、上海合作组织框架下合作，推动建立澜湄国家、中国-太平洋岛国、“中国-中亚五国”合作机制。积极参与引导全球灾害治理，与联合国减灾办、人道主义事务协调办公室等机构紧密协作，积极参加全球减灾平台大会、亚太减灾部长级会议等活动，参与制定二十国集团职业安全健康工作组年度计划和章程，认真履行国际消防和救援人员运动联合会副主席、亚洲备灾中心理事会理事、亚太经合组织备灾工作组联合主席等职责，派员赴国际组织交流任职，不断提升国际影响力和话语权。努力讲好中国故事，充分发挥国内中外文主流媒体、部属媒体矩阵作用，不断创新综述、侧记、专访、专题报道、署名文章等宣介形式，推动将应急管理议题纳入博鳌亚洲论坛、上海虹桥国际经济论坛等高端论坛，充分借助联合国机构平台宣介中国应急管理理念和实践。

五、不断加大新闻宣传力度

始终把学习宣传贯彻习近平新时代中国特色社会主义思想作为首要政治任务，持续办好专题专栏，推出系列宣传报道。深入学习宣传贯彻党的二十大精神，在中央宣传部举行“中国这十年”系列应急管理部专场新闻发布会，在《焦点访谈》等中央主要媒体栏目和各类主题宣传活动中进行宣传阐释。持续组织学习《生命重于泰山——学习习近平总书记关于安全生产重要论述》专题片，发布《图文｜这个“永恒课题”习近平总书记始终牵之念之》作品，推动习近平总书记关于应急管理重要论述在全系统入脑入心。建立应急管理部例行新闻发布机制，举行13场新闻发布会。在全国两会、习近平总书记授旗致训词四周年、“安全生产月”、防灾减灾日等重要节点精心策划开展主题宣传。精心组织安全生产十五条硬措施、全国安全生产大检查、安全生产专项整治三年行动和防汛救灾、森林草原防灭火、“应急使命·2022”演习、自然灾害综合风险普查等工作宣传报道。加强安全生产明查暗访报道和典型案例曝光，拍摄制作国务院安全生产委员会安全生产警示教育片、河南郑州特大暴雨灾害警示教育片等。持续做好先进典型宣传推广，组织开展“新时代应急人　新征程奋斗者”主题宣传活动，加强应急管理题材文艺创作，生动讲述中国应急管理故事。注重运用新媒体传播平台，持续加强政府网站、“两微”和中国应急信息网建设，打造网上权威宣传窗口。全年中央主要媒体刊播应急管理新闻报道5800余条，其中，央视播出报道1500余条次（《新闻联播》播出85条），《人民日报》刊发报道179篇，新华社播发报道641篇。

六、加强应急管理支撑保障

统筹推进应急管理部属事业单位改革发展，健全应急管理支撑保障体系。各事业单位聚焦主责主业，充分发挥支撑保障作用。森林防火预警监测信息中心强化火险形势分析研判，全年发布森林火险等级预报365期、高森林火险天气警报184期、极端天气提示69期；南、北航空护林总站累计飞行9845架次、18492小时；中国地震应急搜救中心累计响应国内地震82次、国际地震37次，汤加火山喷发、巴基斯坦洪水等国际重大灾害事故6次；国家减灾中心全力支撑应对四川泸定、芦山、马尔康等地震灾害和广东严重暴雨洪涝灾害、青海大通山洪等重大灾害现场灾情查核评估；国际交流合作中心举办 9 期境外中资企业安全生产能力提升培训班，累计培训 14000 人次；宣传教育中心拍摄制作《安全生产专题警示片》，成功举办安全生产宣传咨询日全国主会场活动；干部培训学院承办全系统干部网络培训 75.9 万人次，开展“应急管理空中大课堂”公益直播 8 期，183.3 万人次观看；研究中心开展应急管理与安全生产课题 108 项；大数据中心开展“智慧应急大脑”研究，研发“互联网+政务服务”系统被列为国务院办公厅第一批试点示范应用；紧急救援促进中心高效运营应急救援救助平台和资源管理平台，规范完善职业技能救援鉴定工作；中国安全生产科学研究院牵头承担 3 项“十四五”国家重点研发计划项目，获批国家自然科学基金项目 4 项；化学品登记中心指导推动全国危险化学品重大危险源企业完成双重预防机制数字化建设，危险化学品风险监测预警与智能管控技术应急管理部重点实验室挂牌运行；信息研究院开展 40 余项课题研究，完成 20 余份国内外典型灾害事故专题分析报告；天津、上海、沈阳、四川 4 个消防研究所和消防产品合格评定中心应对消防科技需求，在承担各级各类科研项目上不断取得新突破；应急总医院经批准组建国家尘肺病诊疗中心，为部系统干部职工和消防救援队伍开展医疗服务 4.5 万余人次；华北科技学院强化应急管理主干专业建设，获批一流本科专业建设点国家级 2 个、省级 1 个；国家自然灾害防治研究院积极参与灾害现场调查评估，获批 13 项国家自然科学基金项目；中国消防救援学院建设特色学科专业，推进人才强院战略；中国应急管理报社积极打造品牌宣传阵地，为应急管理事业改革发展营造良好氛围；机关服务中心、档案馆、煤炭工业职业鉴定指导中心、煤炭综合利用多种经营技术咨询中心等单位围绕中心、服务大局，支撑保障水平进一步提升。

第一章　法治体系建设

一、全面加强党对法治建设工作的领导

（一）深入学习贯彻习近平法治思想

把学习贯彻习近平法治思想作为应急管理法治建设的首要任务，作为应急管理干部培训、党员学习的重要内容，纳入部直属机关理论学习计划，推动党员干部深刻领会习近平法治思想核心要义、精神实质、丰富内涵和实践要求。

（二）深入贯彻落实中央法治建设要求

将法治建设工作摆在重要位置，制定印发《应急管理法治建设实施方案》，明确到2025年应急管理法治建设目标，细化梳理重点任务清单，不断提高运用法治思维和法治方式有效化解重大安全风险能力。

（三）切实履行法治建设第一责任人责任

应急管理部主要负责同志高度重视法治工作，多次主持召开部党委会议、部务会议和专题会研究部署应急管理法治建设工作，研究审议法律法规草案送审稿、规章草案等，将法治政府建设与应急管理工作同谋划、同部署、同落实，在法治轨道上推进应急管理体系和能力现代化。

二、积极推进应急管理“放管服”改革

（一）持续推进简政放权

编制应急管理部权责清单，逐项明晰事项名称和履职方式。编制应急管理部主管行政许可事项清单及实施规范。全面开展涉及我部的“证照分离”改革成效评估工作，就涉及暂时调整适用法律、行政法规的有关情况开展中期评估。深化地震安全性评价改革，印发《关于进一步加强和规范重大工程抗震设防要求审定工作的通知》及配套实施细则。

（二）不断优化政务服务

加强政务服务移动端建设，全面提升移动政务服务能力和水平。建成自然人法人单点登录系统和数据资源共享系统。对应急管理系统近五年“减证便民”落实情况开展全面排查。全年部行政审批窗口共受理行政许可事项234项，办结送达129项。

三、加快推进应急管理法律法规和标准体系建设

（一）推动重点领域立法工作

积极推动《突发事件应对法》修订工作。积极推动自然灾害防治法、危险化学品安全法和煤矿安全生产条例制定工作。稳步推进国家综合性消防救援队伍和人员法、应急救援队伍管理法和森林草原防灭火条例的起草工作。推动完成《关于办理危害生产安全刑事案件适用法律若干问题的解释（二）》制定工作。对安全生产有关部门规章进行研究修改。

（二）加快重点领域标准制修订

贯彻落实应急管理法律法规要求，密切跟踪事故灾难暴露出的短板，加快重点领域和关键环节标准供给，全年共下达

56 项行业标准立项计划，公告发布《社会应急力量建设基础规范》等 19 项行业标准。向国家标准化管理委员会申报《氯气安全技术规范》等 21 项国家标准制修订计划，报批《陆上石油天然气开采安全规程》等 11 项国家标准，国家标准化管理委员会公告发布《危险化学品仓库储存通则》等 14 项国家标准。组织对 63 项国家标准、57 项行业标准进行复审评估。

2022 年发布的应急管理国家标准见表 6-1-1，发布的应急管理行业标准见表 6-1-2。

（三）严格规范性文件合法性审核

全面落实行政规范性文件合法性审核机制，规范审核程序，强化源头把控，提升动态化精细化管理水平，切实保障公民、法人和其他组织合法权益，维护行政机关公信力。

（四）严格落实行政决策程序

认真贯彻落实公众参与、专家论证、风险评估制度，严格执行《重大行政决策程序暂行条例》，坚持合法性审核和集体讨论决定，召开部党委会议和部务会议专题研究重大事项。充分发挥法治工作机构、法治研究机构、公职律师、法学专家作用，为重大决策提供法治支撑，提升重大行政决策科学化、民主化、法治化水平。

表 6-1-1　2022 年发布的应急管理国家标准

序号	标准编号	标准名称	制修订	发布日期	实施日期
1	GB 15603—2022	危险化学品仓库储存通则	修订	2022-12-29	2023-07-01
2	GB 30871—2022	危险化学品企业特殊作业安全规范	修订	2022-03-15	2022-10-01
3	GB 42294—2022	陆上石油天然气开采安全规程	制定	2022-12-29	2024-01-01
4	GB/T 42300—2022	精细化工反应安全风险评估规范	制定	2022-12-30	2022-12-30
5	GB 42297—2022	坠落防护装备通用技术规范	制定	2022-12-29	2024-01-01
6	GB 42298—2022	手部防护　通用技术规范	制定	2022-12-29	2024-01-01
7	GB 24541—2022	手部防护　机械危害防护手套	修订	2022-12-29	2024-01-01
8	GB 2890—2022	呼吸防护　自吸过滤式防毒面具	修订	2022-12-29	2024-01-01
9	GB 42302—2022	呼吸防护　自吸过滤式逃生呼吸器	制定	2022-12-29	2024-01-01
10	GB 8965. 2—2022	防护服装　焊接服	制定	2022-12-29	2024-01-01
11	GB 8965. 3—2022	防护服装　熔融金属飞溅防护服	制定	2022-12-29	2024-01-01
12	GB 8965. 4—2022	防护服装　防电弧服	制定	2022-12-29	2024-01-01
13	GB/T 41382—2022	火灾试验　开放式量热计法　40 MW 以下火灾热释放速率及燃烧产物的测定	制定	2022-04-15	2022-04-15
14	GB/T 41480—2022	门和卷帘的防烟性能试验方法	制定	2022-04-15	2022-11-01

表 6-1-2　2022 年发布的应急管理行业标准

序号	标准编号	标准名称	制修订	发布日期	实施日期
1	AQ 3010—2022	加油站作业安全规范	修订	2022-10-01	2023-04-01
2	AQ/T 3033—2022	化工建设项目安全设计管理导则	修订	2022-03-13	2022-06-12
3	AQ/T 3034—2022	化工过程安全管理导则	修订	2022-10-01	2023-04-01

表 6-1-2（续）

序号	标准编号	标准名称	制修订	发布日期	实施日期
4	AQ/T 8012—2022	安全生产检测检验机构诚信建设规范	修订	2022-03-13	2022-06-12
5	XF/T 3014.1—2022	消防数据元　第1部分：基础业务信息	制定	2022-01-01	2022-03-01
6	XF/T 3015.1—2022	消防数据元限定词　第1部分：基础业务信息	制定	2022-01-01	2022-03-01
7	XF/T 3016.1—2022	消防信息代码　第1部分：基础业务信息	制定	2022-01-01	2022-03-01
8	XF/T 3017.1—2022	消防业务信息数据项　第1部分：灭火救援指挥基本信息	制定	2022-01-01	2022-03-01
9	XF/T 3017.2—2022	消防业务信息数据项　第2部分：消防产品质量监督管理基本信息	制定	2022-01-01	2022-03-01
10	XF/T 3017.3—2022	消防业务信息数据项　第3部分：消防装备基本信息	制定	2022-01-01	2022-03-01
11	XF/T 3017.4—2022	消防业务信息数据项　第4部分：消防信息通信管理基本信息	制定	2022-01-01	2022-03-01
12	XF/T 3017.5—2022	消防业务信息数据项　第5部分：消防安全重点单位与建筑基本信息	制定	2022-01-01	2022-03-01
13	XF/T 3018—2022	消防业务信息系统运行维护规范	制定	2022-01-01	2022-03-01
14	YJ/T 1.1—2022	社会应急力量建设基础规范　第1部分：总体要求	制定	2022-09-19	2022-12-18
15	YJ/T 1.2—2022	社会应急力量建设基础规范　第2部分：建筑物倒塌搜救	制定	2022-09-19	2022-12-18
16	YJ/T 1.3—2022	社会应急力量建设基础规范　第3部分：山地搜救	制定	2022-09-19	2022-12-18
17	YJ/T 1.4—2022	社会应急力量建设基础规范　第4部分：水上搜救	制定	2022-09-19	2022-12-18
18	YJ/T 1.5—2022	社会应急力量建设基础规范　第5部分：潜水救援	制定	2022-09-19	2022-12-18
19	YJ/T 1.6—2022	社会应急力量建设基础规范　第6部分：应急医疗救护	制定	2022-09-19	2022-12-18

四、持续推进严格规范公正文明执法

（一）不断深化应急管理综合行政执法改革

推动各省（区、市）全部印发贯彻落实《关于深化应急管理综合行政执法改革的意见》实施。强化典型引路，总结印发典型经验做法，宣传推广工作进度快、改革措施实、任务落实好地区的经验办法。推动各地加快执法服装配发进度。

（二）加大重点领域执法力度

深入推进煤矿治本攻坚、非煤矿山集中攻坚和尾矿库安全治理，全面开展危险化学品安全风险集中治理和化工产业转移、化工园区、化工老旧装置、大型油气储存基地等风险整治，全面完成工贸

“钢 8 条”“铝 7 条”“粉尘 6 条”重大隐患和重点事项“清零”任务，统筹推进打通“生命通道”、高层建筑、大型商业综合体等消防专项治理，开展贵州专项督导帮扶，有效化解一批重大风险隐患。安全生产专项整治三年行动圆满收官。

（三）加强执法规范化建设

印发《应急管理行政执法人员依法履职管理规定》，进一步落实行政执法责任制和问责制。印发《应急管理部办公厅关于进一步规范执法行为严防以安全生产执法检查名义乱罚款的通知》，修订《非煤矿山安全监管执法手册》《非煤矿山安全风险分级监管办法》。严格筛选确定优秀执法案例，充分发挥典型引领效应。开展年度消防监督执法网上检查，提高执法质量、规范执法行为。

（四）强化执法培训考核

加强和规范安全生产执法培训工作，不断提高执法人员行政执法能力。深入开展安全生产培训“走过场”专项整治，加强对培训机构、考试机构和考试点全覆盖执法检查。联合公安部持续开展打击假冒政府网站制售假冒安全生产证书专项行动。

五、依法防范化解各类重大突发事件

（一）完善应急救援力量体系

建成国家应急指挥总部，国家区域应急救援中心开工建设 5 个。国家综合性消防救援队伍一批新特装备投入使用。持续加强自然灾害工程抢险救援力量建设，新建国家安全生产专业应急救援队伍 11 支。健全社会应急力量参与抢险救援救灾现场协调机制，2300 余支社会应急队伍纳入应急救援力量体系。

（二）加强监测预警能力建设

优化完善地震监测台网，地震预警网实现重点地区全覆盖。建成全国森林火险预测预报系统。基本完成第一次全国自然灾害综合风险普查，灾害综合监测预警系统平稳运行。推动全国近八成煤矿完成“电子封条”建设和联网。尾矿库安全风险监测预警系统覆盖七成以上“头顶库”。危险化学品风险监测预警系统迭代升级全面应用。城市安全风险综合监测预警平台试点建设取得积极进展，水电气热桥等城市生命线安全纳入监测预警。

（三）强化应急准备

完善多部门联合会商研判机制，建立气象预警和应急响应联动机制。加强重点地区震情监视跟踪和防范应对准备督导，开展“应急使命·2022”高原高寒地区抗震救灾实战化演习。实施森林灭火“北机南调”“北兵南用”，提前预置队伍和装备，优化力量布局。统筹推进各类应急预案制修订工作。

（四）全力应对处置各类灾害风险

科学高效组织抢险救援，坚决打赢珠江流域性洪水、辽河支流绕阳河溃口、青海大通山洪等抢险救援突击战，坚决打赢重庆、湖南、广西、江西等南方地区森林防灭火攻坚战。有力完成“3·21”东航 MU5735 航空器飞行事故、湖南长沙“4·29”特别重大居民自建房倒塌、河南安阳“11·21”凯信达商贸有限公司火灾等急难险重救援任务，有力应对贵州三河顺勋煤矿“2·25”重大顶板、中石化茂名分公司“6·8”泄漏起火、云南鹤庆在建高速隧道塌方、云南富盛煤矿“10·15”顶板等生产安全事故。

六、做好社会矛盾纠纷行政预防调处化解工作

（一）全面主动落实政务公开

着力提升政府信息公开工作效能，进一步完善政府信息公开平台，加大政策信

息发布和解读回应力度，持续推进部门规章和规范性文件集中公开并动态更新。全年通过应急管理部政府门户网站公开信息11384篇、各类文件311件；办结政府信息公开申请92件；处理部政府门户网站公众留言2973条。

（二）加强法治信访建设和行政复议应诉工作

全年应急管理部登记办理群众信访2442件2610人次，信访秩序总体稳定。2022年，部本级共办理行政复议案件47件，坚持复议为民，化解行政争议，行政复议纠错率20%；办理行政应诉案件25件，依法履行答辩、出庭应诉等职责。

（三）自觉接受监督

积极做好全国人大代表建议和全国政协委员提案的答复工作，将其作为依法行政、回应社会关切和服务人民的重要体现，全年共承办人大代表建议179件、政协委员提案139件，所有建议提案办理工作均在规定时限内完成。严格执纪问责，落实一岗双责，对重要事项督查情况抄送驻部纪检监察组。

七、不断提高应急管理法治建设科技保障

（一）持续推进“互联网+政务服务”系统建设

强化政务服务平台建设应用，建成政务服务管理系统、电子印章系统、电子证照系统，为承担政务服务职能的单位提供统一管理应用平台。积极推进扩大电子证照应用领域，组织编制危险化学品安全使用许可证等电子证照标准。畅通数据汇聚共享渠道，印发《应急管理部信息共享管理办法》，在全国政务信息共享网站累计推送政务服务数据超1100万条。

（二）深入推进“互联网+执法”系统建设

不断更新完善“互联网+执法”系统，进一步优化各项功能。上线执法文书制作客户端，实现文书可视化制作、文书内容自动关联、执法清单便捷应用。开发执法系统企业端，打通企业台账报送、审批、更新渠道，闭环执法检查管理。开发智能识别重点设备模块，智能提醒推送执法检查依据。

八、全面加强依法行政能力建设

（一）全面提升法治意识和法治能力

将法治教育纳入干部教育培训必修内容，组织举办专题培训班16期，培训各级应急管理部门及执法队伍干部66万人次，各级干部运用法治思维和法治方式深化改革、推动发展、化解矛盾、维护稳定、应对风险的能力和水平明显提高。

（二）加强法治队伍建设

充分发挥法治工作合力，构建多层次多元化复合型法治人才队伍梯队。组建40余人的公职律师队伍，推进公职律师参与行政复议应诉案件办理、重大立法、政策论证等工作。

（三）加大普法力度

印发《全国应急管理系统法治宣传教育第八个五年规划（2021—2025年）》。创新普法形式，注重宣传实效，开展第三届应急管理普法作品征集展播活动，线上总浏览量超过354.9万。启动“书·法”之书写安全生产法活动，办好“应急普法”微信公众号和部政府门户网站普法专栏，应急普法宣传品牌影响力持续扩大。

第二章 规划体系建设

按照《中共中央 国务院关于统一规划体系更好发挥国家发展规划战略导向作用的意见》有关要求，不断完善规划体系建设，以《中华人民共和国国民经济和社会发展第十四个五年规划和 2035 年远景目标纲要》为指引，以《“十四五”国家应急体系规划》(简称《规划》)为统领，以应急管理业务领域专项规划为支撑，以地方应急管理相关规划为基础，形成了“1+2+N+X”的应急管理规划体系(“1”为《规划》，“2+N”为国家层面相关专项规划，“X”为省级应急管理相关规划)，扎实推进“十四五”应急管理相关规划落地实施。

一、如期完成“1+2+N+X”规划印发，牢固树立全国“一盘棋”思想

立足新形势、新任务、新要求，明确各类规划功能定位，形成了下位规划服从上位规划、下级规划服务上级规划、等位规划相互协调的规划合力。

（一）充分发挥《规划》的统领作用

《规划》作为应急管理领域第一个以国务院文件印发的规划，提升了应急管理、防灾减灾救灾、安全生产在国家战略发展格局中的位阶，标志着“十四五”期间应急管理领域纳入中央投资、政策保障的重点。《规划》围绕推进应急管理体系和能力现代化，从应急管理工作全局出发，聚焦事关应急管理事业长远发展的大战略、跨行业的大政策、具有全局性影响的跨区域大项目，为平安中国、公共卫生等规划留出接口，提高了《规划》的战略性、宏观性、政策性，增强了指导和约束功能，为应急管理领域各级各类规划系统落实国家发展战略提供了遵循。

（二）充分发挥专项规划的支撑作用

《“十四五”国家安全生产规划》和《“十四五”国家综合防灾减灾规划》分别以国务院安全生产委员会和国家减灾委员会文件印发实施，从安全生产治理体系和治理能力现代化建设全局及提高全社会防范抵御自然灾害的综合能力出发，对安全生产和防灾减灾工作作出更全面更细致的部署；其他专项规划分别从消防安全、矿山安全、防震减灾、应急救援、物资保障、“智慧应急”、监管监察能力等相关业务领域，制定细化落实《规划》的时间表和路线图，充分发挥了专项规划的支撑作用。

（三）充分发挥地方规划的基础作用

全国 31 个省、自治区、直辖市以及新疆生产建设兵团共编制印发 153 部省级应急管理相关规划，包括 31 部应急体系规划、14 部安全生产规划、12 部综合防灾减灾规划、35 部消防安全规划、31 部防震减灾规划及 30 部应急物资、救援力量、科技与信息化等专项规划。其中，纳入省级重点专项规划的共有 53 部。同时，地方应急管理相关规划围绕应急管理领域重点工作和《规划》确定的主要指标、重点任务和重大举措，进行细化分解和精准落实，充分发挥地方规划的基础作用，实现了上下贯通、同频共振。

二、部署开展《规划》宣传解读，营造规划实施良好氛围

（一）举行国务院政策例行吹风会

2022年2月14日举行国务院政策例行吹风会，介绍了《规划》的编制背景、主要目标、重点任务等有关情况并围绕提高防范应对灾害事故能力、航空应急救援体系建设、国家综合性消防救援队伍建设等社会关注热点话题进行详细解读。

（二）邀请行业领域专家学者撰写解读文章

组织有关院士、专家学者和部分省级应急管理部门，分别从安全生产、自然灾害防治、矿山安全、安全应急产业、石油石化安全发展等不同行业领域和《规划》如何落地实施的角度撰写了9篇解读文章，精准解读《规划》的核心内容和主要亮点。

（三）编制刊印《规划》辅导读本

为帮助各地区、各部门、各单位和广大企业干部职工准确理解、把握《规划》精神实质和内容要义，切实把《规划》提出的目标任务转化为狠抓落实的具体行动，组织编写了《规划》辅导读本。通过对《规划》逐条深入全面解读，在宏观层面形成了《“十四五”时期应急管理规划体系概述》，在微观层面总结了《规划知识百问》，同时还收录了相关专家学者关于《规划》的权威解读文章。

（四）“线上线下”相结合开展宣讲

通过央视《新闻联播》、中央政府门户网站、人民网等主流媒体对印发《规划》及规划的重点内容进行宣传报道，吸引全社会广泛关注；在应急管理部政府门户网站开设专栏，发布《规划》公开版和英文公开版，及时公告实施动态，报道各地区、各部门的好经验、好做法；依托应急管理干部网络学院开设线上专题培训班，赴有关地区和单位进行面对面宣讲，全方位开展《规划》解读工作，推动形成全系统持续关注、共同参与的《规划》实施良好氛围。

三、做好规划任务分工和监测评估，全面推动规划落实落地

（一）印发《规划》重点任务部内分工方案

制定印发《规划》重点任务部内分工方案，对主要任务、重点工程和重大政策，明确牵头单位和相关责任单位，指导督促地方制定《规划》实施方案，压紧压实《规划》实施各方责任，推动形成《规划》实施合力。

（二）建立以半年为期的动态监测工作机制

积极推动构建制度化规范化的国家级专项规划监测评估体系和管理机制，研究建立以半年为期的动态监测工作机制，制定印发《“十四五”国家应急体系规划监测评估指南》和《“十四五”应急管理相关专项规划监测评估指南》，规范应急管理相关规划监测评估的程序和方法。

（三）完成《规划》上半年和全年监测评估工作

采取专题调研、问卷调查、第三方咨询评估机构全程参与等多种形式，开展了《规划》2022年上半年和全年动态监测评估工作。从监测评估情况来看，《规划》实施进展总体顺利，到2022年底，主要目标指标完成情况均好于预期，全国生产

安全事故、较大事故、重特大事故起数和死亡人数实现“三个双下降”，全国因灾死亡失踪人数创新中国成立以来年度最低；《规划》确定的 253 项重点任务已启动实施 208 项，90 项重点工程的 64 项已启动建设或开展前期工作，《规划》的战略引领效应初步显现。

第三章　体　制　建　设

一、健全应急管理支撑保障体系

统筹推进应急管理部部属事业单位改革发展，完善功能明确、治理完善、运行高效、监管有力的事业单位管理体制和运行机制，健全应急管理支撑保障体系和机构职能体系。制修订干部培训学院（部党校）、紧急救援促进中心、大数据中心、化学品登记中心4家部属事业单位“三定”规定，明确职能定位，优化内设机构，推动事业单位转型发展。北戴河地区培训疗养机构改革工作组批复同意将北戴河康复院（中国煤矿工人北戴河疗养院）保留在应急管理部，转型为服务应急管理系统和消防救援队伍的专门康复医疗机构。中央和国家机关培训疗养机构改革工作小组批复昆明康复中心保留并转型为主要服务应急管理系统和消防救援队伍的专门康复医疗机构，批复大连康复中心按照撤销方式改革。中央宣传部批复同意应急管理报社转企改制工作方案和公司章程。

二、推动提升基层应急管理能力

2022年7月27日，十三届全国政协第64次双周协商座谈会在北京召开，围绕“加强基层应急管理能力建设”协商议政，中共中央政治局常委、全国政协主席汪洋主持会议，全国政协副主席张庆黎、李斌、汪永清出席会议。会上，全国政协副主席陈晓光作主题发言，10位政协委员和专家学者进行交流发言，应急管

图6-3-1　全国政协“加强基层应急管理能力建设”专题调研座谈会

理部主要负责同志介绍有关情况，中央机构编制委员会办公室、民政部负责人作协商交流。此次会议进一步明确了加强基层应急管理能力建设的方向路径，凝聚了社会共识，拓宽了工作思路，形成了大抓基层的鲜明导向。同时全国政协就基层应急管理组织体系、力量体系和能力建设情况组织开展了调研（图 6-3-1），深入基层了解相关情况。

三、强化地方应急管理机构建设

截至 2022 年 12 月 31 日，全国省、市、县、乡级和新疆生产建设兵团应急管理部门、执法机构及事业单位人员编制总计 313712 名，实有人数总计 369091 名，人员编制和实有人数与 2021 年度相比分别增加 29522 名、24247 名，增长 10.4%、7.0%。

第四章　科技和信息化建设

2022 年，围绕推动传统治理向现代“智”理转变的目标要求，坚持党建引领、问题导向、实战牵引，推进应急管理大数据工程取得阶段性进展，初步构建国家应急指挥总部信息化体系和“智慧应急大脑”，基本建立科技装备创新应用体系，实现了应急管理信息化战略规划框架任务收官，有力推动大安全大应急框架下应急管理体系加速构建。

一、统筹全国信息化建设一体发展

（一）全面布局“十四五”科信工作

印发“十四五”应急管理科技创新、装备发展、智慧应急、应急卫星与业务发展 4 个专项规划，明确“十四五”科信工作的指导思想、基本原则、发展目标及重点任务。会同公安部积极申报“十四五”公共安全保障工程。联合科技部印发《“十四五”公共安全与防灾减灾科技创新专项规划》，明确“十四五”期间公共安全与防灾减灾科技创新发展的指导思想、发展思路、基本原则和发展目标。完成应急监测“天目网”工程论证，印发应急管理部北斗应用工作方案。

（二）统筹全国信息化一体建设

召开 2022 年全国应急管理科技和信息化工作会议，全面部署重点工作，推动传统治理向现代“智”理加速转变。开展信息化专项治理，全面调研形成问题清单，一对一反馈意见、督促整改，推动信息化重复建设专项治理落地见效。组织科信业务培训，组织全系统“信息化网络专题培训班”和“智慧应急网络专题培训班”，累计参训达 3 万余人次、播放量达到 29 万次。宣传推广“智慧应急”模式，完成 10 个省份的“智慧应急”试点成果评估，印发全国“智慧应急”试点建设成果案例汇编。依托新华网、部官微等主流媒体专题报道“智慧应急”建设成果，在全社会营造“智慧应急”建设良好氛围。

二、加强信息基础设施建设

（一）持续夯实基础设施

总部配套信息化设施项目通过竣工验收，建成统一的音视频管控系统，部署各类音视频设备 6000 多台（套）。完成贵阳数据中心和云平台建设，南北两个云计算平台服务器规模达到 4000 余台。加强应急卫星建设应用，推动应急减灾二号 A 星、B 星在轨运行应用，积极做好 2022 年北京冬奥会综合监测、森林火灾监测、黄河及黑龙江流域凌汛监测等应用保障，成功发射应急减灾二号 E 星，增强了全天候应急遥感监测能力。

（二）强化数据资源服务

建成数据治理系统，大数据资源池全面汇聚业务数据、感知数据、外部共享数据，数据总量达 500TB。完成部省服务总线部署级联，为各级提供定制式、订阅式数据服务和模型服务 20 余个，为 24 个省级部门回流部统建系统数据约 6400 万条，为各级提供数据访问服务超 6500 万次。升级应急管理地理信息系统，新增发布应急基础地理矢量数据服务30余个，为各级应急管理部门350余个应用系统提供地理信息空间数据服务。

（三）加强网络安全和运维保障能力

组织开展网络安全攻防演练，防范化解部本级日均高达3万余次的网络威胁攻击，实现部政府门户网站、重要信息系统和关键信息基础设施安全稳定运行。组织实施网络安全专项整治，全面采用零信任机制提升信息系统访问安全，发现并整治全国各类安全漏洞1.3万余个。建立健全运维保障机制，全年保障视频会议2300余场，点名调度累计1.8万次，完成应急指挥调度保障200余场，组会时间小于5分钟。

三、提升信息化实战支撑能力

（一）完善应急通信保障能力

部本级应急指挥窄带无线通信网建设完成，两套翼龙无人机空中应急通信平台完成靠前实战部署和转场换防，具备双机接力24小时不间断通信保障能力，先后参与青海山洪灾害和四川泸定地震实战救援，圆满完成“应急使命·2022”高原高寒地区抗震救灾实战化演习通信保障任务。针对高原高寒地区大震巨灾通信保障特点难点，编制印发演习通信保障方案，指导参演队伍构建指挥通信体系。

（二）推动社会救援救助能力提升

建成互联网灾害应急救援救助平台。面向社会公众提供“我要求助”“我要救援”“灾情动态”和“95707电话求救”等功能，可统筹各界求助信息，统一调度应急救援专业力量和社会应急力量，累计呼叫灾害信息员5万余人次，初步实现求助需求与救援力量的精准匹配。

（三）拓展情报收集和发布渠道

“网罗天下”系统可实时搜集互联网情报，社会公众和基层信息员可利用“灾害事故E键通”微信小程序报送灾情信息，基层信息员可利用灾害风险隐患信息报送App“随手报隐患”，智能外呼机器人询问12.7万名灾害信息员汛期受灾情况，比运用传统手段效率提高50倍，实现了灾情信息扁平化快速采集。此外，会同国家广播电视总局将应急广播“村村响”纳入应急管理体系，提高应急信息发布能力和农村社会动员能力。

四、加速“智慧应急”推广应用

（一）深化拓展大数据业务模式

持续利用通信大数据开展关停矿井人员异常变化监测，加强对非法盗采事件分析，形成“一矿一策一档”，实现全国1400余座关停矿井监测全覆盖，全年发出异常预警68次，同比下降67%。开展卫星尾矿库遥感识别分析，研发适用于全国的尾矿库遥感自动识别算法，向地方提供3000余座疑似尾矿库，初步形成“线上卫星识别，线下专项核查”业务模式。

（二）全面推广“电力助应急”模式

开展高危行业企业用电大数据分析，建立高危行业企业明停暗开、昼停夜开、超负荷生产、停产复工等电力大数据分析模型，建立按日更新的数据共享机制。开展电力大数据灾害监测分析，开发电力大数据灾害监测分析子系统，初步具备对全域供电用户、输电线路、重点影响对象的供电状态实时监测、灾害事件自动告警和灾害影响趋势分析等功能，在湖南等省份探索“电力助灾害监测分析”试点。

（三）加强防汛抗旱业务大数据支撑

利用铁塔、手机通信、遥感影像等大数据加强汛期灾害分析，汛期每日形成综合分析简报，创新技术手段，辅助领导决策。编制《关于利用大数据支撑防汛抗旱业务的工作方案》，确定中小水库溃坝应急“叫应”、蓄滞洪区启用、凌汛遥感监测等14项需求，分步组织技术攻关。

五、加快补齐科研装备短板

（一）健全科技创新合作机制

组织申报国家矿山安全技术创新中心，以及多灾种预防与控制、城市巨灾韧性2个全国重点实验室。“煤矿灾害预防与处置”等9个应急管理部重点实验室正式挂牌运行。聚焦应急通信保障、“智慧应急”创新、网络运维服务和重点实验室创建等方面，与中国电信、中国铁塔等单位加强合作，签署战略合作协议。

（二）组织推进重大科技装备项目

推进重大科技需求纳入国家重点研发计划2022年度项目指南，组织申报立项项目7项。组织防汛抢险急需技术装备“揭榜攻关”，带动20家中榜联合体完成无人车、机器狗、无人机巡堤查险及水上平台封堵等12个项目样机集中攻关研制，开展巡堤查险技术装备实战测试。

（三）强化先进装备测试和转化应用

会同相关部委完成安全应急装备试点示范工程项目评审遴选，发布第一批候选项目名单。开展高原型大载重无人机、复合翼无人机侦察和灭火演练，在“3·7”墨脱森林火灾无人机跨江灭火中实现实战应用。组织开展《国家区域应急救援中心装备配备标准（试行）》《应急指挥无线宽带自组网标准规范》等编制工作，推动急需标准规范制定。

第五章 国际交流与合作

一、积极服务国家外交大局

（一）战略引领，为构建人类命运共同体凝聚更多共识，汇聚更大力量

应急管理部部长王祥喜主持第三次金砖国家灾害管理部长级会议（图 6-5-1），落实金砖国家领导人会晤有关加强灾害管理领域合作共识，发布《金砖国家灾害管理部长级会议北京宣言》，有力促进金砖国家和发展中国家合作；召开首届中国-拉美和加勒比国家共同体灾害管理合作部长论坛（图 6-5-2），拉共体 22 个成员国灾害管理部门主要负责人或代表出席，共同发表联合声明，正式启动中拉灾害管理合作机制。部领导出席第二届中国-东盟灾害管理部长级会议、第七届全球减灾平台大会、亚太减灾部长级会议、“世界安全生产与健康日”纪念活动、第七届中日韩灾害管理部长级会议、中国-印度洋地区发展合作论坛等重要活动，加强高层对话，引领应急管理国际合作行稳致远。

（二）聚焦周边，多双边并举拓展周边国家合作

中巴关于自然灾害防治和应急响应合作谅解备忘录、中蒙关于边境地区森林草原火灾联防协定成为习近平主席国事活动成果。与缅甸、泰国、越南商签灾害管理合作文件，举办老挝、柬埔寨减灾救灾技术应用研修班，促进相关国家防灾减灾能力建设。中国-东盟、上合组织框架下多边合作不断深化，“中国-中亚五国”应急管理合作机制获得积极响应。把增强合作国家获得感和我外交战略需求结合

图 6-5-1 2022 年 9 月 23 日，第三次金砖国家灾害管理部长级会议举办

图 6-5-2　2022 年 8 月 25 日，首届中国–拉美和加勒比国家共同体灾害管理合作部长论坛举办

起来，为推动周边环境更加友善发挥积极作用，助力构建更加紧密周边命运共同体。

（三）守望相助，开展国际人道主义救援，践行人类命运共同体理念

牵头组建中国政府专家组，赴巴基斯坦开展洪涝灾害现场考察和防灾减灾救灾指导，并提交咨询报告，得到巴政府充分肯定，同时写入两国政府联合声明文件，促进两国防灾减灾救灾合作。紧急响应汤加火山爆发、马达加斯加洪涝、巴基斯坦洪灾，提供紧急人道主义物资援助，分别调运 120 顶帐篷、1100 张折叠床，2480 顶帐篷以及 3000 顶帐篷，帮助受援国开展恢复重建。积极响应阿富汗、巴基斯坦、韩国等国政府紧急救援请求，协调部内外专家，通过视频会商、远程指导等方式，为阿富汗、巴基斯坦林火扑救和韩国光州高楼坍塌事故等重大灾害救援提供专家技术支持，受到受援国和国际社会的广泛赞誉，彰显了大国形象。

二、努力服务应急管理事业改革发展

在安全生产方面，举办第十二届中欧安全生产对话，围绕安全生产政策举措、数字化及智能化在化工安全方面的应用等议题分享经验，交流互鉴。开展中欧安全生产统计项目，举办中欧安全健康统计项目交流会，深入研究欧洲工作场所事故统计方法，并在浙江、广西开展试点，助力完善我国生产安全事故统计调查制度及相关标准。在防灾减灾救灾方面，与俄罗斯紧急情况部就租用俄防灭火飞机开展合作。加强与周边国家林火防治合作，系统梳理我国与蒙古、俄罗斯、朝鲜、哈萨克斯坦、缅甸和越南等国在边境森林草原火灾防治方面的现状和问题，制定边境地区林火防治合作整体方案。开展中法林火合作项目，组建专家组赴云南、福建调研，在大兴安岭开展森林火险预测预报试点数据采集和研究，组织翻译法国森林和自然区域火灾防治行动指南，引进国际先进理

念经验，提升地方防灭火能力。与亚洲开发银行合作，在福建开展防汛防台风抢险救援能力提升项目，与世界银行合办极端事件与城市韧性国际研讨会，学习借鉴城市韧性能力建设国际良好实践和经验。在引智培训方面，开展应急管理国际型人才培养专题研究，吸收借鉴美国、俄罗斯、德国、法国、日本等国家应急管理国际人才培养先进做法，为应急管理系统人才队伍建设建言献策。与俄罗斯紧急情况部尼基福罗夫医学中心、圣彼得堡国立消防大学对接需求，共商合作。与联合国儿童基金会合作，开展以儿童为中心的减灾培训教材开发，引进先进理念，提升自身能力。在开展调研方面，研究借鉴国外先进经验和最佳实践，开展主要国家、周边国家、联合国等国际组织应急管理体制机制课题调研，及时撰写国外重特大灾害事故案例报告提供决策参考。

三、着力打造对外合作主平台

深入推进“一带一路”自然灾害防治和应急管理国际合作机制建设。一是统筹规划合作机制建设，推进实体化运作。加入推进“一带一路”建设工作领导小组，制定《“一带一路”自然灾害防治和应急管理国际合作机制章程（草案）》，并与首届部长论坛成员单位基本达成共识。二是持续深化区域和次区域合作，优化合作布局。深化中国-东盟、上海合作组织框架下合作。举办第二届中国-东盟灾害管理部长级会议、首届中国-东盟应急管理合作论坛，推进中国-东盟应急管理合作基地建设，开展 2022 年东盟地区论坛城市搜救演练和能力强化培训，落实落细中国-东盟灾害管理合作工作计划。建设上合组织“多边协作应急信息共享系统”和“中国-上合组织应急医学合作中心”，举办上合组织城市搜索和救援技术培训班等活动，提升上合组织成员协作意识和能力。不断拓展与其他区域国家合作，推动建立澜湄国家、中国-太平洋岛国、“中国-中亚五国”合作机制。举办 2022 澜湄国家自然灾害金融支持体系研讨会、亚洲相互协作与信任措施会议成员国矿山安全风险防控研讨会，积极推动建设位于广东的中国-太平洋岛国防灾减灾合作中心。三是务实推进双边合作，巩固扩大朋友圈。举办中俄煤矿安全生产研讨会，推动修订中俄森林草原防灭火联防协定，开展中法林火防治合作项目。与德国进行三方合作，开展中德柬、中德老灾害风险管理项目，就灾害早期预警与响应、城市韧性、企业抗灾韧性能力等议题进行研讨，助力周边友好国家提升中小企业和农村防灾减灾能力。不断拓展合作伙伴，与瑞士合作举办中瑞越农村社区灾害管理研讨会，交流分享农村防灾减灾方面的经验做法，提升防灾减灾能力。

四、着力参与引导全球灾害治理

一是充分发挥担任金砖国家机制主席国作用，成功举办金砖国家灾害管理部长级会议、联合工作组会议、专家研讨会、城市搜救桌面演练等系列活动，推动金砖合作迈上新高，促进成员国防灾减灾救灾综合能力，开创金砖国家与其他发展中国家合作先例。二是稳步拓展联合国等国际和区域组织框架下的合作。与联合国减灾办、人道主义事务协调办公室等机构紧密协作，积极参加全球减灾平台大会、亚太减灾部长级会议、国际城市搜索与救援咨询团全球人道主义伙伴周、第 15 次亚太经合组织灾害管理高官论坛、亚洲备灾中心第三届理事会会议、国际社会保障协会“亚太社会保障论坛”等活动，参与制定二十国集团职业安全健康工作组年度计划和章程，引导推动政策和规则制定，不断提升国际影响力和话语权。与联合国世界粮食计划署共同举办“减少灾害风险和应急管理政策”研讨会和“洪水灾害应对与恢复”研讨会，分享我国应急管理政策措施和防洪减灾经验做法，支持并参与其南南合作知识共享平台建设，推荐专家入选专家库，发挥建设性作用。三是加强在多边机构存在，并发挥积极作用。认真履行国际消防和救援人员运动联合会副主席、亚洲备灾中心理事会理事、亚太经合组织备灾工作组联合主席等职责，选派人员担任全球甲烷倡议等国际组织重要职位。

五、着力强化救援能力建设

一是加强与外交部、商务部、国家国际发展合作署等部门的沟通协调和配合，不断完善突发事件国际救援机制，做好新冠疫情下跨国（境）遂行救援任务准备。跟踪国外重大灾害事故，了解灾情信息，全年启动 18 次响应。二是持续加强应急救援能力建设，举办首届跨国（境）应急医学救援队伍培训班，密切跟踪分析国际重大灾害事故，提升应急响应能力。三是深入实施境外中资企业安全生产能力提升项目，举办 10 期线上境外中资非煤矿山采矿和安全技术培训班等，学员近 1.4 万余人次；初步构建境外中资企业安全生产交流机制，推动提升境外中资企业从业人员安全意识和能力素质。

六、着力加强外宣规划设计，讲好中国故事

一是充分发挥国内中外文主流媒体、部属媒体矩阵作用，认真谋划新闻和宣传工作，并形成制度。二是推动将应急管理议题纳入高端论坛。积极参加博鳌亚洲论坛年会和上海虹桥国际经济论坛，举办应急管理分论坛，用中国理论、中国实践诠释应急管理国际合作热点、焦点。三是充分借助联合国机构平台。积极参加国际劳工组织举办的“世界安全生产与健康日”纪念活动，在全球减灾平台大会和亚太减灾部长级会议期间举办边会等相关活动，与联合国减灾办共同举办“一带一路”国际合作机制吹风会，翻译并推介《“十四五”国家应急体系规划》，积极宣介中国应急管理理念和实践。

七、着力加强外事管理服务，提升外事管理工作质效

严格落实“党管外事”各项制度要求，加强全过程、全方位管理。一是制定实施管理办法，开展宣讲活动，解读政策要求，推动政策落实。二是举办地方应急管理国际合作交流座谈会，总结近年来部省应急管理对外合作情况，交流互鉴，促进资源整合、优势互补。三是探索新冠疫情条件下逐步恢复线下外事活动。全年共派出因公出国（境）团组 4 批、74 人次，取得良好效果。

第六章　新　闻　宣　传

2022 年，应急管理新闻宣传工作坚持以习近平新时代中国特色社会主义思想为指导，深入学习宣传贯彻党的二十大精神，紧紧围绕党和国家工作大局、应急管理事业改革发展全局，精心组织正面宣传，持续强化警示教育，广泛普及安全知识，培育弘扬应急文化，为应急管理事业改革发展营造良好社会氛围、提供有力舆论支撑。全年中央主要媒体刊播应急管理新闻报道 5800 余条，其中，央视播出报道 1500 余条次（《新闻联播》播出 85 条），《人民日报》刊发报道 179 篇，新华社播发报道 641 篇。

一、始终高举旗帜，推动习近平新时代中国特色社会主义思想深入人心

始终把学习宣传贯彻习近平新时代中国特色社会主义思想作为首要政治任务，组织部属报纸杂志、政府网站、微信微博等媒体持续办好专栏专题，做好党的十九届六中、七中全会精神和习近平总书记在重要会议活动上的讲话精神宣传，跟进报道应急管理系统学习贯彻习近平总书记重要讲话和指示批示精神的积极反响、落实措施、进展成效，推出相关报道 160 余篇，引导广大党员干部感悟思想伟力、坚定信念信心。深入宣传阐释习近平总书记关于应急管理重要论述，持续组织学习《生命重于泰山——学习习近平总书记关于安全生产重要论述》专题片，重点新闻网站集中发布专题片公开版和解读文章，相关网络信息 8400 余条，累计观看量 1.2 亿次；在全国防灾减灾日，联合央视网、人民网等平台发布《图文｜这个“永恒课题”习近平总书记始终牵之念之》等解读阐释作品，在全网置顶推送，推动习近平总书记关于应急管理重要论述在全系统入脑入心。

二、紧紧围绕主线，深入学习宣传贯彻党的二十大精神

深入学习宣传贯彻党的二十大精神，应急管理部党委书记、部长王祥喜接受央视《焦点访谈》专访，深入解读阐释党的二十大报告中“推进国家安全体系和能力现代化，坚决维护国家安全和社会稳定”等重要内容（图 6-6-1）。组织部属媒体办好“深入学习贯彻党的二十大精神”“非凡十年”等专栏专题，中央主要媒体报道应急管理系统学习贯彻党的二十大精神的反响举措，推动党的二十大精神在全系统走深走实。

党的二十大召开前，中央宣传部举行“中国这十年”系列应急管理部专场新闻发布会，介绍新时代应急管理领域改革发展情况和取得成效，央视中文国际频道和中国国际电视台全程现场直播，《新闻联播》播出专题报道，《新闻 30 分》《新闻直播间》等栏目滚动报道，社会各界广泛关注。

积极参加全国新闻战线“奋进新征程　建功新时代”重大主题采访，《人民日报》《经济日报》《中国青年报》等刊播反映我国防灾减灾救灾和安全生产成效的

图 6-6-1　2022 年 10 月 30 日，央视《焦点访谈》栏目专访应急管理部党委书记、部长王祥喜

报道 20 余篇。积极参加“奋斗者·正青春”主题宣传活动，向中央主要媒体推荐应急管理系统 30 名青年典型事迹，《人民日报》刊发人物通讯，央视新闻频道播出专题节目，湖南卫视推出主题公益广告，集中展现青年应急人的奋斗姿态。参加迎接党的二十大主题成就展，认真梳理工作亮点，精心遴选图片素材，充分展示应急管理系统取得的变革性实践、突破性进展、标志性成果。

三、聚焦中心工作，充分宣传应急管理事业发展新举措新局面

围绕应急管理重点任务，精心组织安全生产十五条硬措施、全国安全生产大检查、安全生产专项整治三年行动和防汛救灾、森林草原防灭火、“应急使命·2022”高原高寒地区抗震救灾实战化演习、自然灾害综合风险普查等工作宣传报道，充分反映全系统有效防范化解重大安全风险、及时应对处置灾害事故的举措成效。加强安全生产明查暗访报道和典型案例曝光，组织 60 余家媒体、150 余名记者参加国务院安全生产考核巡查、全国安全生产督导检查等明查暗访工作，推出重点报道 120 余篇，及时曝光隐患、督促整治整改；集中发布 2021 年全国应急救援、生产安全事故、自然灾害十大典型案例，定期发布典型事故案例和执法案例，“安全生产曝光台”品牌影响力进一步提升；拍摄制作国务院安委会安全生产警示教育片、河南郑州特大暴雨灾害警示教育片等，引导各地各部门时刻绷紧安全这根弦。精心策划开展重要节点主题宣传，在全国两会期间，主流媒体采访代表委员、播出专题节目，为深化应急管理体制机制改革鼓与呼；围绕习近平总书记向国家综合性消防救援队伍授旗致训词四周年，联合中央网信办组织开展“追梦火焰蓝·守护绿水青山”集中采访活动，20 余家中央重点新闻网站记者走进消防救援、森林消防基层队伍，发布重点稿件 340 余篇，新媒体平台话题阅读量达 10.3 亿次。

四、突出典型引领，生动讲好中国应急管理故事

持续做好先进典型宣传推广，加强“时代楷模”肖文儒公益宣传，《人民日报》《光明日报》整版刊发公益广告，央视多频道连续播出公益广告 190 余次，肖文儒同志作为功勋模范人物代表出席央视 2022 年春节联欢晚会。大力宣传应急管理系统党的二十大基层代表，中央主要媒体集中刊播李胜利、蔡瑞、巴特尔、母强等同志先进事迹，充分展现应急管理系统党代表的风采（图 6-6-2）。

组织开展“新时代应急人 新征程奋斗者”主题宣传活动，遴选推出 42 位冒热气、接地气、有温度的应急管理战线“好样子”，结合防汛救灾等任务实践，宣传报道 31 名一线灾害信息员的基层故事，以先进典型群像激励全系统见贤思齐、争先创优。加强应急管理题材文艺创作，指导拍摄防灾减灾救灾主题纪录电影《极限守护》（暂定名），充分展示百年来中国人民在党的带领下与重大灾难顽强抗争的伟大实践。以内蒙古森林消防总队奇乾中队、四川森林消防总队凉山支队等为原型，中国作协组织作家深入采写创作，《人民日报》《文艺报》整版刊载《辽阔如海火焰蓝》《在大兴安岭，写下无悔青春》等报告文学（图 6-6-3），生动讲述应急人救民于水火、助民于危难、给人民以力量的感人故事。

五、创新形式载体，广泛开展安全宣传和应急科普

精心组织全国“安全生产月”全国防灾减灾日等主题宣传活动，组织全国“安全生产月”启动视频会议和全国“安全宣传咨询日”活动，深入推进安全宣传“五进”，带动形成人人关心安全、人人促进安全的良好氛围；全国防灾减灾日期间，联合中央网信办传播局开展“共守美好家园”主题宣传活动，全网头条置顶推送重磅新媒体产品 16 篇，联合新华网、央视网策划推出 6 期防灾减灾思政

图 6-6-2 2022 年 10 月 3 日，央视《新闻联播》栏目“二十大代表风采”系列节目播出江西消防救援总队李胜利同志先进事迹

副刊 20　2022年2月23日　星期三

人民日报

在大兴安岭，写下无悔青春

新年，新希望，新愿景

大地

图 6-6-3　2022 年 2 月 23 日，《人民日报》刊发应急管理题材报告文学《在大兴安岭，写下无悔青春》

课，联合央视新闻策划推出沉浸式真人秀节目《这些知识关键时刻能救命!》，多渠道多形式普及应急避险知识。持续加强安全公益宣传，围绕森林草原防灭火、防汛防台风、燃气安全等内容，在央视多频道播出公益广告，《人民日报》《经济日报》《光明日报》《人民画报》整版刊发公益海报。策划开展“生活安全科普季”宣传活动，联合重点网络媒体平台推出应急安全知识答题，邀请先进典型和知名人士录制安全科普短视频，全网相关话题阅读量、视频播放量超 10.3 亿次，广泛普及防灾避险知识，提升公众安全意识。

六、紧跟形势任务，稳妥做好权威信息发布和突发事件舆论引导

建立应急管理部常态化新闻发布机制，举行 13 场新闻发布会，主动发布权威信息，及时回应社会关切。先后以国家森林草原防灭火指挥部、国务院安全生产委员会、国家防汛抗旱总指挥部、国家减灾委员会等议事协调机构办公室名义举行

4 场新闻发布会，邀请最高人民法院、最高人民检察院、公安部、国家林业和草原局等部门有关负责人参加，展现应急管理体制改革成效。

稳妥做好湖南长沙“4·29”特别重大居民自建房倒塌、青海大通“8·18”山洪灾害、四川泸定 6.8 级地震、河南安阳“11·21”凯信达商贸有限公司特别重大火灾等灾害事故应急报道，跟进发布指挥部署、抢险救援、救灾救助等信息，充分报道应急管理部门全力保障人民群众生命财产安全的行动措施和进展成效。做好河南郑州“7·20”特大暴雨灾害调查报告公布报道，通过“权威消息+答记者问+重点评论”的方式及时发布权威信息回应社会关切。加强舆情监测，做好热点引导，及时澄清灾害事故不实信息和网络谣言，积极解疑释惑、凝聚共识，制作发布的《2022 年度涉防灾减灾辟谣榜》获评第五届中国互联网辟谣优秀作品。

七、坚持守正创新，营造网上正面舆论声势

积极运用新媒体传播平台，精心策划网上重大主题宣传，制作传得开叫得响的网络精品。结合应急管理重点工作，联合央视网开展“守护万家灯火”系列网络访谈，邀请应急管理系统有关单位负责人和重点行业领域专家学者等参加，解读政策举措，交流经验成效。结合自然灾害季节性特点，策划开展“森林草原防火季”“防汛抗旱进行时”等网络互动引导活动，制作推出图解、海报、短视频、H5 等形式多样的新媒体产品，组织开展网络直播、趣味答题、联合倡议等活动，相关平台话题阅读量达 72 亿次。结合重要节假日，联合中央重点新闻网站、主要商业网站和新媒体平台，策划开展“五四应急青年说”“应急人青春之歌”“守护你的假日时光”“应急值守节日我在岗”等网络主题宣传活动，反映应急人假日坚守、担当奉献的实际行动。持续加强应急管理部政府网站、“两微”和中国应急信息网建设，强化发布、传播、互动、引导等功能，打造网上权威宣传窗口。应急管理部官方微信公众号等 4 个政务号入选中央网信办走好网上群众路线百个成绩突出账号，应急管理部新闻宣传司获评推选活动优秀组织单位。

第七章　支　撑　服　务

森林防火预警监测信息中心

2022年，森林防火预警监测信息中心围绕防范化解森林草原火灾重大风险，坚持预警监测先行，强化火灾应急处置，做好科技信息化支撑，保障了森林草原防灭火工作顺利开展。

强化底线思维，积极防范化解风险。坚持预警先行、提前部署，全年开展重点时段全国森林草原火险形势会商14次，发布森林火险等级预报365期、高森林火险天气警报184期、全国极端天气提示69期。充分应用卫星监测数据全过程监测火情，强化重要火灾跟踪监测和灾后初步评估，全年制作发布监测图像11500余幅，报告热点2724个，反馈为林内和草原用火1950起（森林草原火灾231起），同时68期舆情监测反馈为森林火灾（约占全年森林火灾的10%），为森林草原火灾防治关口前移化解风险提供了有力支撑。严格执行各项值班制度，周密安排日常及启动预案期间的值班工作。加强与国家林业和草原局、指挥中心和各省级防火办的沟通联动，确保信息报送快速准确。一年来调度处置森林草原火灾430余起，确保了节假日和重大活动期间各项工作平稳有序开展。

加强分析研判，提升辅助决策水平。深化火灾统计分析，全年起草火灾统计分析报告9篇，根据业务需求提供分时段分类别的统计分析数据140余份，火灾统计和分析能力不断增强。强化火险形势分析研判，每周组织开展森林草原防灭火形势分析，全年形成周研判报告50余期报送部领导同志。定期通报并督促指导各地通过多渠道多手段核查反馈卫星监测热点，热点核查准确性得到了有效提升。

统筹发展安全，提升科技防灭火质效。不断深化“一网一平台”建设，发布防火信息、时政要闻等信息1600余条。积极参与部内系统融合和信息共享，开展共享平台业务定制，平台建设整体迈上新台阶。以推进全国森林火险预测预报系统建设、加强静止卫星和极轨卫星成果运行、开展全国森林草原火灾视频监控平台建设、积极研究应急通信等工作为抓手，多措并举提升核心业务能力和信息化水平。同时，做好森林草原防灭火网络安全保障，营造安全稳定的网络环境。

北方航空护林总站

2022年，北方航空护林总站累计飞行5140架次8812小时，参与扑救火场39个；接收各类飞行计划5243条，处理气象报文10426份，安全保障飞行5877架次；发布卫星林火监测图像1619幅，发现林火热点471个；接收防火物资2批次，调拨大型灭火装备14台。

适应新形势、新任务需要，强化航空应急救援综合能力。一是注重实战。协调2架米-171直升机并派出工作组赴现场参与辽宁盘锦绕阳河溃口抗洪抢险任务；

圆满完成北京冬奥会、冬残奥会安全保障相关任务，制定北京冬奥期间航空应急救援专项预案和督导检查方案。二是以训促战。参与“应急使命·2022”“砺剑北疆·2022”两次大规模、全要素演习活动，提升空地协同配合能力和实战水平。三是扑救雷击火。针对夏季多发的雷击火，运用航空扑救战法，快速响应，迅速出动，扑灭多起雷击火，实现“打早、打小、打了”。四是深入基层。在重要节点深入基层航站开展实地督查，参加国务院安全生产考核督导组、国家森林草原防灭火指挥部联合工作组，开展安全生产考核及森林防火蹲点检查。五是加强值守。设立总值班室并实行三级值班制度，严格执行24小时值班和重大事项请示报告制度。六是装备升级。新型综合指挥车投入使用，实现火场影像和相关信息的实时传输，利用高科技手段使现场指挥和空地一体能力得到实质性增强。七是统筹布局。北方森林防火物资储备库项目投入使用，航空调度中心建设项目完成施工，落实北方地区航空力量布局方案，及时掌握飞行动态，做好应急救援备勤备战工作。八是确保安全。严守安全底线，严格执行军、民航规章制度，确保驻场航空器处于最佳适航状态，主动防范化解飞行安全隐患。九是强化预警。强化卫星林火监测和火险预警预报，密切关注连续热源动态，充分发挥卫星监测“天眼”作用。十是科学创新。调研大飞机在防灭火领域的应用，组织开展飞机吊桶加注阻燃剂灭火试验，梳理行业标准，启动标准草案的编制工作。

南方航空护林总站

2022年，南方航空护林总站累计飞行4705架次9680小时51分，共发现处置森林火情151起，参与处置违规生产生活用火347起；共出动航空应急救援人员32175人次，吊灭飞行1011架次1967小时56分，洒水10031桶约29190吨，扑灭火头512个，扑灭火点715个，扑灭烟点1087个，扑灭火线46874米。在多灾种救援中，南方航空护林总站紧急协调从广东、广西调集5架直升机参与“3·21”东航MU5735航空器飞行事故救援；调派西昌站、成都站5架直升机全力完成四川泸定6.8级地震灾害航空救援，打通“空中救援生命通道”，转移各类救援人员443人，运送医疗救援、食品等各类物资约109吨；大理基地参加大理苍山失联人员搜救，山东航空救援中心协助烟台市完成海上救援、遇险伤员转运任务等。

西南卫星林火监测分中心加强重点时段、重要火灾监测工作，全年发布监测图像2807幅，监测西南、中南及西北16省（区、市）热点总计1444个，其中反馈为林火和草原火151个。南方森林防火协调中心派出工作组协调指导云南、重庆、广西、湖南等地重大火场扑救，协调指导“3·21”东航MU5735航空器飞行事故；按照国家森林草原防灭火指挥部办公室部署，完成5次森林草原防灭火专项督查工作，参与广西壮族自治区和西藏林芝森林草原防火蹲点督导2次；作为云南省森林草原防灭火指挥部成员单位，开展督查检查3次。西南森林防火物资储备中心共入库验收包括北斗导航定位终端、森林消防水炮车等防火物资2批次134件（套）；按照应急管理部要求，向贵州、云南、四川、内蒙古、重庆、西藏6省（区、市）调拨灭火机、帐篷等物资7批次17801件（套），有力支援火灾扑救。南方森林航空消防训练基地组织总站系统业务人员开展航空救援业务培训，派员赴西藏支援航空应急救援工作。

加强飞行安全管控，会同民航监管部门、安全生产委员会办公室（应急管理部门），加大飞行安全监督管理，着力消除各类事故隐患。不断健全完善航空救援预案体系；推动建立完善航空救援空域保障机制，加强新技术交流，为航空救援事业发展提供技术支撑。提升航空消防核心能力，结合在高山峡谷复杂地形开展高山火、悬崖火、山谷火航空灭火积累的经验，持续开展森林航空消防特种战法研究和实训，并做好成果转化和推广运用，以练备战、以练促战，稳步拓展地震救援、防汛救灾航空救援能力。

中国地震应急搜救中心

2022 年，中国地震应急搜救中心聚焦实战，强化主责主业，不断提高应急救援能力水平。

完善应急准备，提升快速响应能力。制定实战化应急值班值守备勤工作方案，保证 15~30 分钟上报评估结果。全年累计响应国内地震 82 次，国际地震 37 次，汤加火山喷发、巴基斯坦洪水等国际重大灾害事故 6 次，上报各类信息简报 133 期。

推进搜救中心救援队伍实体化建设。制定落实《国家地震灾害紧急救援队实化方案》，按照“一部六组四分队”模式组建搜救中心救援队，开展常态化训练 2555 人次。在四川泸定 6.8 级地震、青海门源 6.9 级地震应急中，派出 9 人次参与部前方工作组专家支持及保障工作。首次派出评估专家随部工作组赴贵州、云南开展地质灾害应急处置工作。组织专家赴西部地区重大地质灾害隐患点开展科学考察和灾害评估演练，涉及 5 个区县、40 余个乡镇。

推进应急救援关键技术和装备研发应用。启动国家重点研发计划重大项目和课题 4 项，推进应急管理部揭榜攻关项目、工业和信息化部工程攻关项目研究，推进地震应急救援标准化分技术委员会组建，完成 6 项标准立项申报。

支撑服务应急救援队伍能力建设。全年完成培训 16 期 1078 人次。完成中国国际救援队北京冬奥会期间备勤行动 2 期 200 人次，“应急使命·2022”高原高寒地区抗震救灾实战化演习走训 620 人次。拓展“山岳”“水域”救援培训能力，开展消防救援队伍地震灾害救援专业队能力评定指标设计。

为国际救援交流与合作提供支撑保障。承办金砖国家首次城市搜索与救援线上桌面演练，举办东盟地区论坛城市搜索与救援地震应急演练和第五届城市搜索与救援研讨班、上合组织城市搜索和救援技术培训班。组织编制整理多部国际救援力量及主要国家社会救援力量调研和报告。

加强公众科普与新闻宣传，提升防灾应急能力。全年向公众发布防灾减灾科普知识宣传片 7 部，编著应急知识科普读物 1 部。“VR 废墟被困自救沉浸体验系统”参加在香港举办的“创科博览 2022”系列活动展览。出版发行《应急救援第一响应人现场搜救技能手册》。国家地震紧急救援训练基地获批 2021—2025 年度“全国科普教育基地”。

国家减灾中心

2022 年，国家减灾中心开展重大灾害应急支撑工作。全力支撑应对四川泸定、芦山、马尔康等地震灾害，协助组织成立灾害核查评估专家组，开展广东严重暴雨洪涝灾害、青海大通山洪、巴基斯坦洪灾等重大灾害的现场灾情查核评估工作，参与“应急使命·2022”高原高寒地区抗震救灾实战化演习，圆满完成承担的演习任务。

开展灾害综合风险监测预警工作。加强监测预警模型标准研究，推进灾害监测与评估业务平台建设等项目，实现洪涝和台风灾害预警模型业务化运行、城市内涝和农田渍害预警模型部署试运行，开展暴雨-洪涝-城市内涝灾害链常态化监测预警，启动城市内涝监测预警业务试点工作。

开展卫星遥感应急管理服务工作。推进应急减灾二号E星研制发射，开展防灾减灾与应急管理卫星综合应用系统建设，提升数据接入处理与要素目标监测业务化生产能力，定期监测森林草原火灾、黄河凌汛、洪涝等灾害风险，并提供卫星遥感监测产品服务。

开展智能灾情管理工作。更新完善灾情管理系统，灾情智能获取与分析系统上线运行，提高灾情大数据研判能力。

开展自然灾害综合风险普查工作。推进全国自然灾害普查数据汇交与质控工作，完成数据采集、数据审核及普查软件系统建设，推动数据审核入库，推进灾害风险数据库建设和普查成果应用，参与编制国家自然灾害综合风险基础数据库工作方案和总体技术方案。

开展自然灾害评估工作。完善灾害评估工作流程和技术规范，优化灾情核查评估专家队伍。加强灾害评估模型研发，优化升级评估软件系统。

开展综合减灾工作。开展政策标准制定，承担应急管理与减灾救灾标委会秘书处和国家减灾委员会专家委秘书处日常工作，组织开展全国防灾减灾日等宣传教育工作。持续推进创作纪录电影《极限守护》，打造国家减灾网、《中国减灾》杂志等宣教平台。加强国际交流合作，务实推动联合国框架合作、多边合作和三方合作。

国际交流合作中心

2022年，国际交流合作中心深入开展境外中资企业安全生产能力提升项目。举办“境外安全和应急管理实践”“海外项目HSE管理实践分享”等9期境外中资企业安全生产能力提升培训班，参加培训人数约14000人次。以非煤矿山安全监管监察、智能采矿和安全技术为主题，举办首期境外中资矿山企业安全生产能力提升培训班，来自非洲30多家中资矿山企业（包括13家外资企业）300余人（约90名外籍人员）参加了培训，超过50%的学员在境外参训。

积极推进国际先进经验本土化，为企业安全生产服务。在山东省滨州市100家企业成功推广“企业安全生产标准化提升方法”。100家企业员工排查安全隐患4500条，提出改进建议12500多条，实施4500多条。在南京、宁波、镇江等地25家企业推广应用欧美国家化工过程安全管理方法。向企业提供420人次咨询辅导服务，排查安全隐患2800条。举办9期系列线上讲座，高危作业监护人线上培训达5.7万人次。

围绕应急管理重点工作开展国外信息研究。完成“应急管理国际型人才培养专题研究”课题，提出当前应急管理国际型人才建设发展目标和五项重点任务。围绕应急管理能力建设和体制机制改革发展，编译《2021年全球自然灾害数据报告》《日本灾害韧性建设计划》《国外防汛体制机制研究》。围绕学习借鉴国外应急管理经验，编写《拉美国家应急管理概况》，完成《国外应急救援指挥平台建设研究》《关于美国预防重伤和死亡事故最新研究成果的报告》《中等发达国家危险化学品事故状况比较》等。

扎实开展国际合作项目。完成亚洲合作资金2022澜湄国家自然灾害金融支持体系研究、中国-东盟城市安全发展合作研究、中国-东盟城市韧性建设金融保障措施课题研究等项目，建立了中国-东盟城市安全发展合作平台网站和中国-东盟城市安全专家库。

宣传教育中心

2022年，宣传教育中心紧扣三定职责，推动改革发展取得新成效。部政府网站全年发布信息11834条，改进网民留言系统，访问量突破6.49亿次。强化舆情监测和分析研判，推进舆情报告改版优化。优质高效拍摄制作《安全生产专题警示片》和各类视频片，深入事故、灾害一线跟踪拍摄。通过加强政策解读、做好重点宣传、强化活动牵引，推进安全宣传“五进”走深走实。进一步拓宽应急科普产品供给渠道，广泛参与全国性科普活动，荣获“全国科普讲解大赛优秀组织单位”“全国科普日优秀活动”诸多荣誉。

突出创新驱动，宣教事业实现新突破。创新开展“安全生产月”活动，自应急管理部组建以来首次在京外举办“安全宣传咨询日”全国主会场活动，进一步聚焦活动主题“遵守安全生产法 当好第一责任人”深入策划，组织媒体跟进报道。全力支撑国务院安全生产和消防考核巡查，并积极推动将安全文化纳入考核内容事项；网络调研全国32个省级单位安全文化示范企业创建情况；研究起草《应急科普与安全体验基地通用要求》国家标准并推进立项。与美团、国家电网、中国移动等合作开展社会化宣传；策划推出宣传画、挂图、展板、视频、图书等系列宣教产品。

干部培训学院（党校）

2022年，干部培训学院（党校）紧紧围绕应急管理主责主业，充分发挥党员教育主阵地、干部培训主渠道的作用，不断提升支撑服务能力水平。

参与制定《2022年应急管理干部大培训实施方案》，总结3年全国大培训工作成效、问题和经验做法；起草呈报《全国应急管理干部大培训工作总结》；研究起草《全国应急管理干部实战大练兵（2023—2025年）总体方案》，对未来3年压茬推进全系统干部教育培训作出全面部署。

突出党的创新理论武装，创新培训班临时党支部标准化建设、准军事化管理、四类教官进课堂、统一配备作训服等方式方法，高质量完成部党委计划内线下培训班8期，培训总计812人次。拟定其他22期专题培训班实施方案，完成执法资格培训工作标准化课题研究。

积极承担中央组织部市县党政正职应急管理专题培训有关任务。举办8期干部大培训网络培训及8期部司局委托专题业务专题班，培训75.9万人次。开发24门党的二十大专题网络课程。策划举办8期安全生产月“应急管理空中大讲堂”公益直播，共计60.8万个终端、183.3万人次观看。

参与研究提出安全培训考试体系“三化建设”顶层设计方案（“三化”是指法规标准化、考试规范化、执法精准化），配合修订《生产经营单位安全培训规定》等 3 个部门规章，协助开展打击假证和培训“走过场”专项整治。实施全国安全培训考试信息系统升级改造，服务全国 464 万人次考试发证、6600 万次证书查询。

参与研究形成《全国应急管理系统 2023—2025 年人才工作实施意见》，组织人才数据报送系统开发及数据报送。研究撰写《部属单位职称评审改革研究报告》，提出理顺职称评审机制的建议。配合完成 5 项高层次人才选拔工作，遴选推荐 48 人。

研究中心

2022 年，研究中心重点围绕部党委中心工作，强化提高支撑服务应急管理工作的能力和水平，开展应急管理与安全生产课题 108 项。

围绕中心、服务大局，努力构建事业发展新格局。开展“推动公共安全治理模式向事前预防转型”课题研究，参与住房和城市建设部和应急管理部组织开展的全国自建房安全专项整治工作，参与修订《企业安全生产费用提取和使用管理办法》，参与编制《应急管理系统“十四五”人才发展规划》。参加安全生产大检查督导和 2021 年度安全生产与消防工作考核巡查。开展《“十四五”国家应急体系规划》监测评估，完成《地震重点危险区现场救援力量调度需求分析研究》。组织实施北京冬奥会重点场所与关键设施风险评估。

巩固优势，发挥专长，集中力量服务矿山安全监察工作。参与起草《关于进一步加强矿山安全生产工作的意见》，承担《矿山安全监管监察能力建设和矿山监察系统人才队伍情况调研》，协助编制发布《“十四五”矿山安全生产规划》，积极参加国家矿山安全监察局联系指导和明查暗访，配合开展贵州安全生产帮扶工作。对纳入重点保供名单的 4 处煤矿进行安全审核；组织完成 15 处高风险非煤矿山建设项目安全设施设计审查，以及 5 处煤矿生产能力核增现场核查，参加全国非煤矿山安全生产专项整治督导，以及非煤矿山安全生产异地监察等专项行动；修订完成《金属非金属矿山重大生产安全事故隐患判定标准（试行）》等 5 项矿山安全规范性文件。撰写的《关于加强矿山人才队伍建设的提案》被采纳为全国政协提案。

强化服务，主动作为，推动中央精神和部党委决策部署落实落地。完成了北京平谷等地应急管理“十四五”规划；开展《北京市核心功能区安全规划》《海南省应急物资保障体系建设规划》等专项规划研究。总结梳理陕西、海南等省三年行动中期评估经验，完成内蒙古等地三年行动效果总结评估。为安徽、江苏和江西等省十余个化工园区开展安全专家义诊和顾问指导；完成《山东省城市安全发展专题研究》，开展徐州、绍兴、海口等城市和区域风险评估工作。协助完成《山西洪洞县自然灾害综合风险普查（应急救援部分）》《黔西南州国土空间规划——综合防灾减灾》。

积极拓展，扎实工作，推动能源转型和企业高质量发展。立足新发展阶段，开展建设能源强国专项研究，提出建设目标、任务和路径；贯彻落实“双碳”决策部署，提出传统能源逐步退出的路径，以及煤炭产业转型发展的思路。深化与国家能源集团、国家电投集团、国家邮政集团等大型国有企业合作，编制战略规划、制定标准体系、提供安全咨询等 34 项。

大数据中心

2022年，大数据中心坚持政治引领，党建业务融合发展，运维保障能力稳步提升，“智慧应急”创新成绩斐然，产品研发能力显著增强。

聚焦总部建设，提高运维能力。推进指挥完成28个会场的网络、融合通信及音视频管控平台建设，形成庞大资源池。深化云平台建设，建设信创云，支撑部本级146个系统正常运行，全年云网端服务用户满意度达99.5%，部本级核心网络链路可用度达99.99%。保障视频会2334场，保障应急指挥调度204场，实现零失误。汇聚全系统1.27万台安全探针监测数据，提供网络安全监测预警服务。

助力“智慧应急”，打造精品服务。完成“应急使命·2022”高原高寒地区抗震救灾实战化演习任务，北斗三号系统试点工作取得初步成效，着手组建国家安全生产数字化支援队。开展“智慧应急大脑”研究，梳理出76个业务场景模型，汇聚22个部委153类资源和140类地方省厅资源，发布数据服务3155个。组建数据治理专班，免费为全系统75个单位576个应用提供数据服务，无偿为125个应急管理部门317个业务系统提供空间数据服务，免费提供部统建38个系统227类资源数据回流，构建4项应急知识库。自主研发的“互联网+监管”系统被国务院办公厅通报表扬，“互联网+政务服务”系统被列为国务院办公厅第一批试点示范应用。

积聚发展动能，科研助力实战。获批“城市外洪内涝链生灾害风险智能预警与定向发布”“大尺度森林火灾蔓延预测与扑救辅助决策系统”两项国家重点研发计划项目课题。自主研发的北斗三号短报文手表获得卫星导航定位科技进步奖一等奖，复杂信息化环境下高级威胁对抗体系及应用示范项目获“首届全国颠覆性技术创新大赛”总决赛优胜奖。自主研发开展数字化战场体系研究，“快速三维建模系统”多次在救援中发挥作用。联合研发的“战鸿”空中应急指挥机，受邀亮相“2022世界制造业大会”和珠海航展，一年内3次获得央视专题报道。

紧急救援促进中心

2022年，紧急救援促进中心聚焦主责主业，切实提升灾害应急救援救助和应急资源管理服务保障支撑的能力水平，各方面工作取得新的进展。

积极承担社会应急力量能力建设有关工作。配合相关司局指导高质量运营灾害应急救援救助平台，实现2140支社会应急力量队伍、47151名注册队员的登记备案。督促山西、江苏、湖北、江西4个试点省应急管理部门建立社会应急力量参与重特大灾害抢险救援行动现场协调机制。启动内部应急响应28次，及时跟踪现场协调机制启动运行、社会应急力量值班备勤和救援工作动态，编发《工作简报》31期。承担“应急使命·2022”高原高寒地区抗震救灾实战化演习社会应急力量拉动检验阶段能力评估和“建立社会应急力量现场协调机制”参演科目筹备实施等任务。配合完成应急管理行业标准《社会应急力量建设基础规范》征求意见、技术审查，参与编写《建筑物倒塌搜救》《山地搜救》《水上搜救》教材。

高效开展应急资源管理平台运营工作。制定完善平台《中央应急抢险救灾物资调配操作工程规程》等运营制度和相关技术标准 6 项。针对各类重大突发事件响应 28 次，协助相关司局完成中央应急物资调度平台操作保障 55 次，保障地方完成物资调拨出库平台操作 2.7 万单。为救灾工作提供辅助决策支持，编制上报平台救灾物资缺口分析报告等各类材料 80 余份、平台运营工作简报 42 期。持续做好用户技术支持服务，完成 17 场、3.33 万人次平台相关培训任务，更新相关操作指南 50 余份，解决用户问题 1 万余个。

稳步开展应急救援员职业技能鉴定。建设应急救援员职业技能鉴定综合管理平台并持续完善平台功能，通过信息化手段规范鉴定申请、考务管理、题库管理和信息发布。制定《职业技能鉴定审核工作流程（试行）》，初步形成鉴定要素全覆盖的五级题库，有序开展职业技能鉴定。出台《应急救援员考评人员管理暂行办法》，组织考评人员在线复训，加强管理。应急急救员、工程应急救援员、直升机紧急救护员 3 个新工种纳入《中华人民共和国职业分类大典（2022 年版）》，新工种职业技能标准获得人力资源和社会保障部批准立项。

中国安全生产科学研究院

2022 年，中国安全生产科学研究院持续加强科技创新和信息化建设、科研实验和管理能力建设，不断提升安全应急技术支撑服务水平。

国家级科技项目创新稳步推进。牵头承担 3 项“十四五”国家重点研发计划项目，获批国家自然科学基金项目 4 项，完成应急管理部、国家发展改革委、工业和信息化部和北京市等地方科技项目结题验收工作。加大“工业互联网+安全生产”攻关力度，统筹各行业领域工业互联网监测预警系统建设；推进“工业互联网+危化安全生产”、国家油气输送管道地理信息系统及平台建设。

支撑安全生产和应急管理法制建设。参与《刑法修正案（十一）》涉安条款司法解释、《矿山安全法》《生产安全事故报告和调查处理条例》等法律法规修订；完成安全生产标准公开系统库建设；参与国家安全生产、应急管理“十四五”规划编制、实施与监测评估；修订《突发事件应急预案管理办法》。

安全生产风险监测预警中心建设取得明显成效：尾矿库安全生产风险监测预警系统已覆盖七成“头顶库”；危险化学品监测预警系统迭代升级全面应用；烟花爆竹风险监测预警系统建设持续推进，已接入 9 省 1431 家企业。为国务院安委会办公室推动城市安全风险监测预警提供信息化支撑。做好国家安全生产监管监察大数据平台支撑服务能力建设，推进与国家互联网+监管平台的数据共享交换。

支撑化工园区安全整治提升及工贸行业有限空间作业重点县专家指导服务。组织专家对全国 24 个省（区、市）81 个化工园区、14 个轻工重点企业聚集的县（市、区）开展现场指导。参与“3·21”东航 MU5735 航空器飞行事故、“应急使命·2022”等重特大应急救援行动和应急演练行动、各类检查督查、专项整治、督导考评等工作。持续做好注册安全工程师考务和注册管理，开展国家政务服务平台中级注册安全工程师查询服务等系统建设。完成全国安全生产标准化委员会秘书处和非煤矿山、工贸安全分标委秘书处各项工作。

加强科研实验和管理能力建设。申报国家矿山安全技术创新中心，推进危险化学品安全研究中心、国家生产安全事故技术分析与物证鉴定中心的筹备。加快国家安全工程技术研发基地建设，危险化学品重大事故防控技术支撑基地基建工程基本完成；入选“十四五”首批全国科普教育基地。获批挂牌组建的“矿山边坡安全风险预警与灾害防控”“工业互联网+危化安全生产”等部重点实验室建设有序推进。

化学品登记中心

2022年，化学品登记中心围绕危险化学品安全监管重点工作，全力做好技术支撑，为我国危险化学品领域本质安全水平提升贡献力量。

高水平推进国家危险化学品安全研究院建设，全面支撑国家危险化学品安全风险管控。支撑危险化学品安全专项整治三年行动、危险化学品安全风险集中治理。编发《危险化学品企业双重预防机制数字化建设工作指南（试行）》等8项指南；开发老旧装置评估在线填报功能，督促各地完成在线评估并提交评估结果。支撑国家危险化学品安全风险数字化智能化管控。完成全国危险化学品风险监测预警系统国产化改造和风险预警模型迭代升级；指导推动全国危险化学品重大危险源企业完成双重预防机制数字化建设；完成化学品登记系统升级改造，1.2万余家危险化学品生产企业完成登记。积极履行社会职责。参与应急管理、公安等部门危险化学品物理危险性鉴定350余次，参与事故调查10余次；接处危险化学品事故应急咨询电话1.2万余个、公共服务咨询电话3300余个。

积极融入新时期国家创新体系构建，系统谋划推进国家级创新平台建设。有序推进化学品安全全国重点实验室重组，危险化学品风险监测预警与智能管控技术应急管理部重点实验室挂牌运行，氢能安全应急管理部重点实验室正式纳入创建序列。按计划完成危险化学品重大事故防控技术支撑基地、海阳大尺度燃爆综合验证测试基地建设。

大力推进原创性、引领性技术攻关，提升重大风险防控支撑能力。以重大项目为切入点，大力推进核心技术攻关。完成“催化裂化”中国石化重大项目研发和试点应用，并成功入选国家发展改革委人工智能试点示范项目。承担的高酸气田“十条龙”项目，首创高酸气田硫化氢泄漏防控关键技术体系，为气田长周期安全生产提供有力支撑。布局推进数字化转型核心技术升级。以“三系统、两平台”为抓手，全面形成“工业互联网+安全生产”体系化应用方案，全力推进关键技术迭代升级。重点科技成果支撑应用效果突出。建成工艺平稳、设备完整、PHAMS等6大技术平台，为危险化学品企业重大安全风险防控提供核心技术支撑。

信息研究院

2022年，信息研究院坚持围绕中心，聚焦主责主业，全力打造4个基地，不断在政策研究、科技攻关、图书期刊出版等方面取得新突破。

积极开展重大课题和基础理论研究。围绕安全生产政策、矿山安全治理、应急管理法制等方面，开展了《大安全大应急框架专题研究报告》等40余项课题研究。持续开展国际重大灾害事故信息采编报送，完成20余份国内外典型灾害事故专题分析报告。

持续加强情报信息软科学研究。积极推动应急管理科技资源与决策支撑平台建设，不断充实完善应急管理文献数据库、煤炭科技文献数据库、全球灾害事故数据库，做好装备之家网站的内容建设和运营保障。完成《应急管理文摘》《应急装备技术》编印工作，全年科技查新 500 余项。积极参与地方应急体系“十四五”规划任务和重点工程实施工作，持续开展安全发展示范城市创建、安全风险评估咨询项目。

稳步提升矿山安全技术创新能力。围绕煤矿冲击地压防治、尾矿库综合治理、煤矿瓦斯治理和地面煤层气开发利用等方面开展课题研究，持续做好煤矿安全技术咨询和产能核定工作。成功承办中欧安全健康统计项目交流会、2022 亚信矿山安全风险防控研讨会、中俄煤矿安全生产研讨会等国际会议。

加快推进信息化研发和智能化创新建设。牵头组织完成国家矿山安全监察局委托的《智能化矿山数据融合共享规范》编制工作，持续完善矿山安全生产风险监测预警系统功能。重点推进煤矿智能综合管控系统和煤矿地质保障系统信息化项目建设，持续打造二三维一体化地理信息服务平台等 3 个基础平台，研发完善煤矿地质保障系统等 5 个拳头产品。

巩固拓展图书期刊出版发行。积极开展年鉴、大事记编辑出版，强化应急管理培训教材、政策法规标准辅导图书出版，巩固煤炭图书、史志图书出版，培育大众图书出版。完成 36 种注安教材教辅的修订出版工作。《中国安全生产》《中国煤炭》《当代矿工》《矿山安全信息》《煤炭新视界》《中国煤层气》等杂志的品牌形象、行业影响、内容质量得到进一步提升。

天津消防研究所

2022 年，天津消防研究所以“创新融合”为主题、“平台建设”为主线、“成果转化”为主旨，全力推进“战略所”建设。牵头获批国家重点研发计划项目 3 项、课题 6 项、专题 27 项；新立应急管理部消防救援局等省部级以上科研项目近 50 项；联合天津市科技局设立“城市消防——应用基础研究多元投入基金”项目，获批立项 18 项；创新启动自有资金支持项目 18 项；报批标准规范 63 项，在研标准 105 项，开展国际 ISO 标准技术复评审 35 项。荣获各级别科研奖励 50 余项，“大型油浸变压器新型灭火技术及设备”荣获应急管理部消防救援局技术创新一等奖，“电动客车锂离子电池火灾高效防控技术及应用”获天津市科学技术二等奖。

深化创新平台建设。工业与公共建筑火灾防控技术部重点实验室通过验收，举办首届学术委员会工作会议暨 2022 城市消防安全技术国际学术研讨会；获批创建天津市消防安全技术重点实验室；第二试验基地建设进入收官阶段，一、二基地创新“双平台”格局日渐显现；深入推进《消防科学与技术》学术期刊改版升级。

支撑消防救援实战。主编《国外消防救援动态》12 期，编制全国高层建筑消防安全专项报告、国内外消防重大事件专题报告 40 余项；报送全国火灾警情分析报告、数据质量稽查报告 42 份，承办全国火灾与警情统计指标体系研讨会。研建的“全国火灾与警情统计指标体系”服务一线队伍，举办 2022 年标准化工作会议，牵头制定的我国消防领域首批全文强制性工程建设规范《消防设施通用规范》和《建筑防火通用规范》正式发布。全年承担火灾物证检材1万余件，深度参与河南安阳“11·21”凯信达商贸有限公司特别重大火灾等事故调查百余起，承办全国第二批火灾调查后备人才培训班，为20多个地方总队、千余名火调干部提供培训。10项成果在21个总队开展应用试点示范，5项成果完成许可转化。向西藏、青海、四川等5个西部地区总队捐赠科普宣传车15台。

拓展检测认证能力。聚焦“检测认证一体化”，新扩项“预制式全氟已酮灭火装置”和4个试验方法，完成26项标准的CNAS和CMA变更；承担检验检测任务1.2万余项，发放认证证书近1200张，完成工厂检查任务近3000项，减免企业收费3500余万元；组织召开检测报告质量分析会，创新开展检验校准人员“能力大比武”，举办9期全国检测认证质量提升交流会，覆盖2000余家企业、2700人次。

上海消防研究所

2022年，上海消防研究所立足消防科技国家队和“装备所、实战所”的职能定位，在“凝神铸魂、强基固本、开拓创新、建功立业”新时期发展纲领的引领下，核心技术攻关、践行服务实战稳步推进。各级各类科研项目新立52项，其中，牵头承担全国首批、首个“十四五”国家重点研发计划“揭榜挂帅”项目和科技型中小企业项目，验收43项；获批标准6项，报批标准12项；全年获省级科技奖励6项，消防救援局科技奖励3项，社会科技奖励3项；发表科技论文57篇，出版专著4部，授权知识产权64项。在火灾处置、生命搜救、个人防护等方面产出的20项成果登上“消防科技大讲堂”、全国主题网络直播、消防科技宣传周，9项成果在21个总队开展试点应用。

科技创新平台不断夯实。成功创建灭火救援技术与装备应急管理部重点实验室，并正式纳入运行序列；金山科研检验基地竣工验收，实验室恢复建设全面启动，国家消防救援装备研发与测试基地建设加快推进；上海市火灾事故物证分析与安全评估专业技术服务平台持续建强。

服务实战走深走实。与上海市消防救援总队深度融合，建立战略合作关系，围绕社会消防安全治理、火灾调查等方面合作申报科研项目20项，标准项目14项；完成14项标准的草案稿、征求意见稿编制、送审、报批，联合编制调研评估报告55项；合作产出成果24项，授权知识产权19项；开展学术交流700余人次，成果示范应用15项。为各地消防救援队伍提供技术咨询与业务培训50余次，装备管理、质检能力培训23批次，建设规划论证评估13次，装备规划、采购论证评审40次，开展心理巡诊20余次，撰写重大事故专项分析报告近10篇，有效发挥上海消防研究所的智力支持作用。

检验物证持续推进。受理产品检验任务9275项，完成工厂检查任务2062项，为消防救援队伍提供产品质量监督抽查检验服务1684批次，火灾物证鉴定服务567次。坚持助企纾困办实事，为企业减负1739万元。

沈阳消防研究所

2022年，沈阳消防研究所新批准立项项目64项。其中，国家重点研发计划课题3项、子课题5项；消防救援局科技计划项目7项；辽宁省科技计划项目4项，标准制修订项目9项；基本科研业务专项30项；改善科研条件专项4项。获得专利36项，其中发明专利9项；获得软件著作权17项。发表著作2部，SCI、EI检索论文15篇。

大力推进科技成果转化。在“智慧消防”、火灾监测预警、应急通信指挥、新能源火灾防控等领域取得新突破。2项成果列入消防救援局试点应用计划，7项成果列入年度消防救援装备类科技成果试点示范项目，在11个总队应用；消防员个人照明装备在全国79个基层消防队伍应用；消防车辆动态信息管理系统在多个总队应用，完成170台消防车数字化改造；火灾现场电气熔落物分选机在10余省市消防救援队伍应用；火灾调查基础数据库等火灾调查辅助系统在近20个省市消防救援队伍应用。获辽宁省科学技术进步奖、沈阳市自然科学成果奖各1项，局级以上科技奖6项；1人获“沈阳市优秀科技工作者”荣誉称号；荣获第十一届中国技术市场协会金桥奖先进集体奖。

打造科技创新发展高地。消防与应急救援国家工程研究中心迈出实体化发展坚实一步，完成建档立卡、制度建设、人员聘用等工作，中心综合实验楼落成启用。辽宁省火灾防治技术重点实验室、辽宁省消防大数据重点实验室2个创新平台顺利通过优化整合。

聚焦消防实战重点需求。信息化支撑保障团队开展消防业务系统部署服务134次，受理和解决问题42259例，处置队伍网络安全事件93个，圆满完成重大会议、活动期间网络安全保障任务；物证鉴定中心受理火灾物证鉴定工作740起，派遣技术人员126人次，参与完成82起重大疑难火灾的调查和专家论证，累计为多个总队进行火调培训上千人次。

持续提升检验服务质量。质检中心受理、审核7000余批次型号产品的技术资料，下达检验任务通知单6300份，出具、登记、发放检验报告5800份；分派工厂检查任务1730个；新版实验室管理系统上线运行。

四川消防研究所

2022年，四川消防研究所聚焦主责主业，科研工作取得突破。全年在研项目75项，其中，国家计划项目2项，国家课题3项，国家重点研发子课题4项，国家自然科学基金重点项目子任务1项，省级7项，局级16项，基科费42项。在编标准7项，改善科研条件专项7项；稳步推进“防火阻燃技术应急管理部重点实验室”培育期重点工作，通过评审，进入部重点实验室创建序列；运行“森林火灾监测预警应急管理部重点实验室”，成功联合申报“十四五”国家重点研发计划课题。全年获科研奖励8项，其中，局三等奖2项；山东省科技进步奖一等奖1项，重庆市科学技术奖二等奖1项，中国钢结构协会一等奖1项，十二届中国消防协会科技创新奖二等奖、三等奖各1项。获专利授权33项，软件著作权5项，有效发明专利拥有量112项；4项试点应用项目通过绩效评价，3项成果列入年度消防救援装备类科技成果试点示范项目。

落实“放管服”，检验能力显著加强。全年接收2602批次送检任务，下达检验任务6479个，出具检验报告6529份，大力开展非标检验任务，全年受理42项，拓展了中心新业务领域，为企业技术创新、推广提供了技术支持；首次参与《年度消防产品质量监督抽查检验方案》的编制，并完成34批次监督抽查检验任务；多种措施积极树立NFTC防火检测品牌，提供标识证书、产品质量跟踪、型式检验抽封样等多种特色服务。全年共出具标识证书580份，为10家企业提供跟踪检验服务，完成642家企业抽样。

服务消防实战，大力推动成果应用。完成22个火灾现场勘验任务，出具物证鉴定服务报告1011份；提供16起司法鉴定和33起技术服务；为湖南、江苏总队提供培训；参与3起森林火灾调查；联合四川省消防救援总队，成功申报省重点项目“城市轨道交通（地铁）应急救援保障技术及应用研究”；为乐山支队全员提供心理咨询和测评服务；“轨道交通工具火灾烟热测控技术——40 MW大尺度火灾测控系统平台”“高层住宅建筑内天井防火技术”等成果在西藏日喀则等支队应用。

消防产品合格评定中心

2022年，消防产品合格评定中心全面聚焦主责主业，不断强化支撑应急管理工作能力，全年科技工作水平再上新台阶。稳步推进全球环境基金“中国PFOS优先行业削减与淘汰项目”之消防行业PFOS管控与削减子项目工作，协调完成100立方米和5000立方米油品储罐实体火灾扑救验证试验准备，启动含PFOS物质信息监管系统二期建设；5个科研项目开展验收或完成绩效评价，主导7项行业或团体标准立项。

认证检测工作实现新突破。全年签订消防产品认证、技术鉴定服务合同7072份，发放中国强制性产品认证证书7596张、技术鉴定证书203张、自愿性证书26686张；完成2800余家获证企业证后监督工作，暂停421家企业1901张证书，撤销114家企业330张证书，注销34家企业197张证书。利用云平台完成批检工作323批次，涉及正压式空气呼吸器88300余台（套）、消防员灭火防护服25万余件、消防员灭火指挥服1万余件，全年派组工厂检查3196家，保障消防产品质量不断提升。检验检测实验室取得CMA资质认定证书，正式投入运行出具检测报告，认证检测一体化建设成效显著。

深化“放管服”改革展现新作为。严格落实消防救援局优化认证检测工作要求，利用半年时间对8个所属分包机构首次开展全面专项整治，分阶段完成自查自纠、现场核查、三方审计、约谈整改、总结通报等工作，有效提升消防产品认证检测合规性、有效性。及时推出助企纾困“六项”措施，大力实施减费降费缓收费政策，不断精简认证受理程序，积极宣贯产品认证规则和标准，耐心为企业答疑解惑，认证客户满意度持续提升。

注册消防工程师资格考试工作取得新成效。组织提前完成《消防安全技术实务》等3本教材修订编写，有效满足社会考生官方教材需求；组织完成《人员密集场所消防安全管理》等3个专题教案编写审定，及时高效开展课程录制并上线运行，为广大注册消防工程师提供全新继续教育课程服务。

应急总医院

2022年，应急总医院加快基础设施建设升级改造。完成住院大楼改造建设并投入使用。完成东院区建设和装备设施的配置，经北京市卫生健康委验收批准开诊开业。租赁正通广场主楼建设全国重点实验室和教培基地。租赁华桐大厦，优化了区域布局。完成投资近亿元用于临床装备技术和信息化建设，装备技术能力明显提高。完成二期改造工程报建报批和招投标，项目建设全面铺开。

报经北京市医保局批准升格为A类医保定点机构；报经部和国家卫生健康委批准组建国家尘肺病诊疗中心，成为全国为数不多拥有两个“国家中心”的医院。联合解放军总医院共建应急医学与救援全国重点实验室，与天津大学联合共建的应急管理部重点实验室通过培育阶段验收。将医院信息化纳入部系统大数据建设规划中，投资近4000万元重点建设集成平台、数据中心和36个管理系统，项目建设基本完成，部分已投入使用，信息化管理提档升级。

实行“一站式”就诊服务。2022年为部系统干部职工和消防救援队伍开展医疗服务4.5万多人次，开展医疗技能培训7期1989人次，提供心理健康咨询和服务3650人次。“应急救援员”获批职业资格培训资质，纳入人力资源和社会保障部新版职业大典。选派医疗救援队员参加“应急使命·2022”实战化演习，组织医疗队员赴湖南新田县参加森林火灾事故灾害抢险救援。被中国红十字会总会授予“中国红十字应急总医院”“中国红十字救护总队”。

联合北大人民医院、江南大学附属医院成功申报科技部科研重点项目。成功举办京津冀行业医院联盟心血管论坛、全国气管镜介入治疗高级研讨会、全国现代灾害医学与应急救援技术研讨会。

严格落实新冠疫情防控各项责任措施。全年提供核酸检测100多万人次，派出医护队支援西藏、北京方舱医院建设。及时调整工作重心，优化诊疗流程，完善诊疗救治机制，有效应对了新冠疫情防控的严峻挑战和冲击。

华北科技学院

2022年，华北科技学院坚持政治建校第一办学理念，深入学习宣传贯彻党的二十大精神，以新修订的高校基层党组织工作条例为遵循，强化基层组织、队伍、制度建设，进一步健全和完善“12321”党建思政工作体系。6个党支部被命名为中央和国家机关“四强”党支部。坚持教育“四为”方针，推进党建业务深度融合，荣获河北省思想政治工作优秀成果二等奖、三等奖各2项，以党建工作新成效保障为应急管理事业立德树人根本任务落实。

进一步优化学科和专业结构，强化应急管理主干专业建设。获批国家级一流本科专业建设点2个、省级一流本科专业建设点1个，新增专业1个。获批河北省教改研究与实践项目10项、中国高等教育学会教研项目1项、全国煤炭行业高等教育研究课题4项，“新时代应急管理理论与实践”获中国煤炭教育学会优秀成果一等奖。学生累计获创新创业竞赛奖646项，其中国家级一等奖18项。培养毕业生6003人，其中硕士研究生68人。3个教学团队分获“河北省优秀教学团队”“煤炭行业优秀教学团队称号”“三河市第二届市长特别奖”；3个教师团队荣获第二届全国教师教学创新大赛省赛二等奖、三等奖；7名教师分别获得煤炭青年科技奖、煤炭行业教学名师、河北省级教学名师、师德标兵等荣誉和称号。

全年科研经费达1.3亿元，获批国家重点研发计划课题3项，牵头制定协会团体标准2个。获批国家级、省级自然科学基金、社科基金25项。获河北省科技进步奖及煤炭行业等科技成果奖 15 项。获授权专利 105 项。获批河北省土木工程灾变控制与灾害应急重点实验室、河北省院士重点合作单位。

组织各类培训项目 20 个，培训学员 2.8 万余人次。承担应急救援员（矿山隧道）国家职业技能鉴定二级、三级、四级教材编写、国家题库开发工作。组织召开全国安全职业教育教学指导委员会（2021—2025 年）换届大会，向教育部推荐国家级职业教育教学成果奖 3 项。

煤炭工业职业技能鉴定指导中心

2022 年，煤炭工业职业技能鉴定指导中心加强职业化队伍建设，聚焦技能人才水平评价、职业技能竞赛、大师评审三大业务板块，强化技术引领，与时俱进，创新发展，扎实工作，有力地推动了行业技能人才队伍建设。

强化信息数据安全工作。实行数据分级管理及涉密文件和信息“三专”管理（专员岗位、专用设备、专门场所）；完善中心信息安全制度，做到信息发布事前审核、事后监管。加强专员岗位信息安全培训，保证岗位专员做好对网络信息和核心数据的留存与备案。

加快推进职业标准建设工作。组织召开《矿井通风工》等 4 个国家职业技能标准终审会并获人力资源和社会保障部正式颁布。推进并筹备《煤提质工》新增国家职业技能标准的编审工作。完成《中华人民共和国职业分类大典》煤炭部分修订工作，其中，1 个职业“煤提质工”及“煤焦油加氢制油工”等 5 个工种正式列入《中华人民共和国职业分类大典》。

有序推进职业技能人才评价工作。成立行业基层职业能力水平评价中心 114 家。全年共为 29 家评价机构提供职业能力水平评价服务 43418 人次。培训 50 余家煤炭企事业单位共 2222 名考评人员和督导员。累计完成行业职业技能等级评价 311.26 万人次，252.28 万人次合格取证。

逐步完善职业技能竞赛体系。修订《赛项专家工作管理办法》，召开赛项审定会，编制赛项规程，研讨各项技术实施方案，出版并发行《2022 年煤炭行业职业技能竞赛指南》。分别组织 5 个赛项 248 名裁判员的培训班和 702 名选手的赛前集训，为“华阳杯”第十五届全国煤炭行业职业技能竞赛做好准备。

稳步推进高技能人才队伍建设。开展第八批煤炭行业（技能人员、教科研人员）技能大师、技能大师工作室申报命名活动，累计推荐命名技能大师 287 人、大师工作室 68 个。同期对第七批煤炭行业（工程技术人员）技能大师及技能大师工作室进行评审，共推荐命名技能大师 204 人、大师工作室 13 个。

组织开展第十六届煤炭行业高技能人才评选表彰单位及个人的推荐遴选工作。经中国煤炭工业协会上报推荐人力资源和社会保障部：1 人获评中华技能大奖，2 人获评全国技术能手，1 家煤炭单位获评国家技能人才培育突出贡献单位，1 人获评国家技能人才培育突出贡献个人。

煤炭综合利用多种经营技术咨询中心

2022 年，煤炭综合利用多种经营技术咨询中心学习贯彻国家能源经济新政策新要求，研究能源发展新环境，分析煤企发展面临的新机遇新挑战，不断探索拓展业务新领域。

中心完成晋圣公司、胡底煤业和晋能

控股煤业集团铁路运营公司“十四五”发展规划的后续修改完善工作，为企业发展提供智力支持。完成设立晋能控股煤业集团地测勘探有限公司可行性研究报告和风险防控报告等完善工作，为企业做好国有资本布局、规范资本运作、提高资本效率、维护资本安全、实现国有资本保值增值、化解和防范企业投资风险提供有效保障。完成陕西靖神铁路有限责任公司、陕西榆横铁路有限责任公司和陕西红柠铁路有限责任公司的安全生产标准化建设辅导评估工作，开拓新的业务领域，为持续提升煤炭铁路安全保障能力，提供保障。

组织具有丰富经验的人员组成专家组，开展煤炭企业主营业务与《西部地区鼓励类产业目录》符合性评估。评估内容涵盖煤炭开采、煤炭洗选和生态建设等领域，为企业争取国家税收相关优惠政策提供支撑和保障。

国家自然灾害防治研究院

2022 年，国家自然灾害防治研究院围绕中心、聚焦使命、锚定目标，入选科技部使命导向管理改革试点科研院所，进一步明确使命任务和主攻方向，推动建设现代化科研院所。联合北京理工大学、中国气象科学院申报多灾种预防与控制全国重点实验室。按期完成复合链生自然灾害动力学应急管理部重点实验室创建，并通过验收答辩。

全力做好应急现场科技支撑。组建地震、地质、气象和水旱 4 支应急专家队伍，参与青海门源 6.9 级、四川泸定 6.8 级地震现场灾害调查和灾害评估。赴青海、四川、山西山洪泥石流等灾害现场开展调查。分析震后地表破裂带的空间展布、同震形变监测数据，评估林火灾情，为现场应急提供技术支撑。全年累计参与灾害现场应急抢险救援和灾害调查等 80 余人次，形成专题报告 50 余份。

推动关键技术应急攻关。研发洪涝灾害实景模拟系统平台，支持吉林省开展防汛实战演练。完成爆燃火成灾机理分析，相关研究成果被国家森林草原防灭火指挥部办公室采纳并向全国推广。初步建立城市内涝风险预警模型，汛期在 24 个城市开展验证测试。堤坝管涌险情快速识别软件在江西、辽宁汛期试点测试取得预期效果。建立尾矿库“二查三评”技术体系，完成 7 省份应用测试，协助山西交口尾矿库溃坝事故调查。

推动重大工程项目落地。国家重大科技基础设施建设项目地震灾害链观测实验平台、北斗应急管理典型应用示范项目通过评审。加快推动张衡一号 02 星工程建设。

科研项目稳步增长，获批 13 项国家自然科学基金项目，其中重点项目 1 项。新增科技开发项目近 200 项、合同额 6100 万元。年度发表科技论文 155 篇，出版专著 3 部，授权专利 30 项、软件著作权 25 项。

积极开展国内外科技合作。与科技企业签署战略合作协议，共建北京市地震观测工程技术研究中心，推进科技成果转化合作。多次召开中意双边合作视频会，磋商张衡一号 02 星建设事务，顺利推进中意合作实施。

深入开展科技传播与普及。举办 4 期自然灾害防治科普活动和全国防灾减灾日科普宣传，累计网络访问突破百万次。

中国消防救援学院

2022 年，中国消防救援学院不断加

强党建引领，建设特色学科专业，推进人才强院战略。研究出台落实全面从严治党主体责任任务清单，制定加强党支部规范化建设实施方案和“四强”党支部评定办法，开展“领航计划”党支部遴选培育、“追寻百年光辉足迹·献礼党的二十大”联学共建活动，以共上一堂“党建研学大课”的形式凝聚共识、激发力量。

办学基础更加扎实。消防工程、飞行器控制与信息工程 2 个专业成功跻身北京市一流本科专业建设点，9 部教材获省部级规划立项或评选为优质教材。27 个校级教育教学改革项目立项，2 个项目获北京高等教育“本科教学改革创新项目”立项。创办《消防救援学术研究》内刊，成立首届科学技术协会，与俄罗斯民防学院、香港消防及救护学院开展线上学术交流。承担国家重点课题 9 项，主持省部级以上课题 23 项，在研科研资金达 1300 余万元。为国家综合性消防救援队伍开展专题辅导讲座 20 余场、联教联训 30 余次。

师资队伍建设有力。选调 37 名国家综合性消防救援队伍一线干部、招聘 64 名高层次人才，专任教师中博士研究生占比达 33.9%。遴选 40 名年轻教师赴国家综合性消防救援队伍一线等挂职锻炼，6 名教师在职攻读博（硕）士学位。评选表彰 3 名师德标兵、28 名优秀教师、14 名优秀教育工作者。

中国应急管理报社

2022 年，中国应急管理报社紧密围绕部党委中心工作，有效应对多重风险挑战，经受住多种压力考验，较好完成各项任务。全年有近 50 件作品获国家和省部级奖项，运维和主办的新媒体产品获得多项荣誉，经营、资产保值增值、职工收入均实现增长目标。“新春走基层”报道组被中宣部、中国记协评为 2022 年中央新闻单位先进集体，部微信公众号入选中央网信办“2022 年度走好网上群众路线百个成绩突出账号通报表扬名单”、部微博跻身“全国二十大中央机构微博”排名第六。

持续加强政治建设。把好政治“方向盘”，坚决维护以习近平同志为核心的党中央权威和集中统一领导。发挥好党委“把方向、管大局、促落实”的领导作用，将迎接宣传贯彻党的二十大作为贯穿全年的工作主线，大力推进党建与业务“六个融合”（党建与业务在思想、机制、目标、能力、组织、监督的深度融合）。

持续争创良好业绩。扎实履行核心职能，围绕“国之大者”，及时刊发中央重要时政新闻和重要评论，并严格对标对表。聚焦应急管理工作全局，全力做好全国应急管理工作会议等重要报道并取得良好效果。承接应急管理部微博微信及视频号运维等项目，报社网站和微信刊发原创图文、短视频等优质内容在头条号、人民号等主流客户端同步传播，实行 7×24 小时监测值守，及时掌握舆情动态。全年共报送《应急管理舆情内参》45 期、《应急管理舆情晨报》244 期、《基层情况反映》13 期、《国内外典型事故灾害信息》57 期。

持续提升能力素质。提升班子领导力，精心部署重点工作，组建融媒体工作部。提升队伍战斗力，实行干部轮岗，扩大队伍数量，提升职称层次，强化业务培训。全年两次启动《报社重大突发疫情情形下应急出版预案》，首次组建 40 人的应急队伍留守报社近 20 天，确保所属媒体“不停刊不减期不停更”。扎实开展保密教育和自查，全年未发生失泄密。

深入践行“走转改”。全年派出记者百余人次参加暗查暗访、专项督导督查、“新春走基层”、灾害事故报道等，所属媒体共刊发新闻稿件 300 余篇。

机关服务中心

2022 年，机关服务中心紧紧围绕服务保障部党委中心工作、部机关有序运行主线，统筹推进各项工作取得积极进展。

多措并举抓好新冠疫情常态防控。科学果断组织新冠疫情应急处置，发挥综合服务保障优势，构建全方位、多梯次、科学化、流程化应急处置体系，有效阻遏新冠疫情快速传播，保障部机关正常运转。

扎实做好后勤服务保障。较好地提供会议服务、用餐服务、公文服务和机要交换等服务保障，完成了应急和重大活动交通保障，通勤车服务，协调保障远途交通以及部月度例行新闻发布会等重要活动。公务员的服务满意度 99. 58%。

稳步推进机关事务工作。完成部机关干部住房配售租手续，协调解决机关职工子女入学入托事宜。成功争取“双碳”节能项目落地，下达中央投资计划 4257 万元。完成 51 个大项、117 个分项招标采购任务。积极推进节约型机关建设，应急管理部被授予中央和国家机关首批节约型机关称号。

积极有序落实改革任务。起草完成经营类事业单位改革方案，有序推进国煤建公司注销清算，中安之家公司转型迈出实质步伐，大连康复中心完成资产清查等前期准备工作，北戴河康复院、昆明康复中心积极落实改革任务。

有效推动重点项目实施。如期完成总部基建任务，获评“中国建设工程特别鲁班奖”。5 个小区综合整治项目如期竣工，办公空调系统节能改造和住宅文物除险修缮项目进展顺利。修订完善标准化服务工作手册，完成内部控制体系建设，强化审计整改，启动实施预算管理一体化建设。推进 OA 系统、“智慧机关”系统落地应用。

档　案　馆

2022 年，档案馆持续抓好习近平总书记关于档案工作重要批示精神贯彻落实。组织国家矿山安全监察局、中国地震局、消防救援局、森林消防局和部所属事业单位召开推进应急管理档案重点工作视频会议，对重要批示精神再学习，对贯彻落实工作再部署，确保目标明确、组织有序、行动加速。

强化重特大突发事件档案管理制度设计和服务保障。加强与国家档案局相关部门业务协同，抽调业务骨干组织工作专班，启动重特大灾害事故档案管理制度体系建立工作。建立特大灾害事故档案服务快速响应机制，第一时间派专人赴现场参加湖南长沙“4·29”特别重大居民自建房倒塌事故、河南安阳“11·21”凯信达商贸有限公司特别重大火灾事故调查组，以及河南郑州“7·20”特大暴雨灾害整改措施落实情况评估督导工作组的档案资料管理工作，全程收集整理资料 4000 余册。

筑牢档案安全防线，印发《应急管理部档案安全工作管理办法》。深入 5 家部所属事业单位开展档案安全检查，通过开展自查、抽查、意见反馈和情况通报，各环节紧密衔接，连续推动应急管理系统各单位压实档案安全责任，夯实档案安全基础，提高防范化解风险能力。加强档案馆自身安全建设，全年开展保密、网络安全自查7次，全方位筑牢档案安全防线。

着力提供方便快捷的档案利用服务。统筹新冠疫情防控和人员调配，灵活调整三地库房档案、充分利用信息技术、建立值班备勤机制，为部机关、国家矿山安全监察局和应急救援中心提供24小时应急查档服务，全年提供利用232人次、档案462余件。

积极推进灾害事故、重大活动、英模档案、照片和音视频档案收集，持续开展纸质档案数字化，全年归档各类档案18000余件，扫描约30万页。跟踪收集“时代楷模”肖文儒同志事迹材料，征集新中国成立以来应急管理系统英模档案39件。

组织编写《党的历次全国代表大会及中央全会有关安全生产、防灾减灾救灾、应急管理的重要论述与政策辑要》，对新中国成立以前党领导防灾减灾救灾文件进行全面收集，已收集并转录相关文件材料86份，从档案史料中追溯党领导应急管理事业的历史源头和发展脉络，为读史学史用史做好参咨服务。配合国家文物局“见证新时代”主题活动，精心选取“习近平总书记向国家综合性消防救援队伍授旗并致训词视频”等展示应急管理事业改革发展和队伍建设丰硕成果、彰显新时代应急管理人精神风貌的重要档案申报，已被通知入选。

开展档案基础知识培训，提升归档责任意识。开展一对一归档实务培训，提升归档文件质量。开展项目档案专项培训，提升项目档案归档意识和档案规范整理水平。编印发送《档案工作必读文件汇编》，利用电话、微信等方式提供日常业务精准指导服务，推动各单位不断加强和改进档案基础工作。

第七篇

党的建设

综 述

2022年，应急管理部党委坚持以习近平新时代中国特色社会主义思想为指导，深入学习贯彻习近平总书记在中央和国家机关党的建设工作会议上的重要讲话精神，围绕迎接、学习、宣传、贯彻党的二十大精神这个主题主线，深化落实工委“巩固深化年”部署要求，扎实部署和推进党的建设重点任务，抓实党的政治建设，建设“四强”党支部，着力打造对标看齐、政治过硬、风清气正、担当作为的模范机关，为推进应急管理体系和能力现代化提供坚强组织保证，以实际行动和实际效果捍卫“两个确立”、做到“两个维护”。

一、扎实推进政治机关建设

严格落实《部党委认真贯彻落实习近平总书记重要指示批示和党中央决策部署工作办法》，推动各单位普遍建立“第一议题”制度、“一把手”抓落实制度和“回头看”机制，及时跟进学习贯彻习近平总书记重要指示批示精神和党中央重大决策部署。深化对党忠诚教育和政治机关意识教育，深入学习贯彻习近平总书记“7·9”重要讲话精神，指导各级党组织严格执行新形势下党内政治生活的若干准则，教育引导广大党员干部从政治上认识和处理问题，不断提高政治判断力、政治领悟力、政治执行力。

二、着力强化理论武装

始终把习近平新时代中国特色社会主义思想作为应急管理工作的根本遵循，不断提高理论武装的针对性实效性。部党委以身作则、充分发挥示范引领促学作用，全年围绕学习贯彻《习近平谈治国理政》第四卷、习近平经济思想和总体国家安全观等重大课题组织开展集体学习研讨14次。坚持把学习宣传贯彻党的二十大精神作为首要政治任务，第一时间传达学习、作出部署，结合应急管理工作研提7个研讨交流题目，示范带动广大党员干部认真学习、深入领会，持续兴起学习宣传贯彻热潮。每月印发月度理论学习安排，全年举办应急管理大讲堂3期，邀请专家学者为部系统党员干部作辅导报告，深入实施青年干部理论学习提升工程，广大党员干部理论学习自觉性显著提升。

三、全面锻造坚强有力党组织

始终以提升基层党组织组织力为重点，不断强化党组织政治功能，机关基层党组织凝聚力、战斗力显著提高。巩固拓展基层党组织建设质量提升三年行动成果，深化党支部标准化规范化建设，不断打造机关党建亮点品牌，135个党支部被命名为中央和国家机关“四强”党支部。落实基层党组织按期换届提醒制度，严格规范基层党组织换届工作，指导10个司局和3家事业单位党组织做好更名、换届和书记任职、委员补选等工作。严格落实临时党组织管理规定，确保应急管理工作开展到哪里、党的组织就覆盖到哪里，为遂行应急管理任务提供坚强组织保障。先后指导贵州督导帮扶组、“应急使命·2022”高原高寒地区抗震救灾实战化演习一线工作组、湖南长沙“4·29”特别重大居民自建房倒塌事故调查组等成立临时党组织，做到应建尽建、全面覆盖。着眼提高党务干部政治素质和履职能力，先后推荐 50 余名同志参加工委组织的专兼职党务干部培训班，进一步激活党建引擎、凝聚工作合力。

四、持之以恒推进全面从严治党

始终坚持严的主基调，严格落实中央八项规定及其实施细则精神，纠“四风”树新风，深化标本兼治，一体推进不敢腐、不能腐、不想腐，让求真务实、清正廉洁的风气更加充盈。制定加强对“一把手”和领导班子监督的意见，督促基层党组织带头担当尽责、廉洁履职奉公。组织部直属机关各级纪检组织统筹开展年轻干部管理监督情况专题调研，引导年轻干部扣好廉洁从政的“第一粒扣子”。在部系统组织开展了以“明法纪、知敬畏，存戒惧、守底线”为主题的警示教育月活动，引导广大党员干部强化纪法意识，筑牢拒腐防变思想防线。开展弘扬清廉家风“四个一”主题宣传教育活动，积极培育特色廉洁文化。定期完善处级及以下党员干部廉政档案，把牢党风廉洁意见回复关。统筹做好“一部四局”巡视巡察工作，实现部党委内部巡视和巡视整改专项督查“两个全覆盖”。制发《关于增强监督合力　深化内部巡视整改和成果运用的实施办法》《被巡视党组织配合应急管理部党委巡视工作规定》《部党委巡视组工作规则》，进一步提升部党委内部巡视的规范化、制度化水平。强化巡视整改和成果运用，做好巡视“后半篇文章”。

第一章 思想政治建设

一、强化政治引领，坚决做到“两个维护”

部党委始终把党的政治建设摆在首位，严明政治纪律和政治规矩，切实把对“两个确立”的政治信念转化为增强“四个意识”、坚定“四个自信”、做到“两个维护”的实际行动。

（一）坚持和加强党的全面领导

严格落实《部党委认真贯彻落实习近平总书记重要指示批示和党中央决策部署工作办法》，推动各单位普遍建立“第一议题”制度、“一把手”抓落实制度和“回头看”机制，不折不扣抓好习近平总书记重要指示批示精神和党中央重大决策部署的贯彻落实，同时加强对新冠疫情防控、餐饮浪费等“国之大者”的政治监督、检查督促，坚决把党的全面领导落到实处。

（二）强化政治机关建设

推动各级党组织扎实开展强化政治机关意识教育、对党忠诚教育，部署开展“专题党课月”活动，动员180余名党组织书记讲好“走好第一方阵，我为二十大作贡献”专题党课，引导广大党员干部深刻领悟“两个确立”的决定性意义，忠实践行习近平总书记重要训词精神，不断增强政治判断力、政治领悟力、政治执行力，争当“三个表率”、走好“第一方阵”。

（三）圆满完成“两项推选”

根据党中央统一部署要求，认真制定推荐提名方案，及时召开动员部署会，坚持政治标准，严密工作程序，精心组织推选，严格考察审察，圆满完成部出席党的二十大代表候选人预备人选以及中央和国家机关党代会代表推选工作。部直属机关8名同志当选党的二十大代表，17名党员代表参加了中央和国家机关党代表会议。

（四）慎终如始抓好新冠疫情防控工作

坚决贯彻习近平总书记关于疫情防控重要指示批示精神，严格落实党中央疫情防控工作要求，坚决扛起部机关疫情防控政治责任，组织制定新冠疫情防控应急处置工作预案，坚持专班负责、全年运转、快速响应、及时处置，有力有效推动疫情防控措施动态调整优化落实、在职干部职工和离退休老同志疫苗接种、两个办公区涉疫事件应对处置等重点工作。全年编印部机关疫情防控情况报告130期、快报9期，组织核酸检测20余万人次，推动在职干部疫苗加强接种率达94.68%，老干部第一针接种率81.5%。部机关疫情防控经受住了常态化防控和应急性超常规防控的双重考验，实现了平稳转段。

二、强化学思践悟，努力学懂弄通做实

部党委深入学习贯彻习近平新时代中国特色社会主义思想和党的二十大精神，持续跟进学习习近平总书记关于应急管理重要论述和指示批示精神，坚持读原著、学原文、悟原理，坚持好、运用好贯穿其

中的立场观点方法，自觉用党的创新理论武装头脑、指导实践、推动工作。

（一）部党委发挥示范引领作用

部党委始终坚持先学一步、学深一层，年初即制定了2022年部党委理论学习中心组学习计划，全年围绕学习贯彻党的二十大精神、学习《习近平谈治国理政》第四卷、学习习近平经济思想和总体国家安全观等，共组织开展集体学习研讨14次，充分发挥部党委中心组领学促学作用，工委《中心组学习文选》两次专题刊发了部领导同志发言。在部党委带动下，各级领导班子和领导干部进一步增强了理论学习的主动性和自觉性。

（二）积极引导党员干部深学细悟

积极部署部系统党员干部收听收看党的二十大盛况，邀请中央宣讲团成员和部系统党的二十大代表作专题宣讲报告，制定方案、印发学习宣贯通知，组织各级党组织和广大党员采取个人自学、研讨交流、集中培训、网上学习等形式，迅速掀起学习宣传贯彻党的二十大精神热潮。研究制定部党委推动党史学习教育常态化长效化实施意见，持续深化理论武装，不断巩固党史学习教育成果。持续印发月度理论学习安排，围绕理论学习重点内容，组织举办应急管理大讲堂3期，邀请中央党史和文献研究院院长曲青山、国务院研究室副主任向东等同志为部系统党员干部作辅导报告，推动党员干部学思用贯通、知信行统一，中央和国家机关工委、纪检监察工委简报9次摘登部有关情况及工作做法。

（三）统筹组织开展专题精学

组织开展为期6个月的“学习研讨、查摆问题、改进提高”专项工作，对照习近平经济思想和党中央经济工作部署，指导18个“重点”单位和27个“非重点”单位深化学习研讨、主动查摆问题、不断改进提高。依托干部网络学院举办网络培训班，组织全系统4.6万名党员干部深入学习贯彻习近平经济思想，更好统筹发展和安全，以高水平安全保障高质量发展。组织举办2期学习贯彻党的十九届六中全会精神网上专题培训班，教育引导应急管理系统党员干部深刻领悟“两个确立”的决定性意义，进一步用习近平新时代中国特色社会主义思想统一思想、统一意志、统一行动。组织举办党的二十大精神网络专题培训班、部直属事业单位组织人事业务培训班，累计培训应急管理系统干部6.3万人，在全系统范围内掀起学习贯彻党的二十大精神热潮。

（四）推动青年理论学习走深走实

持续实施青年理论学习提升工程，部署开展“读写编讲行”活动，组织青年干部深入学习贯彻习近平总书记系列重要讲话精神，突出政治训练和实践锻炼，围绕党建业务深度融合、青年干部理论学习等开展联学联建、主题党日活动，积极申报和开展62项“关键小事”调研攻关，在工委相关评比中荣获“二等奖”1项、“三等奖”3项。

第二章　组　织　建　设

一、不断完善应急管理组织体系

应急管理部持续推动147个县级应急管理部门完成党组改设党委工作。截至2022年12月31日，全国符合改设条件的省、市、县三级应急管理部门党组全部改设党委。

截至2022年底，应急管理部机关司局和在京单位（含国家矿山安全监察局机关、中国地震局直属机关、消防救援局机关和森林消防队伍）共有党员25839名，其中，在职党员9702名、离退休党员2592名。党组织1684个，其中，党委242个、党总支49个、党支部1393个。

2022年应急管理部机关司局和在京单位党员分布如图7-2-1所示，党组织数量分布如图7-2-2所示。

二、加强党支部标准化规范化建设

牢固树立基层至上、大抓基层的理念，以提升组织力为重点，持续加强党支部标准化规范化建设，推动基层党组织全面建设、全面过硬。认真开展基层党组织建设质量提升三年行动总结评估，积极创建“四强”党支部，135个党支部被命名为中央和国家机关“四强”党支部。充分发挥“四强”党支部示范引领作用，遴选基层党建创新案例，进一步提炼党支部工作法、党小组工作法，带动基层党组织对标先进、创先争优。严格落实“三会一课”制度，普遍建立党支部工作联系点，落实双重组织生活要求，积极开展谈心谈话，不断创新组织生活形式，提高组织生活质量。

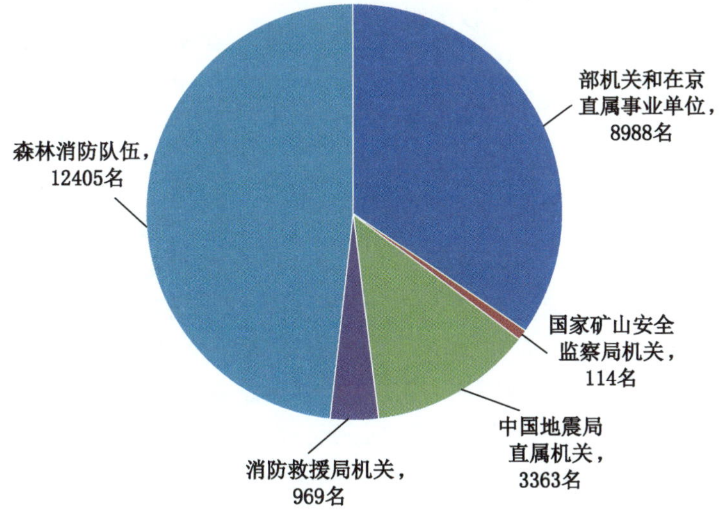

图7-2-1　2022年应急管理部机关司局和在京单位党员分布图

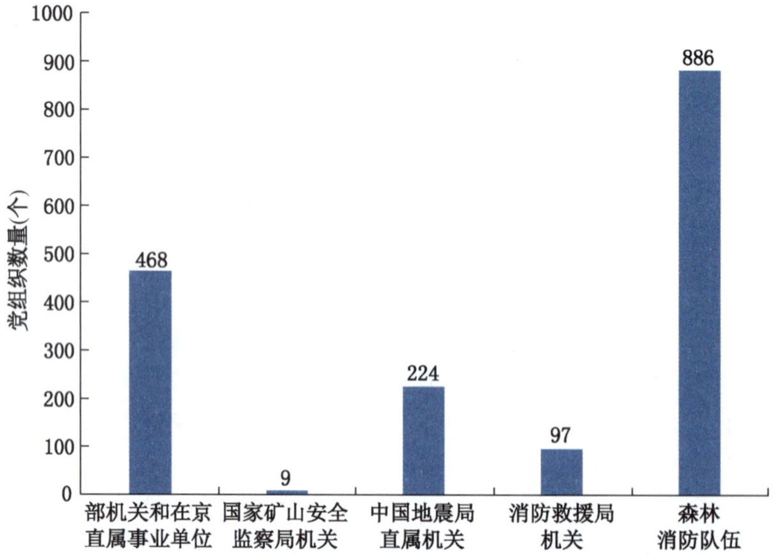

图 7-2-2　2022 年应急管理部机关司局和在京单位党组织数量分布图

三、夯实基层党组织战斗堡垒

始终把服务中心大局作为重要职责，不断推进党建业务深度融合，先后指导贵州督导帮扶组、“应急使命·2022”高原高寒地区抗震救灾实战化演习一线工作组、湖南长沙“4·29”特别重大居民自建房倒塌事故调查组、重庆森林火灾应急救援组和四川阿坝、泸定地震应急救援组以及内部巡视（督查）组等成立临时党组织，动员一线党组织和广大党员在遂行任务中打头阵、当先锋。

四、加强党员干部教育管理

明确每月理论学习重点，列出研讨交流题目，推动党员干部强化理论学习。开展部直属机关“两优一先”评选表彰，召开“两优一先”表彰大会，对部直属机关 30 名优秀共产党员、15 名优秀党务工作者和 20 个先进基层党组织进行表彰。注重加强党务干部教育培训，先后推荐 50 余名同志参加工委组织的专兼职党务干部培训班，为机关党建高质量发展赋能。组织举办部系统专兼职纪检干部网上专题培训班，围绕基础理论、监督检查、审查审理等内容，精心设置纪检法规政策解读和纪检工作实务两个模块共 6 门、15 学时课程，近 2800 名专兼职纪检干部参训。严把党员发展和管理各个环节，举办集中培训班培训党员发展对象 70 余名。

五、坚持党建带群团建

始终坚持党建群团一体抓，充分发挥群团工作优势。推动建立“应急机关党群”微信公众号宣传平台，不断扩展党建宣传阵地，全面展示机关党群建设新成效。研究提出关心关爱干部职工实事清单，向 23 个部直属工会组织下拨经费 344 万元，向部直属机关老党员和 144 名生活困难党员、职工发放慰问金 138.8 万元，向 24 名干部职工发放残疾重病子女慰问补助金 11.6 万元。继续做好定点帮扶工作，结合节庆福利采买落实好消费帮扶任务，组织向帮扶县家庭困难大学生开展“献爱心·助学”活动，选派1名干部参加中央和国家机关第25批青年支教帮扶队。指导部系统团组织深入开展“喜迎二十大、永远跟党走、奋进新征程”主题教育实践活动，引导广大团员青年认真学习贯彻习近平总书记在庆祝共青团成立100周年大会上的重要讲话精神等，扎根本职、建功立业。举办部直属机关网上书画摄影展，动员广大干部职工踊跃参与、积极创作书法、绘画、摄影作品185幅，择优报送的20幅书法、绘画、摄影作品中有5幅优秀作品入选中央和国家机关“喜迎二十大　奋进新征程”书画摄影展。

六、重视离退休干部工作

截至2022年底，应急管理部系统离退休人员总数约为1.8万人，其中，部机关691人，地震局系统10072人，矿山安全监察局系统4204人，部直属事业单位3288人。部机关设15个离退休干部职工党支部，离退休党员共有506名。

一是紧紧围绕主题主线，营造学习宣传贯彻党的二十大精神良好氛围。通过组织引导部机关老同志党课云宣讲、线上诗歌朗诵会、线上书画摄影展、参观主题成就展等方式，营造浓厚学习宣传氛围。在系统各单位范围内开展主题调研、主题征文活动，并在“应急管理部老干部”微信公众号开设专栏，不断掀起学习宣传贯彻党的二十大精神热潮。

二是严格落实“两项待遇”，用心用情用力满足老同志需求。深入学习贯彻中央办公厅《关于加强新时代离退休干部党的建设工作的意见》，部制定贯彻落实若干措施。认真做好党的二十大代表候选人推选工作。持续深化“四强”党支部建设。开展老干部退休制度建立40周年纪念系列活动。部系统老同志通过征文、研讨、调研、竞赛等形式多样的活动，唱响时代主旋律。持续完善就医绿色通道机制。组织436名老同志进行健康检查。积极开展惠老助餐和居家适老化改造两个专项工作，首批300多名老同志享受到服务。开展中央机关养老服务平台管理和推广工作，累计为156名服务对象提供养老服务3357人次。全年共发放节日慰问品4290人次、住院慰问品180余份。对生活特殊困难的机关离退休人员进行慰问和帮扶。大力开展老年大学线上教学和系列特色文体活动，不断丰富老同志精神文化生活。

三是始终坚持“两个至上”，多措并举助力新冠疫情防控歼灭战。通过协调专场接种、上门接种、陪同接种等多种方式，对有接种禁忌的老同志逐一建账分析，做好老同志疫苗接种工作。新冠疫情期间，坚持每周全覆盖电话慰问老同志健康情况。新冠疫情紧急期，每日统计老同志涉疫情况，建立应急救助机制，稳妥有序做好老同志应对新冠疫情各项工作。

第三章 队 伍 建 设

一、突出实干担当，锻造堪当重任应急管理铁军

一是树立鲜明导向用干部。按照党中央统一部署，配合中央组织部认真细致做好应急管理系统“两委”人选考察和全国人大代表、全国政协委员人选推荐工作。树牢重政治素质、重实干重实绩、讲担当重担当鲜明选人用人导向，补充调整部机关司局和部属事业单位领导班子21个，提拔司局级领导干部30名，协助完成30个省级应急管理部门102名领导班子成员考察选任工作，审批备案国家矿山安全监察局、中国地震局32个批次94人次司局级干部。组织开展建部以来首次事业单位领导班子和干部人才队伍建设情况大调研。探索建立省级应急管理部门领导班子整体功能发挥情况常态化评估机制。推动领导干部能上能下、能进能出，调整3名部机关司局和部属事业单位司局级干部。组织66名部机关司局、部属事业单位处级以下干部进行交流锻炼。持续推进“75后、80后、85后”工程，选拔45岁左右司局级干部5名、40岁左右正处级干部16名。二是立足事业需要抓培养。在中国干部网络学院上线干部履职通识应急管理专题课程。配合中央组织部筹备市县党政正职应急管理网络专题培训。联合中央组织部举办“厅局级干部应急管理与突发事件处置专题培训班”“厅局级干部提高城市应急管理能力专题研讨班”，培训省级有关部门负责人、市级党政分管负责人和有关部委司局负责人共计133人。克服新冠疫情影响，举办防汛抗旱、地震地质灾害防治、危险化学品安全等线上线下专题班16期，培训66万余人次。为期三年的全国应急管理干部大培训顺利收官，全国举办线上线下培训班5.42万期、培训669万人次，有力服务了应急管理事业改革发展。应急管理部“一体推进‘学、练、战’提升领导班子和干部队伍专业化水平”做法，入选中央组织部贯彻全国党政领导班子建设规划纲要典型案例。选派3名45岁左右的司局级干部、4名40岁左右的处级以下干部援藏援青、到“西老革”等地挂职。招录新入职公务员32名，完成5名转业军官接收安置、123名事业单位人员招录招聘工作。

二、紧盯关键重点，从严从实做好干部管理监督工作

抓好“关键少数”监督，在个人有关事项报告查核、选人用人专项检查、信访举报核查等环节重点关注和监督好“一把手”。组织开展部机关司局和部所属事业单位“一把手”现场述职述责述廉，完善“一把手”和领导班子成员述职述责述廉档案。印发《应急管理部政治部关于认真贯彻落实〈领导干部配偶、子女及其配偶经商办企业管理规定〉的通知》，进一步推动领导干部配偶、子女及其配偶经商办企业管理工作制度化常态化。加强对部所属事业单位选人用人情况的监督检查，开展部所属事业单位2021

年干部选拔任用“一报告两评议”，组织对1家单位开展选人用人专项检查，对6家单位开展选人用人专项检查“回头看”。严格执行个人有关事项报告制度，组织11626名领导干部集中填报个人有关事项报告，完成1220名干部随机抽查和91名干部查核验证工作，审核部党委管理干部及时报告事项72人次。坚持“凡提必查”，向中央组织部报送重点查核51批1764人次。开展个人有关事项报告表电子化工作，累计完成365人2622本报表电子化处理。印发《应急管理部因私出国（境）管理暂行办法》，加强因私出国（境）管理。受理信访举报40件，严肃认真做好核查工作。坚持抓早抓小、防微杜渐，对部党委管理的干部提醒11人次，函询15人次，诫勉10人次。

三、集聚优秀人才，助力应急管理高质量发展

扎实推进应急管理人才培养选拔。认真学习贯彻中央人才工作会议精神，组织分地区、分领域开展应急管理人才发展专题研究，起草形成全国应急管理系统2023—2025年人才工作实施意见稿。聚焦摸清人才底数，研究开发人才数据报送系统，首次组织全系统开展人才数据报送和统计分析工作。积极推进高层次人才选拔，遴选推荐重大人才工程项目人选49名。与国家留学基金委续签3年合作备忘录，组织公派出国留学2人。国家自然灾害防治研究院、中国消防救援学院组建高级职称评审委员会。中国安全生产科学研究院开展中级注册安全工程师注册及注销注册21批次7.2万人。49.7万人参加年度中级注册安全工程师考试，截至2022年底，全国取得中级注册安全工程师职业资格45.9万人，注册32.4万人、有效期内22.2万人。持续推进应急管理大学筹建，指导华北科技学院申报增设安全监管、消防工程、供应链管理3个本科专业，完善应急管理学科专业群，支持应急管理特色实验班及相关专业毕业生到应急管理系统实习实践。2022年11月，教育部、应急管理部、江苏省人民政府签署意见共建中国矿业大学。

四、及时表彰奖励，激励干部新时代新担当新作为

对云南漾濞6.4级和青海玛多7.4级地震抗震救灾、河南郑州“7·20”特大暴雨灾害抢险救援、河北沧州鼎睿石油公司“5·31”火灾事故救援、山西省孝义市“12·15”盗采煤炭资源导致透水事故救援、辽宁盘锦绕阳河溃口抢险救援等5次事故灾害抢险救援，以及四川森林草原防灭火专项整治督导工作、危险化学品重大危险源企业第二次安全专项检查督导、2021年第二批安全生产优秀执法案例上报评选、河南郑州“7·20”特大暴雨灾害调查、北京冬奥会和冬残奥会应急救援安保、“应急使命·2022”高原高寒地区抗震救灾实战化演习等6次重大专项任务中表现突出的个人和集体实施奖励，其中个人奖励502名（记二等功27名、记三等功194名、嘉奖281名）、集体奖励47个（记二等功9个、记三等功29个、嘉奖9个）。追授河南省开封市兰考县应急管理局原党委书记、局长雷天波“全国应急管理系统二级英雄模范”称号。

第四章 党风廉政建设

一、坚决落实全面从严治党主体责任

部党委始终扛起管党治党政治责任，严格执行《党委（党组）落实全面从严治党主体责任规定》，不断推动责任一贯到底、工作落地见效。年初召开全系统党风廉政建设工作暨警示教育会，深入学习贯彻习近平总书记在中央纪委六次全会上的重要讲话精神，一体推进“三不腐”。及时调整部党建、党风廉政建设和反腐败以及部党委巡视工作领导小组组成人员，提升运转效率、切实发挥作用。部党委书记带头履行“第一责任人”职责，带头落实组织生活制度，严肃党内政治生活，部党委委员认真履行“一岗双责”，定期听取分管领域党建、党风廉政建设工作汇报，开展全面从严治党专题调研。与驻部纪检监察组定期开展全面从严治党专题会商，推动主体责任与监督责任同向发力。

二、锲而不舍落实中央八项规定精神

深入贯彻落实中央八项规定及其实施细则精神，认真落实中央整治形式主义官僚主义问题为基层减负有关要求，集中整治突出问题，始终以钉钉子精神纠“四风”树新风。紧盯重要节点、重大工作，提前制发正风肃纪通知和工作提示，及时通报、转发典型案例，编发简报通报问题、宣传经验做法，开展节日期间暗访暗查，持续严明节日期间纪律要求。研究制定 16 条加强新时代应急管理廉洁文化建设的具体措施，组织开展弘扬清廉家风“四个一”主题宣传教育活动，积极选树清廉家风典型、分享清廉家风故事、创作清廉家风作品。以各单位贯彻落实部党委为基层减负年度工作安排为监督重点，紧盯安全督导检查、省级安全生产巡查考核等形式主义、官僚主义问题易发高发点位，会同有关职能部门加强工作提醒和日常监督，严格落实机制要求，持续深化“指尖上的形式主义”专项整治。

三、聚焦监督专责加强日常监督

认真学习贯彻《中共中央关于加强对“一把手”和领导班子监督的意见》，制定部党委加强对“一把手”和领导班子监督的实施意见，紧盯“关键少数”，督促基层党组织书记带头担当尽责、廉洁奉公。深入学习贯彻习近平总书记关于做好安全生产工作重要指示精神，紧紧围绕“防风险、保安全、迎二十大”主线，专门印发通知，聚焦安全生产督查、防灾减灾救灾、应急值班值守、技术支撑保障等核心职能，组织纪检干部开展党的二十大期间安全防范监督检查 20 余次。研究起草《关于贯彻落实安全生产领域监督执纪有关工作要求的通知》，对抓好传达学习、主动担当作为、强化监督执纪及时作出安排。加强对部出席党的二十大及中央和国家机关党代表会议代表“两项推选”工作的全过程监督，确保选举工作风清气正。注重加强对党员干部的谈话提醒，先后开展廉洁提醒 7 人次，关键岗位人员提醒谈话 6 人次。在部系统组织开展了以“明法纪、知敬畏，存戒惧、守底线”为主题的警示教育月活动，引导广大党员干部强化纪法意识，筑牢思想防线。按照驻部纪检监察组统一部署，组织部直属机关各级纪检组织统筹开展年轻干部管理监督情况专题调研。

四、聚焦中心任务强化执纪问责

认真落实监督执纪工作规则和纪检监察机关问题线索管理办法要求，严格执行请示报告制度，规范落实集体研究要求，建立信访和问题线索转办、督办、销号机制，集中力量处置机关党员干部问题线索，加大对事业单位问题线索处置监督指导力度。定期完善处级及以下党员干部廉政档案，把牢党风廉洁意见回复关，2022 年以来回复党员干部在选人用人、评功评奖等方面的廉洁意见 28 批次 280 余人。

五、充分发挥巡视利剑作用

始终坚持政治巡视定位，做深做实内部巡视巡察和“后半篇文章”。制定 2022 年巡视工作计划和方案，组织召开部系统巡视巡察动员部署会议，统筹推进巡视巡察等工作。部党委派出 1 个巡视组对 1 家事业单位党委进行常规巡视，派出 3 个专项督查组对 6 家事业单位党组织巡视整改情况进行专项督查，实现常规巡视和巡视整改情况专项督查两个“全覆盖”。坚持逐项整改、对账销号的标准，持续推动中央巡视反馈意见整改落实，及时向中央巡视办和中央纪委国家监委报送整改进展情况报告。全面总结建部以来内部巡视工作情况，固化形成内部巡视工作长效机制，以巡视工作领导小组名义出台《关于增强监督合力深化内部巡视整改和成果运用实施办法》《部党委巡视组工作规则》《被巡视党组织配合部党委巡视工作规定》3 项制度，不断提升内部巡视制度化规范化水平。

第八篇

英 雄 模 范

第一章 英 雄 烈 士

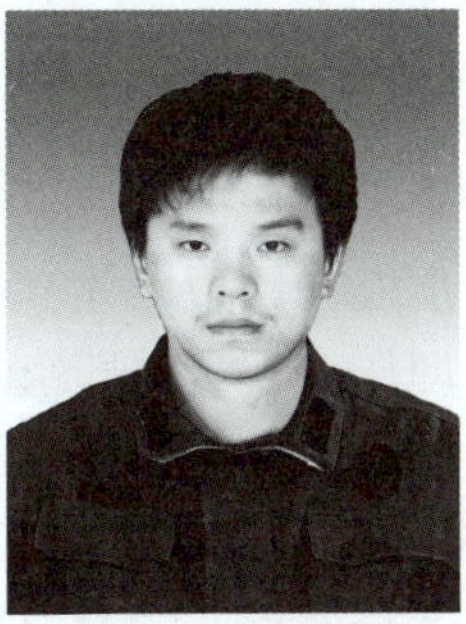

滕飞，男，汉族，湖南永顺人，1985年3月出生，2020年6月参加消防工作，生前系湖南省湘西土家族苗族自治州消防救援支队综合指导科（宣传中心）政府专职消防员。滕飞加入消防救援队伍以来，多次参与重大灭火救援行动的宣传报道，圆满筹划并完成支队2020年“119”消防宣传月活动及冬春火灾防控宣传工作，被评为“优秀政府专职消防员”。2022年9月2日，被湖南省人民政府批准为烈士。

2021年8月5日10时22分，湘西自治州高新区湘西同华置业发展有限公司“凤栖云庭”项目万山垄堰塞体排水管涵工程在进行基础检测时发生坍塌，造成5人被困，请求救援。接警后，湘西州消防救援支队立即调派力量赶赴现场救援。滕飞作为当日值班政府专职消防员随支队全勤指挥部赶赴现场参与救援。11时30分，从现场救出2名被困人员，并送往医院救治。12时17分，事故现场突然发生二次坍塌，身处塌方区的滕飞、杨民贤等6名同志不幸被土方掩埋。现场指挥部迅速组织救援力量对被困人员火速展开救援，支队指挥中心立即调派力量赶赴现场增援。16时22分，滕飞被救出，经医治无效壮烈牺牲。

杨民贤，男，汉族，湖南吉首人，1998年11月出生，2019年12月参加消防工作，共青团员，生前系湖南省湘西土家族苗族自治州消防救援支队建新路特勤站政府专职消防员。杨民贤加入消防救援队伍以来，先后参加各类灭火救援战斗100余起，疏散救助被困人员30余人，多次受到队伍表彰。2022年9月2日，被湖南省人民政府批准为烈士。

2021年8月5日10时22分，湘西自治州高新区湘西同华置业发展有限公司“凤栖云庭”项目万山垄堰塞体排水管涵工程在进行基础检测时发生坍塌，造成5人被困，请求救援。接警后，湘西州消防救援支队立即调派力量赶赴现场救援，杨民贤随特勤站首车出动。10时30分，支队长李开桥带领全勤指挥部到场指导搜救工作。11时30分，从现场救出2名被困人员，并送往医院救治。12时17分，事故现场突然发生二次坍塌，身处塌方区的滕飞、杨民贤等6名同志不幸被土方掩埋。现场指挥部迅速组织救援力量对被困人员火速展开救援，支队指挥中心立即调派力量赶赴现场增援。17时38分，杨民贤被救出壮烈牺牲。

崔富帅，男，汉族，辽宁大连人，1997年1月出生，2019年12月参加消防救援工作，共青团员，生前系辽宁省大连市消防救援支队特勤大队三站消防员，四

级消防士消防救援衔。2022 年 1 月 1 日，崔富帅被应急管理部批准为烈士，被应急管理部消防救援局追记个人一等功，追授“全国优秀共青团员”“辽宁五一劳动奖章”“辽宁青年五四奖章”等荣誉。

参加工作以来，崔富帅先后参加灭火救援战斗 300 余次，营救被困群众 10 余人。2021 年 12 月 31 日，大连市沙河口区新长兴市场地下二层冷库发生火灾，崔富帅按照现场灭火救援指挥部命令，主动请缨加入搜救组并负责现场救援。12 时 16 分，崔富帅同志在与同事安全营救 6 名被困群众后，不顾个人安危，迅速返回现场进行二次搜救，在搜救撤离过程中失联。13 时 28 分，支队紧急救援小组将崔富帅救出并立即送往医院，经全力抢救无效壮烈牺牲。

周茂根，男，汉族，山东胶州人，1995 年 3 月出生，2016 年 5 月参加消防工作，共青团员，生前系山东省胶州市铺集消防救援站政府专职消防员。2022 年 1 月 13 日，被山东省人民政府批准为烈士。

2022 年 1 月 3 日 14 时 23 分，胶州市消防救援大队指挥中心接到报警，青岛利生源食用菌有限公司车间电线着火，大队指挥中心第一时间调派铺集消防救援站赶赴现场处置。在灭火救援过程中，周茂根先后两进两出着火厂房，在短暂休整后，他不顾疲劳主动请缨再次从厂房东侧出入口内攻灭火。进入厂房后，周茂根随同战友陆文浩推进到前方进行灭火，随着现场温度升高，烟雾变浓，进攻受阻，指挥员随即下达撤退命令。周茂根不顾个人安危，示意身边战友先行撤出，并立即将水枪射流转换到喷雾开花状态，形成水幕掩护战友安全撤出厂房。两名战友撤出后，着火厂房突然发生爆燃，气浪瞬间冲垮了顶棚和周边墙体，周茂根、陆文浩不幸被埋压。现场立即组织力量全力搜救，被发现时陆文浩、周茂根仍然手握水枪，保持战斗姿态，空气呼吸器和头盔都已被炙烤严重变形，经全力抢救无效壮烈牺牲。

陆文浩，男，汉族，山东胶州人，1995 年 10 月出生，2013 年 7 月参加消防工作，中共党员，生前系山东省胶州市铺集消防救援站政府专职消防员。2022 年 1 月 13 日，被山东省人民政府批准为烈士。

2022 年 1 月 3 日 14 时 23 分，青岛利生源食用菌有限公司发生火灾。指挥中心接警后，先后调派 6 个消防救援站、14 辆消防车、73 名指战员到场处置。陆文浩、周茂根先后 3 次进入着火车间内攻灭火，因现场温度升高，烟雾变浓，进攻受阻，指挥员随即下达撤退命令。撤退过程中，陆文浩不停用对讲机对身旁的战友说：“你们先撤，我们掩护。”同时，不断作出撤离的手势，并配合身边的周茂根，将水枪射流转换到喷雾开花状态，形成水幕掩护另外两名战友安全撤出厂房。两名战友撤出后，着火厂房突然发生爆燃，气浪瞬间冲垮顶棚和周边墙体，陆文浩、周茂根不幸被埋压。现场立即组织力量全力搜救，被发现时陆文浩、周茂根仍然手握水枪，保持战斗姿态，空气呼吸器和头盔都已被炙烤严重变形，经全力抢救无效壮烈牺牲。

欧保尔，男，壮族，广西环江人，1995 年 12 月出生，2014 年 9 月参加消防工作，中共党员，生前任广西壮族自治区河池市大化瑶族自治县电都消防救援站副站长。2022 年 2 月 2 日先后被应急管理部批准为烈士，应急管理部消防救援局追记一等功，被共青团中央评为 2022 年“全国向上向善好青年”，被共青团广西区委、广西青年联合会追授“广西青年五四奖章”，被共青团河池市委追授“河池优秀共青团员”，被中共广西壮族自治区消防救援总队委员会追授“优秀共产党员”，被中共广西壮族自治区委员会宣传部追授“八桂楷模”称号。

2022 年 1 月 31 日 23 时 58 分，河池市大化县大化镇古感村局劳屯一民营沙发生产作坊发生火灾。到场后，欧保尔立即率队疏散出 5 名群众，但仍有 2 名群众被困火场，具体位置不详，情况万分紧急。欧保尔主动请缨，再次带领搜救小组冒着烈火浓烟、顶着高温炙烤，深入火场逐层搜救被困人员。在搜救过程中，现场突然发生轰燃，他在生命最后时刻用对讲机报告了被困人员所在位置信息，现场指挥部立即组织人员成功将被困群众安全救出。而欧保尔因伤势过重英勇牺牲。

韦吉德，男，壮族，广西都安人，1998 年 8 月出生，2020 年 10 月参加消防工作，共青团员，生前系广西壮族自治区河池市大化瑶族自治县电都消防救援站政府专职消防员。韦吉德先后参与灭火救援战斗 60 余起，营救被困群众 20 余人。2022 年 2 月 2 日，先后被广西壮族自治区人民政府批准为烈士，应急管理部消防救援局追记一等功，被共青团广西区委、广西青年联合会追授“广西青年五四奖章”，被共青团河池市委员会追授“河池优秀共青团员”，被中共广西壮族自治区委员会宣传部追授“八桂楷模”称号。

2022 年 1 月 31 日 23 时 58 分，河池市大化县大化镇古感村局劳屯一民营沙发生产作坊发生火灾，一家 7 口人被困。韦吉德闻警而动、立即随队赶赴火灾现场。到场后，韦吉德在副站长欧保尔的带领下，深入火场先后疏散出 5 名被困群众。经被救群众确认，仍有 2 名家人被困火场，无法确定具体位置。面对群众渴望的脸庞、乞求的眼神，面对复杂多变、危机四伏的火场，韦吉德毫不犹豫、再次主动请缨，跟随欧保尔深入着火建筑逐层搜救被困群众。在搜救过程中，现场突发发生轰燃，导致韦吉德伤重不治英勇牺牲。

汪磊，男，汉族，四川大邑人，1995 年 12 月出生，2014 年 9 月参加消防救援工作，中共党员，生前系云南省文山州丘北县文秀路消防救援站三班班长、装备技师，三级消防士消防救援衔。2022 年 6 月 7 日，被应急管理部批准为烈士。

汪磊入职 8 年，先后参加灭火救援战斗 900 多起，营救被困人员 50 余人，疏散转移群众 120 余人。连续 6 年参加支队执勤岗位练兵比武，在总队、支队后勤岗位练兵比武中分获团体和单项第一名、第二名好成绩，取得了水域救援教练资质证书。2022 年 5 月 27 日，在丘北县平寨乡执行抗洪抢险任务中，为保护战友壮烈牺牲。

李新文，男，汉族，云南丘北人，1976 年 4 月出生，1998 年 8 月参加工作，中共党员，2004 年 1 月入党，大学本科学历，生前系云南省文山州丘北县应急管理局应急指挥股原股长、四级主任科员。2022 年 6 月 7 日，被云南省人民政府批准为烈士。

李新文先后参与查处安全生产违法案件 150 余件，处置灾害事故 20 余起，疏散人民群众 1200 余人，挽救人民财产 150 余万元。2022 年 5 月 27 日，李新文同志在参加丘北县“5·27”山洪泥石流灾害救援中，为保护人民群众生命财产安全，英勇牺牲。

龙耀瑾，男，汉族，湖南衡阳人，1999 年 10 月出生，2016 年 9 月参加消防救援工作，中共党员，生前系湖南省长沙市长沙县星沙消防救援站班长，三级消防士消防救援衔。2022 年 6 月 2 日，被应急管理部消防救援局追记个人一等功；6 月 3 日，被应急管理部批准为烈士。

龙耀瑾先后参与灭火救援战斗 800 余次，营救被困群众 70 余人。2022 年 6 月 1 日 6 时 4 分，长沙市长沙县东三路幸福里润城小区一门面发生火灾。长沙市消防救援支队指挥中心接到报警后，立即调派力量赶赴现场处置。6 时 12 分，首批救援力量星沙消防救援站到达现场侦察发现，钢质楼梯下燃气钢瓶柜内有火焰猛烈喷出，随即设置水枪阵地在隔断处对厨房内出开花水降温。6 时 20 分，抢险救援班班长龙耀瑾携带可燃气体检测仪深入现场内部检测。6 时 28 分，现场突然发生爆炸，在厨房西侧执行检测任务的龙耀瑾不幸壮烈牺牲。

毛景荣，男，汉族，浙江遂昌人，1993 年 2 月出生，2011 年 12 月参加消防救援工作，生前系浙江省消防救援总队杭州支队特勤大队一站班长，二级消防士消防救援衔。先后荣立个人三等功 1 次、个人嘉奖 6 次，5 次被评为优秀士兵。2022 年 6 月 10 日，被应急管理部批准为烈士，被应急管理部消防救援局追记个人一等功，被共青团浙江省委追授“浙江青年五四奖章”，被杭州市人民政府追授杭州市“忠诚卫士”称号，被浙江省消防救援总队党委追认为“优秀共产党员”，被评为 2022 年第二季度“浙江好人”，被追授为杭州市“最美退役军人”。

2022 年 6 月 9 日，杭州互动冰雪文化旅游有限公司发生火灾，火灾现场复杂未知，可见之处浓烟滚滚，剧烈燃烧的聚氨酯保温材料产生了大量的氰化物、一氧化碳等易燃易爆、有毒有害气体，对被困人员造成极大的威胁。毛景荣见状，主动请缨，带领攻坚组前往火场，负责阵地指挥，堵截火势。经过两次内攻，成功搜救出1名失联群众。但是，在第三次搜救过程中，现场突然发生意外，毛景荣受伤失联，后被救出送医，经抢救无效壮烈牺牲。

刘泽军，男，汉族，山西方山人，2002年4月出生，2019年5月参加消防救援工作，生前系浙江省消防救援总队杭州支队钱江站政府专职消防员。曾荣获全市消防救援队伍灭火救援二等奖。2022年6月10日，被浙江省人民政府批准为烈士，被应急管理部消防救援局追记个人一等功，被共青团浙江省委追授“浙江青年五四奖章”，被杭州市人民政府追授杭州市“忠诚卫士”称号，被浙江省消防救援总队党委追认“优秀政府专职消防员”，被评为2022年第二季度“浙江好人”。

2022年6月9日10时，杭州互动冰雪文化旅游有限公司发生火灾，现场有多名群众被困。面对复杂的内部结构、燃烧产生的有毒有害气体和高温热辐射，刘泽军临危不惧，坚守阵地，担任水枪手堵截火势蔓延，成功开辟内部救生通道。12时许，刘泽军主动请缨进入火场内部搜寻被困群众，搜救过程中，现场突然发生意外，刘泽军受伤失联，后被救出送医，经抢救无效壮烈牺牲。

万惠文，男，汉族，山东广饶人，1991年11月出生，2011年12月参加消防救援工作，中共党员，生前系重庆市消防救援总队特勤支队南坪东路站一分队分队长，二级消防士消防救援衔。荣立个人三等功1次、嘉奖7次。2022年8月15日，被应急管理部批准为烈士。

参加工作11年来，万惠文参与处置急难险重任务1600余起，营救被困群众140余人。2022年8月11日，万惠文在重庆市巴南区东城大道149号尚峰物流配送中心火灾扑救过程中，多次深入火场侦察搜救、降温控火，成功营救出2名被困群众。当日20时3分，正当万惠文和战友在仓库三楼开展作业时，火场突发爆燃，近千度的热浪瞬间向他们袭来。千钧一发之际，他把生的希望留给身旁年轻的战友，本能地将战友推向安全区域逃生，自己却错失了最佳逃生时间。20时7分，当队员们冲到万惠文身前时，发现他佩戴的呼吸面罩已因高温炙烤而部分融化，全身遭受大面积灼伤，伤情十分严重，现场救护人员迅速将他送往医院救治。8月13日16时，万惠文经抢救无效壮烈牺牲。

蔡茂强，男，羌族，四川汶川人，1999年12月出生，2019年12月入职，共青团员，生前系四川省森林消防总队阿坝藏族羌族自治州支队汶川县大队汶川县中队消防员，四级消防士消防救援衔。先后参加森林草原灭火任务14次、综合救援任务6次。2022年8月驰援重庆大足火场作战中，连续奋战7个昼夜，受嘉奖 1 次。2022 年 10 月 24 日，被应急管理部批准为烈士。被应急管理部森林消防局追记一等功。

蔡茂强作为从小生长在汶川贫困山区、被武警战士从汶川地震中解救出来的羌家子弟，他把感党恩、报党恩的信念深深扎根心中，中专毕业后第一时间报名加入国家综合性消防救援队伍。2022 年 10 月 21 日 9 时 42 分许，在扑救湖南省永州市新田县门楼下瑶族乡板子桥村森林火灾中，他不畏艰险、冲锋在前、连续作战，特别是在火场复燃、突发爆燃的危急关头，挺身而出、舍生忘死，为掩护地方扑火队员撤离献出宝贵生命。

冯坪坪，男，汉族，重庆永川人，1998 年 10 月出生，2020 年 12 月参加消防工作，共青团员，生前系四川省森林消防总队阿坝藏族羌族自治州支队汶川县大队汶川县中队消防员，四级消防士消防救援衔。2022 年 10 月 29 日，被应急管理部批准为烈士。被应急管理部森林消防局追记一等功。

冯坪坪 2015 年加入原武警森林部队，2017 年 9 月退伍，2020 年 12 月怀着对森林消防事业的无限热爱，动员弟弟一同报名，再次加入队伍。2022 年 10 月 17 日，在扑救湖南省永州市新田县门楼下瑶族乡板子桥村森林火灾中，他始终战斗在第一线，21 日 9 时 42 分许火烧迹地内出现复燃爆燃，危急关头，他为帮助地方扑火队员先行撤离、脱离险境留在最后掩护，不幸被大火重伤，经全力抢救无效壮烈牺牲。

林远扬，男，汉族，四川成都人，1988 年 8 月出生，2009 年 12 月入伍，中共党员，生前系四川省森林消防总队阿坝藏族羌族自治州支队作战训练科指挥员，初级专业技术十一级，二级指挥员消防救援衔。先后荣立三等功 2 次，获评“优秀基层干部”2 次、“优秀机关干部”1 次。2022 年 12 月 7 日，被应急管理部批准为烈士。

林远扬入职 13 年来，始终坚守在阿坝藏区基层一线。2017—2020 年担任九寨沟森林消防中队政治指导员期间，带领中队大力研究综合救援技战术，组织开展进山入林、下河涉滩训练，中队连续 3 年被应急管理部森林消防局表彰为“基层建设标兵中队”。入职以来先后参加 26 次灭火作战、6 次抢险救援、65 次防火执勤，每次遂行任务都勇上一线、敢打头阵。2022 年 10 月 17 日，湖南省永州市新田县门楼下瑶族乡发生森林火灾，他来不及到医院看望刚刚做完手术的母亲，就主动请缨千里驰援灭火一线，在 10 月 21 日扑火作业时，在火烧迹地内突发复燃爆燃危急关头，与战友掩护地方扑火队员撤离身负重伤，经过 46 天全力抢救无效壮烈牺牲。

第二章 先 进 典 型

一、党中央、国务院表彰

2022年4月8日，《中共中央 国务院关于表彰北京冬奥会、冬残奥会突出贡献集体和突出贡献个人的决定》，授予河北省消防救援总队副处长吴亮“北京冬奥会、冬残奥会突出贡献个人”称号，授予北京市延庆区消防救援支队“北京冬奥会、冬残奥会突出贡献集体”称号。

2022年8月30日，《中共中央 国务院关于表彰全国“人民满意的公务员”和“人民满意的公务员集体”的决定》，授予国家安全生产应急救援中心副主任兼总工程师肖文儒、北京市西城区消防救援支队府右街特勤站站长焦云龙、内蒙古自治区森林消防总队大兴安岭支队莫尔道嘎大队七中队政治指导员王德朋、内蒙古自治区呼和浩特市玉泉区南二环路消防救援站站长巴特尔、国家矿山安全监察局山东局监察执法四处二级调研员张在贵、山西省晋城市应急管理局事故调查和应急指挥科科长崔天方、江苏省无锡市应急管理综合行政执法监督支队副支队长任小青、山东省菏泽市应急管理局安全生产巡查督查科科长陈亚鹏8名同志全国“人民满意的公务员”称号；授予江西省瑞金市消防救援大队、河南省开封市应急管理局、湖北省恩施土家族苗族自治州应急管理局、四川省泸州市应急管理局4个集体全国“人民满意的公务员集体”称号。

二、应急管理系统表彰奖励

2022年1月30日，《应急管理部关于追授雷天波同志“全国应急管理系统二级英雄模范”称号的决定》（应急〔2022〕14号），追授河南省开封市兰考县应急管理局原党委书记、局长雷天波“全国应急管理系统二级英雄模范”称号。

2022年7月1日，应急管理部举行北京冬奥应急救援安保暨部直属机关“两优一先”表彰大会。表彰北京冬奥应急救援安保先进集体和先进个人，部直属机关优秀共产党员、优秀党务工作者、先进基层党组织。

2022年11月3日，《应急管理部关于表彰第六届全国119消防先进集体和先进个人的决定》（应急〔2022〕106号），授予北京市海淀区羊坊店街道平安建设办公室等149个单位“第六届全国119消防先进集体”称号，授予北京市通州区潞城镇党委委员、副镇长韩鹏等195名个人“第六届全国119消防先进个人”称号，并分别颁发奖匾、奖章和证书。

三、其他表彰奖励

2022年1月25日，《国家民委关于命名第九批全国民族团结进步示范区示范单位的决定》，青海省果洛藏族自治州消防救援支队被命名为“第九批全国民族团结进步示范区示范单位”。

2022 年 3 月 4 日，中央宣传部命名第七批全国学雷锋活动示范点和岗位学雷锋标兵，江西省樟树市消防救援大队、陕西省延安市宝塔区宝塔消防救援站被命名为“第七批全国学雷锋活动示范点”、黑龙江省佳木斯市前进区消防救援大队二级消防士王彪、江苏省南京市鼓楼区方家营消防救援站站长助理丁良浩、广东省湛江市消防救援支队工农站站长助理张志添、重庆市沙坪坝区磁器口消防救援站站长张海洋被命名为“第七批全国岗位学雷锋标兵”。

2022 年 3 月 4 日，《全国妇联关于表彰 2021 年度全国三八红旗手标兵、全国三八红旗手、全国三八红旗集体的决定》，授予部防汛抗旱司黄河淮河流域处处长彭敏瑞、河北省邢台市消防救援支队政治委员宋敏、青海省海东市河湟新区消防救援大队大队长杨惠宁“全国三八红旗手”称号。

2022 年 4 月 13 日，《共青团中央关于表彰全国五四红旗团委（团支部）、全国优秀共青团员、全国优秀共青团干部的决定》，授予天津市滨海高新技术产业开发区消防救援支队团委、黑龙江省漠河市消防救援大队团委、广东省潮州市消防救援支队团委“全国五四红旗团委”称号，授予河北省廊坊市永清县樱花路消防救援站团支部等 14 个单位“全国五四红旗团支部”称号，授予河北省秦皇岛市长江道消防救援站消防员丁雪辉等 15 名同志“全国优秀共青团员”称号，授予江西省南昌市西湖区消防救援大队团总支书记刘炜玮等 4 名同志“全国优秀共青团干部”称号，追授辽宁省大连市消防救援支队特勤大队三站消防员崔富帅“全国优秀共青团员”称号。

2022 年 4 月 24 日，《人力资源社会保障部 国家机关事务管理局　中共中央直属机关事务管理局关于表彰机关事务工作先进集体和先进个人的决定》，授予应急管理部消防救援局应急车辆勤务大队“全国机关事务工作先进集体”称号。

2022 年 4 月 28 日，《中华全国总工会关于表彰 2022 年全国五一劳动奖和全国工人先锋号的决定》，授予黑龙江省漠河市消防救援大队“全国五一劳动奖状”，授予山西省临汾市乡宁县消防救援大队、内蒙古自治区兴安盟科尔沁右翼中旗消防救援大队、吉林省长白山保护开发区池北区北景区消防救援站、吉林省白城市上海街特勤消防救援站、福建省福州市鼓楼区三坊七巷消防救援站“全国工人先锋号”，授予北京市西城区府右街特勤站站长焦云龙、黑龙江省牡丹江市新安街特勤站站长助理薛永红、广东省深圳市大鹏新区消防救援大队政府专职消防救援队队员郑海周、广东省湛江市坡头区工农救援站站长助理张志添“全国五一劳动奖章”，授予辽宁省营口市西市区消防救援大队站长助理崔朋、江苏省徐州市丰县西城消防救援站班长李涛、江西省南昌市红谷滩区九龙湖政府专职消防救援队队长麦玉山、河南省洛阳市消防救援支队特勤大队二站装备技师李闯、中国救援广东机动专业支队消防员韩悌泽“职工职业技能比赛全国五一劳动奖章”。

2022 年 5 月 20 日，《国家信访局关于给予全国信访系统优秀信访局长（主任）、优秀办信员、优秀接谈员、优秀投诉办理员、优秀督查员和优秀信访工作者嘉奖的决定》，授予应急管理部办公厅信访处处长段纪伟“全国信访系统优秀信访工作者”称号。

2022年8月18日，《全国绿化委员会 人力资源社会保障部 国家林业和草原局关于表彰全国绿化先进集体、劳动模范和先进工作者的决定》，授予应急管理部南方航空护林总站丽江站友桑“全国绿化劳动模范”称号，授予内蒙古森林消防总队大兴安岭支队“全国绿化先进集体”称号。

2022年8月24日，《中共中央纪委 国家监察委员会关于对孟建成等同志予以嘉奖的决定》，给予应急管理部机关党委纪律检查处处长方元务嘉奖。

2022年8月31日，《中共中央纪委机关 国家监察委员会 人力资源社会保障部关于表彰全国纪检监察系统先进集体和先进工作者的决定》，授予中央纪委国家监委驻应急管理部纪检监察组第一纪检监察室主任李志军“全国纪检监察系统先进工作者”称号。

2022年9月22日，《共青团中央 人力资源社会保障部关于命名表彰第21届全国青年岗位能手的决定》，授予辽宁省阜新市海州区前进路消防救援站消防员孙佳斌、江苏省连云港市灌南县宁波路消防救援站消防员杨可“第21届全国青年岗位能手标兵”称号，授予内蒙古自治区包头市固阳县怀朔大街消防救援站站长助理宝音白尔（蒙古族）等38名同志“第21届全国青年岗位能手”称号。

2022年12月27日，《司法部关于表彰全国行政执法先进集体和先进个人的决定》，授予应急管理部政策法规司政策与协调处三级调研员步连增“全国行政执法先进个人”称号。

第九篇

地方应急管理

第一章 北京市应急管理工作

2022年，北京市应急管理系统坚决贯彻落实党中央、国务院决策部署，按照市委、市政府指示要求，以北京冬奥会和党的二十大安全保障为主线，在新冠疫情防控的严峻形势下，严防严控各类重大安全风险，不断完善协同高效应急救援体系，全力提升防灾减灾救灾能力，圆满完成各项工作任务，为首都经济社会发展营造了良好安全发展环境。

一、坚持砥砺奋进，全力防范化解安全风险，安全发展环境持续巩固

（一）层层细化压实安全生产责任

出台宣贯《北京市安全生产工作职责分工规定》，建立健全新型燃料、储能电站、气膜馆、户外露营等新业态监管机制，厘清党委政府领导、部门监管、企业主体“三个责任”。实施年度事故控制目标及评价，以市委、市政府名义组建督察组对12个区开展综合督察和专项督察，对12个市级部门进行督察“回头看”，创造性对6家重点国企开展专项督导执法检查，实行安全生产和消防工作一体化考核，制定印发生产安全事故整改和防范措施落实情况评估办法，强力推动安全生产责任落地落实。

（二）一丝不苟排查消除安全隐患

落实落细国务院安委会安全生产十五条硬措施和本市36项措施，接续推进安全生产专项整治三年行动、安全生产大检查、安全生产整治“百日行动”，健全完善35个重点行业领域86个业态的事故隐患目录，三年来累计消除一般隐患7万余项、重大隐患900余项。深入推进危险化学品安全风险集中治理，指导全市37家危险化学品重大危险源企业建成双重预防机制数字化系统，对全市所有油库按照一级重大危险源进行管理，组织完成油气长输管道9家企业的隐患排查治理，本市五环内涉氨重大危险源全部消除。

（三）全力以赴夯实消防安全基础

紧盯“六类高风险行业领域场所”和“五类易诱发火灾的薄弱环节”，强化精准治理，有力净化消防安全环境。持续抓实全员普训、分岗专训、轮岗驻训、以赛促训和实战检训工作，累计开展各层级各类消防救援人员实训1.2万人次，开展分层级比武竞赛和大型实战综合演练260余场次。持续深化“一短三快”初战机制改革试点工作，推动支队级指挥中心实体化运行，升级实战指挥平台，实行三方通话，队站出动用时缩短20.4秒、平均到场用时缩短4分钟，东、西城核心区到场时间接近5分钟。持续深化“一警六员”实操实训，连续三年累计培养“见火不慌、抬手就灭”的“准消防员”100余万人。全市消防站点总数由改革前的213座发展到428座，作战半径进一步缩短。建成微型消防站、志愿消防队24959个，完成7000余个社区村自防自救力量全覆盖。

二、坚持接续前行，全力推进灾害治理关口前移，防灾减灾能力明显提升

（一）不断健全风险管理体系

积极推动本市公共安全风险管理体系建设，16 个区建立公共安全风险管理机制，城市安全风险评估覆盖 14 个重点行业领域和自然灾害引发的生产安全事故风险，对辨识出的近 58 万项安全风险源制定针对性风险管控措施，完成 13 个单位综合风险评估与风险防控能力评查试点，开展定期和重点时期风险研判，为防范化解重大安全风险进行有益探索。建立韧性城市建设协调工作机制，构建韧性城市和韧性社区建设标准和评价标准。完善城市安全发展评价指标体系，持续开展 16 个区城市安全发展评价工作，积极推进通州区国家监测预警平台试点示范建设。完成 4.7 万家企业安全生产标准化达标创建。

（二）不断健全多灾种防御体系

实施自然灾害防治能力提升三年行动计划，确立 68 个重点工程项目、总投资 370 亿余元。高标准推进自然灾害综合风险普查，共汇集 11 大领域、80 小类，约 587 万条调查数据，形成 57 项市级评估区划核心成果，率先印发普查成果应用指导意见、数据与成果共享管理办法。发挥基层人员前哨作用，各地区建立灾害风险隐患信息员队伍。全力做好极端天气风险防范应对，构建极端天气风险防范应对工作框架体系，全面落实以行政首长负责制为核心的防汛抗旱、森林防火责任制，有效应对汛期 51 场降雨以及大风、沙尘、寒潮等极端天气。

（三）不断健全物资保障体系

组织召开市应急物资保障联席会议首次全体会议，明确成员单位职责和工作规则，细化应急物资保障体系建设重点任务。完成 2 万余件（套）应急物资补库工作，向丰台区、怀柔区调拨 2 批次、2.05 万件（套），向新疆调拨 6000 件（套）应急救灾物资，支援新冠疫情防控工作。推动安责险支持参保企业应对新冠疫情，为 7 万家企业免费延长保险期限 1 个月，减免保险费 509 万元，提供风险保障 7215 亿元。完善自然灾害救助机制，推进救灾捐赠社会化发展，积极援助四川泸定应对地震灾害。

三、坚持锐意开拓，全力强化突发事件应对处置，应急救援能力稳步提升

（一）努力形成高效统一的应急指挥体系

深化应急值守规范化、应急指挥场景化、辅助决策智能化建设，印发区级现场指挥部组建规范指南，修订突发事件现场指挥处置工作手册，持续推动市、区、街乡应急值守三级贯通，为应急处置和辅助决策做好全过程支撑。强化京津冀应急、公安、交通、防汛、危化、森防、救灾、气象等领域信息共享和协作，组织开展京津冀灾后应急救助协同演练，京津冀协同联动迈上更高水平。建立北京重点站区管理服务工作联席会议机制，创新实现派出机构与属地政府联合印发综合应急预案，形成具有首都特点的重点站区治理模式。

（二）努力构建科学完善的应急预案体系

开展预案体系建设三年行动计划中期评估，指导各区应急委完成区级总体预案修订，积极推进重点社会单元预案体系建设，全年审核印发 23 部市级专项预案，应急预案体系建设日趋完善。制发《规模疫情条件下自然灾害和事故灾难应急预案》，最大限度避免和减少规模疫情对应急体系运转和突发事件处置造成的影响和冲击。推进无脚本演练技术研究和试点，强化应急演练评估，组织开展防汛、森林火灾实战化演练，组织 5 个区开展重点区域无脚本拉动演练。

（三）努力打造首都特色的应急救援力量体系

持续强化消防救援队伍保障，组织森林灭火救援队伍开展“野外化、实战化”大练兵，完善军民融合应急救援协作联动机制。实施应急救援队伍能力评估考核认定，对24支市级专业应急救援队伍开展评估考核。推进应急体系示范试点建设，开展基层应急能力规范化建设，制定医院、大型商业综合体、学校应急管理体系建设规范等3项团体标准。

四、坚持守正笃实，全力夯实应急管理基层基础，社会共治格局日益稳固

（一）聚力夯实法治工作基础

出台宣贯《北京市安全生产条例》，积极推动《北京市实施〈中华人民共和国突发事件应对法〉办法》修订，组织危险化学品、安全风险领域专项立法调研。全力优化应急管理标准体系，推动工矿商贸、危险化学品、救灾减灾等领域标准制修订工作。完成市级综合行政执法总队和区级执法大队组建。筹建市级专职技术检查员队伍，实现省级应急管理部门技术检查员配备“零突破”。全面落实行政执法“三项制度”，建立轻微违法行为不予行政处罚目录清单。落实市政府“6+4”综合监管改革任务，危险化学品重大危险源、非煤矿山、安全评价机构分级分类监管规则基本建立。

（二）聚力夯实科技人才基础

印发“智慧应急”顶层设计、“智慧应急”三年行动计划等系列文件，积极推进危险化学品监测预警、森林灭火指挥调度、自然灾害监测预警等信息化项目，完成省级单位危险化学品企业双重预防机制数字化建设。持续推进信息化、智能化、无人化装备试点示范，提升新型智能装备配备质量数量。编制应急管理领域科技工作手册、重点安全与应急企业及产品目录，助力应急产业发展，打通应急领域产学研用链条。增设应急专业职称，创建应急职称评价体系。

（三）聚力夯实多元治理基础

加强应急管理社会组织和企业培育，推进应急志愿者市、区、街乡三级体系建设，完成城六区所有街道（乡镇）应急志愿服务大队组建。发挥市场主体作用，实施安全生产信用风险分级分类管理，安全评价机构信用风险分级自查自评。安责险参保企业累计达到41.6万余家次，稳步完善安责险事故预防费和项目服务管理体系，将事故预防费提取比例提高到29%。积极做好“接诉即办”工作，主动回应群众安全诉求。

（四）聚力夯实应急文化基础

融入场景化理念，高标准举办“5·12”全国防灾减灾日、“6·16”全国安全宣传咨询日，持续开设公共安全开学第一课，扎实开展“应急先锋·北京榜样”典型选树，深化安全社区、综合减灾示范社区、安全文化建设示范企业（集团）创建，创作安全生产、防汛等系列案例警示和科普宣传片，基本形成应急管理大宣传格局。采取“应急安全培训+实际操作体验+安全节目演出+宣传咨询”模式，完成60场应急宣传车“走基层”活动，取得良好社会效益。

第二章　天津市应急管理工作

2022 年，天津市应急管理系统狠抓安全生产、应急管理、防灾减灾救灾等各项工作，全力防范化解重大安全风险，坚决遏制重特大安全事故，有力维护了全市安全形势总体稳定。全年未发生重大及以上生产安全事故，未发生因汛情灾情造成人员伤亡的情况，森林防火实现零火情。

一、安全生产和消防安全

（一）压紧压实各级安全生产责任

印发《天津市安委会关于进一步强化安全生产责任落实坚决遏制重特大事故的 15 条措施》和《关于进一步强化安全生产工作机制的通知》，修订《关于进一步明确和规范安全生产工作职责的意见》，组织实施《天津市生产经营单位安全生产主体责任规定》，有效推动党政领导责任、部门监管责任和企业主体责任的落实，推动构建“齐抓共管”的工作格局。

（二）完成安全生产专项整治三年行动

扎实推动天津市安全生产专项整治三年行动第四阶段工作，排查治理安全隐患 160427 项，累计实施行政处罚 12602 次，罚款 14717.94 万元，责令 937 家企业停产整改，吊销企业 23 家，对 3499 家企业开展警示约谈，实施联合惩戒 100 家次。按照“以条为主”和“一竿子插到底”原则，全面开展总结评估，组织各区、各市级部门和驻津垂管单位开展自评，同时完成对 2 个专题、11 个专项领域的任务落实情况的市级评估。

（三）开展重点行业领域专项整治

组织开展全市安全生产攻坚行动，突出对燃气、危化、建筑施工和自建房、交通运输、旅游、森防等重点行业领域组织专业力量开展隐患排查整治。开展城镇燃气安全整治“百日行动”，督促整改隐患 73228 项，集中力量改造燃气旧管网 100 公里、场站设施 7066 项。组织开展经营性自建房安全整治“百日行动”，排查自建房 184 万余栋，经营性自建房 7 万余栋，整治 156 栋存在结构安全隐患经营性自建房。

（四）加强安全生产监管执法

开展全市安全生产执法队伍岗位练兵，组织开展专题辅导授课 16 次，全市执法干部完成专业知识学习共计 64320 学时。持续加强安全生产领域监管执法，着力提升执法效能。全年全市应急管理部门开展监督检查 20093 家次，完成年度执法计划 121%；实施行政处罚 1581 件。完成市、区两级应急管理综合行政执法队伍改革。

（五）扎实做好消防安全

大力弘扬“铁心向党、精业强能、为民担当”的新时代天津消防精神，不断提升党委政治能力、机关治理能力、基层落实能力。出台《依法从严治火“十项措施”》《遏制“小火亡人”五项机制》，开展高层建筑、自建房、大型商业综合体、劳密企业等重点领域专项治理。组织全市61家重大危险源企业逐一开展自查评估，集中警示约谈69家商业综合体法人代表，清理“三合一”违规住人场所221处，检查单位3.4万家，督改隐患5.2万处，临时查封454家，责令“三停”461家，罚款2400余万元，整改销案47处重大火灾隐患。完成第十二次市党代会、全国两会、世界智能大会等50余项重要安保任务。成功处置“3·23”河北振旺建材市场火灾、“7·19”北辰欢颜里燃气爆燃坍塌事故、“8·27”武清科美斯厂房火灾等突发险情，全力维护人民群众生命财产安全。

二、防灾减灾救灾

（一）做好防汛和防御超标洪水工作

汛期6次启动市防洪四级应急响应，成功应对10次较强降雨和3次台风过程。分解落实19条一级行洪河道、22座水库、13个蓄滞洪区、139公里海堤等防汛工程险情抢护、技术支撑、日常管理“三个责任人”109名，夯实防汛职责任务。修订完善天津市防汛抗旱应急预案，组织编制《天津市极端强降雨天气防汛应急处置实施方案》《天津市城市内涝群众转移安置方案》，推动25个成员单位、16个区制定41个子方案。建立暴雨预警与应急响应联动机制，健全覆盖城乡低洼片区、下沉道桥、轨道交通、危陋房屋等高风险部位的防汛抢险应对机制。健全防汛预警宣传发动机制，第一时间可向全市11382名防汛责任人、企业管理责任人，9700名灾害信息员，4.8万名网格员，1000多万名公众发布预警响应信息和安全提示。

（二）完成自然灾害综合风险普查任务

全市应急系统调查任务全部完成，共收集减灾能力调查数据28240条、公共服务设施承灾体数据6154条、历史灾害调查数据12138条，完成1416个危险化学品承灾体调查。推动普查成果应用工作落地见效，探索形成42个普查成果应用典型案例。成功举办自然灾害综合风险普查成果应用专题交流会，形成当前国内普查应用研究最新成果的89篇著作。

（三）加快推进应急避难场所建设

编制《天津市应急避难场所管理办法》，规范应急避难场所分类、设计、场址选择、功能分区、应急设施等。截至2022年底，全市共挂牌建设应急避难场所2600处，有效避难面积2970公顷，可容纳避难人数2400余万人，全市人均（按2020年第七次人口普查数据计算）避难场所面积达到2.16平方米。天津已形成较完善的应急避难场所体系，建设标准和管理办法等配套文件齐全。

（四）提升森林防灭火工作能力

进一步健全森林防灭火工作机制，印发《天津市森林火灾应急预案》，制定完善《天津市森林防灭火指挥部关于建立健全森林防灭火工作机制的实施方案》《天津市森林火灾信息报送办法》《天津市森林火灾早期处置办法》等工作机制。组织开展天津市森林火灾隐患排查整治和查处违规用火行为专项行动，对农事用火、祭祀用火、野外吸烟等进行集中治理，加强行刑处罚力度和火源管控，大力开展隐患排查。

（五）加强救灾物资保障水平

开展全市区、乡镇（街道）、村（居）三级救灾物资清查，掌握救灾物资储备底数。建立应急物资信息平台数据更新制度，完成市、区两级“应急管理部应急资源管理平台”“天津市应急资源管理信息系统”数据更新工作。研发困难群体灾害救助信息管理平台，共享市民政局低保、特困等人员数据信息，加强区级相关部门衔接配合，提升基层灾害救助精准识别能力。积极推进市级救灾物资储备库建设，完成市政府对市级救灾物资的储备布局规划，按照“东西南北中”储备库布局，在武清库、宝坻库已投入使用的基础上，选定并改造滨海新区库、静海库作为市级救灾物资分中心建设单位，提升市级救灾物资辐射保障能力。

三、应急救援

（一）健全应急管理体系和值班备勤机制

每月组织召开京津冀三地应急管理指挥中心视频调度会商会议，强化区域重大安全风险协同联控。加强海陆空立体救援体系建设，强化海上生产安全事故、自然灾害处置行动和海上执法协作配合。与中部战区、天津警备区沟通对接森林灭火、洪涝灾害应急救援协调联动，不断提升协调联动处置合力和应对水平。全年 365 天、每天 24 小时在岗值守，重点时期主动对接公安、卫健、交通、规划资源、气象等部门，进一步落实应急联动机制，强化信息共享。

（二）加强应急救援队伍能力建设

建立健全科学规范、分类管理、分级负责的队伍管理机制，优化市、区、基层三级应急救援队伍台账。截至 2022 年底，全市 28 类市级专业应急救援队伍已达 35700 余人，同比增加 15%；10 支社会应急力量人数 2828 人。16 个区建立完善区级专业应急救援队伍共 325 支、35475 人。各乡镇（街道）建立专兼职应急救援队伍共 242 支、29621 人。驻津央企、国企持续发挥应急救援专业优势，预置工程抢险专业应急救援力量 1100 余人，同比增加 1.5 倍。加强实战化应急演练，组织开展抗洪抢险、抗震救灾、防汛应急处置桌面推演等各级、各类应急预案演练 560 余场。

四、基础保障和能力建设

（一）加强应急预案建设

以市级总体应急预案为统领，总结形成“1+42+16+N”应急预案体系建设模式，42 个市级专项预案、16 个区总体预案完成编修印发，253 个乡镇（街道）、5300 余个村（社区）基层预案体系建设全面铺开。推动基层应急预案规范化建设，全市乡镇（街道）以风险情况和应急能力为基础编制“综合+分灾种”预案，村（社区）编制“一本通”预案，打造滨海新区杭州道街、和风社区等基层预案规范化建设试点单位。

（二）强化信息化成果应用

梳理自然灾害监测数据资源，形成气象灾害、森林火险、地质灾害、防汛内涝、地震灾害 5 个专题灾前评估和预警，为自然灾害防治和救援提供信息化感知手段。持续推进危险化学品安全生产监测预警系统建设，指导 60 余家重大危险源企业开展双重预防数字化和安全风险智能化管控平台建设。统筹推进天津市应急管理信息化（一期）项目建设成果深度应用。

（三）推进应急宣传教育

深入学习贯彻践行习近平总书记重要训词精神，组织市管干部参加统筹发展与安全等专题研讨班，教育引导广大党员干部时刻牢记领袖嘱托、忠实履行职责使命。组织开展“迎盛会、兴文化”安全宣传专项行动和燃气安全集中宣传行动，大力普及安全知识、推广应急避险技能。精心组织防灾减灾日、“安全生产月”“森林防火宣传月”等主题宣传活动，开展形式丰富、寓教于乐的安全应急科普宣传，完成市科技馆“应急科普专区”（一期）项目建设，建成应急科普资源库，开展“你的安全我牵挂”原创应急科普作品展播活动，形成良好的安全文化氛围。

第三章　河北省应急管理工作

2022 年，河北省应急管理系统认真贯彻习近平总书记关于应急管理重要论述，坚持“两个至上”，统筹发展和安全，持续加强重大安全风险防范，着力提升自然灾害防御能力，不断提高应急处置保障水平，全面推进应急管理体系和能力现代化，各项工作取得明显进步。

一、安全生产和消防安全

（一）严格落实安全生产责任

省委、省政府多次召开省委常委会会议、省政府常务会议，深入学习贯彻习近平总书记关于安全生产重要指示批示精神，研究贯彻落实意见；省委、省政府主要领导带头开展全覆盖明查暗访，提出具体要求。坚持“党政同责、一岗双责、齐抓共管、失职追责”，省委办公厅、省政府办公厅制发《河北省委常委班子成员安全生产职责清单》《河北省政府有关领导安全生产职责清单》《河北省政府省长、副省长 2022 年安全生产重点工作任务清单》，省政府与各市、省有关部门签订《安全生产目标管理责任书》。省人大常委会开展安全生产“一法一条例”执法检查，省委重点工作大督查办公室将安全生产列为重点督查内容，强化督导巡查考核，发挥警示、通报作用，推动安全生产责任落实。

（二）全面排查整治各类问题隐患

深入开展安全生产大检查，将国务院安委会安全生产十五条硬措施细化为 57 个大项、115 个小项对照检查内容，全面对照检查整改。推进 14 个重点行业领域专项整治三年行动巩固提升，围绕解决“小、乱、差”问题，组织开展非煤矿山专项整治；危险化学品行业 895 处“五室”、7473 人全部搬出装置区，专家委员会指导帮扶 29 个化工园区“十有两禁”整治提升，创新实施“三个联合”督导检查，有效防控重大风险；推进工贸行业“百日清零行动”，排查治理钢铁企业 50 家、铝加工企业 34 家、粉尘涉爆企业 1487 家。发挥各级安委会办公室作用，推进消防、燃气、自建房、建筑施工、特种设备等重点行业领域专项整治。

（三）有力保障重点时期安全

加强“两节”、两会、北京冬奥会和冬残奥会、劳动节、端午节、国庆节、党的二十大等重要特殊时期安全风险防范，强化会商研判，集中开展督导检查、专项执法检查。党的二十大期间，省四大班子组成 14 个工作组开展包市督导，各地组织驻点督导，形成省包市、市包县、县包乡工作格局，统筹省有关部门成立若干个省级督查检查组，持续驻市督查检查；专门制定《重大灾害事故应急预案》，印发《生产安全事故、自然灾害应急响应分册》。北京冬奥会和冬残奥会期间，编制张家口冬奥赛区 8 个专项应急预案，对重点企业驻企盯守，圆满实现“不炸响、不冒烟、不起火”目标。

（四）积极推动方法手段创新

推进工矿商贸企业作业场所安全视频系统建设，省、市、县、企四级贯通。组织9个重点部门针对重点行业领域开展暗访拍片，一个领域一个领域抓，一个环节一个环节抓。成立省安全生产举报受理中心，省应急管理厅联合10个省直部门印发《安全生产举报和奖励办法（试行）》，实施重奖重罚，鼓励企业员工和社会群众举报。

（五）扎实推进消防安全工作

省政府将《河北省消防事业发展“十四五”规划》纳入27个重点专项规划印发实施，省安全生产委员会印发《落实“十四五”国家消防工作规划实施方案》，省、市、县政府逐级签订消防安全责任书，并列入政府年度考核。全省消防救援队伍压茬推进全国两会、北京冬奥会和冬残奥会、北戴河暑期、重大节日和党的二十大“五大安保”战役，确保了绝对安全。在北京冬奥会安保中，取得了崇礼区57天“零火情”、471场消防安保勤务“零瑕疵”、1014名执勤人员“零感染”的重大战果。深入推进“消防安全专项整治三年行动”攻坚战，全年全省累计整改火灾隐患17.3万处，督办整改销案省级重大火灾隐患11处；全省消防救援队伍共计接警出动7.7万起，出动88.6万人次，抢救疏散被困群众10878人。建成张家口应急救援保障基地，投入资金8.1亿元推动建设100座消防站，总量达到463座。中央机构编制委员会办公室批复成立雄安新区消防救援支队，组建化工应急救援基地，新增22个化工园区消防站。投入4.37亿元新购105部消防车、7.8万件器材装备，执勤车总量达2566部。

二、防灾减灾救灾

（一）综合减灾

高效高质量推进评估区划工作，各单灾种评估区划任务全部完成。统筹推动防汛抗旱水利提升、地震易发区房屋设施加固等自然灾害防治重点工程建设。组织各级各部门开展“5·12”全国防灾减灾日活动，全省共召开动员部署会189场，发放宣传资料900多万份，开展演练9458次，排查整改隐患48788项。会同主要涉灾部门针对月度及重要时间节点全省自然灾害风险形势进行会商研判，印发自然灾害风险分析报告12期，为各地各单位防灾减灾工作提供参考。

（二）森林草原防灭火

各地政府结合实际适时发布封山命令，严格落实封山防火措施。10万多名护林员、6200多个检查站严密巡护检查，全力堵截火源，坚决防止火源火种进山入林。针对野外违法用火行为，全面开展隐患排查整治，确保问题隐患全部整改清零。综合利用林火卫星、视频监控、飞机巡护、高山瞭望、地面巡逻等手段，组成“天空地”一体化监测体系。基本完成全省森林草原消防专业队伍体系建设，建成各级专业队伍102支。

（三）防汛抗旱

压紧压实以行政首长负责制为核心的各项责任制，落实五级包保责任人2.3万名。组织修订《河北省防汛抗旱防台风应急预案》，开展子牙河流域防汛抢险综合应急演练。组织围绕重要防洪工程、重要基础设施、重要民生工程持续开展隐患排查，对发现的3392处隐患汛前全部整改或落实度汛措施。新增省级财政资金2700万元购置大型排涝、管涌检测仪等防汛抢险专用设备，全省专储防汛物资装备90个品种、价值5.05亿元。统筹全省6大类应急抢险救援队伍476支、3.7万人，健全联动响应机制。密切关注天气变化，省、市、县三级启动防汛防台风应急响应 543 次，组织转移群众 2.8 万人次。

（四）地震地质灾害应急救援

以省政府令的形式发布《河北省应急避难场所管理办法》，以政府规章规范应急避难场所建设管理。印发《关于推进全省地震灾害应对准备重点工作落实的通知》，对重点工作进行安排部署。修订《河北省突发地质灾害应急预案》，联合邢台市政府成功举办河北省 2022 邢台抗震救灾综合演练。

（五）灾害救助

大力加强灾害信息员队伍建设，省、市、县、乡、村五级灾害信息员共计 7.6 万人，五级全覆盖的灾情统计报送体系已经建成。下拨救助资金 8248 万元，56.7 万元救灾物资，救助受灾群众 25.1 万人。安排农房保险补助资金 7866 万元，参保县区数量扩展至 160 个，保障农户数量达 1346.56 万户，提供年度灾害风险保障金额 6059 亿元。全省储备救灾物资 50 余种，176.9 万件，总价值 2.25 亿元。

三、应急救援

（一）全力推进国家华北区域应急救援中心建设

4 月 26 日华北区域中心项目可研报告获得批复，项目征地 870 亩，估算总投资 111650 万元，建筑面积 71267 平方米。成立以常务副省长任总召集人的华北区域中心工程建设协调机制，建立 7 项内控制度，完成华北区域中心土地征转审批；加快配套基础设施建设，确保满足开工建设条件。

（二）健全完善预案体系

以省政府办公厅名义印发通知，对应急预案评估修订工作进行全面安排部署，通过不断优化调整，形成“1+33+40”应急预案体系（1 个省级总体预案、33 个专项预案、40 个部门预案）。编制 2022 年北京冬奥会张家口赛区森林草原火灾、地震、救灾、煤矿、非煤矿山、危险化学品、工商贸、灾害救助和应急救援 8 个应急预案。持续加强应急演练，全省全年共开展各类应急演练 4.37 万余场，参演人数 215 万余人。

（三）加强应急救援力量建设

印发《河北省应急管理厅贯彻落实“十四五”应急救援力量建设规划实施方案》，进一步加强各类应急救援力量建设，提升重大安全风险防范和应急处置能力。持续强化重大灾害救援力量准备，制定《2022 年汛期应急救援力量调动方案》，与中国安能、中铁建、中交集团等 12 支驻冀央企工程抢险力量签订应急救援合作协议。制定安全生产专业应急救援队伍“叫应”和评价机制，促进应急救援队伍健康发展，保障事故救援科学高效开展。大力支持社会应急力量建设，与省文明办等七部门建立《河北省社会应急力量参与重特大灾害抢险救援行动现场协调机制》，强化培训演练，确保遇有重特大灾害社会应急力量规范有序参与抢险救援活动。

四、基础保障和能力建设

（一）加强法治建设

出台《河北省应急避难场所管理办法》，开展《河北省安全生产条例》修订调研。组织申报 5 项地方标准并获得立项，全省发布实施应急管理领域地方标准达到 92 项。制发加强执法工作指导意见，修订《河北省安全生产行政处罚自由裁量标准》，切实消除权力寻租空间。

（二）加强应急管理体系建设

深入推动乡镇（街道）应急管理办公室机构、队伍、场所、制度、装备、预案建设，基层应急管理组织体系进一步完善。以省政府名义印发《河北省“十四五”应急管理体系规划》，明确到2025年和2035年全省应急管理事业发展中长期目标、主要任务、重点工程。制定中国式现代化河北场景应急管理行动方案，开展安全生产治理能力、防灾减灾救灾能力、应急救援能力等3个专项提升行动，实施16项重点工程。

（三）加强信息化建设

完成应急通信保障能力提升工程建设，总投资18574万元，实现应急通信保障能力、突发事件处置通信支撑能力的全面提升。全力推动安全生产视频系统建设，建设贯通省、市、县三级的安全生产视频系统和管理体系，汇聚工矿商贸企业73097家，视频点位337399个。建成全省应急管理大数据一体化平台，与29个业务系统完成对接，累计沉淀数据资产18.4亿余条。“智慧应急”试点建设成果被评为全国智慧应急典型案例。

（四）加强宣传教育培训

在《中国应急管理报》《河北日报》《河北经济日报》等省级以上媒体刊发稿件1021篇，在厅公众号、微博等平台发布各类信息2280条。安全生产月期间开展安全生产“大家谈”“微课堂”等活动3945场、“第一责任人安全倡议”活动1.9万场。与人民网联合开展全国防灾减灾日高端访谈，浏览量突破2000万人次。复工复产安全第一课系列视频，参与观看企业28万家、学校2.57万所，收看人数3000余万人次。积极推进安全生产培训全流程监管信息化平台建设，培训企业“三项岗位人员”19.01万人次、一线人员165.4万人次。

第四章　山西省应急管理工作

2022 年，山西省应急管理系统深入学习贯彻习近平总书记关于应急管理重要论述，胸怀“两个大局”，坚持“两个至上”，以“时时放心不下”的高度责任感，统筹发展和安全，有力防范化解重大安全风险，扎实推进防灾减灾救灾工作，积极应对处置各类灾害事故，有力维护人民群众生命财产安全，切实以实际行动做到“两个维护”。

一、安全生产和消防安全

（一）压实安全生产责任

省政府以 1 号文件部署安全生产工作，省委、省政府将“山西省人民政府安全生产委员会”调整为“山西省安全生产委员会”，督促市县安全生产委员会全部由党政主要负责人担任双主任，设立 13 个省级专委会，对职责交叉的行业领域安全生产职责进一步予以明确，主要负责人安全生产记分考核由煤矿拓展至各高危行业领域，齐抓共管合力进一步增强。

（二）扎实开展“百日攻坚”集中行动

在全省安全生产领域开展风险隐患大排查大整治“百日攻坚”集中行动，全面整治顽疾。从 2021 年 12 月底至 2022 年 3 月，省、市、县三级分别成立由政府负责同志挂帅的“1 个集中行动+16 个专项行动”领导组及其办公室，建立“一闭环、两移交、三公开、四考核、一追溯”抓落实工作机制，成立准实体化运行工作专班，受理群众举报、加强跟踪督办、实行书记市长“双签字”审核、公开办理结果、通报考评情况。“百日攻坚”期间，全省累计派出检查组 14 万组（次），检查企业 41.3 万家（次），排查发现问题隐患 32.8 万项，已整改 32.1 万项，整改率 97.9%。查处非法违法行为 7133 项，责令限期整改、停产整顿企业 2.7 万家，吊销证照、关闭取缔企业 520 家，曝光违法企业 999 家，行政罚款 9741 万元。作出党纪政务处分及追究刑事责任 310 人。

（三）统筹推进“两个行动”

深入开展安全生产专项整治三年行动，坚决贯彻国务院安委会安全生产十五条硬措施和山西省 56 条具体举措，在 18 个重点行业领域组织开展大检查大整治大提升行动。成立 6 个省级综合督导组开展不间断督导巡查，实行挂图作战、办结销号、打分排队、警示约谈等措施，强力推动工作任务落实。省、市两级制定出台 1200 余项制度成果，依法治安水平明显提升。此外还开展“百日攻坚”、隐患排查整治等行动，发现并治理一批问题隐患，高压震慑、精准打击一批非法违法违规行为，确保关键时期安全稳定。

（四）加强重点行业领域监管

建立煤矿事故整顿恢复机制，发挥煤矿监管专员作用，在全省煤炭产量突破 13 亿吨，连续 2 年均增产 1 亿吨的压力下实现安全保供。制定出台尾矿库安全监督管理办法，对全省 356 座尾矿库进行全面排查，制定风险管控方案，并全部派驻监管专员。对省外转入的237个化工项目进行安全设计和现场诊断复核，对38家化工园区开展“一园一策”整治提升。冶金工贸行业深入推进专项整治，开展百日清零行动，形成重点行业领域同步推进的格局。

（五）扎实推进消防安全工作

印发《山西省贯彻落实“十四五”国家消防工作规划实施方案》《关于进一步加强基层消防安全工作的实施意见》，制定《关于在全省试行消防安全领域包容审慎监管的指导意见》。以党的二十大消防安保为主线，深入推进三年行动集中攻坚，全面细化落实国务院安委会安全生产十五条硬措施，先后部署消防安全大检查大整治大提升和冬春消防安全专项整治行动，联合多部门强力整治突出风险隐患。聚焦“大火巨灾”，以省安全生产委员会名义召开全省高层建筑消防安全管理现场会，并在医疗、养老、学校、文博等单位一体推行消防标准化管理，启动“革命文物消防安全专项防护工程”，有效提升单位消防本质安全水平。

二、防灾减灾救灾

（一）全力推进第一次全国自然灾害综合风险普查

完成普查第一阶段数据调查任务，通过国务院普查办专项核查验收；全力推进普查第二阶段评估区划任务，完成单灾种评估区划成果汇交及综合性审查，初步完成省、市、县三级历史灾害、综合减灾能力、煤矿非煤致灾评估，并对部分成果进行审核论证；积极推进普查数据成果应用等其他工作，印发《关于切实推进普查成果应用工作的通知》《关于征集普查成果应用研究课题的通知》，在全省气象系统开展自然灾害综合风险普查成果应用推广工作。

（二）强化森林草原防灭火管理

进一步深化森林草原防灭火的职能衔接，先后建立《山西省森林草原防灭火指挥部工作规则（试行）》和《山西省森林草原防灭火指挥部办公室工作细则（试行）》和会商调度、预警响应、信息报送、信息共享、部门联动等工作机制。强化隐患治理，组织林草、公安、应急三部门开展森林草原火灾隐患排查整治和查处违规用火行为专项行动，建立“全省建总账、各市列分账，账账明晰、责任到人”的管理体系，共制定专项行动方案251个，派出检查组931个，出动人员17758人次，整改火灾隐患369处，查处、破获案件数量145起，处理和教育1017人次，追责问责47人。持续对林电隐患进行深入细致的排查，已完成线路隐患整改治理613.81公里。

（三）强化防汛抗旱灾害防控与应对

推动以行政首长负责制为核心的防汛抗旱各项责任落实，形成“地方主责、政府主抓、基层主防、地段主控、群众主动”和“市包县、县包乡、乡包村、村包户”的良好态势，建立各级防汛抗旱行政责任人公示制度，全省608座水库落实“三个责任人”，18161座淤地坝落实“一坝一人”，377座尾矿库落实挂牌责任制，切实把各项责任落实到网格单元、乡村社区，打通责任落实“最后一公里”。夯实防汛基础，及时指导各级修订防汛抗旱应急预案111部，下拨中央自然灾害救灾资金和省级防汛抗旱资金共计3277万元，统筹用于购置防汛救灾物资装备，补齐防汛救灾物资装备短板。推动全省河道堤防防洪风险隐患排查整改，对排查出的493条隐患采取“一市一单”“一患一策”的措施全部落实整改责任人、整改时限。

加强抗旱资金和物资投入，全省累计投入资金 1.18 亿元，投入抗旱人数 5.3 万人，启动抗旱机电井 2.015 万眼，累计缓解 1.75 万人、5.03 万头大牲畜临时性饮水困难，完成抗旱灌溉面积 506 万亩次，有效应对了全省旱情。

（四）强化地震和地质灾害防控和应对

编制《山西省应对地震重点危险区救援力量编组和调度方案》。突出学校、人员密集场所和乡村（社区）的紧急疏散方案和演练。地震重点危险区 15 县制定人员密集场所和乡村（社区）紧急疏散方案，全省组织千人以上社区、大型商业综合体、中小学校、人员密集场所等开展紧急疏散和自救互救演练达 5365 次。推进应急避险场地建设，累计全省避难场所数量已达 1358 处，基层应急物资储备点已建成 193 处。组织对 6 个地质灾害重点县进行督导检查，有力促进冻融期地质灾害防范应对工作的落实；组织汛期地质灾害检查，并将检查情况及时反馈到各市政府；组织开展地震和地质灾害应急准备工作进行交叉检查，促进各市取长补短，相互学习借鉴。全年省、市、县启动不同等级地质灾害应急响应分别是 1 次、12 次、38 次，紧急避险 732 人，转移安置 1112 人，最大限度地降低灾害带来的损失。

（五）规范开展灾害救助

建立救灾资金直达机制，中央、省级救灾资金直拨到县。在救助实施过程中，县级应急管理部门会同受灾乡镇，主要通过“一卡（折）通”，以社会化方式进行现金救助。针对 2022 年局部地区遭受的洪涝、风雹、低温冷冻、地震等自然灾害情况，对洪涝、风雹等灾害严重的 7 个市 17 个县（市、区），山西省应急管理厅会同省财政厅分 3 批共下拨省级救灾资金 2930 万元，用于因灾遇难人员家属抚慰、受灾群众紧急转移安置、紧急生活救助、过渡期生活救助、倒损民房恢复重建等救灾工作。

三、应急救援

（一）完善应急管理体制机制

制定出台 8 个涉灾议事协调机制工作规则，持续推进《山西省突发事件总体应急预案》修订，印发《山西省事故灾害应急抢修救援费用补偿（试行）》《山西省社会应急力量有序参与重特大灾害抢修救援行动现场协调机制》，进一步规范应急抢险救灾秩序。

（二）组织开展应急演练

组织开展“应急使命·2022”省市县三级抗震救灾综合演练、“战汛·2022”防汛抢险等应急演练，全省各级共组织应急演练 2100 多场，锻炼了应急救援队伍，检验了应急响应处置能力。

（三）全力应对灾害事故

组织开展“6·18”黑茶山森林火灾、中阳“8·11”大暴雨、沁源“8·5”煤矿冒顶、代县“9·1”精诚矿业滑塌等灾害事故抢险救援工作，最大限度保护人民群众生命财产安全。商有关部门下拨省级救灾资金 2930 万元、救灾捐赠款 1340.8 万元；争取中央冬春救助资金 2.3 亿元，确保受灾困难群众安全温暖过冬过节。全省自然灾害防治能力明显增强，全省受灾人口 214.22 万人，直接经济损失 40.14 亿元，同比分别下降 77.23%、82.72%。

四、基础保障和能力建设

（一）加强基层应急管理执法队伍建设

积极争取应急管理执法人员编制 2786 名，进一步加强市、县执法力量。市县应急管理综合行政执法队伍全部组建完成，配发制式服装，举行了全系统着装仪式。

（二）提升应急管理系统干部能力

省委组织部联合举办全省安全和应急管理专业化能力提升培训班，对市、县、重点开发区分管领导和应急管理部门负责人进行了培训。依托应急管理干部学院组织8期网上专题培训班，3万余人次参加全省应急管理系统专业能力“云”比武活动。

（三）加大项目资金支持力度

积极推进将中煤平朔集团建成国家级危险化学品应急救援基地，中煤平朔集团危化大队升级为国家级危险化学品区域应急救援队伍。协调省财政投入7695.76万元专项资金，为矿山、危险化学品骨干救援队伍配备急需装备，推进实施应急指挥系统、森林远程无人机灭火等项目。经积极争取，国家森林草原防灭火指挥部、应急管理部北方航空护林总站、大庆航空救援支队分别派出人员、机组进驻，购买3架直升机服务，提升了省森林草原火灾应急处置能力。有序开展省级救灾物资轮换工作，轮换补充2148万元救灾物资。

（四）强化宣传教育培训

举办全省安全和应急管理专业化能力提升培训班，全系统3万余人次参加全省应急管理系统专业能力“云”比武活动，深入开展“安全生产月”、防灾减灾日主题宣传活动，常态化开展安全知识科普宣传“五进”活动，基层基础迈上新台阶。

第五章　内蒙古自治区应急管理工作

2022年，内蒙古自治区应急管理系统深入学习贯彻习近平总书记关于应急管理重要论述，坚持人民至上、生命至上，统筹发展和安全，以“防风险、保安全、迎二十大”为主线，全力防范化解重大安全风险，及时应对处置各类灾害事故，全区安全生产和自然灾害形势保持总体稳定。

一、安全生产和消防安全

（一）安全生产责任落实

党委常委会、政府常务会多次研究部署，带头学习贯彻习近平总书记关于安全生产重要指示批示精神。自治区党政主要领导、分管领导多次作出批示，每逢关键时段重要节点强调、检查安全防范工作，自治区政府副主席带队包联盟市全年持续开展安全生产检查督导。出台关于进一步强化安全生产责任落实坚决防范遏制重特大事故的意见，将国务院安委会安全生产十五条硬措施细化为53条具体措施。制定自治区自然灾害和事故灾难分级应对实施办法，明确全区各级政府灾害事故分级应对权责。制定自治区政府及班子成员安全生产“职责清单”和“年度任务清单”，实现清单化履职。及时优化调整自治区安全生产委员会及其办公室的组织体制、职能职责、运行机制，成立8个安全生产专业委员会，压实部门行业监管责任。制定应急管理工作考核办法，实行安全生产、消防安全、防灾减灾救灾和应急体系建设“一体化”考核。印发直属国有企业安全生产考核实施细则，加强各级各类国有企业安全监管。

（二）安全生产专项整治

突出2个专题和15个专项，强化重点攻坚、质效评估和整体提升，安全生产专项整治三年行动收官。开展危险化学品安全风险集中治理，加强化工产业转移、化工园区、化工老旧装置、大型油气储存基地等风险隐患整治，实现全区危险化学品重大危险源企业消地联合督导检查全覆盖，推动阿拉善盟出台加强精细化工领域安全风险管控的若干措施。推进黄河流域金属非金属矿山及尾矿库安全生产综合治理，组织打击盗采矿产资源违法活动和矿山严重违法违规生产建设行为专项整治，开展非煤地下矿山隐蔽致灾因素普查治理。完成工贸“钢8条”“铝7条”“粉6条”重大隐患和重点事项“清零”任务。督促各地区各有关部门加强民航、经营性自建房、城镇燃气等领域安全隐患排查整治。圆满完成党的二十大、北京冬奥会和冬残奥会、全国两会等重要节点保安全护稳定重大政治任务。

（三）安全生产执法

实施危险化学品、非煤矿山、工贸行业“安全评估+执法+服务”行动，开展“行政执法行为规范年”活动，全面推广应用“互联网+执法”系统，通过示范执法、异地交叉执法、对执法落后地区“开小灶”督导等方式，不断提升基层监管执法能力。加强典型事故挂牌督办和提级调查，对50起工矿商贸事故整改措施和责任追究落实情况开展督查评估。

（四）消防安全

修订出台《内蒙古自治区消防条例》，制定出台全国首部《电动自行车消防安全管理条例》，印发《消防工作督办约谈实施办法》《火灾事故责任调查规定》《关于进一步加强基层消防安全管理规定》等文件。增加地方财政经费投入，新建消防站9座、支队级战勤物资储备库2座、配置器材装备4.62万件（套），建成乡镇街道消防安全指导中心998个、专（兼）职消防队599个。统筹推进大型商业综合体、高层建筑、危险化学品企业、储能电站等专项整治，攻坚解决煤化工、大兴安岭林区和农村牧区三大隐患。出台《涉疫场所火灾防控十项措施》《方舱医院消防安全十项措施》，组建12支新冠疫情防控机动分队、成立260支抗疫突击队，全力做好涉疫场所安全服务。持续建强12支地震搜救队、64支抗洪抢险专业队、12支化工灭火救援编队和78支低温雨雪冰冻灾害救援专业队，打造救援“尖刀”“拳头”力量。推行家“预”户“消”宣传行动，组建志愿服务队伍12支，辐射带动“北疆蓝焰”注册志愿者超10万余人。全年处置各类警情2.9万余起，抢救被困人员0.9万余人，抢救财产价值1.9亿元。

二、防灾减灾救灾

（一）综合防灾减灾

成立自治区防灾减灾救灾指挥部，加强统筹指导和综合协调。推进自然灾害防治能力重点工程建设，督促协调重点工程牵头部门组织开展自查评估。完成第一次全国自然灾害综合风险普查调查、数据质检和汇交任务。完善每月定期研判、重点时段联合研判、突发情况紧急研判机制，强化监测预警和应急响应联动，落实直达基层责任人的临灾预警“叫应”机制。

（二）森林草原防灭火

发布森林草原防灭火命令，动态完善应急预案和应对雷击火、境外火专项方案，开展野外火源治理、林牧区输配电设施火灾隐患专项整治和打击违法用火专项行动，持续推进边境一线和大兴安岭林区机构、队伍、装备、道路等建设。制定森林草原火灾扑救指挥规则、森林草原防灭火队伍装备配备使用管理办法、航空应急救援飞行管理办法，指挥调度3.9万名专业半专业扑火队伍和森林消防队伍、34架航空消防飞机靠前驻防，森林草原火灾当日扑灭率100%，没有发生重特大火灾和人员伤亡事故。

（三）防汛抗旱和黄河防凌

复盘学习郑州“7·20”特大暴雨灾害案例，落实各级、各重点工程防汛行政责任人，加强汛前、主汛期和后汛期督导检查，动态细化预案方案措施，提前预置抢险救援力量和物资装备，先后启动自治区防汛抗旱四级应急响应3次，向重点区域发出提醒函26次，及时组织转移避险安置群众9037人。启动黄河开河防凌四级应急响应，设立前线指挥部进驻包头，有序组织开展巡河巡堤、破冰除冰、应急分凌等工作，黄河内蒙古段封开河持续保持安全平稳。

（四）灾害救助

持续推进应急物资保障能力建设，增储7470万元自治区本级救灾物资，加强灾害信息员队伍建设，认真开展查灾核灾，组织开展保障受灾群众“安全过冬、温暖过年”行动，及时下拨中央防汛抗旱救灾资金4000万元、2022—2023年度中央冬春救助资金2.4745亿元，调拨应急救灾物资12.46万件（套）支持地方救灾救助和新冠疫情防控。

三、应急救援

（一）应急预案

统筹推进森林草原火灾、防汛抗旱、突发环境事件等 19 个自治区级专项预案的修订出台。指导印发盟市级总体应急预案 10 个。组织开展“守护北疆安全·2022”震后两小时地震应急演练、“砺剑北疆·2022”森林草原灭火作战联合演习、“北疆蓝光”跨区域水域救援实战演练。指导盟市级开展应急演练 45 次。

（二）应急力量

印发《内蒙古自治区应急救援力量建设三年行动实施方案（2022—2024 年）》，积极推进森林草原防灭火、危险化学品、矿山应急救援基地建设前期工作，组建 8 支自治区级专业应急救援队伍、2 支航空应急救援特勤突击队，509 支地方应急救援队伍纳入平台规范调度管理，建立完善社会应急救援队伍沟通交流机制，有序调动参与应急救援和应急演练。

（三）区域协作

与河北省、山西省签订重大以上地震应急救援区域合作协议，推动相邻九市签订应急管理协作协议；开展东北、内蒙古重点区域森林草原防灭火任务对接，召开第二届京津冀蒙森林草原防火联席会议；组织沿黄六盟市签订抗洪抢险框架协议。

（四）应急准备

印发《灾害事故信息报告规范》，全区应急管理系统坚持 24 小时值班值守，主汛期、防火关键期组织成员单位驻厅联合值班值守，建立视频或电话抽查点名常态机制，始终保持应急状态，有效应对处置了包钢“3·14”较大火灾、“4·18”蒙古国边境 300 余公里火线、中西部严重旱灾、通辽东五家子水库超校核水位运行等灾害事故险情。

四、基础保障和能力建设

（一）法治建设

修改《内蒙古自治区安全生产条例》并正式施行，出台《关于深化应急管理综合行政执法改革的实施意见》，印发《内蒙古自治区应急管理法治建设工作方案》，实施《内蒙古自治区应急管理系统安全生产行政执法能力提升三年行动方案（2022—2024）》。深入推进“放管服”改革，全面梳理权力清单、责任清单、公共服务事项清单，开展优化职能职责、优化工作流程专项行动，6 项审批事项减材料 14 件、减环节 6 个、减时限 79 个工作日。

（二）信息化建设

印发全区应急管理信息化 2022 年地方建设任务书，推动自治区应急管理综合应用平台应急通信保障项目建设。314 家危险化学品重大危险源企业全部完成双重机制数字化建设。44 座三等及以上尾矿库和“头顶库”接入安全生产风险监测预警建设实现在线监测。开展非煤矿山机械化、自动化、信息化、智能化“四化”试点建设。

（三）宣传教育培训

持续组织观看《生命重于泰山——学习习近平总书记关于安全生产重要论述》专题片 3000 余次，开展专题研讨、集中宣讲、培训辅导等 1.8 万场次，举办新任领导干部应急管理专题培训班 5 次，成立 3 个宣讲团开展“送安全生产宣传到基层”活动，深入开展“5·12”全国防灾减灾日、“安全生产月”、消防宣传月等主题宣教活动，大力普及防灾减灾、避灾逃生和安全常识。持续推进高危行业领域安全技能提升行动计划，累计培训考核企业主要负责人、安全管理人员和特种作业人员 14 万余人次。

第六章　辽宁省应急管理工作

2022年，辽宁省应急管理系统始终坚持以习近平新时代中国特色社会主义思想为指引，深入学习贯彻党的十九大、十九届历次全会精神和党的二十大精神，认真贯彻落实习近平总书记关于应急管理的重要论述，坚持人民至上、生命至上，践行“两个坚持、三个转变”，按照省委、省政府的部署要求，深入推进应急管理体制机制改革，有效防范化解重大安全风险，妥善应对处置森林草原火灾、洪水等自然灾害，全省安全生产形势持续稳定向好。

一、安全生产和消防安全

（一）全力推动安全生产责任落实

组织召开全省安全生产工作（专题）会议11次，分析研判不同时期安全生产形势，安排部署重点工作任务。组织修订《省委、省政府领导班子成员安全生产职责清单》，制定印发《省政府领导班子成员2022年度安全生产重点任务清单》，完善省领导的安全生产职责，明确重点工作任务。以省委、省政府名义出台《辽宁省进一步强化安全生产责任落实防范遏制重特大事故若干措施》，明确50条具体举措，进一步夯实各方责任。省安委会办公室、省财政厅、省应急管理厅联合出台《辽宁省安全生产领域举报奖励暂行办法》，进一步加强安全生产工作的社会监督，鼓励举报生产安全事故、非法违法行为和重大事故隐患。

（二）扎实推进安全生产专项整治三年行动巩固提升

组织全省各地区、各部门扎实开展安全生产专项整治三年行动巩固提升，全面总结评估各阶段工作任务。全省共制定《辽宁省城镇燃气条例》《辽宁省电梯安全管理条例》《辽宁省企业安全生产主体责任规定》等法规标准和制度措施1798项（省级233项，市级705项，县级860项），其中，《油页岩露天矿山安全规程》等填补了一些行业领域空白。三年行动任务基本全面完成，414项省级任务、8571项市级任务已全面完成。三年行动开展以来，全省各级、各部门共成立检查组7.02万个，督导检查22.66万次，检查单位62.37万家次。对安全生产违法违规行为实施行政处罚6.5万次，依法责令停产整顿3941家，暂扣吊销证照企业693家，依法关闭取缔企业326家，约谈警示29716家，移送司法机关425人。

（三）全面强化安全风险防范管控

4月，省安全生产委员会在全省范围内组织开展安全生产大检查工作，深挖彻查各重点行业领域事故隐患问题，大力推动安全生产十五条硬措施落到实处。9月中旬，印发《全省“防风险、保安全、迎二十大”安全生产集中攻坚工作方案》，开展重点行业领域安全生产集中攻坚行动。省安委会办公室每季度组织召开重大安全风险专题研判会，及时发布预警信息，印发风险研判专刊5期，指导各地、各部门科学防范重大风险，扎实推动安全风险分级管控和事故隐患排查治理双重预防机制有效运行。加强对元旦、春节、全国两会等重点时段安全生产工作的综合督导，特别是为确保党的二十大期间全省安全稳定，省安全生产委员会组成安全生产大检查综合督查组，开展全程驻在式、不间断的督导检查，党的二十大召开期间，实现了较大以上生产安全事故“零发生”。

（四）突出抓好重点行业领域安全监管

非煤矿山方面，持续推进非煤矿山和尾矿库安全风险防范化解工作，开展非煤矿山建设项目安全设施“三同时”制度执行情况专项检查。全面深化非煤矿山“五矿共治”综合治理，通过实施淘汰关闭一批，改造提升一批、重组整合一批、整合做大一批“四个一批”工程，严格矿权审批，整治淘汰不具备安全生产条件的小矿山，提升主要矿种最低开采规模标准，提升安全保障能力。危险化学品方面，扎实推进危险化学品安全风险“1+12+1”（1个总体方案，12个具体方案，1个保障方案）集中治理，完成496个危险化学品建设项目设计诊断、291家精细化工“四个清零”、23家硝化等高危企业督导核查、125套老旧装置安全风险深度评估、566家企业登记信息审核、252家企业双控机制数字化建设、132项油气管道外部隐患整改和22家已认定化工园区安全风险分级复核等工作。煤矿方面，深刻汲取省内外各类事故教训，以防范瓦斯、冲击地压、火灾、水害、顶板、机电、提升运输及爆破等事故为目标，以防“三超”、反“三违”等违法违规行为为重点，全面排查煤矿安全风险隐患。冶金工贸方面，开展全省工贸行业安全生产专项整治“百日清零行动”，清查整治“钢八条”“铝七条”“粉六条”“有限空间四条”等重点问题，对蔬菜腌制、皮革毛皮羽毛加工、造纸等轻工重点企业聚集县区开展有限空间作业专家指导服务。

（五）强化事故调查和警示教育

深刻吸取省内外各类典型事故教训，以案警示、以案促改，认真梳理2019年以来全省发生的56起较大事故，印发《关于进一步加强全省安全生产重点行业领域“以案促改”专项行动的通知》，深入分析事故原因，采取针对性措施，补短板、强弱项、堵漏洞，严防各类事故发生。省政府成立调查组对大连庄河“9·26”爆炸、朝阳凌源“9·29”火灾等较大事故实施提级调查，对12起较大事故进行跟踪和挂牌督办，通报2022年以来较大事故情况，督促有关地区和部门深刻吸取教训，坚持问题导向，举一反三抓好安全生产工作。

（六）消防安全

省人大常委会审议通过《辽宁省消防条例》，6部消防地方标准纳入制定计划。以党的二十大消防安保为主线，深入贯彻落实国务院安委会安全生产十五条硬措施，开展高层建筑综合治理、大型商业综合体“回头看”、危险化学品重大危险源企业交叉互查、自建房风险隐患整治、醇基燃料专项治理、打击假冒伪劣消防产品等行动，圆满完成北京冬奥会冬残奥会、全国两会、党的二十大等重点安保。常态化开展火调技术大讲堂和实战实训。组建“高、低、大、化、森林、核生化”等专业编队71支，建强130人的机动支队、150人的大连特灾机动大队，满编运行全省特勤队伍。组织石油化工、森林火灾、抗洪抢险、地震救援、冰域救援、战勤保障等实战演练1.9万家次，熟悉3.5万家次。编制政府采购、消防装备采购、总队机关采购管理规定，采购消防车173辆、装备器材9.8万余件（套）、灭火药剂1640吨，采购金额达5.14亿元，涉及供应商121家。升级应急装备物资保障管理系统平台，全省82种68万余件器材装备、2200台消防车辆全部赋码联网。全力投入新冠疫情防控任务，积极参与涉疫勤务，队伍内部保持零感染，防疫医疗机构和隔离场所实现“零火灾”。

二、防灾减灾救灾

（一）强化自然灾害综合监测预警能力建设

扎实开展自然灾害综合风险普查，按照统筹谋划、因地制宜、试点先行、协调推进的原则，全力推进住建等行业调查工作任务，全面完成全省10个行业部门的调查工作，并将相关数据汇交至国家行业部门。完成应急系统调查数据国家级质检核查，抽取辽阳灯塔市、阜新市阜蒙县两个县级行政单元，对全省应急系统调查对象各项数据指标进行认真核实，并通过国家核查。扎实开展自然灾害评估与区划工作，建立模块化对接机制，印发试点地区和全省评估区划相关方案，组建核心技术团队，定期召开工作推进会，调度相关行业部门数据汇交完成情况，全省评估区划任务全面开展。

（二）全力做好森林草原防灭火工作

加强高温、大风、干旱等特殊时段火险形势会商研判，会同省气象局及时发布高火险预警信息12期。会同省公安厅、省林业和草原局、省高速公路公司联合开展2022年森林草原防灭火跨区域应急机动能力演练。联合省公安厅、省林业和草原局开展严厉打击野外违法违规用火专项整治行动，积极争取省财政支持安排省级森林草原防灭火物资储备经费700万元。高效处置沈抚示范区“4·23”和铁岭市“5·24”等森林火灾，全省发生的10起森林火灾，均在24小时内扑灭明火，过火面积为222.08公顷，受害森林面积141.27公顷，森林受害率0.023‰。

（三）扎实推进救灾救助工作

强化灾前应急救灾物资储备，前置预置单帐篷、折叠床、棉被等应急救灾物资，及时向葫芦岛、辽阳、营口等8市调拨物资，组织调拨省级应急救灾物资11批次，8.5万余件，有效缓解各地防灾减灾救灾应急救灾物资储备压力。扎实做好冬春救助工作，争取中央冬春生活救助资金9805万元，对全省54.7万名受灾群众口粮、衣被、取暖等困难给予救助，并通过“一卡通”直接发放给受灾人员。组织全省开展农村住房保险工作，全省参保投保农户166.06万户，保费1659.29万元列入2023年度省财政预算。

三、应急救援

（一）强化应急预案体系建设

印发《辽宁省应急管理厅关于做好2022年应急预案编制修订和应急演练工作的通知》，对应急预案编制修订和应急演练工作进行安排部署，指导省（中）直有关部门完成食盐供应、突发重大动物疫情、防汛抗旱、海上船舶污染事故等省级专项应急预案的修订。指导各地区和有关部门完成制定本地区、本行业年度应急演练工作计划，督导70余个应急演练项目，确保演练工作取得实效。

（二）加强应急救援队伍建设

聚焦应急救援能力提升，依托重点项目推动应急救援队伍建设规划实施，强化矿山专业救援队伍专用救援装备及材料配备。组织开展应急救援队伍标准化考核，对10支省级矿山救援队开展队伍日常建设及救援能力标准化考核，有效推动省级矿山应急救援队伍标准化建设。引导社会志愿者应急队伍发展，组织开展社会志愿者培训演练，有效实现以演促练，提升志愿者队伍协同能力。

（三）全力做好汛期应急救援工作

2022 年汛期，各级各类抗洪抢险应急救援队伍全面进入临战状态，积极协调调度驻军、武警、消防救援队伍及水工程抢险、路桥抢修、通信电力保障等专业救援队伍和直升机等救援力量，24 小时备勤备战，组成 10 个督查组，开展主汛期防汛救灾督导督查，全力应对 17 次强降雨过程。在应急管理部的坚强领导和大力支持下，迅速组织力量，统筹各级各类应急救援队伍，紧急协调调运直升机、无人机、大型排水设备、小型工程用自卸翻斗车、抢险抓钩机、土石料等应急资源，全力保障溃口抢险和涝水强排，成功封堵溃口，保障人民群众生命财产安全。

四、基础能力建设

（一）构建应急管理规划框架体系

按照应急管理部和省委、省政府要求，构建以《辽宁省“十四五”应急体系发展规划》为统领，以《辽宁省“十四五”安全生产规划》和《辽宁省“十四五”综合防灾减灾规划》为支撑的省级“十四五”应急管理领域专项规划框架，为全省“十四五”应急管理工作提供了根本遵循和行动指南。指导全省各级政府主动对接承接国家及省规划主要任务，科学测算“十四五”规划目标指标，着力推动各地区谋划多灾种指挥中心、应急救援队伍等一批基础性、战略性工程，确保全省各级规划有效衔接。

（二）推进应急救援基础项目建设

综合全领域一屏统览应急管理驾驶舱、全方位一体化应急指挥调度系统、全链路一站式数据治理支撑体系、全场景统一应急管理业务应用平台、全要素一整套支撑平台 5 个建设项目内容，编制完成《辽宁省应急管理数字化平台建设项目实施方案》，顺利通过省大数据局审核并获批专项资金，有效推进省全灾种综合指挥中心建设。落实《全国森林防火规划（2016—2025 年）》部署要求，加速构建辽西、辽东、辽南“品”字形省级综合救援队伍战略布局，建设辽南省级直属森林消防综合救援队伍基地，推进省属森林草原防灭火救援能力建设工程，进一步强化省级直属队伍的基础保障能力和作战能力。

（三）加强应急管理信息化建设

贯彻落实应急管理部《关于推进应急管理信息化建设的意见》精神，坚持统筹发展、集约建设原则，统一建设内容、统一建设标准、统一工作步调，重点推广应用应急管理部统建应急资源管理平台、应急避难场所管理信息系统、应急管理“一张图”“天眼”卫星监测等应用系统，推动市、县级应急管理部门利用应急管理部和省应急管理厅统建的应用系统，指导各地区主动适应科技信息化发展大势，围绕指挥中心开展基础建设，提升安全生产监管和应急管理智慧化水平。

（四）强化应急管理宣传教育

持续开展学习贯彻习近平总书记关于安全生产重要论述活动，引导党员干部把思想和行动统一到党中央决策部署上来，全力维护全省安全生产形势稳定。深入开展新修改的《安全生产法》和安全生产十五条硬措施宣贯活动，突出安全生产“第一责任人”责任，督促企业主要负责人认真履行安全生产法规定职责，带头尊法、学法、守法，落实安全生产主体责任。制作 4 部应急管理公益广告，在省内主要媒体和各类公共场所电子显示屏播放。精心组织“安全生产月”、防灾减灾宣传周、安全宣传“五进”等活动，努力提升公众安全意识和应急避险能力。深入开展安全生产培训“走过场”专项整治，进一步健全完善全省安全生产考核体系，高质高效完成“三项岗位人员”考试63期，完成省（中）直生产经营单位主要负责人及安全生产管理人员考试2118人次。

第七章　吉林省应急管理工作

2022 年，吉林省应急管理系统坚持以习近平新时代中国特色社会主义思想为指引，深入贯彻党的二十大精神，按照省委、省政府的部署，全力抓好安全生产、防灾减灾救灾和应急救援工作，持续夯实应急管理工作基础，为全省经济社会健康发展提供安全保障。

一、安全生产和消防安全

（一）安全生产责任落实

省安委会办公室印发《关于进一步强化安全生产责任落实　坚决防范遏制重特大事故若干措施的实施意见》，以 44 条具体措施落实国务院安委会安全生产十五条硬措施，压紧压实地方党政领导责任、部门监管责任、企业主体责任，把安全生产纳入党委会议事日程和向全委会报告工作的内容，把安全生产工作纳入省委巡视内容。省纪委监委出台《关于加强全省安全生产领域监督工作的意见》，推动安全生产领域治理效能提升。

（二）安全生产专项整治三年行动

省安委会办公室印发《吉林省安全生产专项整治三年行动 2022 年“巩固提升”阶段任务工作方案》和《全省安全生产专项整治三年行动总结评估工作方案》。全省累计成立检查组 4 万个，督导检查 11.18 万次，检查企业 22.84 万户次，发现整改问题隐患 18.12 万处，责令停业整顿 511 户，约谈警示 0.48 万人。

（三）安全生产大检查

省安全生产委员会印发《关于开展全省安全生产大检查工作的通知》，部署开展 22 个重点行业领域检查任务。全省各级累计召开部署会议 8169 次，下发文件通知 52823 份，市、县党委政府领导累计 4039 人次带队开展督导检查，各级成立各类检查组 92828 个，检查企业 502488 家次，排查整治隐患 223264 个，约谈问责 3815 人，行政处罚 1965.27 万元。

（四）安全生产监督管理

全省累计执法检查煤矿 1144 矿次，查处一般安全隐患 3932 条，行政处罚 218 次，罚款 1002.1 万元，同比增长 202.2%。省政府收回委托下放的地下矿山、尾矿库，以及高边坡露天矿山安全生产许可和建设项目安全设施设计审查审批权限。关闭销号地下矿山 6 座、尾矿库 9 座。推进化工园区考核认定，完成 9 个 C 类化工园区省级复核、1 个园区深入评估。250 处重大危险源全部落实监管人员驻企包保盯守措施。全省烟花爆竹 100 家库房、302 家零售店、4530 个临时点实现“包点、包店、包库”责任制全覆盖。开展重大隐患专项治理，消除“钢 8 条”“铝 7 条”“粉尘 6 条”重大安全隐患。制定印发《关于压实消防监督管理主体责任的通知》，堵塞监管漏洞。全省 5173 处农村重点路口全部完成“坡改平”，安装有害气体报警装置 2322 套，71527 家使用燃气的餐饮企业全部完成燃气报警装置安装。

（五）消防安全治理与救援能力建设

深化消防安全专项整治三年行动，编

印15类重点场所消防安全管理指导手册。深化基层消防安全治理，指导全省乡镇（街道）消防救援委员会实体化运行，规范化开展消防安全检查和宣传教育培训，组织群众落实“三清三关”措施。全年共检查社会单位6.3万余家，督促整改火灾隐患4.3万余处，整改销案重大火灾隐患20家。立足“全灾种、大应急”需要，优化调整水域、地震、山岳、综合体、化工5类86支灭火救援专业队，举行化工、水域等4次跨区域实战、实装演练。开展灭火救援能力等级评定工作，培养1200名有国际救援资质的业务骨干。组建11个无人机中队，不断探索无人机搜救、侦查、测绘、灭火等实战应用。

二、防灾减灾救灾

（一）自然灾害基本情况

全年受灾人口80.85万人（次）；农作物受灾面积192.95千公顷，成灾74.03千公顷，绝收18.16千公顷；倒塌房屋18间，严重损坏房屋160间，一般损坏房屋527间；直接经济损失约16.04亿元。

（二）防汛抗旱

汛期，全省共迎来12场明显降雨过程，平均降水量534.7毫米，汛期降雨总量居1986年以来第一位。全省先后有203座水库超汛限水位，16条河流发生超警以上洪水，鸭绿江长白段发生1956年有实测记录以来第一位洪水。各地累计启动Ⅳ级响应148次、Ⅲ级响应11次。全省各地共出动各类巡堤查险和抢险处突人员36.9万人次，动用车辆机械设备8.33万台（套），累计投入抢险救灾物资价值3352.1万元，投入资金6247万元，预防性转移群众27505人次。减淹人口2.75万人，减淹面积65平方公里。7月12日，联合国家防汛抗旱总指挥部办公室在长春市举办吉林省2022年城市防汛应急实战演练，48个单位共2400人参加演练，14个省（区、市）线上观摩。

（三）地震和地质灾害

全年全省共发生2.0级以上地震8次，均未造成人员伤亡。发生各类地质灾害56起，其中，崩塌44起、泥石流10起、滑坡1起、地面塌陷1起，均未造成人员伤亡，直接经济损失约60万元。

（四）森林草原防灭火

全年全省实现森林草原火灾“零发生”，连续42年无重大森林火灾。

（五）航空护林

全年共租用11架次直升机，全年总计飞行202架次352小时49分钟。气象共发本场气象实况报868份，接收航站预报311份，接收重要天气预告图311份，接收高空风温预告图622份。探索开展了孤岛救援、重载吊装、空投救生圈、运送快反分队等航空应急救援科目训练演练。

（六）自然灾害救助

受地理、气候等诸多因素影响，局地发生风雹、洪涝、低温冷冻等自然灾害。省减灾办印发《关于认真贯彻落实习近平总书记重要指示批示精神扎实做好受灾群众生活救助工作的通知》。省应急管理厅联合省财政厅印发《关于组织开展2022—2023年度全省受灾群众冬春救助工作的通知》和《关于做好今冬明春受灾困难群众生活救助工作的通知》，明确省级冬春救助指导标准，省财政厅下拨国家和省级冬春救助资金8654万元，有效救助受灾困难群众37.28万人。

（七）第一次全国自然灾害综合风险普查

吉林省自然灾害综合风险基础数据库初步建成。省级评估区划工作有序开展，完成第一版《吉林省自然灾害综合风险评估技术报告》编制工作，实现省、市、县三级全部出台自然灾害综合监测预警制度实施办法（细则）。组织省级普查技术培训 33 次，累计培训 5400 余人，全省实现各级普查主要工作人员全覆盖。

三、应急救援

（一）应急指挥

联合省消防救援总队印发《关于建立火灾信息共享机制的通知》，进一步畅通火灾信息渠道。妥善应对处置“9·28”长春市高新区宏禹小油饼百姓餐厅爆炸事故。实行直达市（州）、县（市、区）的视频调度机制，节假日和重要时段调度各地安全防范部署情况 36 次，督促做好应急准备。

（二）应急值守

编辑《应急值班信息》286 期。对市、县两级应急指挥中心开展常态化检查抽查和特殊时期重点检查，共组织视频连线抽查 37 轮、电话抽查 112 轮，检查地区 564 个（次）。全年共受理 12350 举报 53 件，奖励金额 7.575 万元。

（三）信息报送

接报一般事故 42 起、较大事故 1 起、重大事故 1 起、自然灾害 4 起，其他突发事件 36 起。办理消防救援快报 72 期，核实网络舆情 66 件。接办蓝色气象预警信息 104 期、黄色气象预警信息 167 期、橙色气象预警信息 6 期。向应急管理部报送《应急值班信息》12 期，向省委、省政府报送《应急值班信息》21 期、《应急值班要情》54 期。

（四）预案编制

印发《吉林省生产安全事故应急预案》《吉林省森林草原火灾应急预案》《吉林省防汛防台风应急预案》等 7 个专项应急预案。印发《省安委办　省减灾办　省应急管理厅关于加快制修订应急预案的通知》，指导各地、各部门采用线上等形式加快推进预案制修订工作。召开推进中省直部门省级专项、部门应急预案编制修订工作会议，下发预案印发流程、风险评估和应急资源调查模板，明确预案审核报送资料清单，下发省专项预案名录。

（五）应急演练

省安委会办公室印发《2022 年度省级应急演练计划》，确定 104 项省级演练项目。四平市、白山市组织春季森林防灭火实战演练；辽源市、白城市组织危险化学品综合演练；白山市、延边州组织非煤矿山生产安全事故应急演练；省住建厅、交通运输厅、水利厅、地震局、人防办、通信管理局等 20 个部门所监管的重点行业领域，中国第一汽车集团公司等 13 户中省属企业完成年度重点演练项目。全年全省各地共开展演练 2.2 万场次，参演人员 258 万人次，出动装备 6.5 万台（套）。

四、基础保障和能力建设

（一）基层应急管理体系和能力规范化建设

制定印发《关于进一步推进乡镇（街道）、村（社区）应急管理体系能力规范化建设实施方案》。全省乡镇和街道共设置 958 个应急管理办公室，配备应急管理人员 4358 人，组建 958 个应急指挥部，村和社区共成立 11302 个应急管理领导小组，设置应急管理网格 58065 个，配备应急管理网格员 71663 人。

（二）应急管理数字化建设

开展重点企业监测监控预警系统建设，实现全省 48 家煤矿企业“电子封条”监控联网、27 家“头顶库”视频监控实时监测。推进全省370兆赫兹应急指挥窄带无线通信网建设，实现省应急管理厅与消防救援总队、森林消防总队、11个市（州）主城区和6个重点县（区）窄带通信互通。推进全省62家危化企业完成双重预防体系建设和数据对接。接入长春轨道交通集团地铁1号、8号线监控视频1842路。推广应用应急管理部“互联网+执法”系统，各地区依托系统开展线上执法检查3231次，检查企业2129家，录入执法文书10810份。

（三）应急管理法治建设

公开征集立法项目和地方标准制修订项目，修订《吉林省安全生产行政执法与刑事司法衔接工作实施办法》，征集的《吉林省突发事件风险评估和应急资源调查技术导则》等3项地方标准完成立项申报工作。省应急管理厅会同省检察院制定《深入贯彻落实“八号检察建议”加强全省安全生产溯源治理的工作意见》。制定印发《吉林省应急管理厅“八五”普法工作实施方案》，明确“八五”普法重点内容、重点对象和责任分工，落实普法责任。

（四）应急管理教育培训

全年共举办两期专题班。组织380人次参加省委组织部15期线上线下培训班。搭建吉林省应急管理网络学院省、市、县、乡、村五级架构，录入用户67000余名。制定干部教育培训“铸魂赋能”工程实施方案，建立责任清单和基础工作台账。

（五）应急救援力量建设

完成省级应急救援队伍装备购置项目，支持三支省级应急救援队伍购置装备394台（套）。推动吉林省中部应急救援中心项目建设，申报全年省级应急管理和灾害防治专项资金30.8万元。省安委会办公室印发《关于推荐相关省级应急救援队伍的通知》，确定省级建筑施工、城市燃气、供水抢修、通信抢修、道路交通等专业救援队伍7支。将全省乡村振兴13个重点帮扶县作为基层应急能力建设试点，申请全年省级应急管理和灾害防治专项资金30万元，支持通榆县、镇赉县、大安市、洮南市4个县（市）购置抢险救援装备，提升基层应急救援能力。

（六）应急救援航空体系建设

设计吉林省航空救援基地建设项目，申请全年省级应急管理和灾害防治专项资金80万元用于购置机载装备及空勤队员防护装备。持续推进汪清、辉南、丰满航空护林起降场建设项目，促进吉林省“一主四副”（以敦化基地为主，长白山站、汪清站、辉南站、丰满站为辅）应急救援航空体系形成。

（七）应急管理科普宣传

拍摄制作电气焊作业等警示教育科普短片16部，原创科普短片《突发事件应对与安全生活常识》纳入2022年全民科学素质建设重点项目资助扶持名单。在全省乡镇（街道）、村（社区）从事防御应对自然灾害的基层应急工作者中推选出20名先进典型，授予“最美基层工作者”称号。开展第二届“吉林好人·最美应急人”评选活动，10名同志获评“吉林好人·最美应急人”。全年在省级及以上主流媒体刊发新闻稿件1900余条，在省应急管理厅政府门户网站和微信公众号等网络平台共发布信息2708条，官方抖音、快手、微信公众号粉丝数合计达120余万人，年点击量超850万次。

第八章　黑龙江省应急管理工作

2022 年，黑龙江省应急管理系统深入贯彻落实习近平总书记关于应急管理的重要论述，坚守安全红线、落实安全责任，压茬推进“两节”、两会、北京冬奥会和冬残奥会、“五一”、国庆、党的二十大等重点时段安全防范工作，确保了全省安全生产形势总体稳定。

一、安全生产和消防安全

（一）压实安全生产责任

制定党政领导干部安全生产“两个清单”1512 个，实现省、市、县、乡“四级四覆盖”，出台“两个清单”层级备案制度，完成报备率 100%；1367 个乡镇（街道）建立安全生产委员会，进一步延伸安全责任链条。增加省安委会成员单位 8 家，进一步扩大监管覆盖面；13 个市（地）、131 个县（市、区）全部制定重点行业领域重点环节监管职责清单。

（二）注重安全生产监督管理

出台“四十六条”重要举措，逐一落实责任单位、完成时限。梳理国务院安全生产委员会和省安全生产委员会部署的 22 个专项行动，将矿山、交通运输、建筑施工、城镇燃气、消防、危险化学品、特种设备等 14 个重点行业领域作为大检查重点，有效防范群死群伤事故。6796 户企业达到安全生产标准化三级以上标准，18580 户企业完成安全风险分级管控和隐患排查治理双重预防机制创建任务。开展“安全生产月”系列活动，组织观看《生命重于泰山——学习习近平总书记关于安全生产重要论述》《黑龙江省生产安全事故警示录》892509 人次。

（三）深化安全生产专项整治

制定《迎二十大安全生产百日攻坚战方案》，组织 14 个重点行业领域开展为期一周的再排查再整治，整改隐患问题 20744 项。在重要节点召开 12 次调度会，制定 8 张调度表，每周调度重点攻坚情况，以排名列榜形式每 2 周通报一次，推动目标任务落实。组织 13 个综合督查组分赴各市（地）驻地督查，针对 92 个“是否”到位深入督导。省人大常委会成立 6 个工作组，针对“一法一例”、责任落实开展专项监督检查。扎实推动 22 个专项行动，分 14 个行业领域开展“阻击战”。聚焦城镇燃气经营、充装、输送配送、使用和燃气具生产销售 5 个环节，开展“34555”（三提、四个贯穿始终、五个目标、五个整治、五个落实）专项行动及“百日行动”、房屋安全排查整治、交通运输安全生产“百日行动”和电动自行车安全整治，全省共派出各类安全生产工作组 114078 个，检查单位 395425 家，发现一般隐患 441545 项、重大隐患 147 项，关闭取缔 86 家，停产整顿 995 家，暂扣吊销证照 10 家，追究刑事责任 222 人，曝光单位 1141 家。

（四）消防安全

开展消防安全大检查、迎二十大消防安全百日攻坚行动、城镇燃气消防安全、电动自行车整治、冬春消防安全专项整治等工作，共检查社会单位 22.7 万余家，督促整改火灾隐患33.4万余处，打通生命通道2.5万余条，挂牌督办重大火灾隐患83处。全省累计设置前置执勤点5642个，在全国两会、北京冬奥会和冬残奥会、党的二十大及暴雨暴雪极端天气等重要节点前置执勤力量3.1万余人次。将“十四五”消防事业发展规划任务纳入《省级国土空间规划》《“十四五”平安黑龙江建设规划》和《“十四五”科技创新规划》，全省13个地市以市政府名义出台“十四五”消防规划，全省落实地方消防指标批复13.7亿元，购置消防车135辆、装备器材7万余件（套），314个乡镇街道挂牌成立消防工作所，消防安全基础得到有力夯实。

二、防灾减灾救灾

（一）全面推进灾害风险普查

制发年度普查工作要点和“一省一县”“一省一市”试点及全省评估与区划工作方案。建立工作进展周报机制，组建涵盖5个单灾种和综合领域共58人的评估区划专家库，39人通过国务院普查办评估区划业务考核，市、县参照省级模式组建1618人的专家团队。全行业调查数据全国第四位通过国家级审核，累计获取了7个行业、1300余万条基础信息，完成101项、2900万余条数据的汇交和综合性审核工作。完成“一省一县”“一省一市”评估区划试点任务，分别提交28项和92项成果报国务院第一次全国自然灾害综合风险普查领导小组办公室。全面启动评估区划任务，省级评估区划形成初步成果和技术报告。“普查成果应用方向探索分析”课题获全国16个优秀课题项目之一，5件普查宣传作品全国获奖，被评为省部级优秀组织单位。

（二）抓好森林草原防灭火工作

印发《贯彻落实〈关于全面加强新形势下森林草原防灭火工作的意见〉的若干措施》。深化“三清单一承诺”工作机制落实，共确定包保责任人、签订备案承诺书33860人、64731份，派出检查组15339个，出动人员28.9万人次，重点督导包保责任落实。深入贯彻落实《关于落实林长制做好当前重点工作的令》，进一步压实10698名林长、80000名专职护林员主体责任，精准抓好防控责任落实。组织开展“隐患排查整治和查处违规用火行为”及“林牧区输配电设施火灾隐患排查治理”专项治理行动。共制定专项行动方案1377个，教育劝阻人员10849人，排查火灾隐患2738处，整改率100%，排查隐患线路339条、8588公里。

（三）有力有序应对汛情险情

对285名防汛抗旱行政责任人和城市防汛行政责任人在主流媒体进行公示，印发《关于健全落实防汛抗旱工作责任制的通知》，明确8类防汛抗旱责任人，全省累计落实责任人3.32万人次。举办全省防汛行政责任人培训班和应急管理大讲堂，累计培训4150人次。吸取河南郑州“7·20”特大暴雨灾害教训，建立度汛隐患排查清单，明确6类隐患排查重点，全省共排查整改问题隐患1269处。累计发布水情预报40期、降雨洪水预警信息224条，发布雨水情预警信息3万余条。累计启动应急响应117次，其中省级启动6次防汛四级应急响应。妥善应对21次强降雨过程，投入巡堤查险人员6.26万人次，派出工作组、专家组2419人次，投入抢险队伍2.95万人次，累计投入资金4392.7万元。

三、应急救援

（一）完善应急预案体系

组织修订《黑龙江省政府突发事件

总体应急预案》和《全省生产安全事故应急救援预案》等专项预案。印发 2022 年全省应急演练计划，组织各市地按照演练计划开展应急演练。以演筑防、以练备战，着眼实战演练，立足防大洪、抢大险、救大灾，在防山洪演练中发现问题、制定整改措施、提升避险能力为目的，举办水域特种装备专业技能救援演练，持续擦亮“龙威”系列演练品牌，全年开展各类预案演练 4103 次。

（二）加强安全风险研判

组织 12 个月度灾害综合风险会商和 3 次重点时段重点领域安全风险专项研判，及时发布中高考安全风险提示。每月动态研判灾害风险等级，每季度下发市地灾害风险会商情况通报，制定灾害风险隐患信息报送年度工作安排，指导 45 个县（市、区）制定处置流程，信息报送员绑定率 95%，开展培训 305 次、1.9 万余人（次），收集上报 18 个成功避险案例，报送信息 745 条。

（三）做好应急值守工作

突出重要时期及重大节日等关键节点，及时调整值班力量，强化视频调度。从严落实《灾害性（极端）天气短临预警超常响应流程》，及时推送预警预报各类信息 98 次，及时调度预警防御及雨雪情、险情、灾情信息，短临预警预报推送工作有效落实。服务保障视频调度会议 257 次，向省委、省政府及应急管理部报告生产安全事故、火情、险情、灾情及敏感事件 35 次，报送节日值班信息 43 次，先后组织开展值班抽查 40 多轮次。

（四）加强应急队伍建设

扎实开展能力作风建设年，总结提炼出应急管理干部应具备的“八个方面基本作风”和“五个方面基础能力”。完成 14 名市地应急系统领导班子人员调整审核备案。与哈尔滨工业大学联合举办全省应急系统领导干部能力提升网络培训，完成 526 名市、县两级应急部门班子成员和厅机关处级干部培训。组织全系统 3605 人参加党十九届六中全会精神、党二十大精神网上培训。

（五）“7·5”伊春爆炸坍塌救援

事故发生后，伊春市迅速启动应急响应，市委、市政府有关领导、相关部门负责人第一时间赶赴现场成立了现场救援指挥部，迅速开展救援。省应急管理厅、省住建厅、省消防救援总队领导带队先后到达事故现场，指导抢险救援工作。应急、消防、公安、住建、卫健等部门共 529 人参与现场救援，调集救援设备、车辆 33 台。在残存建筑构件仍然处于不稳定、救援作业易造成再次坍塌情况下，通过采用“逐层剥离、探测搜救”等战术、机械吊升和人工挖掘相结合的方式逐层清理，至 7 月 6 日 8 时 32 分，2 名失联者遗体全部找到，现场搜救未造成次生事故。

（六）“7·12”黑河五大连池山洪灾害救援

7 月 12 日 19 时许，受小区域瞬时强降雨影响，黑河五大连池市发生局地山洪灾害，9 名人员失联。山洪灾害发生后，黑龙江省高度重视，省主要领导立即赶到省应急指挥中心，调度指挥救援工作，组织会商研判，并委派副省长带领省应急管理厅、水利厅、消防救援总队和森林消防总队相关人员，连夜赶赴现场。在省委、省政府统一部署下，协调调动全省各方面力量参与抢险救援工作。现场共投入救援力量 1491 人，投入各类抢险设备 156 台（套）。部救援协调局、紧急救援促进中心相关同志赴现场指导救援工作，在现场指挥部的统一调度指挥下，各救援单位克服诸多困难，不断调整方案、创新战法，通过坚持不懈努力，现场救援活动取得显著成效。经全力抢险搜救，1人成功获救，6人遗体被发现，2人仍失联。

四、基础保障和能力建设

（一）提升基础支撑能力

稳步推进实施全省“十四五”应急体系建设规划和智慧应急管理信息化建设规划，出台《黑龙江省贯彻落实〈“十四五”国家综合防灾减灾规划〉实施方案》。积极推进省级综合救援队和培训训练场地及设施工程建设，开展直升机临时起降场建设项目可行性研究。加强避难场所建设，出台《自然灾害应急避难场所基本要求和使用规范》。13个市（地）指挥中心80%达到一级标准，四煤城及森林防火、防汛抗旱45个县级重点指挥中心80%达到二级标准，更新应急指挥系统数据1.6万条。加强应急管理信息化建设，国家“智慧应急”试点建设位列全国前三，建设成果被《中国电子政务年鉴》收录，获评“2021年度智慧应急典型案例”；全国首家完成应急管理数据服务总线部省级联；深入迭代开发综合应用平台子系统14个，平台数据总体量达到333.2亿条；开展应急管理信息化“大比武、大练兵”，信息化应用水平明显提高，系统用户总访问量同比增长4.3倍。

（二）建成物资保障网络

建立以省级哈尔滨库为中心，以齐齐哈尔、牡丹江、佳木斯、黑河、大兴安岭、克东、鸡西、伊春、绥化9个省级分库为支撑的“1+9”保障网络（即1个省级中心库、9个省级分库），2021年中央资金支持的17个市县应急物资储备库全部完成建设，补充省级救灾、应急防疫物资308万元和1526万元。推动13个市（地）和45个防汛重点县（市）建立救助资金和物资保障机制，落实救助资金2810万元，完成“受灾群众转移安置工作协同联动机制”试点工作。

（三）提升应急救援能力

推进东北区域救援中心开工建设。与大庆油田、省人防办等单位签订《响应协同行动备忘录》，成立110人的黑龙江省冰雪救援突击队、30人的无人机救援中队，命名输气管道、排水、工程、气垫船4支抢险突击队，冰雪、航空等应急救援能力不断提升。

（四）加强制度机制建设

印发《黑龙江省安全生产责任保险实施细则》，为企业提供安全保障280亿元。加强应急管理法治建设，完成《黑龙江省应急管理条例》修订工作。健全完善制度机制，出台黑龙江省森林草原火险预警响应措施清单、灾害性（极端）天气短临预警超常响应流程、黑龙江省人民政府防汛抗旱指挥部工作规则和联络员管理办法。

（五）培育社会安全文化

开展全国防灾减灾日和国际减灾日宣传活动，省委主要领导到省防震减灾科普馆调研指导，全省共开展集中宣传培训演练1537场次，发放宣传品72.9万份，推送公益短信2756万条、防灾减灾知识18695条次，央视《新闻联播》、新华社客户端、《人民网》等多家媒体作了报道。开展“安全生产月”活动，全省制作公益广告、海报、短视频、提示语音等10万余条，宣传受众300万余人次。强化警示教育，组织观看《生命重于泰山——学习习近平总书记关于安全生产重要论述》《黑龙江省生产安全事故警示录》89万余人次。

第九章　上海市应急管理工作

2022 年，上海市应急管理系统认真贯彻落实习近平总书记重要指示批示精神和党中央、国务院决策部署，按照疫情要防住、经济要稳住、发展要安全总要求，持续动态研判城市综合安全形势，跟进制定防范举措，狠抓风险隐患排查治理，狠抓“十四五”规划落地见效，确保城市安全运行整体平稳，为党的二十大胜利召开和本市新冠疫情防控、经济恢复重振营造了良好的安全环境。

一、安全生产与消防安全

（一）强化统筹部署，全面压实安全生产责任

召开 2022 年全市安全生产、防灾减灾和消防工作会议暨市人大安全生产综合执法检查部署会议。推动各级党委政府健全安全工作机制，及时深入学习贯彻习近平总书记关于安全生产和防灾减灾等重要指示批示精神，定期研究解决城市安全重大问题，制定党政领导干部安全生产职责清单和年度任务清单。深化落实国务院安委会安全生产十五条硬措施，市安全生产委员会印发《关于进一步强化安全生产责任落实坚决防范遏制重特大事故的若干具体措施》（本市“78 条”），积极开展相关宣传解读、督导检查，全面压实各级党政领导责任、属地管理责任和部门监管责任，并综合运用执法检查、标准化、诚信体系、举报监督等手段，狠抓企业主体责任落实。

（二）完善责任体系，防范化解消防安全重大风险

获批实施《上海市消防专项规划（2023—2035 年）》，修订《社会消防组织管理规定》，出台 5 个、立项 6 个消防地方标准，连续第 12 年推出消防实事项目。将消防重点工作纳入市级巡查检查和督导考核范畴，挂牌督办 84 家市、区两级重大火灾隐患单位，集中约谈发生较大火灾的区政府，指导各级政府调查处理 32 起有人员死亡和社会影响的火灾事故。深化学校、大型商业综合体、轨交站点等行业单位消防标准化管理，召开医疗、宗教等重点场所消防标准化管理现场会。实施消防安全专项整治三年行动和消防安全大检查，扎实推进自建房、厂库房、高层建筑、商业综合体、冰雪活动场所、电动自行车等重点场所和领域专项整治，对 797 起单位火灾予以追责。

（三）突出防范重点，狠抓专项行动隐患整治

完成全市首轮安全生产和消防专项巡查，实现 16 个区巡查全覆盖，发现整改问题隐患 1582 项。结合“三年行动”整治攻坚和本市安全生产领域大走访、大排查，扎实开展全市安全生产大检查、冬春安全隐患专项排查整治专项行动，统筹协调推进危险化学品、自建房、燃气安全、消防等重点领域专项整治和工贸行业“百日清零行动”。制定本市安全生产专项整治三年行动总结评估工作方案和工作指引，梳理总结工作成效和制度成果，3 年来全市共上报一般隐患 179.7 万项，已

整改170.1万项，整改率94.7%；重大隐患272项，已完成整改267项，整改率98.2%；责令停产整顿企业3773家、暂扣吊销证照99家、关闭取缔822家、约谈警示17121家、联合惩戒659家。市、区两级共解决突出问题232项，出台制度措施715项。扎实开展为期1年的危险化学品安全风险集中治理，11个专项工作有序推进。会同市消防救援总队，完成2批次全市危险化学品重大危险源全覆盖检查督导。强化工贸企业安全工作的规范化管理，扎实推进企业安全生产标准化创建达标，全市工贸安全生产标准化等级企业达到6003家（一级10家、二级1357家、三级4636家）。

（四）坚持依法行政，有序推动执法和政务服务能力建设

组建市、区两级应急管理执法队伍，举行市应急管理局执法总队成立大会暨揭牌仪式，组织全市应急管理系统综合执法队伍统一制式服装和标志仪式，市、区两级应急管理局行政执法人员编制达到535名。进一步规范完善应急管理行政处罚工作，印发并组织实施《上海市应急管理部门行政处罚裁量规则》《关于进一步完善本市应急管理系统安全生产分类分级执法的意见》《上海市应急管理部门安全生产领域轻微违法行为依法不予行政处罚清单》等文件。扎实开展安全生产培训“走过场”专项整治，加大对培训机构的事中事后监管力度，制定出台《上海市安全生产资格考试机构和考试点管理暂行办法》，切实提升本市安全培训考核的规范化水平。指导浦东新区应急管理局在中国（上海）自贸试验区内，探索危险化学品经营（无储存）许可证核发实施告知承诺改革试点。推进减证便民提质增效，优化全程网办，压缩办理时限，20余项简易事项当日即办。对申请材料中本市部门核发的25种证照实现免提交。处理群众诉求2740件，办理68件建议提案，加大举报奖励力度，提升城市安全群众参与度。

二、防灾减灾救灾

（一）坚持防救结合，提升突发事件应对处置能力

持续推进第一次自然灾害综合风险普查，确保年度国家指定任务完成。编制出台《上海市综合防灾减灾规划（2022—2035年）》。有序推动城市安全风险综合监测预警试点建设，指导浦东、黄浦、松江3个区完成燃气、供排水、桥梁、电梯等城市生命线工程和城市洪涝等安全监测预警系统阶段性建设任务。印发《上海市防汛指挥部关于进一步规范全市防汛防台应急避难场所管理保障工作的通知》，制定应急避难场所运行管理保障标准，牵头落实全市防汛防台应急避难场所1380处、实现77万人转移安置能力，有效应对“轩岚诺”和“梅花”台风等灾害性天气。积极发挥市森林草原防灭火指挥部办公室作用，适时开展专项督查、检查等，务实抓好抓细森林防灭火工作。

（二）勇于担当作为，坚决服务新冠疫情防控大局

大上海保卫战期间，保持应急储备物资紧急调运机制，为新冠疫情防控提供各类应急物资近50万件，报请应急管理部，并协调江苏、安徽省应急管理厅连夜调拨11.2万件折叠床、被等应急物资。做好志愿服务队伍来沪协调，对接兰州应急管理局，协助山河救援志愿服务队支援开展重点场所预防性消杀工作。全力确保方舱医院、集中隔离点等重点场所安全运行，抽调市、区两级应急系统和市消防救援总

队骨干900余人对8家市级方舱医院驻点开展安全督导；对新冠疫情高峰时期的144家市区两级方舱医院、613家隔离酒店、44处隔离用房、202个援沪医疗团队驻地、81家防疫物资生产（储存）企业，进行不间断安全和消防督导检查，督促整改各类隐患16000余处。牵头市防控办监督指导组工作，组成多批次专项督导组，持续展开重点领域、重点部位、重要环节疫情防控督导检查。积极助企纾困，新冠疫情防控期间，通过“一网通办”为约4.1万特种作业人员、3800名高危行业生产经营单位负责人及管理人员提供过期证书复审、证书延期复审的政策查询和业务办理。

三、应急救援

推动街镇成立消防安全委员会及其管理办公室，新建349个单位和社区微型消防站。“一网统管”升级平台，接入730万个物联感知点位、26万个消防技术服务执业项目、35个消防数字体征。统筹推进灭火救援现代化三年行动和“一短三快”机制改革，建立警情跟踪、指挥前置、联席指挥、分片响应、专家值守5项调度指挥机制，将9500余家微型消防站纳入可视化调度指挥平台。

根据年度市级应急演练计划，指导完成82项市级专项、单元和重大活动预案，实现街镇预案全覆盖，相应开展“沪应-2022”危险化学品船舶应急处置综合演练等30多项实战演练，联合救援模式得到优化提升。妥善处置外高桥电厂“2·15”坍塌、青浦区“11·9”爆燃2起较大事故以及上海石化“6·18”爆炸事故。加强重点时段领导24小时带班和应急备勤值守，确保党的二十大、上海市第十二次党代会、第五届中国国际进口博览会和重要节假日期间全市城市运行安全稳定有序。

四、基础保障和能力建设

（一）塑造安全文化，扩大应急管理交流合作

根据市人大安全生产和城市运行安全综合执法检查部署，系统推进《上海市安全生产条例》等7部涉及城市运行安全的法规贯彻实施。认真组织开展第14个全国防灾减灾日和防灾减灾宣传周主题宣传，巩固“安全生产月”活动成效，持续深化《安全生产法》《上海市安全生产条例》宣贯，编发《上海市安全生产条例（释义）》，通过知识竞赛、专家宣讲、短视频等形式，切实引导全社会提升安全生产法治意识。组织展开安全生产“责任主体谈主体责任”系列活动，营造安全生产共建共治共享的良好氛围。进一步加强应急管理工作成果专题宣传，利用新闻发布会和“民生访谈”“中国上海”门户网站等直播节目，解读安全生产和各项风险应对机制等。组织危险化学品全过程监管信息系统（一期）项目验收，拓展开发危险化学品领域安全生产“企业码”。部署应急管理综合应用平台PC端，实现应急管理业务系统全量全域上线。充分发挥长三角应急管理专题合作组轮值方作用，协力形成长三角一体化危险货物道路运输联防联控协议和任务清单，并在2022年长三角地区主要领导座谈会上签约。牵头组织召开2022年长三角应急管理专题合作工作会议。第五届中国国际进口博览会期间，根据应急管理部总体部署，承办召开虹桥论坛应急管理分论坛和地方应急管理国际合作交流工作座谈会。及时协助落实对口援助任务，向受灾严重的福建、青海、四川三省灾区发送慰问电、拨付援助资金1300万元。

（二）立足事业发展，打造高素质专业化应急队伍

针对新冠疫情影响，科学制定调训、培训计划，采取线上和线下相结合的方式，组织开展2022年新公务员入职培训和各类业务培训，努力提升本市应急系统人员业务素质能力。建立优秀年轻干部信息库，进行动态管理并跟踪完善。根据局有关职能调整变化，制定机关干部处室交流方案，逐步推开常态化干部轮岗交流，丰富任职经历，促进工作能效提高。认真落实应急管理部干部双重管理要求，先后审核回复各区应急管理局班子成员调整征求意见16人次，参与班子正职考察2人次。严格干部管理，细致组织局系统领导干部年度个人有关事项报告年度填报、随机抽查、重点查核、查核验证等工作。加强日常绩效考核，并把季度考核结果作为年度考核的重要依据。积极开展争先创优，强化正向激励，全年先后有5名个人、1个集体分别获评市“人民满意的公务员”、市“五一劳动奖章”等奖项。

第十章　江苏省应急管理工作

2022年，江苏省应急管理系统深入贯彻习近平新时代中国特色社会主义思想和党的二十大精神，持续深化提升专项整治，大力推进应急管理体系和能力建设，全面强化防灾减灾救灾工作，有效防范化解历史罕见长时间持续高温给安全生产带来的风险挑战。

一、安全生产和消防安全

（一）切实推动安全生产责任落实

压紧压实党政和基层责任。完善省委常委会成员、省政府领导班子成员2022年安全生产重点工作清单，调整增补省安全生产委员会领导和成员，省委、省政府领导带头落实“党政同责、一岗双责”，履行年度重点工作清单。发挥巡查作用，对经济体量大、监管任务重的8个县（市、区）开展“下沉式”巡查，督促整改104项责任不落实问题、142项重大风险隐患。抓好省级部门及中央驻苏单位安全生产工作职责任务清单落实，严格执行警示提示、约谈通报制度，理顺电力安全监管机制，推动住建、商务、市场监管和消防救援等部门协同联动、向前一步落实城镇燃气监管职责。研究推进基层监管机构队伍建设，推动全省“九小场所”配备专兼职消防安全员80多万人。

严格落实企业主体责任，深化工业企业风险报告，全省32.4万家企业完成风险定期报告；提升风险报告质量，各级监管部门对1.9万家企业开展风险报告网上巡查；对1.8万家企业开展风险报告执法检查，立案2188起。全面推进安全生产标准化建设，健全评审质量监督机制，加强对新申请二级标准化企业的抽查复核，重点提高危险化学品生产许可企业、非煤矿山等行业领域现场复核比例，对615家危险化学品生产企业二级标准化达标进行质量审计。

（二）全力防范化解重大安全风险

纵深推进“三年大灶”，印发深化提升安全生产专项整治三年行动的意见，明确13个方面40项重点任务，13个设区市、31个省级部门和单位分别研究细化了904项、359项任务。围绕“防风险、保安全、迎二十大”主线，省、市、县三级837个督导检查组加密频次，持续开展驻地督导、联动督导，实地检查企业和单位4万余家，整改问题隐患8万余个，形成总结评估报告、典型经验做法和制度成果标准。

深入开展大检查，将国务院安委会安全生产十五条硬措施细化为50条检查内容，制定“一表三清单”[《安全生产大检查情况汇总表》《安全生产大检查突出问题清单》《安全生产大检查重大隐患清单》《安全生产大检查重点任务推进落实情况（部门）》]，盯紧春节、北京冬奥会、党的二十大等重要节点，实行“一日一研判一调度”，及时提示提醒，部署防范措施。从严落实国务院安全生产委员会“回头看”要求，明确深化自查等7个方面主要内容，全面整改“回头看”督导检查任务。

扎实组织百日攻坚行动，坚持“小切口、抓关键”，细化明确11个重点领域84条攻坚内容，形成“1+11+N”攻坚体系，加强调度督促，狠抓企业自查自改，省级层面明确的11个重点行业领域企业（单位）100%完成自查，设区市层面明确的攻坚领域企业（单位）6.21万家完成自查，整改发现问题隐患11.4万处。强化专项检查核查，全省共派出检查组3.77万个，检查企业70.37万家次，发现涉及重点行业领域攻坚事项的问题隐患15.83万个，整改率98.7%。

组织开展冬季专项治理行动，聚焦危险化学品等10个重点行业领域、50条治理内容进行排查整治；针对面广量大的中小型工业企业，从火灾防范等方面明确10条硬措施。加强专项督查，督促企业全面自查自纠，加强隐患跟踪督办，加大监管执法力度，确保风险隐患闭环整改、动态清零。

（三）全面提高安全监管执法效能

推行精细监管，危险化学品方面，强化源头管控，严格审查危险化学品生产企业安全生产条件，加强事中事后监管，推进工作重心由重事前审批向统筹兼顾源头审批和事中事后监管转变，核查企业426家，不予许可90家。强化老旧装置改造和管控，摸清全省涉及老旧装置企业105家、老旧装置251套，完成自查评估和深度辨识评估，对19套较高风险老旧装置按照“一装置一策”落实整改，对一般风险和较低风险232套老旧装置落实常态化管控。强化全流程自动化提升，出台重点化工企业全流程自动化控制改造验收规范，651家重点化工、医药生产企业完成改造验收。推广微通道、微反应器等连续流技术，27家硝化企业中7家完成改造应用。冶金等工贸方面，6家钢铁企业建成“智慧中心”，23家有转炉的钢铁企业全部砌设转炉防爆墙，23家有煤气柜的企业有16家实现柜区无人值守。退出、转型17家铝加工（深井铸造）企业，淘汰固定式熔炼炉46台、钢丝绳提升装置15套。271家粉尘企业大幅压减涉粉作业人数，工业企业风险报告系统粉尘每日清扫“打卡”率100%。矿山方面，煤矿建成18套“二道门”装置，实现冲击地压危险作业区域生产期间超9人自动报警断电，5个煤矿全面建成万兆工业环网、大数据中心和综合信息管理平台，实现煤矿安全生产数据规范化集成、重要设备智能化控制，有冲击地压危险工作面全部实现智能化采掘，建成18个智能化采煤面、39个煤巷掘进面。

严格精准执法，实施“三位一体”执法模式（在开展安全生产监督检查过程中，采用“启动会+现场执法检查+总结会”“企业主要负责人+安全管理人员+岗位操作员工全过程在场”和“执法+专家”的工作模式），固化执法检查“十步法”（严格执行执法计划、精准编制检查方案、统一执法制式着装、规范使用执法用语、现场签到实时上传、全程视频拍摄记录、全部上线执法系统、精细制作执法文书、严谨科学调查取证、闭环隐患整改复查），实现执法现场、执法卷宗“线上”动态实时跟踪管理，全省应急管理系统使用执法系统开展检查6万次，立案2.5万件。推进执法改革，13个设区市执法机构全部挂牌，在重点县（市、区）成立118支专业执法中队，单独设置派驻执法中队62支，分区域设置派驻执法中队234支；全面提升执法信息化水平，配置一批装备充实到执法一线，实现线上线下协同监管。

强化事故调查处理，挂牌督办较大事故，全省工矿商贸领域较大事故挂牌督办率 100%。加强事故调查评估，对盐城“4·4”重大道路交通事故、苏州吴江区“7·12”四季开源酒店辅房坍塌事故防范和整改措施落实情况进行评估。

推进安评机构监管常态化规范化，探索建立以信用监管为基础的新型监管模式，对信用良好的机构，减少日常监督检查频次，对信用不良的机构，将其列为重点监管对象，加大检查力度。

（四）扎实推进消防安全工作

全年累计检查单位 17.6 万家次，督促整改火灾隐患和消防安全违法行为 21.1 万处，火灾起数和亡人数同比分别下降 21.88%、20.27%，全省连续 23 年未发生重特大火灾事故。修订出台《江苏省消防条例》《火灾事故调查处理规定》《住宅物业消防安全管理规定》等法规规章，统筹推进 15 类重点场所专项治理，采取重点攻坚措施，集中挂牌督办 248 家存在重大消防安全隐患单位，督促整改销案 379 家，切实解决威胁群众消防安全的“老大难”问题。推动全省 67.3 万个“九小场所”配备 81 万名专兼职消防安全员，研发推广“消防安全码”，4000 余万人扫码学习消防安全知识。全省消防救援队伍共接处警 14.8 万起，成功处置了“3·8”镇江新区建筑工地火灾、“5·24”常州武进区民房坍塌、“10·29”南京金盛百货火灾等一系列急难险重任务，实现作战训练“零伤亡”。筑牢后勤保障根基，全省累计投入地方消防经费 51 亿元，开工新建消防站 107 个、投勤 130 个。投入 19 亿元采购特种攻坚车辆 437 辆、专勤器材 23 万件。建成 200 座战勤保障库室，组建“六车联保”车辆 14 套，明确 32 类战勤操法。

二、防灾减灾救灾

（一）强化监测预警

常态化视频调度受灾地区风情雨情灾情和防范应对措施落实情况，及时发布大风、暴雨、浓雾等各类预警信号和重大气象信息，全网发布提醒短信 22 条，覆盖 3.53 亿人次，实现重点区域所有号码全覆盖。建成全省灾害预警信息应急广播发布系统，联通全省 9 万余个应急广播“大喇叭”，实现预警发布入村到户，省级播发预警信息 11 次、各设区市播发 412 次，覆盖 6.1 亿人次；联合省气象局发布高温预警信号 2121 条，其中红色预警信号 214 条，预警短信覆盖 1953.5 万人次。

（二）强化指挥调度

健全提示单长效提示、视频调度和工作群滚动提示相结合的工作机制，重点时段实行每日早中晚三会商，下发省气象灾害应对工作提示单 41 份、防汛防台工作提示单 16 份，督促指导做好防范应对。吸取河南郑州“7·20”特大暴雨灾害教训，摸清全省 537 处城市重要易涝点，落实“一点一策”治理方案。投入 1300 万元为各设区市配备便携式卫星通信装备，确保“三断”情况下指挥调度的畅通高效。

（三）强化应急处置

针对“7·20”龙卷风灾害，加密会商调度频次，及时派出 2 个工作组赴受灾地区，现场指导督促做好人员转移安置、受灾现场安全管控等工作。成功应对第 11 号、第 12 号台风，累计撤退转移人员 210035 人，回港避风船只 19524 条。有序应对徐州铜山 3.3 级等地震，督促指导震区做好重点领域隐患排查，严防次生灾害。强化地质灾害防范和应急准备，开展 5 轮森林防火实地督查，全年无森林火灾和人员伤亡。

（四）提升防灾减灾基础

全面完成第一次全国自然灾害综合风险普查，先行开展省级评估区划，推进普查成果应用，建设自然灾害综合监测预警系统，建成全国综合减灾示范社区975个。

三、应急救援

（一）完善应急联动机制

加强与交通运输、海事、海警、铁路、民航等部门以及省军区、武警江苏总队等部门协同协作，建立健全应急联动协同、常态业务协调、信息动态通报和资源协同保障等机制。会同省气象部门修订《江苏省突发事件预警信息发布管理办法》，建设外省到苏人员突发事件实时预警信息发送平台、突发事件预警短信发送专用通道。

（二）加强应急能力建设

推进应急预案体系建设，推广南通市海门区基层“1+13+X+Y”[包括1个总体预案、13个共性（必备）专项预案、X个个性（选用）专项预案、Y个村居（社区）现场处置方案和企业、学校、医院等单位安全生产应急预案]应急预案体系建设经验，省级层面编制42件总体和专项应急预案，修订自然灾害和事故灾难应急响应工作手册、一图一表，编制《江苏省应急演练评估规范》《长三角区域事故灾难应急演练评估指南》。进一步规范基地队伍建设，会同省财政厅出台省级应急救援专业骨干队伍和救援基地管理办法，下发省级补助资金3280万元，加快推动基地建设。深化与省卫生健康委合作框架协议，完成11个“江苏省应急医疗救援中心”基地挂牌。突出强化应急准备，省级专业队伍重要时段参与值班备勤8000余人次。组织开展军地联合防汛应急抢险演练等各类省级演练20余次，市、县两级和乡镇（街道）、村居（社区）以及企业开展各类演练15.3万余场次，专题培训危险化学品应急救援队伍和社会应急救援队伍。

（三）提升应急保障能力

加强信息化保障，完善省应急指挥信息系统，形成智能高效应急指挥“一张图”。“四网联动”接入布控球212个、无人机68架、应急宝6500余个、视频监控22万余路。强化应急物资储备，优化物资储备布局，形成“1+8”（1是指省防灾减灾中心应急物资仓库，8是指徐州贾汪、扬州高邮、淮安盱眙、连云港、宿迁、南通海安、盐城射阳和无锡宜兴8个省级应急物资前置储备点）的省级应急物资储备格局，省级增储应急物资装备3200万元，8个前置点前置13种1.73万件物资装备。

四、基础保障和能力建设

（一）加强专业人才培养

建设7所省级重点应急管理学院，新增应急管理相关专业12个，招生专业总数达23个，共招生1457人，同比增加近43%。与省委组织部联合举办市县政府分管领导安全生产专题研讨班。举办安全生产管理干部培训班48期5567人，培训继续教育注册安全工程师1534人。

（二）推进科技信息化建设

建设完成危险化学品、煤矿、非煤矿山安全生产风险监测预警系统，接入603家危险化学品重大危险源企业、5个煤矿和68个非煤矿山（含尾矿库）的监测监控数据。依托监测预警系统推送较大以上风险预警52次，依托问题处置监管平台搜集问题隐患数据累计293.8万条。

（三）完善法制标准保障

修订《江苏省安全生产条例》，新增、调整权力事项53项，组织对赋予乡镇（街道）、开发区行使的63项行政处罚事项进行评估。推动省人大常委会出台《关于强化应急管理体系和能力建设的决定》，按照“全灾种、大应急”“安全第一、预防为主”，从监测预警、指挥调度、应急救援、应急保障等方面作出具体规定。加强制度建设，制定省应急管理系统值班工作规范（实行）等8个规范、突发事件预警信息发布管理办法等10个办法，出台各类标准38件。

（四）强化宣教培训

全面开展安全生产培训“走过场”整治，统筹推进特种作业人员培训考核，联合打击假冒政府网站制售安全生产证书专项行动，审核发证“三项岗位”人员53.55万人。强化应急科普教育，广泛开展“安全生产月”、防灾减灾日等活动，提高全民安全意识和技能。

第十一章　浙江省应急管理工作

2022年，浙江省应急管理系统深入学习贯彻习近平总书记关于应急管理重要论述，深入践行“两个至上”，紧紧围绕“遏重大、降较大、保安全”的目标，打造全覆盖责任考评体系，常态化推进“除险保安”，落实风险全过程闭环管控，有力统筹自然灾害防御，为忠实践行“八八战略”、坚决做到“两个维护”、奋力推进“两个先行”提供坚强应急管理保障。

一、安全生产和消防安全

（一）责任考评体系全面建立

全面贯彻落实国务院安委会安全生产十五条硬措施，省委办公厅、省政府办公厅印发《关于进一步强化安全生产责任落实　坚决防范遏制重特大事故的实施意见》，细化25条工作措施，分解103项具体任务，以重构重塑责任考评体系为抓手，持续深化落实。一是责任到岗到人。构建省、市、县、乡、村、企一贯到底的全覆盖责任体系，明确3.2万领导责任人、3.5万监管责任人、2.5万村社协管责任人和110.7万企业岗位责任人，重塑责任清单48.2万余条、履职清单93.4万条，45个行业255.5万个风险点全部落实动态管控。建立履职标准规范，构建常态化履职监测“一本账”，动态跟踪履职情况，对履职不到位的实时预警提醒，实行综合立体评价。二是考核评价动态实时。重构“省考市县、市考乡”考核评价体系，将90个县级政府纳入考核范围，制定“过程与结果并重”的考评办法，实现动态排名、实时晾晒，倒逼各地、各领域、各岗位责任落实到最小单元。三是责任追究全链跟踪。智能绘制事故相关人员责任关系图谱，综合责任人履职评分及“三色码”，推进尽职免责、失职追责。

（二）常态化“除险保安”深入实施

以安全生产“除险保安”大排查大整治为抓手，聚焦道路交通、消防、建设施工、自建房、城镇燃气、涉海涉渔、危险化学品、工矿、旅游等重点领域，深入开展安全生产大检查，高质量收官第二轮安全生产综合治理三年行动，截至年底，省级747项、市级8024项任务圆满完成。一是建立“1030”全覆盖排查机制。建立省级牵头抓总、市县抓推动落实、乡村抓隐患排查的工作体系，省级每10天对县、每30天对乡镇检查全覆盖，滚动摸清风险隐患底数。省级完成13轮问题隐患排查，共排查发现问题隐患3.1万个，其中重大问题隐患637个。二是强化全过程闭环整改。开发“安全生产除险保安”应用，实施“双重交办、双重督办”，分级分类推进问题隐患整改，在线跟踪整改情况。对重大问题隐患实行挂牌督办，将213个重大问题纳入“七张问题清单”，推动解决一批历史遗留问题。三是推动全方位督导落实。动态晾晒11个市90个县（市、区）评价指数，综合运用通报、约谈、督导等手段，每月对排名末5位的县（市、区）开展约谈，督促落实属地责任。

（三）安全生产执法持续发力

贯彻“大综合、一体化”改革要求，完成全省应急管理行政执法队伍统一着装和执法用车标识。严格事故“三必查”制度，结案452起生产安全事故，各级应急管理部门共办理安全生产非事故行刑衔接案件253件，同比增长36.0%，其中办理危险作业罪案件119件。

（四）消防工作扎实推进

省委将消防安全工作作为年度平安考核、平安暗访、“除险保安”晾晒重要内容，建立完善定期会商、执法衔接、督办通报和警示约谈等制度，向省级部门、地市政府发出警示告知函8次、建议函6次，挂牌督办80家单位和16处重大火灾隐患单位（区域）。开展全省第三届“火焰蓝”执勤岗位练兵比武竞赛，推广“一短三快”成果应用，灭火救援初战时间平均节约318.5秒，整体效率提升20.7%。探索“枫桥式消防队站”创建，1282个基层乡镇（街道）挂牌成立消防工作机构，955个落实授权或委托执法。开展自建房、工业企业等“五大领域”消防安全整治，消防安全“大培训、大整治、大宣传、大建设、大提升”行动，办理全国首起消防领域“危险作业罪”案件，入选最高人民法院、最高人民检察院依法惩治危害生产安全犯罪典型案例。深化消防宣传教育“五进”活动，曝光重大区域性火灾隐患单位460家。全省火灾起数同比下降21.5%，火灾亡人数持平，火灾伤人数下降22.1%，未发生重大和社会影响较大的火灾事故。

二、防灾减灾救灾

（一）防汛防台抗旱工作

全力做好防汛度汛准备，健全防指指令、会商研判、应急指挥等8项工作机制，制定极端情况下“五停”“五断”指导意见，完善防汛防台工作体系。滚动开展4轮风险隐患大排查，闭环整改13525处隐患，做好汛前准备。面对梅汛期6轮强降雨和超强台风“轩岚诺”、正面登陆浙江省的强台风“梅花”，坚持快响激活、迅疾响应，聚焦“八张风险清单”，建立8个专业研判小组，省、市、县三级条抓块统、一体运行、动态分析，滚动下发46期防指指令，实时派单交办，跟踪督促629项重点风险闭环管控，累计转移危险区域人员214.27万人。针对持续高温晴热天气，统筹抓好抗旱工作。

（二）森林防灭火工作

紧盯重点时段，深入推进野外火源治理专项行动、隐患排查整治和查处违规用火行为专项行动等，坚决消除火灾隐患。制定印发森林航空消防重大火灾应急预案。组建49支森林火灾高风险县（市、区）专业扑火队伍，开展常态化的森林防灭火演练。开展林火阻隔系统工程建设试点，探索生物防火林带建设。全省启用1016个卡口“防火码”，落实1216名林长、1.7万余名护林员巡林。

（三）防灾减灾工作

持续推进自然灾害风险普查，完成10个行业六大灾种2400余万项数据调查和质检核查、“一省一市”评估区划，积极推进普查数据库建设。国务院普查办在浙江省召开全国普查成果应用经验交流会，发文推广浙江省普查成果应用工作经验。统筹抓好物资保障，完成2621个避灾安置场所规范化建设，在温州、台州、丽水等地积极推进巨灾保险试点。

三、应急救援

（一）加强救援力量培育

加强全省应急救援力量建设，会同财政、民政、红十字会等单位出台《关于深化社会应急力量救援队伍培育和管理的意见》，统筹加强队伍规划和管理。加大培育力度，新组建县级综合性应急救援队伍11支、乡镇（街道）综合性应急救援示范队伍245支，实现社会应急力量核心队员救护员取证率达到85%。推进航空应急救援试点省建设，完成第四批50个新增直升机起降点现场勘察和建设工作，新建20支地面航空应急救援示范队伍。

（二）健全完善应急指挥体系

制定《浙江省应急指挥规范化建设实施意见》《突发灾害事故应急指挥工作指引》《重特大事故应急处置工作指引》《自然灾害预警工作指引（试行）》，统筹推进全省各市、县（市、区）实现应急指挥规范化，提升全省应急指挥能力，健全自然灾害预警发布机制。建立预警信息实时共享平台，完善预警提醒机制，常态化开展预警“叫应”和“六问”抽查。统筹全省各级应急管理部门开展常态化可视化抽查演练，全省累计抽查连线单兵、布控球、无人机和卫星设备等1.6万余次，连通率、30分钟响应率、连线质量达标率均接近100%。

（三）持续强化应急准备

加快预案修编进度，推动51个省级专项预案修订完善，先后组织2022年度防汛防台综合演练、地震地质灾害应急演练等，提升实战水平。完成社会应急力量参与重特大事故灾害抢险救援行动现场协调机制建设全国试点。完成桐乡、义乌应急救援规范化建设，提升救援规范化水平。强化值班值守纪律，制定《浙江省应急值班值守工作综合排名方案（试行）》，每月对各市值班值守工作进行排名通报，全年共抽检市、县应急管理局3108个（次）。

四、基础保障和能力建设

（一）迭代深化数字化改革

全力打造一批应急管理领域数字化改革标志性成果，“应急大脑”入选领域第三批全省“大脑”一本账。开发“应急管理全覆盖责任体系”应用，实现责任落实量化、履职在线跟踪、责任追究可溯、动态晾晒排名。迭代完善“防汛防台在线”，实现问题隐患在线派单交办、在线跟踪督办、在线闭环管控，在台风防御实战中发挥重要作用。迭代升级“危化品全生命周期安全在线”，实现“省、市、县、化工园区、企业”五级一体化联动和多部门一体化协同。此项应用被列为全国“智慧应急”试点。同时，扎实推进“工业企业安全在线”“森林防灭火在线”等应用迭代完善。

（二）有力夯实法治保障

完成《浙江省安全生产条例》修订。编发《浙江省防汛防台抗旱条例释义》，制定《浙江省应急管理厅标准化工作管理办法（试行）》。组织成立省减灾救灾和应急管理标准化技术委员会（省减标委），制定《浙江省减标委章程》和《浙江省应急管理与减灾救灾标准体系》。制定《关于进一步深化安责险工作机制建设的通知》《浙江省安全生产责任保险事故预防技术服务规范总则（试行）》以及危险化学品、非金属矿山、金属冶炼、烟花爆竹行业的技术服务规范。

（三）全面构建社会共治格局

精心组织“安全生产月”、森林防灭火宣传日、防灾减灾日等主题活动，深入开展安全宣传“五进”活动，新增应急安全体验馆 222 家，三年累计完成 1022 家应急安全体验馆建设。依托浙江卫视《今日聚焦》栏目，突出八大重点领域，集中曝光一批重大安全风险隐患、重大安全生产违法违规行为、安全生产典型事故等。

（四）健全完善基层应急管理体系

推进社区应急体系建设，贯彻落实全省城乡社区工作会议精神，出台《加强基层应急管理体系和能力建设的实施意见》《社区应急体系改革专项工作方案》《全省社区应急体系改革试点方案》等政策文件，实现全省社区应急管理工作组组建率、应急管理员配备率、社区应急突击队组建率“三个 100%”。

第十二章　安徽省应急管理工作

2022年，安徽省应急管理系统坚持以习近平新时代中国特色社会主义思想为指导，深入学习贯彻党的二十大精神和习近平总书记关于应急管理重要论述，严格落实疫情要防住、经济要稳住、发展要安全的要求，坚持人民至上、生命至上，坚持统筹发展和安全，着力完善应急管理体系，深化安全生产“铸安”行动，加强重点行业、领域安全整治，抓实抓好防汛抗旱工作，严密防范森林草原火灾，统筹加强地震、地质灾害的防范应对，持续提升防灾减灾救灾能力，加快推进应急管理体系和能力现代化，着力以高水平安全服务高质量发展，以新安全格局保障新发展格局，防范化解重大安全风险取得显著成效。

一、安全生产和消防安全

建立领导干部靠前排查隐患制度，制定强化安全生产责任措施落实的105条工作举措。实现安全生产专项整治三年行动顺利收官，安徽省人大常委会审议通过专项行动工作报告。党的二十大召开前，实施“周调度、月通报”，开展督导检查、明查暗访，对16个市和重点行业、领域进行全覆盖专项检查，圆满完成党的二十大安全保障任务。在全省范围内组织开展安全生产“三个狠抓”专项行动、安全生产隐患大起底大排查大整改行动、岁末年初安全生产重大隐患专项整治和督导检查。持续强化非煤矿山集中攻坚和尾矿库专项整治，对不具备安全生产条件的16家金属非金属矿山、4座尾矿库作出不予许可决定，全省关闭金属非金属矿山16家，销号尾矿库16家。开展危险化学品安全风险集中治理，严格化工项目和高风险危险化学品项目准入，开展化工园区安全整治提升。组织开展工贸行业专项整治“百日清零行动”，加强对全省金属冶炼企业、涉氨制冷企业、粉尘涉爆企业等监管，实行安全隐患红黄牌管理。统筹推进煤矿、道路交通、城乡自建房、城镇燃气、消防等重点行业领域专项整治。严格监管执法，建立安全问题和风险常态化提示警示机制，发出警示通报6次、工作提示函8次，挂牌督办事故12起。推进应急管理综合行政执法改革，全省16个市及104个县（市、区）全部设立应急管理综合行政执法机构，市、县级执法机构人员编制较改革前增加33.3%。淮北市、黄山市休宁县纳入全国改革试点。开展行政执法公示、执法全过程记录、重大执法决定法制审核“三项制度”“强化年”活动，对16个市进行全覆盖执法监督。

强化消防安全。出台《安徽省消防安全委员会议事约谈工作规则》，推动省、市、县三级消安委规范化运转。推进专项整治，部署开展高层建筑、室内冰雪场所、文物古建筑、仓储物流等场所以及整治醇基燃料、打通生命通道等专项治理，检查社会单位22.4万家，督改消除火灾隐患14.2万处。制定实施《关于进一步加强全省基层消防安全综合治理的意见》，构建由乡镇（街道）党委政府统一领导的“一镇一委一站”消防组织架构。出台《社会单位消防安全标准化管理规定》，全省 2 万余家重点单位全部完成达标创建。

二、防灾减灾救灾

加强灾害风险的全过程管理，推进自然灾害综合风险普查，完成“一省一市”“一省一县”综合风险评估与区划试点和省级评估与区划工作；统筹实施地震易发区房屋设施加固工程，五河、明光、泗县 3 个试点地区已完成加固工程 3.96 万项。制定综合防灾减灾、应急物资保障规划，建立应急物资快速运输保障机制，编制应急物资生产企业参考名录，制定集中安置点管理规范。强化监测预警、会商研判、应急处置、救灾救助工作，有效应对低温雨雪天气，有力防范森林草原火灾，加强地震、地质灾害的防范应对。扎实开展冬春救助工作，发放 2022—2023 年度冬春救助资金 20034.73 万元，发放棉衣被、粮油等物资 22759 件，救助受灾困难群众 121.84 万人。

面对先洪后旱、北涝南旱，淮河以南地区 50 年一遇的特大干旱，坚持以人民为中心的发展思想，先后 3 次启动防汛、抗旱、防汛防台风四级应急响应，9 次组织联合会商，密集安排部署。及时开启沿江闸站，保障各类用水需求，采取应急措施保障 24.8 万名群众正常饮水。争取中央洪涝干旱灾害救灾资金 1.1 亿元，下拨省级干旱灾害生活补助资金 2138 万元，提前下达 3.28 亿千瓦时农业抗灾用电指标。

全年全省自然灾害形势总体平稳，实现“四个大幅下降”：发生洪涝、干旱等自然灾害 7 起，受灾人口、因灾死亡失踪人数、倒塌房屋数量和直接经济损失与前 5 年平均值相比，同比分别下降 59.9%、87.5%、99.9%、88.6%。全省未发生因洪涝灾害造成的人员伤亡事件，保障了大旱之年粮食丰产和供水安全。

三、应急救援

制定“十四五”应急管理体系和能力建设、应急救援力量建设规划和应急救援航空体系建设方案。完善应急队伍体系，组建省级自然灾害专业应急救援队伍。实施应急救援队伍共建项目，省自然灾害综合抢险救援基地、省水上搜救基地挂牌运行，争取中央资金项目支持，制造 2 艘大型应急救援工程船并顺利交付使用。加强应急预案体系建设，修订自然灾害救助应急预案、低温雨雪冰冻灾害应急预案等，举行自然灾害应对演练，安徽省委、省政府主要负责同志出席全省防汛演习。强化应急联动机制建设，制定灾害事故应急联动工作机制、应对重大气象灾害部门应急联动和社会响应工作机制的暂行规定，以及应对极端天气停工停业停课工作机制的指导意见，将气象预警纳入防汛应急响应启动条件，做到防御关口前移。坚持以信息化推进应急管理现代化，推进省应急指挥协调能力提升项目，建设重点领域“三大系统”，强化危险化学品、尾矿库安全生产风险监测预警系统实践运用，推进自然灾害综合监测预警系统建设，省应急指挥中心场所建成使用。安徽省“智慧应急”试点通过应急管理部评估验收，相关做法编入应急管理部典型案例汇编。推进长三角一体化应急管理协同发展、深度融合，持续开展对照学习沪苏浙工作，制定提升应急管理专家技术支撑、建立森林防灭火联动机制、开展基层防汛抗旱应急能力标准化建设等对照学习举措。建立长三角区域森林防灭火应急联动、抢险救灾物资灾时快速调动机制。牵头组建长三角应急管理专家组，制定长三角应急管理专家管理及跨区域使用办法，规范专家使用管理。与江西等周边省加强联动合作，持续提升区域协同作战能力。

四、基础保障和能力建设

加强法治建设，推动安全生产条例列入省人大立法审议计划，申报政府规章调研论证类立法项目 2 项。严格依法行政，推进“府检联动”，持续巩固法治政府建设示范单位成果。制定实施安徽省“十四五”应急管理体系和能力建设、安全生产、综合减灾救灾、应急物资保障、应急救援力量建设规划。推进基层应急能力建设，推动健全基层应急管理工作机构，全省 72.7%乡镇成立应急所（办），同比增加 27.8%，乡镇层级各类专职、兼职、聘用负责应急管理工作的人员 6670 人，同比增加 1170 人。构建协同共治格局，加大社会化宣传力度，扎实推进安全宣传“五进”工作，开展“安全生产月”、防灾减灾日等主题宣传，普及安全应急知识。发动社会公众特别是企业一线职工举报安全生产重大隐患和违规行为，全年全省共受理举报事项 53693 项，兑现奖励金额 1204.02 万元，受理举报事项、兑现奖励金额均居全国第一位。《中国应急管理报》头版专题报道安徽省安全生产举报奖励工作。推进非煤矿山、危险化学品、金属冶炼、烟花爆竹、建筑施工等重点行业、领域安全生产责任保险工作。推进综合减灾示范社区创建活动，创建国家级综合减灾示范社区 39 个，命名省级综合减灾示范社区 100 个。

第十三章　福建省应急管理工作

2022 年，福建省应急管理系统始终坚持以习近平新时代中国特色社会主义思想为指导，深入学习贯彻党的二十大精神，全面贯彻习近平总书记关于应急管理工作重要指示精神，落实党中央、国务院决策部署，按照应急管理部和省委、省政府工作要求，坚持人民至上、生命至上，坚持统筹发展和安全，防范化解重大安全风险，提升自然灾害防治水平，推进应急管理工作打基础创优势上水平。

一、安全生产和消防安全

（一）持续压紧压实安全责任

完善贯彻落实机制，聚焦 21 件习近平总书记重要指示等重点任务，实施“一月一跟进、一季一推动、半年一分析、年底一总评”四项制度，强化“工作清单、台账管理、专题协调、现场督促、对单销号”五项措施，防止工作抓不紧、压不实。督促督实属地责任，进一步强化责任清单管理，督实基层包保责任，各级党政领导干部安全生产责任制得到落实。健全完善党政领导干部安全生产“职责清单”，实施安全生产“一票否决”，发出 9 份提醒函，约谈 2 次，挂牌督办 6 起较大事故、6 项重大生产安全事故隐患。厘清抓准部门责任，建立新兴交叉行业领域职责明确机制，厘清点播影院、旅游场所设施等监管盲区；对 31 家省单列考核单位履责情况进行考核，督促“三管三必须”责任到底到位。强力压实主体责任，推广泉州市标准化典型做法，一体推进“标准化+双重预防机制+监管执法+信息化监管”全链条管理模式，覆盖全省 1.75 万家直接监管企业，推动 3698 家企业完成标准化线上自评，形成安全生产监管“一张图”；开展工贸行业“百日清零行动”，创新企业主要负责人的第一责任人追责问责机制，共追究处理 39 人，移送追究刑事责任 6 人。

（二）实施精准专项整治机制

深化安全生产大检查，聚焦落实安全生产十五条硬措施和福建省 66 条具体措施，排查 57.8 万项问题隐患、整改率 99%，整治 153 项重大隐患，全省各类事故起数、死亡人数同比下降 43.1%、32.1%。巩固提升三年行动，聚焦“两个专题”“十个专项”，实施 53 项工作要点，攻坚 36 项重点任务，创新 7 项机制，全省制定 653 个具典型、可推广的文件制度，形成 155 个制度成果在全省推广；三年来共整治各类安全隐患 262.9 万项，责令停产整顿单位 11606 家、关闭取缔单位 3975 家。精准安全专项治理，对事故多发、风险集中地区和行业实施专项治理，实现 10 个重点行业领域事故起数或死亡人数持续下降；派出 29 批次 214 个组，按照“六个有要求”，实行“四个清单”管理，做到真检查、真督促、真整改、真见效。实施“开小灶”整治，针对泉州晋江“一厂多租、一楼多企”、福州长乐印染纺织消防安全和安全培训走过场、10 个非煤矿山重点县和 4 个危险化学品重点县安全监管等突出问题“开小灶”整治，解决顽瘴痼疾。

（三）有效整治执法宽松软

完善安全法治建设，开展福建省安全生产条例立法预备和福建省突发事件应对条例立法调研；修订《福建省安全生产行政处罚裁量基准（2022年版）》，对39部法律、法规和规章，406项违法行为的处罚设定裁量基准。规范行政执法行为，建立行政执法案件审理会议工作制度，采购执法制式服装2623套和一批执法装备，规范全系统执法行为；组织609人参加行政执法资格培训考核，通过率88.2%。提升监管执法质量，抓实八方面26条措施，坚持“日记录、周调度、月分析”，安全生产行政执法次数、处罚次数、罚款数额分别提高11.1%、113.4%、74.8%，行政处罚率增加13.9%；接收举报信息1278件，曝光违法行为249次，报送典型案例679例。推进综合执法改革，建立“直接监管部门挂钩+综合监管部门联系+行业领域专家参与”机制；推动23个市、县执法队伍升格，在泉州石狮、三明沙县开展乡镇（街道）安全生产连片联合执法试点，推进基层消防站（所）赋能应急管理工作。

（四）消防安全治理持续深化

强化综合治理，开展全省消防安全大排查大整治促稳定综合治理以及生产经营租住场所、高层建筑重大火灾风险综合治理等专项活动。将消防设施纳入老旧小区重点实施改造项目，安排1500万元资金用于老旧住宅电气火灾隐患整治，挂牌督办368家重大火灾隐患单位，销案107家，督促整改隐患55694处，全年火灾、死亡人数、受伤人数、直接经济损失分别同比下降2.9%、18.6%、32.1%、7.5%。完善消防治理体系，以省政府名义赋予乡镇（街道）部分消防行政处罚权，在16个县（市、区）基层消防治理（勤务）中心、1100个乡镇（街道）设立消防工作站（所），向1013个镇街派驻消防文员1054人，初步形成县消防大队（消防治理中心）、镇街消防工作站（所）、社区（村）微型消防站三级防控体系。完善消防力量体系，加强城乡消防力量建设，新招收政府专职消防员1240人，建成5956个社区（村）微型消防站。加强智能指挥系统数据管理，完成数据采集40余万条，职业技能鉴定智能考评系统、灾害现场空中直播软件、消防作战力量部署“一张图”软件等20项技术获国家发明专利或计算机软件著作权。

二、防灾减灾救灾

强化灾害防御，有力防御16场暴雨、11次强对流天气和6个影响台风，下沉干部63.31万人次，转移群众30.38万人次；及时扑灭20起森林火灾；有效防御2次低温寒潮天气侵袭。及时灾害救助，下拨救灾救助资金2.95亿元、调拨救灾物资21.06万件；完善政策性农村住房保险工作，将理赔标准从2.5万元提高到4万元；落实农村住房保险政策，实际获赔农户1.59万户，支付理赔款1.04亿元。全力推进560户受损农房灾后重建。在应急、气象、水利等9个领域采集1307万项数据，形成1个省级、9个市级、84个县级的评估区划报告和图件成果，国务院第一次全国自然灾害综合风险普查领导小组办公室全国转发《福建省自然灾害综合风险评估与区划技术指南（试行）》。

三、应急救援

加强灾害监测预警，完善暴雨台风预警“叫应”机制，发布预警和风险信息4.84万条，服务受众107.3亿人次；建立森林火险预警发布工作机制，提升火情监测覆盖率、识别准确率、核查反馈率。强化预案演练激活，开展12个县（市、区）基层应急预案体系建设试点，修订省级专项应急预案10个，部门预案35个，指导市、县（区）制修订总体预案37个、专项预案1017个，部门预案2352个；组织实施8场省级应急演练或比武竞赛，完善应急预案瞬间激活能力。突出救援能力建设，获批国家危险化学品应急救援古雷队和国家矿山应急救援福建队，拨付289万元支持国家危险化学品应急救援泉州队建设；截至2022年底省重点行业专业应急救援队伍659支、20684人，社会应急力量106支、9631人。完善协同联动机制，规范省级19类灾害事故应急处置工作流程，强化与国家综合性消防救援队伍的协同联动；与驻地部队建立联动机制，与交通部门建立应急救援力量快速投送体系，与东海救助局建立突发事件应急联络机制，与22家央企建立健全抗洪抢险应急处置协同联动机制。

四、基础保障和能力建设

（一）着力提升本质安全水平

完善风险监测系统，横向汇聚省直26家行业主管部门、纵向汇聚应急管理部和各地市约28.9亿条数据，覆盖监督管理、监测预警等10个专题、23个应用子系统；建成危险化学品、尾矿库安全生产风险监测预警系统，接入131家危险化学品重大危险源企业、42座尾矿库。加强安全示范创建，完成63家危险化学品企业自动化控制装备改造升级，配备138台非煤矿山机械化设备；在泉港、古雷试点建设“工业互联网+危化安全生产”，在福清、惠安开展城镇安全风险监测预警平台建设试点，完成122家危险化学品重大危险源企业双重预防机制数字化建设。强化基层安全建设，销号49座尾矿库，完成25家化工园区安全风险等级复核，提升改造15家B级至C级。完成260个自然灾害避灾点，推动91个安全生产和防灾减灾救灾项目工程建设，带动安全基础工作向基层延伸。

（二）着力提高应急管理基层基础

完成“一中心五平台”建设，投资1.19亿元建成应急指挥中心。构建数字应急综合应用平台，形成应急指挥、应急数字支撑等“五大平台”，逐步提高信息化、智能化、数字化水平。创新基层安全治理，出台《关于加强基层应急管理体系和能力建设的意见》，推动乡镇实现“六有”，行政村实现“三有”；强化基层防汛能力“十个有”标准化建设，为3550个山洪灾害高风险行政村配备卫星电话；统筹1500万元，推动农村低收入群体住宅电气老化改造。完成为民办实事项目，总投入1.5667亿元，在全省建成100个应急避灾示范点、应急物资储备站、微型消防站、安全文化主题公园和安全宣教体验场所，运行以来受众800多万人次，群众满意率99.27%。打造安全教育新高地，建立厅多媒体融合中心，设立联播联控的宣教阵地，构建采编播一体的安全应急宣传系统；推进安全宣传“五进”，组织“安全生产月”、全国防灾减灾日等各类活动4.3万场，参与300多万人次。

第十四章　江西省应急管理工作

2022年，江西省应急管理系统坚持以习近平新时代中国特色社会主义思想为指导，深入贯彻习近平总书记关于应急管理重要论述和视察江西重要讲话精神，认真落实应急管理部和省委、省政府工作要求，在各有关部门和地方党委政府共同努力下，有效顶住外部环境超预期变化、新冠疫情反弹、经济下行等对安全生产多重冲击，有力应对超历史极值旱情、罕见森林火情、部分河流超历史纪录洪水等多重挑战，全省安全形势持续稳定向好。

一、安全生产和消防安全

（一）责任落实

省安全生产委员会对11个设区市和赣江新区开展安全生产巡查，延伸巡查75个县（市、区、功能区）、211个部门，并督促11个设区市、赣江新区及100个县（市、区）发布党政领导干部安全生产“两个清单”，推动落实党政领导责任。省政府向各地各部门下达安全生产责任书，督促29个省直部门编制安全生产权力和责任清单，对31个省直部门开展安全生产工作考核，着力压实部门监管责任。印发生产经营单位落实一线从业人员安全生产责任指导意见，指导1.27万家企业建立双重预防机制、1.49万家企业建立全员安全生产责任制、1.26万家企业建立安全生产技术和管理团队，全力夯实企业主体责任。

（二）专项整治

打响安全生产专项整治三年行动“巩固提升”攻坚战，辨识管控风险26.56万处，排查整治隐患64.11万条，其中整治重大隐患255条；关闭非煤矿山39家，闭库销号尾矿库74座；完成县乡道安防工程68.46公里，村道安防工程148.95公里；完成企业升级改造981家，全面完成三年行动289个突出问题。开展城镇燃气安全整治，共排查燃气安全问题隐患12502条、完成整改12460条、整改率99.66%，完成球墨和灰口铸铁燃气管道整改279.44公里。开展危险化学品风险集中治理，推动26个化工园区投入超95亿元，全部达到C级标准。开展自建房安全整治，累计排查自建房1172万余栋，对鉴定为C级和D级的2341栋采取安全管控措施。

（三）十五条硬措施落实

确定“1个总体安排、1个实施方案和6个具体方案”的工作框架，省委办公厅、省政府办公厅印发《关于进一步强化安全生产责任落实坚决防范遏制重特大事故的实施方案》，明确50条具体举措。省安委会办公室抽调14名业务骨干组建工作专班，实施调度19轮次、通报8次，并向35家省直有关单位印发督促函。省应急管理厅组织对11个设区市及赣江新区开展3轮次督促督导百日行动，推动整治问题隐患800余条，有力推进安全生产十五条硬措施落实。

（四）督导检查

省安全生产委员会印发安全生产大检查实施方案，组织所有地区、行业领域、生产经营企事业单位和人员密集场所开展大检查。省委、省政府领导首次带队对各地、各有关部门进行全覆盖安全生产督导检查。各级专委会组织专项检查，成立1.2万个检查组，检查单位10.9万家，排查整改隐患22.46万条。各生产经营单位通过省安全生产监管信息系统录入隐患41.05万条，已整改40.9万条，整改率99.63%。深入开展“打非治违”行动，各地、各有关部门出动执法人员33.4万人次，责令停产整顿1479家，暂扣吊销证照60家，关闭取缔59家，移送司法机关93人，持续保持高压震慑。

（五）消防安全

省政府专门下发年度消防工作目标任务，坚持每年督查考核并评比通报。统筹推进三年行动、消防安全大检查、冬春火灾防控等10余个专项整治，自主开展劳密企业、物流仓储和人员密集场所“生命通道”集中治理，重点整治电动自行车、防盗窗（网）、违规电气焊“三类风险”，累计检查单位15万余家，督改隐患40万余处，推动挂牌督办销案重大火灾隐患189家。铺开社会消防技术服务机构管理正规化建设，230余家消防技术服务机构和7300余家社会单位已上线“消防技术服务信息管理系统”。统筹基层消防力量建设，推动78个县区成立消防安全指导服务中心、1306个乡镇（街道）挂牌设立消防所，调配专职事业编人员2838名、辅助执法人员1323名。1379个镇街认领省政府赋权的3项消防执法事项，办理消防行政处罚案件1248起。全省3480余个文明实践中心（站、所）融入消防宣传板块，累计实操实训“准消防员”219.2万名，组织应急疏散演练1.3万余场，对17.4万家沿街商铺、“九小”场所逐户上门开展宣传巡查。

二、防灾减灾救灾

（一）综合减灾

省政府将普查工作写入政府工作报告，推动自然资源、水利、林业、气象、地震、交通、应急、住建8个部门全面完成行业调查任务，获取灾害风险要素数据2000多万条，督促大余和兴国两个试点县以及吉安市完成评估区划任务。创新开展防灾减灾系列宣传活动，举办防灾减灾网络知识答题、参与群众315万余人次，开展“查隐患、随手拍”活动、防灾减灾宣传活动周期间平台收到并经审核确认灾害类与安全类隐患159条，开展“五进”宣教及演练活动、累计组织活动1500余场、演练2100余场次，受教育民众120余万人。会同气象、地震等部门创建省级综合减灾示范县1个、示范乡镇15个、示范社区85个。定期组织开展联合会商，编制月度风险分析通报12期。

（二）灾害应对

针对主汛期严重汛情和6月下旬开始的超历史极值大旱久旱，省防汛抗旱指挥部历史上首次一年同时启动防汛、抗旱二级应急响应，严格落实预警与应急响应联动机制，累计投入抢险救援力量近39.35万人次，投入机械设备近1.06万台（套），紧急转移避险和安置58.8万人；制定落实一系列保饮水、保灌溉硬措施，累计投入抗旱人数367.26万人次，投入抗旱机电井7.65万眼、泵站2.36万处、机动抗旱设备47.81万台（套），投入机动运水车辆3.17万辆次，实现了大旱之年无大灾。持续开展全省森林防灭火平安春季行动、森林火灾隐患排查整治、查处违规用火行为、林区输配电设施火灾隐患排查治理和森林防灭火百日攻坚行动，印发《江西省森林防灭火“八个一律”暂行规定》，深化全省17支专业森林消防队以水灭火战法试点工作，确保了全省森林防灭火形势总体平稳。全省新建普适型地质灾害监测预警点810处，落实群测群防员21561人，成功避让地质灾害25起，涉及可能伤亡人员155人，避免直接经济损失56万元。

（三）救灾救助

完善灾害救助制度，印发省减灾委员会救灾救助专委会工作规则，完善农房保险制度，联合11个省直部门印发做好低收入人口救助工作实施意见，切实兜牢基本民生保障底线。健全物资储备体系，省级航空应急救援装备物资综合储备库项目建设取得积极进展，会同省发展改革委为符合条件的40个省市县储备库建设项目申报中央预算内投资支持，推动11个设区市和100个县（市、区）投入4.99亿元、采购储备315万余件救灾物资。加大救灾资金投入，全年启动省级Ⅳ级救灾应急响应2次、Ⅲ级和Ⅱ级响应各1次，下拨中央和省级各类救灾资金7.3854亿元、物资7.8万余件，指导各地开设集中安置点277个，完成倒损民房重建（维修）1884户，救助受灾群众360余万人，有效保障受灾群众基本生活。

三、应急救援

（一）应急预案综合演练

督促全省所有市县全部完成突发事件总体应急预案修订，省、市、县三级修订预案1310个。6月1日，举行“江西应急·2022”灾害事故应急救援综合演练，国家综合性消防救援队、地方专业森林消防队、民兵和航空救援以及通信、医疗等专业救援队伍共3600余人参演，动用车辆、船舶、救援等装备400台（套）；及时总结演练经验，印发《江西省灾害事故应急演练实施指南》，为各地各部门开展灾害事故应急演练提供参考。

（二）航空救援体系建设

以构建航空救援指挥体系、基础设施体系、低空空管体系、力量体系、保障体系、产业体系为重点，推动航空应急救援指挥调度中心基本达到与省内各机场、驻防站、应急机构、救援队伍一体化运行，实现航空救援飞机“看得见、叫得到、控得住”目标。《直升机应急医疗救援转运操作指南》《直升机舱内物资投送操作指南》和《直升机目视搜索操作指南》3项地方标准经省市场监督管理局批准正式发布。

（三）突发事件应急处置

组织各类应急救援力量5000余人，参与上饶、景德镇“6·18”洪涝灾害抢险救援；协调省地质局、中国安能集团第二工程局组建抗旱打井队伍支援基层一线，建成抗旱井226口，解决7万余人生活用水和2.7万余亩农田灌溉用水。针对赣县区“10·17”森林火灾，首次跨省调动增援队伍，首次大兵团联合作战，首次三架飞机高效地空联动，首次应对极端天气保护重要设施安全。全年，航空应急救援共实施飞行任务503架次，飞行1215小时，成功处置灾害事故19起，实施灭火吊桶洒水1213桶5736吨。

（四）应急协同联动机制

扎实开展社会应急力量参与重特大灾害抢险救援行动现场协调机制建设试点工作，建立省、市、县三级现场协调机制，在上饶“6·18”洪涝灾害时第一时间启动机制，组织社会应急力量有序参与抢险救援。坚持资源共享、优势互补、就近救援原则，与湖南、湖北签订三省应急联动合作机制，与广东、福建、浙江、安徽四省分别签订应急联动机制，形成环江西区域应急救援联动体系。与驻赣央企、省属企业等8家单位签订灾害事故应急救援联动工作机制，建立会商通报、快速响应、应急预案衔接、联训联演、工作联络等机制。

四、基础保障和能力建设

（一）体制机制改革

完善省、市、县三级“安委办+专委会”运行机制，推动11个设区市、100个县（市、区）全覆盖落实安全生产委员会“双主任”制。探索“减灾办+专委会”运行机制，组建防范气象灾害、水旱灾害、森林火灾、地震灾害、地质灾害和救灾救助、应急准备7个专业委员会。优化防汛抗旱、森林防灭火等指挥部工作体制和运行机制，以省政府办公厅名义出台《江西省应对低温雨雪冰冻灾害工作机制》，探索构建统筹应对全灾种、有效覆盖各环节的应急管理大指挥部构架。

（二）安全发展基础

深化全省“智慧应急”建设集中行动，全面提升监测预警、监管执法、辅助指挥决策、救援实战和社会动员五大能力，被评为“2021年度智慧应急典型案例”。精心组织“安全生产月”、防灾减灾日等主题宣传活动，开展以“人人学”“大家谈”“随手拍”“双五进”等为重点的安全风险防范大宣传大实践活动，累计制作安全宣传产品2.5万件，开展演练近3000场，开展“双五进”活动7万余场次。持续开展安全生产培训“走过场”专项整治，在省内主流媒体集中曝光10家考试机构、7家培训机构近40条问题。

（三）应急处置能力

主动对接驻赣森林消防机动队伍增编组建工作，持续推进109支专业森林消防队正规化建设，省航空应急特勤队建设迈出实质性步伐。全国首艘大型工程救援船“中国应急九江号”正式下水，新一代大型三发民用直升机在景德镇成功首飞。11个设区市建成应急指挥中心4567平方米，加强值班调度规范化、应急指挥专业化、会商研判常态化、信息报送标准化、综合保障一体化等“五化”建设。

（四）基层应急体系

省应急管理厅积极推动各县（市、区）党委政府加强乡镇（街道）、村（社区）应急管理能力建设，制定印发乡镇（街道）“六有”、行政村（社区）“三有”细化标准。截至12月底，全省乡镇（街道）和功能区“六有”达标率100%、行政村（社区）“三有”达标率100%。

第十五章 山东省应急管理工作

2022年，山东省应急管理系统认真贯彻落实党中央、国务院关于应急管理工作各项决策部署，统筹抓好安全生产、自然灾害防治、应急救援工作，生产安全事故起数、死亡人数、灾害损失持续同比下降，全省安全生产和自然灾害形势总体平稳。

一、安全生产和消防安全

（一）深化落实安全生产“八抓20条”创新措施

山东省深入落实国务院安委会安全生产十五条硬措施，以“八抓20条”创新措施为主线，制定出台《关于进一步强化企业安全生产分类分级监督管理工作的意见》《山东省企业安全生产“晨会”制度规范（试行）》《关于实行安全生产有奖举报公告牌制度的通知》等30多件重要政策性文件，全省安全生产制度体系进一步健全完善。山东省政府安全生产委员会出台《关于进一步推动安全生产制度措施落实落地的意见》，强力推动安全生产“八抓20条”创新措施落地见效。

（二）做好安全生产专项整治三年行动收官工作

组织开展两轮阶段性总结评估，推动20个重点行业领域重点攻坚，基本完成安全生产专项整治三年行动目标任务。深入开展安全生产大检查，细化明确18个重点行业领域404项重大风险隐患认定标准，累计排查整改各类安全隐患305万项。建立省、市、县多级联动抓落实体系机制，强化分时分类精准调度，督促各级各相关部门加强安全监管、强化风险防控。

（三）强化重点行业领域安全监管

危险化学品领域，建立重大危险源“消地协作”督导检查工作机制，组织开展2轮专项督导检查，整治问题隐患8.72万个。聚焦大型油气储存基地、老旧装置、高危细分领域，推进落实针对性风险防控措施。加强全省84个化工园区安全风险等级评估和整治提升。非煤矿山领域，制定出台系列制度文件，推动非煤矿山企业落实包保责任，深化隐蔽致灾因素普查治理，提升安全风险管控能力。对70家地下非煤矿山、30家露天非煤矿山开展现场安全核查，整治问题隐患3293项。

（四）加大安全生产执法检查力度

建立常态化异地执法工作机制，组织开展全域性、区域性、示范式和帮扶式异地执法检查8次，全省检查生产经营单位11.1万余家次，发现违法行为48.1万余项，立案2.4万余起，处罚6.9亿余元，办理行刑衔接案件63起。使用一个执法信息平台统管全省应急执法工作，执法全过程可追溯。健全安全生产违法行为信息库，采集执法文书260万余份，收录违法行为140万余条。深入推进应急管理综合行政执法改革，指导16个市、136个县（市、区）成立应急管理综合行政执法队伍。

（五）推进安全生产信息化智能化建设

完善危险化学品监测预警系统功能，

完成1169家重大危险源企业、778个装卸栈台、4100个重大危险源感知数据和报警信息接入；开发双重预防机制模块，实现全省1228家危险化学品企业双重预防信息系统数据与监测预警系统交换。建成非煤矿山安全风险监测预警综合管理系统，实时汇聚506家非煤矿山企业数据，实现全省123座尾矿库与国家矿山安全监察局监测预警系统联网。开展涉爆粉尘企业监测预警系统试点应用，完成97家试点企业数据接入。

（六）加强安全生产教育培训

印发《关于规范和加强安全生产培训考核工作的指导意见》，指导全省规范提升企业全员培训、安全培训市场行为、考试机构和考试点建设、培训监管执法等工作。开展全员定向安全生产大培训，统一确定培训内容，借助云教育平台，集中开展全员定向培训，累计培训企业6万余家次、培训人员200余万人次。开展安全生产培训“走过场”专项整治行动和打击假冒政府网站制售假证书专项行动，查处违法违规行为2.8万余项。

（七）扎实推进消防安全工作

山东省政府部署开展消防安全“巩固提升年”活动，修订出台《山东省火灾高危单位消防安全管理规定》，审议通过《关于加强基层消防力量建设和火灾防控工作的实施意见》，深入开展消防安全大检查等6个专项整治，组织对2360家重点场所进行“专家查隐患”，创新建立“消防安全检查日”工作机制，全年督促整改火灾隐患21.2万余处、挂牌督办重大火灾隐患单位85家，火灾起数、亡人数、伤人数同比分别下降9.6%、33.5%、5.6%，连续8年未发生重特大火灾事故，全省消防安全形势持续稳定。

二、防灾减灾救灾

（一）高效做好汛期防汛抗洪工作

创新将防汛责任体系与河湖长体系有机衔接，实现河湖防汛安全与管河护河同安排、同部署、同落实。坚持“汛期不过、检查不止、整改不息”，严细排查整治风险隐患4.3万个。强化汛期联合值班值守和会商研判，狠抓临灾预警“叫应”和预警响应联动两个机制落实，紧盯山洪地质灾害防御、小水库等重点部位，“点对点”调度防范应对和责任人在岗情况，提前果断转移受威胁群众，坚决避免群死群伤事故。汛期，科学有效应对16轮强降雨过程，成功防御台风“梅花”正面冲击，全省大中型水库、重要湖泊、骨干河道无一发生重大险情。

（二）有效防范处置森林火灾

面对春季降水严重偏少、林区持续干旱、五级以上火险天气连续超过90天的严峻形势，山东省建立市直单位包县、县直单位包乡镇、乡镇干部包村、村干部包户的四级包保责任体系，实行省直部门包保督导“十大重点林区”，组织开展森林防灭火百日攻坚、野外火源治理和查处违规用火行为专项行动，每10分钟监测一次全省火情热点，全年共发生森林火灾6起。

（三）积极应对处置极端天气

印发《关于做好极端天气防范应对工作的指导意见》，完善防范应对工作机制。密切关注天气和灾情变化，加强部门会商研判和信息共享，及时下发极端天气防范应对通知，发布《灾害风险预警提示》30期，超前部署安排，高效防范应对。及时发布应急预警信息，覆盖受影响地区9000万人次，全年发送预警防范短信47.3亿人次。

（四）着力强化综合减灾

全面完成全省自然灾害综合风险普查调查，调查数据16亿余条。完成自然灾害风险评估区划试点工作，探索推进普查成果转化应用。开发建设自然灾害综合监测预警系统，加快信息资源数据整合汇聚。建立自然灾害风险隐患排查报送队伍，建设信息员数据库，健全报送工作机制。编印《自然灾害风险隐患识别教材》《自然灾害隐患排查报送处置参考指南》，逐级开展业务培训。开展自然灾害风险隐患排查处置专项行动，按照“一险一档”原则，落实隐患治理责任、治理方案、管控措施。

三、应急救援

（一）加强应急指挥能力建设

持续完善综合应急值守工作模式，建立事故省级直报制度。在森林防火期、汛期，组织公安、自然资源、水利、气象、消防等部门和专家进驻各级应急指挥中心，实行24小时联合值班值守，实时跟踪调度、协同防范、联合处置。持续推进省有关部门、单位涉灾信息系统和视频监控系统接入工作，已接入15个涉灾涉险领域41个信息系统和45个视频监控系统174万余路监控视频。研发部署山东省综合指挥调度信息系统，将涉灾信息资源关键数据、救援队伍、物资等数据进行融合，实现应急资源“一张图”。

（二）健全应急救援力量体系

印发《关于进一步加强基层应急管理体系和能力建设的实施意见》，健全基层应急管理体系，提升基层应急管理能力。强化应急救援队伍建设，危险化学品、矿山、地质灾害等重点行业领域新增省级专业救援队伍12支，新增省级社会应急力量3支。办理《省级应急救援车辆通行证》474张，与17家中央驻鲁和省属企业签订《灾害事故抢险救援服务框架协议》，随时做好抢险救援准备。持续推进自然灾害（济南）、海洋灾害（青岛）、危险化学品事故灾害（淄博）、森林火灾（泰安）、矿山和地质灾害（济宁）等区域应急救援中心建设，坚持实战化导向强化能力提升，着力打造全省应急救援“尖刀”力量。

（三）加强应急预案体系建设

省级层面建立“一个总体、多个专项”的预案体系，已印发省级总体应急预案和25个专项预案，涵盖多个自然灾害事件、重点事项和重点行业领域。市级层面均出台市级总体应急预案，已印发市级专项预案390余个。立足乡镇（街道）、村（社区）基层应急能力现状，突出实用性、科学性，编制基层预案模板5类27个，并借助智慧数据平台实现数字化、智能化。组织开展生产经营单位应急预案和演练情况专项执法检查，检查企业130余家，发现和整改问题490余项。高频次组织开展应急演练，全省各级组织开展应急演练14.3万次，参训人员460万人。

四、基础保障和能力建设

（一）加强应急管理立法普法

修订出台省政府规章《山东省安全生产行政责任制规定》，进一步完善安全生产行政责任制。推动出台省政府规章《山东省生产安全事故隐患排查治理办法》，建立重大事故隐患报告制度。发布实施《危险化学品岗位安全生产操作规程编写导则》等7个地方标准。印发《山东省应急管理系统法治宣传教育第八个五年规划（2021—2025年）》，部署推进全省应急管理“八五”普法工作。联合山东省委宣传部、省司法厅、省总工会、团省委、省妇联组织举办第一届山东省应急管理普法知识竞赛活动，全省注册238万人，参与答题6351万人次。

（二）健全省级应急管理规划体系

印发《山东省应急管理科技创新“十四五”规划》《山东省应急管理信息化“十四五”规划》《山东省应急装备发展“十四五”规划》，健全以《山东省重大突发事件应急保障体系建设规划》为统领，以综合防灾减灾、安全生产2个综合性规划为基础，以应急物资储备、应急管理科技创新、应急管理信息化、应急装备发展、森林防灭火5个专项规划为支撑的“1+2+5”省级应急管理规划体系，搭建起全省应急管理体系的“四梁八柱”。建立定期调度制度，及时调度汇总规划主要目标指标、主要任务、重点工程项目推进情况，全面分析和解决规划落实中存在的突出问题。

（三）完善应急物资保障体系

指导全省16个市、136个县（市、区）成立本级应急物资保障领导机构及办公室，搭建“省市县三级纵向衔接、横向支撑”的应急物资储备组织领导体系。印发《山东省省级应急物资调拨程序（试行）》《山东省省级公共卫生应急物资调拨办法（试行）》，完善调用工作机制，全年调拨应急物资9批次53万件。印发《关于加强应急物资储备体系建设的指导意见》《关于加强沿黄九市应急物资储备体系建设的通知》，指导各级各部门提升应急处突保障能力。建成山东省救灾和物资保障管理系统，截至2022年12月底，创建账户702个、仓库470个，纳入各类应急物资2437万余件，实现信息共享。

第十六章　河南省应急管理工作

2022年，河南省应急管理系统以习近平新时代中国特色社会主义思想为指导，全面学习贯彻党的二十大精神，始终坚持人民至上、生命至上，认真统筹发展和安全“两件大事”，全力以赴防范化解各类重大安全风险，有力有序有效做好自然灾害防范应对，推动应急管理能力和体系现代化提质增效，为经济社会高质量发展和人民群众安居乐业提供安全保障。

一、安全生产和消防安全

（一）强化综合协调，助力安全生产工作决策部署

扎实推进三年整治收官，健全完善巩固提升阶段问题、措施、责任“三个清单”，开展成效进行评估，推出一批制度成果。根据国务院安全生产委员会全面加强安全生产十五条硬措施有关要求，细化河南省50条具体措施。制定《河南省严格落实国有企业安全生产主体责任的规定（试行）》，建立危险化学品和非煤矿山、煤矿、交通运输专业委员会，定期研判重大安全风险，排查重大安全隐患。制定《河南省新兴行业领域安全生产职责清单》，明确新能源汽车、直播平台经济、加氢站等9类新兴行业领域的监管部门职责。

（二）强化集中攻坚，聚焦重点领域强化监督管理

危化领域，建立化工园区和重点危险化学品企业县级领导安全包保工作机制，明确47家化工园区、88家一级危险化学品重大危险源企业包保责任人；完成全省310家危险化学品重大危险源企业双重预防机制数字化建设数据对接，完成104家涉及18种重点监管化工工艺装置且构成重大危险源企业数据接入。非煤矿山领域，“双公示”露天矿山包矿领导名单，推动54座非煤矿山有序退出，完成42座尾矿库闭库销号；严厉打击非煤矿山盗采，侦破涉矿刑事案件429起，采取强制措施691人，涉案总价值6.5亿元；全省在生产的210座尾矿库全部建成在线监测系统，并与国家监测预警平台联网。工贸领域，组织钢铁、铝加工（深井铸造）和涉爆粉尘企业21项重点整治事项“百日清零行动”。

（三）严格执法检查，提升规范化监督执法水平

全省各级应急管理部门检查生产经营单位4.8万家次，立案4508起。全省异地执法累计检查企业2985家，立案417起，停产停业停建17家。会同公安厅联合开展打击假冒政府网站制售假冒安全生产证书专项行动，共检查企业15390家，查处无证企业133个，责令整改94家。出台《河南省安全生产行政执法与刑事司法衔接工作实施办法》，全省全年共办理行刑衔接案件83起。全省执法改革进入全面实施阶段，各省辖市及69个县（市、区）已完成执法机构挂牌。

（四）深化双重预防，强化事故灾害调查统计

印发安全生产风险隐患双重预防机制常态长效运行工作方案，修订专项执法指导手册，组织全省危化、非煤矿山、工贸行业开展双重预防体系建设与运行专项检查。印发《河南省安全生产领域举报奖励实施办法》，鼓励社会公众积极参与举报监督。定期向应急管理部报送纳入安全生产失信联合惩戒对象，并通过“信用河南”实时同步企业诚信信息，共依规报送纳入企业 7 家，移出到期企业 5 家。

（五）扎实推进消防安全工作

省人大修订《河南省消防条例》，省政府出台《河南省“十四五”消防事业发展规划》。实体化运行省、市、县、乡四级消安委办公室，推进行业系统消防安全标准化管理。深入推进基层消防力量建设，全省 2453 个乡镇街道全部建成消防安全服务中心，全省建成乡镇专职消防救援队 1366 个。编制《居民家庭消防安全 30 条》手册，分类制作 22 部火灾警示片。部署火灾警示月、119 宣传月活动，分行业推进“五进”宣传。推动 19 个省辖市出台文件明确消防救援机构负责组织火灾事故调查处理。深入推进消防安全专项整治三年行动和消防安全大检查，扎实开展高层建筑、大型商业综合体、“九小”场所和沿街门店、村（居）民自建房、涉疫重点场所、“四类安置区”、燃气等消防专项治理，全省消防救援机构共检查单位 58 万家次，督改隐患 100.5 万处。部署开展劳动密集型企业消防安全专项整治，全省共检查劳动密集型企业 1.2 万家，督改隐患 2.4 万处。

严格落实省灾后恢复重建能力提升计划，制定全省“十四五”装备建设规划，新购各类消防车辆 182 台、器材装备 22 万件（套），新建市政消火栓 7273 个。

二、防灾减灾救灾

（一）全力做好森林防火工作

修订《河南省森林火灾应急预案》，编制河南省应对极端条件下森林火灾专项预案，完善“会商研判—信息发布—高火险预警”预警监测机制，开展隐患排查整治和查处违规用火行为专项行动，累计整改火灾隐患 3429 余处，查处违规用火案件近 30 起。全年全省共发生森林火灾 11 起，未发生因灾导致的伤亡事故和次生灾害，森林防灭火形势保持平稳。

（二）扎实做好防汛抗旱工作

制定《河南省防汛应急工作方案》《气象预警与应急响应联动机制》等，实行紧要期 ABC 班值守调度指挥和风险分析研判机制，成立 15 个防汛工作专班和 9 个防汛应急专家指导组，形成统一高效的扁平化防汛指挥体系。推动建设“1+13+N”（一个总预案、13 个专项预案和 N 个部门预案）省级防汛预案体系，指导协调相关部门编制修订山洪防御、城市排涝、交通保障、电力保障、通信保障等专项预案，全省编制实施防汛预案 82176 个。全省储备防汛抗旱物资 11.51 亿元，注册登记防汛专业抢险队伍 9989 支、33.4 万人，成功处置应对 7 次较大规模降雨过程。全力抗旱保秋保供，协调水利、黄河河务等有关部门科学调度水库、南水北调、黄河等地表水源，全省大中型水库共计下泄水量 8.2 亿立方米，抗旱浇灌面积 4019 万亩次，解决 2.1 万余人临时性饮水困难。

（三）切实做好综合减灾相关工作

持续推进自然灾害综合风险普查，共调查采集公共服务设施和减灾能力信息 47 万条，完成全省历史灾害评估报告编制、全省减灾能力评估计算和省、市、县三级报告编制。开展自然灾害监测预警预报，完成《河南省自然灾害综合风险监测预警系统项目建议书》编制，印发全省城市风险监测预警平台建设总体方案，指导洛阳市作为全国试点开展城市安全风险综合监测预警平台建设。

（四）扎实做好救灾救助工作

印发《河南省灾情核查评估工作办法（试行）》《河南省自然灾害灾情会商制度》《省级自然灾害救灾资金使用管理实施办法（暂行）》《河南省灾害信息员管理办法》，完善救灾救助工作政策制度。全省明确6.4万余名灾害信息员，组织培训2万余人次，提升灾害信息员能力水平。省、市、县三级建成投用救灾物资储备库208个，安排1.2亿元资金用于补充2021—2022年度省级救灾物资，全省共储备各类救灾物资约528万件（套）。完成2021—2022年度冬春救助款物发放，共发放资金8.8亿元，各级累计发放冬春救助物资31.94万件（套），救助受灾困难群众496.24万人。

三、应急救援

（一）持续完善救援协调机制

编制《河南省防汛紧急避险安置预案》，印发《防汛应急救援队伍预置规则（试行）》，督促各级行业（领域）主管部门加强预置管理。组织全省60支国有企业工程抢险队伍和5轮应急指挥调度拉练，指导省直和各省辖市开展应急演练6.3万余次，参演590万人次。省应急管理厅救援排水中心被命名为“国家救援中心矿山救援河南排水队”。汛期，先后预置省级防汛救援队伍10次，3105支次，12.7万人次。

（二）加强应急管理基层基础建设

深化乡（镇、街道）“1+4”（“1”指一个应急管理委员会，“4”指一个应急管理办公室、一支应急救援队伍、一个应急物资储备库、一个应急指挥调度平台）和村（社区）“1+3”（“1”指一个安全劝导站，“3”指一个安全劝导员、一个灾害信息员、一支民兵救援队伍）基层应急体系建设，各县本级各部门建立各类专职应急救援队伍176支、专职人员9836名，建成应急救援指挥平台163个，建有物资装备储备库（点）333个，储备物资价值约9.27亿元；各乡镇（街道）建有专兼职应急救援队伍2958支、各类应急救援人员96228名，2434个乡（镇、街道）成立应急委，2297个设有独立的应急办（站），明确编制6774名，1509个乡（镇、街道）建成应急指挥终端，建有物资储备库3275个，储备物资价值约4.3亿元；各村（社区）建有兼职应急救援队伍约5.1万支，兼职救援人员约80万人，设有安全劝导站约5万个、安全劝导员18万名、灾害信息员5.5万人，设有物资储备点约4.3万个。

（三）推动应急管理改革发展

持续推进应急管理综合行政执法改革，加强综合行政执法规范化建设，积极探索异地执法、专家参与、线上巡查等新型执法模式，集中解决基层执法力量薄弱、专业能力不足、执法不精准及多层级重复执法等问题。加快推进国家综合性消防救援队伍整合改革，组建消防救援机动队伍。完善双重预防机制建设“五有”标准，推动安全风险关口前移，提升本质安全水平，探索风险隐患有效防控整治的新路径。

（四）全面提升应急宣传成效

在全省各地积极推进“喜迎二十大 豫讲豫出彩”应急管理主题宣讲，累计开展巡回宣讲活动17场，受众达4.6万余人。建立重要紧急新闻15分钟快速报道机制，与省主要媒体联动发布重要紧急新闻，规范应急新闻发布管理，提升发布质效。持续扩大全省应急系统官方网站、微信公众号、微博、抖音等新媒体平台信息发布能力和宣传影响力，向公众推送春季森林防火、夏季防汛安全提醒手机彩铃，受众客户达3000万。开展“安全生产月”、国际减灾日等宣传活动，营造浓厚安全生产宣传氛围。

四、基础保障和能力建设

（一）加强队伍建设

在全省应急系统开展能力作风提升活动，注重在实践实战中锤炼磨砺队伍，进一步增强政治素养、强化专业技能、提升能力作风。深化班子队伍建设“三优化”“三强化”，实行“四个优先”，树立在基层一线、吃劲岗位提拔任用干部的鲜明导向，2022年以来提拔调整处级领导干部55名，不断优化干部队伍年龄、专业和多岗历练结构。深入开展蹲点调研学习指导活动，全厅各级党员干部深入113个县（市、区），深入了解基层应急管理工作现状，发掘成熟经验和工作亮点，协助解决困扰基层一线的痛点难点问题，提升干部队伍专业素养和实战能力。

（二）全力保障党的二十大安保

聚焦为党的二十大胜利召开创造良好安全环境，开展从4月至党的二十大结束后近6个月安全生产大检查，检查全省所有地区、所有行业领域、所有生产经营单位，通过安全生产大检查切实解决一批安全风险、隐患和问题。在党的二十大召开重点时段，省安全生产委员会组织成立18个综合检查组，开展安全生产督导检查，共检查县（市、区）461次，整改问题隐患2385处，有力保障了党的二十大期间全省社会大局安全平稳。

（三）服务保障全省发展大局

自觉将应急管理工作融入平安河南建设，充分发挥省级议事协调机构办公室作用，建立完善风险研判、预警提示、防范化解闭环工作机制，以良好安全形势服务保障经济社会发展。持续深化“放管服”改革，向郑州、洛阳、郑州航空港经济综合实验区和“三起来”县市下放委托安全生产审批权限，积极推进“互联网+监管”，进一步为企业增能减负。

第十七章　湖北省应急管理工作

2022年，湖北省应急管理系统迎难而上，顶压前行，把“国之大者”转化为保民平安的奋进动力，始终坚持精准抓“防”、统筹抓“减”、全力抓“救”，细之又细地防范化解重大安全风险，铺垫了平安年底色。安全形势持续向好。全省安全生产实现“一无两降”：无重特大事故；事故总量大幅下降，较大事故大幅下降。

一、安全生产和消防安全

（一）安全生产大检查成效明显

聚焦危险化学品、矿山、建筑施工等17个重点行业领域、22项主要内容，开展大排查。省安全生产委员会挂牌督办10处重大隐患（已整改9处），带动全省分级分类挂牌督办300余处重大隐患。省级开展两轮督查巡查，发现和督促整改问题隐患739处。强化有奖举报，省级安排500万元奖励基金，奖励上限调整至30万元，推动在矿山入井井口、工业广场、职工食堂（宿舍）等醒目位置悬挂（张贴）举报奖励公示牌，省应急管理厅直接受理200多件安全生产举报。各级纪委监委将安全生产大检查纳入政治监督内容，跟踪督促。全年省市县共派出督查检查组12.92万个，检查企业76.95万家，排查隐患94.2万条，整改88.51万条，整改率94%；下达整改指令书13.53万份，责令停产整顿1619家，暂扣吊销证照667家，关闭取缔567家，约谈2.5万家（人），移送司法机关300人。

（二）专项整治三年行动成果巩固

扎实开展危险化学品和燃气两个专项治理、自建房安全整治百日攻坚、工贸行业专项整治“百日清零行动”，一体推进综合交通、建筑施工、特种设备、消防等领域专项整治。全覆盖开展52个化工园区安全风险等级评估复核工作，依法抓好137个化工产业转移项目源头管控审查，严禁“两高一低”项目落地。开展非煤矿山安全大排查大整治行动，省应急管理厅会同国家矿山安全监察局湖北局开展异地交叉检查，责令停产整顿9家企业，约谈18家企业，依法查处事故企业，追究刑事责任10人，追究行政责任61人。省应急、经信、发改等部门联合制定《关于加强磷石膏库建设管理工作的实施方案》。全省17家钢铁企业、37家铝加工企业、227家10人以上粉尘涉爆企业完成专项整治“百日清零行动”。

（三）加大安全监管执法力度超前

省委办公厅、省政府办公厅印发深化应急管理综合行政执法改革实施方案。推进执法案例报送工作，仙桃市应急管理局移送某新材料有限公司拒不整改重大事故隐患构成危险作业罪案，被应急管理部纳入2021年第二批安全生产优秀执法案例。严肃事故查处，省级挂牌督办武汉市经开区南太子湖污水处理厂“4·16”机械伤害事故等14起事故，约谈宜兴铁路兴山东平导隧道“6·13”涉险火灾事故责任单位，会同国家矿山安全监察局湖北局帮扶督导鄂城鸿发铁矿“2·21”一般物体打击事故等 5 起事故调查工作，组织评估仙桃市蓝化有机硅有限公司“8·3”较大事故等 5 起事故责任追究和整改措施落实情况。

（四）大力推进消防安全

健全社会单位约谈培训机制，定期约谈提醒，发放《火灾隐患辨识图谱》，督促单位严格防范措施，主动申报风险，公开作出承诺。集中攻坚消防专项整治三年行动收官，统筹开展“防保迎”大检查、安全生产十五条硬措施落实、燃气安全和老旧小区消防安全整治，推进重点火灾防范任务有序实施。开展高层建筑重大火灾风险专项整治、大型商业综合体达标创建等活动，督促全省高层建筑建立“一栋一册”底数台账和隐患清单，在全省 145 家大型商业综合体开展团队化、标准化消防管理。组织对全省厂房、仓储、物流场所开展集中专项排查，严查违规动火动焊、违规住人、堵塞通道、使用易燃可燃彩钢板等重大风险。挂牌督办 286 处重大隐患，协调 11 个行业部门加快整改，按期销号。以省安全生产委员会、省消防安全委员会名义开展生产经营租住村（居）民自建房重大火灾风险综合治理行动，制定风险排查指引，发动 3.7 万名基层人员，排查经营性自建房 21 万栋（住宿 3 人以上），标识重大、较大风险 1.15 万栋，整改 6800 余栋。以“老弱病残”“孤寡老叟”等为重点对象，开展消防安全“邻里关照”行动，上门排查消防安全隐患，赠送简易消防设施，普及自防自救知识，努力化解“小火亡人”风险。

二、防灾减灾救灾

（一）坚持防汛和抗旱两手硬

以承办 2022 年长江防汛抢险综合演练为契机做实汛前准备，全省 985 处水毁工程修复、562 座小型水库除险加固、各级防汛抗旱指挥机构调整及 643 名责任人核定公示、砂石料储备均在汛前完成，有效应对了主汛期 4 轮较强降雨。反思郑州“7·20”、柳林“8·12”灾害应对工作，省防汛抗旱指挥部制定城市、山丘区村镇防范极端强降雨两个指导意见。7 月下旬以来，全省及时调整工作重点，全力抗旱救灾。省防汛抗旱指挥部办公室每日会商调度，适时跨部门会商，累计发动干部群众 347.72 万人次参与抗旱，有关部门开展人工增雨飞机作业 43 架次，水库累计提供抗旱用水 59.3 亿立方米，398 处大中型灌区累计配水 100.6 亿立方米。省防汛抗旱指挥部办公室启动抗旱四级应急响应 59 天，派出 30 个工作组全覆盖督导检查，高峰时全省 16 个市（州）89 个县（市、区）启动抗旱应急响应。组织消防救援等力量，多措并举解决了山丘区 180 多万人次临时饮水困难。

（二）坚持水旱灾害和地质灾害统筹防

加强部门联动，推动主汛期防汛与地灾防治一体谋划推进。省应急管理厅联合自然资源厅赴市县调研指导，推动地质灾害隐患点排查治理。指导处置“5·17”鹤峰县邬阳乡龚家垭村山体滑坡灾害。聚焦滑坡、崩塌、地面塌陷等典型灾害，省应急管理厅收集研究省内 17 起案例，编印下发地质灾害救援案例汇编。

（三）坚持森林防火和城市消防一体治

加强与林业、消防、公安等部门沟通协调，完善消地联动、森林防灭火部门联动机制。贯彻中央办公厅、国务院办公厅文件精神，研究制定实施意见，部署加强新形势下森林防灭火工作。省财政追加省级防火物资预算 900 万元（累计 1400 万元），支持基层补短板。针对夏秋连旱实际，省应急、林业等部门成立工作组，深入65个重点县市区持续督导检查。协调直升机驻守汉南、恩施、武当山机场，巡护重点林区。扎实开展野外火源专项治理、林区输配电设施火灾隐患专项排查治理行动，严厉打击野外违规用火行为，全省共办理涉火行政刑事案件800余起。汲取河南安阳“11·21”凯信达商贸有限公司特别重大火灾事故教训，省政府发文部署冬春火灾防控专项治理工作。

（四）坚持综合减灾和灾害救助统筹抓

省减灾办印发13期灾害综合风险研判报告，研判月度特别是汛期、国庆、党的二十大等重点时段灾害风险并提出对策建议。制定工程推进信息报告制度，统筹调度自然灾害防治重点工程建设进展。拓展灾害风险隐患信息报送全国试点“红安经验”，市、县、乡、村四级落实灾害信息报送员7万多人。印发指导意见，规范和加强城乡综合减灾示范创建工作。省减灾委员会命名武汉市经开区沌口街翡翠玖玺社区等120个社区为“2022年全省综合减灾示范社区”；长墩堤社区等20个社区获评2021年“全国综合减灾示范社区”。扎实推进自然灾害综合风险普查，基础数据库建设有序推进。加强灾害救助工作。组织报送全省灾害过程24个、初续核报206次。针对严重旱灾，省级先后启动救灾应急Ⅳ级响应、Ⅲ级响应，配合启动国家救灾应急四级响应。全年下拨中央和省级救灾救助资金52676万元。扎实开展冬春生活救助、应急救助、恢复重建等工作，全省因灾倒损民房重建584户、修缮2478户全部于年底提前完工；受灾群众冬春救助工作正有序开展；调拨省级救灾物资19.3万件（套），支持各地做好救灾救助工作。构建大救灾格局，应急调拨8000多件帐篷、衣被等救灾物资，支持省内新冠疫情防控，支援新疆防疫，受到社会好评。

三、应急救援

（一）预案和机制进一步完善

省政府印发《湖北省突发事件总体应急预案》《湖北省防汛抗旱应急预案》。省政府办公厅印发《湖北省应急救援队伍管理办法（试行）》。建立鄂湘赣三省应急救援联动机制，支持武汉、十堰、恩施、黄冈等地建立区域城市群应急联动机制。建立气象预警与应急响应联动机制和直达基层责任人的临灾“叫应”机制，预警信息可一次性直达13万名各级应急责任人。

（二）应急指挥中枢能力增强

省应急指挥中心指挥调度系统完成升级改造。市（州）、县（市、区）指挥中心均配备可视化视讯终端，实现省、市、县三级实时视频联通、语音通话。十堰、宜昌、襄阳等地将应急指挥中心纳入城市大脑建设体系，构建大应急指挥体系。

（三）救援基地和队伍建设稳步推进

华中区域应急救援中心正式动工。航空应急救援监视网一期（鄂西北地区）工程已完工，孝感地区10个临时起降点已完成验收。工程抢险救援船已进入调度适航阶段。省级18支专业救援队伍常态化备勤。省防汛抗旱指挥部协调武汉、石首、利川联合承办全国2022年长江防汛抢险综合演练，获得圆满成功。省森林草原防灭火指挥部在随县成功举办全省灭火演练暨第三届森林消防业务技能竞赛。省应急管理厅联合省军区开展军地联合山地搜救演练、山林灭火研究性演练。

四、基础保障和能力建设

（一）提升基层应急能力

十堰房县、郧阳，孝感安陆等整合资

源，在乡镇组建应急办（消防救援所、站），构建应急机构、救援队伍、监测预警手段三位一体的应急能力体系。随县一次性增加40名事业编制补充到乡镇应急管理站，确保每个乡镇至少有2名专人。咸宁在全市70个乡镇（街道）挂牌组建应急办。房县、安陆、利川、阳新、崇阳、随县等县（市、区）增设内部股室、增加领导力量和工作人员，推动县级安全生产委员会实体化运行。宜都在全省公开招聘10名专职技术检查员和20名社会监督员。《湖北日报》《中国应急管理报》等媒体，以《打通乡镇应急管理“最后一公里”调查》为题，连续报道全省基层改革探索。

（二）完善法规制度

省十三届人大常委会第三十四次会议表决通过新修订的《湖北省安全生产条例》。省安委会办公室印发《湖北省生产经营单位主要负责人安全生产职责清单指引》等两个清单，央视推介播发，国务院安全生产委员会将其纳入全国安全生产专项整治三年行动制度成果。申报《湖北省突发事件应对管理条例》《湖北省危险化学品安全条例》纳入省人大常委会五年立法规划（2023—2027年）项目。申报《湖北省企业安全生产主体责任规定（修订）》《湖北省生产安全事故报告和调查处理办法（修订）》列为省政府五年立法规划项目。制定《湖北省危险化学品禁止、限（控）制、淘汰和鼓励政策目录清单》。推荐《湖北省有限空间清淤作业安全规范》等8项地方标准立项。发布实施《安全生产培训机构条件评估规范》《地质勘查单位安全生产培训与考核规范》。

（三）加强宣传教育

省应急办、省委宣传部联合开展“普及应急知识，守护生命安全”公众应急科普宣教活动。加强原创策划，推出一氧化碳预防情景短剧、森林防灭火主题海报、“细说民法典中的安全”等新媒体作品。创新宣传载体，设计制作应急管理主题核酸检测卡片17.49万张，深化安全宣传“五进”，相关经验被应急管理部推广。68篇报道在中央媒体刊发，52篇在《中国应急管理报》《湖北日报》等媒体刊发。国际减灾日活动登上央视《新闻联播》。11部科普、宣传作品在国家、湖北省获奖。省应急管理厅微信公众号连续4年被评为省直十佳政务微信。正式发布湖北应急动漫IP形象“楚小应”。

（四）深化“智慧应急”试点

围绕五大业务领域、全面覆盖19个业务系统的“智慧应急”架构基本形成。安全风险在线监测系统接入部分非煤矿山、危险化学品、烟花爆竹等高危企业，汇聚旅游客运车辆、桥梁、降水量、河道水库涵闸水情、气象预警及实况、地灾隐患点等360类、30多亿条数据资源。省级遴选15个行业领域、604名应急管理专家。推进科技兴安，非煤矿山地下开采水患监测预警及风险分级管控等22个项目获得安全生产专项资金支持。

（五）优化资金保障

争取财政支持，首次设立应急能力建设专项资金2700万元，为33个建设项目提供支持。落实安全生产经济政策，开展“人保·平安矿山行”活动，连续三年累计申请财政专项资金2800万元，奖补安责险投保企业，评估检查保险机构履约情况，强化事故预防功能。

第十八章　湖南省应急管理工作

2022年，湖南省应急管理系统把为党的二十大胜利召开营造良好安全环境作为重大政治任务和光荣历史使命，严格落实疫情要防住、经济要稳住、发展要安全的要求，统筹发展和安全，经受了新冠疫情不确定性叠加和经济下行压力加大对安全生产造成的冲击，经受了长沙望城区“4·29”特别重大居民自建房倒塌事故、长沙“9·16”电信大楼火灾事故以及新田森林火灾等造成的重大压力，经受了14轮强降雨、5轮低温雨雪冰冻和极端干旱导致森林火灾频发高发的严峻考验，扭转被动局面，实现新的突破。

一、安全生产和消防安全

（一）狠抓责任落实

紧盯安全履职尽责，修订完善年度安全生产和消防工作考核办法与细则，进一步厘清安全监管部门责任链条。全媒体发力、多渠道宣教筑牢安全发展理念，制作并组织省、市、县三级领导干部、安全监管人员集中观看《湖南省安全生产警示片》，强化警示震慑效应。统筹推进发挥政治巡视“利剑”和考核“指挥棒”作用，对2个市州、14个县市区开展安全生产巡查，对发生较大生产安全事故的6个市县开展警示约谈、予以“黄牌警告”预警告，对安全生产落实不力的4个省直单位、3个市州、1家企业印发警示函、提示函。向省委巡视办提供了19个省直部门、20个县市区、10所高校、4家省管企业安全生产方面的问题共150余条，完成省委督查室交办8个省直单位和省委巡视办交办的12个省直单位巡视整改工作督促落实，确保政治巡视发现的安全生产领域问题隐患整改和追责问责落地落实。

（二）实抓隐患排查

落实落细国务院安委会安全生产十五条硬措施，印发任务分工、任务清单。扎实推动开展三年行动巩固提升、安全生产大检查“百日攻坚”等系列行动。印发《关于做好安全生产风险分级管控和隐患排查治理双重预防体系建设工作的通知》，从严从紧落实“双重预防”，有效管控风险隐患。印发《湖南省深入排查重点行业领域潜在风险　坚决防范遏制重特大事故行动方案》，组织成立工作专班，形成《工作专报》40期，推广20余例经验做法，曝光近10条典型案例，全省累计排查风险隐患14.8万个，整改到位13.9万个。全省消防救援机构以消防安全专项整治三年行动为主线，抓好潜在风险排查整治、高层建筑、自建房等领域专项治理，共监督检查单位16.8万家，发现火灾隐患34.7万处，督改火灾隐患34.3万处，立案重大火灾隐患2154家，推动整改销案2039家，圆满完成党的二十大、北京冬奥会等重大安保活动。

（三）严抓监管执法

持续开展强执法防事故行动、“互联网+执法”，强化打非治违，办理行刑衔接案件106个，实施处罚5.6万次，湖南矿山解剖式执法经验全国推广。安全生产举报工作成效显著，全年全省累计接报群众举报9114起，查实3590起，奖励221.071万元，综合排名居全国前列。

（四）紧抓治本攻坚

建立煤矿“一图一表一清单一方案”①，完成49座在用“头顶库”和三等及以上尾矿库专家会诊，深入推进重点矿区矿业秩序整治和重大隐患治理，全省关闭非煤矿山176座。持续开展危险化学品重大危险源企业专项检查督导和精细化工企业“四项清零”②行动。全面加强打击烟花爆竹非法生产，下大力整治分包转包、非法出租、“四超两改”等顽瘴痼疾。集中开展宾馆（酒店）、仓储基地和大型商业综合体等重点行业领域专项整治，工贸领域重大事故隐患首次“清零”。

（五）稳抓消防安全

圆满完成党的二十大、北京冬奥会和冬残奥会等消防安全防范任务，重大活动期间消防安全形势高度平稳。省人大出台《湖南省居民自建房安全管理若干规定》，省政府出台《湖南省专职消防队伍管理办法》，制定《既有居住建筑出租房屋消防安全管理规范》等2部地方标准。组建防疫消杀队和消防服务队，积极投入抗旱救灾工作，运水送水346.2万余吨，缓解农作物旱情58.8万亩。加大高层建筑、大型商业综合体等排查整治力度，检查单位17.4万家，督改隐患37.9万处，立案重大火灾隐患2154家，销案2039家。成功处置各类任务7.6万起，营救疏散群众1.6万人，抢救保护财产7.87亿元，出色打赢望城自建房倒塌、长沙电信大楼火灾、新田森林火灾等重大救援战斗。

二、防灾减灾救灾

（一）森林防灭火

点对点靶向调度、督查督导，抓实抓牢林火卫星监测热点处置，及时发布高火险预警信息，强化“封山禁火”、提升应急响应等级、组建完善基层救援队伍、规范森林火灾扑救等一系列断然措施，加强隐患挂牌督办、严厉追责问责，森林火灾防控有力有效。制定《加强新形势下森林防灭火工作的实施意见》，整体提升森林草原火灾防控能力和水平。

（二）防汛抗旱

面对汛期14轮强降雨，坚持山区、湖区“两线作战”，精准预报预警、督导性“叫应”提醒、快速响应处置，组织召开防汛视频会商调度会71次，先后7次启动防汛应急响应，共组织转移群众38.8万人次，成功处置多起水利工程大险，未发生群死群伤事件、溃堤溃坝事件。牵头抓总防旱抗旱，坚决确保群众饮水安全，多措并举增辟水源，全力灌溉保收保苗，成功应对1961年以来综合强度最强、覆盖范围最广、持续时间最长的严重旱情。

（三）地灾防御

坚持避让为先，将避险转移范围由地质灾害隐患点、切坡建房风险户延伸拓展到临坡、临沟、临崖、临坎住户，利用边坡雷达、遥感无人挖掘机、侦测无人机等高科技手段确保科学施救。推进应急避难场所建设，连续两年投入专项资金5000万元，在常德、益阳、岳阳等地震易发区、

① 一图一表一清单一方案：煤矿企业安全生产信息“一张表”、较大以上安全风险“一张图”、重大问题隐患“一清单”、较大以上安全风险管控“一方案”。

② 四项清零：精细化工反应风险评估“清零”、自动化控制装备改造“清零”、从业人员学历资质不达标“清零”、人员密集场所搬迁改造“清零”。

环洞庭湖的市州建设98处符合社区标准的应急避难场所。强降雨期间，成功避让地质灾害178起、避免人员伤亡1440人。

（四）灾后救助

加密灾情信息收集，积极推进倒房重建，确保春节前因灾倒损住房群众入住新居。启动全省自然灾害救助Ⅳ级应急响应3次，Ⅲ级应急响应2次，下拨中央和省级救灾（生活救助）资金1.46亿元，下拨省级救灾物资10.6万件（套），全力保障受灾群众的基本生活。

三、应急救援

（一）健全体制机制

大力推进应急管理体制改革试点，9个市州、98个县市区成立应急委（应急指挥部），初步构建平战一体应急指挥机制。推动各级森林草原防灭火指挥部办公室实战化运行，推动省、市、县三级政府常务副职担任森林草原防灭火指挥部指挥长、分管林业副职担任常务副指挥长的领导体系。推动落实应急管理综合行政执法“局队合一”湖南模式，编制增至2767名、增幅41.75%。

（二）加大投入保障

推动构建“一部两基地三中心”①，积极推进基层应急预案修编试点，努力探索可复制、可推广的经验做法。自然灾害防治“九大工程”等重点工程建设进展顺利，自然灾害风险普查等工作被应急管理部推介。投入7000万元紧急采购装备物资和租用灭火飞机，为森林火灾扑救提供有力支撑。抢抓全省低空空域改革契机，建设省航空应急救援大浦基地，打造应急救援的重要战略支撑。

（三）突出力量建设

对标国家专业应急力量体系，结合省灾害事故风险特征，重新认定23支省级专业应急救援队伍。组建水域、石化、绳索救援技术省级示教队和市级专业队，举办专业队伍对抗交流赛，培训省级专业队员447名。高标准建造完成水上工程救援船“中国应急长沙号”，依托湘水集团组建水上工程救援队伍，补齐“一江一湖四水”② 水上救援能力短板。建成由综合救援、专业救援和社会救援3类374支队伍组成的应急救援力量体系。加强应急协调联动，明确社会应急力量参与抢险救援办法，与湖北、江西建立区域协同机制，增强铁路运输快速投送能力。

（四）强化实战演练

全面组织开展防汛救灾、地质灾害救援、高速公路（隧道）、民用航空器事故等应急演练，省消防救援队伍成功处置各类任务7.6万起，营救疏散群众1.6万人，抢救保护财产7.87亿元。成功应对永州零陵“9·12”、株洲茶陵“9·18”、永州新田“10·17”森林火灾和长沙“9·16”电信大楼火灾等突发事件，有力保障首届旅游发展大会、省第十四届运动会、航空博览会、世界计算大会等省级大型活动安全开展。

四、基础保障和能力建设

（一）注重科技赋能

“电力助应急”“铁塔助应急”持续赋能，安全生产风险监测预警、违法违规行为智能识别等精准监管水平不断提升。

① 一部两基地三中心：一部指湖南省应急指挥中心；两基地指湖南省消防救援部队机动支队物资储备基地和森林消防六大队物资储备基地；三中心指益阳、衡阳、怀化三地区域应急救援中心。

② 一江一湖四水：长江、洞庭湖、湘江、沅水、资水、澧水。

将“智慧应急”建设纳入湖南省“十四五”规划和湖南省“十四五”数字政府建设规划，建设智能化、扁平化和一体化的“五级联动”应急指挥视频调度系统，与华为、铁塔、国电湖南公司等企业签署合作框架协议，以信息化促进业务质量变革、动力变革、效率变革。

（二）夯实基层一线

全面开展乡镇（街道）“六有”①、行政村（社区）“三有”② 应急能力建设，1584 个乡镇（街道）初步达到“六有”标准。统筹推进安全发展示范乡镇和综合减灾示范社区建设，“优化融合、协同高效、支撑有力”的支撑保障体系建设取得积极进展，全年新增综合减灾示范社区国家级 35 个、省级 50 个。深入实施高危行业领域安全技能提升行动计划，强化从业人员安全教育培训和技能考核，开展应急普法网络知识竞赛，把安全责任向企业、向家庭、向个人延伸。严格落实安全生产承诺、失信惩戒、联合激励、安责险等制度，强化安全生产社会化治理。

① “六有”：有班子、有机制、有预案、有队伍、有物资、有培训演练。

② “三有”：有场地设施、有物资装备、有制度。

第十九章 广东省应急管理工作

2022年，广东省应急管理系统坚持以习近平新时代中国特色社会主义思想统领广东应急管理工作，全面贯彻落实党的二十大精神，坚持人民至上、生命至上，始终扛起保民平安、为民造福的职责使命，自信自强、守正创新，踔厉奋发、勇毅前行，实现全省安全生产和自然灾害防治形势持续稳定。

一、安全生产和消防安全

（一）压紧压实安全防范责任

坚决落实国务院安委会安全生产十五条硬措施，制定出台“广东65条”具体措施，开展三轮全覆盖安全生产督导检查，整治突出问题隐患5075余处，曝光重大隐患440处。推动省安全生产委员会下设危险化学品安全专业委员会，推动建立省玻璃桥项目安全监管综合协调联络机制，增强协调解决重大安全问题的能力。增加广东电网和广东铁塔为省森林防灭火指挥部成员单位，消除森林防灭火责任盲区。举办“当好安全生产第一责任人”报告会，遴选6名企业负责人现身说法，讲好企业自己的“安全故事”。在全行业推行企业第一责任人落实7项职责、作出10项承诺工作机制。提级应对处置中石化茂名分公司“6·8”泄漏起火重大涉险事故，严肃处理“海狮5”违反防风指令行为。

（二）打好打赢安全生产“三场攻坚战”

实施危险化学品安全风险集中治理，全覆盖推进26个化工园区“一园一策”安全整治提升，完成2轮342家重大危险源企业自查、市级交叉检查全覆盖，发现问题隐患3.06万项，停产整顿企业7家。完成对全省69台（套）老旧装置深度评估分级，淘汰退出老旧装置2台（套），排查整治问题隐患651项。开展城镇燃气安全专项整治行动，对全省160家管道燃气经营企业、627家瓶装液化气经营企业、1112个燃气场站、10.2万公里燃气管道、10135个燃气工程项目开展专项整治。推进自建房安全专项整治工作，共排查自建房1522.11万栋，其中经营性自建房290.03万栋，判定存在隐患2.9万栋，采取停用等管控措施2.7万栋，指导深圳市、潮州市迅速妥善处置福田区、湘桥区自建房（已拆除）倾斜事件。

（三）盯紧看牢重点领域安全风险

常态化系统防范化解道路交通安全风险，淘汰57座及以上大客车和卧铺客车1324辆，完成全省150座国省道、农村公路危旧桥梁改造和1738处事故多发和严重安全隐患路口路段整治。打好海上安全事故歼灭战，查扣涉渔“三无”船舶3040艘、销毁2150艘，查获非法改装渔船191艘、非法载客270人。从严查处建筑施工违法行为，全省立案处罚违法企业4254家，暂扣省内外43家建筑施工企业安全生产许可证。深化矿山综合治理，彻底整治非煤矿山“小、散、弱”问题，完成淘汰退出34家、整治重组6家、改造升级199家。开展工贸企业“百日清零行动”，全覆盖执法检查全部44家钢铁企业、206 家铝加工（深井铸造）企业、2358 家粉尘涉爆企业，排查隐患 3232 项。规范村级工业园安全管理，出台加强村级工业园安全管理的“园 8 条”，全省 4668 个村级工业园全部落实“一园一册、一企一档”。

（四）压实消防安全责任，推进消防专项治理

广东省人大修订出台《广东省实施〈中华人民共和国消防法〉办法》，广东省委、省政府与 21 个地市、53 个部门签订年度消防工作责任书，将消防工作纳入平安广东考核、政务督查和党政领导干部述职内容，20 个地市市长担任消安委主任，对全年 58 起亡人火灾全部落实延伸调查，问责 65 个单位、155 名个人。以消防安全专项整治三年行动牵头抓总，深入开展消防安全大检查，自主开展“扫雷”行动等“1+8”整治，联合行业部门组织 1 万余家高层建筑、大型商业综合体、学校、医院、养老院等人员密集场所开展消防安全标准化达标创建，出台“三合一”、出租屋、电动自行车等整治措施，连续第 14 年省政府挂牌督办整治火灾高风险区域和重大火灾隐患，全年累计检查单位 17.2 万家，整改隐患 4.5 万处。

二、防灾减灾救灾

（一）健全完善应急指挥

在省应急委框架下，充分发挥应急管理部门统筹抓总的作用，统一发布预警和灾情，统一指挥应急救援队伍，统一调拨救灾物资，统一发布 15 种应急响应。以省、市、县三级应急指挥平台贯通为抓手，建立自上而下的应急指挥体系，做到指挥一个声音、发布一个窗口、行动一个步调。建立“一个指挥中心、一个前方指挥部、一套工作机制、一个窗口发布”的“四个一”应急处置机制，做到预判重大风险到哪里，调度指挥就到哪里，督办检查就到哪里，工作落实就到哪里。

（二）强化应急物资保障

制定灾情“一张图”，涵盖道路交通、水利设施、自然资源、电力供应、通信保障等行业灾情险情指标。组织全省 953 户“全倒户”、600 户“严损户”开展倒房重建，下拨省级生活救助资金 4.2 亿元，调拨 1.23 万顶帐篷、2.09 万张折叠床、1.03 万床毛巾被。集成开发“一网统管”应急物资专题，累计接入各类物资数据 2485 万条、接入全省 1957 家应急物资仓库数据。会同省财政厅及时向四川援助 500 万元，实施采购 7 台大型排涝应急抢险装备和 1 台应急保障车，组织全省各级物资仓库对应急帐篷、折叠床、棉被、毛毯、毛巾被、枕头等进行摸底排查，加强与京东 12 家社会储备企业对接，全力支持广州市新冠疫情防控工作。

（三）推动安全宣传“五进”

创新开展“安全生产月”、防灾减灾日、森林防火宣传月等活动，组织观看《生命重于泰山——学习习近平总书记关于安全生产重要论述》等专题宣传教育片，推出每日早间应急播报，通过专题文章、宣传海报、公益宣传小视频/音频等形式解读应急管理知识，全年全国全省各级各类媒体刊登广东应急管理稿件 550 余篇。组织启动森林防灭火宣教“大篷车”和森林防灭火宣传月短视频征集大赛等活动，开展广东应急普法“线上马拉松”活动，累计 3800 万人次参加，广泛普及安全生产和防灾减灾救灾知识，提高自救互救技能，营造应急宣传良好氛围。

（四）全力抵御自然灾害

省防汛防旱防风总指挥部历史上第一

次启动防汛一级应急响应，刚性落实防台风“六个百分百”工作举措。加强全省防旱抗旱工作统筹，协调水利部门构建抗旱保供水“三道防线”，有力保障针对东江、韩江等重点流域内群众生产生活用水。牵头起草《粤闽桂琼四省区海上渔船防台风协同机制》，建立跨海区省际防台风协作。制定出台《广东省基层森林防灭火十条硬措施》，联合多部门开展森林防火“五清”“猎火行动2022”等专项行动，有力处置梅州兴宁“10·2”等森林火灾。

三、应急救援

（一）一体化推进区域救援中心建设

国家东南区域中心建设取得实质性进展。会同潮州市政府召开国家东南区域应急救援中心项目开工动员会，项目建设全面铺开，正式进入建设施工阶段。组建工作专班，全面推动粤北（韶关）区域应急救援中心建设，规划选址在韶关市曲江区乌石镇建设集应急航空救援、国家消防机动队伍驻防、装备物资储备、实训演练培训等功能于一体的区域应急救援中心。

（二）大力发展应急航空救援力量

建设应急航空救援直升机机队，完成首批2架应急救援直升机列装，先后赴湖南株洲、福建武夷山、韶关乐昌、清远连南、梅州兴宁等地参与山火扑救。建设省应急救援航空指挥调度中心，建设完善12个驻防基地、12个转场基地、112个固定起降点、170个应急航空救援直升机起降点。实行重大节日期间常态化开展应急航空实战演练，2022年春节和国庆期间，组织2架直升机在省内高速公路进行应急救援航空巡逻，累计飞行5架次、1230公里，实施救援2次，处置险情8次。

（三）统筹社会力量参与应急处置

印发《广东省社会应急力量参与事故灾害应急救援管理办法》，鼓励、引导和规范社会应急力量参与事故灾害应急救援工作。选择广州市、深圳市和佛山市，开展社会应急力量参与重特大灾害抢险救援行动现场协调机制建设试点。积极推广平安应急救援责任保险，为社会应急力量提供参保。联合团省委实施广东志愿服务组织成长扶持行动暨志愿服务项目大赛，鼓励和支持志愿服务组织等社会应急力量建设。

四、基础保障和能力建设

（一）全面深化应急管理改革

印发《广东省市县党政领导干部安全生产重点职责工作清单》，明确市、县党委政府及领导干部安全生产工作职责，对分管安全生产和其他分管领导的职责作了具体划分，强化党政领导干部安全生产齐抓共管的力度。全面推动基层应急管理机构改革，全省1597个乡镇（街道）全部完成部门整合、职能整合、指挥调度整合、力量整合“四个整合”。积极推进基层应急力量与消防队伍融合发展，提高基层防灾减灾救灾和急难险重突发公共事件处置保障能力。

（二）有力承担“三委三部”办公室职责

坚持职能比职数更重要，全面承担“三委三部”办公室职责，并将相关职能分解到处室，实现精细化、模块化、流水线运作，一旦启动应急响应，打破处室界限，以块为主响应。制定出台省应急委工作规则和应急委办公室工作职责，建立议事协调机构和专项指挥机构成员单位应急管理职责清单。全面推进安全生产委员会实体化运作，其中清远市、县两级安全生产委员会实现实体化运行。

（三）夯实城市安全发展基础

制定印发《广东省省级安全发展示范试点城市评价细则》和《广东省省级安全发展示范试点城市创建指南》，选取13个县（市、区），在全省开展省级安全发展示范试点城市建设，全力支持广州市、深圳市创建国家安全发展示范城市，支持深圳市、佛山市创建全国安全风险综合监测预警平台试点城市。

（四）持续推动“数字应急”转型升级

积极推进数字政府运营中心与应急管理信息化深度融合，推动设立广东数字政府建设运营中心应急管理分中心。聚焦进一步打通应急管理“最后一公里”，全面推广运用“应急一键通”App，建设广东“应急一键通”运营中心。深化省域治理“一网统管”体系建设，开展自然灾害、安全生产统筹趋势分析，推动建立“智慧应急”应用体系，实现部、省、市系统对接联通。

第二十章 广西壮族自治区应急管理工作

2022年，广西壮族自治区应急管理系统深入学习贯彻习近平总书记关于应急管理重要论述，坚决落实疫情要防住、经济要稳住、发展要安全重要要求，深入落实国务院安委会安全生产十五条硬措施和自治区20条细化措施，积极开展“压减事故年”“新安法宣贯执行年”“标准化建设年”“科技信息化应用年”活动，各项工作取得新的历史性成绩。

一、安全生产和消防安全

（一）压实安全防范责任

自治区党委政府出台《关于进一步强化安全生产责任落实坚决防范遏制重特大事故的实施意见》，落细落实国务院安委会安全生产十五条硬措施。制定自治区党政领导干部安全生产职责清单、安委会成员单位职责规定，明确部分职能交叉和新兴行业领域安全监管职责分工，组织开展年度市级党委政府安全生产和消防工作考核巡查及自治区安委会成员单位、重点企业安全生产工作考核，通报46起典型事故情况，25次约谈事故多发、违法行为突出的市、县（市、区）和企业，挂牌督办7起事故（件）查处和20项生产安全重大事故隐患、12家重点火灾隐患单位，以及14处生产经营租住村（居）民自建房区域性火灾隐患整改，制作播发安全生产警示教育片，曝光10次20处重大安全问题隐患，形成广泛震慑，推动落实“党政同责、一岗双责”和“三管三必须”要求，拧紧明责、履责、追责链条。

（二）开展安全专项整治

全面开展安全生产大检查，推动各级各部门开展检查27.4万次，督导问题28.4万个，排查整治隐患61.7万处。突出2个专题和10个专项，开展总结评估、成果汇编，打好专项整治三年行动巩固提升“收官战”。发挥安委会办公室职能作用，协调推进危险化学品、城镇燃气、自建房安全“三个集中治理”和工贸行业专项整治“百日清零行动”，深入开展转移项目、重大危险源、高危细分领域、老旧装置、大型油气储存基地和长输管道等风险整治，排查整治64525条燃气安全隐患，精准管控90.15万栋经营性自建房，查处涉及“钢8条”“铝7条”“粉尘6条”违法行为238个，实现重大隐患和重点事项“清零”。深入推进煤矿治本攻坚、非煤矿山集中攻坚，严厉打击非法盗采矿产资源行为，开展隐蔽致灾因素普查治理，关闭退出20座小型矿山，有效杜绝煤矿、非煤矿山重特大事故发生。组织13轮明查暗访，督促整改问题隐患3003项，坚决防止风险隐患演变为重特大事故。

（三）从严从实监管执法

严格安全准入，完成矿山、危化、烟花爆竹、安评机构资质等行政审批事项

173件，群众满意度100%。调整优化委托下放许可事项，确保放得下、接得住、运行稳。实施年度安全生产监督检查计划，各级应急管理部门执法检查生产经营单位11331次。开展非煤矿山、危险化学品重点县、重点企业专家指导服务，强化烟花爆竹生产经营旺季安全监管。突出重点时段安全防范，圆满完成党的二十大、全国两会、第19届东博会和峰会等重大安保任务。

（四）持续加强消防安全

创新推进消防安全专项整治三年行动、基层消防监管“一队一站”、公众聚集场所消防安全积分制管理和自建房“楼长制”综合治理等工作。圆满完成了各项重大活动消防安保工作，成功处置了“3·21”东航MU5735航空器飞行事故救援、“10·17”桂林森林火灾扑救、抗洪抢险和新冠疫情防控等急难险重任务。自治区将加强消防基础设施建设列入平陆运河经济带总体规划，发改、教育、民政、卫健等11个行业部门将消防工作纳入行业规划主要内容，11项地方标准获批立项，3项标准正式获批出台，地方消防标准不断完善，消防救援事业发展根基扎实筑牢。全年共处置各类警情51440起，共抢救疏散被困人员11074人。投入消防经费20.73亿元，全区新建消防站41个，新购各类消防车222辆、各类器材装备13.5万余件（套）。

二、防灾减灾救灾

（一）应急准备

建立健全应急响应启动时议事协调机构成员单位联合值守、内部处科股室混编成组工作机制。编制（修订）应急预案超过32万个，初步建成纵向贯通自治区、市、县、乡、村五级和横向贯通各行业领域的应急预案体系。开展防汛业务培训1241班次、防汛演练1365次，组织978名地方专业森林消防队员进行全封闭军事化集训，举办石化园区突发地震综合演练，全面提升实战能力。发挥森林消防驻防队伍巡护、宣传、快速灭火作用，在清明节、“壮族三月三”期间等关键期前置队伍和装备，优化力量布局。

（二）防汛抗旱

立足于防大汛、抗大险、救大灾，加强统筹协调、加密会商研判，自治区防汛抗旱指挥部启动防汛防台风应急响应18次，最长连续维持响应状态29天，落实防汛救灾责任制，强化“一线工作法”和网格化管理，健全气象预警和应急响应联动机制，督促各地建立直达基层责任人的临灾预警“叫应”机制，紧急转移避险33.37万人，因洪涝灾害死亡人数比近三年平均值减少60%，最大限度地降低了灾害损失。

（三）森林防灭火

坚持早发现早处置，及时发送火险预警、启动应急响应，加强林火卫星热点核查反馈，开展野外火源专项治理行动和输配电设施火灾隐患专项排查治理，加大违规用火查处力度。桂林兴安、全州、灵川等地森林火灾发生后，坚持边扑救、边防控、边整改，守牢安全底线。

（四）灾害救助

启动自治区救灾应急响应2次，争取国家减灾委员会、应急管理部启动Ⅳ级救灾应急响应1次，下拨中央和自治区救灾救助资金5.2亿元、调拨救灾物资9.2万件（套、顶、床）以及采购生活必需品67.3万件（份），累计应急救助受灾群众87万余人。2021—2022年冬春期间累计救助受灾困难群众60.6万人，完成436户倒房重建、2740户损房维修，272户

159人获灾害民生综合保险理赔2225万元、赔付率达83.6%，向新冠疫情严重地区调拨9.75万余件（套、顶、床）、价值3609万元的救灾物资，把党和政府的温暖送到群众心坎上。

三、应急救援

（一）完善指挥机制

调整成立由自治区党委书记、自治区主席担任“双主任”的应急管理委员会和安全生产委员会，明确主要职责、组成人员、工作机制和17个专项应急指挥机构，推动市、县两级调整完善应急指挥体系，一体化、实战化指挥机制加快完善。制定市县乡应急指挥中心（平台）建设指导意见，实现应急指挥系统覆盖14个设区市、111个县（市、区）和59个乡镇。推动成立自治区抗震救灾指挥部，制定工作规则细则，运行机制进一步完善。

（二）增强救援能力

依托国家综合性消防救援队伍构建3.49万名专业应急救援力量，建成14支自治区级安全生产救援队伍、46支社会力量救援队伍和15126支八桂应急先锋社区响应队，应急处突能力显著提高。采购以水灭火装备，发放至90个高森林火险县，依靠技战法提升战斗力。28个专业领域816名专家学者纳入自治区应急委第一批应急管理专家库，应急管理决策科学性不断提升。

（三）推进法治建设

广西安全生产条例加快修订，《安全生产行政执法与刑事司法衔接工作机制》印发实施，制定出台事故调查、安全培训与考试、科技信息化、涉氨制冷等一批标准规范，11项应急管理地方标准立项在编。深化应急管理综合行政执法改革，统一执法制式服装，开展准军事化训练，推进执法队伍组建，执法能力有效提升。

（四）强化科技支撑

广西应急管理“一张图”加速完善，预案数字化管理、智慧仓储加快推进，“互联网+执法”系统线上执法办案率超过95%。14家煤矿完成电子封条建设，危化企业124家、烟花爆竹企业32家、地下煤矿13处、尾矿库35座、金属非金属矿山65座接入安全生产风险监测预警系统，实现风险动态实时监测。打造百色市安全生产“一企一策”、凌云县应急指挥体系延伸村屯、龙胜县短临预报信息发布、灵川县综合救援中心建设、港南区“应安联”模式等一批“智慧应急”样板，发挥广西应急雄鹰行动队第一时间现场采集信息辅助应急指挥决策作用。

四、基础保障和能力建设

（一）夯实前沿阵地

统筹推进自然灾害防治重点工程建设，完成风险普查主体调查，全面开展评估区划，普查成果转化应用稳步推进。15个社区被命名为全国综合减灾示范社区、100个社区被命名为自治区综合减灾示范社区，创建76家安全生产二级标准化企业、45家安全文化示范企业，防灾减灾能力和本质安全水平进一步提升。

（二）强化社会参与

组织线上线下同步开展“安全生产月”“安全生产八桂行”“安全宣传咨询日”和“安科院应安联杯”新《安全生产法》知识竞赛，常态化开展应急安全知识科普宣传“五进”活动。全区投保安全责任保险单位5444家，同比增长

13.98%。全区灾害信息员有 3 万余名，每个村（社区）灾害信息员达 2 名。

（三）优化物资储备

推动自治区增储 12070 万元救灾储备物资和 75 个县完成中央财政补助 24932 万元“基层备灾点救灾物资储备”项目，健全应急物资紧急采购新模式，实现救灾物资储备前置到乡镇和行政村一线。

第二十一章 海南省应急管理工作

2022年，海南省应急管理系统深入学习贯彻党的二十大精神、习近平总书记考察海南重要讲话和重要指示批示精神，认真贯彻党中央、国务院决策部署，贯彻落实海南省第八次党代会精神，坚持人民至上、生命至上，突出防范化解重大安全风险，深入推进应急管理体系和能力现代化，以高水平安全服务保障中国特色自贸港建设。

一、安全生产和消防安全

（一）织密织牢安全生产责任网络

省委常委会、省政府常务会、省安全生产委员会等专题研究安全生产工作25次。省委、省政府主要负责同志、分管负责同志等省领导分别对自建房安全整治、城镇燃气安全整治、党的二十大安保维稳等开展3轮暗查暗访。各级党政领导干部带头深入一线，推动落实安全生产各项部署。省安全生产委员会出台《海南省省级部门及中央驻琼有关单位安全生产工作职责任务清单》，明确64个单位的安全生产工作职责。

（二）稳步推进专项整治三年行动攻坚任务

聚焦琼州海峡、危险化学品和道路交通“两点一面”等重点行业领域，明确2022年深化攻坚治理任务27项，采取及时调度、每月跟踪督办、不定期通报等方式，结合安全生产大检查，持续巩固提升专项整治三年行动工作成果。引入第三方机构开展效果评估，查找薄弱环节，总结工作成效，推广应用典型经验做法。

（三）全面开展自建房、燃气等专项整治

深刻吸取“3·21”东航MU5735航空器飞行事故、湖南长沙“4·29”特别重大居民自建房倒塌、河南安阳“11·21”凯信达商贸有限公司特别重大火灾等事故教训，突出风险隐患排查和专项整治，不断压实安全生产责任，抓紧抓实安全生产十五条硬措施的落实，危险化学品、城镇燃气、自建房、道路交通、水上交通、建筑施工、非煤矿山、消防安全等重点行业领域专项整治成效显著。特别是经营性自建房排查录入率、疑似危房鉴定率、管控整治率均达100%，全省餐饮场所燃气报警器安装率达到100%，城镇燃气隐患排查整改率、商业用户入户安检率分别达到97.6%、98.6%。

（四）不断夯实危险化学品领域安全基础

加速危险化学品公共码头建设和待渡停车场建设，省交通运输厅、澄迈县政府成立工作专班，全力推动马村港危险化学品公共码头和待渡停车场建设，完成工程可行性研究报告及项目备案。推动建设东方市、洋浦经济开发区安全培训网络空间和安全技能实训基地，为石化企业安全技术培训提供便利。

（五）持续强化安全生产监管执法

省人民检察院、省应急管理厅联合印发《关于在应急管理领域建立检察公益

诉讼协作机制的意见》，召开应急安全领域公益诉讼专题新闻发布会，发布公益诉讼典型案例，2020年以来应急管理领域公益诉讼立案187件。省市场监管局、海南海事局、省消防救援机构加强对特种设备、水上交通、消防等领域执法监督查处。琼海、昌江等市县出台加强行政执法制度措施，建立执法协同配合机制，着力解决安全生产执法检查“宽松软”问题。

（六）扎实推进消防安全工作

出台《稳住经济大盘消防安全服务保障措施》，制定《公众聚集场所投入使用、营业前消防安全检查告知承诺管理工作指引》，实现消防政务服务“零跑动”。成功处置临高“6·26”溺水救援等灾害事故和抗击台风“暹芭”“木兰”等应急救援任务，圆满完成党的二十大、博鳌亚洲论坛2022年年会、第二届国际消费品博览会、火箭发射等重大消防安保任务。全省共排查电动自行车场所7691个，排查10.16万辆次，增设防火分隔7595处，安装充电桩2218个，整改隐患9135处，核查经营性自建房13699栋。启动省级“智慧消防”建设。

二、防灾减灾救灾

（一）全面推进防风防汛防旱工作

汛前及时完成省防汛防风防旱总指挥部组成人员调整，加强扁平化、信息化指挥，落实全省五级三防责任人3562人。细化完善省三防应急预案，出台《台风暴雨灾害防御工作指导意见》《防御工作指南》。分级分类排查整治三防风险隐患430处。组织6个专项组对台风“暹芭”进行复盘，及时优化完善工作机制。进一步规范气象预警与应急响应联动，实行省级和相关重点市县应急响应行动同步，有效解决“上热下冷”问题。科学防范应对“暹芭”台风等22次台风暴雨灾害，有力保障了人民群众生命财产安全。

（二）扎实做好综合防灾减灾救灾工作

全面完成自然灾害综合风险普查年度目标任务。探索开展自然灾害监测预警工作，制定出台《海南省自然灾害监测预警机制（试行）》，强化统分结合、部门联动。制定出台《海南省自然灾害灾情会商核定工作机制》。制定出台《海南省省级应急物资储备管理细则（试行）》《海南省省级应急物资调拨程序（试行）》等，工作制度体系逐步完善。坚决落实省委、省政府决策部署，抽调精干力量成立紧急采购工作专班，高效完成省疫情防控指挥部下达的4批次15类、总价值2074万元物资紧急采购调配任务。

（三）全力做好森林火灾防控工作

以落实林长制为抓手，以提升能力建设为突破口，积极防范和化解重特大森林火灾风险。修订完善《海南省森林防灭火联防工作实施方案》，举办海南省2022年森林消防专业队伍职业技能大比武，推动开展“森林防火宣传月”，开展林区输配电设施火灾隐患排查治理、涉林景区火灾隐患排查和森林火灾隐患排查整治等3个专项行动。举办“守护雨林-2022”五指山森林火灾扑救应急演练，首次使用固定翼飞机空中侦察、火场态势感知和传输，首次进行大型直升机洒水作业灭火演练，标志着海南岛内森林航空灭火力量全面形成战斗力。全年共发生森林火灾2起，其中一般森林火灾1起、较大森林火灾1起，森林火灾受害率为0.024‰，火灾24小时扑灭率100%。未发生重特大森林火灾和因灾致人伤亡事故，森林火灾起数创建省以来新低。

三、应急救援

（一）努力打造统一高效的应急指挥体系

以专业化值班为牵引，以制度创新为抓手，探索建立了运转高效的值班工作体系，发挥了上传下达、联系左右、沟通内外的指挥枢纽作用。通过应急值守业务培训、应急指挥帮扶、应急值守业务大比武、应急值守通报等方式，持续提升应急值守业务能力。稳步推进省灾害预警监测中心建设，努力打造统一高效的扁平化应急指挥体系。高效指导处置“5·13”文昌龙卷风灾害事件、“9·11”澄迈沉船事故、“11·20”海上渔民中毒事件等突发情况。

（二）努力构建科学完善的应急预案体系

推进省级总体应急预案和自然灾害类、安全生产类专项预案编制修订。组织开展省防汛防风应急指挥体系桌面推演。指导推动全省预案修编，推动全省各市县、各部门坚持贴近实战、注重实效原则，广泛开展应急救援演练，充分发挥演练活动检验应急预案和培训的功能。

（三）努力健全协同顺畅的应急联动机制

与省财政厅联合印发《海南省灾害事故应急救援费用补偿办法（试行）》《海南省安全生产举报奖励实施办法》，与省生态环境厅联合印发《海南省环境应急能力问题整改工作方案》，与海南海事局联合印发《提升琼州海峡海上危险货物运输应急保障能力三年行动方案》，进一步强化部门联动。出台《海南省进一步加强应急指挥体系建设的意见》，解决工作中存在的地质灾害隐患排查不够彻底、预测预报预警不够精准、应急救援力量难以整合等问题。针对琼州海峡停航疏运处置、海上渔船风险防控等事宜，健全完善琼粤桂三省（区）应急联动机制。

（四）努力建设专业精干的应急救援力量

整合应急救援力量，将全省应急救援力量纳入省自然灾害综合监测预警系统统一管理，标绘海南省抢险救灾力量分布图。指导市县建立统一指挥的基层应急队伍，加大社会应急力量建设扶持指导力度，强化与社会应急救援队伍的沟通协调和指挥调度，确保社会应急救援力量“召之即来、来之能战”。

四、基础保障和能力建设

（一）持续推动应急管理体制机制完善

完成海洋减灾职能划转和直属事业单位班子配备。修订《海南省安全生产委员会工作规则》，在省安全生产委员会新设危险化学品、道路交通、电力等8个安全生产专业委员会。聚焦“关键少数”，推动省防汛防风防旱总指挥部出台《进一步实施更加严格的防汛防风行动措施》，优化领导干部响应行动，实施提级应对。研究制定《海南省应急管理厅行政执法工作规定（试行）》，进一步规范应急管理行政执法工作。

（二）持续推进航空应急救援体系建设

持续推进依托航站建设，以中国通航落户海南为契机，同驻琼通航企业开展航空应急救援合作，发挥驻地央企在专业技术人才、应急救援装备上的独特优势，不断提高航空应急救援能力。

（三）持续推进省级应急物资仓储设施建设

按照“全省一盘棋、全岛同城化”

原则，建设省应急物资储备中心，项目已完成征地和初步设计及概算批复、施工招标投标等工作；东西北部3座省级综合应急物资储备仓库工程项目可行性研究报告编制完成。

（四）持续推动应急管理数字化转型

建强“海南省应急管理综合应用平台”，打破部门、层级、区域之间的藩篱和“信息孤岛”，建成上下贯通、横向互联、共用共享的扁平化指挥体系。积极探索跨部门联合值守机制，提高灾害事故响应、处置和保障效能。坚持底线思维，立足极端气候条件和发生重特大灾害事故情况，稳步推进卫星通信网、无线通信网和专用指挥网建设。有序为交通条件较差、多灾易灾乡镇、村配备卫星电话、便携卫星站，提升地形复杂山区应急通信保障能力。按照“数用分离、智能驱动”的思路，建立数据资源目录及标准规范，开展应急管理数据治理工作。通过视频监控、遥感技术、网络监测、物联网等方式，拓展应急管理感知数据来源和类型，强化应急管理数据资源赋能。建设自然灾害综合监测预警、安全生产数字化监管系统，推动实现安全风险精准管控预警。推动洋浦“工业互联网+危化安全生产”数字化安全监管平台建设，推动东方启动园区数字化监管平台建设，以数字化建设助推全省危险化学品领域安全监管效能提升。

（五）持续提升公众安全防范意识和能力

加强安全宣传培训，充分利用全国防灾减灾日、“安全生产宣传月”等活动，大力开展防灾减灾避灾宣传和安全咨询，推进应急科普进企业、进社区、进学校、进农村、进家庭活动，提高全民公共安全意识，筑牢公共安全防线。做好“海南应急管理”微信公众号、抖音号，深挖融媒体资源，不断丰富宣传载体、强化阵地建设。

第二十二章 重庆市应急管理工作

2022年，重庆市应急管理系统坚持以习近平新时代中国特色社会主义思想为指导，深学笃用习近平总书记关于安全生产与防灾减灾救灾的重要论述，全面落实市委、市政府工作部署，坚持人民至上、生命至上，锚定“控大事故、防大灾害”目标，圆满完成保党的二十大安全目标，有效应对极端高温天气，有力统筹新冠疫情防控和安全发展，取得较好成效。

一、安全生产和消防安全

（一）拧紧责任链条

市委常委会会议定期听取工作汇报，市政府常务会议定期调度，每半年听取班子成员安全生产履职情况报告。市委主要领导多次召开全市会议，多次作出指示批示；市政府主要领导多次专题研究部署，多次深入一线检查指导，对安全生产、抗旱救灾等作出具体安排；市委、市政府其他领导同志在重要节点分别带队开展安全检查，传导责任压力，解决问题困难。全市各级各部门始终保持严肃紧张的工作状态，严格落实党政同责、一岗双责、齐抓共管、失职追责。

（二）开展安全大检查

结合重庆实际，将国务院安委会安全生产十五条硬措施分解为66项重点任务和100个操作要点，市委办公厅、市政府办公厅印发《关于扎实抓好安全生产工作的通知》，市安全生产委员会印发《关于深化安全大检查开展百日大整治的通知》，深入实施“安全大检查、百日大整治”专项行动，深入开展“三查三治”（查干部履职，整治安全生产责任不落实；查部门执法，整治安全监管“宽松软”；查企业管理，整治隐患排查不到位），重要节点实行党政领导安全生产履职“日报告”，常态化开展风险研判、协调调度和排查整治，确保重大风险隐患管控到位。

（三）严格监管执法

全市各级各部门铁腕整治违法违规行为，共计开展执法检查58万余家次，发现违法行为和隐患30万余个（其中重大隐患2174个），已整改问题隐患26万余个，发送各级警示交办函485份，挂牌督办430家，执法处罚202万余家次，行政拘留882人，追究刑事责任284人，追究监管责任22人，联合惩戒317家。

（四）强化督导检查

市委、市政府组建14个工作组开展督导检查，抽查部门单位385个、企业（单位）现场472个，发现突出问题隐患408个，全部反馈整改。党的二十大期间，市应急管理局派出41个区县驻守组蹲点指导，累计检查企业（单位、现场点）1409家，发现处理问题隐患2467个；派出3个暗访组巡回开展工作，发现整改突出问题831个。

（五）狠抓重点行业集中整治

道路交通，完成全市12656处道路隐患治理，查处违法行为153.71万件。建设施工，排查自建房284.4万栋、经营性自建房 22.4 万栋，对 7683 栋存在安全隐患的落实措施、分类整治。危险化学品，整治大型油气储运基地安全隐患 96 个。燃气，启动城镇燃气安全整治“百日行动”，排查整治燃气隐患 8.2 万个，加装既有居民用户燃气安全装置 150 万户，单位用户 13.2 万户。

（六）推动企业安全标准化建设

以企业安全标准化为基础，健全完善企业安全责任、安全保障、预防控制、社会治理四个体系。坚持将企业主要负责人履职、全员安全生产责任制、“总工程师”制度、安全风险研判、“日周月”隐患排查治理、一线从业人员“两单两卡”、安全教育培训和应急救援演练等作为日常安全监督检查重要内容，组织专家团队深入重点企业培训指导。

（七）加强消防安全

精准实施城市火灾风险防治，市政府制定实施《城市重大火灾风险防治行动计划（2022—2024 年）》，《重庆市消防设施管理规定》《建筑消防设施维护管理规范》等规章标准。印发《关于进一步加强基层消防治理的指导意见》，分批完成 467 个老旧小区、2038 栋建筑消防设施改造，推进建设 1302 个市政消火栓，在渝北、巴南、酉阳成立 85 个镇街消防工作站，在璧山试点推广安装 9523 套电气火灾智能预警系统。全年，10 个消防指挥中心、7 个消防训练基地、32 个消防救援站（含 5 个小型站）完成阶段性建设任务；全年共排查整改消防用水问题高层建筑 1760 栋，消除电气隐患 22.1 万余处，依法拆改可燃雨棚和突出外墙防护网 2.9 万余户，查处占用、堵塞消防车道违法行为 7 万余起，新增停车位 23.8 万余个。开展各类检查 2200 余次，覆盖单位 6.4 万余家，督改一般隐患 3.4 万余处、重大火灾隐患 76 处。

二、防灾减灾救灾

（一）监测预警

扎实开展综合风险普查，构建市、区县“1 普查办+9 个部门”工作机制，充分发挥普查办统筹协调作用，会同市级牵头部门和区县普查办，有序有效推进全市普查工作。构建落实会商研判制度，建立部门汛期监测信息日报告工作制度和市、区县“1+7+N”（“1”即年初研判年度趋势；“7”即汛前、5—9 月每月初、今冬明春 7 个重要时段定期研判阶段趋势；“N”即临灾前组织加密会商）会商研判机制，细化会商工作规程，并将其作为常态业务纳入每年区县考核指标。按照“一行业一措施、一乡镇一方案”要求，将气象部门普适性防御指南，转化为行业、镇街个性化行政指令。统筹推进水上交通实时监测预警服务项目建设，乌江 10 个站点、大宁河 16 个站点先后建成投用，并与长江重庆段 51 个站点联网，实现预警信息与船舶卫星定位终端的实时传输；创新推进城市易涝点水位监测与交通信号预警联动项目，继沙坪坝区南开下穿道建成投用并在实战中成功实现“熔断”管控后，中心城区 6 个区首批明确 36 个易涝点位建设计划，并已完成 5 个点位建设，预警管理平台及“积水查”App 亦同步完成开发。

（二）防汛抗旱

深入开展《河南郑州“7·20”特大暴雨灾害调查报告》大学习大反思大整改，引导全市树立应对极端巨灾的非常态思维。完善“以行政首长负责制为核心”的防汛抗旱管理体制，进一步优化巩固党政领导汛期双值班、行政调度令、层层“叫应”、联合会商研判、党政领导履职台账、成员单位联合工作专班等一系列创新制度机制。召开全市防汛救灾工作现场会，总结工作经验，制发防汛救灾两本“口袋书”。开展“战汛-2022”防汛抗旱系列演练，全面提升了临灾应对能力。汛前，市防汛抗旱指挥部出台全市防汛抗旱应急预案编制大纲和管理办法，修编全市防汛抗旱应急预案。汛中，市防汛抗旱指挥部先后印发应对极端暴雨“十二条”、大江大河编号洪水应对方案、抗旱救灾“十二条”等指导性文件。市防汛抗旱指挥部启动防汛应急响应5次，全市累计发送预警短信1.2亿人次，电话“叫应”1.3万人次，提前转移避险1.4万人。启动抗旱应急响应2次，历史首次启动全市抗旱三级应急响应，市防汛抗旱指挥部办公室督促水利部门科学调度1225座具备供水功能的水库，指导各级出动应急送水队伍18万人次，解决74.8万人因旱临时饮水困难。

（三）森林防灭火

协助指导市政府与区县政府、区县政府与乡镇政府签订责任书，督促各级各部门党政主要负责人亲自抓、负总责，分管负责人具体抓、专门盯。在春节、清明节及火灾高发期等重点节假日、重要时间点，及时统筹安排部署工作，组织开展森林草原防灭火形势会商研判，编辑《森林火情》信息46期；组织开展全市森林草原防灭火春季、夏季督查检查，推动工作落到实处。制作“森林防火　从我做起”公益广告、“防火常抓　青山常在”警示教育片在全市持续播放。组织开展线上有奖知识问答，共50余万人次参与。全市共计发放森林防火宣传资料100万余份，出动宣传车辆2000余台次，推送短信800万余条。组织各类力量在林区广泛开展带装巡护，深入排查火灾隐患，及时发现违规用火行为；督促指导区县开展林区、林缘、林下易燃易爆危险品和可燃物清理，累计出动人员6.9万人次，清理枯落物、煤矸石等区域面积约174.8万平方米，玻璃、矿泉水瓶、打火机和电池等引发自燃的危险品8万余个（块）。在全市开展森林草原火灾隐患排查整治和查处违规用火行为专项行动、林区输配电设施火灾隐患专项排查治理两大专项行动，整改隐患3455处，查处、破获案件506起，打击处理和教育人员7955人次，罚款100万余元。积极协调调派甘肃省森林消防总队100名指战员驻防重庆市，驻防队伍“教官团、巡护队、冲锋队、业务能手”四个作用发挥明显。

（四）地质灾害防治

通过“1文”（2022年全市地震地质灾害防治救援工作要点）、“3会”（全市地质灾害防治电视电话会议、指挥部成员单位联席会议、全市地质灾害防治救援现场会）、“1目标”（安全生产与自然灾害防治重点工作考核目标）安排部署全年地震地质灾害防治救援工作任务；印发《指挥部工作规则》《指挥部办公室工作细则》《指挥部成员单位联席会议制度》3个刚性工作制度。开展汛前、汛中、汛后地质灾害防治救援工作督查。组织区县、乡镇新进地灾管理人员4000余人，开展业务专题培训。举办全市地灾防治救援工作现场会，总结提炼出地灾工作“八个得”（统得好、教得会、查得出、判得准、撤得快、救得了、治得实、安得稳）的经验做法。针对极端天气、重要节点、重要时段，召开会商研判、调度指挥视频会议20余次，发布地质灾害风险预警282期。编制地质灾害周报24期、月报6期。建立地质灾害“点线面”一体化风险管控体系。制定地质灾害避险转移撤离工作指导意见。启动全市地质灾害三级、四级应急响应各 1 次，指导区县启动地质灾害应急响应 46 次。派出市级工作组 15 个、专家 100 余人次、救援队伍 538 人次、装备 162 台次，指导服务区县地质灾害工作。采取“线上+现场”应急处置方式，全年成功处置 20 起地质灾害。以市政府办公厅名义出台《重庆市地质灾害调查评估暂行办法》，明确了调查对象、内容、程序，对责任认定、处理建议和线索移交提出了要求。

三、应急救援

（一）应急预案体系建设

印发《重庆市突发事件应急预案管理实施办法》，编制《应急预案编制指南》，全面规范应急预案编制、审批、备案、发布等工作；制定应急预案“响应卡”，推进预案简明化、实用化建设；推进预案管理信息系统建设，致力于实现政府、企业两类预案同平台管理。

（二）应急队伍装备建设

按照“部门主建、政府主用、平台调度、社会参与”的思路，拟制形成应急救援力量“十四五”规划，厘清队伍分类规则和建设重点，构建符合重庆特点的“专、常、群”应急力量体系。召开区县救援队伍建设推进会，推广先进经验。印发《全市应急队伍统一调度办法》，建立现场指挥部与指挥大厅协同联动机制；升级维护指挥部现场协调保障系统数据，依托中国安能集团建立社会救援力量调度指挥平台，年度发布各类救援信息需求 86 条，组织线上、实战演练 46 次，组织社会队伍有序参与山火扑救、抗震救灾等救援行动。落实应急救援队伍训练大纲，统筹各区县专业应急队伍每月训练计划，点对点调研指导渝中、巴南、九龙坡、黔江等 24 个区县队伍建设管理；组织矿山、危化、指挥官和区县应急队伍骨干培训；推进应急管理部社会应急力量参与重特大灾害抢险救援行动和有限空间作业 2 项试点，规范注册社会队伍 30 支、2632 人。建立抢险救援费用补偿机制、应急救援队伍管理办法、社会应急力量管理办法，向 26 支市区级队伍划拨 406 万元队伍补助资金，推动如期建成中国应急重庆号，持续加强队伍和装备建设。

（三）强化军地政企救援协作互助

参加四川省第二届社会救援力量技能比武大赛，邀请四川、湖南、湖北、贵州 4 个省应急管理厅观摩市年度综合应急演练，3 次派出队伍支援周边省市灾害事故抢险救援，协作机制更加顺畅。与成都铁路局签订《路地应急联动机制建设框架协议》，组织中央在渝工程抢险力量联席会议，收集整理 24 家企业救援力量底数清单，同步建立联系响应机制，应急救援力量更加充实。

（四）构建全时响应体系

市区两级应急救援队伍 2400 余名队员和 300 余台（套）装备活跃在走山走水走林和企业巡查一线。开展桌面应急演练强化指挥流程、明确职责任务，复盘历次现场救援总结经验、反思教训。在渝中区、南川区、秀山县成功举办中国应急重庆号入列仪式暨 2022 年度灾害事故综合应急演练，共出动 800 余人、1400 多台（套）装备参演，全面检验航空救援、水域救援、森林灭火、危化救援能力。参与“智博会”“世界大学生创新创业大赛”等市级大型活动安保维稳，圆满完成党的二十大期间安保工作。有效应对“4·12”强对流天气、“5·9”“6·23”区域性暴雨天气过程和“3·19”綦江 CNG 泄漏爆炸等事故灾害，快速处置巫溪山体滑坡和高新区九州汽摩城火灾事故；森林山地火灾救援连续奋战，累计出动2.7万人次、各类森林灭火主要装备1.1万余台（套）参与抢险救援。

四、基础保障和能力建设

（一）大力开展工程治理

新建农村公路安防工程4023公里，改造危旧桥105座、治理隐患桥梁267座，完成28座航运枢纽大坝除险加固。续建和新开工水源工程149座，除险加固中型病险水库5座、小型191座，完成抗旱应急项目193个。完成467个老旧小区、2038栋建筑消防设施改造，建设1302个市政消火栓。完成90个重大地灾隐患点、1036处防汛薄弱点和1559处火灾隐患整治。

（二）大力实施科技兴安

正式启动城市安全智慧大脑建设工作，制定形成了工作方案。完成1.8万辆城市公交和“两客一危”车辆智能视频监控安装，提升运输载具安防水平。推广安装电气火灾智能预警系统9523套。森林防火建成视频卡口472套，林火视频监控云台476套，红外报警系统3048个，启用二维码扫码入山。彭水乌江画廊、巫山大宁河新建投用26个水上交通实时监测预警站点，与长江重庆段51个站点联网，实现预警信息与船舶卫星定位终端实时传输。沙坪坝区南开下穿道成功实施城市内涝点水位监测与交通信号预警联动项目，并迅速在主城其他36个易涝点位推广建设。

（三）大力营造浓厚安全氛围

深入开展安全宣传“五进”“安全生产月”和“5·12”全国防灾减灾日宣传活动，举办第三届“最美应急人”学习宣传活动，市级发布仪式在重庆卫视等平台播出，充分展示了应急队伍形象和能力。举办全市“安全宣传咨询日”暨安全文化节活动，发动全市开展百余场安全生产倡议活动，开展“企业主要负责人话安全责任”200余部宣传视频评选和展播。

第二十三章　四川省应急管理工作

2022 年，四川省应急管理系统坚持以习近平新时代中国特色社会主义思想和习近平总书记对四川工作系列重要指示精神为指导，深入学习贯彻党的二十大精神，认真落实省第十二次党代会精神，坚持人民至上、生命至上，着力健全源头治理、应对处置、应急保障体系，统筹推进安全提质、防灾提效、救援提能、科技提速、基础提档、队伍提级等重点工作，有效防范化解重大安全风险，科学应对处置各类灾害事故，全力保障人民群众生命财产安全，为全省经济社会发展营造良好安全环境。

一、安全生产和消防安全

（一）压紧各方责任

深入贯彻落实国务院安委会安全生产十五条硬措施，印发实施意见，细化 42 项贯彻措施，将贯彻落实情况纳入安全生产督查、检查、巡查和党政同责绩效考评重要内容。修订《四川省安全生产约谈实施办法》，运用“两书一函”等方式，督促各地全面落实属地管理责任。充分发挥省安委会办公室统筹协调作用，依法依规明确玻璃栈道、储能电站等 9 个新兴行业领域安全监管责任，着力消除监管盲区。投入 4000 余万元开展清单制管理信息化建设，推动清单制管理提档升级，提高企业主体责任履行能力。

（二）开展专项整治

建立完善安全风险分析研判和隐患排查治理双重预防机制，发布预警信息 300 余期，规避重大风险 9 次。突出矿山、工贸、高层建筑重大火灾风险、有限空间作业等行业领域开展专项治理；统筹推进危险化学品安全风险集中治理，完成 603 家危化企业安全设计诊断和 23 个化工园区安全评估，整治取缔烟花爆竹零售店（点）2306 个；开展矿山领域打非治违专项行动，“体检式”检查 76 处煤矿；会同住房城乡建设部门排查整治城镇燃气隐患 20.16 万个、采取应急或工程措施整治自建房 2 万余栋；全面摸排 3887 座水电站，逐一明确属地和部门安全监管责任，设置水电站企业首席安全官安全员。加强法规标准、政策措施体系构建，梳理典型制度 98 项，有效巩固安全生产专项整治三年行动成果。

（三）加大检查执法

开展安全生产大检查，全覆盖检查民航、道路交通、工贸等 25 个行业领域，累计检查生产经营单位 52 万余个，立案查处 2.3 万起。做好应急管理综合执法改革，基本完成市县综合行政执法队伍组建，市县执法编制增长 28.6%；推进“互联网+执法”，工作成效在应急管理部全国性会议上通报表扬并专题报道。深入开展“护安 2022”监管执法、“防风险、保安全、迎二十大”等专项执法行动，保持打非治违高压态势。

（四）加强消防安全

省政府召开全省消防工作会议，发改、公安、住建等 19 个部门建立综合治理工作机制，省政府常务会议审议通过

《四川省火灾事故调查处理实施办法》。建立成渝地区消防协同救援机制、打造成渝地区消防共建共享平台。积极构建成德眉资同城化灭火救援协作圈，强化联勤联训、联调联战。出台消防服务保障9项措施，为全省重大项目、生产企业提供消防技术指导，助力经济发展。全力推进208个城乡消防站建成竣工，省应急救援中心基地项目如期启动，绵阳、南充、宜宾、眉山、达州5个训练基地进入实质建设或装修阶段，新购消防车263辆、器材装备13.24余万件（套），装备配备结构不断优化、质量效能持续提升。

二、防灾减灾救灾

（一）深入开展防汛抗旱工作

逐级公示各类防汛责任人6.9万余人，督促落实防汛减灾包保责任，推动开展防汛减灾专项整治，全面查摆问题、整改落实。建立川渝联合应对水旱灾害工作机制，加强与气象、水利等部门会商联动，督促各地刚性落实“三个避让，三个紧急转移”要求，全省汛期提前转移避险79.1万人次，有序处置平武“7·12”、北川“7·16”、彭州“8·13”等系列灾害，累计投入抢险救援力量31.9万人次，解救被困群众1100余人。妥善应对高温晴热天气，及时启动应急响应，统筹调度国家综合性消防救援队伍向重点干旱地区运送饮用水、农田抗旱用水，有效缓解旱情。

（二）有力防范应对地震地质灾害

指导15个重点市（州）、49个重点县（市、区）编制重特大地震专项救援行动方案，提高大震巨灾应对能力。选取10个县（市、区）开展地质灾害应急处置项目试点，强化地质灾害项目管理。高效处置“6·1”芦山6.1级地震、“6·10”马尔康6.0级震群、“9·5”泸定6.8级地震等灾害，累计协调调度各类救援力量2.8万余人、直升机11架，转移避险10万余人，落实救灾资金8.1亿元，调拨救灾物资14.6万件。

（三）全力抓好森林草原防灭火工作

持续巩固拓展专项整治成果，深入推进常态化治理，严格执行末端发力终端见效工作长效机制，分区分级落实精准防控措施，赋予乡镇（街道）森林草原防火行政处罚权，出台村（社区）森林防火奖补办法，森林草原火灾综合防控能力进一步提升。全省森林草原火灾起数同比下降34.8%，特别是8月多地遭遇持续极端高温天气，统筹多线作战、组织跨区增援，在较短时间内扑灭川南、川东等地森林火灾，实现“火扑灭、零伤亡”。

三、应急救援

（一）推进预案演练融合

创新编制《四川省多灾种叠加应急预案》，修订省级地震、防汛抗旱应急预案，督促指导市县全面修订完善应急预案和专项预案，顺利完成成都市彭州市、遂宁市大英县、凉山州冕宁县基层应急预案建设试点，进一步完善预案体系。常态化开展应急演练，组织开展省级综合实战演练等一系列省级大型演练活动，各地开展各类演练4万余场次、覆盖190万余人次。

（二）加强应急力量建设

持续建强29支地震地灾、石油化工、城市轨道等专业救援队伍，在8个市分别建设5支矿山、3支危化应急救援骨干队伍。按照“一专多能、一队多用”模式，整合省级专业队、乡村应急队等救援力量，加强与驻地央企、省属企业工程抢险力量协同配合，在雅安市天全县、阿坝州小金县等6个县（区）前置应急力量286人，有效发挥突击攻坚作用。全面推开社会应急力量参与重特大灾害抢险救援行动现场协调机制建设试点，举办第二届社会应急救援力量水域技能竞赛，有效提升社会应急力量能力素质。

（三）抓好装备物资储备

基本完成应急救援能力提升三年行动，完成新建城乡消防站队消防车配备222辆，采购完成大流量大功率城市主战消防车152辆，为相关市（州）配备大功率远程供水系统、综合救援等灭火装备，为新增专职消防员、8支省级应急救援队伍配备个人防护装备和救援装备3万余台（套）。争取省财政资金4125万元支持凉山州、甘孜州新配备消防水车150辆，在重点林区驻防9架森林航空消防飞机。会同省粮食和物资储备局部署应对重特大灾害救援物资保障工作，新采购帐篷、棉被等救灾物资17万件，向14个重点市（州）前置33万余件，精准确定冬春救助对象419万人，筹集棉被、棉大衣等御寒物资14万件发送相关市（州），确保受灾困难群众温暖过冬。

四、基础保障和能力建设

（一）坚持创新驱动、科技赋能，抓好科技信息化能力建设，不断提升“智慧应急”水平

有序推进1.9亿元信息化建设项目落地落实，初步搭建省级应急管理综合应用平台，建成应急指挥信息、自然灾害综合监测预警等6个系统。推广运用部省统建系统，完成全省应急指挥视频调度系统部署，建设应急指挥场所204个，实现视频“双调度”功能。推进重大危险源测控四川省重点实验室建设，开展“空天地”一体化自然灾害立体监测等关键技术研究，取得示范应用成效。与中国电信共建应急管理联合实验室，共同打造“智慧应急”试验田。提名软弱破碎煤岩体巷道快速掘进锚网支护关键技术与装备等18个项目，参与省科学技术奖评审，荣获第三届中国安全生产协会科技进步奖一等奖2项，参与的《基于多场感知与自主阻燃的锂电池安全管控关键技术及应用》荣获四川省科技进步奖一等奖。建成危险化学品重大危险源、矿山安全风险监测预警系统，接入609家企业监测监控数据，实现重大安全风险在线监测、动态分析、实时预警。搭建应急无线通信主备核心网，全面建成集有线网、无线网、卫星网于一体的综合通信网络，配备应急通信装备5000余台（套），应急网络实现全覆盖。深入开展自然灾害普查，全面完成综合减灾能力及承灾体、房屋建筑、道路桥梁、气象灾害致灾因子等调查工作，完成省级单灾种和综合风险评估与区划任务，大数据分析应用成效初显。

（二）紧盯重点工程任务，有序组织实施，不断提升应急管理基础能力

深入推进规划实施。研究制定省“十四五”应急体系规划目标任务推进实施方案，提出6项指标、102项主要任务和25项重点工程，推动规划项目落地见效。统筹推进乡镇级片区应急体系专项规划编制工作，完成第一批次334个片区备案工作，推动第二批次346个片区进入市县审查阶段。追加投资2亿元支持省消防救援总队应急救援中心基地建设，投资1.4亿元新建省应急救援总队基地。省、市累计投入8.4亿元建设攀枝花、广元、内江、达州、雅安、甘孜6个区域性综合应急救援基地。命名6个首批省级安全发展示范城市，建成安全社区民生实事项目

40 个。创建全国综合减灾示范社区 687 个，省级综合减灾示范社区 102 个，推动芦山县创建全国综合减灾示范县。常态化开展安全教育，依托“安全生产月”等活动，广泛科普宣传防灾减灾救灾知识，有力提升人民群众防灾避险意识和自救互救能力。

第二十四章　贵州省应急管理工作

2022 年，贵州省应急管理系统深入学习贯彻党的二十大精神，深入贯彻落实习近平总书记关于安全生产重要论述和视察贵州重要讲话精神，认真落实疫情要防住、经济要稳住、发展要安全的要求，各项工作取得新的历史性成绩。面对严峻的安全生产形势和历史罕见的自然灾害防治局面，全省应急管理系统迎难而上、披荆斩棘、枕戈待旦，竭力扭转了安全生产被动局面，有力应对了极端灾害，有效筑牢了安全屏障。

一、安全生产和消防安全

（一）从严压实安全防范责任

召开 2 次全省安全稳定工作会议、6 次全省安全生产电视电话会议，省委、省政府出台《关于进一步加强安全生产工作坚决遏制重大事故的意见》，修订《贵州省安全生产条例》，编制安全生产权力和责任清单。9 个市（州）、88 个县（市、区）党政主要领导同时担任本级安全生产委员会主任，全省各级安委会办公室实现实体化运行。制定《贵州省委省政府领导班子成员 2022 年度安全生产重点工作任务清单》《贵州省党政部门及中央在黔有关单位安全生产工作任务分工》《关于切实加强生产经营单位全员安全生产责任制工作的通知》，编制《生产经营单位全员安全生产责任清单》和家庭安全防范清单。

（二）从严开展安全专项整治

紧紧围绕“坚决遏制新的重大事故”目标，强化重点攻坚和整体提升，深入开展建筑施工危大工程、煤矿瓦斯和顶板、城镇燃气、经营性自建房、交通超限超载、消防安全突出问题等专项整治行动，动态更新问题隐患 162.45 万条，形成制度成果 253 项，全面完成安全生产专项整治三年行动各项任务。

（三）从严加强直管行业安全监管

健全完善非煤矿山安全包保责任制，推行非煤地下矿山驻矿安监员制度，对全省 372 家非煤地下矿山和 90 座尾矿库开展全覆盖检查，对关闭废弃矿井实行“双签字”排查，深入开展非煤矿山隐蔽致灾因素排查、防治水、外包工程等专项整治。开展工贸行业“百日清零行动”，对白酒、打火机等重点行业开展定向会诊专项整治。开展危险化学品安全风险集中治理，对全省 116 家化工企业开展安全生产大诊断，推动全省 6 个化工园区降为一般安全风险等级，完成 77 个化工转移项目安全设计诊断。对烟花爆竹生产、批发企业开展隐患排查整治，对“上宅下店”零售点进行全面清理。

（四）从严推进安全生产“打非治违”

开展安全生产“打非治违”行动，立案调查 5.82 万余起、行政处罚 10.66 亿余元、行政（刑事）拘留 9978 人。纵深推进综合行政执法改革，全面推行“互联网+执法”、异地交叉执法。设立 2000 万元的安全生产举报奖励资金，受理安全生产举报奖励 4067 起，兑现举报奖励 285 万元。

（五）从严排查整治问题隐患

召开国务院安全生产委员会督导帮扶动员会、总结会，统筹做好国务院安全生产委员会督导帮扶组在黔期间服务保障。坚持清单式交办、台账式管理，制定责任追究、举报奖励、安全投入等相关文件规定18项，各市（州）出台相关制度100多项。通过国务院安全生产委员会督导帮扶组帮助查、省领导带队查、各地各部门自主查，对重大隐患以县为单位成立专班专题研究整改措施，逐企逐项“过筛子”，真改实改、动态清零。督导帮扶组交办问题隐患16036条，整改率98.68%，其中重大隐患1688条，整改率99.52%；省领导带队排查隐患8431条，其中重大隐患559条，第一批问题隐患均已整改完毕，第二批整改率98.29%，有力消除了一批突出问题和隐患。

（六）从严保障消防安全

紧盯重点场所和新业态新产业，强化消防安全专项整治三年行动、“打非治违”和大检查工作，全省各级消防救援机构共检查单位23.67万余家次，督促整改隐患56.57余万处，办理行政处罚案件7309起，临时查封1551家，责令“三停”1780家。2042个50户以上木质连片村寨常高压消防给水系统建成率46.8%，“电改”完成率78.8%，“厨改”完成率79.4%，所有村寨全部建立志愿消防队，91个乡镇1128个村寨建立了政府专职消防队并配备消防车。完成483个老旧小区消防安全改造，对重点景区内2097家小型生产经营场所实施消防安全改造。推动建立县级消防服务中心9个，乡镇（街道）消防工作站1483个，明确消防专（兼）职人员5332名，赋予381个乡镇（街道）消防执法权。省消防救援总队应急救援能力训练基地建成投用，新建消防救援站29个，改建消防救援站42个。全年全省消防救援队伍共接警出动48021起，疏散营救被困群众11098人，保护财产价值5.62亿元。

二、防灾减灾救灾

（一）全面摸清风险底数

协调各地和有关行业部门全面完成自然灾害综合风险普查调查任务，调查进度位列全国第一方阵，普查经验被国务院普查办全国推广。

（二）主动创新工作机制

坚持预防为主、避险为要，做实“五早五全”防灾减灾工作机制，创新“两段叫应”（雨前预报“叫应”、雨中临灾“叫应”），建立直达基层责任人的预警“叫应”机制。组织群众紧急避险转移12.68万人次，最大限度减少人员伤亡。

（三）实施防灾重大工程

协调推进重点隐患排查工程、地震易发区房屋设施加固工程、重点生态功能区生态修复工程等重点工程建设，推进创建国家综合减灾示范区，自然灾害抗御能力明显提升。

（四）妥善做好灾害应对

强化灾情会商和监测预警，向各级应急管理责任人推送预警信息747万余条，向社会公众推送预警信息5.7亿余条。启动省级响应10次，成功应对汛期16轮强降雨过程。切实做好人员搜救、群众转移安置、救灾物资调运发放等工作，累计下拨中央和省级防灾减灾救灾资金6亿余元，救助受灾困难群众167.42万人。兑现政策性农房灾害保险赔付4177万元。

三、应急救援

（一）完善应急救援机制

编制《贵州省重大以上灾害事故快

速响应工作总方案》，分灾种制定危化、地质灾害等 14 个专项应急救援工作手册。推动构建覆盖各领域各灾种的应急预案架构体系，推进 20 个重点省级预案编修，全省新修订专项预案 2176 个、部门预案 1664 个。推广应急预案“一张表”、村居应急处置工作明白卡和乡村应急处置联络册，对应急救援全流程、全领域、全要素进行规范固化。

（二）加强应急救援力量

建立国家危险化学品应急救援队、国家矿山应急救援排水专业队。矿山救援队伍 100%实现 30 分钟应急救援保障。争取国家森林消防救援机动队伍高火险期驻防，新建成 5 支县级专业森林消防队伍。全省 29 支社会救援力量全部纳入平台统一管理。建成乡、村两级救援队伍 13217 支、29 万余人。

（三）强化应急救援保障

编制《贵州省抢险救灾应急物资保障“十四五”规划》，完善政府储备和社会储备相结合，实物储备、协议储备和产能储备相衔接的应急物资储备模式，基本形成以省级库为中心、市级库为支撑、县级库为依托的“省－市－县－乡－村”五级储备网络。全省 366 个物资仓储单位实现物资出入库、在库信息和调拨情况等一键查询和动态管理。成功举办“应急黔行·2022”贵州综合应急演练等省级应急演练 2 次，全省累计开展应急演练 1.5 万余场次。印发《贵州省应急管理系统应急值班值守工作制度（试行）》，汇编应急值守值班工作指南，健全“8532”（每天省级 8 人、市级 5 人，县级 3 人、乡级 2 人在岗在位）常态化值班值守和重要节假日“三三制”值班值守工作机制，全年 365 天、每天 24 小时应急值守。

四、基础保障和能力建设

（一）加强干部队伍建设

制定《关于加强基层应急管理体系和能力建设的实施意见》《关于加强安全生产监管执法队伍建设的指导意见》，应急管理系统新增编制 564 个，全省乡镇“一办一队一库”、村居“一站一队一室”建成率达 98%。

（二）强化宣传教育培训

开展防灾减灾日、“安全生产月”和安全生产大培训大宣讲等系列活动。在中央及省级主流媒体推出宣传报道 3000 余篇，运用应急广播、短视频、新媒体等向社会公众发布安全提示 61 万余条，开展安全宣传“五进”活动 17 万余场次。制作播发安全生产专题警示片。开展安全生产大培训大宣讲，市、县、乡三级培训 39 万余人次，市、县、乡党政负责人带头宣讲。培训考核生产经营单位主要负责人、安全生产管理人员、特种作业人员 9 万余人次。开展安全生产培训“走过场”专项整治，整改问题 4033 条。

（三）强化科技信息支撑

建成应急管理南方（贵阳）数据中心，贵州省自然灾害风险预警系统、安全生产风险监测预警系统和应急指挥平台三大平台正式运行，利用大数据对 123.4 万个监管对象进行网格化监管，构建了“事前监测、事发调度、事中指挥、事后评估”的“智慧应急”模式。运用“双控系统”“三张清单”动态管控 33 万余条安全风险。

第二十五章　云南省应急管理工作

2022年，云南省应急管理系统深入学习贯彻十九届历次全会和党的二十大精神，认真贯彻落实习近平总书记关于应急管理重要论述，按照党中央、国务院和省委、省政府决策部署，强化统筹协调、突出重点整治、监督责任落实，着力防范化解各类重大风险，及时应对和处置各类灾害事故，全省自然灾害和安全生产形势保持总体稳定。

一、安全生产和消防安全

（一）安全生产责任体系

明确省委书记、省长岗位安全生产职责，印发省政府班子成员安全生产责任清单、年度安全生产重点任务清单。省、州、县、乡、村五级全部健全安全生产责任制度，重点时段各级领导干部包保责任制常态化落实。出台《云南省生产经营单位安全生产主体责任规定》，建立全员安全生产责任制与安全投入保障、设备设施安全管理、危险因素管理、风险防控、应急管理相结合的“1+5”安全生产主体责任体系。加强水电站安全监管，明确小水电等水利设施安全监管职责，全面摸清水电站底数，推行安全生产清单制管理。成立危险化学品安全专业委员会，建立危险化学品“全链条”安全监管长效机制，强化危险化学品各环节安全监管责任。理顺电动自行车全链条安全监管体制，明确各有关部门关于电动自行车全生命周期安全监管的重点工作任务。加强醇基燃料监管工作，细化明确职责要求，推动各相关部门主动作为，落实各环节监管联动。系统解决异地扶贫集中搬迁安置区高楼消防安全和化学储能电站、剧本杀、冷烟花、平台经济等新产业新业态监管责任，强化日常监管。

（二）安全生产专项整治三年行动

以贯彻落实国务院安委会安全生产十五条硬措施和省69项举措为抓手，深入开展安全生产专项整治三年行动，聚焦道路交通、工程施工、煤矿、非煤矿山、自建房和燃气安全、危险化学品、景区景点、消防、工贸行业、水电站、校园11个重点领域组织开展“百日攻坚”专项行动，强化建筑施工、道路运输、民航、铁路、民爆、消防等行业领域安全风险防范。专项整治排查整改隐患170万处，全省煤矿从2020年的433处压减到2022年的222处，非煤矿山从2018年的4296座减少到2022年的2970座，搬迁改造40户人员密集场所危化企业，关闭小化工厂91家，一大批重点领域安全生产风险隐患得到有效治理，安全生产本质水平进一步提升。

（三）重点领域风险防范

坚持明查暗访、提醒警示、定期通报、媒体曝光、联合惩戒多向发力，聚焦5个重点、16个行业领域、98项涉众的重大安全风险，分三轮开展全面自查、专项督查和综合督查，督导各地、各有关部门和企业建立重大安全风险基础信息清单，开展分级分类精准治理，完善动态管理长效机制。对全省大班次和瓦斯、水害、冲击地压等灾害严重矿井以及化工园区、储油基地等重点领域企业开展拉网式排查治理，严格落实重大危险源包保责任制，加强新冠疫情定点医院、集中隔离点和高层建筑、大型商业综合体、城乡群租房等安全治理，全面开展桥梁隧道、城市轨道等高风险工程安全检查，紧盯载客量大的客车、校车、客船、滚装船等重点涉众车船严格落实安全检查监管措施。

（四）消防安全

省政府修改发布《建筑消防监督管理规定》等 4 部规章，印发《火灾事故调查处理规定》，消防、发改等 9 部门联合出台《加强城市消防安全的实施意见》，省消防救援总队与省检察院、省公安厅建立涉火案调查协作工作机制，消防法治体系更趋完善。紧盯“四名一文一传”等重点开展 2 次专项督查，扎实开展“防保迎”系列专项行动。举办全省首届“云能”新能源行业灭火救援技术研讨，承办全国水域救援技术教练员、全国灭火救援技术师资骨干培训班，组织“云岭利剑”综合比武竞赛和“滇峰蓝刃”对抗赛，选派队伍深入云南迪庆和西藏开展高海拔驻训和实战效能测试。完成 27 个消防救援站年度建设任务。全年省消防救援总队共接处警 5.3 万起，出动人员 46.5 万人次、车辆 9.2 万辆次，营救被困人员 6231 人、疏散被困人员 9587 人，抢救和保护财产价值 11.3 亿元。

二、防灾减灾救灾

（一）自然灾害应急管理机制

发布总林长令、防火令，积极开展巡林巡查；建立“三张清单、两书一函、一项承诺书”制度，压实各级各部门责任；积极推行应急、林草、公安、森林消防部门在防火期联合办公、联合值班值守制度；建立应急、林草、公安等八方联席会议制度；完善火灾信息报送、联合会商等 9 项工作机制。建立“1262”气象预报和洪水防御预报机制。与气象、水文部门建立短临精准预报机制，从 6 月 1 日开始，气象部门提供省防汛抗旱指挥部办公室 12 小时、6 小时、2 小时三个梯次强降水防御重点州市、县区、乡镇预报预警信息，水文部门提供未来 24 小时洪水防御重点州市、县区河流及超警戒（保证）河段预报预警信息。建立防汛“1262”精细化预报与响应联动机制、直达基层的预警“叫应”机制、“点对点”精准调度等工作新机制，加强基层包保责任、村组防汛值班巡查和提前转移避险等制度的落实，各级防灾减灾救灾工作能力和水平明显提升。扎实开展抗震救灾指挥部体制机制运行评估，健全完善地震灾害预防、应急救援、灾后重建等工作机制，扣紧防、抗、救责任链条，统一指挥、高效快捷、上下贯通的防震减灾救灾工作格局初步形成。

（二）自然灾害应对

稳妥处置宁蒗县 5.5 级地震、耿马县“5·8”临清高速公路大兴隧道塌方等灾害事故。全省发生森林火灾 16 起，是云南省自 1951 年有森林火灾记录以来森林火灾发生率最低的一年，未发生扑火人员伤亡和重特大森林草原火灾。全省共安排安全生产、防汛抗旱、森林草原防灭火、防震减灾救灾、地质灾害等各类资金 75478.73 万元，助推全省安全生产和防灾减灾救灾工作落实。

（三）综合防灾减灾

全面推进第一次全国自然灾害综合风险普查，6000 余名技术人员、30 余万名基层镇村干部共采集各类调查数据 2900 余万条。整合多部门资源，加强专业应急救援队伍和基层应急救援队伍建设，全省县级以上应急管理相关单位和企业建立各行业领域专业应急救援队伍共543支、兼职救援队伍30支，志愿者队伍突破2万余人。组织“云震应急-2022”演习、云南省抗震救灾指挥部应对处置重特大地震拉动式桌面演练、“安澜-2022”防汛综合演练、2022年度森林草原火灾应急处置联合实战演练等，组织全省13.08万个自然村全覆盖防汛转移避险演练，参演人数895.41万人，逐步提升基层干部群众和各部门风险防范和应急处置能力。

三、应急救援

（一）突发事件处置

全年全省有力有效有序处置了丽江宁蒗“1·2”5.5级地震、大理“3·15”森林火灾、怒江贡山“4·2”滑坡灾害、“3·21”东航MU5735航空器飞行事故、文山丘北“5·27”洪涝灾害、红河绿春“9·16”泥石流、富盛煤矿“10·15”顶板事故、迪庆维西“11·16”森林火灾，红河“11·19”5.0级地震、红河元阳“12·5”滑坡等30余起有影响的灾害事故。

（二）应急值班

云南省应急管理系统全面贯彻落实《全国政府系统值班工作规范（试行）》，省应急管理厅制定《云南省应急管理厅值班和内部响应机制》《云南省应急管理系统重要紧急信息报告制度》，编印《省应急管理厅值班操作手册》《云南省应急值班通信录》等资料，建立四岗五人和双人双岗24小时应急值班的模式，确保值班值守工作规范有序，应急通信联络畅通、应急指挥高效运转。

（三）信息报送

编报《云南省应急管理厅值班信息》307期，发送短信9.61万条。及时向州市应急管理局下发应急管理部和省气象局等省直部门推送的预警信息67条，向全社会发布预警信息29次。积极关注省外有重大社会影响的自然灾害和生产安全事故，编发国内突发事件舆情信息73条。

四、基础保障和能力建设

（一）法治体系建设

积极推动《云南省生产安全事故应急办法》立法进度和《云南省安全生产条例》修订工作。组织开展全省16个州（市）129个县（市、区）应急系统151件行政执法案卷评查。强化营商环境“红黑榜”“好差评”机制，提高政务服务质量和效率，不断提升优化法治营商环境。深入推进“一号申请、一窗受理、一网通办”工作，政务服务时限在法定的基础上平均压缩了57.26%，政务服务事项“最多跑一次”比率为96.08%，全程网办“零跑腿”比例达35.29%。组织开展安全生产改革任务“回头看”和督察评估相关工作，6个方面29项举措60条任务按计划推进落实。完成行政执法案卷评查151件。

（二）规划体系建设

省自然灾害应急管理委员会、省安全生产委员会印发实施《云南省贯彻落实“十四五”国家应急体系规划实施方案》，省应急管理厅、省发展改革委制定印发《云南省贯彻落实“十四五”应急管理部门和矿山安全监察机构安全生产监管监察能力建设规划实施方案》。发布实施《云南省“十四五”综合防灾减灾救灾规划》《云南省“十四五”安全生产规划》《云南省“十四五”应急救灾物资储备规划》《云南省“十四五”消防救援事业发展规划》《云南省“十四五”防震减灾规划》

《云南省“十四五”森林草原防灭火规划》等专项规划。开展全省应急管理体制改革调研评估，形成《云南省应急管理机构改革运行情况评估的报告》。

（三）科技信息化建设

积极推进“智慧应急”建设，建设亚太星通高通量卫星系统，为16个州（市）和63个县区配备卫星移动平台，为1225个乡（镇）配备天通卫星电话，建设370兆应急指挥窄带无线通信网，实现部、省、市三级互联互通。着力推进应急指挥“一张图”建设，接入省水利厅、省地震局、省气象局、省消防救援总队、省森林消防总队、昆明航空救援支队等20家单位静态数据和视频数据。依托现有业务系统，全省生产经营单位基础信息从2020年的2.9万户增加到2022年的17.8万户，采集企业重点风险源点1.6万余个、自查标准230万条、排查隐患314.4万项，并全部关联“互联网+执法”系统。

（四）宣传体系建设

把观看学习《生命重于泰山——学习习近平总书记关于安全生产重要论述》电视专题片延伸到纳入综合考评对象的其他省级机关单位和县、乡镇（街道）党组织和企事业单位。将习近平总书记关于应急管理、安全生产、防灾减灾救灾重要论述纳入各级党委理论学习中心组学习和干部业务能力提升计划内容，推动各级领导干部树牢人民至上、生命至上理念，更好统筹发展和安全。聚焦应急管理重点任务和重要时段，策划开设专栏，推出系列重点报道、新闻发布、宣传解读和新媒体产品，充分反映工作进展成效。围绕“减轻灾害风险　守护美好家园”主题，以防灾减灾救灾应急演练、开设防灾减灾宣传专列（车）、向公众发布防灾减灾日公益短信、现场咨询、文艺表演、知识竞赛、新闻发布等方式广泛深入开展“5·12”全国防灾减灾日活动。围绕“遵守安全生产法，当好第一责任人”主题，在昆明市富民县举办2022年云南省“安全生产月”活动启动仪式，在昭通市盐津县举办“安全宣传咨询日”活动，同步开展安全宣传进企业、进校园活动。联合省总工会、省卫生健康委、团省委、省消防救援总队等单位广泛深入开展“安康杯”竞赛、青年安全生产示范岗创建、“119”消防宣传月等活动，大力普及应急安全法律法规知识技能，提高全民安全意识，增强自防自救能力。

第二十六章 西藏自治区应急管理工作

2022年，西藏自治区应急管理系统深入学习贯彻党的二十大精神，学习贯彻习近平总书记关于安全生产、防灾减灾救灾和应急管理工作的重要论述，全面落实疫情要防住、经济要稳住、发展要安全的要求，坚持人民至上、生命至上，统筹发展和安全，强化底线思维，树牢风险意识，以求真务实的精神做好防风险、保安全、促稳定各项工作，全力维护人民群众生命财产安全，以高水平安全服务西藏高质量发展。

一、安全生产和消防安全

（一）深入开展安全生产大检查

按照国务院安全生产委员会统一部署，自治区安全生产委员会组织完成七地（市）安全生产督导检查，累计排查重大问题隐患102条；企业累计自查问题隐患3.2万处，完成整改2.86万处；行业部门检查发现问题隐患2.4万处，下发整改通知书1192份，区、市两级开展督导检查21轮，发现问题隐患804条。严格落实安全生产十五条硬措施。制定自治区53条细化措施，对58起生产安全事故调查处理情况开展“回头看”，对两起道路交通瞒报事故进行挂牌督办并严肃问责。

（二）从严开展安全生产专项整治行动

紧紧抓住防范遏制重特大事故这个“牛鼻子”，推动各地（市）、各部门加强安全生产专项整治三年行动“攻坚之年”的整治督导，细化问题隐患和制度措施“两个清单”，深化重点问题攻坚，安全生产专项整治三年行动圆满收官。发挥自治区安委会办公室职能作用，推动深入开展自建房、城镇燃气、危险化学品和高层建筑重大火灾“百日行动”，建立了周调度、月通报的工作机制，全力整治突出安全风险。扎实开展“平安护航二十大”安全生产专项整治行动，发现问题隐患502条，为党的二十大胜利召开营造了良好的安全环境。聚焦重点行业领域，全面梳理矿山、危险化学品、工贸安全监管执法和行政许可，以及高危企业“三项岗位人员”资格考核权责清单；深入推进危险化学品重大危险源专项整治，完成12家危化生产企业、11家油气储存企业老旧装置隐患排查整治。联合住建等部门深入开展“两违”清查，检查既有房屋48万余户，完成142.5公里的重点要害区域燃气管道隐患排查治理。狠抓森林草原火灾综合防控，开展野外火源治理和打击违法用火行为专项行动，启动高层建筑重大火灾风险专项治理工作。对川藏铁路、雅下水电站等重点建设项目进行安全督导；制定出台17条管理措施，全面加强道路交通、建筑施工等行业领域安全生产工作。

（三）扎实做好消防安全

全区消防救援队伍高效完成以党的二十大消防安保为主线的1.01万起消防安保勤务，成功应对森林火灾、雪崩以及73次三级以上地震等4491起应急救援任务。检查社会单位8.1万余家（次），督改火灾隐患9.8万余处，保持了连续20年全区未发生重特大火灾事故的良好态势。

二、防灾减灾救灾

（一）全面强化应急准备

完善多部门联合会商研判，建立同民航、铁路等部门的应急救援联动机制，组织开展“2022·应急使命”桌面推演，开展川藏铁路昌都段、拉林段、拉日线防灾疏散救援综合应急演练，统筹协调交通、电力、林草等部门开展行业领域应急演练。修订完成《西藏自治区防汛应急预案》《西藏自治区抗旱应急预案》《西藏自治区地震应急预案》《西藏自治区森林草原火灾应急预案》《西藏自治区自然灾害救助应急预案》。

（二）全面推进重点任务

持续推进第一次全国自然灾害综合风险普查，形成综合评估与区划核心成果 31 项，单灾种评估与区划核心成果 60 项，区自然灾害监测预警信息化工程纳入应急管理部大数据工程统建，统筹协调推进自然灾害防治“九项工程”。

三、应急救援

（一）全力应对灾害事故

加强统筹协调，科学高效组织抢险救援，成功处置林芝市巴宜区、墨脱县森林火灾；有效化解“8·8”阿里地区札达县泥石流灾害，安全转移安置被困人员 600 余名；提前谋划金沙江白格堰塞湖应急处置各项准备工作。向各地（市）、县（区）代储应急物资 22 个品种 4.36 万件，兑现受灾群众冬春生活救助资金 7116 万元。

（二）全力保障疫情防控

新冠疫情防控期间，全区各级应急管理部门坚决贯彻落实自治区党委政府安排部署，扎实做好应急物资调配保障工作，自治区本级下达调拨指令 128 次，调拨救灾物资 28 万余件（套），地方应急管理部门调拨救灾物资 37 万余件（套），从中央应急物资储备库紧急调拨应急救灾物资 1 万件（套）；支持帮助柳梧新区建设隔离点 2 处，调配自治区国庆爱心抗疫礼包 6700 个，积极协调为北京市援藏医疗队和日喀则市部分援藏医疗队捐赠防寒衣物 715 件（套），价值 100 余万元，协调解决 10 吨新型消毒液支援白定方舱医院、森林消防总队、塔玛社区等地开展消毒消杀工作。

四、基础保障和能力建设

（一）完善应急管理体制

修订完善应急管理指挥机构工作规则、细则，调整充实各议事协调机构人员组成，完善自治区安委会成员单位职责分工；推动各地（市）、县（区）防汛抗旱、抗震救灾、森林草原防灭火指挥部转隶工作，健全工作体系。

（二）加快构建应急管理能力体系

加强“智慧应急”建设，编制完成“智慧应急（一期）”可行性研究报告，自治区安全生产综合信息服务平台项目顺利推进。加快推进航空应急救援体系建设，航空应急救援中心成功挂牌，完成 10 条航线飞行任务，应急救援直升机高原灭火首战告捷，完成第 2 架高原型直升机租赁工作。依托安能西藏建设发展有限公司成立应急管理部自然灾害工程救援拉萨基地，国家隧道应急救援中铁二局西藏队经应急管理部批准成立，重点工程抢险救援能力全面提升。

（三）完善应急管理法治体系

西藏自治区安全生产条例等法律法规立法工作加快推进，制定应急管理系统安全生产分类分级执法暂行办法和安全生产行政执法与刑事司法衔接工作实施办法等规范性文件，完成深化应急管理综合行政执法改革前期调研、“双随机、一公开”事项清单计划、应急管理厅权责清单和行政许可事项申报等工作。出台尾矿库闭库销号，非煤矿山、危险化学品领域分类分级监管办法，建立安全监管联席会议制度。以自治区人民政府名义印发《西藏自治区“十四五”时期应急管理体系规划》。全年在主流媒体上宣传报道西藏应急管理工作500余篇，精心组织“安全生产月”“安全生产西藏行”、防灾减灾日等宣传活动，常态化开展安全生产“八进”，积极营造全社会关注、全民参与的良好氛围。

第二十七章　陕西省应急管理工作

2022年，陕西省应急管理系统紧紧围绕迎盛会、保安全主题主线，全力防范化解重大安全风险，全省安全形势持续向好。全省绝大多数设区市事故总量降幅明显，9个设区市事故起数和死亡人数“双下降”，没有“双上升”的市（区）。

一、安全生产和消防安全

（一）对标对表严密部署

国务院安全生产委员会5次召开全国安全生产电视电话会议；省委、省政府20多次专题研究部署安全生产、防灾减灾救灾工作，主要领导和分管领导20多次深入一线实地检查调研，656次作出指示批示；各市县党委政府认真履行“保一方平安”职责，全力支持应急管理系统结合实际狠抓各项责任措施落地见效；省应急管理厅17次向省委常委会、省政府常务会汇报重点工作进展，为做好工作提供了坚强有力的支持和保障。

（二）多措并举夯实责任

认真落实国务院安委会安全生产十五条硬措施和陕西省50条具体措施，印发“两个清单”，推动地方党政领导干部安全生产责任制落实。出台安全生产事前问责办法，创新实施煤矿矿长安全记分考核机制，约谈、通报45个党委政府和部门，问责1675家企业，“隐患就是事故”“安全就是效益”观念持续强化。厘清电动自行车、旅游景区玻璃栈道类、剧本娱乐经营场所、母婴照料服务机构和小饭桌等新业态的部门监管职责，严防漏管失控。推动出台安全生产举报奖励办法。

（三）从严从紧专项整治

扎实推进安全生产专项整治三年行动圆满收官，总结形成“32+1256”（32份评估报告；1次新闻发布会、经验交流和成果展示会，2部三年行动视频宣传片，5篇在国家级刊物发的先进经验稿件，6套成果汇编）成果。深入开展煤矿安全治本攻坚、“打非治违”专项行动，完成370处煤矿分类处置和128处长停煤矿安全评估，成功举办全国煤矿灾害治理现场会。全省煤矿冲击地压灾害立体防治体系经验推广全国。大力开展非煤矿山集中攻坚和尾矿库安全治理，关闭金属非金属矿山23座，闭库销号尾矿库53座，事故总量下降81.8%，创历史新低。扎实开展危险化学品安全风险集中治理10个专项，组织两轮全覆盖督导检查172家重大危险源企业，纵深开展烟花爆竹领域专项执法，连续3年实现“零事故、零伤亡”。全面完成工贸重点事项“清零”任务。协调推动城镇燃气、自建房等专项整治，有效解决一批老大难问题。

（四）紧盯关键确保安全

开展“防风险、除隐患、保安全、迎盛会”专项行动，组织实施市级党委政府安全生产和消防工作考核巡查。分析研判事故特点规律，预先发出安全风险提示12次。扎实开展全省安全生产大检查和“百日行动”“百日执法”，组织协调10个工作组派驻各地市现场督导，排查整治隐患24.2万项。挂牌督办、提级调查10起较大和典型事故，约谈3市5部门，常态化开展明查暗访、交叉互检、异地执法，推进分级分类精准执法。“十四五”重大工程项目建设推进顺利。党的二十大期间，全省安全形势平稳有序。

（五）严格抓好消防安全

省政府召开专门会议，将重大火灾隐患挂牌督办、基层消防安全综合治理纳入省委、省政府“50条硬措施”和省委督导检查考核计划，全面压实消防安全“五大责任”。联合省委机构编制委员会办公室等4部门印发《关于加强基层消防力量建设工作的通知》，乡镇街道成立消安委1510个、实体化运行消防所56个，打通消防安全治理“最后一公里”。以党的二十大消防安保为主线，扎实开展自建房综合治理、高层建筑重大风险防控、“守护三秦”百日攻坚、宗教场所和文博单位消防安全整治等9个专项行动，全年检查社会单位30万家次，督促整改火灾隐患12.8万余处，对28家重大火灾隐患单位挂牌督办、警示曝光。开展“三秦使命-2022”地震救援跨区域实战演练，调集10支地震救援队，完成73个科目的演练任务，全面检验队伍实战打赢能力。开展高层、地下、化工、文物古建实地演练和“六熟悉”4万余次。出台《应急管理与消防救援深度融合若干工作机制》。成功处置“1·21”杨凌厂房火灾、“7·11”榆林排涝抢险、“7·23”西安港务区厂房火灾等急难险重任务。圆满完成党的二十大、北京冬奥会、黄帝陵国家公祭、第十一届APEC技展会、第六届丝绸之路博览会等重大安保任务。

二、防灾减灾救灾

（一）全面加强监测预警

建立多部门联合会商研判、极端天气防范应对集中办公机制，发布会商研判报告18期，启动应急响应164次，派出一线工作组36个，自然灾害综合风险普查工作处于全国第一方阵。建设森林火险、防汛“人盯人”防抢撤等预警系统；建成非煤矿山、危险化学品重大危险源、烟花爆竹等监测预警平台，实现172家危化企业、34家烟花爆竹生产企业、178座尾矿库实时在线监测，完成325处煤矿“电子封条”，常态化开展在线巡查，风险监测预警能力持续增强。

（二）全面强化应急准备

协调出台省级专项预案34个、市级总体预案8个，组织指导开展各类应急演练162项。推动应急管理与消防救援深度融合，健全军地对接协调机制，出台《鼓励国有企业参与应急管理工作指导意见》。加快航空应急救援建设步伐，420个临时起降点、8个保障站工程建设稳步推进。

（三）全面防范应对自然灾害

成功应对17次强降水过程，预先组织59.7万人次转移避险，集中安置7.05万人次，实现洪涝灾害“零伤亡”；有效解决19.6万人和6.4万头大牲畜临时性饮水困难，最大限度减轻干旱损失。认真落实中央办公厅、国务院办公厅《关于全面加强新形势下森林草原防灭火工作的意见》，进一步筑牢森林草原“防火墙”，森林火灾起数、过火面积、受害面积，同比分别下降47.06%、70.49%、56.96%，实现了“无大火、无伤亡”。突出科学防范，注重协调联动，地质灾害起数、死亡人数同比分别下降70%、76.5%，创十年新低。全省5级灾害信息员队伍稳定在3万人以上，命名100个省级综合减灾示范社区。优化全省救灾物资储备布局，调拨25.88万件支持新冠疫情防控和灾害救助工作；下拨3.04亿元开展冬春救助，及时把党和政府温暖送到群众手中。对口援助阿里地区救灾物资2550件，价值30余万元。援助巴基斯坦救灾物资7100件，价值100余万元。

三、应急救援

全面加强应急指挥。加强专业值守力量，畅通多部门信息共享渠道，强化预先调度储备应急物资，在防火、防汛紧要期指挥协调前置救援力量。成功处置2起危险化学品运输泄漏重大险情。妥善应对处置23起事故灾害，秒级响应驰援“8·23”重庆山火。

四、基础保障和能力建设

（一）稳步推进体制机制改革

推进基层应急管理体系和能力建设16条措施落地，1338个乡镇街道应急办公室、4020名专兼职工作人员全部到位。协调推动全省县级煤矿监管职责划转，市县上下对应的监管体制基本理顺。持续深化综合执法改革，116个市县执法机构挂牌运行，39个执法标准化建设示范创建单位全部达标。

（二）全面强化科技赋能

优化充实应急管理指挥平台功能，加强数据汇集和系统应用，构建部、省、市、县、现场五级互联互通体系，应急指挥调度和决策辅助支撑基础更加坚实。完成14项课题20个项目研究，形成一批机制性、方向性成果。

（三）不断提升依法治理水平

组织开展《陕西省安全生产条例》《关于全面加强新形势下森林草原防灭火工作的意见》《陕西省实施〈森林草原防灭火条例〉办法》等法规制度修订的前期调研和立法后评估。制定应急管理权力和责任清单、综合行政执法事项指导目录，明晰权力责任边界和执法权力事项。规范安全生产行政许可程序，提升“一网通办”工作效能，压缩行政许可办理时限，办证时长由45个工作日压缩至20个。

（四）深入开展宣传教育

推进安全生产培训“走过场”专项整治，淘汰退出16家培训机构和考试点，曝光2批7起违法违规典型案例，行政处罚77.55万元。精心组织“安全生产月”“安全生产法宣传周”、防灾减灾日，常态化开展“五进”活动，群众安全意识、自救互救能力得到提升。

第二十八章 甘肃省应急管理工作

2022年，甘肃省应急管理系统坚持以习近平新时代中国特色社会主义思想为指导，全面贯彻落实党的十九大和十九届历次全会精神，主动担当作为，认真履职尽责，着力防范化解重大安全风险，全力做好安全生产、防灾减灾、应急管理各项工作，实现生产安全事故四项指标全面下降，自然灾害损失明显减少，为党的二十大胜利召开营造了安全稳定环境。

一、安全生产和消防安全

（一）层层压紧压实安全生产责任

省委、省政府连续4年与各市州、兰州新区和省安委会成员单位签订安全生产防灾减灾应急救援和消防工作“四位一体”目标责任书，纳入经济社会发展和“平安建设”考核总体指标，严格实施“一票否决”。省委、省政府印发《关于进一步强化安全生产责任落实坚决防范遏制重特大事故的实施意见》，将国务院安委会安全生产十五条硬措施细化为35条具体措施，细化党委政府安全生产责任和企业主要负责人第一责任人责任，指导督促各地各部门抓好贯彻落实。省委、省政府对事故频发、问题突出的3个市政府、5家省级单位、2家省属企业开展安全生产工作约谈。以省安全生产委员会名义修订出台安全生产约谈办法、预警办法，进一步强化安全生产工作的制度约束。

（二）深入推进安全专项整治

持续推进安全生产专项整治三年行动和大检查工作，着力排查治理安全风险隐患，全省各级共检查企业单位38.42万家，排查治理隐患40万余条，实施行政处罚13.36万次，责令停产整顿3894家，暂扣吊销证照96家，关闭取缔464家，约谈警示26458家，联合惩戒1279家。安全生产专项整治三年行动圆满收官，形成了一批制度性成果和成功经验做法，安全生产整体水平得到提升，风险防范能力明显加强。深刻吸取兰州新区“6·16”较大爆炸事故和白银景泰“7·23”重大煤矿边坡坍塌事故教训，制定出台进一步强化危险化学品、矿山安全生产工作的若干措施，明确硬要求、提出硬任务，举一反三排查治理突出问题隐患，迅速扭转安全生产被动局面。加快推进危险化学品安全风险集中治理，开展化工园区安全风险等级评估和提档升级安全整治，实现了高风险等级化工园区“清零”，11个化工园区达到一般风险等级。加大督促检查力度，实行“一矿一档”清单式销号整治，派出省级工作组，对露天煤矿开展全覆盖专项检查，坚决做到不安全不生产。统筹组织12个省级工作组，从8月初至10月底，对各市州安全生产工作实施驻点包抓，同时分批次组织开展安全生产“四不两直”诊断式督导检查，覆盖全省所有市州和县区以及规模以上企业。共检查行业部门191个，生产经营单位984家，排查治理问题隐患15412条（其中重大安全隐患594条），责令停产停业整顿企业122家。

（三）持续开展风险研判

紧盯复工复产、两会、省党代会、党的二十大等重大活动和春节、清明、国庆等重点时段，围绕应急管理特点和规律，专题组织开展风险研判，提出针对性防范化解措施，通过视频调度、定期通报、风险提示、专项督查等方式，推动各地各有关部门抓好落实。共组织风险研判 14 次，制定具体防范措施 100 余条，发送预警预报信息 3000 余万人次，预警预报函件 10 余件次。

（四）扎实推进消防安全

火灾隐患整治精准发力。持续推进消防安全专项整治三年行动巩固提升阶段各项任务，部署开展消防安全大检查、自建房综合治理、高层建筑专项整治、城市消防安全、冬春消防安全专项整治等专项行动，统筹推进打通消防生命通道、劳动密集型企业、危险化学品重大危险源企业、易燃可燃彩钢板建筑、燃气等专项排查整治。累计排查自建房 2.7 万余栋、连片区域 455 处、高层建筑 5 类重点整治对象 2163 栋、劳动密集型企业 306 家、危险化学品重大危险源企业 97 家、燃气重点场所 3917 家，督促整改各类问题隐患 3.1 万处，挂牌督办重大火灾隐患单位 89 家，拆除易燃可燃彩钢板建筑 90 余万平方米，50 余家国家和省级文保单位消防设施更新改造，1748 个老旧小区增设消防设施，71 个高层安置点隐患整改率达到 92%。全年发生火灾 12318 起，未发生较大以上火灾。推动省委、省政府将基层消防监管力量建设纳入“十四五”消防规划重要内容，着力破解基层消防监管力量薄弱难题，全省 1381 个乡镇街道已挂牌组建消防工作所 1343 个，挂牌覆盖率达 97%。稳步推进“两智一图”和重大灾害场景融合数据平台建设，统一建成全省智能接处警系统、实战指挥平台和消防“一张图”。研发重大灾害场景融合数据平台，采集“高低大化”重点单位 2 万余条全域信息。统筹推进全省东、中、西三个区域性战勤保障消防站建设，构建“布局精准科学、梯次结构合理、功能辐射带动”的战勤保障体系。省政府常务会审议通过《甘肃省消防救援队伍装备建设三年规划（2022—2024 年）》，强化石油化工火灾扑救攻坚、高层建筑和大型商业综合体火灾扑救关键性装备、地质类灾害救援专业装备、消防员个人防护和特种器材装备、通信和战勤保障类车辆装备建设，初步形成高中低档相结合，结构合理、特点突出、保障有力的装备建设体系。

二、防灾减灾救灾

（一）扎实推进自然灾害综合风险普查

统筹各级各部门力量，积极推进第一次全国自然灾害综合风险普查，先后组织召开 10 余次普查办主任办公会和工作推进会，编制印发工作方案 7 份，完成普查调查工作，基本摸清主要灾种在全省的分布底数，总体进度达到 99.9%。

（二）全面做好防汛抗旱工作

及时传达学习习近平总书记在四川考察时关于防汛减灾工作重要讲话精神，定期召开全省防汛会商会，分析通报防汛形势，督促各地各部门抓实抓细各项工作。制定出台《关于加强防汛抗旱责任制管理的指导意见》，健全完善山洪灾害防御“四级”包抓责任制、淤地坝防汛安全责任制。组织对河南郑州“7·20”暴雨灾害经验教训进行复盘学习，推动各级压紧落实防汛救灾责任措施，有效应对 10 多次强降雨过程和庆阳市大暴雨、马莲河历史第二大洪水。

（三）全面加强森林草原防灭火工作

组织林草、自然资源、气象、森林消防等部门召开会商会议，对各地天气趋势和火险形势进行会商研判，及时发布“防火令”“禁火令”，向高火险地区发出火险形势预测，对森林草原火险气象等级开展旬预报、月预报，提前做好防范。各级共排查整治火险隐患2120条，查处违反森林草原防火案件24起。

（四）持续强化地震灾害防范应对

制定进一步健全完善地方防震减灾救灾体制机制的实施意见，理顺防震减灾和抗震救灾职责分工，明确市县防震减灾救灾责任。制定《甘肃省重特大地震灾害应急处置手册（试行）》，提出震后7天内各重要时间段省抗震救灾指挥部及成员单位重点工作任务，总结固化相关工作模板。第一时间应急响应、开展督导、调拨物资，有效应对了青海门源6.9级地震。

（五）及时开展救灾救助

制定出台《甘肃省受灾群众集中安置管理服务规范》。全年共紧急转移安置1.87万人，下拨中央和省级冬春生活救助资金3.86亿元，下拨省级2022年度自然灾害生活救助资金1500万元，下拨中央自然灾害救灾资金1100万元，下拨救灾物资4300件，支持受灾市县全力做好救灾工作，保障了受灾群众基本生活。积极服务全省新冠疫情防控大局，先后借调帐篷、折叠床、棉被等救灾物资3.34万件，用于设置新冠疫情监测点和防控工作人员生活保障等，助力全省新冠疫情防控工作。

（六）扎实做好自然灾害应急

省政府印发《甘肃省地质灾害应急预案》，明确各级各部门职责任务，细化应急处置各环节的措施。购置地质灾害应急监测预警设备，有效提升地质灾害应急监测预警能力，快速高效开展地质灾害应急处置。现场指导，妥善处置定西市漳县武当乡景家门社滑坡险情。组织开展黄土区域滑坡地质灾害成灾机理研究、舟曲县地质灾害综合治理和重大地质灾害链应急处置技术研究，提升科技支撑能力，提高应急决策的科学性。

三、应急救援

高效有序完成青海门源6.9级地震、张掖市肃南县5.1级地震应对处置工作，并成功应对12次较大范围降雨过程和63起地质灾害。重点完成兰州野生动物园观光车侧翻事故、兰州滨农科技有限公司“6·16”爆炸事故、白银景泰泓胜煤业有限责任公司“7·23”边坡坍塌事故、白银靖远红会支线列车“3·8”脱轨坠桥应对处置工作。圆满完成庆阳“7·15”暴洪灾害抢险、黑河“8·23”孤岛救援、援渝扑火任务等各类应急救援任务34起。

四、基础保障和能力建设

（一）圆满完成“应急使命·2022”高原高寒地区抗震救灾实战化演习

2022年5月，国务院抗震救灾指挥部办公室、应急管理部、甘肃省政府联合在河西走廊地震带重点地区举行“应急使命·2022”高原高寒地区抗震救灾实战化演习。采取“1+4+4”模式，在张掖设主演习场，嘉峪关、酒泉、金昌、武威4个市设分演习场，按照景区、高层、地下、铁路设4个分科目点，共设置18类41个演习科目，分拉动检验、指挥演习和综合演习3个阶段组织实施。投入参演力量5000人，航空器7架，动用部分铁路、航空、公路运力资源、指挥车辆和救援装备器材。达到了提高应急指挥效能和救援合力、破解应对大震巨灾“断、慢、乱”难题、推动各地强化抗大震准备、促进抗震救灾能力提升的预期目的。

（二）加强宣传培训和法治建设

全年创建国家级减灾示范社区 20 个、省级减灾示范社区 64 个。举办“减轻灾害风险·守护美好家园”2022 甘肃省防灾减灾知识网络竞赛活动，活动答题平台流量 1267090 人次。组织开展“安全生产月”各项活动，动员全社会参加全国“新安法知多少”网络知识竞赛，取得全国第四的好成绩。修订完成《甘肃省安全生产条例》，已经省人大审议通过，自 2023 年 1 月 1 日起正式施行，进一步强化了安全生产工作的法治保障。

（三）持续推进应急规划体系建设

深入推进应急管理体系和能力现代化建设，扎实推进《甘肃省“十四五”应急管理体系建设规划》《甘肃省“十四五”安全生产规划》《甘肃省“十四五”防灾减灾规划》实施，规划阶段性工作任务如期完成。国家西北区域应急救援中心建设项目已完成前期工作，于 2022 年 12 月 20 日正式开工，计划 2024 年 12 月建成。建立完善应急管理省级项目库，将甘肃省航空护林站建设等 5 个项目纳入省发展改革委《2022 年全省重大前期项目清单》，应急管理体系和管理能力现代化建设取得积极进展。

（四）全力做好煤炭保供工作

按照省政府的安排，制定《省应急厅落实〈甘肃省贯彻落实稳住经济一揽子政策措施实施方案〉工作方案》，指导各地在保证安全生产前提下，切实做好煤炭增产保供工作。组织专家对全省保供煤矿开展安全技术服务，排查治理安全隐患 916 条，提出工作建议 18 条，确保煤矿安全生产。

第二十九章 青海省应急管理工作

2022年，青海省应急管理系统坚持以习近平新时代中国特色社会主义思想为指导，认真学习贯彻习近平总书记关于应急管理工作的重要论述和指示批示精神，深入学习贯彻落实党的二十大精神，按照疫情要防住、经济要稳住、发展要安全的重大要求，紧紧围绕“防风险、保安全、迎二十大”主题主线，全力以赴战洪水、抗地震、化危机、护稳定，尽最大努力维护人民群众生命和财产安全，应急处置能力显著增强，自然灾害损失大幅降低，安全生产工作形势持续向好，应急管理体系和能力建设取得新成效。

一、安全生产和消防安全

（一）安全生产

省委、省政府高度重视安全生产工作，先后20多次召开专题会议研究部署重点工作，协调解决重大问题。将省政府领导班子全体成员纳为省安全生产委员会主任、副主任，省委、省政府领导多次对省安全生产工作作出批示指示，深入一线、靠前指挥、严格督导安全防范和抢险救援工作。认真落实国务院安委会安全生产十五条硬措施，研究制定省33条具体举措，督促各地各部门明确责任清单和重点任务，全面落实地方党政领导责任、属地管理责任、行业部门监管责任和企业主体责任。

聚焦重点行业领域安全管理特点，制定《全省安全生产大检查工作方案》，以“两单四表”为主要抓手，实行定期通报、调度、提醒制度，全面排查防控风险整治隐患。省安全生产委员会8个综合督查组全覆盖督查各市州，各级各部门成立检查组3400个，检查生产经营单位6.5万家次，约谈警示企业单位7200余家次，排查整治风险隐患5.7万项。

组织开展“防风险、保安全、护稳定”安全生产大督查大整治，按照省级驻守市州、市（州）县下沉蹲点、部门监管行业的方式，建立“日研判、日调度、日通报、日提醒”和重点成员单位每日专题调度工作机制。省政府分管领导先后调度16次，省安全生产委员会日常调度76次，行业部门专题调度30次，开展每日工作提醒50余次，推动全省安全生产大督查大整治工作走深走实，确保党的二十大期间安全形势总体稳定。全省各级共派出工作组3.9万个（次），检查企业9.7万家（次），开展执法检查2.8万次，排查整治隐患5.6万项，停产整顿企业485家，取缔关闭企业6家，暂扣证照企业181家。

紧盯重点难点问题和风险隐患，强化重点攻坚和整体提升，安全生产专项整治三年行动圆满收官。聚焦重点行业领域深入开展煤矿隐蔽致灾因素普查治理和治本攻坚、非煤矿山集中攻坚和尾矿库安全治理，全面开展危险化学品安全风险集中治理、专家指导服务和化工产业转移、化工园区、化工老旧装置、大型油气储存基地等风险整治，全面完成工贸“钢8条”“铝7条”“粉尘6条”重大隐患和重点事项“清零”任务，推行“启动会+现场执法检查+总结会”“企业负责人+安全管理人员+岗位操作员工全过程在场”“执法+专家”的“三位一体”执法模式，开展多个专项执法行动，有效化解一批重大风险隐患。推动开展城镇燃气安全排查整治、道路交通事故预防“减量控大”等专项行动，督促加强民航、经营性自建房、环保设施等领域安全隐患排查整治，有力遏制重大及以上事故。专项整治三年行动开展以来，全省共组织各类督导检查组 2.57 万个，累计检查企业单位 17.5 万家（次），排查整治隐患 23.4 万项。

开展 2022 年危险化学品重大危险源企业安全专项检查督导工作，完成两轮企业自查、市州交叉检查、省级抽查工作。制定印发危险化学品产业转移项目安全设计诊断、大型油气储存基地安全风险管控等 11 项专项工作方案，组织 35 名专家组成省危险化学品重点县专家指导服务组，对 32 家重大危险源企业进行专项检查并进行风险评估。每日定时通报企业安全承诺情况，及时向安全承诺为高风险的企业和所属地应急管理局进行信息推送提醒，全年累计巡查企业 6602 家次，每日安全承诺率 98.1%；监测预警系统累计报警 21810 次，销警 21801 次，销警率达 99.96%。

（二）消防安全

省安全生产委员会印发《青海省贯彻落实“十四五”国家消防工作规划的实施方案》，制定出台《青海省火灾事故调查处理规定》，推动 8 个市州政府印发实施《火灾事故调查处理规定》，压实消防责任。纵深推进消防安全大检查，纳入省“两办”落实安全生产十五条硬措施责任清单和 9 位副省长督导检查内容，项目化推动重点任务落实。推动省政府将消防安全作为自建房安全整治五大重点领域，融入《农牧民住房建设管理办法》。紧扣全省灾害类型多、分布地域广、发生频率高的特点，按照“立足省内、辐射周边、打造核心、机动攻坚”的思路，通过整合优化全省应急力量和资源，完善区域协作机制，打造核心灭火救援机动力量。积极推动“智慧消防”与“数字政府”“智慧城市”融合共建，制定《“智慧消防”数据及对接协议标准》《消防物联网系统建设标准》，完善顶层设计。积极参加“应急使命·2022”高原高寒地区抗震救灾实战化演习，圆满完成远程跨区域机械化力量投送和各项参演任务，参与举办“青海·2022”地震灾害综合实战演练，研究探索高原高寒地区和缺氧条件下应急救援力量运用的方式方法，有效提升队伍处置大震巨灾能力。

二、防灾减灾救灾

全面完成自然灾害综合风险普查 11 大类、46 小类调查任务，采集数据 322 万余条。加快推进自然灾害防治能力提升工程，防汛抗旱水利设施防御、地震易发区房屋设施加固等一批重点工程取得积极成效。全年累计争取中央救灾资金 2.44 亿元，调拨省级救灾物资 6.38 万件，有效保障受灾群众基本生活。

出台《省防汛抗旱指挥部工作规则》《省防汛抗旱指挥部联合会商制度》《自然灾害监测预警风险提醒办法》《青海省气象预警“叫应”与应急响应联动机制（暂行）》等，确保预警信息发布能够直达基层责任人，既“叫醒”又“回应”。通过青海预警中心（12379）平台和微信群等多种方式，针对防汛、山洪、森林草原火险和地质灾害发布预警短信 7000 余条、风险提示 48 期。推动建立气象预警和应急响应联动机制，督促各地建立直达基层责任人的临灾预警“叫醒”“叫应”机制，汛期先后调度50余次，指导督促各级落实防汛责任人1.4万人，组织下沉干部9.9万人次，提前转移危险区域群众20万人次，尤其是已发生的5起灾害中，1483人因提前转移避免了伤亡。

印发《青海省自然灾害灾情会商及发布办法》《重点时段安全风险分析研判会商工作实施方案》，每月定期、重点时段每日开展自然灾害和安全风险综合研判会商，编发分析报告，督促各地区采取有效措施加强防范。强化气象预警与应急响应信息横向互通，建立值班人员24小时直联、驻点制度，实现暴雨、大风、强对流天气等气象预警信息实时共享，及时向各级党委政府主要负责同志和分管负责同志及各级应急管理部门发送提醒短信3万余条，安全生产风险提示8期。全省所有18处煤矿完成“电子封条”建设和联网，三等以上尾矿库和“头顶库”安全风险监测预警系统实现全覆盖。

开展火源管控、打击违规用火专项行动和输配电设施火灾隐患排查整治，累计排查整治火灾隐患950处，设置防火隔离带1000余公里。在重点时段派出督导检查组193个1012人，设立防火检查站1600余处，累计组织14万人次参与巡山护林，各检查站（临时卡口）劝返进山入林人员20.9万人次，车辆3.1万台次，及时处置风险苗头，实现森林草原“无大火、零伤亡”。连续35年未发生重特大森林草原火灾。

成立省抗震救灾指挥部，编制地震应急准备专项预案、救援力量准备方案、应急物资保障方案，累计建成1507处应急避难场所，推进西气东输管线和中欧班列沿线15个观测站点建设，持续加强防震减灾救灾工作。推动23处重大地质灾害隐患工程治理项目，不断夯实地质灾害防治基础。

三、应急救援

持续加强救援队伍建设，综合评定覆盖矿山、危险化学品、通信、电力、地质灾害等9类专业领域30支省级应急救援队伍1969人，社会救援队伍10支342人。制定《青海省应急救援航空体系建设工作方案》，2架直升机24小时常态化备勤。联合青藏铁路公司和省交通、发改、林草等单位制定印发《突发事件应急处置联动工作机制》《铁路沿线自然灾害风险防范工作协调合作机制》等。

组织开展“青海·2022”地震灾害综合实战演练，设置实战化演练科目30多个，投入直升机2架、救援力量1200余人、各类抢险救援设备5万余件（套）、车辆26辆。指导30支省级区域救援队和10支社会救援队积极参与全省各类应急演练，省级队伍参与各类演练186次，出动人员2573人。省级和8个市州总体应急预案全部印发实施，指导督促各地各部门开展近千场应急演练。

大通县山洪灾害期间，第一时间调配消防救援队伍、解放军、武警、社会救援队伍等2000余人、1架直升机投入救援。协调应急救灾型无人机，紧急调用29部卫星电话，确保灾区通信畅通。共调拨救灾物资6600余件（套），加强集中安置点管理，全力保障好群众基本生活。组织专班编制《大通县“8·18”山洪灾害损失调查评估报告》，高质量推进灾后恢复重建。“9·1”互助山体滑坡灾害期间，调集相关部门800余人、车辆80余台投入抢险救援，支援100顶帐篷及床、被褥、照明设施等物资，累计避险转移安置地质灾害区及周边群众 517 户 2065 人，紧急避险安置师生 2223 人。组织省级灾害损失评估专家指导海东市、互助县有关部门科学推进灾情核查评估。在应对处置大通山洪和互助山体滑坡的重大考验中，不惜一切代价搜救失联人员，紧急调拨救援救灾款物，妥善转移安置受灾群众。

四、基础保障和能力建设

出台发布《青海省突发事件总体应急预案》《青海省防汛抗洪应急预案》《青海省生产安全事故应急预案》《青海省森林草原火灾应急预案》等，配套制定《青海省突发事件应急响应处置办法（试行）》《青海省突发事件现场指挥长制度（试行）》《事故灾难和自然灾害分级应对制度》《青海省重特大地震应急响应任务清单》等，对各类灾害的响应条件、分级应对标准、紧急转移人员情形作出明确规定，推动实现任务分工清单化、岗位责任模块化、处置程序流程化。

深化应急管理综合行政执法改革，为涉藏 6 州 32 县配发执法装备 11 个种类 1270 余台（套）。启用“互联网+执法”系统，一线执法人员参训率达 100%。完成 693 部天通卫星电话的配发工作，实现了全省市州、区县、乡镇三级全覆盖，着力提升监管执法和应急救援能力。

精心组织“安全生产月”、防灾减灾日等集中宣传活动，常态化开展安全知识科普宣传“六进”活动。12350 举报电话开通运行，安全生产举报奖励制度进一步落实，群众参与安全生产的积极性明显提升。按照一次性紧急转移安置 10 万人物资需求制定采购需求计划，分期分批组织招标采购补库，加快补齐救灾物资关键品类储备短板。

全年共在各类媒体平台发布宣传稿件 470 余篇，其中中央媒体 270 余篇，省级、市州主流媒体 200 余篇；厅官方新媒体平台发布信息 5500 余条，其中官方网站 3041 条、微信公众号 175 期 1050 余条、官方微博 500 余条。组织开展“安全生产月”“防灾减灾周”“安全生产进企业”“安全生产在身边”“安全生产人人讲”、安全宣传视频征集、微信 H5 接力传递等系列宣传活动。厅官方微博账号发布信息及时有力，被评为 2022 年第三季度政务微博优秀案例“快速响应集体”。按照年度培训计划，完成线下和线上培训班共 11 期，1800 余人参加培训。

第三十章 宁夏回族自治区应急管理工作

2022年，宁夏回族自治区应急管理系统坚决扛起为党的二十大胜利召开营造良好安全环境的重大政治责任，认真落实疫情要防住、经济要稳住、发展要安全的要求，着力健全应急管理体系、提高应急管理能力，主动防风险、遏事故、减灾害、护稳定，顶住了多轮新冠疫情的冲击，顶住了经济下行的压力，顶住了极端天气多发频发的挑战，稳步推进全区应急管理工作。

一、安全生产和消防安全

（一）安全发展理念持续筑牢

自治区党委政府高效统筹发展和安全，大抓安全、抓大安全，对应急管理工作高度重视、高位推动。自治区第十三次党代会把统筹发展和安全列入未来五年全区工作总体要求，对当前和今后一个时期应急管理工作作出系统部署。自治区建立重大安全风险研判防控工作机制和“四防”（新冠疫情防治、安全生产、生态环境保护和洪涝地质灾害、国家安全和社会）常态化督查机制，党委常委会、政府常务会议、安全生产委员会、专题会30余次研判安全形势、部署工作任务，自治区领导330余次对应急管理工作作出批示。自治区领导多次到应急管理厅调研指导，指挥调度安全生产和应急处置工作，提出随机暗访抽查等新思路、新方法。多次召开专题会议研究部署工作，靠前督导，实地检查，推动完善体系机制。

（二）安全生产监管不断深化

各地各部门聚焦重点，紧盯关键，标本兼治除隐患，全力以赴保安全。制修订《自治区党委、政府和党政领导干部安全生产责任清单》《自治区安委会成员单位安全生产工作任务分工》《落实企业安全生产主体责任的若干意见》，日常照单履责、失职依单追责，党政领导、部门监管、企业主体、员工岗位的责任更加明晰、管理更加规范。紧盯重点行业领域和不放心、不托底的点位，深入开展安全生产百日专项整治行动，对问题隐患进行大排查、大起底、大整治。圆满完成专项整治三年行动，重点任务、突出问题、重大隐患整改完成率均达到99%以上。推动10个化工园区（集中区）全部降至一般安全风险等级，37处煤矿完成“电子封条”建设，建成21个煤矿智能化采掘工作面，聘请专家团队开展危化企业“常驻式”指导服务，特殊时段实行危险化学品“五个提级管控”、煤矿“四严禁、三严格”等针对性措施，有效化解安全风险。完成第二届葡萄酒博览会等重要活动相关场所风险隐患排查工作。公开曝光40余家企业600余条问题隐患，发挥了“打非治违”的警示震慑效应。建立安全生产巡查督查机制，开展3轮巡查督查和岁末年初重大隐患专项整治督导检查，运用“线上+线下”监管、“监管人员+技术专家”检查、“资料+实地”印证等手段，对各地各部门责任落实、重点工作推进、问题隐患整改等进行全面检查，提出改进意见 500 余条，督促查治问题隐患 4000 余项。

（三）消防安全举措更加精准

紧盯末端管理，印发《关于加强乡镇（街道）村（社区）消防力量建设和火灾防控工作的实施意见》，不断强化基层消防安全治理体系和能力建设。推动消防安全重点单位建立风险分级管控和隐患排查治理“双重预防体系”，强力推进风险隐患“自知自查自改”和公示承诺制度。狠抓隐患排查，推动三年行动“巩固提升年”收官，有力防范“高低大化”“老幼古标”等传统高风险和储能电站、密室逃脱等新业态风险，坚决守护涉疫场所消防安全万无一失，全力推进消防安全大检查走深走实，全年未发生较大以上火灾事故。全年全区各级消防救援队伍累计检查社会单位 5.29 万家，督促整改火灾隐患或违法行为 3.87 万处，消防安全环境有效改善。2022 年 4 月，自治区党委政府为宁夏消防救援总队荣记集体一等功。

二、防灾减灾救灾

（一）未雨绸缪抓好防灾减灾

摸清灾害风险底数，全面推进自然灾害综合风险普查，普查调查和数据质检汇交取得显著成效，调查进度居于全国前列，高质量完成“一省一县”“一省一市”试点和自治区评估区划工作，普查成果在自然灾害防治、行业规划编制等方面得到广泛应用。构筑森林草原防火屏障，推动健全森林草原防火责任体系和网格化管理体系，争取 1200 台（套）防火装备列装森林草原消防队伍，拓宽监测手段，加大巡查力度，强化火源管控，做到了“零火灾”。指导地质灾害避险搬迁，配合地方政府做好受地质灾害威胁严重居民的搬迁避让工作。积极争取救灾资金，补贴支持搬迁居民建房，确保搬得出、稳得住。强化灾害预警预报，印发《建立健全自然灾害监测预警制度的实施方案》，进一步规范灾害监测预警和信息共享。建立“省-市-县-乡-村”五级灾害信息员队伍，共有灾害信息员 7438 人，确定 420 名灾害风险隐患应急责任人和管理员，开展分级培训指导，充分发挥基层的“前哨”作用。定期开展风险研判，形成 15 期《重大安全风险研判报告》。加快建设突发事件预警信息发布“绿色通道”，与自治区党委宣传部、自治区广播电视局等 5 个部门联合签订《自治区突发事件预警信息快速播报的合作备忘录》。

（二）多管齐下做好救灾救助

深刻汲取郑州“7·20”特大暴雨灾害应对处置教训，对全区水库、淤地坝、城市内涝点开展全覆盖排查整治，“一点一策”制定整改方案。及时发布灾情信息，紧急转移安置人员。坚持靠前指挥、提级调度，主汛期全区共出动消防及各类防汛排涝抢险救援队伍开展抢险救援 457 次，出动人员 24935 人次，动用机械设备 2902 台（套），转移安置受灾群众 724 人次，有效应对 13 轮强降雨，实现了人员“零伤亡”。重建因灾倒塌房 24 户，修缮房屋 156 户。及时下拨自然灾害救助资金 6051 万元，有效保障受灾群众基本生活，共救助 31.14 万人次。及时调拨帐篷、折叠床等 9 大类应急物资，保障新冠疫情防控大局。

三、应急救援

（一）强化应急救援体系

进一步规范应急救援的要素和流程。

自治区党委办公厅、政府办公厅印发加强和完善应急救援体系和指挥机制的“两个措施”，推进“大应急”预案体系建设。完成“1+8+33+7”应急预案体系重组构建，总体应急预案、41类专项全部完成修订印发，实现了机构改革后应急预案的“更新换代”，构建了“防、治、救”互贯通的预案体系。市、县层面完善总体预案28个、专项预案286个、部门预案337个，全区上下贯通、左右衔接、指导实战的预案架构基本形成。

（二）强化应急指挥机制

健全完善预报预警、会商研判、应急响应等9项工作机制，编制应急指挥“一张图”、应急响应流程图和实战手册，建立安全防范、应急处置、应急指挥、值班值守“四张清单”，进一步压实责任、理顺机制。投资4868万元实施全区应急救援指挥通信能力建设项目，提升全区应急管理部门应对突发事故灾害的通信保障能力，形成自治区、市、县（区）上下贯通的三级应急指挥通信保障机制。

（三）强化应急处置能力

建成2支国家级应急救援队伍，公布确认15大类28支自治区级专业应急救援队伍，指导建设37支企业专职骨干应急救援队伍。建立应急救援力量快速投运机制，高标准组织“应急先锋·2022”军地联合应急演练，进一步提升应急救援实战能力。

四、基础保障和能力

（一）应急管理基础进一步夯实

坚持治标与治本一体推进，着力强化本质安全和基层建设。加强法治应急建设，完成“十四五”应急体系规划编制，修订《自治区安全生产条例》《自治区烟花爆竹安全管理条例》，制定“一竿子插到底”随机暗访抽查制度和问题隐患“查、改、督、销”实施办法。有序推进实施分级分类差异化执法，全面推广应用“互联网+执法”。加强基础设施建设，自治区投入12亿元用于提升应急保障能力和化工园区基础设施建设，投入9400余万元实施应急救援物资保障项目。争取国家补助资金3597万元推进同心县、盐池县森林火灾应急能力项目建设。加强监管效能建设，兑现安全生产标准化激励措施，全区650余家企业达到3级以上标准化等级。推动落实安全生产“吹哨人”制度，加大安全生产投诉举报奖励力度。加强基层能力建设，完成基层应急管理能力规范化建设试点任务，深化全国减灾示范社区、示范县创建，举办“5·12”全国防灾减灾日、“安全生产月”等活动，宣传教育群众170余万人次。

（二）应急队伍建设进一步加强

深入开展对标“严细深实勤俭廉+快”打造“应急铁军”专项活动，全面加强干部队伍的思想淬炼、政治历练、实践锻炼、专业训练。扎实开展党的二十大和习近平总书记视察宁夏重要讲话指示批示精神“大学习、大讨论、大宣传、大实践”活动，深入推进“五型机关”创建和“基层党建全面提升年”活动，党员干部的政治判断力、政治领悟力、政治执行力进一步提高。分层级分领域分岗位开展领导干部应急管理能力提升培训、执法人员行政执法培训、灾害信息员防灾减灾能力培训，组织全系统干部开展预案宣贯、专题研讨和专业知识网络培训，创新举办“四个一”党务干部读书周，干部队伍的专业素质得到进一步加强。

第三十一章　新疆维吾尔自治区应急管理工作

2022 年，新疆维吾尔自治区应急管理系统深入学习贯彻党的二十大精神，学习贯彻习近平总书记重要指示精神特别是视察新疆时的重要讲话精神，全面落实疫情要防住、经济要稳住、发展要安全的要求，坚持人民至上、生命至上，统筹发展和安全，完整准确贯彻新时代党的治疆方略，抓改革、建机制，补短板、强队伍，坚决守牢安全生产基本盘，稳步提升自然灾害综合防治能力，持续推进新时代应急管理体系和能力现代化，用实际行动践行“对党忠诚、纪律严明、赴汤蹈火、竭诚为民”重要训词精神。

一、安全生产和消防安全

（一）健全风险研判机制，精准排查整治隐患

针对安全生产领域新情况新形势，全面分析研判安全风险，认真梳理各类生产安全事故的发展趋势，复盘分析典型事故成因规律。印发《自治区安全风险分级管控与隐患排查治理办法》，提升安全风险防范化解能力。定期召开全区视频调度通报会，从属地管理、部门监管、企业主体 3 个层面查找事故高发的深层次原因，精准制定风险管控措施。充分运用通报、警示约谈、挂牌督办等针对性、点对点精准措施，督促相关地方和单位深刻反思和汲取事故教训，采取有力措施扭转事故多发的被动局面。

（二）紧盯重点行业领域，深入推进专项整治

巩固提升安全生产三年专项整治行动，围绕“防风险、保安全、迎二十大”主线，以安全生产十五条硬措施为抓手，督促各地各部门综合运用经济、法律和行政等手段，严厉打击非法违法行为，严查彻改各类事故隐患，纵深推进危险化学品、城镇燃气“两个集中治理”和自建房安全专项整治、工贸行业“百日清零行动”、矿山领域打非治违等工作。危险化学品（烟花爆竹）领域，开展化工园区重大风险功能区区域定量风险评估，对全区 10 家重点园区进行复核。运用危险化学品安全生产风险监测预警系统，强化问题隐患线上录入和整改闭环管理。落实重大危险源安全包保责任制，优化升级自治区烟花爆竹流向管理信息和实名登记系统，有效遏制非法违法烟花爆竹产品进入市场。煤矿领域，印发《自治区深化煤矿安全专项整治三年行动推进治本攻坚实施方案》，扎实开展煤矿外包工程、资源整合煤矿、托管煤矿等 3 个专项整治，每月定期召开煤矿重大安全风险分析研判会，推进煤矿“电子封条”建设。对全区 213 处煤矿矿井全面开展风险研判、摸清风险底数。非煤矿山领域，印发《自治区非煤矿山建设项目安全设施“三同时”制度执行情况专项检查实施方案》，规范建设项目安全审批，严格矿山建设项

目准入，做好隐蔽致灾因素普查，定期更新并公示尾矿库安全生产包保责任，正常运行及改扩建共163座尾矿库全面完成排洪构筑物质量检测。有序推进全区尾矿库安全风险监测预警系统建设。工贸领域，扎实开展工贸行业安全生产专项整治“百日清零行动”和有限空间作业专项治理工作。认真部署和细化工贸行业企业分类统计报送工作，做到底数清、情况明。加强钢铁、铝加工（深井铸造）、粉尘涉爆企业安全生产执法检查工作，开展“钢八条”“铝七条”“粉六条”隐患整改落实“回头看”工作。

（三）加强执法检查力度，监管与服务同推进

不间断开展安全生产执法检查，健全完善安全生产举报奖励制度，严格执行安全生产失信行为联合惩戒制度，增强监管威慑力。落实“执法+专家”检查制度，充分发挥专家作用，增强发现问题和解决问题的能力，坚决防止执法“宽松软”、简单粗暴“一刀切”等问题。将严格执法与指导服务相结合，帮助企业破解安全生产难题。组织专家服务，开展远程“会诊”，制定“一企一策”帮助整改重大隐患。全年共出动执法检查48681人次，检查企业23298家次，发现隐患70141个，行政处罚1485次。

（四）强化消防安全

贯彻落实安全生产十五条硬措施，深入推进三年行动“巩固提升”和消防安全大检查，制定居民楼院、劳动密集型企业、“三合一”“九小场所”、居民家庭5类场所隐患排查对照表，集中开展以高层建筑、劳动密集型企业、居民楼院等为重点的专项整治。全年各级共检查单位16.3万家，督改隐患11.9万处，整改销案重大隐患单位55家，指导各地新建市政消火栓3401个、消防水鹤107个。紧紧围绕“国家消防救援机动队伍”定位，按照“秒级响应、分钟出动、高效处置”目标，指导各级及时修订完善战备方案，加强实案化演练，落实驻勤备战要求，积极与林草、气象等部门沟通对接，定期分析研判灾害形势，全面提升应急救援核心能力。

二、防灾减灾救灾

（一）深入推进第一次全国自然灾害综合风险普查

完成全区93个县域自然资源、生态环境、交通、水利、应急管理、气象、地震等部门调查任务，获得了5大类22种灾害致灾因子、承灾体、重点隐患、历史灾害、综合减灾能力等近1145万条翔实的空间位置和灾害属性信息。完成库车市“一省一县”评估与区划工作，形成“一省一县”评估区划试点工作总结报告及成果报告。开展乌鲁木齐市“一省一市”评估区划工作，依托高等院校、科研院所组建综合评估与区划团队，建立覆盖各行业领域的评估与区划地方专家库。

（二）着力提升自然灾害防御能力

深入推进重点生态功能区生态修复、地震易发区房屋设施加固、防汛抗旱水利提升、地质灾害综合治理和避险移民搬迁、自然灾害监测预警信息化等重点工程建设，实施农房抗震防灾工程2881户，实施273个水旱灾害、60个地质灾害治理项目，完成棚户区改造工程9.8万套，在622个房屋建筑工程和市政基础设施项目中推广应用减隔震技术，完成3451个应急避难场所在全国应急避难场所综合信息管理服务系统的上线应用。全年共召开自然灾害风险形势研判会议11次，发布

自然灾害预警信息4730条，短临信息4464条。

（三）全力做好自然灾害应对准备工作

进一步强化区、地、县、乡四级应急救灾物资储备，完善调拨发放机制，发放冬春救助资金1.35亿元，救助受灾困难群众139万余人（次）。紧急调拨货值5000万余元的14万余件救灾物资，有力支持伊犁州、乌鲁木齐市、喀什、和田、吐鲁番等地新冠疫情防控工作。

三、应急救援

（一）健全应急预案管理体系

制定印发《自治区突发地质灾害应急预案》《自治区应急管理厅危险化学品生产安全事故应急预案》《自治区水旱灾害预警响应程序及应急响应条件补充规定（试行）》，编制自治区《地震应急准备专项预案》《地震应急救援力量准备方案》《应对重特大地震灾害救灾物资保障方案》。督促自治区相关部门单位修编自治区级专项预案和部门预案，进一步监督指导高风险企业、高风险承灾体修编应急预案、现场处置方案，确保发生大灾大难时能够有序应对、高效救援。

（二）加强应急值班值守

严格值班值守和视频调度，特别是全国两会、自治区两会、春节、“五一”等、党的二十大等重要时间节点，认真落实双领导带班和“三三制”值班备勤制度，全区各级应急管理干部随时处于应急和备战状态。组织开展全区应急管理系统值班值守业务专项培训，严格应急管理信息报告制度，坚决杜绝迟报瞒报行为。加快推进应急指挥中心显控系统改造、应急指挥“一张图”数据治理等项目建设，全力推动融合通信调度系统和语音调度系统建设，提升应急指挥信息化水平。

（三）靠前储备救灾物资

修订出台《自治区实施〈自然灾害救助条例〉办法》《自治区自然灾害救助应急预案》《自治区受灾人员冬春生活救助工作规程》，有效提高救灾救助工作水平。全区共有各级救灾物资储备库114个，储备有229.52万余件救灾物资，基本满足了救灾救援实际需求。

（四）加强应急救援队伍建设

以有效应对重特大灾害事故为主线，以提高应急救援能力为牵引，着眼72小时黄金救援和“全灾种、大应急”需要，整合利用各类优质资源，调整优化专业应急救援力量规模、结构、布局，因地制宜加强社会应急力量和基层应急救援能力建设，强化实战实训和装备配备，提升专业抢险救援能力。全年应对皮山县5.2级、阿合奇县5.2级地震等7次五级地震、24次四级地震和248次三级地震。成功举办自治区第五届矿山应急救援职业技能竞赛。指导危险化学品、矿山等救援队伍开展预防性安全检查，助力企业防范化解安全风险。强化安全生产应急救援队伍日常管理，建立日常工作定期通报机制。

四、基础保障和能力建设

（一）体制机制不断健全完善

充分发挥“两委三部”办公室统筹协调作用，督促指导各地各部门严格落实“党政同责、一岗双责、齐抓共管、失职追责”“三管三必须”要求，建立健全各级领导干部应急管理重点任务清单和各行业领域权责清单。发挥应急管理部门的综合优势和相关部门的专业优势，明确各成员单位任务分工，督促成员单位知责明责、履责尽责，同频共振、齐抓共管，为构建优化协同高效的应急管理体系提供坚强的组织保障。

（二）应急管理改革持续深化

深入推进应急管理综合行政执法改革，撤销自治区安全生产执法监察总队，地、县两级根据实际情况进一步统筹执法资源，合理设置机构，加强执法力量，强化执法保障，大力推进应急管理综合行政执法体系和执法能力建设。根据自治区党委安排部署，全区煤矿安全监管职能划转至自治区应急管理厅，加挂“自治区矿山安全监督管理局”牌子，划转（设立）自治区矿山安全服务保障中心等3个事业单位。

（三）加强宣传教育工作

认真组织开展“5·12”全国防灾减灾日宣传活动、自治区“6·16”安全宣传咨询日、“安全生产天山行”活动，广泛宣传防灾减灾救灾、安全生产常识，强化人民群众的安全意识，努力在全社会营造防灾减灾救灾、安全生产舆论氛围。召开自治区荣获全国应急管理系统先进模范和消防忠诚卫士代表先进事迹报告会，深入宣传典型事迹，制作视频宣传片5部。

（四）扎实做好行政许可和教育培训工作

深入落实“放管服”改革要求，通过政务服务网平台、投资项目在线审批平台、集中受理窗口受理行政许可480件。多形式、点对点推进全区应急管理系统干部三年大培训，制定2022年大培训计划，办好办活应急管理干部“大讲堂”，促进全系统业务大练兵、技能上水平。截至2022年底开展全区应急管理系统视频培训8期，惠及应急管理系统干部6500余人次。充分发挥应急管理干部网络学院、新疆干部网络学院线上培训灵活机动特点，组织全区三级应急管理系统干部参加应急管理干部网络学院学习，共组织开展8期专题培训班，参学人数达8358人次。持续深化安全生产培训“走过场”专项整治，组织召开安全评价检测检验机构警示教育会，通报安全评价机构执业行为专项整治阶段成果，约谈3家安全评价机构。制定《自治区开展打击假冒政府网站制售安全生产证书专项行动工作实施方案》，依法严厉打击安全生产涉假证件。

第三十二章　新疆生产建设兵团应急管理工作

2022 年，新疆生产建设兵团应急管理系统坚持以习近平新时代中国特色社会主义思想为指导，认真学习宣传贯彻党的二十大精神，学习贯彻习近平总书记关于应急管理重要论述，坚持人民至上、生命至上，统筹发展和安全，紧紧围绕保持平稳健康的经济环境、国泰民安的社会环境、风清气正的政治环境，全力防范化解重大安全风险，持续提升自然灾害防治水平，加强推进兵团应急管理体系和能力现代化，着力锻造忠诚干净担当能够经得起各种风险考验的高素质应急管理队伍，以高水平安全服务兵团高质量发展。

一、安全生产和消防安全

（一）安全生产形势持续稳定

按照党中央、国务院和兵团党委、兵团决策部署，以“防风险、保安全、迎二十大”安全生产集中攻坚行动为主线，以安全生产专项整治三年行动为抓手，印发《兵团党委贯彻落实习近平总书记重要指示精神抓好安全生产工作具体措施》《兵团贯彻落实国务院安委会进一步强化“安全生产十五条措施”实施意见》，开展“百日攻坚”集中行动，组织危化、煤矿、消防等 18 个重点行业领域专项整治，检查 16733 家，督导问题 13655 个，排查隐患 24830 处。曝光企业主体责任落实不到位被实行“一案双罚”、安全生产行刑衔接、因发生生产安全事故构成重大责任事故罪的典型案例 147 个。开展“我是安全吹哨人”活动，发现问题 7992 项，查整隐患 2.1 万余条。

（二）专项整治三年行动成效显著

印发《兵团安全生产专项整治三年行动巩固提升阶段实施方案》，加强“攻坚之年”整治督导，列出项目清单，“挂图作战”抓进度、“倒排工期”抓推进、“销号管理”抓落实、“动态清零”抓清单，排查隐患 368958 项，完成整改 344291 项，全力推进完成目标任务。梳理攻坚任务 68 项，全面总结推广三年行动在责任链条、制度成果、管理办法、重点工程、保障机制等方面的经验做法，推动兵团公安、住建、交通运输、市场监管、应急管理等重点行业部门建立安全生产重大风险报送、安全生产责任落实、安全生产举报奖励、安全生产约谈、安全生产挂牌督办、行政执法案例报送及公开等制度共 1696 个。

（三）消防安全工作积极推进

制定《兵团“十四五”森林草原防灭火规划》，开展“喜迎二十大竭诚保平安”消防专项行动，组织公安、住建、林草等部门开展高层建筑火灾隐患治理、自建房消防安全治理、棉花消防安全管理、林草火灾隐患治理工作，整治隐患 1057 项，查处制止违规用火 122 起，行政处罚 11 人。会同民政部门检查养老院服务机构 50 余个、督改隐患 370 余处。

指导电力系统排查穿林线路2769公里、治理存在隐患的1348公里。指导师市在16个重点团场、共346人进行半专业扑火队伍建设，组建以管护员为主、护林员为辅的兼职扑火队伍4支、76人。开展消防宣传培训300余场、10万余人次。指导师市成功应对边境林草火灾3起。

二、防灾减灾救灾

完成兵团第一次全国自然灾害综合风险普查数据调查和质检工作。争取中央补助资金1087万元专项用于开展兵团普查灾害风险评估与区划工作。积极开展防汛抗旱、防震减灾、预防极端天气等工作，强化地震重点防御区、防汛重点区域周边的救灾物资储备，与15家央企建立工程抢险队伍联动机制，成功应对新疆塔里木河流域在一师、三师、十四师区段50年一遇的洪水灾害。调拨45422套（件）救灾物资支援相关师市、部门开展新冠疫情防控工作。完善防震减灾救灾体制机制，开展防灾减灾专题讲座及培训1838场次、专题学习1759场次，共59.14万人次。

针对2022年兵团洪涝干旱形势，履行兵团防汛抗旱指挥部办公室职责，压实责任、强化研判、加强调度，做实做细各项应对准备工作。及时调整兵团防汛抗旱行政责任人名单。召开兵团防汛抗旱工作会议，印发《关于做好兵团2022年防汛抗旱工作的通知》。主汛期和关键时段及时调度重点师市，强化与气象、地质、水利等部门的会商研判，及时发布预警信息。掌握病险加固水库、“头顶库”安全运行和河流（段）水情基本信息，主汛期和关键时段每周调度兵团辖区内149座水库水情，汇总水位、库容、入库流量、出库流量等基本信息，与中国中铁、中国铁建、中交集团等兵团辖区15家央企23支工程抢险队伍建立动态联络机制，明确抗洪抢险力量4500人。

三、应急救援

推动师市完善预案体系，督促指导各部门修编相关专项应急预案。全年新修订兵团级专项预案7个，部门预案12个；师市、团场级总体预案161个、专项预案805个、部门预案1127个。指导兵团有关部门和各师市开展应急预案演练，推动应急演练进学校、进企业、进社区、进机关。各师市、各部门及有关生产经营单位举行各类演练3707场次，49.2万余人参与。严格落实24小时应急值班值守制度，及时处置各类灾害事故。针对极端天气、防汛抗旱、敏感节点，召开视频调度会议、联络员会议，做好应急处置准备。

指导督促师市、企业、团场和连队建立各类专兼职应急救援队伍。推进兵团航空应急救援体系建设。指导第八师应急管理局与新疆通用航空公司签订战略合作协议，建立飞行保障应急联动工作机制，对接自治区应急管理厅和北方航空总站将石河子花园机场纳入18个航空应急机场内。兵团应急管理局与铁门关昆仑通用航空有限公司签订无人机应急响应与救援战略合作协议，保证在兵团辖区内发生生产安全事故、自然灾害等情况时，充分利用专业的无人机技术人员和无人机设备进行应急救援，做好重大紧急情况处置保障工作。支持培育社会救援力量发展。积极组织有关师市和社会力量参加培训，按时完成社会应急力量救援协调系统基础数据更新，支持鼓励社会力量购买专属保险，引导社会应急力量通过系统平台开展队伍管理和救援行动，全力做好系统平台应用工作。

四、基础保障和能力建设

认真贯彻落实兵团党委关于健全和转变“政”的职能的安排部署，积极推进依法行政。优化规范承接授权事项审批流程，明确审批责任清单、办理时间节点、行政审批服务程序。全年共办理网上行政审批事项 30 余项。

建成兵团应急管理智能化视频储存、调度及视频（会议）系统。实现“兵团-师市-重点企业”视频数据采集、存储、共享。协调联通自治区应急调度系统，实现兵、师、团及企业和自治区、地州市县、各部门间实时调度功能。

全面推行行政执法“三项制度”落实，制定发布《新疆生产建设兵团应急管理局安全生产行政执法事前公示信息清单》，进一步推进规范公正文明执法。

深入开展“安全生产月”活动，在全兵团上下组织观看学习《生命重于泰山——学习习近平总书记关于安全生产重要论述》电视专题片，推动深入贯彻落实安全生产十五条硬措施。“安全生产月”活动期间各级各单位各部门专题研讨、集中宣讲、培训辅导等 5402 场，参与 26.1 万余人次；开展安全生产“公开课”“大家谈”“班组会”等学习活动 7468 余场，参与 42.2 万余人次；组织开展全员应急救援演练和知识技能培训 4202 余场，参与约 51 万人次；各单位企业共组织开展参与“第一责任人安全倡议书”活动 13.7 万余场次。

第十篇

典型事故案例

案例一 贵州毕节市金海湖新区“1·3”在建工地山体滑坡重大事故

2022年1月3日18时55分许，贵州省毕节市金海湖新区归化街道办事处香田村在建的毕节市第一人民医院分院培训综合楼边坡支护工程在施工过程中，突然发生山体滑坡，造成14名施工作业人员死亡、3人受伤，直接经济损失2856.06万元。

一、事故经过

2021年11月28日，施工单位开始组织永久边坡支护施工；至12月23日，第一级边坡上部支护施工完成；12月24日，开始第一级边坡下部支护施工。2022年1月3日，一个班组在第一级边坡下部喷浆，另一个班组随后开展格构梁施工。1台挖掘机在台阶上清理浮土，1台挖掘机和2台破碎锤在靠近双山北路一侧的边坡下方破碎和清理土石方，并通过汽车运走。至18时许，喷浆班组完成工作后离开；11人在陶××指挥下继续开展格构梁施工；2台挖掘机、2台破碎锤继续工作。18时48分，安全员欧××发现双山北路一侧边坡有掉块现象，便电话通知施工员陶××组织人员撤离，随后欧××在微信群里语音通知大家撤离，陶××在微信群里语音回复已组织撤离，但现场人员并未及时向安全地带撤离。18时55分许，边坡突然发生整体滑坡，滑坡量约3.5万立方米，将现场17名施工人员埋压，造成14人死亡、3人受伤。

二、应急处置情况

事故发生后，王勇国务委员作出重要批示。应急管理部派出总工程师带队的工作组紧急赶赴事故现场，指导事故救援、善后处置、事故调查等工作。住房和城乡建设部、自然资源部分别派出工作组到现场指导事故处置工作。贵州省政府主要负责同志连夜赶赴现场指挥救援。根据工作需要，贵州省成立由副省长任指挥长的省级现场应急救援指挥部，指挥部下设综合协调和信息工作组、现场搜救及专家组、医疗救治组、善后工作组、舆论引导和新闻发布组、秩序安保组和人员排查组、事故调查组7个工作组，各工作组在省级现场指挥部的统一领导下对事故现场进行综合分析研判，科学制定救援方案，快速开展现场救援工作。共调集应急、消防、住建、自然资源、卫健、公安等各方救援力量1390余人，调集挖掘机16台、破拆器10台、大型吊车2台、运输车辆20辆等装备开展抢险救援。至2022年1月4日14时5分，17名失联人员全部找到，其中3名伤者已第一时间送往医院抢救，生命体征平稳。事故造成14人死亡。

三、事故原因和性质

（一）直接原因

边坡开挖改变了斜坡的地表形态和应力分布，降低了山体抗滑力，导致坡体失稳，形成滑坡。

（二）间接原因

涉事工程在无设计施工图纸，无工程规划许可、无施工许可的情况下进行施工。建设单位人为肢解边坡支护工程，将边坡勘察设计发包给资质不符合要求的单位，将未送审的边坡支护施工图（白图）提供给施工单位使用，未委托有资质的第三方监测单位对边坡进行变形监测。勘察、设计对场地滑坡机理的判断不准确，对边坡的支护形式建议不合理，勘察报告中未说明地质条件可能造成的工程风险，设计文件中未注明涉及危大工程的重点部位和环节。施工单位违法转包工程，采用未经专家论证的边坡支护专项方案施工。未对边坡支护重大危险源进行识别，未建立安全隐患台账。监理单位明知培训综合楼建设项目未取得施工许可、边坡设计未送审，对施工单位采用白图施工行为未制止，也未向有关部门报告，未对施工单位编制的危大工程专项施工方案进行审核，未督促施工单位开展危大工程专项施工方案的专家论证。劳务分包单位违规委派该项目施工总承包单位任命的执行经理为项目经理，将劳务作业进行再分包，管理人员违章指挥现场作业人员冒险作业。

（三）事故性质

经调查认定，毕节市金海湖新区“1·3”在建工地山体滑坡事故是一起重大生产安全责任事故。

四、处理建议

施工单位项目部施工员陶××，对事故负有直接责任。其行为涉嫌重大责任事故罪，鉴于已在事故中死亡，建议免予追究刑事责任。

建设单位、监理单位、施工单位、劳务分包单位赵×等 15 人，涉嫌重大责任事故罪，建议移送司法机关依法追究刑事责任。

施工单位及其上级公司有关人员 10 人，建议责成相关单位按照管理权限，给予其行政记过、党内警告处分。

建设单位、监理单位、施工单位及其上级公司主要负责人，建议由相关部门给予行政处罚。

对施工单位项目经理、边坡支护勘察设计单位有关人员给予吊销注册执业资格、终身不予注册等处罚。

建议相关部门给予建设单位、监理单位、施工单位行政处罚，吊销勘察设计单位和劳务分包单位资质证书。

对事故调查中发现的有关单位和监察对象的问题线索及相关材料已移送省纪委省监委。对监察对象的党政纪处分和有关单位的处理意见，由省纪委省监委提出；涉嫌犯罪人员，由省纪委省监委移交司法机关处理。

五、事故教训

一是项目建设有关单位目无法规胆大妄为。二是企业安全生产主体责任缺位，层层失守。三是企业混改后的安全管理弱化。四是部分政府投资项目安全管理较为混乱。五是安全监管执法宽松软。六是地方党委政府属地责任落实不到位。

六、事故防范和整改措施建议

一是进一步树牢安全发展理念。二是加强住房城乡建设部门安全管理力量建设。三是立即组织开展建筑施工安全专项整治。四是各级各部门要严格政府投资项目管理。五是严格监管执法。六是切实加强基层监管力量建设。

案例二　贵州省黔西南州贞丰县三河顺勋煤矿“2·25”重大顶板事故

2022年2月25日7时37分，贵州省黔西南州贞丰县三河顺勋煤矿（简称三河顺勋煤矿）发生一起重大顶板事故，造成14人死亡，直接经济损失2288.47万元。事故调查组在开展调查过程中，发现该矿在2022年1月13日曾发生一起死亡1人的瞒报事故（简称“1·13”瞒报事故），直接经济损失220万元。

一、事故经过

（一）“2·25”事故发生经过

2022年2月24日中班，赵××带领王×等7人打开M22号密闭到隐蔽采煤工作面爆破落煤，部分单体液压支柱被放炮崩倒或歪斜，未重新打设，采煤工作面煤壁处顶板大部分沿采煤工作面倾斜方向断裂，未加强支护。2月24日21时30分许，陈×学、黄×林带领采煤队邹××、李×军、施×等15人，运输队4人（蒋××、周×万、周×文、李×余）共21人从主平硐入井。22时许，人员到达隐蔽采煤工作面。陈×学与赵××交接班后，赵××、王×2人升井，中班其余6名作业人员继续在隐蔽采煤工作面下段进行爆破落煤并于2月25日0时许完成爆破作业后升井。夜班作业人员从采煤工作面机尾自上向下出煤，陈×学、邹××等人在采煤工作面攉煤、支护，蒋××、周×万、周×文、李×余4人负责运输系统保畅。

2月24日23时30分许，夜班带班矿领导唐××、当班安全检查工陈×兴、瓦斯检查工张××自副平硐入井巡查。2月25日1时许，唐××和陈×兴到达隐蔽采煤工作面，发现隐蔽采煤工作面大部分铰接顶梁未铰接，上段约40米区域的部分单体液压支柱失效，顶板破碎，随即安排陈×学进行整改。1时30分许，唐××、陈×兴离开隐蔽采煤工作面到井下其他地点巡查。6时10分许，唐××、陈×兴再次到隐蔽采煤工作面巡查，在下出口往上约40米处发现顶板掉落一块矸石，长约1.5米、宽约1.2米、厚约0.8米，陈×学现场安排采取放明炮的方式对掉落矸石进行了处理，随后唐××、陈×兴离开采煤工作面。7时许，采煤工李×军、施×先后到隐蔽采煤工作面下顺槽休息等候升井，黄×林到下出口处查看采煤工作面刮板运输机运行情况，陈×学、邹×全等14人在采煤工作面继续作业。7时37分，采煤工作面垮塌，蒋××、周×文、周×万、李×余4人均认为只是采煤工作面下出口垮塌，随即升井。黄×林也认为只是采煤工作面下出口垮塌，就到23301切眼与11302下顺槽岔口处电话向黄×尧汇报了下出口垮塌的情况并在此等候。下出口垮塌后李×军随即经隐蔽采煤工作面下顺槽、23301切眼、隐蔽采煤工作面上顺槽到隐蔽采煤工作面上出口查看情况，发现采煤工作面除上出口往下10米段外，全部垮塌，确认采煤工作面作业人员被困，立即返回，在23301切眼与11302运输巷岔口处遇到黄×林，遂告知黄×林：“采煤工作面上段也垮了，赶紧汇报，下来救人。”7时49分，黄×林电话向黄×尧报告了事故情况。8时41分，瓦斯检查工崔×克到达隐蔽采煤工作面下出口发现顶板垮塌后电话向煤矿调度室汇报了事故情况。

（二）“1·13”顶板事故（瞒报）情况

1. 事故经过

2022年1月13日10时许，采煤队10人入井到隐蔽采煤工作面切眼进行支护。11时55分，付××和马××在切眼开口位置以上约60米处打设单体液压支柱过程中，顶板掉落一块长约1.0米，宽约0.5米，厚约0.5米矸石，将付××头部砸伤，现场施工人员随即将付××抬送升井，到达副平硐井口后由赵×驾驶皮卡车将付××送往黔西南州人民医院，后经抢救无效死亡。

付××死亡后，黔西南骨科医院开具了不规范的死亡证明，兴义市殡葬事务服务中心依据该死亡证明开具了《准予火化单》并办理了殡葬手续。

2. 瞒报情况

事故发生后，杨××、余××、宋×3人商议决定不上报该起事故，与死者家属协商私了，由宋×代表正地公司负责与死者家属协商具体赔偿事宜。经协商，正地公司与死者家属达成赔偿协议。曹××、赵×、郭××均知晓事故伤者死亡，均未向有关部门报告事故情况。

二、应急处置情况

事故发生后，煤矿自行组织入井抢险救援无果后升井。

2月25日9时17分，贞丰县工科局向六枝矿山救护大队驻贞丰县矿山救护中队发出事故救援召请。9时40分，六枝矿山救护大队驻贞丰县矿山救护中队13名指战员到达三河顺勋煤矿。11时15分，黔西南州矿山救护大队兴义中队、兴仁中队共30名救护指战员到达三河顺勋煤矿。15时30分，六枝矿山救护大队二中队三小队共11名指战员到达三河顺勋煤矿。

2月26日17时35分，国家隧道救援中铁二局昆明队10名指战员到达三河顺勋煤矿。同日，按照省政府安排部署，盘江精煤（股份）有限公司组织专业人员参与抢险救援，公司总经理杨×金带领76名现场经验丰富救援人员及相关设备奔赴三河顺勋煤矿，下井带班，靠前指挥，救援工作安全顺利推进。

3月3日6时5分，在距隐蔽采煤工作面下出口62.8米处发现第1名遇难人员。3月5日10时45分，在距隐蔽采煤工作面下出口86.6米处发现第14名遇难人员。3月5日13时28分，最后一名遇难人员运送出井，抢险救援结束。

此次救援，有盘江煤电集团下属六枝矿山救护大队、黔西南州矿山救护大队、国家隧道救援昆明队3支专业救援队伍共计77名救援指战员参与本次事故抢险救援工作。金州电力有限公司、中煤科工集团选派有关专业人员参加抢险救援。

接到事故报告后，黔西南州人民政府按规定启动了应急预案，在应急管理部、国家矿山安全监察局和省有关领导的指导下，组织有关部门和贞丰县人民政府有序开展抢险救援工作。贞丰县人民政府组织对遇难矿工的善后事宜进行了妥善处置。

三、事故原因和性质

（一）直接原因

“2·25”重大顶板事故直接原因：超出矿界范围布置的隐蔽采煤工作面支护强度不足，导致复合顶板离层、断裂，支柱稳定性不够造成顶板推垮，酿成事故。

“1·13”顶板事故（瞒报）直接原因：隐蔽采煤工作面切眼边掘进边推采出煤，支护不及时且支护强度不足导致顶板矸石掉落，酿成事故。

（二）间接原因

（1）三河顺勋煤矿未依法管矿，安全生产主体责任不落实。越界盗采国家资源，蓄意逃避安全监管，违法承包、违规转包分包，顶板管理不到位，安全管理混乱，心存侥幸、冒险蛮干。

（2）正地公司未履行安全生产管理职责。正地公司无矿山工程施工总承包资质、无安全生产许可证、未设置安全管理机构，未配备安全管理人员。违法承包三河顺勋煤矿技改建设工程，违法分包井下单项工程，以技改建设为名，行违法违规生产之实。

（3）黔越公司履职能力不足，安全管理不到位。

（4）中介机构出具虚假的储量动态核实报告。贵州省地质矿产勘查开发局106地质大队（简称106地质大队）出具的《贵州黔越矿业有限公司贞丰县龙场镇三河顺勋煤矿2021年上半年矿山储量动态监测小结》《贵州黔越矿业有限公司贞丰县龙场镇三河顺勋煤矿2021年矿山储量年报》失实，报告内容与煤矿实际情况严重不符。

（5）贞丰县自然资源局履职不到位。一是组织开展对矿产资源领域“打非治违”工作不深入。二是对煤矿资源储量动态监测工作管理不到位。三是对煤矿检（巡）查工作不到位。

（6）贞丰县工科局履职不到位。一是对三河顺勋煤矿监管不到位。二是落实驻矿管理工作不力。三是内部管理不畅。

（7）黔西南州自然资源局履职有差距。一是打击治理州内非法越界盗采矿产资源工作力度不够。二是落实监督检查工作不到位。三是矿山储量动态管理不到位。

（8）黔西南州能源局履职有差距。一是对贞丰县煤矿安全监管部门监督检查不力。二是落实上级决策部署和工作安排有差距。三是落实黔西南州煤炭产业高质量发展部署不够。

（9）贞丰县委、县人民政府落实煤矿安全生产工作有差距。贯彻落实上级决策部署有差距。安全生产“党政同责、一岗双责”落实有差距。督促检查相关部门履职尽责的力度有差距。

（10）黔西南州委、州人民政府落实煤矿安全生产工作有差距。贯彻落实上级决策部署有差距。未切实加强对煤矿安全生产工作的领导。

（三）事故性质

贵州省黔西南州贞丰县三河顺勋煤矿“1·13”顶板事故（瞒报）是一起责任事故。贵州省黔西南州贞丰县三河顺勋煤矿“2·25”重大顶板事故是一起责任事故。

四、处理建议

黔越公司机构设置不健全，安全管理人员配备不足，对三河顺勋煤矿管理不到位，对事故负有责任，吊销其安全生产许可证；建议处600万元的罚款。

正地公司非法承包三河顺勋煤矿，非法盗采国家资源，违法违规组织生产，对事故负有责任，建议处 600 万元的罚款。

三河顺勋煤矿安全生产主体责任不落实，违法承包给正地公司，对事故负有责任。三河顺勋煤矿“1·13”顶板事故发生后隐瞒不报，建议共处 580 万元的罚款。三河顺勋煤矿“2·25”重大顶板事故是一起责任事故，建议处 900 万元罚款。三河顺勋煤矿存在安全保障投入不足、安全管理体系不能正常运行、人员配备不到位等问题，导致发生重大生产安全事故，建议黔西南州人民政府提请省人民政府予以关闭，有关部门依法吊销有关证照。

106 地质大队未按规定对三河顺勋煤矿进行现场实测，出具的《贵州黔越矿业有限公司贞丰县龙场镇三河顺勋煤矿 2021 年上半年矿山储量动态监测小结》《贵州黔越矿业有限公司贞丰县龙场镇三河顺勋煤矿 2021 年矿山储量年报》内容与煤矿实际情况严重不符，建议由黔西南州自然资源局对其出具虚假资料进行立案查处，建议上报应急管理部纳入联合惩戒对象。

五、事故防范和整改措施建议

一是煤矿要提高法治意识，依法依规办矿管矿。二是煤矿要强化安全管理，切实履行主体责任。三是煤矿上级公司要切实履行主体责任。四是煤矿安全监管部门要全力提升执法效能。五是自然资源管理部门要加大“打非治违”力度。六是地方政府要强化安全监管责任落实。

案例三　湖南省长沙市“4·29”特别重大居民自建房倒塌事故

2022年4月29日12时24分，湖南省长沙市望城区金山桥街道金坪社区盘树湾组发生一起特别重大居民自建房倒塌事故，造成54人死亡、9人受伤，直接经济损失9077.86万元。

一、事故经过

涉事房屋位于长沙市望城区金山桥街道金坪社区盘树湾组安置区一期，紧邻长沙医学院北门。房屋共八层（局部九层），建筑面积1401.3平方米，一层至六层用作出租经营，事发时有餐饮店、奶茶店、私人影院、旅馆等5家经营单位，七层至八层用于房主及其家人自住。房主为吴×生、吴×勇父子，分别是房屋所有权人和出租经营实际控制人。

2022年4月28日20时许，涉事房屋二层餐饮店工作人员发现东侧一混凝土柱及附近墙面瓷砖脱落、抹灰开裂、根部混凝土被压碎，钢筋暴露并弯曲；29日10时15分，二层一根支顶槽钢（2019年7月因二层混凝土柱出现裂缝，房主自购2根槽钢进行支顶加固）严重变形，与墙面间隙约50毫米；11时50分许，房主吴×勇外出购买建筑料准备再次加固；12时19分，一层与二层圈梁的东南角外墙面掉灰，砖头裸露并往外挤，外墙开始变形，现场邻居和村民小组长劝说房主吴×生撤人，但劝阻无效；12时21分，二层餐饮店东侧墙壁发出异响，天花板及东侧外墙有物体掉落，店长随即催促店内2名工作人员、3名用餐人员离开；12时24分，房屋整体“下坐”式倒塌，历时4秒。

事发后涉事房屋共埋压63人，其中在校大学生50人、商户员工和其他社会人员11人、房主及家人2人。事故共造成54人死亡，其中大学生44人。

二、应急处置情况

事故发生后，应急管理部、住房城乡建设部和湖南省委、省政府立即启动应急响应，迅速组织国家综合性消防救援队伍、国家安全生产专业救援队伍、中央企业和地方专业队伍、社会救援力量等开展抢险救援工作，其中湖南省消防救援总队共调派1132名指战员、携带各类装备设备3300余台（套）进行救援处置。国家卫生健康委、湖南省及时调派医护人员开展医疗救治、心理疏导等工作。教育部、公安部积极协助地方党委政府做好长沙医学院等学校师生稳定工作。湖南省、长沙市、望城区出动公安、武警、城管、民兵等力量，加强对事故现场及周边秩序维护等工作。中国救援队和湖南大学、中南大学等单位派出专家现场指导救援。

这次事故救援环境错综复杂、救援难度很大。房屋倒塌后层层叠压，平稳十分脆弱，废墟上部又有重约150吨、整体浇筑的原六层屋顶，扰动易导致失稳伤害被困人员；倒塌房屋毗邻的东西两侧楼房受到严重破坏，随时可能向救援区域倒塌，危及被困人员和救援人员；现场仅有南侧一个作业面可开展救援，且有多人埋压，不能使用大型机械和工具。面对极其复杂危险的救援环境，现场指挥部坚持“人民至上、生命至上”，争分夺秒打通救援“生命通道”，不惜代价搜救遇险人员。经过158小时艰苦紧张救援，至5月6日3时3分，现场搜救工作结束，有生命迹象的10人全部获救（其中房主吴×生因重伤送医院抢救11天后死亡），遇难人员全部找到。

三、事故原因和性质

（一）直接原因

涉事房屋违法违规建设的原五层（局部六层，下同）房屋建筑质量差、结构不合理、稳定性差、承载能力低，违法违规加层扩建至八层（局部九层，下同）后，荷载大幅增加，致使二层东侧柱和墙超出极限承载力，出现受压破坏并持续发展，最终造成房屋整体倒塌。事发前，在出现明显倒塌征兆的情况下，房主拒不听从劝告，未采取紧急避险疏散措施，是导致人员伤亡多的重要原因。

（二）间接原因

1. 涉事房主和有关企业

1）涉事房主

违反有关规定未依法履行基本建设程序，工程完成后未组织竣工验收即投入使用。在违法加层扩建施工时，拒不执行城管部门责令停止施工的行政指令，仍违法建设并投入使用。违反规定，将违法建筑出租用作餐饮、住宿等经营场所。对已发现的重大隐患，未有效处置、消除隐患。事发前，在已经发现房屋倒塌征兆时，仍拒不听从劝告，没有通知自建房内人员疏散避险。

2）有关企业

湖南湘大工程检测有限公司违反规定，通过不正当手段，取得《检验检测机构资质认定证书》《建设工程质量检测机构资质证书》。对涉事房屋现场检测造假，没有按照规定开展鉴定活动，编造检测结果和虚假报告。

2. 有关部门

1）自然资源（原城乡规划）部门

未履行城市规划管理职责和日常监督检查职责，对涉事房屋违法违规行为查处不力，对辖区内长期存在的无规划手续即新建、扩建行为疏于监管。未发挥规划引领和刚性约束作用，未有效监督实施涉事房屋所在地控制性详细规划，该区域自建房大规模无序建设。违反有关规定，办理居民自建房确权登记，使一些违法自建房披上了合法的“外衣”。

2）城管部门

未认真履行职责，未查处涉事房屋无建设工程规划许可证等擅自建设的违法行为。对涉事房屋违法建设，虽下达了整改指令，但未严格按照规定坚决制止和进行拆除，任其违法建成并投入使用。

3）住房城乡建设部门

未依法依规对限额以上自建房工程实施有效监管，在涉事房屋拆除重建和加层扩建期间，未依法处理无资质设计和无施工许可施工等违法行为。未履行房屋安全鉴定监管职责，对涉事检测公司历次弄虚作假行为均没有发现和查处。

4）市场监管部门

对涉事房屋内多家经营主体无照无证的违规行为查处不力。对检验检测机构监管不力，未发现和查处涉事检测公司出具虚假报告等问题。

3. 地方党委政府

对辖区内自建房普遍存在违规建设、

非法加层、私搭乱建等行为，未认真组织排查治理，放任违法违章建筑长期存在。未认真落实属地管理责任，组织开展违法建设专项治理、控违拆违、清查治理、隐患排查等不认真不负责，对大量违反城乡规划的建设行为监督管理不力，对涉事房屋所在一条街从违法建设到加层扩建全过程失管失控。

（三）事故性质

经调查认定，湖南长沙“4·29”特别重大居民自建房倒塌事故是一起因房主违法违规建设、加层扩建和用于出租经营，地方党委政府及其有关部门组织开展违法建筑整治、风险隐患排查治理不认真不负责，有的甚至推卸责任、放任不管，造成重大安全隐患长期未得到整治而导致的特别重大生产安全责任事故。

四、处理建议

涉嫌犯罪的房主和房屋设计、施工人员吴××等8人，涉嫌重大责任事故罪等，已被依法逮捕；涉事检测公司杨××等6人，涉嫌提供虚假证明文件罪，已被依法逮捕。

对在事故调查过程中发现的地方党委政府及有关部门的公职人员履职方面的问题和涉嫌腐败等线索及相关材料，移交中央纪委国家监委湖南长沙“4·29”特别重大居民自建房倒塌事故追责问责审查调查组。对有关人员的党政纪处分和有关单位的处理意见，由中央纪委国家监委提出；涉嫌刑事犯罪人员，由纪检监察机关移交司法机关处理。

湖南湘大工程检测有限公司由有关部门依法进行行政处罚。参加涉事检测公司资质现场评审的专家和有关单位人员，以及出借资质的违法违规问题，由湖南省有关方面依法依规查处。

鉴于湖南省委、省政府对事故的发生负有重要领导责任，确实需要深刻反思、改进工作，建议湖南省委、省政府向党中央、国务院作出深刻检查，并专题报告整改情况。

五、事故防范和整改措施建议

一是切实增强各级领导风险意识和安全发展能力。二是突出防控经营性自建房安全风险。三是标本兼治加强城乡自建房安全管理。四是压紧压实各级领导干部防范化解重大风险责任。五是大力提高基层安全治理能力。

案例四　甘肃省白银市景泰县泓胜煤业有限责任公司（露天煤矿）“7·23”重大边坡坍塌事故

2022 年 7 月 23 日 10 时 54 分，甘肃泓胜煤业有限责任公司（简称泓胜煤业公司）发生重大边坡坍塌事故，造成 10 人死亡、6 人受伤，直接经济损失 2719.29 万元。

一、事故经过

2022 年 7 月 22 日 13 时 49 分，陕西长久现代物流有限责任公司驾驶员张×在押运员马××的监管下驾驶装载 9.6 吨改性铵油炸药的炸药运输车，从甘肃礼县久联民爆器材有限公司出发，7 月 23 日 8 时 7 分到达景泰县旭丰物资有限公司办理相关手续后，前往甘肃泓胜煤业有限责任公司景泰第二分公司（简称第二分公司）办公区与山西焦煤集团化工有限责任公司副总经理冀××、山西省民爆集团有限公司景泰爆破服务分公司经理白××、副经理吴××等 28 名爆破作业人员汇合。

10 时 5 分，冀××、白××、吴××等人和炸药运输车到达二采区一号坑二标段。白××组织 28 名爆破作业人员召开班前会，会后组织人员在一号坑二标段爆破区搬卸炸药 4.17 吨，除留守人员外，吴××带领 18 人前往二采区一号坑一标段。10 时 54 分，炸药运输车行至西出入沟距离入口 150 米处，道路左侧南帮边坡突然坍塌，将载有 16 人装有 5.43 吨改性铵油炸药的炸药运输车压埋。

二、应急处置情况

事故发生后，吴××立即通知警戒人员报警，并和施工队队长贾××、副队长王×立即调来施工人员和挖掘机救援。11 时 13 分，景泰县消防救援大队、县应急管理局接到报告后立即组织相关队伍赶赴现场；12 时 20 分，景泰县消防救援大队、县矿山救护队和县 120 指挥中心到达现场开展救援，将救出的 6 名伤员紧急送往医院救治。

接到事故报告后，省市县党委政府立即启动应急预案，现场成立抢险救援指挥部组织救援工作，组织应急、消防、公安、医疗、工信等 13 个部门和 3 个专业矿山救援队伍，混合编队合力救援，下设现场救援、医疗救治、隐患排查、交通疏导、应急保障、事故调查、善后处置、舆情引导等工作组，全面迅速开展应急救援工作。20 时，10 名被困人员被相继救出，经医院抢救无效死亡，救援工作结束。

三、事故原因及性质

（一）直接原因

泓胜煤业公司二采区一号坑一标段坍塌区边坡未按设计留设安全平盘，形成超高超陡边坡，下滑力增加，加之前期雨水浸润作用使页岩层组强度进一步弱化，致使边坡失稳坍塌，将驶入的炸药运输车及司押人员和违规乘坐的爆破作业人员压埋，造成人员伤亡。

（二）间接原因

1. 泓胜煤业公司

安全管理混乱、责任悬空。法定代表人只挂名、不履职，未参与公司的生产经营和安全管理；“五职矿长”由第二分公司股东方、合作投资方、土方剥离单位的人员挂名拼凑组成；未设置专门的安全管理部门，未配齐专门的安全管理人员。

2. 第二分公司

一是以包代管，安全主体责任缺失。以违法约定规避安全管理责任，违法将采剥工程承包给无露天煤矿建设项目施工资质的企业。二是管理混乱，安全技术责任不落实。未编制施工组织设计；未严格执行设计要求和规程规定，放任施工单位并段降深、超挖坡底线，形成超高超陡边坡；未进行专门的边坡工程、地质勘探工程和稳定性分析评价，未结合采场内边坡实际状况进行稳定性计算。三是违章指挥，隐患排查治理不到位。实际控制人违章指挥，不按初步设计组织施工建设；未及时消除超高超陡边坡的事故隐患；未进行边坡监测；雨季未采取防渗或疏干等措施。

3. 采剥施工单位

一是四川信易隆得建设工程有限公司无露天煤矿建设项目施工资质，违法承包二采区一号坑一标段采剥工程，并违规转包给内蒙古建安正浩商贸有限责任公司施工。二是内蒙古建安正浩商贸有限责任公司无露天煤矿建设项目施工资质、无安全生产许可证，违法施工露天煤矿建设项目；未按规定成立施工项目部，无项目经理和安全管理机构；无施工组织设计、施工图纸，未按设计要求施工；未编制作业规程及安全技术措施；对西出入沟存在超高超陡边坡的事故隐患未设置安全警示标志，未采取措施消除隐患；未针对特厚页岩层组揉皱结构、遇水弱化、稳定性差的特征制定专门的安全治理措施；未开展雨季边坡巡查治理工作，未采取防渗或疏干等措施。

4. 工程监理单位

一是违法承接监理项目。监理公司未取得工程监理资质证书、监理人员未取得监理工程师资格证书，违法承接监理业务。二是监理人员严重失职。未严格监督建设、施工单位按设计进行施工，未及时监督检查并督促整改超高超陡边坡的事故隐患，监理月报、监理日志等资料造假。

5. 爆破作业服务单位

一是现场安全管理混乱。爆破作业人员违规乘坐炸药运输车；现场安全管理人员未及时制止违规乘坐炸药运输车行为，未及时发现爆破作业现场边坡坍塌的隐患。二是安全教育培训不到位。未按规定及时组织新员工进行安全教育培训；事故当班部分爆破作业人员未取得《爆破作业人员许可证》。三是上级公司安全管理责任不落实。山西焦煤集团化工有限责任公司对山西省民爆集团有限公司景泰爆破服务分公司疏于管理；山西省民爆集团有限公司未及时督促安全生产管理和监督检查。

6. 民用爆炸物品运输单位

安全生产管理不力，运输车辆监管责任不落实。未按规定及时组织驾驶员、押运员安全教育培训；炸药运输车车厢内违规载人。

7. 地方党委政府及相关部门

一是景泰县草窝滩镇党委政府对煤矿安全生产监管、巡查和联系包保职责落实不到位。二是景泰县应急管理局对泓胜煤业公司项目建设施工单位、监理单位资质条件把关不严，未严格监督落实煤矿联系包保工作制度，未及时发现事故地点存在的安全隐患，未按露天煤矿边坡管理专项检查要求进行监督检查。三是景泰县公安局民用爆炸物品监督管理不到位。四是景泰县发展和改革局未按照县政府开工通知要求督促企业每月报送工程进展情况，未准确掌握实际工程进度和煤矿安全管理状况。五是景泰县市场监督管理局未及时督促泓胜煤业公司整改落实《营业执照》经营范围不符合煤矿生产建设要求的问题。六是景泰县委、县政府统筹协调安全生产工作力度不够，督促落实安全生产监管责任不足，检查指导联系包保煤矿工作不到位，强化安全生产宣传教育不够，未积极推动安全生产监管干部队伍专业能力建设。

（三）事故性质

经调查认定，甘肃泓胜煤业有限责任公司“7·23”重大边坡坍塌事故是生产安全责任事故。

四、处理建议

移交司法机关追究责任 21 人，其中，泓胜煤业公司 4 人、第二分公司 7 人、采剥施工单位 4 人、工程监理单位 2 人、爆破作业服务单位 2 人、民用爆炸物品运输单位 2 人；给予党纪政务处分及组织处理人员 17 人，其中，对爆破作业服务单位 3 人移交山西省纪委监委进行处理，对地方党委政府及相关部门 14 人移交甘肃省纪委监委进行处理。

对泓胜煤业公司处 500 万元的罚款，并纳入联合惩戒对象和安全生产不良记录“黑名单”管理；由景泰县应急管理局依法查处内蒙古建安正浩商贸有限责任公司、四川信易隆得建设工程有限公司违法违规行为，并纳入联合惩戒对象和安全生产不良记录“黑名单”管理；由甘肃省住房和城乡建设厅依法查处兰州中诚信监测科技有限公司违法违规行为，并纳入联合惩戒对象和安全生产不良记录“黑名单”管理；对山西焦煤集团化工有限责任公司、山西省民爆集团有限公司、陕西长久现代物流有限公司纳入联合惩戒对象和安全生产不良记录“黑名单”管理。

责成白银市人民政府约谈景泰县人民政府；责成白银市人民政府向甘肃省人民政府作出深刻检查。

五、事故防范和整改措施建议

一是牢固树立安全发展理念。二是落实建设单位主体责任。三是落实施工单位安全责任。四是规范煤矿监理单位行为。五是加强民爆物品安全管理。六是压实煤矿安全监管责任。七是落实地方党委政府责任。

案例五 唐山市迁西县桃树峪铁矿有限公司“9·2”重大透水事故

2022年9月2日15时48分左右，唐山市迁西县桃树峪铁矿有限公司在基建过程中发生透水事故，造成14人死亡、1人失踪，直接经济损失约3508万元。

一、事故经过

桃树峪铁矿井下+17米水平3号勘探线附近的2号掘进工作面前进方向有老巷道，老巷道与积水的老采空区连通。随着不断掘进，2号工作面与老巷道之间岩体厚度逐渐变薄。9月2日14时30分左右，爆破作业单位2名爆破工下井到+17米水平1号、2号工作面进行爆破作业。15时43分42秒，两个工作面同时起爆。爆破后，2号工作面与前方老巷道之间岩体厚度为0.2~0.6米并出现裂隙，在老空水压力作用下出现渗流，渗水流入爆堆，致使爆堆的有效应力逐渐降低，至15时48分左右，2号工作面发生溃坝式透水。透水后，在+17米水平溜井口作业的1名大块处理工察觉到风向改变，并听到轰隆隆的响声，且声音由弱渐强，立即喊在马头门处候罐升井的2名爆破工跑向主井梯子间，开始爬梯上井，约30分钟后3人爬出井口。15时51分左右，绞车房卷扬司机通过监控录像看到+17米水平出水并迅速充满巷道，几秒钟后黑屏。

二、应急处置情况

事故发生后，企业有关负责人先后赶到现场，安排人员修复电路、检修水泵、购买水管等准备抽水，并向河北金厂峪矿业有限责任公司救护队请求救援。9月2日21时许，时任迁西县委书记组织迁西县委、县政府及有关单位的人员在太平寨镇政府安排救援工作。9月3日5时至6时，省、市应急管理部门接到报告后，即派员赶赴现场，并分别协调开滦（集团）有限责任公司矿山救护大队、陕西宣岚矿业工程有限公司协助救援。8时35分，迁西县成立现场指挥部。省、市应急管理部门抵达现场后，要求继续加装水泵，同时增设变压器以保障排水供电。15时许，加装的1台水泵开始排水。9月4日3时和15时许，加装的2台水泵先后开始排水。9月5日，国家矿山安全监察局河北局、省市应急管理部门、现场指挥部召开会议，议定继续加大排水力度、核实受困人数、稳妥处置善后等。17时和21时许，加装的2台水泵先后开始排水。9月6日4时许，主井水位下降至+17米水平以下。9月7日18时许，主井水位下降至-20米水平以下。9月6日至8日，丰允建设公司人员先后将搜寻到的12具遗体藏匿，将1具遗体摆放在水泵房附近，由金厂峪救护队发现并报告。9月10日，金厂峪救护队在主井井底发现另1具遗体并报告。至此，共搜寻到14具遗体。此后，经集中力量搜寻1名失踪人员未果，现场指挥部于9月16日决定结束应急救援，转入常态化搜寻。

三、事故原因和性质

（一）直接原因

未按设计施工，未进行超前探放水作业，巷道掘进施工、爆破等相关单位未按标准规程操作，掘进工作面与不明老巷道相遇，老巷道与上部积水的采空区连通，老空水突破工作面与老巷道间薄弱岩体，导致透水事故发生。

（二）间接原因

（1）事故发生单位桃树峪铁矿。不落实安全生产主体责任，安全管理混乱，各项安全生产责任制和规章制度形同虚设，不具备安全生产条件。实际控制人从××未履行安全生产法定职责，安排未取得《安全生产知识和管理能力考核合格证》的李×任主要负责人。未按要求设置专门安全管理机构，未对从业人员开展安全生产教育培训。落实采空区治理主体责任不到位，作为整合矿山，未查清矿区范围内历史形成的地下采空区分布状态，盲目组织施工。未将建设工程设计文件报县级以上人民政府自然资源主管部门备案。未按设计组织施工。“五职矿长”、专职安全生产管理人员、专业技术人员配备严重不足。对施工单位项目部安全管理缺失，对施工项目以包代管，包而不管。未按规定委托监理单位对建设项目进行实质监理。

（2）施工单位丰允建设公司。不落实安全生产主体责任，安全管理混乱，各项安全管理制度形同虚设，不具备安全生产条件。对桃树峪铁矿项目部管理缺失，未按要求为项目部设立安全生产管理机构、配备相关人员。项目部负责人曾××未取得《安全生产知识和管理能力考核合格证》，未按要求履行带班下井职责。项目部具备初中以上文化程度的从业人员比例为 28%，低于 50% 的要求。派驻项目部实际作业的绞车司机、排水工、电工、通风工等特种作业人员，均未取得《特种作业人员操作证》。桃树峪铁矿项目部未按设计施工，未执行“逢掘必探”的探放水制度，探水工程均未施工。桃树峪铁矿项目部未对从业人员开展安全生产教育培训，井下作业人员安全生产意识不强，未能全面掌握必需的操作技能。

（三）事故性质

经调查认定，迁西县桃树峪铁矿有限公司“9·2”重大透水事故是一起生产安全责任事故。

四、处理建议

（1）桃树峪铁矿负责人李×、副总经理孙×等，丰允建设公司实际控制人曾××、项目部经理杨××等，太平寨镇关××、张×，迁西县应急管理局李××、高××等 20 人被公安机关采取强制措施。桃树峪铁矿法定代表人和实际控制人从××、井下实际负责人勾××已被公安机关网上追逃。

（2）已向公安机关移送金厂峪公司赵××、田××，迁西县一帆矿产咨询公司马××、尚××、齐××的有关问题线索。

（3）纪检监察机关按照干部管理权限，依规依纪依法对在该起事故中存在失职失责问题和违法行为的应急管理、自然资源、公安、行政审批、矿业发展、消防救援等部门以及属地党委政府的相关公职人员进行严肃问责。

（4）给予行政处罚单位及个人。一是对桃树峪铁矿依法予以关闭并罚款，法定代表人从××、负责人李×终身不得担任本行业生产经营单位主要负责人。二是依法吊销丰允建设公司营业执照、建筑业企业资质证书、安全生产许可证，实际控制人曾××、法定代表人杨××终身不得担任本行业生产经营单位主要负责人，撤销杨××安全生产资格证书并罚款。三是对从××名下及控股的6家企业全面彻查，依法予以关闭。四是对爆破作业单位冀东建设公司存在的问题全面彻查，依法吊销其矿山爆破作业资质。五是对安全预评价单位润忆技术公司存在的问题全面彻查，依法吊销其矿山安全评价资质。六是设计单位对中北设计公司存在的问题，以河北省政府名义向陕西省政府进行移送，建议陕西省政府全面彻查，依法吊销其矿山工程设计资质。七是对昌泰监理公司存在的问题，以河北省政府名义向辽宁省政府进行移送，建议辽宁省政府全面彻查，依法吊销其矿山工程监理资质。

(5) 迁西县、唐山市应急管理、自然资源和规划、矿业发展、公安、行政审批等部门分别向本级党委政府作出深刻书面检查。太平寨镇党委政府、迁西县委县政府、唐山市委市政府分别向上级党委政府作出深刻书面检查。

(6) 对违法转运、存放遗体以及存在其他违规违纪问题的有关单位和人员，另案延伸调查处理。

五、事故防范整改措施及建议

一是深刻汲取事故教训，坚决遏制重特大事故。二是严格落实企业主体责任，强化末端落实。三是严格落实部门监管责任，合力推动工作开展。四是严格落实党委政府领导责任，加强安全生产工作组织领导。五是严格落实矿山建设市场各方责任，强化矿山建设工程管理。六是突出地下矿山水害防治，持续开展隐蔽致灾因素普查治理。七是加强矿山资源整合重组管理，强力推进非煤矿山专项整治。八是强化各项应急准备，提高应急救援能力。九是严厉打击瞒报谎报生产安全事故行为。

案例六　河南安阳市凯信达商贸有限公司“11·21”特别重大火灾事故

2022年11月21日16时许，河南省安阳市文峰区安阳市凯信达商贸有限公司发生特别重大火灾事故，造成42人死亡、2人受伤，直接经济损失12311万元。

一、事故经过

安阳市凯信达商贸有限公司（简称凯信达公司）是一家从事五金产品、建筑材料、专用化学产品（不含危险化学品）、日用百货等批发销售的商贸流通企业，所属仓库是商品储存和批发销售场所。凯信达公司法定代表人康×革，与其弟康×伟各占24.5%的股份，其父康×俭占51%。公司建有的钢结构建筑分为两层，共分布8家单位：一层分布凯信达公司仓库、安阳市文峰区宝莲寺亨亿针织厂（简称亨亿针织厂）、安阳市东宸医药连锁有限公司（简称东宸公司）仓库、安阳高新区衣香洗衣坊（简称衣香洗衣坊）和安阳太空人服饰有限公司（简称太空人公司）办公室；二层分布安阳市尚鑫服装有限公司（简称尚鑫公司）、文峰区宝莲寺靓贝尔制衣厂（简称靓贝尔制衣厂）、太空人公司、安阳高新区娇子家具城（简称娇子家具城）仓库。该钢结构建筑面积为14592平方米，其中凯信达公司仓库为3588平方米。事故中过火面积为11000平方米，除东宸公司仓库、衣香洗衣坊外，其他6家单位均被烧毁。火灾发生时，建筑内共有116人，其中74人成功逃生（2人受伤），42人死亡。伤亡人员均为尚鑫公司员工。

11月21日13时30分，凯信达公司负责人康×革在仓库门口焊接货物托盘，15时30分离开仓库。14时17分，凯信达公司另一负责人康×伟对仓库内货架进行电焊加固作业，其父康×俭和另一人员在旁协助；15时58分，在完成一货架焊接加固后停止作业，三人离开现场；16时13分，该货架上方出现烟气；16时17分，一仓库管理员发现该货架上装有瓶装聚氨酯泡沫填缝剂的包装纸箱有明火，随即呼喊救火。一员工提着灭火器赶到起火区域，另一员工将消防水带与室内消火栓连接，由于火势发展迅猛，二人放弃灭火跑出仓库，公司现场其他员工也相继自行逃生。

二、应急处置情况

16时18分，公司一员工跑出仓库拨打“119”报警，安阳市消防救援支队接警后，第一时间调派13个消防救援站、47辆消防车、228名指战员到场救援。河南省消防救援总队立即调派鹤壁、新乡、濮阳3个消防救援支队的33辆消防车、152名指战员赶赴现场增援。16时31分，第一批救援队伍到达现场，发现起火建筑充满高温浓烟并伴有连续爆炸声，随即全力以赴开展救援灭火。20时20分，基本控制了现场火势，周边紧邻建筑得到有效保护。23 时 40 分，现场明火全部被扑灭。

事故发生后，地方政府及时成立现场救援指挥部，调集公安、应急管理、城市管理、国家卫生健康、住房城乡建设、供电、供水等力量协同处置。

三、事故原因和性质

（一）直接原因

综合调查询问、现场勘验、视频分析、实验验证以及技术鉴定，排除放火、电气、自燃、吸烟等因素，认定事故直接原因：凯信达公司负责人在一层仓库内违法违规电焊作业，高温焊渣引燃包装纸箱，纸箱内的瓶装聚氨酯泡沫填缝剂受热爆炸起火，进而使大量黄油、自喷漆、除锈剂、卡式炉用瓶装丁烷和手套、橡胶品等相继快速燃烧蔓延，并产生大量高温有毒浓烟。火灾发生时，凯信达公司一层仓库的部分消防设施缺失、二层的被人为关停失效，尚鑫公司负责人未及时有效组织员工疏散撤离，是造成大量员工伤亡的重要原因。

（二）间接原因

1. 有关企业

1）凯信达公司

凯信达公司未按规定取得土地使用权，未按规定办理建设用地规划许可证、建设工程规划许可证、建筑工程施工许可证、建设工程竣工验收和消防设计审查验收备案等手续。未按设计进行建设施工。未与承租单位签订安全管理协议，未定期对承租单位进行安全检查、督促整改隐患。消防设施改造交由无资质主体施工。未按规定制定消防安全制度、消防安全操作规程、灭火和应急疏散预案。未对消防设施定期维护保养、检测，违规安排无职业资格证人员操作自动消防系统，擅自停用消防设施。公司负责人康×革、康×伟无证违法违规焊接作业。未组织员工岗前安全教育和培训，未制定应急救援预案，未定期组织演练。

2）尚鑫公司

作业场所设置办公室、会议室、展厅等功能性用房后，通道入口与室内楼梯口距离不符合规范要求，严重影响被困人员安全疏散。公司负责人张××、侯××未落实消防安全责任制，未制定本单位的消防安全制度，未组织员工岗前安全教育和培训；未制定应急救援和疏散预案，未组织演练。未有效组织安全疏散，造成重大人员伤亡。

2. 有关部门

1）消防救援机构

未依法查处该公司没有申报竣工验收消防备案的违法行为。未认真履行消防监督检查职责，对电焊、气焊等具有火灾危险性作业的人员未持证上岗查处不到位。未结合辖区内中小制衣生产企业多的产业特点，在消防安全专项整治三年行动方案中设置针对性治理内容。吸取重大火灾事故教训不深刻，推动指导辖区内“九小”场所和沿街门店消防安全专项整治不力，未将涉事相关企业纳入“双随机、一公开”单位名录库。对公安派出所日常消防监督检查工作指导不力。

2）商务部门

贯彻落实商贸行业消防安全责任制存在盲区，未按照规定对辖区内同类商贸企业消防安全管理工作进行指导、督促。没有结合实际针对性部署开展商贸行业消防安全专项整治三年行动，未建立消防安全管理制度，未与消防救援机构建立相关工作机制。未认真组织推进商贸行业消防安全标准化管理工作，辖区内绝大多数商贸企业未按规定时限完成。

3）公安机关

对履行日常消防监督检查职责认识存在偏差，未严格按照规定对凯信达公司、尚鑫公司等 8 家单位开展消防监督检查；吸取重大火灾事故教训不深刻，未结合辖区中小制衣生产企业多的产业特点开展针对性检查，没有按要求开展“九小”场所拉网排查和逐一登记造册；未认真组织开展辖区内三级消防安全重点单位摸排工作；未对涉事单位开展消防监督检查，对有关民警伪造检查记录问题失管失察。

4）应急管理部门

未依法履行职责，安全生产隐患排查整改不闭环、安全生产执法不规范。查处无特种作业证上岗人员不到位。

5）自然资源部门

未依法履行职责，组织开展土地使用情况监督检查不力，没有及时发现和查处凯信达公司等园区内企业长期非法占地的违法违规行为，对园区内普遍存在的未取得建设用地使用权证等非法使用土地行为失管。

6）住房城乡建设部门

未按规定对未经消防设计审查验收备案的建设工程投入使用的违法建筑开展监督检查。对 2021 年度国务院安全生产和消防工作考核通报的河南省有关地区住房城乡建设部门未查处建设工程领域消防安全违法行为问题，没有对辖区类似凯信达公司问题对照检查和查处。

7）城市管理部门

文峰区城市管理行政执法局未按照文峰区政府有关职责界定，履行对建设工程领域消防许可（备案）违法行为的监督检查和行政处罚职责，未指导宝莲寺镇开展相关工作，使凯信达公司长期处于监管空白。

3. 地方党委政府

未依法查处辖区内相关企业违反城乡规划建设行为，致使辖区内相关企业长期违法占用土地、违反规划建设项目。未对建设工程领域消防许可（备案）违法行为进行检查。未认真落实属地管理责任，开展消防安全专项整治三年行动不扎实，对凯信达公司违规改建、违规出租不具备消防安全条件的建筑等违法行为以及尚鑫公司消防安全问题失管，督促凯信达公司、尚鑫公司的消防安全问题闭环整改不力；吸取重大火灾事故教训不深刻，开展“九小”场所消防安全专项整治不深入、不彻底，未发现相关企业存在的违法违规问题。

（三）事故性质

调查认定，河南安阳市凯信达商贸有限公司“11·21”特别重大火灾事故是一起企业负责人严重违法违规、主体责任不落实，地方党委政府及其有关部门和单位履职不到位而导致的生产安全责任事故。

四、对有关单位及责任人的处理建议

（一）司法机关已采取强制措施的人员

凯信达公司负责人康×俭、康×伟、康×革，库区主管常××；尚鑫公司负责人张××、侯××；凯信达公司消防设施改造施工方人员白×、孟××，因涉嫌犯罪被刑事拘留。

（二）有关公职人员和单位

对在事故调查中发现的地方党委政府及有关部门的公职人员履职方面存在的问题等线索及相关材料，移交中央纪委国家监委河南安阳“11·21”特别重大火灾事故追责问责审查调查组。

河南省委、省政府在事故发生后已向党中央、国务院作出了初步检查，建议事故结案后进一步作出深刻检查，针对事故调查指出的突出问题，深刻吸取教训，认真研究和落实整改防范措施。要对安阳市委、市政府整改情况进行评估，同时督促其他地区举一反三、加强整改，严防重特大事故发生。

（三）行政处罚

建议由河南省应急管理部门按照《中华人民共和国安全生产法》，分别对凯信达公司、尚鑫公司进行行政处罚。

五、事故整改和防范措施建议

一是坚持以习近平总书记关于防范化解重大安全风险的重要指示精神统一思想、推动工作。二是全方位织密织牢消防安全责任网。三是深入治理中小企业消防安全突出问题。四是健全完善相关法规制度。五是切实强化基层安全治理能力。

第十一篇

附　　录

大　事　记

1月

1月1日　应急管理部党委书记、部长黄明主持召开视频调度会议，研判全国安全形势，进一步安排部署元旦期间安全防范工作。部领导徐平、琼色、张永利出席会议。

同日　应急管理部批准辽宁大连市消防救援支队特勤大队三站消防员、四级消防士崔富帅同志为烈士。

1月3日　贵州毕节市金海湖新区建筑工地发生山体滑坡事故，造成14人死亡。应急管理部党委书记、部长黄明在部指挥中心调度指导事故救援和应急处置工作，派出工作组赴现场指导地方工作。部领导黄玉治、琼色、张永利参加调度。国务院安委会决定对该起事故查处实行挂牌督办。

1月5日　全国应急管理工作会议召开。会议要求，全系统要坚持以习近平新时代中国特色社会主义思想为指导，深入学习贯彻习近平总书记关于应急管理重要论述，全面贯彻落实党的十九大和十九届历次全会及中央经济工作会议精神，总结2021年应急管理工作，分析面临的形势任务，部署2022年重点工作，为迎接党的二十大胜利召开营造安全稳定环境。应急管理部党委书记、部长黄明在会上作工作报告，副部长黄玉治主持会议。部领导周学文、刘伟、蒲宇飞、宋元明、徐平、琼色、张永利出席会议。

1月6日　中华人民共和国应急管理部令（第8号）公布《应急管理部关于修改〈煤矿安全规程〉的决定》，自2022年4月1日起施行。

1月7日　应急管理部党委书记、部长黄明主持召开部党委会议、部务会议，传达学习贯彻习近平总书记在中央政治局党史学习教育专题民主生活会上的重要讲话精神和中央农村工作会议精神、全国党内法规工作会议精神；分析全国安全生产形势和自然灾害形势，研究部署当前安全防范重点工作。

1月8日　青海海北州门源县发生6.9级地震，造成10人受伤。应急管理部党委书记、部长黄明在部指挥中心调度指导抢险救灾工作，派出工作组赴现场指导地方工作。部领导尚勇、张永利参加调度。

1月9日　应急管理部党委书记黄明主持召开部党委党史学习教育专题民主生活会并作总结讲话。会议邀请中央第二十三指导组组长姜洋，中央第二十三指导组、中央纪委国家监委有关同志到会指导。

1月15日　国务院副总理、国务院安委会主任刘鹤在北京检查春运工作。应急管理部部长、国务院安委会副主任黄明参加检查。

1月17日　全国安全生产电视电话会议召开，国务院副总理、国务院安委会主任刘鹤出席会议并讲话，国务委员、国务院安委会副主任王勇主持会议，应急管理部部长、国务院安委会副主任黄明通报有关工作。部领导黄玉治、周学文、尚勇、刘伟、蒲宇飞、宋元明、徐平、闵宜仁、琼色出席会议。

同日 应急管理部党委书记、部长黄明主持召开部党委会议、部务会议，传达学习贯彻习近平总书记在省部级主要领导干部学习贯彻党的十九届六中全会精神专题研讨班开班式上的重要讲话精神，传达学习贯彻全国安全生产电视电话会议和国务院安委会全体会议精神；分析全国安全生产形势，研究部署当前安全防范重点工作。

1月21日 国务院安委会办公室、应急管理部召开加强春节冬奥期间安全防范工作视频会议，应急管理部部长、国务院安委会副主任黄明出席会议并讲话，部党委委员、消防救援局局长琼色主持会议。部领导黄玉治、刘伟、宋元明、徐平、闵宜仁出席会议。

1月23日 青海海西州德令哈市发生5.8级地震，未造成人员伤亡。应急管理部党委书记、部长黄明在部指挥中心调度指导抢险救灾工作。部领导宋元明参加调度。

1月24日 应急管理部党委书记黄明主持召开部党委会议，传达学习习近平总书记在十九届中央纪委六次全会上的重要讲话和全会精神，开展以案为鉴警示教育。

1月25日 应急管理部党委书记黄明主持召开应急管理系统党风廉政建设工作暨警示教育会议。中央纪委国家监委第二监督检查室、中央和国家机关纪检监察工委有关同志出席会议。部领导黄玉治、周学文、尚勇、蒲宇飞、宋元明、徐平、闵宜仁、琼色、张永利出席会议。

1月26日 应急管理部印发《全国应急管理系统法治宣传教育第八个五年规划（2021—2025年）》。

1月27日 国务委员王勇在河北调研检查安全生产工作。应急管理部党委书记、部长黄明参加调研。

1月29日 国务委员王勇到应急管理部调研指导春节冬奥会期间应急值班值守和安全防范工作情况，看望慰问值班值守人员，应急管理部党委书记、部长黄明汇报全国应急管理系统春节冬奥会期间应急值班值守有关情况。部领导黄玉治、周学文、尚勇、刘伟、蒲宇飞、宋元明、徐平、闵宜仁、琼色、张永利参加有关活动。

1月30日 应急管理部党委书记、部长黄明主持召开防范低温雨雪冰冻灾害视频会商调度会，研判当前低温雨雪冰冻情况及发展趋势，进一步安排部署春节假期防范应对工作。部领导周学文、尚勇、徐平、琼色、张永利出席会议。

同日 应急管理部印发《关于追授雷天波同志"全国应急管理系统二级英雄模范"称号的决定》。

1月31日 应急管理部党委书记、部长黄明在北京市检查春节和冬奥会应急值班值守工作并代表部党委看望慰问坚守岗位的干部职工和消防指战员。部领导徐平、闵宜仁、琼色参加有关活动。

2月

2月1日 应急管理部党委书记、部长黄明主持召开全国应急系统视频调度会，调度检查重点地区安全防范措施落实情况，分析研判春节和冬奥会期间灾害事故形势，进一步安排部署安全防范工作。部领导黄玉治、徐平、闵宜仁、琼色、张永利出席会议。

2月2日 应急管理部、广西壮族自治区人民政府分别批准在扑救火灾中牺牲的广西河池市大化瑶族自治县电都消防救援站副站长欧保尔同志、政府专职消防员韦吉德同志为烈士，消防救援局为两名烈士追记个人一等功。

2月4日　应急管理部党委书记、部长黄明主持召开视频调度会，对北京2022年冬奥会开幕式前应急救援安保工作进行督导检查。

同日　应急管理部党委书记、部长黄明全程在部指挥中心值守调度冬奥会开幕式期间“两地三赛区”应急救援各分指挥部运行和全国应急系统安全防范工作。部领导刘伟、徐平、闵宜仁、琼色、张永利参加调度。

2月11日　北京昌平区东小口镇半截塔村自建公寓出租房发生火灾事故，造成5人死亡。应急管理部党委书记、部长黄明赴事故现场指导事故救援和应急处置工作。

同日　应急管理部与中信集团有限公司签署战略合作框架协议。应急管理部党委书记、部长黄明和中信集团董事长朱鹤新出席签约仪式并讲话。部领导宋元明代表应急管理部与中信集团签署协议，部领导琼色参加。

2月12日　国务院安全生产委员会印发《“十四五”国家消防工作规划》。

2月14日　应急管理部党委书记、部长黄明主持召开部党委会议、部务会议，深入学习贯彻习近平总书记春节前夕赴山西看望慰问基层干部群众时的重要指示精神；分析全国安全生产形势，研究部署当前安全防范重点工作。

同日　国务院印发《“十四五”国家应急体系规划》，对“十四五”时期安全生产、防灾减灾救灾等工作进行全面部署。

2月20日　应急管理部党委书记、部长黄明主持召开视频调度会，对北京2022年冬奥会闭幕式前应急救援安保工作进行督导检查。部领导徐平、琼色、张永利出席会议。

同日　应急管理部党委书记、部长黄明全程在部指挥中心值守调度冬奥会闭幕式期间应急救援各分指挥部运行和全国应急系统安全防范工作。部领导琼色参加调度。

2月22日　国家减灾委员会办公室印发《关于做好2022年全国防灾减灾日有关工作的通知》。

2月25日　贵州黔西南州贞丰县三河顺勋煤矿发生顶板事故，造成14人死亡。应急管理部党委书记、部长黄明在部指挥中心调度指导事故救援和应急处置工作，派出工作组赴现场指导地方工作。部领导黄玉治、宋元明、琼色参加调度。国务院安委会决定对该起事故查处实行挂牌督办。

2月28日　应急管理部党委书记、部长黄明主持召开部党委会议、部务会议，传达学习习近平总书记关于进一步加强中央和国家机关领导班子建设的重要讲话精神和全国组织部长会议精神；传达学习中央和国家机关党的工作暨纪检工作会议精神，分析全国安全生产形势，研究部署当前安全防范重点工作。

3月

3月1日　国务院安委会办公室、应急管理部召开全国两会和冬残奥会安全防范工作视频会议，应急管理部部长、国务院安委会副主任黄明主持会议并讲话。部领导黄玉治、刘伟、宋元明、徐平、闵宜仁、琼色、张永利出席会议。

同日　国务院抗震救灾指挥部印发《国务院抗震救灾指挥部工作规则》和《国务院抗震救灾指挥部办公室工作细则》。

3 月 4 日 应急管理部党委书记、部长黄明主持召开视频调度会，对北京 2022 年冬残奥会开幕式前应急救援安保工作进行督导检查。部领导周学文、徐平、闵宜仁、琼色、张永利出席会议。

同日 应急管理部党委书记、部长黄明全程在部指挥中心值守调度冬残奥会开幕式期间应急救援各分指挥部运行和全国应急系统安全防范工作。部领导琼色、张永利参加调度。

3 月 8 日 中共应急管理部委员会印发《2022 年党的建设工作要点的通知》。

3 月 10 日 应急管理部印发《"十四五"危险化学品安全生产规划方案》。

3 月 11 日 应急管理部党委书记、部长黄明主持召开学习贯彻全国两会精神视频会议。部领导黄玉治、周学文、刘伟、蒲宇飞、宋元明、徐平、闵宜仁、张永利出席会议。

3 月 13 日 四川凉山州冕宁县发生森林火灾，未造成人员伤亡。应急管理部党委书记、部长黄明在部指挥中心调度指导森林火灾扑救工作。部领导宋元明、徐平参加调度。

同日 应急管理部党委书记、部长黄明主持召开视频调度会，对北京 2022 年冬残奥会闭幕式前应急救援安保工作进行督导检查。部领导周学文、琼色、张永利出席会议。

同日 应急管理部党委书记、部长黄明全程在部指挥中心值守调度冬残奥会闭幕式期间应急救援各分指挥部运行和全国应急系统安全防范工作。部领导周学文、琼色、张永利参加调度。

3 月 17 日 全国森林草原防灭火工作电视电话会议召开，李克强总理作出重要批示，国务委员、国家森林草原防灭火指挥部总指挥王勇出席会议并讲话，应急管理部部长、国家森林草原防灭火指挥部副总指挥黄明主持会议。部领导周学文、徐平、琼色、张永利出席会议。

3 月 18 日 应急管理部党委书记、部长黄明主持召开国务院安委会督导帮扶贵州省安全生产工作动员会议。部领导黄玉治、宋元明、琼色出席会议。

3 月 21 日 广西梧州市发生东航 MU5735 航空器飞行事故（性质待定），造成 132 人死亡。3 月 21 日晚至 22 日，国务院副总理刘鹤、国务委员王勇赴事故现场指导事故救援和应急处置工作。应急管理部党委书记、部长黄明参加。

3 月 28 日 应急管理部党委书记、部长黄明主持召开部党委会议、部务会议，传达学习贯彻习近平总书记关于"3·21"东航 MU5735 航空器飞行事故的重要指示精神；传达学习贯彻全国巡视工作会议精神，听取部机关司局和直属事业单位领导班子和领导干部 2021 年度考核情况的汇报；分析全国安全生产形势，研究部署当前安全防范重点工作。

3 月 31 日 全国安全生产电视电话会议召开，习近平总书记作出重要指示，李克强总理作出重要批示，国务院副总理、国务院安委会主任刘鹤出席会议并讲话，国务委员、国务院安委会副主任王勇主持会议，国务委员、国务院安委会副主任赵克志出席会议，应急管理部部长、国务院安委会副主任黄明出席会议并通报有关工作。部领导黄玉治、周学文、刘伟、蒲宇飞、宋元明、闵宜仁、琼色出席会议。

4 月

4 月 2 日 国务院安全生产委员会印发《关于进一步强化安全生产责任落实　坚决防范遏制重特大事故的若干措施》的通知。

同日 国家森林草原防灭火指挥部办公室、国家林业和草原局、公安部、应急管理部印发《关于组织开展森林草原火灾隐患和查处违规用火行为专项行动的通知》。

4月3日 国务院安委会办公室、应急管理部召开全国安全防范工作视频调度会议，应急管理部部长、国务院安委会副主任黄明主持会议并研判近期灾害事故形势，推动安全生产十五条硬措施贯彻执行，进一步安排部署清明假期和今后一段时间安全防范工作。部领导徐平、琼色、张永利出席会议。

4月4日 国务院安委会办公室印发《关于深入推进房屋市政工程安全生产治理行动的通知》。

4月6日 国务院安全生产委员会印发《“十四五”国家安全生产规划》。

4月7日 应急管理部、中国地震局印发《“十四五”国家防震减灾规划》。

4月8日 国务院安全生产委员会印发《关于开展全国安全生产大检查工作的通知》。

4月9日 山东烟台市牟平区与威海市文登区交界处发生森林火灾，未造成人员伤亡。应急管理部党委书记、部长黄明在部指挥中心调度指导森林火灾扑救工作。部领导刘伟参加调度。

4月11日 应急管理部党委书记黄明主持召开部党委理论学习中心组集体学习研讨，深入学习贯彻习近平总书记在历次中央经济工作会议上的重要讲话精神、《论把握新发展阶段、贯彻新发展理念、构建新发展格局》，学习贯彻全国两会精神，重点围绕习近平总书记在2021年中央经济工作会议上阐述的重大理论和实践问题等开展学习讨论。中央和国家机关工委有关同志出席会议。

4月14日 全国防汛抗旱工作电视电话会议召开，李克强总理作出重要批示，国务委员、国家防汛抗旱总指挥部总指挥王勇出席会议并讲话，应急管理部部长、国家防汛抗旱总指挥部副总指挥黄明主持会议。部领导周学文、琼色出席会议。

4月18日 安徽六安市霍邱县金日晟重新集铁矿发生火灾事故，造成18人被困。应急管理部党委书记、部长黄明在部指挥中心调度指导事故救援和应急处置工作。部领导黄玉治、周学文、宋元明、琼色、张永利参加调度。截至当日14时50分许，18人全部升井，1人经抢救无效死亡。

4月20日 国家防汛抗旱总指挥部办公室印发《关于加强基层防范应对极端暴雨工作的指导意见》。

4月22日 国家减灾委员会、国务院抗震救灾指挥部全体会议暨国务院第一次全国自然灾害综合风险普查领导小组全体会议召开，国务委员、国家减灾委员会主任、国务院抗震救灾指挥部指挥长王勇出席会议并讲话，应急管理部部长、国家减灾委员会副主任、国务院抗震救灾指挥部副指挥长黄明主持会议。部领导周学文、闵宜仁、琼色，国家减灾委员会秘书长郑国光出席会议。

同日 国家防汛抗旱总指挥部印发《关于防汛抗旱行政责任人的通知》。

4月25日 中共应急管理部委员会印发《关于推动党史学习教育常态化、长效化的实施意见》。

4月26日 应急管理部印发《“十四五”应急管理标准化发展计划》。

4月28日 应急管理部党委书记、部长黄明出席直属机关优秀青年干部表彰会并讲话，部党委委员、政治部主任郝军辉主持会议。部领导黄玉治、周学文、蒲宇飞、徐平、闵宜仁、琼色、张永利出席会议。

4 月 29 日 国务院安委会办公室、应急管理部召开全国“五一”假期安全防范暨重点地区地震灾害应对准备工作视频会议，应急管理部部长、国务院安委会副主任黄明主持会议并讲话。部领导黄玉治、周学文、宋元明、郝军辉、徐平、闵宜仁、琼色、张永利出席会议。

同日 湖南长沙市一居民自建房发生倒塌事故，造成 54 人死亡。应急管理部党委书记、部长黄明在部指挥中心持续调度指导事故救援和应急处置工作，派出工作组赴现场指导地方工作。部领导宋元明、琼色、张永利参加调度。

同日 国务院安委会办公室、应急管理部印发《关于开展 2022 年全国“安全生产月”活动的通知》。

4 月 30 日 应急管理部党委书记、部长黄明主持召开劳动节假期安全防范工作视频调度会并讲话。部领导徐平、闵宜仁、琼色、张永利出席会议。

同日 国务委员王勇紧急赶赴湖南长沙市指导“4·29”特别重大居民自建房倒塌事故救援和应急处置工作。应急管理部党委书记、部长黄明参加。

5月

5 月 3 日 应急管理部党委书记、部长黄明在湖南长沙“4·29”特别重大居民自建房倒塌事故救援现场前方指挥部看望慰问一线消防救援人员。

5 月 6 日 应急管理部党委书记、部长黄明在湖南长沙市指导“4·29”特别重大居民自建房倒塌事故应急救援和事故调查工作，看望慰问一线救援队伍并座谈。

5 月 7 日 全国自建房安全专项整治电视电话会议召开，习近平总书记作出重要指示，李克强总理作出重要批示，国务院副总理、国务院安委会主任刘鹤出席会议并讲话，国务委员、国务院安委会副主任王勇主持会议，国务委员、国务院安委会副主任赵克志出席会议并讲话，应急管理部部长、国务院安委会副主任黄明出席会议。部领导黄玉治、周学文、蒲宇飞、郝军辉、徐平、闵宜仁、琼色、张永利出席会议。

5 月 10 日 国务委员王勇在甘肃考察防灾减灾工作。应急管理部党委书记、部长黄明参加考察。

5 月 11 日 国务委员、国务院抗震救灾指挥部指挥长王勇在甘肃张掖市观摩“应急使命·2022”抗震救灾演习，应急管理部部长、国务院抗震救灾指挥部副指挥长黄明，部领导闵宜仁、琼色参加并现场观摩演习。部领导周学文、蒲宇飞、宋元明、郝军辉、徐平在部指挥大厅观摩演习。

5 月 24 日 国务院办公厅印发《全国自建房安全专项整治工作方案》。

5 月 30 日 应急管理部党委书记、部长黄明主持召开部党委会议、部务会议，学习贯彻全国稳住经济大盘电视电话会议精神；分析全国安全生产形势和自然灾害情况，研究部署当前安全防范重点工作。

5 月 31 日 国务院安委会办公室、应急管理部举办 2022 年全国“安全生产月”活动启动视频会议。国务委员、国务院安委会副主任王勇出席会议并讲话，应急管理部部长、国务院安委会副主任黄明主持会议。部领导宋元明、孙广宇、徐平、琼色出席会议。

6月

6 月 1 日 四川雅安市芦山县发生

6.1级地震，造成4人死亡。财政部、应急管理部向四川省紧急预拨救灾资金3000万元，支持地方做好抗震救灾工作。

6月1日至2日 国务委员王勇在安徽和江苏调研检查防汛工作。应急管理部党委书记、部长黄明参加调研。

6月2日 应急管理部、国家发展改革委联合印发《“十四五”应急管理部门和矿山安全监察机构安全生产监管监察能力建设规划》。

同日 应急管理部批准在灭火战斗中牺牲的湖南长沙市长沙县星沙消防救援站消防员龙耀瑾同志为烈士。

6月3日 国务院安委会办公室、应急管理部召开全国安全防范工作视频调度会，应急管理部部长、国务院安委会副主任黄明主持会议并研判近期灾害事故形势，进一步安排部署端午节假期安全防范工作。部领导周学文、孙广宇、徐平、闵宜仁、琼色、张永利出席会议。

6月5日 应急管理部党委书记、部长黄明主持召开端午假期安全形势视频调度会，总结端午假期安全防范工作情况，分析研判当前安全生产和自然灾害形势，部署扎实做好节后重点工作。部领导周学文、宋元明、徐平、琼色出席会议。

6月7日 应急管理部批准在水域救援中牺牲的云南文山州丘北县文秀路消防救援站消防员汪磊同志为烈士。

同日 云南省人民政府批准在洪涝灾害中因营救被困群众牺牲的云南文山州丘北县应急管理局四级主任科员李新文同志为烈士。

6月8日 中国石油化工股份有限公司茂名分公司化工分部一加氢罐区进料泵泄漏起火，造成2人死亡。应急管理部党委书记、部长黄明在部指挥中心持续调度指导事故救援和应急处置工作，派出工作组赴现场指导地方工作。部领导周学文、宋元明、孙广宇、琼色、张永利参加调度。国务院安委会办公室决定对该起事故查处实行挂牌督办。

6月9日至10日 国务委员王勇在广西调研检查防汛救灾工作。部领导周学文参加调研。

6月10日 应急管理部部长、国家防汛抗旱总指挥部副总指挥黄明在湖南长沙市检查防汛工作。

同日 财政部、应急管理部向湖南、广西等南方12个省（区、市）及辽宁省紧急预拨3.6亿元中央自然灾害救灾资金，支持地方做好防汛抗旱救灾工作。

同日 应急管理部、浙江省人民政府分别批准在灭火战斗中牺牲的浙江杭州市消防救援支队特勤大队一站消防员毛景荣同志、钱江消防救援站政府专职消防员刘泽军同志为烈士，消防救援局为两名烈士追记个人一等功。

6月13日 应急管理部党委书记、部长黄明主持召开部党委会议、部务会议，传达学习习近平总书记在四川考察期间的重要讲话精神；分析全国安全生产形势，研究部署当前安全防范重点工作。

6月16日 应急管理部党委书记、部长黄明主持召开应急管理部系统2022年巡视巡察动员部署视频会议并讲话。部领导黄玉治、蒲宇飞、郝军辉、徐平、闵宜仁、琼色出席会议。

同日 应急管理部、中国气象局联合印发《关于强化气象预警和应急响应联动工作的意见》。

同日 甘肃兰州新区滨农科技有限公司污水处理车间发生爆炸事故，造成6人死亡。应急管理部党委书记、部长黄明在部指挥中心持续调度指导事故救援和应急处置工作。部领导孙广宇、琼色、张永利分别参加调度。国务院安委会办公室决定对该起事故查处实行挂牌督办。

6 月 18 日 上海市金山区上海石化化工部乙二醇装置区发生爆炸事故，造成 1 人死亡。应急管理部党委书记、部长黄明在部指挥中心持续调度指导事故救援和应急处置工作，派出工作组赴现场指导地方工作。部领导宋元明、孙广宇、琼色、张永利分别参加调度。国务院安委会办公室决定对该起事故查处实行挂牌督办。

6 月 19 日 国家防汛抗旱总指挥部办公室、应急管理部召开国家防汛抗旱总指挥部防汛专题视频会商调度会，应急管理部部长、国家防汛抗旱总指挥部副总指挥黄明主持会议并讲话。部领导周学文、徐平、琼色出席会议。

同日 国家减灾委员会印发《“十四五”国家综合防灾减灾规划》。

6 月 20 日 应急管理部党委书记、部长黄明主持召开部党委会议、部务会议，传达学习习近平总书记在中共中央政治局第四十次集体学习时的重要讲话精神、关于防震减灾重要批示精神；分析全国安全生产和防汛救灾形势，研究部署当前安全防范重点工作。

6 月 21 日 财政部、应急管理部紧急向福建、江西、湖南、广西等 4 省（区）预拨 2 亿元中央自然灾害救灾资金，支持地方开展防汛救灾工作。

6 月 22 日 应急管理部印发《“十四五”应急救援力量建设规划》。

6 月 23 日 连续的强降水导致广东清远市英德市大部分地区出现山洪、城市内涝等灾害。应急管理部党委书记、部长黄明在部指挥中心调度指导防汛救灾工作。部领导琼色参加调度。

6 月 23 日至 24 日 国务委员王勇在江西调研检查防汛救灾工作。应急管理部党委书记、部长黄明参加调研。

6 月 25 日 国家防汛抗旱总指挥部办公室、应急管理部召开国家防汛抗旱总指挥部防汛专题视频会商调度会，应急管理部部长、国家防汛抗旱总指挥部副总指挥黄明主持会议，研究部署北方地区强降雨防范应对和珠江流域防汛救灾工作。部领导周学文、郝军辉、徐平、琼色出席会议。

6 月 27 日 国务院调查组组长、应急管理部部长黄明主持召开国务院湖南长沙“4·29”特别重大居民自建房倒塌事故调查组全体会议。中央纪委国家监委第七监督检查室负责同志，国务院调查组副组长、应急管理部副部长宋元明，国务院调查组副组长、国务院安委会办公室副主任付建华出席会议。

6 月 28 日 国家防汛抗旱总指挥部全体会议召开，国务委员、国家防汛抗旱总指挥部总指挥王勇出席会议并讲话，应急管理部部长、国家防汛抗旱总指挥部副总指挥黄明主持会议。部领导周学文出席会议。

6 月 29 日至 30 日 国务委员王勇在河北调研检查安全生产工作。应急管理部党委书记、部长黄明，副部长孙广宇参加调研。

7 月

7 月 1 日 应急管理部党委书记、部长黄明出席北京冬奥应急救援安保暨部直属机关“两优一先”表彰大会并讲话，部党委委员、政治部主任郝军辉主持会议。部领导周学文、蒲宇飞、宋元明、孙广宇、徐平、闵宜仁、琼色、张永利出席会议。

同日 应急管理部党委书记、部长黄明会见中组部、财政部应急值班工作调研组。部领导郝军辉参加会见。

7月4日 国务院安委会办公室召开全国燃气安全防范专题视频会议，应急管理部部长、国务院安委会副主任黄明主持会议并讲话。部领导宋元明、琼色出席会议。

同日 应急管理部印发《应急管理法治建设实施方案》。

7月5日 应急管理部党委书记、部长黄明会见中央纪委副书记、国家监委副主任徐令义一行。部领导蒲宇飞、宋元明，国务院安委会办公室副主任付建华参加会见。

7月6日至7日 辽宁阜新市发生较重洪涝灾害，彰武等县农田渍涝严重。应急管理部部长、国家防汛抗旱总指挥部副总指挥黄明在部指挥中心调度指导排涝救灾工作。部领导徐平参加调度。

7月7日至8日 国务委员王勇在辽宁调研检查防汛救灾工作。应急管理部党委书记、部长黄明参加调研。

7月11日 全国安全生产电视电话会议召开，国务院副总理、国务院安委会主任刘鹤出席会议并讲话，国务委员、国务院安委会副主任王勇主持会议，国务委员、国务院安委会副主任赵克志出席会议并讲话，应急管理部部长、国务院安委会副主任黄明通报有关工作。部领导黄玉治、蒲宇飞、宋元明、郝军辉、孙广宇、闵宜仁、琼色、张永利出席会议。

同日 财政部、应急管理部向辽宁、吉林等6省（区）紧急预拨2亿元中央自然灾害救灾资金，支持地方开展防汛救灾工作；向甘肃、内蒙古、陕西等3省（区）拨付7000万元中央自然灾害救灾资金，支持地方开展抗旱减灾工作。

7月12日 四川绵阳市平武县木座水电站附近突发山洪泥石流，造成12人死亡、6人失踪；黑龙江黑河市五大连池市朝阳山镇东风村发生山洪，造成6人死亡、2人失踪。应急管理部党委书记、部长黄明在部指挥中心调度指导防汛救灾工作。部领导琼色、张永利参加调度。

7月14日 第七届中日韩灾害管理部长级会议以视频方式举行。部领导周学文出席会议并讲话。

7月14日至15日 国务委员王勇在四川调研安全生产和防汛减灾工作。应急管理部党委书记、部长黄明参加调研。

7月17日 国家防汛抗旱总指挥部办公室、应急管理部召开国家防汛抗旱总指挥部防汛专题视频会商调度会，应急管理部部长、国家防汛抗旱总指挥部副总指挥黄明主持会议，进一步分析研判西南、西北地区雨情汛情灾情，会商部署防范应对准备工作。部领导周学文、徐平、琼色出席会议。

7月18日 应急管理部党委书记黄明主持召开部党委理论学习中心组集体学习研讨，围绕深入学习习近平经济思想和总体国家安全观开展集体学习研讨。

7月19日 天津市北辰区一小区发生燃气爆燃事故，造成4人死亡。应急管理部党委书记、部长黄明在部指挥中心调度指导事故救援和应急处置工作。部领导宋元明、琼色参加调度。

同日 应急管理部、国家矿山安全监察局印发《“十四五”矿山安全生产规划》。

7月21日 国务院安委会办公室印发《“十四五”全国道路交通安全规划》。

7月23日 甘肃白银市景泰县泓胜煤业有限责任公司发生边坡坍塌事故，造成10人死亡。应急管理部党委书记、部长黄明在部指挥中心调度指导事故救援和应急处置工作，派出工作组赴现场指导地方工作。部领导黄玉治、宋元明参加调度。国务院安委会决定对该起事故查处实行挂牌督办。

7 月 27 日　十三届全国政协第 64 次双周协商座谈会围绕“加强基层应急管理能力建设”协商议政；汪洋主持，应急管理部党委书记、部长黄明介绍有关情况。部领导郝军辉参加会议。

7 月 29 日　中央组织部有关负责同志出席应急管理部领导干部会议宣布中央决定：王祥喜同志任应急管理部党委书记，免去黄明同志的应急管理部党委书记职务。部领导徐加爱、蒲宇飞、宋元明、郝军辉、孙广宇、徐平、闵宜仁、琼色、张永利出席会议。

8 月

8 月 1 日　应急管理部党委书记王祥喜主持召开部党委会议、部务会议，传达学习贯彻习近平总书记在省部级主要领导干部专题研讨班上的重要讲话精神、在中央统战工作会议上的重要讲话精神；分析全国安全形势，研究部署当前安全防范重点工作。

同日　国务委员、国家防汛抗旱总指挥部总指挥王勇到应急管理部调研指导应急值班值守情况并召开防汛抗旱救灾工作视频会议，应急管理部党委书记王祥喜主持有关会议活动。部领导周学文、徐平、闵宜仁出席会议。

8 月 2 日　财政部、应急管理部向辽宁紧急预拨 5000 万元中央自然灾害救灾资金，支持辽宁开展防汛救灾工作。

8 月 5 日　国务院安全生产委员会印发《关于调整国务院安全生产委员会副主任的通知》，根据工作变动，经国务院领导同意，应急管理部党委书记王祥喜同志任国务院安全生产委员会副主任，兼任国务院安委会办公室主任，黄明同志不再担（兼）任国务院安委会副主任、国务院安委会办公室主任。

同日　国家防汛抗旱总指挥部印发《关于调整国家防汛抗旱总指挥部副总指挥的通知》，根据工作变动，经国务院领导同意，应急管理部党委书记王祥喜同志任国家防汛抗旱总指挥部副总指挥，黄明同志不再担任国家防汛抗旱总指挥部副总指挥。

同日　国家减灾委员会印发《关于调整国家减灾委员会副主任的通知》，根据工作变动，经国务院领导同意，应急管理部党委书记王祥喜同志任国家减灾委员会副主任，黄明同志不再担任国家减灾委员会副主任。

同日　国务院抗震救灾指挥部印发《关于调整国务院抗震救灾指挥部副指挥长的通知》，根据工作变动，经国务院领导同意，应急管理部党委书记王祥喜同志任国务院抗震救灾指挥部副指挥长，黄明同志不再担任国务院抗震救灾指挥部副指挥长。

同日　国家森林草原防灭火指挥部印发《关于调整国家森林草原防灭火指挥部副总指挥的通知》，根据工作变动，经国务院领导同意，应急管理部党委书记王祥喜同志任国家森林草原防灭火指挥部副总指挥，黄明同志不再担任国家森林草原防灭火指挥部副总指挥。

8 月 8 日至 10 日　国务委员王勇在黑龙江调研检查防汛减灾和安全生产工作。应急管理部党委书记王祥喜参加调研。

8 月 9 日　国务院安委会办公室印发《关于加强油气储存安全管理工作的通知》。

8 月 10 日　应急管理部党委书记

王祥喜在黑龙江哈尔滨市调研应急管理工作并看望慰问基层应急管理干部职工和消防救援人员。

同日 国务院安委会办公室印发《关于进一步加强汛期尾矿库安全生产工作的通知》。

8月15日 应急管理部批准重庆市消防救援总队特勤支队南坪东路站消防员万惠文同志为烈士，消防救援局为其追记个人一等功。

8月16日 应急管理部党委书记王祥喜会见国家能源集团总经理刘国跃一行。部领导黄玉治、宋元明、孙广宇参加会见。

8月17日 财政部、应急管理部向河北、安徽等15个省（区、市）紧急预拨4.2亿元中央自然灾害救灾资金，支持地方开展防汛救灾和抗旱减灾工作。

8月17日22时许 青海西宁市大通县发生山洪灾害，造成27人死亡、4人失踪。应急管理部党委书记王祥喜在部指挥中心持续调度指导灾害救援和应急处置工作。部领导周学文、徐加爱、琼色、张永利参加调度。应急管理部党委书记王祥喜率工作组赴现场指导地方工作。应急管理部启动国家Ⅲ级救灾应急响应。

同日 财政部、应急管理部向青海省紧急预拨5000万元中央自然灾害救灾资金，支持青海西宁市大通县山洪灾害抢险救灾。

8月18日至20日 应急管理部党委书记王祥喜在青海西宁市大通县指导山洪灾害抢险救援和应急处置工作。

8月21日、23日 重庆北碚区、长寿区分别发生森林火灾并有蔓延趋势。应急管理部党委书记王祥喜在部指挥中心调度指导森林火灾扑救工作，派出由部党委委员、森林消防局局长徐平带队的工作组和专家赴现场指导地方工作。部领导徐加爱、琼色、张永利参加调度。

8月22日 应急管理部党委书记王祥喜主持召开部党委会议，传达学习习近平总书记在辽宁考察时关于防汛抗旱救灾工作的重要讲话精神。

8月22日至23日 国务委员王勇在山西考察防汛抗旱救灾工作。应急管理部党委书记王祥喜参加考察。

8月25日 应急管理部党委书记王祥喜出席首届中国–拉美和加勒比国家共同体灾害管理合作部长论坛并致辞。部领导徐加爱、琼色出席。

8月29日 应急管理部党委书记王祥喜主持召开部党委理论学习中心组集体学习研讨，围绕《习近平谈治国理政》第四卷展开集体学习讨论。

8月30日 中共中央、国务院印发关于表彰全国“人民满意的公务员”和“人民满意的公务员集体”的决定。应急管理系统肖文儒、焦云龙、王德朋、巴特尔、张在贵、崔天方、任小青、陈亚鹏8名同志获全国“人民满意的公务员”，江西省瑞金市消防救援大队、河南省开封市应急管理局、湖北省恩施土家族苗族自治州应急管理局、四川省泸州市应急管理局4个集体获全国“人民满意的公务员集体”。

8月31日 应急管理部党委书记王祥喜会见应急管理系统全国“人民满意的公务员”和“人民满意的公务员集体”代表。部领导黄玉治、郝军辉、徐平、琼色参加会见。

9月

9月2日 十三届全国人大常委会第三十六次会议决定任命王祥喜为应急管理部部长，免去黄明的应急管理部部长职务。

同日 河北唐山市迁西县太平寨镇桃树峪铁矿发生透水事故，造成14人死亡、1人失踪。应急管理部党委书记、部长王祥喜立即作出部署，派出工作组赴现场指导地方工作。国务院安委会决定对该起事故查处实行挂牌督办。

9月5日 四川甘孜州泸定县发生6.8级地震，造成97人死亡、20人失踪。应急管理部部长、国务院抗震救灾指挥部副指挥长王祥喜在部指挥中心持续调度指导四川甘孜州泸定县6.8级地震抗震救灾工作。部领导周学文、宋元明、孙广宇、徐平、闵宜仁、琼色参加调度。

同日 财政部、应急管理部向四川省紧急预拨5000万元中央自然灾害救灾资金，支持地方做好甘孜州泸定县6.8级地震救灾工作。

9月6日至8日 应急管理部部长、国务院抗震救灾指挥部副指挥长王祥喜率国务院抗震救灾指挥部工作组在四川省地震灾区指导甘孜州泸定县6.8级地震抗震救灾工作。部领导闵宜仁参加。

9月6日 国务院抗震救灾指挥部办公室、应急管理部将国家地震应急响应级别提升至二级，国家减灾委员会、应急管理部将国家救灾应急响应级别提升至Ⅲ级。

9月8日 财政部、应急管理部再次向四川省预拨1.5亿元中央自然灾害救灾资金，支持地方进一步做好甘孜州泸定县6.8级地震救灾工作。

9月9日 应急管理部党委书记、部长王祥喜主持召开中秋节假期安全防范工作视频调度会并讲话。部领导黄玉治、周学文、蒲宇飞、宋元明、孙广宇、徐平、琼色、张永利出席会议。

9月13日 应急管理部党委书记、部长王祥喜主持召开部党委会议、部务会议，传达学习贯彻习近平总书记关于四川泸定6.8级地震重要指示精神；分析全国安全生产形势，研究部署当前安全防范重点工作。

9月15日 应急管理部党委书记王祥喜主持召开部党委巡视工作领导小组会议并讲话。部领导蒲宇飞、郝军辉出席会议。

9月16日 全国秋冬季森林草原防灭火工作电视电话会议召开，李克强总理作出重要批示，国务委员、国家森林草原防灭火指挥部总指挥王勇出席会议并讲话，应急管理部部长、国家森林草原防灭火指挥部副总指挥王祥喜主持会议。部领导徐平、琼色、张永利出席会议。

9月19日 应急管理部党委书记、部长王祥喜主持召开部党委会议、部务会议，传达学习贯彻中央和国家机关基层党组织建设质量提升推进会议精神；分析全国安全生产形势，研究部署当前安全防范重点工作。

同日 应急管理部批准6项社会应急力量建设行业标准，自2022年12月18日起施行。

同日 国务院安委会办公室印发《关于做好全国安全生产大检查“回头看”督导检查的通知》。

9月22日 应急管理部党委书记、部长王祥喜出席森林消防队伍援渝灭火作战事迹报告会并讲话。部领导郝军辉、徐平、琼色、张永利出席会议。

9月23日 全国安全生产电视电话会议召开，习近平总书记作出重要指示，李克强总理作出重要批示，国务院副总理、国务院安委会主任刘鹤出席会议并讲话，国务委员、国务院安委会副主任王勇主持会议，国务委员、国务院安委会副主任赵克志出席会议并讲话，应急管理部部长、国务院安委会副主任王祥喜通报有关工作。部领导黄玉治、徐加爱、蒲宇飞、宋元明、郝军辉、孙广宇、徐平、闵宜仁、琼色、张永利出席会议。

同日 应急管理部党委书记、部长王祥喜出席第三次金砖国家灾害管理部长级会议并作主旨发言。部领导徐加爱、琼色出席会议。

9月27日 应急管理部党委书记、部长王祥喜在北京市调研检查党的二十大消防安保和国庆假期安全防范工作。部领导琼色参加调研。

9月28日 吉林长春市宏禹小油饼百姓餐厅发生爆燃事故，造成17人死亡。应急管理部党委书记、部长王祥喜立即作出部署，派出由部党委委员、消防救援局局长琼色带队的工作组赴现场指导地方工作。国务院安委会决定对该起事故查处实行挂牌督办。

9月29日 应急管理部党委书记、部长王祥喜主持召开国庆假期安全防范工作视频调度会议并讲话。部领导黄玉治、周学文、蒲宇飞、郝军辉、徐平、闵宜仁、琼色、张永利出席会议。

10月

10月1日 应急管理部党委书记、部长王祥喜主持召开国庆假期视频调度会议，指导部署各地进一步做好假期安全防范工作。部领导徐平出席会议。

10月9日 应急管理部印发《“十四五”应急卫星与业务发展规划》。

10月11日 应急管理部、国家发展改革委、财政部、国家粮食和储备局联合印发《“十四五”应急物资保障规划》。

10月13日 应急管理部党委书记王祥喜主持召开部党委会议，传达学习党的十九届七中全会精神，研究贯彻落实措施。

同日 应急管理部党委书记、部长王祥喜主持召开党的二十大期间安全防范工作视频调度会议并讲话。部领导黄玉治、周学文、徐加爱、蒲宇飞、宋元明、郝军辉、孙广宇、徐平、闵宜仁、琼色、张永利出席会议。

同日 中华人民共和国应急管理部令（第9号）公布《应急管理行政执法人员依法履职管理规定》，自2022年12月1日起施行。

10月24日 应急管理部党委书记、部长王祥喜主持召开部党委会议、部务会议，传达学习党的二十大和二十届一中全会精神，研究贯彻落实措施；分析全国安全生产形势和工贸行业安全生产形势，研究部署当前安全防范重点工作。

10月29日 应急管理部批准在扑救森林火灾中牺牲的四川省森林消防总队阿坝州支队汶川县大队汶川县中队消防员冯坪坪同志为烈士。

10月31日 应急管理部党委书记、部长王祥喜主持召开部党委会议、部务会议，传达学习贯彻习近平总书记在中央政治局会议、中央政治局第一次集体学习上和在瞻仰延安革命纪念地时的重要讲话精神，传达学习《中共中央关于认真学习宣传贯彻党的二十大精神的决定》，听取关于学习宣传贯彻党的二十大精神工作方案的汇报；分析全国安全生产形势，研究部署当前安全防范重点工作。

11月

11月1日 国务院安委会办公室、应急管理部召开2022年全国消防宣传月活动启动视频会议，应急管理部部长、国务院安委会副主任王祥喜出席会议并讲话，部党委委员、消防救援局局长琼色主持会议。部领导宋元明、郝军辉、徐平出席会议。

同日 应急管理部党委书记、部长王祥喜出席应急管理系统学习宣传贯彻党的二十大精神动员部署视频会议并讲话，部党委委员、政治部主任郝军辉主持会议。部领导徐加爱、蒲宇飞、宋元明、孙广宇、徐平、琼色、张永利出席会议。

11月3日 应急管理部印发《关于表彰第六届全国119消防先进集体和先进个人的决定》。

同日 应急管理部、中央文明办、民政部、共青团中央印发《关于进一步推进社会应急力量健康发展的意见》。

11月4日 应急管理部与生态环境部签署建立突发生态环境事件应急联动工作机制协议。应急管理部党委书记、部长王祥喜和生态环境部部长黄润秋出席签约仪式并讲话。部领导宋元明代表应急管理部与生态环境部签署协议。

11月5日 中共应急管理部委员会印发《关于认真学习宣传贯彻党的二十大精神的通知》。

11月7日 应急管理部党委书记、部长王祥喜主持召开部党委会议、部务会议，传达学习贯彻《中共中央政治局关于加强和维护党中央集中统一领导的若干规定》《中共中央政治局贯彻落实中央八项规定实施细则》精神；分析全国安全生产形势，研究部署当前安全防范重点工作。

11月9日 应急管理部党委书记、部长王祥喜出席第六届全国119消防先进集体和先进个人表彰大会并讲话。部党委委员、政治部主任郝军辉主持会议，部领导黄玉治、周学文、蒲宇飞、宋元明、琼色、张永利出席会议。

11月10日 全国森林草原防灭火工作电视电话会议召开，国务委员、国家森林草原防灭火指挥部总指挥王勇出席会议并讲话，应急管理部部长、国家森林草原防灭火指挥部副总指挥王祥喜主持会议。部领导周学文、宋元明、郝军辉、徐平、琼色、张永利出席会议。

11月11日至12日 国务委员王勇在江西调研检查森林防灭火和抗旱减灾工作。应急管理部党委书记、部长王祥喜，部党委委员张永利参加调研。

11月12日 应急管理部党委书记、部长王祥喜在江西南昌调研应急管理工作并看望慰问应急管理干部职工和基层消防救援人员。部领导张永利参加调研。

11月17日 应急管理部党委书记、部长王祥喜会见贵州省常务副省长吴强一行。部领导宋元明参加会见。

11月21日 财政部、应急管理部印发《企业安全生产费用提取和使用管理办法》。

同日 河南安阳市凯信达商贸有限公司厂房发生特别重大火灾事故，造成42人死亡。应急管理部党委书记、部长王祥喜在部指挥中心调度指导事故救援和应急处置工作。部领导徐加爱、宋元明、琼色参加调度。国务院决定成立由应急管理部牵头的调查组对事故进行调查。国务院安委会办公室决定对该起事故查处实行挂牌督办。

11月22日至23日 应急管理部党委书记、部长王祥喜率工作组在河南安阳指导河南安阳市凯信达商贸有限公司“11·21”特别重大火灾事故应急处置工作。部领导宋元明、琼色参加。

11月23日 应急管理部党委书记王祥喜主持召开部党委会议，传达学习习近平总书记对河南安阳市凯信达商贸有限公司火灾事故的重要指示精神，研究贯彻落实措施。

12月

12月3日 应急管理部、中央网信办、教育部、工业和信息化部、公安部、市场监管总局、国家邮政局联合印发《关于加强互联网销售危险化学品安全管理的通知》。

12月5日 应急管理部党委书记王祥喜主持召开部党委理论学习中心组集体学习研讨，围绕党的二十大关于提高公共安全治理水平等方面的决策部署，联系应急管理事业面临的新的战略机遇、发展阶段、推进要求等开展学习讨论。

12月7日 应急管理部批准在扑救森林火灾中牺牲的四川省森林消防总队阿坝州支队作战训练科指挥员林远扬同志为烈士。

12月8日 应急管理部党委书记、部长王祥喜主持召开学习宣传贯彻党的二十大精神宣讲报告会。会议邀请中央宣讲团成员、中央党史和文献研究院院长曲青山作专题宣讲报告。部领导黄玉治、周学文、蒲宇飞、宋元明、郝军辉、孙广宇、徐平、闵宜仁、琼色出席会议。

12月13日 应急管理部印发《矿山救护队标准化定级管理办法》。

12月19日 应急管理部党委书记王祥喜主持召开部党委会议，传达学习中央经济工作会议精神，研究贯彻落实措施。

同日 国务院安委会办公室印发《关于进一步加强国家安全生产应急救援队伍建设的指导意见》。

12月22日 财政部、应急管理部安排下拨2022—2023年度中央冬春临时生活困难救助资金54.76亿元，支持河南、湖南和湖北等24个省（区、市）及新疆生产建设兵团开展受灾群众冬春临时生活困难救助工作。

同日 应急管理部商财政部清算下达中央自然灾害救灾资金32.21亿元，支持四川、湖南、广西等19个省（区、市）及黄河水利委员会开展重大自然灾害抢险救援、受灾群众生活救助等工作。

同日 财政部、应急管理部下达全国自然灾害综合风险普查经费2.51亿元，支持西藏、甘肃、青海、新疆等12个省（区）开展普查评估与区划等工作。

12月24日 新疆西部黄金伊犁有限公司一金矿发生坍塌事故，造成18人失联。应急管理部党委书记、部长王祥喜立即作出部署，派出工作组赶赴现场指导地方工作。部领导黄玉治参加调度。

12月26日 应急管理部党委书记、部长王祥喜主持召开部党委会议、部务会议，传达学习贯彻中央农村工作会议精神；学习贯彻全国新冠疫情防控工作电视电话会议精神，分析全国安全生产形势，研究部署当前安全防范重点工作。

12月29日 全国矿山智能化建设和安全发展推进视频会议召开，国务委员王勇出席会议并讲话，应急管理部党委书记、部长王祥喜主持会议。部领导黄玉治出席会议。

同日 应急管理部党委书记、部长王祥喜主持召开元旦假期安全防范工作视频调度会议并讲话。部领导黄玉治、周学文、徐加爱、宋元明、郝军辉、孙广宇、闵宜仁、琼色、张永利出席会议。

图书在版编目（CIP）数据

中国应急管理年鉴 . 2022 年卷 / 中华人民共和国应急管理部编 . -- 北京：应急管理出版社，2023

ISBN 978-7-5020-9706-6

Ⅰ. ①中… Ⅱ. ①中… Ⅲ. ①突发事件—公共管理—中国—2022—年鉴 Ⅳ. ①D63-54

中国国家版本馆 CIP 数据核字（2023）第 128247 号

中国应急管理年鉴（2022 年卷）

编　　者　中华人民共和国应急管理部

出版发行　应急管理出版社（北京市朝阳区芍药居 35 号　100029）
电　　话　010-84657898（总编室）　010-84657880（读者服务部）
网　　址　www. cciph. com. cn
印　　刷　北京盛通印刷股份有限公司
经　　销　全国新华书店

开　　本　787mm × 1092mm 1/16　**印张**　30　**字数**　698 千字
版　　次　2023 年 12 月第 1 版　2023 年 12 月第 1 次印刷
书　　号　ISBN 978-7-5020-9706-6
社内编号　20230623　　**定价**　298.00 元
